Grundlagen der Unternehmensführung

Harald Hungenberg • Torsten Wulf

Grundlagen der Unternehmensführung

6., aktualisierte und erweiterte Auflage

 Springer Gabler

Harald Hungenberg
ESMT Berlin
Berlin, Deutschland

Torsten Wulf
Philipps-Universität Marburg
Marburg, Deutschland

ISBN 978-3-658-35422-0   ISBN 978-3-658-35423-7 (eBook)
https://doi.org/10.1007/978-3-658-35423-7

Die Deutsche Nationalbibliothek verzeichnet diese Publikation in der Deutschen Nationalbibliografie; detaillierte bibliografische Daten sind im Internet über http://dnb.d-nb.de abrufbar.

Springer Gabler

Lektorat: Ulrike Loercher
Springer Gabler ist ein Imprint der eingetragenen Gesellschaft Springer Fachmedien Wiesbaden GmbH und ist ein Teil von Springer Nature.
Die Anschrift der Gesellschaft ist: Abraham-Lincoln-Str. 46, 65189 Wiesbaden, Germany

Vorwort zur 6. Auflage

Wenn ein Lehrbuch innerhalb kurzer Zeit sechs Auflagen erfährt, so ist das sehr erfreulich. Es zeigt, dass Konzeption und Inhalte des Buchs beim Leser Zustimmung erfahren. Und es bietet die Möglichkeit, Konzeption und Inhalte weiterzuentwickeln, neue Erkenntnisse des Fachs zu berücksichtigen, aber auch Fehler zu beseitigen. In der vorliegenden Auflage haben wir insbesondere die relevanten Teilkapitel um Konzepte erweitert, die mit der Digitalisierung für die Unternehmensführung an Relevanz gewonnen haben.

Wir möchten uns erneut bei allen jenen bedanken, die an der Entstehung dieser Neuauflage mitgewirkt haben. Dieser Dank richtet sich vor allem an unsere Mitarbeiterinnen und Mitarbeiter an der ESMT Berlin, an der Universität Erlangen-Nürnberg und an der Universität Marburg, aber auch an unsere Studierenden, die mit ihren Fragen und konstruktiven Hinweisen zur weiteren Verbesserung des Lehrbuchs beigetragen haben.

Berlin/Marburg   Harald Hungenberg
im Juni 2021   Torsten Wulf

Vorwort zur 1. Auflage

Dieses Buch wendet sich in erster Linie an Studierende im Grund- und Hauptstudium, die sich einführend mit dem Themengebiet Unternehmensführung auseinander setzen.

Unternehmensführung ist ein vielschichtiges Phänomen, das viele interessante Teilaspekte berührt: die Produkte und Dienstleistungen, die ein Unternehmen anbieten möchte, die Märkte, auf denen das Unternehmen tätig ist, die Menschen, die im Unternehmen arbeiten und deren Beziehungen zueinander, die Organisation des Unternehmens, seine Rechtsform und Standortstruktur und natürlich seine finanzielle Situation – um nur einige zu nennen. Ziel des Buchs ist es, eine Einführung in das Thema Unternehmensführung zu geben, die grundlegend und gleichzeitig anschaulich ist. Aus diesem Ziel resultieren zwei wesentliche Anforderungen:

So erfordert eine grundlegende Einführung eine Konzentration auf besonders wichtige Aspekte und Fragestellungen aus dem breiten Themengebiet der Unternehmensführung. Wir konzentrieren uns auf solche Aufgaben der Unternehmensführung, die besondere Bedeutung für den Erfolg eines Unternehmens besitzen und die Perspektive des Top-Managements repräsentieren. Dementsprechend stehen vier Themen, nämlich „Strategie", „Organisation", „Personal und Führung" sowie „Controlling", im Mittelpunkt.

Damit die Einführung gleichzeitig anschaulich ist, muss das Thema verständlich dargestellt und durch Beispiele veranschaulicht werden. Zu diesem Zweck haben wir die Fallstudie eines fiktiven Autovermieters entwickelt: der Firma QualityRent AG. Dieses Beispielunternehmen wird am Anfang des Buches vorgestellt und begleitet uns dann durch alle weiteren Kapitel.

Dieses Buch ist ein Ergebnis unserer langjährigen Zusammenarbeit an der Handelshochschule Leipzig – HHL und der Wirtschafts- und Sozialwissenschaftlichen Fakultät der Universität Erlangen-Nürnberg. Wir bedanken uns bei allen, die in diesen Jahren zu der Entstehung dieses Buchs beigetragen haben. Dieser Dank gilt vor allem Florian Gierke, Erika Gruss, Bianca Rupprecht, Ingo Schamberger und Stephan Stubner. Volker Brinkmann, Martin Lochner und Jörg Staudt haben bei der technischen Erstellung des Buchs mitgewirkt, wofür wir uns ebenfalls bedanken. Schließlich möchten wir uns auch bei unseren Studierenden bedanken, deren konstruktives Feedback in dieses Buch eingeflossen ist und für die dieses Buch, so hoffen wir, für ihr Studium hilfreich sein wird.

Harald Hungenberg
Torsten Wulf

im März 2004

Inhaltsverzeichnis

Abkürzungsverzeichnis

AG	Aktiengesellschaft
ArbZG	Arbeitszeitgesetz
Aufl.	Auflage
AWF	Ausschuss für wirtschaftliche Fertigung
BATNA	Best Alternative to Negotiated Agreement
CBT	Computer-Based Trainings
CEO	Chief Executive Officer
CFO	Chief Finance Officer
CIO	Chief Information Officer
COO	Chief Operating Officer
CSR	Corporate Social Responsibility
DCF	Discounted Cashflow
DCGK	Deutscher Corporate Governance Kodex
EBIT	Earnings before Interest and Taxes
EQ-i	Emotional Quotient Inventory
EVA	Economic Value Added
GmbH	Gesellschaft mit beschränkter Haftung
GmbHG	GmbH-Gesetz
GuV	Gewinn- und Verlustrechnung
GWA	Gemeinkosten-Wertanalyse
HGB	Handelsgesetzbuch
Hrsg.	Herausgeber
IFRS	International Financial Reporting Standards
IT	Informationstechnik
Jg.	Jahrgang
KG	Kommanditgesellschaft
KGaA	Kommanditgesellschaft auf Aktien
KonTraG	Gesetz zur Kontrolle und Transparenz im Unternehmenssektor
LBDQ	Leader Behavior Description Questionnaire
LPC	Least Preferred Co-Worker

MBTI	Myers-Briggs Type Indicator
MIS	Management-Informationssystem
NOPAT	Net Operating Profit after Taxes
n. St.	nach Steuern
OHG	Offene Handelsgesellschaft
o.O.	ohne Ort
o.V.	ohne Verfasser
PEG	Private-Equity-Gesellschaften
PU	Portfoliounternehmen
REFA	Reichsausschuss für Arbeitszeitermittlung
ROE	Return on Equity
ROI	Return on Investment
ROS	Return on Sales
SGE	Strategische Geschäftseinheiten
TransPubG	Transparenz- und Publizitätsgesetz
US-GAAP	United States Generally Accepted Accounting Principles
VDI	Verein Deutscher Ingenieure
VIE-Theorie	Valenz-Instrumentalitäts-Erwartungs-Theorie
v. St.	vor Steuern

Abbildungsverzeichnis

Unternehmen und Unternehmensführung im Überblick

Das erste Kapitel des Buchs dient dazu, die Begriffe Unternehmen und Unternehmensführung zu erklären und den grundlegenden Aufbau des Buchs zu verdeutlichen. Konkret sollen in diesem Kapitel folgende Fragen beantwortet werden:

- Was sind die zentralen Merkmale eines Unternehmens aus betriebswirtschaftlicher Sicht?
- Was ist Unternehmensführung und was sind wichtige Aufgaben im Rahmen der Unternehmensführung?
- Was sind wesentliche Meilensteine in der Entwicklung der Lehre von der Unternehmensführung?

Außerdem wird im Folgenden die Fallstudie eines fiktiven Autovermieters vorgestellt: der Firma QualityRent AG. Dieses Beispielunternehmen soll die im weiteren Verlauf dargestellten Inhalte beispielhaft veranschaulichen und wird deshalb das gesamte Buch begleiten.

1.1 Was ist ein Unternehmen?

Wenn man über Unternehmensführung sprechen will, muss zunächst geklärt werden, was eigentlich ein Unternehmen ist, das geführt werden soll – und was es nicht ist. Diese Frage lässt sich nicht so einfach beantworten, wie man auf den ersten Blick denken könnte, denn ein Unternehmen ist ein sehr vielschichtiges Phänomen, das sich durch eine große Anzahl unterschiedlicher Merkmale auszeichnet. Verdeutlichen wir uns dies am Beispiel der Firma QualityRent.

H. Hungenberg, T. Wulf, *Grundlagen der Unternehmensführung*, https://doi.org/10.1007/978-3-658-35423-7_1

Historische Entwicklung der QualityRent AG

Die Firma QualityRent wurde 1985 unter recht ungewöhnlichen Umständen von Peter Körber in Berlin gegründet. Der damals 28-jährige hatte gerade sein Studium der Betriebswirtschaftslehre abgeschlossen und plante eigentlich, seine berufliche Laufbahn bei einer großen Wirtschaftsprüfungsgesellschaft zu beginnen. Unerwartet erreichte ihn jedoch zu Beginn des Jahres 1985 die Nachricht vom Tod seiner Tante, die in London ein Taxiunternehmen betrieben hatte und ihm nun ihre drei Taxis der Marke Rolls Royce vererbte. Körber erwog zunächst, diese Autos zu verkaufen. Nach einigen Tagen Bedenkzeit änderte er jedoch seine Meinung. Bereits während seines Studiums hatte er immer wieder davon geträumt, eines Tages sein eigenes Unternehmen zu gründen. Nun schien der Zeitpunkt gekommen. Einige Marktanalysen, die er durchführte, zeigten, dass in Berlin ein noch weitgehend unausgeschöpftes Marktpotenzial für die Vermietung von Luxusautomobilen vorhanden war. Daraus entstand die Idee, mit den drei geerbten Rolls Royce als Startkapital eine Autovermietung zu gründen, und so wurde am 25. April 1985 die Firma QualityRent als GmbH ins Berliner Handelsregister eingetragen.

In den ersten Jahren trat die QualityRent GmbH als klassische Autovermietung am Markt auf. Körber bot seine exklusiven Fahrzeuge stunden-, tage- und wochenweise mit, aber auch ohne Chauffeur an. Als Chauffeure hatte er einige seiner ehemaligen Kommilitonen rekrutiert, während sein Schulfreund Ralf Schuster die Wartung der drei Luxuslimousinen übernahm. Körber selbst kümmerte sich vor allem um die Kundenakquisition. Aufgrund ihres exquisiten Service und der luxuriösen Ausstattung ihrer Limousinen erfreute sich die QualityRent GmbH schnell großer Beliebtheit, vor allem bei Hochzeitsgesellschaften. Aber auch ausländische Gäste ließen sich gern in Körbers Limousinen durch die Stadt chauffieren. So etablierte sich das Unternehmen recht erfolgreich im Berliner Markt.

Dieser Markt erwies sich jedoch angesichts der Insellage Berlins schnell als zu klein und zu abgeschottet für das aufstrebende Unternehmen. Im Sommer 1987 stand Peter Körber daher vor der Frage, wie er das weitere Wachstum des Unternehmens sicherstellen konnte. Körber entschied sich zunächst für eine geographische Expansion in den wesentlich größeren westdeutschen Markt. In einem ersten Schritt eröffnete die QualityRent GmbH im Herbst 1987 ein Büro in Düsseldorf. Einige Monate später folgten weitere Büros in Hamburg, München und Frankfurt. Diese Expansion erforderte natürlich auch Investitionen in neue Fahrzeuge. Daher vergrößerte Körber den Fahrzeugbestand auf zunächst zehn Limousinen, darunter weitere Rolls Royce, aber auch Lincoln Stretch-Limousinen und Bentleys, die er günstig aus der Konkursmasse eines anderen Unternehmens erwarb.

Durch seine Gespräche mit Kunden wurde Körber im Laufe der Zeit immer deutlicher bewusst, dass es der QualityRent GmbH langfristig nicht gelingen würde, sich ausschließlich als klassischer Autovermieter am Markt zu behaupten. Zahlreiche andere Autovermieter begannen nämlich Ende der achtziger Jahre ebenfalls, in das Segment der Vermietung von Luxusautomobilen einzutreten. Um sich von diesen Konkurrenten abzuheben, gab Peter Körber dem Unternehmen eine neue Ausrichtung: Die Quality-Rent GmbH sollte „das Besondere rund ums Automobil" bieten. Dazu zählte natürlich weiterhin die Vermietung von Luxuslimousinen. „Das Besondere rund ums Automobil" umfasste aber auch weitere Produkt- und Leistungsangebote. So begann die Quality-Rent GmbH nun, neben Luxuslimousinen auch andere exklusive Fahrzeuge wie Sport- und Geländewagen zu vermieten. Zusätzlich legte das Unternehmen einen besonderen Fokus auf die – wie Körber es nannte – „Inszenierung automobiler Events", das heißt auf die Organisation von Veranstaltungen, bei denen exklusive Automobile eine besondere Rolle spielten. So veranstaltete das Unternehmen unter anderem exklusive Rallyes und Fahrertrainings mit Fahrzeugen unterschiedlichster Art, bot seinen Kunden aber auch Besuche der Bayreuther oder Salzburger Festspiele einschließlich Hotelarrangement und Vorfahrt in einer Lincoln Stretch-Limousine an.

Auf Basis dieser neuen Ausrichtung durchlief die QualityRent GmbH seit Beginn der neunziger Jahre eine langanhaltende Phase sehr starken und erfolgreichen Wachstums. Die Umsätze und Gewinne des Unternehmens stiegen jährlich um einen zweistelligen Prozentsatz. 2019 erzielte das Unternehmen einen Umsatz von etwa 200 Mio. € und einen Gewinn in Höhe von rund 10 Mio. €. Gleichzeitig wuchs der Fahrzeugbestand auf etwa 500 Automobile an, darunter neue Luxuslimousinen, wie zum Beispiel ein Maybach, aber auch in zunehmendem Maße exklusive Sportwagen, wie zum Beispiel Ferrari 575 TR, F430 und Testarossa, und Geländewagen von Marken wie Hummer bis Porsche. Außerdem begann die QualityRent GmbH mit der internationalen Expansion, in den neunziger Jahren zunächst in westeuropäische Metropolen wie Paris, Madrid und Rom, nach der Jahrtausendwende aber auch nach Warschau, Prag und Budapest. Insgesamt war das Unternehmen bis zum Jahresende 2019 mit eigenen Büros in 15 europäischen Metropolen vertreten.

Eine wichtige Grundlage für das erfolgreiche Wachstum der QualityRent GmbH bildeten die Umwandlung des Unternehmens in eine Aktiengesellschaft im Jahre 1996 und der anschließende Börsengang. 40 % der Aktien der QualityRent AG werden seitdem frei gehandelt. Die Mehrheit am Unternehmen wird jedoch weiterhin von Peter Körber sowie seinem Vorstandskollegen und Freund Ralf Schuster gehalten.

Markt und Marktposition der QualityRent AG

Als Vermieter exklusiver Automobile und als Anbieter besonderer „Events" rund um das Automobil bewegt sich die QualityRent AG in einem eher kleinen Markt. Europaweit hat das Unternehmen nur etwa 10.000 Kunden. Vornehmlich handelt es sich dabei um vermögende Privatpersonen. Diese Kunden schätzen den exquisiten und zugleich unaufdringlichen Service der QualityRent AG, die durchgehend hervorragende Ausstattung der Fahrzeuge sowie die vielfältigen und innovativen Event-Angebote des Unternehmens. Wiederholt durchgeführte Kundenbefragungen zeigen, dass kaum ein Kunde der QualityRent AG in Erwägung zieht, zu einem anderen Anbieter zu wechseln. Durchschnittlich nehmen die Kunden die Leistungen des Unternehmens an zehn Tagen im Jahr in Anspruch – und das europaweit.

Einen gleichartigen Wettbewerber besitzt das Unternehmen im Prinzip nicht. Zwar finden sich in allen Ländern, in denen die QualityRent AG vertreten ist, auch andere Vermieter von exklusiven Automobilen. Bei diesen Unternehmen handelt es sich jedoch fast ausschließlich um regional tätige Anbieter. Die mehr international ausgerichteten Kunden der QualityRent AG, denen es gerade wichtig ist, europaweit einen gleichen, verlässlichen Service aus einer Hand zu bekommen, ziehen diese Wettbewerber daher kaum in Betracht. Neben regional tätigen Vermietern haben in den letzten Jahren auch die großen, international tätigen Autovermietungen wie Avis, Sixt oder Hertz begonnen, einen so genannten Limousinenservice einzurichten. Aufgrund der mangelnden Exklusivität dieser Anbieter werden sie jedoch von den Kunden der QualityRent AG ebenfalls kaum berücksichtigt. Neben klassischen Autovermietern zählen natürlich auch Anbieter exklusiver Reise- und Freizeitaktivitäten zu den Konkurrenten der QualityRent AG. Von diesen Anbietern hebt sich die QualityRent AG jedoch dadurch ab, dass bei allen Angeboten exklusive Automobile im Mittelpunkt stehen – und gerade hier hat QualityRent einen klaren Vorteil.

Auf die derzeitige Marktsituation der QualityRent AG haben natürlich nicht nur Kunden und Wettbewerber einen Einfluss. Vielmehr spielen auch Entwicklungen außerhalb des unmittelbaren Wettbewerbsumfelds des Unternehmens eine wichtige Rolle. So ist die Zahl vermögender Privatpersonen, die die Hauptkunden der QualityRent AG darstellen, in Deutschland, aber auch in westeuropäischen Staaten und insbesondere in Mitteleuropa in den vergangenen beiden Jahrzehnten im Zuge einer insgesamt positiven gesamtwirtschaftlichen Entwicklung stark gestiegen. Außerdem ist Luxus, der in vielen Ländern Europas lange Zeit eher verpönt war, wieder „gesellschaftsfähig" geworden. Daher erfreuen sich Luxusautomobile, aber auch Sport- und Geländewagen zunehmender Beliebtheit – sowohl bei einem älteren als auch bei einem jungen Publikum. Nicht zuletzt haben die Automobilkonzerne durch die Entwicklung einer großen Anzahl neuer Modelle im Luxussegment dazu beigetragen, dass die QualityRent AG ihre Angebotspalette stark erweitern und attraktiver gestalten konnte. Negativ auf die Entwicklung des Unternehmens wirken sich natürlich angesichts des typischerweise hohen Benzinverbrauchs der Fahrzeuge steigende Steuern und Benzinpreise aus. Dennoch befindet sich die QualityRent AG insgesamt in einer sehr positiven Marktposition.

Struktur und Aufgabenverteilung innerhalb der QualityRent AG

Peter Körber und seine Vorstandskollegen sind sich bewusst, dass die QualityRent AG ihre gute Marktposition nur aufrechterhalten kann, wenn es ihr gelingt, dauerhaft eine hohe Kundenzufriedenheit und Kundenbindung sicherzustellen. Ausgeprägte Kunden- und Qualitätsorientierung sind daher Ziele, an denen sich alle Bereiche des Unternehmens orientieren. Insgesamt ist die QualityRent AG in fünf Bereiche gegliedert. Drei dieser Bereiche – das Fuhrparkmanagement, der Bereich Marketing und Event Management sowie der Bereich Vertrieb und Service – sind operativ tätig, das heißt sie erbringen Leistungen unmittelbar für den Kunden. Die zwei übrigen Bereiche, die Abteilungen Personal und IT sowie Finanzen und Controlling, fungieren dagegen als interne Dienstleister, das heißt sie übernehmen unterstützende Serviceleistungen für die operativ tätigen Bereiche. An der Spitze des Unternehmens steht ein dreiköpfiger Vorstand, bestehend aus Peter Körber, Ralf Schuster und Klaus Klein; letzteren konnte die QualityRent AG im Jahr 2000 von einem großen Autovermietungsunternehmen abwerben (Abb. 1.1).

Der Bereich Fuhrparkmanagement ist europaweit für die Wartung und Reinigung sowie die Überführung und Bereitstellung von Fahrzeugen, aber auch für den Pannenservice verantwortlich. Auch die Beschaffung neuer Automobile und Verhandlungen mit Automobilherstellern zählen zum Aufgabenbereich des Fuhrparkmanagements. Paul Steger leitet diesen Bereich. Nur 15 seiner 60 fest angestellten Mitarbeiter – fast ausschließlich Ingenieure und Mechaniker – sind jedoch in der Unternehmenszentrale in Berlin ansässig. Die übrigen 45 Mitarbeiter sind dezentral in Werkstätten tätig, die das Unternehmen jeweils an den Standorten seiner Vertriebs- und Servicebüros unterhält. Zum Erfahrungsaustausch und zur Weiterbildung kommen alle Mitarbeiter des Bereichs jedoch etwa dreimal jährlich in der Zentrale in Berlin zusammen. Paul Steger ist es gelungen, in seinem Bereich ein extrem hohes Qualitätsbewusstsein zu verankern. Dementsprechend ist es in den letzten fünf Jahren nur einmal zu einer Panne bei Fahrzeugen der QualityRent AG gekommen. Außerdem besitzt Steger ein sehr gutes Gespür für Fahrzeugtypen und Ausstattungsmerkmale, die beim Kunden gut ankommen. Da er jedoch der Kostenseite relativ wenig Beachtung schenkt, kommt es immer wieder zu Konflikten mit der Abteilung Finanzen und Controlling.

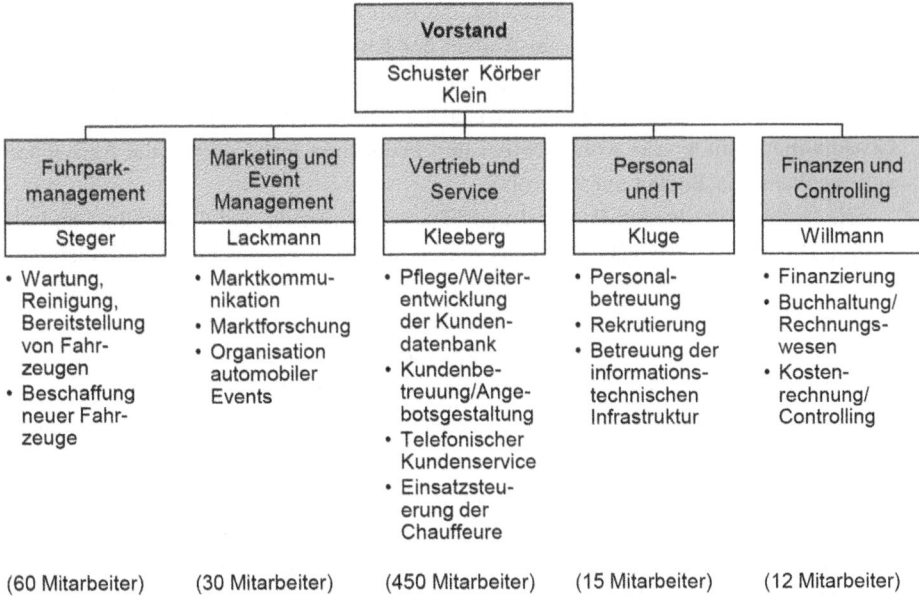

Abb. 1.1 Struktur der QualityRent AG im Überblick

Der Bereich Marketing und Event Management wird von Stephanie Lackmann geleitet. Dieser Bereich ist für die zentrale Marktkommunikation, also Werbung und Public Relations, für die Marktforschung sowie für die Organisation „automobiler Events" zuständig. 30 Mitarbeiter beschäftigt diese Abteilung, die meisten davon im Event Management, während in den Bereichen Marktforschung und Marktkommunikation viele Aufgaben an externe Partner ausgelagert worden sind. Diese im Vergleich zu früheren Jahren veränderte Schwerpunktsetzung innerhalb der Abteilung geht vor allem auf Stephanie Lackmann zurück, die erst vor fünf Jahren in das Unternehmen eingetreten ist und im Event Management – auch unabhängig von Automobilen – die Zukunft des Unternehmens sieht.

Der Bereich Vertrieb und Service ist der größte Unternehmensbereich mit etwa 450 Mitarbeitern, davon allein 320 Chauffeure. Neben der Einsatzsteuerung für die Chauffeure ist dieser Bereich für die Pflege und Weiterentwicklung der Kundendatenbank des Unternehmens, für die Kundenbetreuung einschließlich der Gestaltung kundenspezifischer Angebote sowie für den telefonischen Kundenservice zuständig. Insbesondere die Kundendatenbank spielt für den Erfolg der QualityRent AG eine entscheidende Rolle. Sie wird von den einzelnen Kundenbetreuern gepflegt und enthält sehr umfangreiche Informationen über jeden einzelnen Kunden des Unternehmens. Diese Informationen sind unter anderem eine wichtige Basis für die Gestaltung kundenspezifischer Angebote und für die Vorbereitung der Chauffeure auf ihre jeweiligen Aufträge. Wie das Fuhrparkmanagement ist auch der Bereich Vertrieb und Service dezentral organisiert. Chauffeure und Kundenbetreuer sind den 15 Vertriebs- und Servicebüros zugeordnet, die jeweils von einem der Kundenbetreuer geleitet werden. Bereichsleiter für Vertrieb und Service ist Simon Kleeberg, der dem Unternehmen bereits seit 1990 angehört und wesentlichen Anteil am Aufbau der Kundendatenbank des Unternehmens hat. Intern wird er wegen seiner ausgeprägten Ausrichtung auf Anliegen seiner Kunden auch „Mr. Kunde zuerst" genannt. Er ist sich der zentralen Rolle seines Bereichs für das Gesamtunternehmen sehr wohl bewusst und beobachtet insbesondere die Aktivitäten von Stephanie Lackmann mit Argwohn.

Die beiden Abteilungen Personal und IT sowie Finanzen und Controlling sind als interne Dienstleister des Unternehmens zentral in Berlin angesiedelt. Der Bereich Personal und IT mit 15 Mitarbeitern ist insbesondere für die Einstellung neuer Mitarbeiter und die Personalbetreuung zuständig. Die Gehaltsabrechnung ist dagegen ausgelagert. Darüber hinaus spielen arbeitsrechtliche Fragen angesichts der internationalen Struktur der Belegschaft eine wichtige Rolle. Schließlich ist dem Bereich auch die Betreuung der informationstechnischen Infrastruktur des Unternehmens übertragen worden – eine Aufgabe, die angesichts des Wachstums des Unternehmens immer mehr Ressourcen beansprucht und dem Leiter der Abteilung, Fred Kluge, zunehmend über den Kopf wächst.

Der Bereich Finanzen und Controlling schließlich kümmert sich mit zwölf Mitarbeitern um die Finanzierung von Investitionen in neue Fahrzeuge und ist auch für die Buchhaltung zuständig. Darüber hinaus hat sich der Leiter der Abteilung, Klaus Willmann in den vergangenen Jahren intensiv mit der Entwicklung eines leistungsfähigen

Kostenrechnungs- und Finanzmanagementsystems beschäftigt. Auch der Vorstand weiß diese Systeme inzwischen zu schätzen, denn in der Tat haben die Mitarbeiter der QualityRent AG Kunden- und Qualitätsorientierung als zentrale Ziele des Unternehmens sehr gut verinnerlicht – ein Kostenbewusstsein herrscht dagegen kaum. Daraus resultieren natürlich immer wieder Konflikte zwischen Willmann und den anderen Bereichsleitern.

Finanzielle Situation der QualityRent AG

Die Aktivitäten der einzelnen Bereiche der QualityRent AG und ihr Erfolg am Markt spiegeln sich natürlich auch in den finanziellen Ergebnissen wider. So verzeichnete das Unternehmen in den vergangenen Jahren kontinuierlich steigende Umsätze und Gewinne. Im Jahre 2019 lag der Umsatz bei 200,5 Mio. €, und das Unternehmen erzielte einen Jahresüberschuss in Höhe von 10,4 Mio. € – jeweils etwa eine Verdoppelung gegenüber dem Jahr 2015 (Abb. 1.2 und 1.3). Der Brutto-Cashflow des Unternehmens lag im Jahr 2019 bei 43 Mio. €. Gleichzeitig investierte das Unternehmen allein in den Jahren 2018 und 2019 jeweils etwa 35 Mio. € in den Fuhrpark und andere Vermögensgegenstände.

Ein detaillierteres Abbild der finanziellen Lage des Unternehmens bieten die Bilanz sowie die Gewinn- und Verlustrechnung der QualityRent AG zum Jahresende 2019. Aus der Gewinn- und Verlustrechnung lässt sich beispielsweise nicht nur ablesen, dass das Unternehmen mit der Vermietung von Luxusautomobilen und dem Angebot „automobiler Events" einen Umsatz von 200,5 Mio. € und damit zwölf Prozent mehr als im Jahr 2018 erzielt hat, sondern die Gewinn- und Verlustrechnung zeigt auch, wie sich die Aufwendungen des Unternehmens verteilen (Abb. 1.4).

Den mit 85,2 Mio. € größten Aufwandsposten stellen die Materialaufwendungen dar. Hinter diesem Betrag verbergen sich insbesondere Aufwendungen für den Betrieb und die Instandhaltung des Fahrzeugparks, aber auch Leistungen, die im Rahmen des

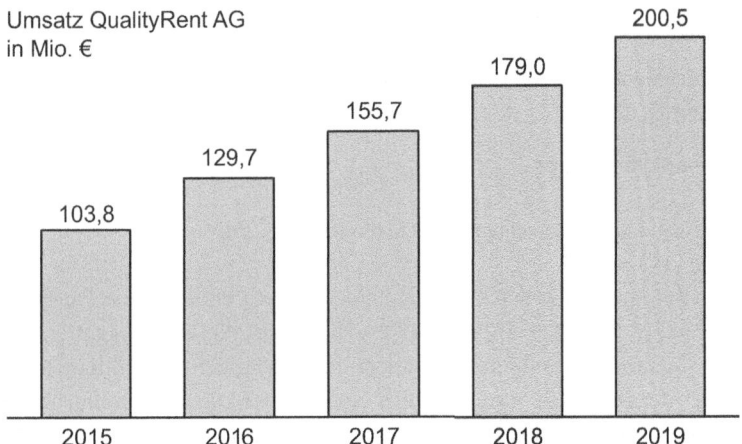

Abb. 1.2 Umsatzentwicklung QualityRent AG 2015–2019

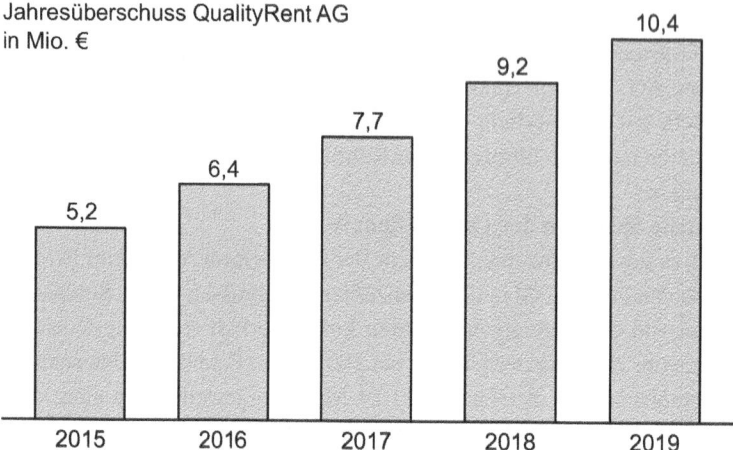

Abb. 1.3   Jahresüberschussentwicklung QualityRent AG 2015–2019

	2019	2018
Umsatzerlöse	**200,5**	**179,0**
Materialaufwendungen	85,2	76,1
Personalaufwendungen	30,4	27,1
Abschreibungen	32,2	28,8
Sonstige betriebliche Aufwendungen	25,7	22,9
EBIT	**27,0**	**24,1**
Zinsen und ähnliche Erträge	0,0	0,0
Zinsen und ähnliche Aufwendungen	3,5	3,1
Ergebnis der gewöhnlichen Geschäftstätigkeit	**23,5**	**21,0**
Steuern vom Einkommen und Ertrag	7,1	6,3
Sonstige Steuern	6,0	5,4
Jahresüberschuss	**10,4**	**9,2**

Abb. 1.4   Gewinn- und Verlustrechnung der QualityRent AG 2019

Angebots „automobiler Events" von Hotels, Caterern und anderen Partnern bezogen werden. Den zweitgrößten Aufwandsblock bilden die Abschreibungen. Die dafür anfallenden 32,2 Mio. € resultieren vor allem aus der großen Anzahl teurer Automobile im Fuhrpark der QualityRent AG, die über einen relativ kurzen Zeitraum abgeschrieben werden. Mehr als 30 Mio. € wendet das Unternehmen jährlich für Gehälter und Personalnebenkosten auf, während die sonstigen betrieblichen Aufwendungen – dazu zählen zum Beispiel Ausgaben für Werbung und die Erstellung kundenspezifischer Angebote, aber auch allgemeine Verwaltungskosten – sich zu 25,7 Mio. € summieren.

Aus der Gegenüberstellung von Umsatz und betrieblichen Aufwendungen resultieren ein EBIT, also ein Ergebnis vor Zinsaufwendungen und Steuern, in Höhe von 27,0 Mio. € und – nach Abzug des Zinsaufwands – ein Ergebnis der gewöhnlichen Geschäftstätigkeit in Höhe von 23,5 Mio. €. Die Steuerbelastung der QualityRent AG im Jahre 2019 betrug insgesamt 13,1 Mio. €.

Während sich aus der Gewinn- und Verlustrechnung das Ergebnis des Unternehmens im Jahr 2019 ablesen lässt, zeigt die Bilanz der QualityRent AG, welche Vermögensgegenstände eingesetzt worden sind, um eben dieses Ergebnis zu erzielen (Abb. 1.5). Eine wertmäßig herausragende Rolle auf der Aktivseite der Bilanz spielt das Anlagevermögen des Unternehmens. Insbesondere die Sachanlagen machen einen Anteil von 77,5 % am Gesamtvermögen aus. Darin spiegelt sich vor allem der Wert des Fahrzeugparks wider.

Im Bereich des Umlaufvermögens sticht der Posten Forderungen und sonstige Vermögensgegenstände hervor. Dahinter stehen im Wesentlichen noch nicht bezahlte Rechnungen von Kunden der QualityRent AG. Dieser Forderungsbestand resultiert überwiegend daraus, dass das Unternehmen seinen Kunden ein Zahlungsziel von vier Wochen einräumt.

- In Mio. €	2019	2018
Anlagevermögen	**103,4**	**93,3**
Immaterielle Vermögensgegenstände	0,0	0,0
Sachanlagen	101,2	91,2
Finanzanlagen	2,2	2,1
Umlaufvermögen	**25,9**	**23,8**
Vorräte	2,8	3,0
Forderungen und sonstige Vermögensgegenstände	18,1	16,2
Wertpapiere	1,5	1,5
Liquide Mittel	3,5	3,1
Rechnungsabgrenzungsposten	**1,2**	**1,1**
Eigenkapital	**43,7**	**42,5**
Gezeichnetes Kapital	12,0	12,0
Kapitalrücklage	20,2	20,2
Gewinnrücklage	1,1	1,0
Gewinn-/Verlustvortrag	0,0	0,0
Jahresüberschuss/-fehlbetrag	10,4	9,3
Sonderposten mit Rücklagenanteil	**0,5**	**0,4**
Rückstellungen	**4,1**	**3,7**
Verbindlichkeiten	**81,6**	**71,1**
Rechnungsabgrenzungsposten	**0,6**	**0,5**
Bilanzsumme	**130,5**	**118,2**

Abb. 1.5 Bilanz der QualityRent AG 2019

Die Passivseite der Bilanz der QualityRent AG zeigt, dass die Finanzierung des Vermögens etwa zu einem Drittel auf Eigenkapital und zu zwei Dritteln auf Fremdkapital basiert. Das gezeichnete Kapital, also der Nennwert der Aktien der QualityRent AG, beträgt 12 Mio. €. Die Kapitalrücklage in Höhe von 20,2 Mio. € resultiert im Wesentlichen aus dem Börsengang des Unternehmens im Jahr 1996 und dem dabei erzielten, über dem Nennwert der Aktien liegenden Verkaufspreis. Die Gewinnrücklage fällt dagegen eher gering aus, da die QualityRent AG die Politik verfolgt, einen wesentlichen Anteil des Jahresüberschusses als Dividende an ihre Aktionäre auszuschütten.

Zur Finanzierung der Investitionen in den Fahrzeugpark greift die QualityRent AG in erheblichem Umfang auf Bankkredite zurück. Dementsprechend liegen die Verbindlichkeiten des Unternehmens bei 81,6 Mio. €. Insgesamt zeichnen Bilanz und Gewinn- und Verlustrechnung ein recht positives Bild der finanziellen Lage der QualityRent AG, und auch die Führung des Unternehmens ist mit der derzeitigen Ergebnissituation sehr zufrieden.

Führung der QualityRent AG

Die QualityRent AG wird auch 35 Jahre nach ihrer Gründung noch immer von Peter Körber geleitet – heute allerdings an der Spitze eines dreiköpfigen Vorstandsteams. Trotz der Größe, die das Unternehmen inzwischen erreicht hat, legt Körber, wie in den Anfangsjahren des Unternehmens, noch immer sehr viel Wert auf eine gute persönliche Beziehung zu Mitarbeitern und Führungskräften seines Unternehmens. Häufig findet man ihn in Gesprächen mit einzelnen Mitarbeitern. Auch die Vertriebs- und Servicebüros besucht er in regelmäßigen Abständen, und obwohl das Unternehmen inzwischen fast 600 Mitarbeiter beschäftigt, kennt er jeden von ihnen namentlich. Durch solche und andere Gesten hat sich der „familiäre" Charakter des Unternehmens und mit ihm auch die Kultur der ausgeprägten Kunden- und Qualitätsorientierung über die Zeit hinweg bewahrt.

Peter Körbers Tätigkeitsspektrum hat sich im Laufe der Zeit jedoch sehr stark verändert. Im Gegensatz zu den Gründungsjahren des Unternehmens, als Körber sich vor allem um die Kundenakquisition, aber auch um die Beschaffung neuer Fahrzeuge und die Gestaltung von Angeboten gekümmert hat, überlässt er das operative Geschäft heute seinen Bereichsleitern. Konflikte sollen diese möglichst untereinander lösen. Nur im Ausnahmefall greift der Vorstand in das Tagesgeschäft ein.

Körber und seine zwei Vorstandskollegen sehen ihre Aufgabe eher darin, Entscheidungen über die zukünftige Entwicklung der QualityRent AG zu fällen, um so den Erfolg des Unternehmens langfristig sicherzustellen. In der Tat steht der Vorstand hier vor einigen wichtigen Aufgaben. So sind Körber und seine Kollegen davon überzeugt, dass die QualityRent AG nur dann in der Lage sein wird, weiter erfolgreich zu wachsen, wenn das Unternehmen sein Tätigkeitsspektrum erweitert und neben Privatkunden auch Geschäftskunden, also Unternehmen, gewinnt. Die QualityRent AG plant daher, Fahrdienste für Vorstände großer Konzerne zu übernehmen. Außerdem soll der Bereich Event Management weiter ausgebaut werden.

Um diese Pläne erfolgreich umzusetzen, sind flankierende Maßnahmen notwendig. So erfordert die Einführung eines Fahrdienstes Investitionen in den Fuhrpark sowie die

Einstellung zusätzlichen Personals. Darüber hinaus stellt sich die viel grundlegendere Frage, ob mit der bestehenden Struktur des Unternehmens eine derartige Ausweitung des Leistungsspektrums erfolgreich umgesetzt werden kann. Körber und seine Kollegen denken in diesem Zusammenhang über die Einführung von Produktbereichen für Autovermietung, Event Management und Fahrdienst in Ergänzung oder als Ersatz für die bestehende funktionale Struktur nach. Außerdem diskutiert der Vorstand intensiv über die Frage, wie bei weiterem Wachstum Einsatzbereitschaft und Qualifizierung der Mitarbeiter sichergestellt werden können, die für die QualityRent AG eine große Rolle spielen. Nicht zuletzt ist wohl ein weiterer Ausbau des bestehenden Kostenrechnungs- und Finanzmanagementsystems notwendig, damit der Vorstand auch weiterhin den Überblick über das immer komplexer werdende Unternehmen behält. ◄

Das Beispiel der QualityRent AG lässt erkennen, dass ein Unternehmen eine ganze Reihe von interessanten Merkmalen besitzt: die Produkte und Leistungen, die erbracht werden, die Märkte, auf denen das Unternehmen tätig ist, die Menschen, die im Unternehmen arbeiten und deren Beziehungen, die Organisation des Unternehmens, seine Rechtsform und Standortstruktur und natürlich seine finanzielle Situation, um nur einige zu nennen. Sich zur gleichen Zeit mit allen diesen Merkmalen auseinanderzusetzen, gelingt in den meisten Fällen nicht. Deshalb erfolgt die Betrachtung von Unternehmen in der Realität immer aus unterschiedlichen, vereinfachenden Blickrichtungen, die jeweils nur ausgewählte Teilaspekte des Gesamtphänomens Unternehmen in den Mittelpunkt stellen. Welche Teilaspekte dies sind, hängt von den Zielen und Interessen des jeweiligen Betrachters ab.

Betrachtet man ein Unternehmen beispielsweise aus der Perspektive der *Organisationspsychologen*, so interessiert vor allem das Verhalten von Individuen und Gruppen im Unternehmen. Aus dieser verhaltenswissenschaftlichen Perspektive werden etwa Interaktions- und Entscheidungsprozesse oder Konflikte zwischen Einzelpersonen bzw. Gruppen im Unternehmen analysiert. Eine andere Gruppe, die *Organisationssoziologen*, beschäftigen sich demgegenüber mit dem Zusammenspiel von Institutionen innerhalb und außerhalb von Unternehmen. Aus ihrer Perspektive wird unter anderem die Interaktion von Unternehmensspitze und Betriebsrat behandelt oder es werden die Konflikte zwischen Unternehmen und Gewerkschaften untersucht. *Juristen* wiederum interessieren sich vor allem für das Unternehmen als Rechtspersönlichkeit und sie beschäftigen sich aus ihrer juristischen Perspektive zum Beispiel mit der Gestaltung der Rechtsform, dem Vertragswesen oder der Produkthaftung von Unternehmen.

Dieses Buch über Unternehmensführung nimmt einen betriebswirtschaftlichen Blickwinkel ein. Dementsprechend spielen Institutionenkonflikte oder rechtliche Fragen nur am Rande eine Rolle. Vielmehr stehen für *Betriebswirte* vor allem zwei Fragen im Mittelpunkt, wenn sie sich mit Unternehmen auseinandersetzen:

• Wie erstellt und vermarktet ein Unternehmen seine Produkte und Leistungen *(realwirtschaftliche Perspektive)*?

- Welche finanziellen Konsequenzen hat die Tätigkeit des Unternehmens *(finanzwirtschaftliche Perspektive)*?

Aus diesen beiden Perspektiven, die für die Betriebswirtschaftslehre zentral sind, lässt sich eine (betriebswirtschaftliche) Vorstellung davon ableiten, was ein Unternehmen ist und welche Merkmale es kennzeichnen.

1.1.1 Merkmale eines Unternehmens – die realwirtschaftliche Perspektive

Aus der realwirtschaftlichen Perspektive ist ein Unternehmen eine wirtschaftliche Einheit, in der Produkte und Dienstleistungen erstellt und vermarktet werden, um damit bestimmte Ziele zu erreichen.

Dementsprechend ist das *Leistungsangebot* ein zentrales betriebswirtschaftliches Merkmal eines jeden Unternehmens. Das Leistungsangebot kann sich aus Produkten und Dienstleistungen zusammensetzen – man spricht auch von materiellen und immateriellen Gütern. Sie werden direkt für Privatpersonen erbracht (Konsumgüter) oder zunächst an andere Unternehmen geliefert (Investitionsgüter), welche diese weiterverarbeiten. So entstehen unternehmensübergreifende Leistungs- oder Wertschöpfungsketten. Ein Unternehmen ist folglich eine Einheit, die Güter zur Fremdbedarfsdeckung anbietet; hierdurch unterscheidet es sich beispielsweise von einem städtischen Eigenbetrieb oder einem Privathaushalt (vgl. Hahn und Hungenberg 2001).

Welche Produkte und Dienstleistungen angeboten werden, ist eine bewusste Entscheidung des Unternehmens, die teilweise durch die Entwicklungsgeschichte des Unternehmens geprägt wird, sich in erster Linie aber aus seinen *Zielen* ableitet. Ziele sind ganz wichtige betriebswirtschaftliche Merkmale von Unternehmen, da man das Handeln eines Unternehmens nur dann beurteilen kann, wenn man weiß, was mit diesem Handeln erreicht werden soll.

Unter den Zielen von Unternehmen spielt im Allgemeinen das Streben nach ökonomischem Erfolg, wie auch immer dieser im Konkreten gemessen wird, eine zentrale Rolle. Dadurch unterscheidet sich ein Unternehmen beispielsweise von einer öffentlichen Einrichtung, die in erster Linie gesellschaftliche oder soziale Ziele anstrebt. Aber auch in Unternehmen werden zum Teil andere Ziele verfolgt. Diese können dem Erfolgsziel untergeordnet sein – wie das Ziel Kundenzufriedenheit, das in einer positiven Beziehung mit dem ökonomischen Erfolg steht: Wenn die Kundenzufriedenheit gesteigert wird, verbessert sich (in der Regel) auch der ökonomische Erfolg. Weitere Ziele in Unternehmen können aber auch Nebenziele oder Nebenbedingungen sein, die parallel zu dem Streben nach ökonomischem Erfolg erfüllt werden müssen (zum Beispiel Liquiditätssicherung) oder sollen (zum Beispiel Arbeitsplatzsicherung).

Neben seinem Leistungsangebot und seinen Zielen sind seine *Ressourcen* ein drittes, wichtiges Merkmal eines Unternehmens. Zu den Ressourcen eines Unternehmens zählen alle materiellen und immateriellen Vermögensgegenstände, über die ein Unternehmen verfügt, also zum Beispiel Maschinen und Anlagen, sonstige Einrichtungsgegenstände oder finanzielle Mittel, aber auch das Wissen und die Fähigkeiten der Menschen, die in dem Unternehmen arbeiten. Erst durch das Zusammenspiel der einzelnen Ressourcen entsteht arbeitsteilig das Leistungsangebot des Unternehmens.

Dementsprechend ist *Arbeitsteilung* ein weiteres wichtiges Merkmal von Unternehmen. Arbeitsteilung bedeutet in diesem Zusammenhang, dass Menschen und andere Ressourcen jeweils einzelne Teilaufgaben im gesamten Prozess der Erstellung und Vermarktung der Produkte und Leistungen eines Unternehmens erfüllen. Wie die Arbeitsteilung in einem Unternehmen konkret erfolgt, kommt in seiner *Organisation* und seinen *Prozessen* zum Ausdruck. Die Organisation ist nämlich nichts anderes als eine Untergliederung des Unternehmens in *Teilbereiche*, innerhalb derer Mitarbeiter mit ähnlichen Teilaufgaben zusammengefasst werden. So findet in Automobilunternehmen wie der BMW AG oder der Audi AG meist eine Gliederung in die Teilbereiche Forschung und Entwicklung, Beschaffung, Produktion, Marketing, Vertrieb und Service statt, weil diese Art der Arbeitsteilung als sinnvoll erachtet wird, um Automobile erfolgreich herzustellen und zu verkaufen.

Systemtheorie

Wissenschaftliche Grundlage des betriebswirtschaftlichen Unternehmensverständnisses ist die so genannte Systemtheorie, die in den siebziger Jahren maßgeblich von Ulrich geprägt worden ist.

Die Systemtheorie ist zunächst ein allgemeines Denkmodell, das auf beliebige Betrachtungsgegenstände bezogen werden kann. So kann der menschliche Körper, die natürliche Umwelt oder der Verkehrsfluss auf Autobahnen genauso als System interpretiert werden wie ein Unternehmen. Alle diese Systeme zeichnen sich dadurch aus, dass es verschiedene Elemente gibt, zwischen denen Beziehungen bestehen. Elemente und Beziehungen können verschiedenster Art sein. Ein System kann verschiedene Teilsysteme enthalten und selbst Teil eines anderen Systems (Umsystem) sein.

Bezieht man die Systemtheorie auf Unternehmen, so werden diese als offene, sozio-technische Systeme gekennzeichnet, in denen Menschen und Maschinen die (Potenzial-)Elemente sind, die Aktionen an Objekten (Sachgüter, Nominalgüter, Informationen) ausüben, um bestimmte Ziele zu erreichen. Dementsprechend interessieren aus Sicht der Systemtheorie vor allem die Ziele (das Zielsystem) eines Unternehmens, das so genannte Potenzial- und Aktionssystem, das sich in der Organisation des Unternehmens ausdrückt, sowie die Beziehungen des Systems Unternehmen zu seiner Umwelt.

Der systemtheoretische Ansatz hat für die Betriebswirtschaftslehre große Bedeutung. Die Betrachtung des Unternehmens als System ermöglicht es, das Unternehmen sowie die Beziehungen zwischen dem Unternehmen und seiner Umwelt in einer vereinfachten, aber dennoch ganzheitlichen Sichtweise abzubilden.

Literatur: Ulrich 1970

Arbeitsteilung findet jedoch nicht nur innerhalb von Unternehmen statt. Vielmehr erbringt kein Unternehmen – egal wie groß es ist – alle Teilleistungen selbst, die notwendig sind, um verkaufsfähige Produkte für Kunden zu erstellen. Daher herrscht auch zwischen Unternehmen Arbeitsteilung, und jedes Unternehmen muss für sich entscheiden, welche der insgesamt zur Erstellung seiner Produkte und Leistungen notwendigen Teilleistungen intern erbracht und welche von Externen hinzugekauft werden sollen. So können die unterschiedlichsten Materialien oder Teilprodukte, aber auch Dienstleistungen, wie beispielsweise die Postbeförderung oder die Steuerberatung, „fremdbeschafft" werden.

Die Arbeitsteilung in Unternehmen hat allerdings noch einen Nebeneffekt, der bei der in der Betriebswirtschaftslehre verbreiteten, systemtheoretischen Betrachtung von Unternehmen häufig übersehen wird. Menschen, die ganz wesentlich für die arbeitsteilige Durchführung aller Aktivitäten in einem Unternehmen sind, verfolgen nämlich bei der Erfüllung ihrer Aufgaben in der Regel auch eigene Ziele und Interessen, die nicht unbedingt mit den übergeordneten Zielen des Unternehmens übereinstimmen müssen und die zu Konflikten innerhalb des Unternehmens führen bzw. dessen Effizienz beeinträchtigen können. Solche abweichenden Ziele und Interessen einzudämmen, ist eine ganz wesentliche Aufgabe der Unternehmensführung.

Beispiel

Arbeitsteilung bei QualityRent

Die QualityRent AG vermietet Luxusautomobile und organisiert „automobile Events", um damit Gewinne zu erzielen. Dafür sind die drei operativen Bereiche Fuhrparkmanagement, Marketing und Event Management sowie Vertrieb und Service zuständig, die von den Bereichen Personal und IT sowie Finanzen und Controlling unterstützt werden. Alle fünf Bereiche der QualityRent AG haben unterschiedliche Aufgaben und sind mit unterschiedlichen Ressourcen ausgestattet. So ist der Bereich Fuhrparkmanagement vor allem für die Bereitstellung von Luxusautomobilen verantwortlich und kann dabei unter anderem auf 60 Ingenieure und Mechaniker zurückgreifen. Der Bereich Vertrieb und Service ist demgegenüber unter anderem für die Kundendatenbank sowie die Kundenbetreuung zuständig und hat dafür insgesamt 450 Mitarbeiter mit ganz unterschiedlichen Qualifikationen zur Verfügung.

Aber nicht nur Aufgaben und Ressourcen der fünf Bereiche unterscheiden sich. Vielmehr verfolgen die Bereiche bzw. deren Leiter auch teilweise unterschiedliche Ziele. So legt Paul Steger, der Leiter des Bereichs Fuhrparkmanagement, sehr viel Wert auf hohe Wartungsqualität und exklusive Automobile. Klaus Willmann, der Leiter des Bereichs Finanzen und Controlling, versucht dagegen, eine stärkere Kostenorientierung im Unternehmen zu verankern. Stephanie Lackmann wiederum, die Leiterin des Bereichs Marketing und Event Management, möchte die Position des Event Managements im Unternehmen stärken – ein Ziel, das weder vom Fuhrparkmanagement noch vom Bereich Vertrieb und Service geteilt wird. Peter Körber ist an dieser Stelle natürlich gefordert, wieder eine einheitliche Zielorientierung im Unternehmen herzustellen. ◀

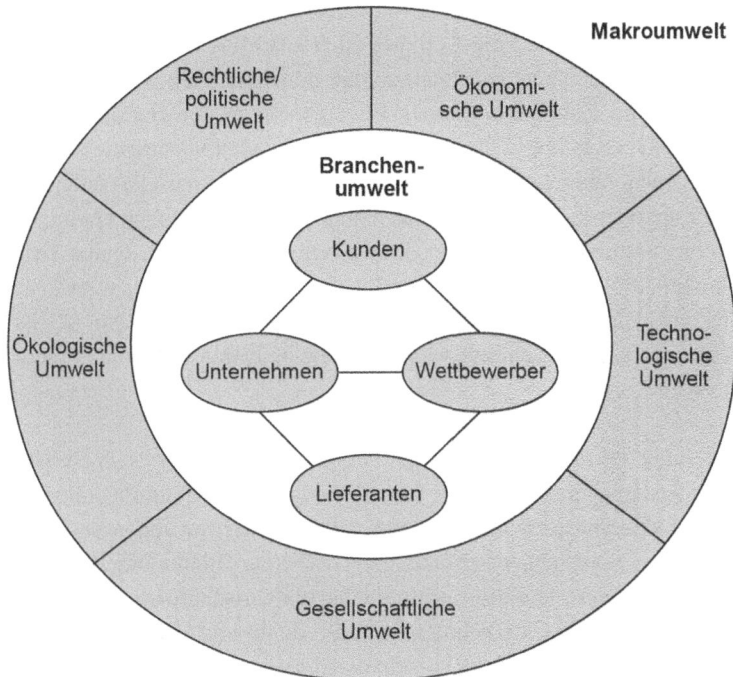

Abb. 1.6 Arten von Unternehmensumwelten

Obwohl ein Unternehmen sich bei seinen Handlungen zunächst an seinen Zielen orientiert, ist es auch (in unterschiedlichem Umfang) von seiner *Umwelt* abhängig. Jedes Unternehmen ist Teil seiner Umwelt und wird von dieser beeinflusst. In der Regel werden dabei zwei Arten von Umwelten unterschieden, in die ein Unternehmen eingebunden ist: die Makroumwelt und die Branchenumwelt (Abb. 1.6).

Die *Makroumwelt* schließt solche Faktoren ein, die in gleicher Weise auf alle Unternehmen einer Branche wirken und von diesen nicht beeinflusst werden können. Dazu zählen im Wesentlichen politisch-rechtliche, ökonomische, technologische, gesellschaftliche sowie ökologische Einflüsse. Als *Branchenumwelt* wird dagegen das unmittelbare Wettbewerbsumfeld eines Unternehmens bezeichnet. Dazu zählen unter anderem Kunden, Lieferanten und Wettbewerber. Sie können direkt beeinflussen, wie ein Unternehmen seine Produkte und Leistungen vermarkten kann; auf sie kann das Unternehmen andererseits aber auch selbst einen direkten Einfluss ausüben.

Beispiel

Die Umwelt der QualityRent AG

Auch für die QualityRent AG sind die wichtigen Umweltbereiche und deren Einflüsse klar erkennbar. So besitzt das Unternehmen eine kleine, aber stetig wachsende Zahl sehr treuer Kunden. Deren Bedürfnisse zu verstehen, ist eine Existenzvoraussetzung für das Unternehmen. Die Bedeutung von Wettbewerbern ist zurzeit eher gering. Allerdings stellt sich immer die Frage, ob dies auch zukünftig so bleibt. Entwicklungen in der Makroumwelt scheinen das Unternehmen im Moment eher zu begünstigen. So ist beispielsweise die Zahl vermögender Privatpersonen, der Hauptkundengruppe der QualityRent AG, nicht nur in Deutschland, sondern auch in anderen Teilen Europas in den vergangenen Jahrzehnten stark angestiegen. Technologische Veränderungen wie Digitalisierung oder E-Mobilität sind absehbar. Dementsprechend hat die QualityRent AG mit einem Umbau ihrer Fahrzeugflotte begonnen und z.B. einige Tesla-Modelle aufgenommen. Politisch-rechtliche Einflüsse gibt es, wenn man etwa an die Verschärfung von Umweltschutzgesetzen denkt, aber die QualityRent AG ist in ihrem Marktsegment davon wesentlich weniger stark betroffen als manche andere Unternehmen. ◀

Die Darstellung der realwirtschaftlichen Perspektive zeigt, dass sich ein Unternehmen aus Sicht der Betriebswirtschaftslehre vor allem durch sein Produkt- und Leistungsangebot, seine Ziele, seine Ressourcen – einschließlich der mit ihnen verbundenen Aufgaben, Aufgabenbereiche und Arbeitsabläufe – sowie der Einbindung des Unternehmens in seine Umwelt definiert. Um die Kernfrage der realwirtschaftlichen Perspektive – Wie erstellt und vermarktet ein Unternehmen seine Produkte und Dienstleistungen? – zu beantworten, befasst sich die Betriebswirtschaftslehre mit diesen verschiedenen Aspekten der realen Leistungserstellung und -vermarktung. Welche Rolle dabei die Unternehmensführung spielt, wird im Kap. 1.2 beantwortet.

1.1.2 Merkmale eines Unternehmens – die finanzwirtschaftliche Perspektive

Die finanzwirtschaftliche Perspektive ist das Spiegelbild der realwirtschaftlichen Sicht. Sie untersucht, welche finanziellen Auswirkungen die reale Unternehmenstätigkeit hat.

Für die Betriebswirtschaftslehre ist die finanzwirtschaftliche Perspektive vor allem aus zwei Gründen von besonderer Bedeutung. Zum ersten kann finanzieller Misserfolg in Form von Zahlungsunfähigkeit oder Überschuldung zur Insolvenz und damit letztlich zur Auflösung eines Unternehmens führen. Um derartige Ereignisse zu vermeiden, ist eine genaue Kenntnis der finanziellen Situation des Unternehmens zwingend. Zum zweiten geht die Betriebswirtschaftslehre davon aus, dass das Streben nach ökonomischem Erfolg ein zentrales Motiv menschlichen Handelns in Unternehmen ist. Ökonomischer Erfolg wird aber stets in finanziellen Größen gemessen. Daher ist die Betrachtung des finanziellen Erfolgs von Unternehmen eine ganz wichtige Voraussetzung, um die Prozesse der Leistungserstellung und -vermarktung auf dieses Ziel ausrichten zu können.

Um ein Unternehmen aus der finanzwirtschaftlichen Perspektive abzubilden, hat die Betriebswirtschaftslehre drei so genannte *Rechenkreise* geschaffen, die gemeinsam ein vollständiges Abbild der finanziellen Auswirkungen des Unternehmensgeschehens er-

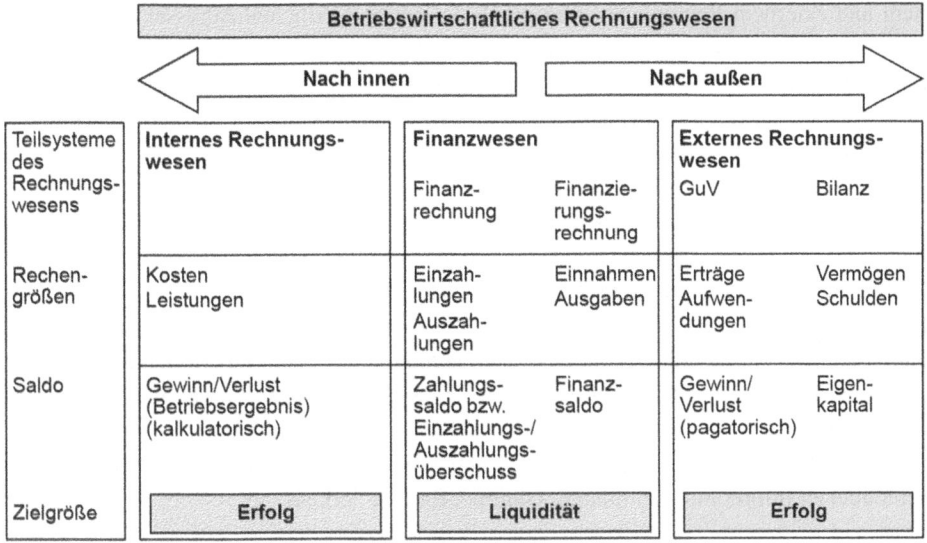

Abb. 1.7 Betriebswirtschaftliche Rechenkreise (Hungenberg und Kaufmann 2001)

möglichen sollen (Abb. 1.7). Diese drei Rechenkreise sind das externe Rechnungswesen, das interne Rechnungswesen sowie das Finanzwesen (vgl. Hungenberg und Kaufmann 2001).

Aus Sicht des *externen Rechnungswesens*, auch bilanzielle Ergebnisrechnung genannt, interessiert vor allem der Gewinn (oder Verlust) des Unternehmens in einem bestimmten Zeitraum. Er ergibt sich einerseits als Differenz der Erträge und Aufwendungen in diesem Zeitraum, andererseits ergibt er sich durch den Vergleich der Vermögenswerte des Unternehmens am Beginn und zum Ende des betrachteten Zeitraums. Folglich sind Gewinn- und Verlustrechnung (GuV) sowie Bilanz die wesentlichen Elemente des externen Rechnungswesens. In der GuV werden Erträge und Aufwendungen gezeigt; die Bilanz listet auf der Aktivseite die Vermögensgegenstände auf und zeigt auf der Passivseite, welche Eigen- und Fremdkapitalgeber Anspruch auf diese Vermögensgegenstände haben.

Das *interne Rechnungswesen*, auch kalkulatorische Ergebnisrechnung oder Kosten- und Leistungsrechnung genannt, bietet ein dem externen Rechnungswesen recht ähnliches Bild der finanziellen Situation eines Unternehmens. Unterschiede zwischen den beiden Rechenkreisen beruhen auf möglichen inhaltlichen Abweichungen zwischen Kosten und Aufwendungen sowie Leistungen und Erträgen (vgl. Coenenberg et al. 2012). Diese begründen sich zum einen dadurch, dass im internen Rechnungswesen nur betrieblich veranlasste Zahlungsgrößen erfasst werden, Zahlungen infolge von nicht-betriebsnotwendigen Vorgängen jedoch nicht (etwa neutraler Aufwand für Wertpapierverluste). Zum anderen können Ansatz- und Bewertungsvorschriften des externen Rechnungswesens, von denen im internen Rechnungswesen abgewichen wird, wenn diese Vorschriften nicht zu betriebswirtschaftlich sinnvollen Wertansätzen führen (wie bei Abschreibungen), für Unterschiede verantwortlich sein. Letztlich erklären sich die Unterschiede zwischen internem und externem Rechnungswesen durch die unterschiedlichen Adressaten der beiden Rechnungskreise: Das externe Rechnungswesen bereitet Informationen so auf, wie sie für Außenstehende (etwa Gläubiger, Lieferanten, Kunden, Staat) von Interesse sind. Das interne Rechnungswesen hingegen dient dazu, das Management des Unternehmens mit den Informationen auszustatten, die für die Führung des Unternehmens benötigt werden.

Das *Finanzwesen* bzw. die Finanzrechnung schließlich eröffnet einen anderen Blickwinkel auf ein Unternehmen als das externe oder das interne Rechnungswesen. Es stellt nicht auf den finanziellen Erfolg der Unternehmenstätigkeit ab, sondern dient dazu, die Liquidität des Unternehmens – seine Zahlungsfähigkeit zu jedem Zeitpunkt – zu garantieren. Die wesentlichen Komponenten des Finanzwesens sind dementsprechend die Einzahlungen und Auszahlungen, die ein Unternehmen in bestimmten Perioden tätigt.

Insgesamt bildet die finanzwirtschaftliche Perspektive also Informationen über die finanziellen Konsequenzen der Unternehmensaktivitäten ab – dies wiederum in einer differenzierten Form, die sich durch die verfolgten Ziele (Erfolg, Liquidität) und die unterschiedlichen Informationsempfänger (Interne, Externe) erklärt.

Beispiel

Die QualityRent AG aus finanzwirtschaftlicher Sicht

Aus Sicht des externen Rechnungswesens stellt sich die QualityRent AG als ein Unternehmen dar, das im Jahre 2019 bei einem Umsatz in Höhe von 200,5 Mio. € einen Jahresüberschuss in Höhe von 10,4 Mio. € erzielt hat. Auf der Vermögensseite seiner Bilanz steht ein hoher Anteil von Sachanlagen (101,2 Mio. €), vor allem in Form von wertvollen Luxusautomobilen. Auf der Passivseite stehen 43,7 Mio. € Eigenkapital etwas mehr als 85 Mio. € Fremdkapital gegenüber. Über mögliche Abweichungen von diesen Werten im internen Rechnungswesen liegen uns zurzeit keine Informationen vor. Aus Sicht des Finanzwesens interessieren zum Beispiel Investitionen in Fahrzeuge und andere Vermögensgegenstände, die im Jahr 2019 zu Auszahlungen in Höhe von 35 Mio. € geführt haben. Wichtig ist auch der Brutto-Cashflow, also der Zufluss liquider Mittel aus der Unternehmenstätigkeit, der im Jahr 2019 43 Mio. € beträgt. ◄

Die finanzwirtschaftliche Perspektive steht in einer sehr engen Beziehung zur realwirtschaftlichen Perspektive der Betriebswirtschaftslehre: Jede reale Aktivität eines Unternehmens hat letztlich auch finanzielle Konsequenzen. Und die finanzielle Situation kann wiederum das reale Handeln des Unternehmens beeinflussen, wenn etwa Liquiditätsengpässe bestimmte Maßnahmen erzwingen (oder verhindern). Ein wirklich umfassendes Verständnis der Situation und des Handelns eines Unternehmens erfordert daher immer ein gemeinsames Betrachten beider Perspektiven von Unternehmen.

Letztlich ist ein Unternehmen aus betriebswirtschaftlicher Sicht also eine Einheit, die 1) Produkte und Dienstleistungen erstellt und vermarktet und dabei 2) von bestimmten Zielen geleitet wird. Um die Unternehmenstätigkeiten durchzuführen, setzt das Unternehmen 3) Ressourcen ein, die notwendige Leistungen arbeitsteilig erbringen. Das Unternehmen ist 4) Teil seiner Umwelt und wird von dieser beeinflusst. Alles Unter-

nehmenshandeln schlägt sich 5) in Zahlungsgrößen nieder, aus denen der finanzielle, ökonomische Erfolg des Unternehmens abgelesen werden kann.

1.2   Was ist Unternehmensführung?

Im vorangegangenen Abschnitt ist deutlich geworden, dass ein Unternehmen ein relativ
komplexes Gebilde sein kann. Es setzt sich im Allgemeinen aus mehreren Teilbereichen
zusammen, in denen Menschen arbeiten, die unterschiedliche Aufgaben erfüllen, die mit
unterschiedlichen Situationen konfrontiert sind und zumindest in Teilen auch unterschiedliche Ziele verfolgen. Mit dieser *Arbeitsteilung* sind bedeutende Spezialisierungsvorteile
verbunden, aber auch die Gefahr, dass sich die verschiedenen Menschen in ihrem Handeln
„verselbstständigen".

Damit ein Unternehmen dennoch als Ganzes seine Aufgaben bestmöglich erledigen
und seine Ziele erreichen kann, muss das Handeln der unterschiedlichen Menschen im
Unternehmen koordiniert werden. *Koordination* bedeutet dabei zweierlei. Zum einen soll
das Handeln aller Menschen im Unternehmen auf ein gemeinsames Ziel ausgerichtet werden: den Erfolg des Unternehmens. Zum anderen sollen die Menschen bei der Aufgabenerfüllung immer wieder so beeinflusst werden, dass sie ihren Teil der Aufgaben im Unternehmensverbund zweckmäßig wahrnehmen, sich in ihrem täglichen Handeln untereinander
abstimmen und so insgesamt die Unternehmensaufgaben effizient erfüllt werden.

Beispiel

Koordinationsbedarf bei der QualityRent AG

Die QualityRent AG setzt sich aus fünf Teilbereichen zusammen. Diese Teilbereiche
haben unterschiedliche Aufgaben, die teilweise zu gegenläufigen Zielen und Hand-
lungsschwerpunkten führen. So ist beispielsweise der Bereich Vertrieb und Service vor
allem daran interessiert, die Anliegen der Kunden zu erfüllen – „koste es, was es wolle".
Damit kommt er gelegentlich in Widerspruch zu den Zielen des Fuhrparks, wo man im
Interesse einer bestmöglichen Auslastung auch mal einem Kunden ein Fahrzeug anbieten würde, das nicht ganz optimal zu dessen Bedürfnissen passt. Andererseits ist
man im Fuhrparkmanagement an einer sehr hohen Wartungsqualität und besonders exklusiven Automobilen interessiert. Ob die maximale Qualität ökonomisch immer sinnvoll ist, wird nicht hinterfragt. Im Bereich Finanzen und Controlling wird aber genau in
dieser Frage eine zentrale Herausforderung des Unternehmens gesehen. Folglich versucht man dort, Maßnahmen zur Kostensenkung in allen Unternehmensbereichen zu
initiieren. Deshalb ist man auch im Finanz- und Controllingbereich nicht unbedingt
an einer stärkeren Ausweitung des Geschäfts mit „Events" interessiert. Stephanie Lackmann, die Leiterin des Bereichs Marketing und Event Management, möchte aber gerade erreichen, dass das Unternehmen seinen Tätigkeitsschwerpunkt mehr auf das
Event Management verlagert. ◄

Beide Aspekte der Koordination ergeben sich in der Regel nicht automatisch. Jedes Unternehmen benötigt daher einige Menschen, welche die notwendigen Koordinationsaufgaben übernehmen. Man nennt diese Menschen die Unternehmensführung – *Unternehmensführung als Institution*. Die Tätigkeiten, die diese Menschen durchführen, nennt man ebenfalls Unternehmensführung – *Unternehmensführung als Funktion*. In diesem Buch soll daher die Unternehmensführung aus zwei Dimensionen betrachtet werden, die im Folgenden näher beschrieben werden.

1.2.1   Unternehmensführung als Institution

Unternehmensführung bedeutet also, dass einige Menschen im Unternehmen die Aufgabenerfüllung anderer Menschen koordinieren. Unternehmensführung ist folglich ein „Einflusshandeln" – eine Einflussnahme auf Menschen (vgl. Hungenberg 2014).

Menschen, die Einfluss auf andere ausüben, damit diese sich im Interesse des Gesamtunternehmens verhalten, findet man in allen Bereichen und auf allen Hierarchiestufen eines Unternehmens. Man nennt sie die *Unternehmensführung* (als Institution), wenn sie auch aufgrund rechtlicher oder organisatorischer Regelungen legitimiert sind, Einfluss auf andere auszuüben. Ihre Legitimation manifestiert sich letztlich in der Befugnis, anderen Personen Weisungen zu erteilen, denen diese zu folgen verpflichtet sind (vgl. Gutenberg 1962). Nicht zur Unternehmensführung zählen hingegen jene Menschen, die Einfluss auf andere besitzen, ohne dazu formal legitimiert zu sein – also etwa Vorbilder und Meinungsführer, aber auch interne Promotoren, Berater oder (Fremd-)Kapitalgeber.

Mitglieder der Unternehmensführung, die dauerhaft in einem Unternehmen tätig sind, bezeichnet man als die interne Führung – auch *Führungskräfte* oder *Manager* genannt. Demgegenüber sind Vertreter der externen Führung nicht dauerhaft im Unternehmen tätig, sondern gehören vorgeschalteten Gremien wie etwa der Hauptversammlung oder dem Aufsichtsrat an. Gleichwohl nehmen auch sie Führungsaufgaben wahr (vgl. Hahn und Hungenberg 2001).

Bei den Mitgliedern der internen Führung, die laufend im Unternehmen tätig sind, werden entsprechend der hierarchischen Gliederung mehrere *Führungsebenen* unterschieden (Abb. 1.8). Vereinfacht spricht man auch von einer oberen, mittleren und unteren Ù – oder vom „Top, Middle und Lower Management". Führungskräfte auf der unteren Ebene („Lower Management") arbeiten unmittelbar mit Mitarbeitern ohne Führungsfunktion zusammen. Hierzu zählen etwa Meister in Fertigungsbereichen, Gruppenleiter in der Verwaltung oder Leiter von Vertriebsregionen. Ihnen sind die Führungskräfte auf mittleren Führungsebenen („Middle Management") übergeordnet, wobei ein Unternehmen – je nach Größe und Komplexität – eine oder mehrere mittlere Führungsebenen haben kann. Die Führungskräfte auf der oberen Führungsebene („Top Management") sind schließlich dadurch gekennzeichnet, dass sie Führungsfunktionen für das Gesamtunternehmen wahrnehmen. Hierzu zählt in jedem Fall der Vorstand bzw. die Geschäftsführung des Unternehmens. Aber zumindest bei Großunternehmen (wie Siemens oder Daimler) würde man

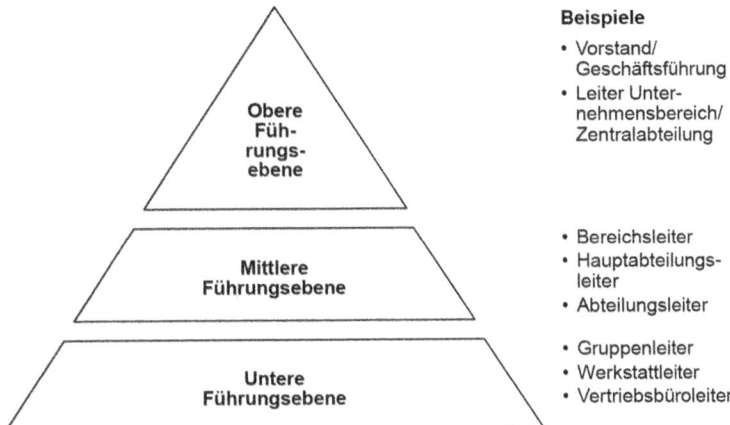

Abb. 1.8 Ebenen der Unternehmensführung

auch die zweite Führungsebene, also die Leiter von Unternehmensbereichen oder wichtigen Zentralabteilungen, als „Top Management" bezeichnen.

Führungsebenen bei der QualityRent AG

Auch bei QualityRent werden Führungsaufgaben von Führungskräften auf unterschiedlichen Führungsebenen wahrgenommen. Zu nennen ist zum einen die untere Führungsebene, was im Falle der QualityRent AG Werkstatt- und Gruppenleiter sowie Vertriebs- und Servicebüroleiter sind. Die mittlere Führungsebene wird bei QualityRent von den Bereichsleitern gebildet, die für das Fuhrparkmanagement, Marketing und Event Management, Vertrieb und Service, Personal und IT sowie Finanzen und Controlling verantwortlich sind. Zum oberen Management zählt hier der Vorstand des Unternehmens – also die Herren Körber, Schuster und Klein. ◄

1.2.2 Unternehmensführung als Funktion

Der Begriff Unternehmensführung steht jedoch nicht nur für die Personen, die ein Unternehmen führen, sondern auch für deren Handeln selbst. Man spricht deshalb auch von der Unternehmensführung als Funktion oder Tätigkeit. Der Begriff *Management* wird oft als Synonym hierfür verwendet.

Im Mittelpunkt des Führungshandelns stehen *Entscheidungen*, die festlegen, wie die Arbeit der Menschen im Unternehmen koordiniert und die Entwicklung des Unternehmens geprägt werden soll (vgl. Heinen 1971). Die eigentlichen Tätigkeiten der Unternehmensführung werden deswegen meist in Form eines *Entscheidungsprozesses* beschrieben, der kennzeichnet, wie die Unternehmensführung Entscheidungen fällt und verwirklicht. Typischerweise verwendet man für die Beschreibung von Entscheidungsprozessen ein-

Entscheidungen

- Ergebnisse messen
- Abweichungen
  ermitteln
- Anpassungsent-
  scheidungen
  treffen

- Aufgaben und
  Verantwortung
  festlegen
- Einsatz planen
- Mitarbeiter
  motivieren und
  anleiten

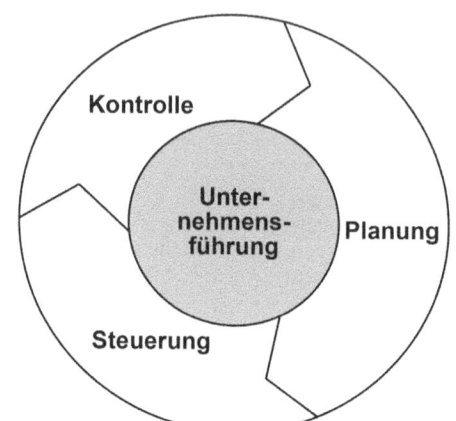

- Ziel bestimmen
- Analysen
  durchführen
- Strategien
  und Maßnah-
  men formulieren
  und auswählen

Menschen

Abb. 1.9 Prozess der Unternehmensführung

fache Phasenmodelle, die neben der Entscheidung selbst auch deren Vorbereitung, Umsetzung und Überprüfung berücksichtigen. Unterschiedliche Phaseneinteilungen sind
möglich, um die im Rahmen der Unternehmensführung anfallenden Tätigkeiten abzubilden (vgl. Hahn und Hungenberg 2001). In diesem Buch werden drei wesentliche *Teilaktivitäten der Unternehmensführung* unterschieden, die gemeinsam einen revolvierenden
Prozess der Unternehmensführung bilden (Abb. 1.9).

- *Planung*: Die Planung stellt den logischen Ausgangspunkt des Führungsprozesses dar.
  Im Rahmen der Planung wird definiert, was erreicht werden soll, und es wird festgelegt, wie das Angestrebte am besten erreicht werden kann. Es geht also darum, Ziele
  zu bestimmen und Maßnahmen zur Zielerreichung auszuwählen.
- *Steuerung*: Die Steuerung dient der Verknüpfung von Planung und Realisation. Konkret
  soll sie Pläne in bearbeitbare Aufgabenpakete umsetzen, Mitarbeiter mit diesen Aufgaben-
  paketen betrauen und sie veranlassen, die ihnen zugewiesenen Aufgaben auch zu erfüllen.
- *Kontrolle*: Die Kontrolle ermittelt die Ergebnisse des (vorher geplanten) Handelns. Sie
  stellt fest, ob der angestrebte Erfolg eingetreten ist oder ob neue Maßnahmen ergriffen
  werden müssen, um festgestellte Abweichungen zu korrigieren. Die Kontrolle bildet
  damit den Abschluss des Führungsprozesses, ist aber zugleich auch Ausgangspunkt für
  eine erneute Planung.

Eine wichtige Einschränkung darf in diesem Zusammenhang nicht übersehen werden:
Der Prozess der Unternehmensführung, wie er hier in seinen Teilschritten Planung, Steuerung und Kontrolle beschrieben wird, gibt eine idealtypische Struktur des Führungs-

handelns wieder – eine Struktur, die unter logischen Gesichtspunkten abgeleitet worden ist. Damit ist nicht gesagt, dass jeder Führungsprozess in Unternehmen zwingend diesem Ablauf folgt. In der Realität kann es zum Beispiel zwischen einzelnen Teilschritten des Prozesses Rückkoppelungen und Überlappungen geben – dann etwa, wenn im Rahmen der Steuerung Erkenntnisse gewonnen werden, die eine erneute, inhaltlich abweichende Planung erforderlich machen. Außerdem erfolgen einige Aktivitäten – etwa im Bereich von Planung und Kontrolle – in Teilen auch parallel.

Obwohl sie idealtypisch ist, ist diese Darstellung der Unternehmensführung als *Entscheidungsprozess* in der Betriebswirtschaftslehre sehr weit verbreitet. Man verwendet sie vor allem deswegen, weil sie deutlich macht, dass die Unternehmensführung sich von den eigentlichen *Leistungsprozessen* eines Unternehmens – also zum Beispiel Einkauf, Produktion und Vertrieb – unterscheidet. Die Unternehmensführung ist nicht Teil dieser Leistungsprozesse, sondern überlagert und verknüpft diese. Sie trifft und verwirklicht Entscheidungen, welche die Ausgestaltung der Leistungsprozesse bestimmen. Im Mittelpunkt der Unternehmensführung stehen folglich *Entscheidungen*, die in einem Unternehmen in vielfältiger Form getroffen werden: Entscheidungen über die bevorzugten Bezugsquellen und die Ansprache der attraktiven Kundensegmente, über die Prioritäten für Investitionen und die finanziellen Ressourcen der verschiedenen Unternehmensbereiche, über die Ausgestaltung der Unternehmensorganisation und die Instrumente des Personalmanagements, über die angestrebte Marktposition und die langfristigen Ziele des Unternehmens, um nur einige Beispiele zu nennen.

Die einzelnen Entscheidungen der Unternehmensführung unterscheiden sich in ihren Zeithorizonten, in ihren Freiheitsgraden und vor allem in ihrer Bedeutung für den Erfolg des Unternehmens. Geht man von diesen Merkmalen aus, so können die vielfältigen Führungsentscheidungen zu drei logisch voneinander abgegrenzten Kategorien oder Aufgabenfeldern der Unternehmensführung gebündelt werden. Diese drei *Aufgabenfelder derUnternehmensführung* werden in der Literatur als normative, strategische und operative Unternehmensführung bezeichnet (vgl. Bleicher 2004; Hungenberg 2014).

Normative Unternehmensführung: In der Gruppe der normativen Aufgaben der Unternehmensführung werden Entscheidungen zusammengefasst, die nicht durch übergeordnete Unternehmensentscheidungen sachlich begründet sind, sondern von den Trägern eines Unternehmens als Norm vorgegeben werden. Zentrale Aufgabe der normativen Unternehmensführung ist es, das Selbstverständnis des Unternehmens zu definieren, das seinen Ausdruck in der Vision, der Mission und den grundlegenden Zielen des Unternehmens findet. Die Gestaltung der Unternehmensverfassung und der Unternehmenskultur sind weitere normative Führungsaufgaben, mit deren Hilfe das Selbstverständnis des Unternehmens abgesichert werden soll.

Strategische Unternehmensführung: Die strategische Führung soll die Voraussetzungen dafür schaffen, dass die (normativen) Ansprüche an die Entwicklung des Unternehmens langfristig erfüllt werden können. Dazu müssen Strategien formuliert, ausgewählt und mit Hilfe von Strukturen und Systemen umgesetzt werden. Hierdurch werden die externe Ausrichtung (Marktposition) und die interne Ausrichtung (Ressourcenbasis) des Unternehmens bestimmt. Die strategische Unternehmensführung schafft damit den langfristig gültigen Handlungsrahmen, an dem sich einzelne, konkrete Handlungen des Unternehmens orientieren können.

Operative Unternehmensführung: Die operative Unternehmensführung vollzieht sich innerhalb des Handlungsrahmens, der durch die strategischen Entscheidungen bestimmt wird. Sie hat in der Regel kurzfristigen Charakter. Ihre Aufgabe ist es, über konkrete Handlungen am Markt oder im Unternehmen zu entscheiden. Zu diesem Zweck sind Ziele und Maßnahmen für die einzelnen Funktionsbereiche eines Unternehmens zu erarbeiten und umzusetzen. Darüber hinaus werden im Rahmen des operativen Managements die Beziehungen zwischen den einzelnen Funktionsbereichen abgestimmt. Verantwortlich für die operativen Führungsaufgaben sind im Allgemeinen die Leiter der verschiedenen Funktionsbereiche im Unternehmen, also zum Beispiel Forschung und Entwicklung, Beschaffung, Produktion oder Vertrieb und Service.

Entscheidungstheorie

Wissenschaftliche Grundlage des hier vertretenen betriebswirtschaftlichen Führungsverständnisses ist die so genannte Entscheidungstheorie, die in den siebziger Jahren maßgeblich von Heinen geprägt worden ist. Sie basiert auf dem Grundgedanken, dass jedes wirtschaftliche Handeln ein Wahlakt zwischen Handlungsmöglichkeiten – zumindest zwischen den zwei Alternativen des Handelns und Nicht-Handelns – ist. Damit setzt wirtschaftliches Handeln in jedem Fall Entscheidungen voraus.

Im Mittelpunkt des entscheidungstheoretischen Ansatzes der Betriebswirtschaftslehre steht der auf das Fällen und Durchsetzen von Entscheidungen ausgerichtete Führungsprozess in Unternehmen. Sachlogisch betrachtet ist der Führungsprozess ein Informationsverarbeitungsprozess, in dem Probleme gelöst werden, die hinsichtlich der Erreichung von bestimmten Zielen bestehen. Er umfasst mehrere Phasen, deren Abfolge logisch bedingt ist, die aber im Sinne eines kybernetischen Regelkreismodells durch Vor- und Rückkoppelungsbeziehungen miteinander verbunden sind. Die Phasen des Führungsprozesses werden meist zu einzelnen Tätigkeiten gebündelt. So werden in diesem Buch die Phasen der Problemanalyse, Alternativensuche, Beurteilung und Auswahl zur Führungstätigkeit „Planung" zusammengefasst, die Detaillierung der Planung und das Veranlassen der Durchführung wird als „Steuerung" bezeichnet und die Überwachung der Durchführungstätigkeiten als „Kontrolle".

Der entscheidungstheoretische Ansatz, der Unternehmenshandlungen als Ergebnis von Entscheidungen interpretiert, besitzt herausragende Bedeutung für die moderne Betriebswirtschaftslehre. Er gestattet es, Handlungen und Handlungsgrundlagen sowohl auf der individuellen Ebene wie auf der Unternehmensebene systematisch zu beschreiben, zu erklären und zielorientiert zu beeinflussen.

Literatur: Heinen 1971.

Führungsaufgaben bei der QualityRent AG

Bei der QualityRent AG ist der Vorstand für die strategische Führung des Unternehmens verantwortlich. Er beschäftigt sich zurzeit unter anderem mit der wichtigen Frage, in welche neuen Geschäftsfelder das Unternehmen eintreten soll. Diskutiert wird beispielsweise, ob das Unternehmen einen Fahrdienst für Vorstände anderer großer Unternehmen anbieten soll. Außerdem denkt der Vorstand über eine neue Organisation des Unternehmens nach – konkret über die Einführung einer Geschäftsbereichsorganisation mit den drei Bereichen Autovermietung, Event Management und Fahrdienst.

Aufgaben der Planung, Steuerung und Kontrolle fallen jedoch auch bei QualityRent nicht nur auf der Ebene des Top-Managements an. Auf anderen Unternehmensebenen wird ebenfalls geführt, allerdings mit einer anderen inhaltlichen Ausgestaltung als auf der Ebene des Top-Managements. So dominieren in den einzelnen Unternehmensbereichen die operativen Führungsaufgaben. Nur ein Beispiel: Simon Kleeberg, der Leiter des Bereichs Vertrieb und Service der QualityRent AG, plant neue Maßnahmen, um die veränderten Umsatzziele zu erreichen, welche die Unternehmensleitung seinem Bereich vorgegeben hat. Gleichzeitig steuert er den Einsatz des ihm zur Verfügung stehenden Personals, speziell der Chauffeure, und trifft gegebenenfalls Entscheidungen über die Einstellung zusätzlicher Mitarbeiter. Darüber hinaus kontrolliert er regelmäßig den Grad, zu dem die geplanten Maßnahmen umgesetzt und Ziele erreicht sind. Ähnliche Führungsaufgaben fallen auch in den anderen Bereichen der QualityRent AG an. ◄

Mit der dargestellten Systematik von Führungsaufgaben lassen sich die wesentlichen Entscheidungen der Unternehmensführung zu in sich homogenen Entscheidungsfeldern (Aufgabenfeldern) bündeln. So entsteht ein ganzheitliches, hierarchisches *Modell derUnternehmensführung* (des Managements). In diesem Modell setzen die jeweils übergeordneten Aufgaben den Rahmen für die nachgeordneten Führungsaufgaben, also die normative Unternehmensführung für die strategische und die strategische Unternehmensführung für die operative. Gleichzeitig führt die Erfüllung der nachgeordneten Aufgaben dazu, dass auch die übergeordneten Aufgaben verwirklicht werden (Abb. 1.10).

Im Rahmen dieses Buchs, das eine grundlegende Einführung in die Unternehmensführung vermittelt, können natürlich nicht alle Führungsaufgaben auf allen Ebenen eines Unternehmens dargestellt werden. Vielmehr ist eine Konzentration auf besonders relevante Aspekte erforderlich. Wir wollen uns daher in diesem Buch auf solche Führungsaufgaben konzentrieren, die von besonderer *Bedeutung für den Erfolg* eines Unternehmens sind und die *Perspektive des Top-Managements* – also der obersten Unternehmensführung – repräsentieren. Im Einzelnen werden deswegen in den weiteren Kapiteln dieses Buchs die folgenden *Führungsaufgaben und Fragestellungen* behandelt:

Abb. 1.10 Modell der
Unternehmensführung

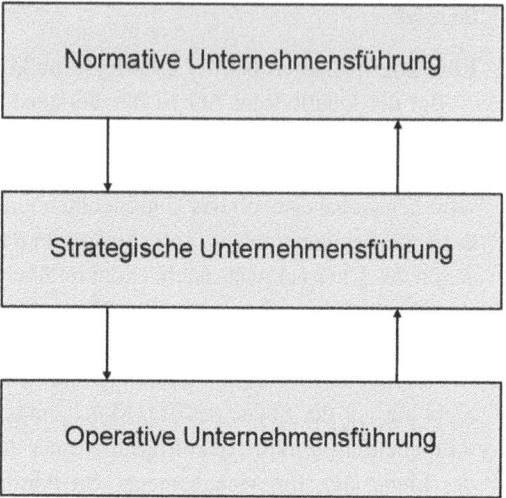

- *Normativer Rahmen der Unternehmensführung (Kap. 2)*: Teil des normativen Rahmens sind die Unternehmensziele, die in der Regel nicht autonom vom Top-Management beschlossen werden können, sondern das Ergebnis eines Abstimmungsprozesses zwischen unterschiedlichen Interessengruppen des Unternehmens sind. Auch Vorgaben aus dem Bereich der Unternehmensverfassung, etwa hinsichtlich der Mitbestimmung der Arbeitnehmer im Aufsichtsrat, beeinflussen die Handlungsmöglichkeiten des Top-Managements. Nicht zuletzt ist auch die Unternehmenskultur Teil dieses normativen Rahmens, da sie das Verhalten von Individuen und Gruppen im Unternehmen steuert und kurzfristig kaum beeinflusst werden kann.
- *Strategie und Strategiegestaltung (Kap. 3)*: Eine der wichtigsten Aufgaben des Top-Managements besteht darin, die Strategie des Unternehmens zu bestimmen. Die Strategie prägt die grundsätzliche Richtung der Unternehmensentwicklung, indem sie Entscheidungen über die Positionierung des Unternehmens am Markt und über die Entwicklung und Bereitstellung von Ressourcen trifft. Sie wird vor dem Hintergrund der (normativen) Unternehmensziele formuliert und soll den langfristigen Erfolg des Unternehmens sichern.
- *Organisation und Organisationsgestaltung (Kap. 4)*: Arbeitsteilung und Koordination sind die Begründung, warum Unternehmensführung notwendig ist. Die Organisation eines Unternehmens, die festlegt, wie die Gesamtaufgabe des Unternehmens sinnvoll in einzelne Teilaufgaben zerlegt werden kann und wie die Verantwortung für einzelne Aufgaben auf die verschiedenen Führungskräfte und Mitarbeiter des Unternehmens verteilt werden kann, ist eines der wichtigsten Instrumente, um das Handeln der Menschen im Unternehmen zu koordinieren. Die Gestaltung der Organisation gehört daher zu den zentralen Aufgaben des Top-Managements.
- *Personal und Führung (Kap. 5)*: Die Koordinationsaufgabe der Unternehmensführung erfordert, dass Führungskräfte Einfluss auf Individuen und Gruppen im Unternehmen

ausüben. Wir haben deswegen Führung auch als „Einflusshandeln" bezeichnet. Die Mitarbeiter eines Unternehmens sollen in dem Sinne beeinflusst werden, dass sie ihre jeweiligen Aufgaben bestmöglich im Interesse des Unternehmens erfüllen. Die personelle Dimension der Unternehmensführung – also Fragen der Information, Motivation, Qualifizierung und Anleitung von Mitarbeitern – sind daher ebenfalls von besonderer Bedeutung für die Unternehmensführung.

- *Controlling (Kap. 6)*: Unternehmen sind nicht nur (realwirtschaftliche) Einheiten, in denen Güter erstellt und vermarktet werden, sondern sie besitzen auch eine finanzwirtschaftliche Dimension. Ein Unternehmen kann deswegen nur erfolgreich geführt werden, wenn auch die finanziellen Auswirkungen anstehender Entscheidungen bekannt sind. Es ist Aufgabe des Controllings, diese Informationen bereit zu stellen. Das Controlling wird so zu einer wichtigen Funktion, die für den Erfolg eines Unternehmens – und damit für die Unternehmensführung – besondere Bedeutung besitzt.

In den Kap. 2 bis 6 dieses Buchs werden diese Führungsaufgaben im Einzelnen näher behandelt.

1.2.3 Unternehmensführung – die anderen Perspektiven

Das Grundverständnis, dass Unternehmensführung eine zielgerichtete, auf Entscheidungen basierende Einflussnahme auf Menschen darstellt – so wie es hier geschildert worden ist –, ist in der Betriebswirtschaftslehre weit verbreitet. Es wird aber keinesfalls von allen geteilt, die sich mit Unternehmensführung auseinandersetzen. Manche Managementforscher stellen die entscheidungsorientierte Sichtweise sogar grundsätzlich in Frage – sie nehmen vollständig andere Perspektiven ein.

Verneint wird dabei nicht nur die Existenz eines idealtypischen Prozesses der Unternehmensführung mit einer eindeutigen Abfolge von Teilaktivitäten. Vielmehr richtet sich die Kritik insbesondere gegen die Annahme, dass Manager überhaupt in der Lage sind, ihrem Unternehmen auf Basis rationaler Entscheidungen eine Entwicklungsrichtung vorzugeben und dafür Sorge zu tragen, dass diese Entwicklungsrichtung auch wirklich eingeschlagen wird. Die Vertreter dieses Verständnisses von Unternehmensführung gehen eher davon aus, dass Manager das Handeln ihres Unternehmens nur indirekt beeinflussen können.

Dieses *andere Grundverständnis vonUnternehmensführung* ist in einer Reihe unterschiedlicher Ansätze ausformuliert worden, die von grundsätzlich anderen Annahmen über die Rolle und die Aufgaben von Managern, speziell von Top-Managern ausgehen (vgl. Schrader 1995). Diese Sichtweisen sollen im Folgenden kurz dargestellt werden:

- *Strukturorientierte Sichtweise*: Im Gegensatz zur entscheidungsorientierten Sichtweise gehen Vertreter einer strukturorientierten Sichtweise davon aus, dass Manager die Entwicklung und das Handeln ihres Unternehmens nicht direkt beeinflussen können. Vielmehr unterstellt die strukturorientierte Sichtweise, dass die Aufgabe von Managern primär darin besteht, Organisation und Anreizsysteme des Unternehmens zu gestalten. Die Organisation, so die Vermutung, beeinflusst dann zum einen, welche Individuen und Gruppen im Unternehmen miteinander interagieren, und zum anderen, wie diese Interaktion stattfindet. Anreizsysteme geben demgegenüber dem Verhalten von Individuen und Gruppen eine bestimmte Richtung. Die Aufgabe der Unternehmensführung ist dann, Organisation und Anreizsysteme zu gestalten, um so indirekt Einfluss auf das Handeln und auch die grundsätzliche Entwicklung eines Unternehmens zu nehmen.

- *Kognitive Sichtweise*: Vertreter einer kognitiven Perspektive sehen die Hauptaufgabe von Managern darin, dem Unternehmen bzw. seinen Mitarbeitern und Führungskräften bestimmte, gemeinsame Denkmuster zu vermitteln, also bestimmte Schemata, auf deren Basis Sachverhalte und Ereignisse innerhalb und außerhalb des Unternehmens wahrgenommen und interpretiert werden. Zum Entstehen solcher, von allen Mitarbeitern und Führungskräften des Unternehmens geteilten Denkmuster trägt insbesondere das Verhalten – das Vorbild – der Top-Manager bei. So prägen beispielsweise die Art und Weise, wie Top-Manager mit Krisen umgehen, wie sie Ressourcen zuteilen oder wie sie Mitarbeiter belohnen oder bestrafen, das Denken aller Mitarbeiter im Unternehmen. Aufgabe der Unternehmensführung ist vor diesem Hintergrund, gemeinsame Denkmuster zu entwickeln und zu verbreiten, die letztlich das Verhalten des Unternehmens in eine ganz bestimmte Richtung lenken.

- *Symbolistische Sichtweise*: Die symbolistische Sichtweise ist mit der kognitiven eng verwandt. Vertreter einer symbolistischen Sichtweise gehen davon aus, dass Ereignisse und Sachverhalte innerhalb und außerhalb des Unternehmens von Mitarbeitern und Führungskräften häufig nicht klar gedeutet werden können, weil Ursache-Wirkungs-Zusammenhänge unklar sind, weil Handlungen nicht zielgerichtet erfolgen und weil weder Entscheidungen noch Entscheidungsträger bekannt sind. Um Ereignisse und Sachverhalte trotz dieser Ambiguität interpretieren zu können und so ein einheitliches Handeln von Individuen im Unternehmen zu ermöglichen, spielen Symbole eine wichtige Rolle. Symbole sind beispielsweise Mythen, Geschichten, Riten oder Metaphern, die stellvertretend für andere, komplexere Sachverhalte und Ereignisse stehen. So wird zum Beispiel der so genannte „HP Way" immer als Symbol eines „richtigen Handelns" bei Hewlett-Packard zitiert. Was genau der „HP Way" ist, ergibt sich aus einer Vielzahl von Geschichten und Mythen, die im Laufe der Entwicklung des Unternehmens entstanden sind und die die meisten Mitarbeiter des Unternehmens kennen. Die Aufgabe der Unternehmensführung besteht aus einer solchen symbolistischen Sichtweise heraus primär darin, die Symbolsysteme des Unternehmens, also letztlich seine Kultur, zu beeinflussen.

- *Politische Sichtweise*: Vertreter einer politischen Perspektive sehen ein Unternehmen als eine Koalition unterschiedlicher Interessengruppen, die jeweils versuchen, ihre eigenen Ziele durchzusetzen. Manager sind eine dieser Interessengruppen. Dementsprechend besteht die Aufgabe der Unternehmensführung im Wesentlichen darin, durch die Beeinflussung politischer Prozesse im Unternehmen ihre eigenen Interessen durchzusetzen. Dabei spielen unter anderem das Formen von Koalitionen, das Aushandeln von Kompromissen und das Nutzen von Machtvakuen eine wichtige Rolle. Das Handeln und die Entwicklung des Unternehmens ist dann das Ergebnis einer Vielzahl politischer Prozesse, die im Unternehmen ablaufen und partiell von der Unternehmensführung beeinflusst werden.

Jede der beschriebenen Perspektiven eröffnet eine andere Interpretation der Tätigkeiten und der Rolle der Unternehmensführung. Eine pauschale Bewertung der einzelnen Sichtweisen ist daher nicht möglich. Vielmehr setzt jede Sichtweise andere Schwerpunkte und hat damit jeweils ihre eigenen Vor- und Nachteile. Tatsächlich zeigen empirische Untersuchungen, unter anderem von Mintzberg, dass das Tätigkeitsfeld speziell von Top-Managern in der Praxis Aufgaben umfasst, die sich jeweils durch andere der genannten Perspektiven der Unternehmensführung erklären lassen (vgl. Mintzberg 1973).
Welcher Sichtweise man folgt, um die Tätigkeiten und die Rolle der Unternehmensführung zu beschreiben, ist daher nicht eine Frage der Richtigkeit, sondern der Zweckmäßigkeit. Die hier beschriebenen Perspektiven – die strukturorientierte, die kognitive, die symbolistische sowie die politische Perspektive – sind vor allem geeignet, reale Rollen und Tätigkeiten von Managern zu untersuchen. Diese Sichtweisen können insbesondere genutzt werden, um beobachtbare Verhaltensmuster von Unternehmen zu beschreiben und ihre Hintergründe zu erklären. Sie finden daher vornehmlich in der empirischen Managementforschung Anwendung.
In einem Lehrbuch, das einen grundlegenden Überblick über das Thema Unternehmensführung vermitteln soll, empfiehlt es sich jedoch, die erste – entscheidungsorientierte – Sichtweise einzunehmen. Der Vorteil dieser Sichtweise liegt vor allem darin, dass sie das Spektrum der Führungstätigkeiten deutlich breiter fasst als die anderen Perspektiven und damit einen umfassenderen Einblick in das Thema Unternehmensführung erlaubt.
Darüber hinaus ermöglicht die Annahme, dass Aufgaben der Unternehmensführung zielgerichtet, in einem rationalen Entscheidungsprozess wahrgenommen werden, eine transparentere und damit leichter verständliche Darstellung der relevanten Aspekte der Unternehmensführung. Die folgenden Kapitel des Buchs orientieren sich daher an der entscheidungsorientierten Sichtweise der Unternehmensführung. Hiervon abweichende Perspektiven werden nur vereinzelt eingenommen und jeweils besonders kenntlich gemacht, wo dies für ein besseres Verständnis bestimmter Aspekte der Unternehmensführung besonders sinnvoll ist.

1.3   Entstehung und Entwicklung der Lehre von der Unternehmensführung

1.3.1   Vorläufer der Unternehmensführungslehre

Auch wenn Unternehmen im heutigen Sinn erst in den letzten zwei Jahrhunderten in Erscheinung traten, reichen Beispiele für die Übernahme von Führungsaufgaben in komplexen „Unternehmungen" bis weit in die Vergangenheit zurück. So erforderte der Bau einer einzigen Pyramide im antiken Ägypten mehr als 100.000 Arbeitskräfte und dauerte etwa 20 Jahre. Wie auch immer Manager zur damaligen Zeit genannt wurden, sie übernahmen, um diese gigantischen Projekte möglich zu machen, so etwas wie Planungs-, Steuerungs- und Kontrollfunktionen. Vorläufer heutiger Unternehmen fanden sich auch im römischen Reich. Beispielsweise produzierten die Römer die Ausrüstung für ihre Legionen in Herstellungsstätten, die Merkmale von Fabriken im heutigen Sinne aufwiesen, und auch das Töpferhandwerk zur damaligen Zeit hatte bereits den Charakter der Massenfertigung für den „Weltmarkt".

Darüber hinaus gab es in der Antike auch schon Ansätze einer theoretischen Auseinandersetzung mit Fragen der Unternehmensführung. So beschäftigte sich beispielsweise Sokrates (469–399 v. Chr.) bereits 400 v. Chr. mit dem Thema Unternehmensführung und Aristoteles (384–322 v. Chr.) entwickelte wenig später unter anderem Ideen zu Fragen der Arbeitsspezialisierung.

Die Ursprünge der modernen Unternehmensführungslehre liegen jedoch nicht in der Antike, sondern sind eng mit der industriellen Revolution verbunden, die zu Beginn des 19. Jahrhunderts in der britischen Textilindustrie ihren Ursprung hatte und sich bald auf den europäischen Kontinent und nach Nordamerika ausbreitete. Eine wichtige Grundlage für die industrielle Revolution bildeten zum einen technische Entwicklungen, wie die Erfindung der Dampfmaschine durch James Watt im Jahre 1765, aber auch neue ökonomische Ideen. Vor allem Adam Smith und sein 1776 entstandenes Hauptwerk „The Wealth of Nations" spielten in diesem Zusammenhang eine Rolle (Smith 1776). Obwohl Adam Smith sich primär mit Themen beschäftigte, die man heute eher der Volkswirtschaftslehre zurechnen würde, enthält sein Werk auch Ideen, die für die Entstehung der Unternehmensführungslehre Bahn brechend waren. Smith zeigte nämlich am Beispiel der Stecknadelproduktion, dass eine arbeitsteilige Organisation der Tätigkeiten in einem Unternehmen enorme Produktivitätsvorteile bringen kann. Während nämlich bei arbeitsteiliger Produktion – so seine Erkenntnis – zehn Arbeiter 48.000 Stecknadeln am Tag herstellen konnten, lag die Produktionsmenge ohne Arbeitsteilung nur bei 20 Stück pro Arbeiter und Tag. Smith führte diesen großen Produktivitätsunterschied insbesondere auf die durch Wiederholung einer gleichartigen Tätigkeit steigende Geschicklichkeit der einzelnen Arbeiter und den bei Arbeitsteilung möglichen Maschineneinsatz zurück (vgl. Robbins und Coulter 2005)

Derartige ökonomische Erkenntnisse und technische Entwicklungen führten im Rahmen der industriellen Revolution zu einem einschneidenden Strukturwandel von der handwerklichen Fertigung in kleinen Betrieben zur industriellen Produktion in neu entstehenden Großunternehmen – in Deutschland waren dies beispielsweise Unternehmen wie Krupp, Siemens & Halske oder AEG. Durch die zunehmende Größe und Komplexität solcher Unternehmen gewann eine Funktion, die zuvor eher wenig Beachtung gefunden hatte, eine immer größere Bedeutung, nämlich die Funktion der Unternehmensführung – also die Planung, Steuerung und Kontrolle der vielfältigen Aktivitäten der neuen Großunternehmen. Angesichts der wachsenden praktischen Bedeutung der Unternehmensführung begann wenig später auch die Wissenschaft, sich mit diesem Thema zu beschäftigen. So entstanden 1898 die ersten Handelshochschulen im deutschsprachigen Raum – in Leipzig, Wien und St. Gallen – und gleichzeitig etablierte sich die Unternehmensführungslehre als eigenständige wissenschaftliche Disziplin.

In den inzwischen gut hundert Jahren ihres Bestehens hat die Unternehmensführungslehre eine Vielzahl unterschiedlicher theoretischer Ansätze hervorgebracht. Die wichtigsten dieser Ansätze werden im Folgenden in der Reihenfolge ihrer historischen Entwicklung kurz dargestellt, um einen Einblick in die Theorienvielfalt zu geben, von der die Unternehmensführungslehre heute geprägt wird.

1.3.2   Klassische Ansätze

Die so genannten klassischen Ansätze markierten den Beginn der wissenschaftlichen Auseinandersetzung mit Fragen der Unternehmensführung. Zu den klassischen Ansätzen zählen das so genannte „Scientific Management", das eng mit dem Namen (Taylor 1911) Frederick W. Taylor verbunden ist, sowie die so genannten administrativen Ansätze, die vor allem auf Henri Fayol und Max Weber zurückgehen.

1.3.2.1 Scientific Management

Das *Scientific Management* entwickelte sich zu Beginn des 20. Jahrhunderts vor allem in den USA, wo Arbeitskräftemangel zu dieser Zeit zu einem zunehmenden Problem für Unternehmen wurde. Im Rahmen des Scientific Management, also der „wissenschaftlichen Betriebsführung", wurde deshalb versucht, Ansatzpunkte zur Erhöhung der Produktivität des knappen Faktors Arbeit zu finden. Bedeutendster Vertreter dieses Ansatzes war Fredrick W. Taylor (1856–1916), seit 1884 Chefingenieur bei Midvale Steel und später Managementberater unter anderem für die Bethlehem Steel Corporation. Seine – allerdings nur zu einem geringen Teil von ihm selbst verfassten – Hauptwerke „Shop Management" von 1903 und „Principles of Scientific Management" aus dem Jahre 1911 markieren nicht nur die Geburtsstunde des Scientific Management, sondern waren auch für die Unternehmensführungslehre im Allgemeinen Bahn brechend (vgl. Griffin 2001).

Das Scientific Management entwickelte sich zu einer Zeit, als die Rollenverteilung zwischen Management und Arbeitern in Unternehmen weitgehend unklar war und fast keine Arbeitsstandards existierten. Die gleichen Tätigkeiten wurden daher häufig auf sehr unterschiedliche Weise ausgeführt, und die Arbeiter tendierten dazu, bewusst langsamer zu arbeiten, als es ihren Fähigkeiten entsprach. Taylor war davon überzeugt, dass der Mangel an Arbeitsstandards und an einer klaren Trennung zwischen planenden und ausführenden Tätigkeiten zu sehr hohen Produktivitätsverlusten führte. Um einen möglichst effizienten Einsatz von Menschen und Maschinen im Produktionsprozess zu gewährleisten, entwickelte Taylor daher Methoden zur Analyse und Optimierung von Arbeitsprozessen. In diesem Zusammenhang führte er auch die Trennung von planenden und ausführenden Tätigkeiten ein. Darüber hinaus beschäftigte er sich mit der Gestaltung von Anreizsystemen, insbesondere Akkordlohnsystemen, durch die Arbeiter dazu veranlasst werden sollten, höhere Leistungen zu bringen. Auf diese Art und Weise konnte Taylor in den von ihm geführten bzw. beratenen Unternehmen regelmäßig eine Verdreifachung der Produktivität erreichen. Insofern bedeutet Scientific Management nicht nur ein systematisches Methoden- und Zeitstudium, sondern ist vielmehr Ausdruck eines für die damalige Zeit neuen Leistungs- und Effizienzdenkens. Taylor selbst hat dieses Denken in mehreren Managementprinzipien zum Ausdruck gebracht. So fordert er unter anderem:

- systematische Zeitstudien als Voraussetzung für eine leistungsgerechte Entlohnung (Akkordsätze),
- eine Trennung von Planung und Ausführung,
- die Ausübung der Kontrollfunktion durch das Management und
- eine funktionale Organisation des Unternehmens und der Vorgesetztenaufgaben (Funktionsmeistersystem).

Ergänzt und erweitert wurden die Arbeiten von Taylor unter anderem von Frank (1868–1924) und Lilian Gilbreth (1878–1972), Henry L. Gantt (1861–1919), der unter anderem das so genannte Gantt-Diagramm entwickelte, eine graphische Methode, um den Arbeitsablauf für jeden einzelnen Arbeiter in einem komplexen Projekt zu planen, oder Harrington Emerson (1853–1931), der einen maßgeblichen Beitrag zu Fragen der Organisationsgestaltung leistete und unter anderem die Idee der Stab-Linien-Organisation auf Unternehmen übertragen hat.

In Deutschland hat das Scientific Management eine etwas geringere Bedeutung gehabt als beispielsweise in den USA, da deutsche Unternehmen zu dieser Zeit bereits über in der Regel besser ausgebildete Arbeitnehmer verfügten. Dennoch wurde auch hier die Idee der Normung von Arbeitsprozessen als Grundlage für Rationalisierungsmaßnahmen aufgegriffen. So gründete der Verein Deutscher Ingenieure (VDI) im Jahr 1918 den Ausschuss für wirtschaftliche Fertigung (AWF), der sich unter anderem mit Zeitstudien befasste. Diese Aufgabe ging 1924 an den Reichsausschuss für Arbeitszeitermittlung (REFA) über, der Leitlinien für die Gestaltung von Arbeitsprozessen veröffentlichte, Seminare veranstaltete und so das Scientific Management auch in Deutschland weiterentwickelte. Unter dem Namen Verband für Arbeitsgestaltung, Betriebsorganisation und Unternehmensentwicklung (oder kurz: „REFA") existieren diese Institution und damit die wesentlichen Ideen des Scientific Management auch heute noch (vgl. Staehle 1999).

1.3.2.2 Administrative Ansätze

Im Gegensatz zum Scientific Management, das sich eher mit Fragen der Produktivität auf der untersten Managementebene, das heißt in der Fertigung, aber auch im Verwaltungsbereich, auseinandersetzt, beschäftigen sich die *administrativen Ansätze* stärker mit Fragen der Führung des Unternehmens als Ganzes. Wichtige Vertreter dieser Forschungsrichtung waren Henri Fayol (1841–1925) und Max Weber (1864–1920).

Fayol, Ingenieur und Generaldirektor einer französischen Bergwerksgesellschaft, hat sich intensiv mit den Aufgaben der Unternehmensführung beschäftigt und eine Systematik der Managementfunktionen entwickelt, die auch heute noch grundlegend ist und sich dementsprechend – teilweise in abgewandelter Form – in fast allen Lehrbüchern zum Thema Unternehmensführung wieder findet. Konkret hat Fayol in seinem Hauptwerk „Administration industrielle et générale" die fünf Funktionen Planung, Organisation, Leitung, Koordination und Kontrolle unterschieden, die zum Beispiel in diesem Buch zu den Funktionen Planung, Steuerung und Kontrolle zusammengefasst wurden. Fayol systematisierte die Aufgaben der Unternehmensführung jedoch nicht nur, sondern er beschäftigte sich auch mit der Frage, was erfolgreiche Unternehmensführung ausmacht. Als Ergebnis dieser Überlegungen formulierte er 14 Prinzipien der Unternehmensführung. So propagierte Fayol unter anderem die Einheitlichkeit der Auftragserteilung, eine faire und angemessene Entlohnung der Arbeitnehmer, personelle Kontinuität im Top-Management oder klare Zielvorgaben als grundlegende Voraussetzungen für unternehmerischen Erfolg (vgl. Steinmann et al. 2013).

Neben Fayol gilt der deutsche Soziologe Max Weber als zweiter bedeutender Vertreter der administrativen Ansätze. Weber hat vor allem mit seinen Untersuchungen zur „bürokratischen Herrschaft" eine wichtige Basis für das bessere Verständnis moderner Großunternehmen geleistet und gilt damit insbesondere als grundlegend für die moderne Organisationstheorie. Anders als Taylor oder Fayol ging es Weber nicht darum, Ansatzpunkte zur Verbesserung der Führung von Unternehmen zu entwickeln, sondern er wollte lediglich erklären, wie große Unternehmen bzw. Institutionen funktionieren.

Das Konzept der Herrschaft spielt dabei eine zentrale Rolle. Weber unterscheidet drei Arten von legitimierter (das heißt gesellschaftlich akzeptabler) Herrschaft. Dazu gehören die traditionelle und die charismatische Herrschaft, die auf einer Bindung an bestimmte Traditionen bzw. Personen beruhen, sowie die bürokratische Herrschaft, bei der sich die Legitimität der Herrschaft unabhängig von Personen oder Traditionen aus den für die Bürokratie geschaffenen Regeln ergibt. Wegen ihrer Personenunabhängigkeit sieht Weber in der bürokratischen Herrschaft die einzig rationale Form der Herrschaft. Insofern stellt die bürokratische Herrschaft bzw. die bürokratische Organisation seiner Auffassung nach auch die effizienteste und dauerhafteste Form der Organisation großer Unternehmen bzw. Institutionen dar. Als bürokratische Organisation bezeichnet Weber in diesem Zusammenhang eine Organisation, die durch folgende Merkmale gekennzeichnet ist:

- eine klare Festlegung und Abgrenzung von Aufgabenbereichen und Verantwortung (Arbeitsteilung),
- einen streng hierarchischen Aufbau,
- Amtsführung nach technischen Regeln und Normen,
- Aktenmäßigkeit der Verwaltung.

Webers These von der universellen Effizienz bürokratischer Organisation ist später vielfach kritisiert worden. Dennoch hat sich das Bürokratiemodell insbesondere in den

USA, wo Webers 1921 in Deutschland veröffentlichtes Werk „Wirtschaft und Gesellschaft" erst 1947 in englischer Übersetzung erschien, zum dominanten Erklärungsansatz für die formale Organisation von Unternehmen entwickelt. So finden sich beispielsweise Webers Merkmale bürokratischer Organisation später – in leicht abgewandelter Form – in zahlreichen Studien zur Effizienz formaler Organisation wieder (vgl. Steinmann et al. 2013).

Insgesamt haben die klassischen Ansätze zahlreiche konzeptionelle Grundlagen geschaffen, auf denen spätere Ansätze der Unternehmensführungslehre aufgebaut haben. Der Schwerpunkt der klassischen Ansätze lag jedoch sehr stark auf Aspekten der Effizienz – sowohl im Produktionsbereich als auch im Bereich der Verwaltung und Führung. Menschen wurden dabei weitgehend auf ihre Rolle als Produktionsfaktor reduziert. Fragen danach, wie Menschen sich im Unternehmen verhalten oder welche Rolle Gruppenprozesse spielen, wurden dagegen weitgehend vernachlässigt. Diese Schwächen der klassischen Ansätze führten etwa seit den dreißiger Jahren des 20. Jahrhunderts zur Entwicklung der so genannten verhaltenswissenschaftlichen Ansätze.

1.3.3   Verhaltenswissenschaftliche Ansätze

Auch wenn die verhaltenswissenschaftlichen Ansätze zum Beispiel mit den deutschen Psychologen Wilhelm Wundt (1832–1920) und Hugo Münsterberg (1863–1916) oder der amerikanischen Soziologin Mary Parker Follett (1868–1933) wichtige Vorläufer hatten, so gelten doch die so genannten *Hawthorne-Experimente*, die zwischen 1924 und 1932 in den Hawthorne Werken der Western Electric Company in Cicero/Illinois durchgeführt wurden, als Geburtsstunde dieser Forschungsrichtung.

Die Hawthorne-Experimente standen zunächst ganz in der Tradition des Scientific Management. Ihr Ziel bestand nämlich darin, die Wirkung physischer Einflussfaktoren auf die Arbeitsproduktivität zu untersuchen. Bereits in den ersten Untersuchungen, in denen der Effekt unterschiedlich starker Beleuchtung auf die Produktivität von Arbeitern gemessen wurde, zeigten sich jedoch überraschende Ergebnisse. Unabhängig von den Lichtverhältnissen stieg nämlich sowohl bei der Beobachtungsgruppe als auch bei der Kontrollgruppe im Zeitablauf die Leistung an. Selbst bei Mondscheinbeleuchtung erbrachte die Beobachtungsgruppe eine höhere Leistung als vor der Studie.

Da die Ergebnisse der Studien auf Basis vorhandener wissenschaftlicher Erkenntnisse nicht hinreichend erklärt werden konnte,, wurden 1927 der Harvard-Professor *Elton Mayo* und seine Mitarbeiter hinzugezogen. Unter der Leitung von Mayo wurden bis 1932 zahlreiche weitere Experimente durchgeführt, um etwa die Auswirkungen von veränderten Arbeitsabläufen, unterschiedlichen Tages- und Wochenarbeitszeiten, Ruhepausen oder veränderten Entlohnungssystemen auf die Arbeitsleistung zu ermitteln. Diese Experimente führten zu ganz ähnlichen Ergebnissen wie die beschriebenen Voruntersuchungen. Mayo und seine Mitarbeiter leiteten daraus die Erkenntnis ab, dass Produktivitätssteigerungen sich nicht nur, wie bislang angenommen, über äußere Arbeitsbedingungen oder Lohnsysteme erklären lassen, sondern dass emotionale Komponenten – beispielsweise die Mitgliedschaft in einer wichtigen Gruppe, der die Aufmerksamkeit des Managements und der Forscher gilt – eine bedeutende Rolle spielen. Darüber hinaus verdeutlichten die Hawthorne-Experimente, dass Gruppennormen und informelle Beziehungen einen wesentlichen Einfluss auf die Leistung von Menschen besitzen.

Auf Basis der Hawthorne-Experimente entwickelte sich in den dreißiger Jahren die so genannte *Human-Relations-Bewegung*. Leitgedanke dieser Forschungsrichtung war die Vorstellung, dass nur glückliche Arbeiter gute Arbeiter sind. Dementsprechend lag der wissenschaftliche Fokus der Human-Relations-Bewegung vor allem auf Fragen der Arbeitszufriedenheit und Mitarbeitermotivation. Die Bedürfnispyramide von Abraham Maslow, die in Kap. 5 noch näher beschrieben wird, ist in diesem Zusammenhang zu nennen (Maslow 1943). Aber auch Themen wie Führung oder die Gestaltung von Gruppenprozessen wurden adressiert. Damit ist die Human-Relations-Bewegung grundlegend für ein Forschungsfeld, das heute unter der Bezeichnung „Verhalten in Unternehmen" (Organizational Behavior) firmiert (vgl. Griffin 2001). Darauf wird im Rahmen des Kap. 5 noch näher eingegangen.

Fragen der Effizienz oder der Gestaltung der formalen Organisation, die vor allem bei den klassischen Ansätzen im Mittelpunkt standen, wurden jedoch von der Human-Relations-Bewegung vollkommen vernachlässigt. Dieser Schwäche versuchte der so genannte *Human-Ressourcen-Ansatz* zu begegnen, der sich in den fünfziger Jahren entwickelte und vor allem Fragen der Strukturgestaltung unter verhaltenswissenschaftlichen Gesichtspunkten beleuchtete. Verschiedene Forscher entwickelten in diesem Zusammenhang Lösungsansätze für das Spannungsverhältnis zwischen traditionellen Organisationsstrukturen einerseits und Entfaltungsbedürfnissen von Menschen andererseits. Das Konzept der überlappenden Gruppen von Rensis Likert ist ein Beispiel für derartige Konzepte. Heute ist der Human-Ressourcen-Ansatz vor allem im Zusammenhang mit dem Thema Organisationsentwicklung (Organizational Development) bzw. organisationaler Wandel (Change Management) relevant (vgl. Steinmann et al. 2013).

Unabhängig vom Human-Ressourcen-Ansatz bemühte sich bereits in den dreißiger Jahren Chester Barnard (1886–1961), ein früherer Präsident der New Jersey Bell Telephone Company, um eine Verbindung von verhaltenswissenschaftlichen und klassischen Ansätzen. Ein wichtiger Ausgangspunkt seiner Arbeit, die er 1938 in seinem Hauptwerk „The Functions of the Executive" dargelegt hat, ist die Auffassung, dass Unternehmen kooperative Systeme sind, deren Entstehen von der Entscheidung einzelner Menschen zur Zusammenarbeit abhängt (Koalitionstheorie). Um langfristig zu bestehen, ist es nach Auffassung von Barnard für ein Unternehmen wichtig, den beteiligten Menschen – das heißt Mitarbeitern und Führungskräften, aber auch Kapitalgebern und anderen Gruppen, die dem Unternehmen nicht direkt angehören – ausreichende Anreize zu bieten, um sie dazu zu bewegen, weiterhin für das gemeinsame Ziel Leistungen zu erbringen. Die Aufgabe des Managements sieht Barnard daher vor allem darin, eine angemessene Berücksichtigung der Interessen der beteiligten Individuen sicherzustellen. Zu diesem Zweck soll sich das Management vor allem um den Aufbau eines Kommunikationssystems, die Auswahl, Entwicklung und Motivation von Mitarbeitern (Aufbau von Kooperationen) sowie die Formulierung von Zielen, das Treffen von Entscheidungen und die Delegation von Aufgaben kümmern.

Die für Barnards Werk zentrale Betonung individueller Entscheidungen kommt auch in seinen Überlegungen zum Thema Autorität zum Ausdruck. Anders als andere Autoren zur damaligen Zeit vertrat Barnard die Auffassung, dass eine Person, etwa ein Manager, nicht automatisch Autorität besitzt und damit anderen Weisungen erteilen kann. Vielmehr liegt die Quelle jeder Autorität seiner Ansicht nach in der Akzeptanz oder eben Nicht-Akzeptanz durch den Weisungsempfänger. Mit diesen Überlegungen war Barnard grundlegend für eine Forschungsrichtung, die heute unter dem Titel *Verhaltenswissenschaftliche Entscheidungstheorie* bekannt ist und deren Hauptvertreter Herbert Simon, James March und Richard Cyert sind (vgl. Staehle 1999) (Cyert und March 1992; March und Simon 1958).

1.3.4 Quantitative Ansätze

Durch die Beschäftigung mit individuellem und Gruppenverhalten – worauf in Kap. 5 noch näher eingegangen wird – haben die verhaltenswissenschaftlichen Ansätze einen ganz wichtigen Beitrag für die Unternehmensführungslehre geleistet. Man kann ihnen jedoch auch vorwerfen, dass ihr Schwerpunkt sehr einseitig bei Fragen der Organisation und der Führung lag, während die in einem ganzheitlichen Konzept der Unternehmensführung ebenfalls relevanten Teilaufgaben Planung und Kontrolle weitgehend vernachlässigt wurden. Quasi als Gegenbewegung dazu rückten diese beiden Funktionen der Unternehmensführung bei den quantitativen Ansätzen wieder in den Mittelpunkt.

Die Entstehung der quantitativen Ansätze geht auf den militärischen Bereich und die Zeit des Zweiten Weltkriegs zurück. Insbesondere zur Lösung von logistischen Problemen setzten die britischen und amerikanischen Streitkräfte im Zweiten Weltkrieg mathematische Modelle ein, die in der Nachkriegszeit von Unternehmen wie DuPont oder General Electric aufgegriffen wurden, um den Arbeitskräfteeinsatz, die Standortoptimierung oder die Lagerhaltung zu planen. Daraus entwickelte sich in den sechziger Jahren eine Forschungsrichtung, die sich selbst *Management Science* nannte. Der Anspruch der Management Science bestand insbesondere darin, der Unternehmensführungslehre den Status einer – im naturwissenschaftlichen Sinne – exakten, das heißt auf mathematischen Modellen beruhenden, Wissenschaft zu geben. Dieser Anspruch fehlte den Vertretern der Management Science insbesondere in den oben dargestellten verhaltenswissenschaftlichen Ansätzen.

Zentrales Kennzeichen der Management Science ist dementsprechend die Formulierung und Lösung von Entscheidungsproblemen der Unternehmensführung in Form von mathematischen Modellen. Derartige Modelle wurden etwa für die Losgrößen- und Durchlaufzeitplanung, für die Produktprogrammplanung oder die kurzfristige Finanzplanung entwickelt. Manche Forscher – Jakob Marschak ist hier zu nennen – gingen sogar so weit, auf Basis modelltheoretischer Überlegungen optimale Informations- und

Kommunikationsstrukturen oder optimale Kontrollspannen innerhalb der Organisation eines Unternehmens zu ermitteln. Gefördert wurde die Entwicklung der Management Science in den sechziger Jahren insbesondere durch die Möglichkeiten, welche die Informationstechnologie eröffnete. Vor allem im Bereich der Simulation und der dynamischen Programmierung konnten so immer komplexere Modelle gestaltet werden.

Insgesamt hat die Management Science einen wichtigen Beitrag zur klareren Formulierung und besseren Handhabung von Planungsproblemen geleistet. Auch heute besitzt dieser Forschungsansatz beispielsweise im Rahmen von Unternehmensplanspielen oder anderen Simulationen noch immer eine große Bedeutung. Allerdings ist inzwischen auch die Erkenntnis gereift, dass nicht alle Planungsprobleme – etwa die strategische Planung – in mathematischer Form abbildbar sind. Daher sind quantitative Ansätze zwar prinzipiell wertvoll, aber auch nur auf ein abgegrenztes Teilgebiet der Unternehmensführungslehre anwendbar (vgl. Steinmann et al. 2013).

1.3.5 System- und kontingenztheoretische Ansätze

Einen ganz wichtigen Meilenstein in der Geschichte der Unternehmensführungslehre markieren die system- und die kontingenztheoretischen Ansätze, die erstmals in den späten sechziger und frühen siebziger Jahren entwickelt worden sind. Beide Arten von Ansätzen haben die Denkwelt von Managementforschern in der Folgezeit wesentlich beeinflusst und sind grundlegend für viele weitere Erklärungsansätze, die seit dieser Zeit im Rahmen der Unternehmensführungslehre entstanden sind.

Unter dem Einfluss der Systemtheorie haben Managementforscher begonnen, Unternehmen als offene, sozio-technische Systeme zu sehen. Aus einer solchen Perspektive sind nicht nur Strukturen, Prozesse und Verhalten innerhalb von Unternehmen relevant, die bereits in den klassischen, verhaltenswissenschaftlichen und quantitativen Ansätzen im Mittelpunkt standen. Vielmehr spielen aus systemtheoretischer Sicht auch die Unternehmensumwelt sowie die Beziehungen zwischen dem Unternehmen bzw. seinen Teilbereichen und der Umwelt eine zentrale Rolle (vgl. Griffin 2001).

Diese Betrachtung eines Unternehmens als System, das von seiner „Inwelt", das heißt seinen Elementen und deren Beziehungen, sowie seiner Umwelt geprägt wird, ist seit den siebziger Jahren in zahlreiche weitere Ansätze der Unternehmensführungslehre eingeflossen. Dazu zählen beispielsweise der marktorientierte und der ressourcenorientierte Ansatz, die vor allem im Rahmen des strategischen Managements relevant sind und die davon ausgehen, dass die Struktur des Marktes, in dem ein Unternehmen aktiv ist, bzw. die spezifische Ressourcenkombination, über die es verfügt, entscheidend für seinen Erfolg sind. Einer ähnlichen Argumentation folgt der so genannte „Resource-Dependence-Ansatz". Er unterstellt, dass Unternehmen in mehr oder weniger hohem Maße von externen Ressourcen abhängig sind. Um die dadurch entstehende Unsicherheit zu reduzieren, sind Unternehmen gezwungen, Ressourcenabhängigkeit zu reduzieren, indem sie zum Beispiel kooperative Beziehungen zu anderen Unternehmen eingehen oder intern entsprechende

Vorkehrungen treffen. Eine inhaltlich etwas andere, aber von der Ausrichtung her ebenfalls systemtheoretische Perspektive nehmen die so genannten evolutionstheoretischen Ansätze ein. Sie unterstellen, dass Unternehmen – in Analogie zu biologischen Evolutionsprozessen – einem natürlichen Ausleseprozess unterliegen, den nur diejenigen Unternehmen langfristig überleben, denen es gelungen ist, sich möglichst gut an ihre Umwelt anzupassen (vgl. Steinmann et al. 2013).

Neben der Betrachtung der Beziehung von Unternehmen und Umwelt hat die Systemtheorie noch einen zweiten wichtigen Gedanken in die Unternehmensführungslehre eingebracht, nämlich die Betrachtung des Managementprozesses als Regelkreis. Aus systemtheoretischer Perspektive ist der Prozess der Unternehmensführung ein reiner Informationsverarbeitungsprozess, bei dem es darum geht, Probleme zu lösen, um letztlich die Ziele des Unternehmens zu erreichen. Ein so verstandener Führungsprozess umfasst mehrere, logisch aufeinander aufbauende Phasen, die – im Sinne eines kybernetischen Regelkreismodells – durch Vor- und Rückkoppelungsbeziehungen miteinander verbunden sind. Diese Betrachtung der Unternehmensführung als Regelkreis ist insbesondere im so genannten entscheidungsorientierten Ansatz aufgegriffen worden, der maßgeblich von Edmund Heinen geprägt wurde und bis heute großen Einfluss auf die Betriebswirtschaftslehre insgesamt besitzt (vgl. Heinen 1971).

Neben der Systemtheorie haben auch kontingenztheoretische Ansätze die Unternehmensführungslehre seit den siebziger Jahren in ganz wesentlichem Maße geprägt. Anders als den klassischen, verhaltenswissenschaftlichen und quantitativen Ansätzen liegt den kontingenztheoretischen Ansätzen die Annahme zugrunde, dass es im Rahmen der Unternehmensführungslehre nicht möglich ist, allgemein gültige Aussagen zum Zusammenhang zwischen zwei Variablen zu treffen. Vielmehr hängt die Ausgestaltung dieses Zusammenhangs immer von den jeweils vorherrschenden, situativen Rahmenbedingungen ab. So gehen kontingenztheoretische Ansätze davon aus, dass eine bestimmte Organisation – beispielsweise eine funktionale Struktur – nicht generell effizient bzw. ineffizient ist, sondern dass ihre Effizienz von den jeweiligen, situativen Rahmenbedingungen, etwa der Größe des Unternehmens oder seiner Strategie, abhängt. Dementsprechend werden die kontingenztheoretischen Ansätze auch situative Ansätze genannt.

Kontingenztheoretische oder situative Ansätze sind seit den sechziger Jahren für ganz unterschiedliche Fragestellungen entwickelt und empirisch untersucht worden. Am Anfang standen dabei kontingenztheoretische Betrachtungen der Organisation, unter anderem von der so genannten Aston-Gruppe sowie von Lawrence und Lorsch. Im Rahmen dieser Studien wurde vor allem der Einfluss von Unternehmensgröße, Umweltunsicherheit und Produktionsverfahren auf die Effizienz formaler Organisationsstrukturen erforscht. Später folgten Kontingenztheorien der Führung, die unter anderem auf Hersey und Blanchard sowie auf Fiedler zurückgehen und in Kap. 5 dieses Buches eingehend dargestellt werden. Auch für die Erklärung des Erfolgs unterschiedlicher Wettbewerbs- und Diversifikationsstrategien spielen kontingenztheoretische Überlegungen heute eine zentrale Rolle.

Insgesamt wird die Unternehmensführungslehre heute von einem system-, entscheidungs- und kontingenztheoretischen Denken geprägt, das heißt von der Vorstellung, dass Unternehmen Teil ihrer Umwelt sind, deren Entwicklung von Entscheidungen geprägt wird, und dass Effizienzaussagen nur unter Berücksichtigung unternehmensinterner und -externer Rahmenbedingungen getroffen werden können. Gleichzeitig sind die Ideen der klassischen, verhaltenswissenschaftlichen und quantitativen Ansätze in diese Denkwelt integriert worden. Daher werden heute in der Unternehmensführungslehre fast alle Fragestellungen – beginnend mit der strategischen Planung, über die Organisationsgestaltung und Fragen von Personalmanagement und Führung bis hin zu Aspekten des Controllings – aus einem system-, entscheidungs- und kontingenztheoretischen Blickwinkel betrachtet. Auch in dem vorliegenden Buch findet sich diese theoretische Grundausrichtung wieder (vgl. Staehle 1999).

1.4   Unternehmensführung in einer digitalen Welt

1.4.1   Auswirkungen der Digitalisierung auf die Unternehmensführung

Unternehmen waren schon immer gezwungen, sich mit Veränderungen in ihren Umfeldern auseinanderzusetzen und auf diese Veränderungen zu reagieren. So hat z. B. die in den 1980er-Jahren in großem Umfang einsetzende Globalisierung viele Unternehmen vor Herausforderungen gestellt, auf die sie mit strategischen, strukturellen und personellen Anpassungen geantwortet haben. Heute sehen sich Unternehmen der Digitalisierung als Veränderungstreiber gegenüber, und es wird immer deutlicher, dass die Digitalisierung viel fundamentalere Auswirkungen auf Unternehmen und die Unternehmensführung besitzt als vorangegangene Veränderungen. Konkret verändert die Digitalisierung ganze Branchen und führt zum Entstehen neuer Geschäftsmodelle, neuer Formen der Zusammenarbeit und neuer Arbeitswelten.

Digitalisierung bezeichnet im ursprünglichen Sinn die Umwandlung analoger Werte in digitale Formate. Sie erfasst alle gesellschaftlichen Bereiche und dominiert Diskussionen in Politik, Wirtschaft und Gesellschaft. Wie stark die Digitalisierung bereits vorangeschritten ist, erkennt man unter anderem an der Nutzung von digitalen Endgeräten. So wird geschätzt, dass in Deutschland im Jahr 2020 etwa 86 Prozent der Bevölkerung ein internetfähiges Smartphone besitzen (vgl. Arbeitsgemeinschaft Verbrauchs- und Medienanalyse 2021). Die Digitalisierung bietet für Unternehmen zahlreiche Chancen und hat damit eine hohe Bedeutung für den langfristigen Unternehmenserfolg. Diese Chancen betreffen vor allem drei Aufgaben der Unternehmensführung, die in diesem Buch im Mittelpunkt stehen:

- *Strategie und Strategiegestaltung:* Auf strategischer Ebene ermöglicht die Digitalisierung die Entwicklung neuer, digitaler Produkte, Services und Prozesse, die das Angebot für bestehende Kunden verbessern oder ganz neue Kundengruppen erschließen können und die vielfach disruptiv für ihre Branchen sind. So bietet das Kölner Unternehmen DeepL GmbH das wohl zurzeit beste, KI-gestützte Übersetzungsprogramm an und sticht damit nicht nur Google und Microsoft aus, sondern bildet eine ernste Bedrohung für traditionelle Übersetzungsbüros. Der Baustoffhersteller Knauf ist durch die Digitalisierung von Prozessen in der Lage, seinen Kunden innerhalb von einer statt vier Stunden Baumaterial nachzuliefern, wenn es zu einem ungeplanten Ausfall kommt (vgl. Simon 2019). Die beiden Beispiele zeigen, dass die Digitalisierung zu Zeit- und damit Kostenersparnis und gleichzeitig zu einer Erhöhung von Qualität, Sicherheit und Transparenz beitragen kann. Damit schafft die Digitalisierung in vielen Branchen die Grundlage, um ganz neue Geschäftsmodelle zu entwickeln oder bestehende zu revolutionieren.

- *Organisation und Organisationsgestaltung:* Die Digitalisierung ermöglicht auch neue Formen der Arbeitsteilung und Koordination in Unternehmen. Tatsächlich sind diese neuen Organisationsansätze vielfach auch notwendig, um digitale Innovationen, d. h. neue digitale Produkte, Services und Prozesse, erfolgreich in Unternehmen zu etablieren. Zu diesen neuen Formen der Arbeitsteilung und Koordination zählen z. B. Konzepte der agilen Organisation und des Design Thinkings, die Flexibilität und Kreativität in Unternehmen erhöhen können.

- *Personal und Führung:* Nicht zuletzt bietet die Digitalisierung ganz neue Möglichkeiten zur Gestaltung der Arbeitswelt, die häufig unter dem Stichwort *New Work* zusammengefasst werden. Gerade während der Corona-Pandemie hat z. B. mobiles Arbeiten einen rasanten Aufschwung erfahren. Aspekte des *New Work* gehen jedoch über das mobile Arbeiten hinaus und ermöglichen Unternehmen den Zugang zu neuen Mitarbeitergruppen, aber auch neue Formen der Mitarbeitermotivation und -entwicklung.

Neben Chancen bringt die Digitalisierung aber auch zahlreiche Herausforderungen für die Unternehmensführung. Auf strategischer Ebene zählen dazu beispielsweise das Aufkommen von neuen, teilweise globalen Wettbewerbern, eine erhöhte Transparenz und Vergleichbarkeit von Geschäftsmodellen und ein viel höherer Kommunikationsbedarf. Zusätzlich wird es angesichts der hohen Geschwindigkeit, der hohen technologischen Komplexität und der Notwendigkeit der Einbindung von Partnern, die digitale Innovationen kennzeichnen, für die Unternehmensführung zunehmend schwerer, gute Entscheidungen zu treffen (vgl. Nambisan et al. 2019). In der Tat nehmen viele Managern die Umweltbedingungen im digitalen Zeitalter als volatiler, unsicherer, komplexer und mehrdeutiger wahr – sehen sich also einer VUCA[1]-Welt ausgesetzt. Dies kann dazu führen, dass die vielfältigen Möglichkeiten, die die Digitalisierung bietet, zwar wahrgenommen werden, aber deren konkrete Implementierung unklar bleibt und nicht erfolgt (vgl. Lerch und Gotsch 2015).

---

[1]VUCA = Akronym, das sich auf „volatility" („Volatilität"), „uncertainty" („Unsicherheit"), „complexity" („Komplexität") und „ambiguity" („Mehrdeutigkeit") bezieht.

1.4.2 Technologie-Trends als Treiber der Digitalisierung

Die beschriebenen Auswirkungen der Digitalisierung auf die Unternehmensführung basieren auf dem Zusammenspiel unterschiedlicher Technologien. Um die Effekte der Digitalisierung näher analysieren zu können, ist daher eine (rudimentäre) Kenntnis dieser Technologien notwendig. Wichtige technologische Elemente der Digitalisierung sind die Folgenden:

- Das *Internet der Dinge* bezeichnet die Vernetzung von Gegenständen des Alltags oder – im industriellen Umfeld – von Maschinen über das Internet mittels Sensoren und Aktoren. Durch die Vernetzung physischer und virtueller Gegenstände können diese zusammenarbeiten. Dadurch ist die Interaktion zwischen Menschen und Maschinen, aber auch zwischen Maschinen möglich (vgl. Manyika et al. 2013). Sie können darüber hinaus auch den Menschen bei seinen Tätigkeiten unterstützen. So können z. B. miniaturisierte Computer, sogenannte Wearables, mit unterschiedlichen Sensoren direkt in Kleidungsstücke eingearbeitet werden.
- *Big Data* bezeichnet die wachsende Menge großer, teils unstrukturierter Daten, die für herkömmliche Methoden der Datenverarbeitung und -interpretation ungeeignet sind. In vielen Definitionen wird Big Data von herkömmlichen Datenmengen in Bezug auf Volumen, Geschwindigkeit, Varietät und Richtigkeit (Volume, Velocity, Variety and Veracity) abgegrenzt. Teilweise umfasst der Begriff *Big Data* auch Technologien, die für die Verarbeitung solcher Datenmengen geeignet sind (vgl. Baumann et al. 2020).
- *Künstliche Intelligenz (KI)* nutzt Computersysteme, um menschliche Intelligenz nachzubilden. Systeme der künstlichen Intelligenz sind in der Lage zu lernen, Schlussfolgerungen zu ziehen und sich auch selbst zu verbessern. Diese Fähigkeiten erfordern, dass Systeme der künstlichen Intelligenz Informationen erfassen und gleichzeitig Regeln zur Verwendung und Weiterentwicklung der Informationen, aber auch der Regeln selbst besitzen. Systeme der künstlichen Intelligenz kommen z. B. in Experten- oder Empfehlungssystemen sowie in der Spracherkennung zum Einsatz (vgl. Bughin et al. 2017).

Verständnisfragen

1. Welche Bedeutung hat die Digitalisierung für den langfristigen Unternehmenserfolg? Verdeutlichen Sie in diesem Zusammenhang die Chancen der Digitalisierung für die Unternehmensführung.
2. Welche Herausforderungen entstehen im Zuge der Digitalisierung für die Unternehmensführung?
3. Erläutern Sie kurz wichtige technologische Trends als Treiber der Digitalisierung.

Diskussionsfragen

1. Arbeiten Sie die Chancen und Herausforderungen der Digitalisierung für die QualityRent AG heraus.
2. Diskutieren Sie die Rolle technologischer Trends für die QualityRent AG. Wie kann das Unternehmen diese Trends nutzen?

Verständnisfragen

1. Erläutern Sie unterschiedliche Perspektiven, aus denen heraus Unternehmen betrachtet werden können. Welches sind die betriebswirtschaftlich relevanten Perspektiven? Begründen Sie Ihre Antwort kurz.
2. Welche Merkmale kennzeichnen ein Unternehmen aus realwirtschaftlicher Sicht?
3. Welche Unternehmensumwelten lassen sich unterscheiden? Charakterisieren Sie diese Umwelten kurz.
4. Welche betriebswirtschaftlichen Rechenkreise gibt es? Stellen Sie die wesentlichen Unterschiede zwischen diesen Rechenkreisen dar. Gehen Sie dabei insbesondere auf Ziel- und Rechengrößen ein.
5. Was versteht man unter der Unternehmensführung als Institution?
6. Welches sind die drei wesentlichen Teilaktivitäten der Unternehmensführung als Funktion? Charakterisieren Sie diese Teilaktivitäten.
7. Nennen und beschreiben Sie die drei Aufgabenfelder der Unternehmensführung als Funktion.

Diskussionsfragen

1. Zeigen Sie am Beispiel der QualityRent AG auf, dass die realwirtschaftliche und die finanzwirtschaftliche Betrachtung eines Unternehmens sich gegenseitig ergänzen und zu einem – aus betriebswirtschaftlicher Sicht – umfassenden Bild eines Unternehmens führen.
2. Verdeutlichen Sie den Zusammenhang zwischen realwirtschaftlicher und gesamtwirtschaftlicher Perspektive an einem Beispiel aus der Unternehmenspraxis.
3. Geben Sie einen kurzen Überblick über den entscheidungstheoretischen Ansatz der Betriebswirtschaftslehre. Welche Implikationen hat dieser Ansatz für das Verständnis von Unternehmen und die Aufgaben der Unternehmensführung?
4. Stellen Sie alternative Sichtweisen auf die Unternehmensführung kurz dar. Inwiefern führen diese Sichtweisen zu einem anderen Verständnis der Aufgaben der Unternehmensführung als der entscheidungstheoretische Ansatz? Welche unterschiedlichen Schwerpunkte setzen diese alternativen Sichtweisen?
5. Zeichnen Sie die Entwicklung der Lehre von der Unternehmensführung kurz nach. Durch welche theoretische Grundvorstellung wird das Denken in der Unternehmensführungslehre heute geprägt? Inwieweit spielen die älteren Ansätze der Unternehmensführungslehre heute noch eine Rolle?

Literatur

Arbeitsgemeinschaft Verbrauchs- und Medienanalyse (Hrsg.): Konsumenten im Fokus: Basis-informationen für fundierte Mediaentscheidungen, 2021, unter: https://www.vuma.de/fileadmin/user_upload/PDF/berichtsbaende/VuMA_Berichtsband_2021.pdf (abgerufen am 13.04.2021).

Barnard, C.: The Functions of the Executive, Cambridge 1938.

Baumann, F. F., Brunner, N. B., Tokarski, K. O.: Big Data Analytics, in: Schellinger, J., Tokarski, K. O., Kissling-Näf, I. (Hrsg.): Digitale Transformation und Unternehmensführung, Wiesbaden 2020, S. 223ff.

Bleicher, K.: Das Konzept Integriertes Management, 7. Aufl., Frankfurt 2004.

Bughin, J., Hazan, E., Ramaswamy, S., Chui, M., Allas, T., Dahlström, P., Henke, N., Trench, M.: Artificial Intelligence – The Next Digital Frontier?, McKinsey Global Institute 2017.

Coenenberg, A., Fischer, T., Günther, T.: Kostenrechnung und Kostenanalyse, 8. Aufl., Stuttgart 2012.

Cyert, R., March, J.: A Behavioral Theory of the Firm, 2. Aufl., Englewood Cliffs 1992.

Griffin, R.: Management, 7. Aufl., Boston 2001.

Gutenberg, E.: Unternehmensführung, Wiesbaden 1962.

Hahn, D., Hungenberg, H.: PuK – Wertorientierte Controllingkonzepte, 6. Aufl., Wiesbaden 2001.

Heinen, E.: Der entscheidungsorientierte Ansatz der Betriebswirtschaftslehre, in: Zeitschrift für Betriebswirtschaft, 41. Jg. 1971, S. 429 ff.

Hungenberg, H.: Strategisches Management in Unternehmen, 8. Aufl., Wiesbaden 2014.

Hungenberg, H., Kaufmann, L.: Kostenmanagement, 2. Aufl., München 2001.

Lerch, C. und Gotsch, M.: Digitalized product-service systems in manufacturing firms: A case study analysis, in: Research-technology management, 58. Jg. 2015, Heft 5, S. 45ff.

Manyika, J., Chui, M., Bughin, J., Dobbs, R., Bisson, P., Marrs, A.: Disruptive technologies: Advances that will transform life, business, and the global economy, McKinsey Global Institute 2013.

March, J., Simon, H.: Organizations, New York 1958.

Maslow, A.: A Theory of Human Motivation, in: Psychological Review, 50. Jg. 1943, S. 370 ff.

Mintzberg, H.: The Nature of Managerial Work, New York 1973.

Nambisan, S., Wright, M. und Feldman, M.: The digital transformation of innovation and entrepreneurship: Progress, challenges and key themes, in: Research Policy, 48. Jg. 2019, S. 103773.

Robbins, S., Coulter, M.: Management, 8. Aufl., London 2005.

Schrader, S.: Spitzenführungskräfte, Unternehmensstrategie und Unternehmenserfolg, Tübingen 1995.

Simon, H.: Die digitalen Hidden Champions, in: Harvard Business Manager, 19. Jg. 2019, Heft 11, S. 62ff.

Smith, A.: An Inquiry into the Nature and Causes of the Wealth of Nations, London 1776 (Nachdruck des Originals, München 1976).

Staehle, W.: Management, 8. Aufl., München 1999.

Steinmann, H., Schreyögg, G., Koch, J.: Management, 7. Aufl., Wiesbaden 2013.

Taylor, F.: The Principles of Scientific Management, New York 1911.

Ulrich, H.: Die Unternehmung als produktives soziales System, 2. Aufl., Bern 1970.

Der normative Rahmen der Unternehmensführung

2

Das zweite Kapitel des Buchs beschäftigt sich mit grundlegenden Entscheidungen der Unternehmensführung, die sachlich nicht durch übergeordnete Unternehmensentscheidungen begründet sind, sondern von den Trägern des Unternehmens als normativer Rahmen der Unternehmensführung vorgegeben werden. Es handelt sich dabei vor allem um Entscheidungen über die Ziele eines Unternehmens, die Unternehmensverfassung sowie seine Unternehmenskultur. Dementsprechend werden in diesem Kapitel die folgenden konkreten Fragen beantwortet:

- Was sind Unternehmensziele, wie entstehen sie und wie werden sie im Unternehmen wirksam?
- Was ist die Unternehmensverfassung, wie kann sie ausgestaltet werden und wie wirken sich Entscheidungen über die Unternehmensverfassung aus?
- Was ist Unternehmenskultur, wie entsteht und wirkt sie und wie kann man sie im Unternehmensinteresse beeinflussen?

2.1 Unternehmensziele

Ziele sind Ausdruck des Selbstverständnisses und des Anspruchs eines Unternehmens. Um sein Handeln zu verstehen, muss man letztlich die Ziele des Unternehmens hinterfragen. Welche Ziele verfolgt ein Unternehmen? Welchen Zweck erfüllen diese Ziele? Wie beeinflussen sie das Handeln im Unternehmen? Wie entstehen sie? Dass die Beantwortung dieser Fragen manchmal gar nicht so einfach ist, verdeutlicht die Fallstudie der QualityRent AG.

© Der/die Autor(en), exklusiv lizenziert durch Springer Fachmedien Wiesbaden GmbH, ein Teil von Springer Nature 2021
H. Hungenberg, T. Wulf, *Grundlagen der Unternehmensführung*,
https://doi.org/10.1007/978-3-658-35423-7_2

Unternehmensziele der QualityRent AG

Angesichts des rasanten Wachstums und der vielfältigen Veränderungen, durch die die QualityRent AG in den letzten Jahren gekennzeichnet war, haben Peter Körber und seine beiden Vorstandskollegen Ralf Schuster und Klaus Klein es sich zur Gewohnheit gemacht, in regelmäßigen Abständen darüber nachzudenken, wofür ihrer Ansicht nach die QualityRent AG eigentlich stehen soll und wie das Unternehmen in fünf oder zehn Jahren aussehen soll. Lange Zeit waren sich die drei Vorstände darüber einig, dass drei Aspekte oberste Priorität für das Unternehmen besitzen sollen – nämlich 1) höchste Qualität und Zuverlässigkeit bei allen Prozessen und Leistungen, 2) zufriedene und treue Kunden sowie 3) hoch motivierte, zufriedene Mitarbeiter.

Diese Priorisierung von Kunden und Mitarbeitern schlägt sich auch in der „Vision 2025" der QualityRent AG nieder, die Körber und seine beiden Kollegen im Jahr 2015 formuliert haben: „Wir wollen mit unseren erstklassigen, kreativen Produkten und Leistungen die Freizeitgestaltung der neuen europäischen Elite prägen und wir wollen für unsere Mitarbeiter der attraktivste Arbeitgeber sein, den sie sich vorstellen können." Die drei Vorstände haben in der Vergangenheit sehr viel Zeit und Einsatz darauf verwendet, diese Vision in ihr Unternehmen hineinzutragen. So hat Körber seine Mitarbeiter immer wieder dazu aufgefordert, den Wünschen der Kunden (fast) alles unterzuordnen. Gleichzeitig ist er sich nicht zu schade, selbst Hand anzulegen, wenn einmal ein dringender Kundenauftrag eintrifft. Darüber hinaus hat er aber auch immer ein offenes Ohr für die Anliegen und Probleme seiner Mitarbeiter und legt sehr viel Wert auf gute persönliche Beziehungen innerhalb des Unternehmens.

In jüngster Zeit muss sich die QualityRent AG jedoch vermehrt mit Kritik von Aktionären auseinandersetzen, vor allem von institutionellen Anlegern wie Versicherungen und Fonds, die die QualityRent-Aktie für sich entdeckt haben. Sie werfen dem Vorstand insbesondere vor, die Kostenseite zu sehr aus den Augen zu verlieren und so „das Kapital der Anleger zu verschleudern." Nach mehreren Diskussionen mit institutionellen Investoren und Analysten sind Körber und seine Kollegen zu der Ansicht gelangt, dass die QualityRent AG den Interessen der Aktionäre in Zukunft tatsächlich stärker Rechnung tragen sollte – vor allem, weil das Unternehmen in der nächsten Zeit eine Kapitalerhöhung zur Finanzierung des weiteren Wachstums plant.

Darüber hinaus fragt sich Peter Körber in jüngster Zeit immer öfter, ob die QualityRent AG sich nicht auch stärker im sozialen und gesellschaftlichen Bereich engagieren sollte. Er denkt hier vor allem über die Förderung von jungen Unternehmen und Unternehmern, aber auch über Bildungsprojekte nicht nur in Deutschland, sondern zum Beispiel in den Ländern Mittel- und Osteuropas nach. Aufgrund der Erfahrungen, die er in 30 Jahren als selbstständiger Unternehmer gesammelt hat, erachtet er sowohl die Verbesserung des Bildungswesens als auch die Förderung von Unternehmertum als außerordentlich wichtig für Entwicklung und Wohlstand in den Ländern Europas. Körber sieht in einem Engagement auf diesen Gebieten auch eine persönliche Verpflichtung. Er möchte nämlich etwas von dem Erfolg und auch dem Glück, das er als Gründer der QualityRent AG hatte, an die Allgemeinheit zurückgeben.

Angesichts der Tatsache, dass nun nicht mehr nur Kunden und Mitarbeiter höchste Priorität bei der QualityRent AG besitzen, sondern auch Investoren und gesellschaftlichen Interessen höhere Bedeutung zukommen soll, haben Körber und seine Vorstandskollegen sich entschlossen, ein umfangreicheres Unternehmensleitbild für die QualityRent AG zu entwerfen, das ihnen und allen Mitarbeitern des Unternehmens als Orientierungspunkt für zukünftiges Handeln dienen kann. Dieses Leitbild hat folgenden Wortlaut:

Unternehmensleitbild der QualityRent AG

- **Wer sind wir?**
  - Wir gestalten die Freizeit der europäischen Elite in den Bereichen Mobilität, Kultur und Sport mit kreativen Ideen und höchstem Engagement.
- **Was wollen wir?**
  - Wir bieten unseren *Kunden* außergewöhnliche Leistungen auf höchstem Niveau in den Bereichen Mobilität, Kultur und Sport. Die Zufriedenheit unserer Kunden ist unser oberster Maßstab.
  - Hoch motivierte und qualifizierte *Mitarbeiter* bilden mit ihrer Kreativität, ihrem Einsatz und ihrer automobilen Kompetenz das Herz unseres Unternehmens. Für sie wollen wir der beste Arbeitgeber sein, den sie sich vorstellen können und für den sie bereit sind, außergewöhnliche Leistungen zu erbringen.
  - Wir sind aktiver Teil der *Gesellschaft* des neuen, vereinten Europas. Die positive Entwicklung und den Wohlstand der Länder Europas wollen wir mitgestalten.
  - *Investoren* überlassen uns ihr Geld zu treuen Händen. Unsere Verpflichtung ist es, dieses Kapital effizient einzusetzen und eine bestmögliche Verzinsung für sie zu erwirtschaften.

Die drei Vorstände sind eigentlich ganz zufrieden mit dem neuen Leitbild, das sie nach intensiver Diskussion entworfen haben. Diese Diskussion hatte auch noch einen anderen positiven Nebeneffekt. Die Vorstände sehen nämlich nun – da sie viel mehr Klarheit über die Ziele des Unternehmens besitzen – auch manche strategische Entscheidung anders als bisher. Insbesondere die Aufnahme des Fahrdienstes für Vorstände großer Konzerne scheint nicht mehr ganz zum Selbstverständnis des Unternehmens zu passen. ◄

2.1.1 Arten von Unternehmenszielen

Ein Ziel wird in der Regel als ein angestrebter, zukünftiger Zustand definiert. Dementsprechend bezeichnet ein Unternehmensziel einen Zustand, den ein Unternehmen zu einem bestimmten Zeitpunkt erreicht haben soll. Allerdings zeigt bereits die Fallstudie der

QualityRent AG, dass sich derartige angestrebte Zustände, also Ziele, für ein Unternehmen meist nicht ganz einfach und eindeutig bestimmen lassen. Vielmehr verfolgen Unternehmen in der Regel mehrere, unterschiedliche Ziele gleichzeitig. Um die Frage zu klären, was Unternehmensziele sind, ist es daher zunächst einmal notwendig, genauer zu bestimmen, welche Arten von Unternehmenszielen eigentlich existieren und wie diese klassifiziert werden können. In der Betriebswirtschaftslehre hat sich heute eine Klassifizierung von Unternehmenszielen nach drei Dimensionen etabliert, nämlich nach Inhalt, Ausmaß und zeitlichem Bezug von Zielen.

In *inhaltlicher Hinsicht* sollen hier drei Zielkategorien unterschieden werden, denen sich alle Einzelziele von Unternehmen unterordnen lassen (vgl. Hahn und Hungenberg 2001): Sach-, Wert- und Sozialziele.

- Als *Sachziele*, teilweise auch Leistungsziele genannt, werden solche Ziele bezeichnet, die sich auf das angestrebte Produkt- und Leistungsspektrum eines Unternehmens auf einzelnen Märkten beziehen. Dazu zählen sowohl Aussagen über das Tätigkeitsfeld des Unternehmens im Allgemeinen – im Fall der QualityRent AG „die Gestaltung der Freizeit der europäischen Elite in den Bereichen Mobilität, Kultur und Sport." Es gehören aber auch ganz konkrete Marktanteils- und Absatzziele zu den Sachzielen.
- Zu den *Wertzielen* gehören Vorgaben bezüglich zukünftiger finanzieller Ergebnisse des Unternehmens, die erreicht werden sollen. Sie können in unterschiedlichen finanziellen Größen formuliert werden, wie zum Beispiel angestrebte Gewinne, Wertzuwächse oder Cashflows.
- Als *Sozialziele* schließlich – teilweise auch Humanziele genannt – werden vor allem solche Ziele bezeichnet, die sich auf das angestrebte Verhalten eines Unternehmens gegenüber internen und externen Interessengruppen wie Mitarbeitern, Führungskräften, Lieferanten, Abnehmern, dem Staat und der Öffentlichkeit beziehen. Viele der sozialen Verhaltensmaximen entwickeln sich aus dem Unternehmen selbst heraus, einige sind aber auch gesetzlich festgelegt, wie beispielsweise die Regelung von Arbeitszeiten oder die Einhaltung bestimmter Umweltschutzauflagen.

Unter dem *zeitlichen Bezug* eines Ziels wird der Zeitraum verstanden, für den das Ziel gelten soll. Meist werden kurz-, mittel- und langfristige Ziele unterschieden. Kurzfristige Ziele beziehen sich dabei meist auf nur ein Geschäftsjahr oder noch kürzere Zeiträume, mittelfristige Ziele erstrecken sich über einen Zeitraum von zwei bis drei Jahren, langfristige Ziele meist über einen Zeitraum von fünf Jahren, in Ausnahmefällen auch bis zu acht oder zehn Jahren (vgl. Macharzina und Wolf 2008).

Das *Zielausmaß*; schließlich legt fest, bei welcher Ausprägung ein bestimmtes Ziel als erreicht gelten soll. Meist lässt sich das Zielausmaß quantitativ ausdrücken, indem etwa für ein Gewinnziel ein angestrebtes Ausmaß von „3 Mio. €" formuliert wird. In diesem Fall, wo für das Ziel ein bestimmter, als befriedigend angesehener Zielwert definiert wird, spricht man auch von einem so genannten Satisfizierungsziel. Wird demgegenüber eine optimale Ausprägung eines Ziels gewünscht (zum Beispiel „maximaler Gewinn"), so liegt ein Optimierungsziel vor.

Die Frage, wie ein Unternehmen seine Ziele hinsichtlich Inhalt, Ausmaß und zeitlichem Bezug gestalten sollte, kann nicht allgemeingültig beantwortet werden. Vielmehr spiegeln sich darin die Wertvorstellungen der Unternehmensträger, aber auch die Ausgangssituation und die Handlungsmöglichkeiten des Unternehmens wider. So findet man in der Unternehmenspraxis ganz unterschiedliche Arten von Zielen. Beispielsweise stellt die RWE AG ein einzelnes Ziel an die Spitze, nämlich die Steigerung des Shareholder Value, während Audi im Rahmen der Strategie 2020 insgesamt vier Zielen gleichzeitig oberste Priorität einräumt.

Beispiel

Ziele der QualityRent AG

Peter Körber ist mit dem Leitbild, das er gemeinsam mit seinen Vorstandskollegen definiert hat, besonders in inhaltlicher Hinsicht sehr zufrieden. Ihm war es sehr wichtig, dass das Leitbild nicht nur klare Aussagen zum Tätigkeitsfeld des Unternehmens enthält – konkret „die Gestaltung der Freizeit der europäischen Elite in den Bereichen Mobilität, Kultur und Sport" –, sondern dass auch das Verhalten des Unternehmens gegenüber Kunden, Mitarbeitern und der Gesellschaft explizit angesprochen wird. Die QualityRent AG soll jedoch nicht nur solche Sach- und Sozialziele verfolgen, sondern – das ist Peter Körber ebenfalls sehr wichtig – auch profitabel arbeiten und Investoren eine attraktive Verzinsung bieten. Deshalb ist auch ein Wertziel für die QualityRent AG in das Leitbild eingeflossen.

Obwohl Peter Körber inhaltlich mit den Zielen des Unternehmens sehr zufrieden ist, fragt er sich manchmal, ob manche Ziele nicht zu unpräzise definiert sind. Während in Bezug auf die Mitarbeiter ein sehr klares Zielausmaß bestimmt worden ist – nämlich: der beste Arbeitgeber sein – gilt dies zum Beispiel für die finanziellen Ziele nur in eingeschränktem Maße. Dort haben er und seine beiden Vorstandskollegen lediglich festgelegt, dass die QualityRent AG ihren Investoren eine bestmögliche Verzinsung bieten soll. Wie hoch diese Verzinsung jedoch konkret sein soll und bis wann das angestrebte Verzinsungsniveau gegebenenfalls erreicht werden soll, bleibt jedoch offen. Peter Körber hat sich deshalb vorgenommen, das Leitbild an manchen Stellen präziser zu fassen. ◄

2.1.2 Entstehung von Unternehmenszielen

Angesichts der deutlichen Unterschiede zwischen Unternehmenszielen, die man in der Praxis beobachten kann, stellt sich die Frage, wie die Ziele eines Unternehmens eigentlich entstehen und worauf Unterschiede zwischen den Zielen einzelner Unternehmen zurückzuführen sind. Einen wesentlichen Beitrag zur Beantwortung dieser Frage leistet die so

genannte Koalitionstheorie, die Teil der in Kap. 1.3 dargestellten verhaltenswissenschaftlichen Ansätze der Unternehmensführung ist. Sie wurde maßgeblich von Barnard entwickelt und später unter anderem von March und Simon sowie Cyert und March weitergeführt (vgl. Barnard 1938; March und Simon 1958; Cyert und March 1992).

Die Koalitionstheorie geht davon aus, dass ein Unternehmen keine eigenständigen
Ziele besitzt, sondern dass nur die Personen, die mit dem Unternehmen in Beziehung stehen, Ziele haben können. Deren individuelle Ziele werden dann zu Zielen des Unternehmens, wenn sie an das Unternehmen herangetragen und vom Management als verbindlich festlegt werden. Man spricht in diesem Zusammenhang von Individualzielen, Zielen
der Individuen für das Unternehmen und Zielen des Unternehmens (vgl. Kirsch 1969). Da
ein Unternehmen aber von einer Vielzahl von Individuen getragen wird, die jeweils versuchen, ihre persönlichen Ziele im Unternehmen zu verankern, spielt beim Entstehen von
Unternehmenszielen oft eine große Zahl unterschiedlicher Personen und unterschiedlicher
Ziele eine Rolle.

Dementsprechend sieht die Koalitionstheorie ein Unternehmen auch als eine Koalition
von Individuen bzw. Gruppen an. Diese Individuen oder Gruppen gehen jeweils eine Beziehung zu dem Unternehmen ein, um hierdurch ihre individuellen Ziele (besser) zu erreichen. In dem Maße, in dem ihnen dies gelingt, stiftet ihre Beziehung zum Unternehmen
einen persönlichen Nutzen, und dieser Nutzen wiederum stellt für sie einen Anreiz dar, die
Koalition einzugehen und aufrechtzuerhalten. Um diesen Nutzen erreichen zu können,
müssen diese Individuen und Gruppen allerdings auch bestimmte Beiträge für das Unternehmen leisten. Nach der Art der *Anreize und Beiträge* lassen sich Individuen, die Beziehungen zu einem Unternehmen unterhalten, zu unterschiedlichen Interessens- bzw. Anspruchsgruppen (im englischen Sprachraum: Stakeholder) zusammenfassen (Abb. 2.1).

- *Eigentümer*, die dem Unternehmen dauerhaft finanzielle Mittel zur Verfügung stellen
  und dafür eine angemessene Verzinsung erwarten;
- *Fremdkapitalgeber*, die dem Unternehmen zeitlich befristet finanzielle Mittel zur Verfügung stellen und dafür Zins- und Tilgungsleistungen erwarten;
- *Abnehmer*, die Zahlungen für den Bezug von Produkten erbringen und dafür Produkte
  mit einem bestimmten Preis-/Leistungsverhältnis erwarten;
- *Mitarbeiter*, die für das Unternehmen Arbeitsleistungen erbringen und dafür die Zah-
  lung von Löhnen und Gehältern erwarten;
- *Lieferanten*, die dem Unternehmen Materialien und Dienstleistungen zur Verfügung
  stellen und dafür ein entsprechendes Entgelt erwarten;
- *Staatund Gesellschaft*, die die rechtlichen und kulturellen Grundlagen für das ökonomische Handeln schaffen und dafür Gegenleistungen in Form von Steuern und anderen Beiträgen erwarten.

Die Ziele der einzelnen Anspruchsgruppen können in ganz unterschiedlicher Beziehung zueinander stehen. Konkret können sie *identisch, indifferent, komplementär* oder
konfliktär sein. Identische Zielbeziehungen bedeuten, dass zwei Ziele die gleichen Inhalte

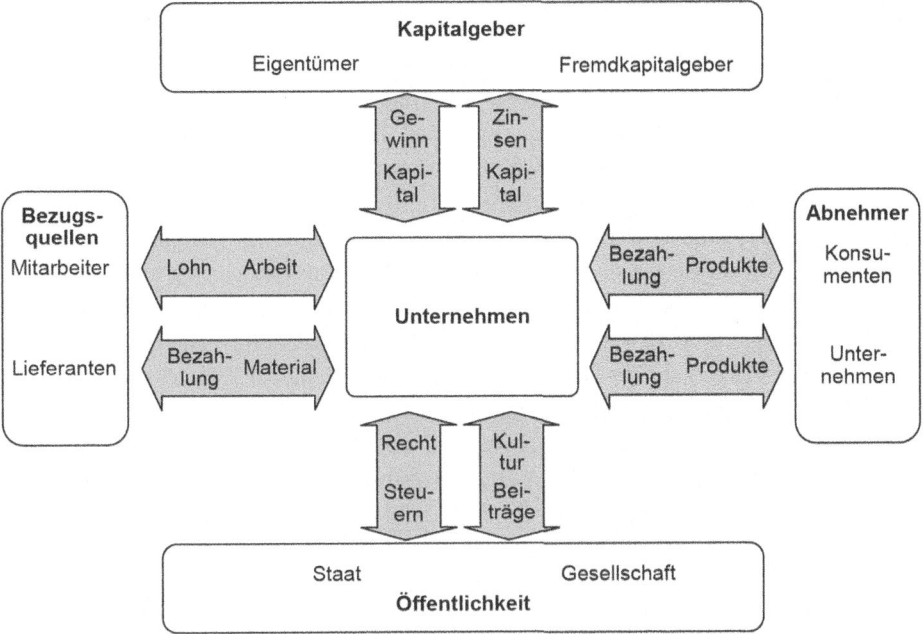

Abb. 2.1 Koalitionstheoretische Interpretation des Unternehmens

ansprechen, das heißt das eine Ziel ist durch das andere Ziel austauschbar. Hat das Erreichen eines Ziels keinen Einfluss auf das Erreichen eines anderen Ziels, so handelt es
sich um eine indifferente Zielbeziehung. Von komplementären Zielbeziehungen spricht
man, wenn die Maßnahmen zum Erreichen eines Ziels gleichzeitig zu einem höheren Er-
füllungsgrads eines anderen Ziels beitragen. Zwischen den Zielen eines Unternehmens
kann es aber auch zu konfliktären Beziehungen kommen. Wird dabei durch das Erreichen
eines Ziels das Erreichen eines anderen Ziels behindert, dann handelt es sich um eine Ziel-
konkurrenz. Ist die Erfüllung eines Ziels allerdings nur unter Verzicht auf ein anderes Ziels
möglich, so liegt eine Zielantinomie vor.

Solange die Interessen der verschiedenen Anspruchsgruppen identisch, komplementär
oder indifferent sind, können sie gemeinsam als Ziele des Unternehmens berücksichtigt
werden. Sobald jedoch Zielkonflikte auftreten, müssen die Prioritäten der widerstrebenden
Interessen bei der Zielbildung geklärt werden. Eine solche Klärung von Prioritäten geschieht meist durch Verhandlungsprozesse, in denen die unterschiedlichen Gruppen ihre
Ansprüche formulieren. Welche Ansprüche sich dann letztlich durchsetzen, ist meist eine
Frage der jeweiligen Machtpositionen. Da Macht jedoch ein sehr komplexes verhaltens-
wissenschaftliches Phänomen darstellt, das aus der Interaktion von Personen mit ganz
unterschiedlichem Wissen, unterschiedlicher Legitimation und unterschiedlichen
Sanktionsmöglichkeiten resultiert, ist die Herkunft der Ziele eines Unternehmens in der
Praxis nie genau erklärbar (vgl. Hungenberg 2000).

Herkunft von Zielen und Zielkonflikte bei der QualityRent AG

Peter Körber ist stolz darauf, dass in den Unternehmenszielen der QualityRent AG
sehr viele unterschiedliche Interessengruppen Berücksichtigung finden. Besonders
wichtig sind ihm dabei zwei Gruppen, nämlich seine Kunden und seine Mitarbeiter. Er
ist überzeugt, dass diese beiden Gruppen für die erfolgreiche Entwicklung des Unternehmens entscheidend waren und dass auch in Zukunft das Hauptaugenmerk des
Unternehmens auf sie gerichtet sein sollte. Darüber hinaus hat sich Peter Körber gerade
in jüngerer Zeit sehr für gesellschaftliche Entwicklungen, besonders in Mittel- und Osteuropa, engagiert. Darin sieht er so etwas wie eine Berufung für sich als erfolgreichen
europäischen Unternehmer. Dass die Ziele eines Unternehmens jedoch nicht immer nur
die Wertvorstellungen seines Managements bzw. seines Haupteigentümers widerspiegeln, musste Peter Körber in jüngster Zeit auch erfahren. So hat sich der Vorstand
vor allem auf Druck von institutionellen Investoren entschlossen, auch Renditeziele
stärker in den Vordergrund zu stellen. Zielkonflikte sieht Peter Körber hier allerdings
nicht. Vielmehr ist er überzeugt, dass zufriedene Kunden und Mitarbeiter sowie ein ge-
sellschaftliches Engagement letztlich auch die finanziellen Ergebnisse positiv beeinflussen werden. Und für den Fall, dass dies einmal nicht der Fall sein sollte, hat Peter
Körber eindeutige Prioritäten gesetzt: Die Zufriedenheit seiner Mitarbeiter und seiner
Kunden ist für ihn wesentlich bedeutender als kurzfristiger wirtschaftlicher Erfolg. ◄

2.1.3   Shareholder-Ansatz und Stakeholder-Ansatz als alternative Zielkonzepte

In der wissenschaftlichen Diskussion haben sich zwei Extrempositionen herausgebildet,
die allgemeingültig beschreiben, wie Ziele von Unternehmen entstehen (bzw. entstehen
sollen). Die Vertreter der ersten Position argumentieren, dass die Interessen aller Anspruchsgruppen bei der Formulierung der grundlegenden Unternehmensziele gleichberechtigt berücksichtigt werden (sollen). Diese Aussage beruht auf der Überlegung, dass
alle Gruppen für die Existenz und das Handeln eines Unternehmens notwendig sind und
daher auch legitimiert sind, die Ziele des Unternehmens zu beeinflussen. Die Vertreter
dieser Position verfolgen also einen so genannten Stakeholder-Ansatz, dem zufolge sich
das oberste Unternehmensziel an den Interessen aller Anspruchsgruppen orientiert. Gemessen wird das oberste Ziel des Unternehmens bei dieser Interpretation durch den Stakeholder Value – den Wert, den ein Unternehmen aus Sicht aller Gruppen besitzt (vgl. Janisch 1993).

Vertreter der zweiten Extremposition räumen demgegenüber den Interessen einer Anspruchsgruppe absolute Priorität ein: den Interessen der Eigentümer („Shareholder"). Man
spricht daher auch von dem Shareholder-Ansatz. Begründet wird diese Interpretation vornehmlich damit, dass sich in einem marktwirtschaftlichen Wirtschaftssystem die

Stakeholder-Ansatz	Shareholder-Ansatz
Hintergrund	Das Unternehmen existiert, um Ansprüche aller Interessengruppen umzusetzen	Das Unternehmen existiert, um das Vermögen seiner Eigentümer zu mehren
Erfolgsmaßstab	Maximierung der Differenz zwischen den Nutzen und Kosten aller Gruppen	Maximierung der zukünftigen diskontierten Zahlungen an die Eigentümer
Beurteilung	Nicht operational, da auf interpersonellen Nutzenvergleichen aufbauend; pluralistisch	Operational; auf Markt- und Ressourceneffizienz ausgerichtet; monistisch
Unternehmensziel	„Stakeholder Value"	„Shareholder Value"

Abb. 2.2 Stakeholder- und Shareholder-Ansatz im Vergleich

Legitimation zur Vorgabe von Unternehmenszielen aus dem Eigentum am Unternehmen – und nur aus diesem – ableitet. Das oberste Unternehmensziel ist dann die Maximierung des Shareholder Value, der den Wert darstellt, den das Unternehmen für seine Eigentümer besitzt (Abb. 2.2).

Welchem dieser Legitimationsansätze gefolgt werden soll, ist eine normative Frage. Zumindest in den westlichen Kulturkreisen wird in Wissenschaft und Unternehmenspraxis überwiegend den Eigentümerinteressen das Primat eingeräumt. Als Argument hierfür wird angeführt, dass diese die einzige Interessengruppe sind, die nur Anspruch auf ein unsicheres Residuum aus der Unternehmenstätigkeit hat – den Gewinn. Dieses unsichere Residuum ergibt sich nach Abzug aller fixen Verpflichtungen gegenüber den Personen aus den anderen Gruppen. Insofern sind die Eigentümer in besonderer Weise von den Unternehmensentscheidungen betroffen. Zudem kommt das Unternehmen – und damit auch jede Beziehung zwischen dem Unternehmen und einer anderen Interessengruppe – erst dadurch zustande, dass es Eigentümer gibt, die bereit sind, ein Unternehmen zu gründen und das unternehmerische Risiko zu tragen.

Abgesehen von diesen Überlegungen zur Legitimation, Unternehmensziele zu beeinflussen, muss man sich aber auch fragen, was eine Orientierung an dem einen oder anderen Zielkonzept für Unternehmen in der Praxis bedeuten würde. Eine Orientierung an einer Vielzahl von Zielen, wie es der *Stakeholder-Ansatz* erfordert, wäre dabei sicher kaum zu operationalisieren. Das Ziel eines Unternehmens besteht in diesem Fall nämlich darin, den Wert zu maximieren, den das Unternehmen für alle Anspruchsgruppen besitzt. Aus der Sicht einer einzelnen Anspruchsgruppe ließe sich dieser Wert durch die Gegenüberstellung von Nutzen- und Kosteneffekten ermitteln, die aus der Beziehung zum Unternehmen entstehen. Da der Stakeholder Value aber den Wert des Unternehmens aus der Sicht aller Anspruchsgruppen ausdrückt, muss das Unternehmen versuchen, die Summe aller Einzelwerte zu maximieren, die sich aus der Sicht der verschiedenen Anspruchsgruppen

ergeben. Formal lässt sich der Stakeholder Value somit als Doppelsumme über die diskontierten Nutzen-Kosten-Differenzen der einzelnen Anspruchsgruppen ausdrücken:

$$STV = \sum_{i=1}^{N} \sum_{t=0}^{\infty} \left(U_{it} - K_{it} \right) * (1 + r_i)^{-t}$$

mit

STV   Stakeholder Value
U_{it} Nutzen der Interessengruppe i in der Periode t
K_{it} Kosten der Interessengruppe i in der Periode t
r_i Zeitpräferenzrate der Interessengruppe i
T   Laufende Periode
I   Betrachtete Interessengruppe
N   Anzahl der Interessengruppen

Wird der Stakeholder Value maximiert, so bedeutet dies nicht zwingend, dass dadurch
die Werte aller einzelnen Beziehungen maximiert werden – es bedeutet nur, dass die
Summe dieser Einzelwerte maximiert wird. Im konkreten Entscheidungsfall könnte also
der Stakeholder Value auch dann gesteigert werden, wenn das Interesse einzelner Gruppen
hinter dem „Gesamtinteresse" zurückgestellt wird – und damit eben nicht mehr den Interessen aller Gruppen gleichmäßig entsprochen wird (vgl. Spremann 1989).

Problematisch am Konzept des Stakeholder Value ist, dass zur Beurteilung einer konkreten Entscheidung interpersonelle Nutzenvergleiche notwendig wären. Um diese Vergleiche anstellen zu können, müssten die Präferenzen aller Individuen aller Interessengruppen bekannt sein, und die Auswirkungen von Entscheidungen auf diese Präferenzen
müssten ermittelt werden. Dabei müsste zudem berücksichtigt werden, dass sich Präferenz-
ordnungen über die Zeit verändern. Vor diesem Hintergrund erscheint der Stakeholder
Value als Zielkonzept für unternehmerisches Handeln wenig operational. Zudem kann ein
Entscheider, der mit seiner Entscheidung allen Interessengruppen dienen muss, letztlich
von keiner Interessengruppe mehr für seine Entscheidung verantwortlich gemacht werden.
In einer solchen Situation ist es nicht unwahrscheinlich, dass dieser Entscheider eher den
eigenen Interessen dient als denen seiner Stakeholder.

Folgt man hingegen dem *Shareholder-Ansatz*, so ist das oberste Ziel eines Unternehmens eindeutig: Es gilt, den Shareholder Value zu maximieren (vgl. Rappaport 1997;
Copeland et al. 2005). Aus Sicht der Eigentümer bemisst sich dieser nach den Zahlungen,
die sie in Zukunft von dem Unternehmen erwarten und die sich im Marktwert des Unternehmens niederschlagen. Aber auch aus Unternehmenssicht lassen sich Zahlungsgrößen
ermitteln, auf deren Basis der Shareholder Value bestimmt werden kann (Abb. 2.3).

Da sich die Konsequenzen aller unternehmerischen Entscheidungen und Handlungen
letztlich in diesen Zahlungsgrößen ausdrücken lassen, ist der Shareholder Value ein für
Unternehmen operationales Zielkonzept.

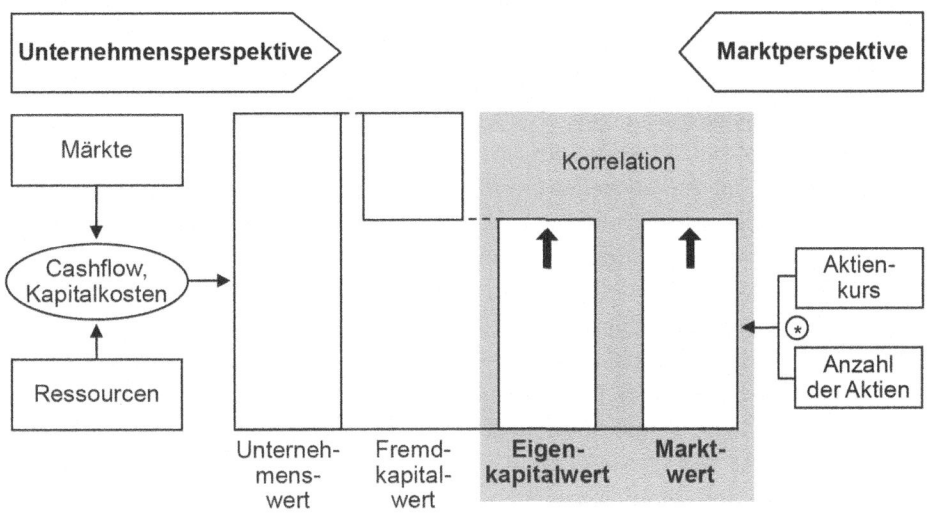

Abb. 2.3 Berechnung des Shareholder Value

$$SHV = \sum_{t=0}^{\infty} FCF_t * \left(1 + i_t\right)^{-t}$$

mit

SHV   Shareholder Value
FCF_t Freier Cash-flow in der Periode t
i_t Kapitalkostensatz in der Periode t
t   Laufende Periode

Auch wenn man diesem Shareholder-Ansatz als Zielkonzept im Rahmen des normati-ven Managements folgt, so bedeutet dies nicht, dass damit die Interessen aller anderen Anspruchsgruppen unberücksichtigt bleiben. Langfristig kann ein Unternehmen nämlich nur dann existieren – und somit Wert für seine Eigentümer schaffen –, wenn sich keine der anderen Interessengruppen, seien es Kunden, Lieferanten oder Mitarbeiter, von dem Unternehmen abwendet. Es muss daher auch im Interesse der Eigentümer sein, den Zielen der anderen Anspruchsgruppen in befriedigendem Umfang zu entsprechen. Aus diesem Grund enthalten die Verträge (zum Beispiel Kauf-, Liefer-, Kredit- oder Arbeitsverträge), auf deren Basis die Eigentümer Geschäftsbeziehungen mit den anderen Unternehmens-trägern eingehen, in der Regel bestimmte Schutzbestimmungen, die teils auch gesetzlich gefordert sind und mit deren Hilfe die Interessen der jeweils betroffenen Gruppe ab-gesichert werden sollen. Das Konzept des Shareholder Value stellt daher – anders als ge-legentlich behauptet – kein vollkommen einseitiges und kurzfristiges, sondern ein in sei-ner Anlage durchaus umfassendes Zielkonzept dar.

Nicht zuletzt stellt eine Orientierung an den Eigentümerinteressen heute für viele Unternehmen, insbesondere für größere und börsennotierte, eine Notwendigkeit dar, die sich aus Veränderungen in der Weltwirtschaft und einem damit einhergehenden Einflusszuwachs der Anteilseigner ergibt. Treiber dieser Veränderungen sind zum einen die *Globalisierung* sowohl der Absatz- als auch der Kapitalmärkte und zum anderen das verstärkte Auftreten von *institutionellen Investoren*. So erhöht die Globalisierung der Absatzmärkte in vielen Branchen den Kapitalbedarf von Unternehmen, da verstärkt Akquisitionen und andere Investitionen erforderlich sind. Gleichzeitig gibt die Globalisierung der Kapitalmärkte Investoren die Möglichkeit, ihr Kapital viel schneller und günstiger als jemals zuvor in diejenigen Regionen der Welt zu verlagern, in denen die höchsten Renditen erzielt werden können. Zusätzlich treten – vor allem getrieben durch die Privatisierung der Altersvorsorge, die nicht nur in Deutschland zu einem immer wichtigeren Thema wird – in jüngster Zeit in stärkerem Maße institutionelle Investoren, das heißt Investmentfonds, aber auch Hedge-Fonds oder Private-Equity-Gesellschaften, auf den Kapitalmärkten auf. Allein aufgrund der Höhe ihrer Investitionen in einzelne Unternehmen sind diese Spieler in der Lage, im Sinne einer stärkeren Orientierung am Shareholder Value einen Einfluss auf die Führung von Unternehmen auszuüben.

Ein Unternehmen, das sich angesichts dieser Veränderungen dennoch nicht an Eigentümerinteressen orientiert, sieht sich drei wesentlichen Risiken ausgesetzt. So wird es für ein solches Unternehmen zunehmend schwerer, frisches Eigenkapital zu erhalten, da es für Kapitalgeber nicht attraktiv ist, in dieses Unternehmen zu investieren. Probleme bei der Eigenkapitalaufnahme wiederum verringern die Möglichkeit des Unternehmens, in eine Verbesserung seiner Wettbewerbsposition zu investieren. Unter der Annahme, dass Konkurrenten in der Lage sind, weiter zu investieren, wird sich die relative Wettbewerbsposition des Unternehmens in der Folgezeit verschlechtern. Daraus ergeben sich zurückgehende Gewinne, sinkende Aktienkurse, ein weiterer Attraktivitätsverlust des Unternehmens aus Sicht von Anteilseignern und schließlich wiederum schlechtere Möglichkeiten zur *Eigenkapitalaufnahme*. Letztlich kann die Weigerung, sich am Shareholder Value zu orientieren, einen Teufelskreis einleiten, der langfristig zum Ausscheiden des Unternehmens aus dem Markt führt.

Im umgekehrten Fall folgt aus dieser Argumentation aber auch, dass ein Unternehmen, das sich sehr stark an Eigentümerinteressen ausrichtet, langfristig Vorteile im Wettbewerb erzielen kann. Ein Beispiel für ein Unternehmen, das durch eine starke Orientierung am Shareholder-Value-Gedanken seine Wettbewerbsposition kontinuierlich verbessern konnte, ist Cisco Systems. Der amerikanische Netzwerkausrüster führte allein zwischen 1993 und 2000 etwa 70 Akquisitionen von kleineren Technologieunternehmen durch, die Cisco mit eigenen Aktien bezahlte. Jede Akquisition führte zu einer Verbesserung der Wettbewerbsposition des Unternehmens und zu einer Steigerung des Börsenkurses, wodurch sich gleichzeitig die Möglichkeiten für weitere Akquisitionen verbesserten, die wiederum zu einem steigenden Marktwert des Unternehmens beitrugen. Insgesamt gelang es Cisco, durch diese starke Orientierung an Eigentümerinteressen seine Marktkapitalisierung zwischen 1993 und 2000 von ca. US$ 6,5 auf etwa US$ 400 Mrd. zu steigern.

Eine mangelnde Orientierung an Eigentümerinteressen hat jedoch nicht nur negative Folgen für die Eigenkapitalaufnahme, sondern auch für die Fähigkeit, Fremdkapital aufzunehmen. Der Zinssatz, den ein Unternehmen für Fremdkapital, also zum Beispiel für Kredite und Anleihen, zahlen muss, wird nämlich zu einem erheblichen Teil von so genannten „Ratings" bestimmt, die Agenturen wie Moody's oder Standard & Poor's für jedes größere Unternehmen durchführen. Die Fremdkapitalquote von Unternehmen ist dabei ein wichtiges Kriterium, das in die Bewertung der Kreditwürdigkeit eingeht. Eine zu starke Verschuldung führt dementsprechend zu einer Herabstufung des „Ratings" und äußert sich in einem Risikozuschlag auf den Fremdkapitalzinssatz. Diesem Problem sahen sich zu Beginn des 21. Jahrhunderts zahlreiche deutsche Konzerne wie zum Beispiel die Deutsche Telekom AG, die ThyssenKrupp AG oder die RWE AG gegenüber, deren „Rating" nach starken Einbrüchen ihrer Aktienkurse – und damit ihres Eigenkapitalwertes relativ zum Fremdkapitalwert – zurückgestuft worden ist. Im Falle der Deutschen Telekom AG, deren Verschuldung im Jahr 2002 bei etwa 60 Mrd. € lag, führte die Herabstufung des „Ratings" zu einer Erhöhung des Fremdkapitalzinssatzes um 0,5 Prozentpunkte. Nach einer vollkommenen Umschuldung resultieren daraus jährliche Mehrbelastungen von etwa 300 Mio. € für das Unternehmen.

Nicht zuletzt erhöht eine mangelnde Orientierung an Interessen der Eigentümer auch das Risiko einer *Übernahme* durch ein anderes Unternehmen. Gerade deutsche Unternehmen sind aufgrund ihres eher niedrigen Marktwerts in jüngerer Zeit immer wieder Gegenstand von Übernahmegerüchten gewesen; manche, wie die Mannesmann AG, fielen sogar tatsächlich einer Übernahme zum Opfer. Insgesamt verdeutlichen diese unterschiedlichen Argumente, warum in den letzten zehn bis fünfzehn Jahren viele größere deutsche Unternehmen den Eigentümerinteressen eine erhöhte Beachtung schenken, sich also verstärkt am Shareholder Value ausrichten.

Beispiel

Shareholder- versus Stakeholder-Orientierung bei der QualityRent AG
Auf den ersten Blick folgt die QualityRent AG eher dem Zielkonzept des Stakeholder Value, da gerade Kunden- und Mitarbeiterzielen besonderes Gewicht gegeben wird. Gleichzeitig – und das zeigen auch die Ergebnisse aus der Vergangenheit – hat die Orientierung an Kunden- und Mitarbeiterzielen aber auch zu einer sehr positiven finanziellen Entwicklung des Unternehmens beigetragen. Dass diese Entwicklung noch besser sein könnte, mahnen jedoch vor allem institutionelle Investoren an. Und der Vorstand der QualityRent AG ist bemüht, an dieser Stelle nachzubessern, also mehr an den Zielen der Shareholder orientiert zu handeln, allerdings ohne seine bisherigen Ziele aufzugeben. Daran wird deutlich, dass Shareholder-Orientierung nicht bedeuten muss, dass die Ziele anderer Interessengruppen vollkommen vernachlässigt werden. Vielmehr ist eine – im Sinne der Shareholder – positive finanzielle Entwicklung in der Regel nur dann zu erreichen, wenn auch Kunden, Mitarbeiter und andere Interessengruppen zufrieden gestellt werden – eine Ansicht, die auch Peter Körber immer wieder propagiert. ◄

2.1.4 Funktionen und Wirkungsweise von Unternehmenszielen

Die Ziele eines Unternehmens bringen also die Wertvorstellungen und Interessen einzelner Anspruchsgruppen des Unternehmens zum Ausdruck. Sie werden so zu einer zentralen Grundlage der Unternehmensführung, die innerhalb des Unternehmens wichtige Funktionen erfüllt. Im Einzelnen unterscheidet man vier Funktionen von Unternehmenszielen. So dienen Ziele als Entscheidungskriterium, sie steuern Handeln, sie erleichtern die Koordination im Unternehmen und sie geben Legitimität bzw. können zur Konfliktlösung beitragen (vgl. Macharzina und Wolf 2008):

- *Entscheidungskriterium*: Ziele geben Kriterien vor, an denen sich die Auswahl zwischen mehreren Alternativen orientieren kann und erleichtern damit (rationales) Entscheiden.
- *Handlungssteuerung*: Ziele erlauben nicht nur klarere Entscheidungen, sondern sie bieten auch eine Orientierung für das Handeln, das zur Umsetzung dieser Entscheidungen dient.
- *Koordination*: Gemeinsame Ziele erleichtern in ganz erheblichem Maße die Koordination der Vielzahl einzelner Entscheidungen und Handlungen in einem Unternehmen, weil sie allem Handeln die gleiche Richtung geben.
- *Legitimationund Konfliktlösung*: Für das Unternehmen formulierte Ziele bilden die Basis, auf die sich Unternehmensmitglieder bei ihren Entscheidungen berufen können und mit der sie sich rechtfertigen können. Damit können Handlungen legitimiert und Konflikte gelöst werden.

Damit Ziele im Unternehmen wirksam werden, das heißt die beschriebenen Funktionen erfüllen können, müssen sie transparent sein und von allen relevanten Gruppen innerhalb und außerhalb des Unternehmens akzeptiert werden. Erst dann ist gewährleistet, dass Ziele auch das Handeln von Mitarbeitern und Führungskräften des Unternehmens beeinflussen.

Um Transparenz und Akzeptanz für die normativ festgelegten Unternehmensziele herzustellen, können unterschiedliche Maßnahmen ergriffen werden. Dazu zählt an erster Stelle die *Kommunikation* der Ziele in Form einer Vision, einer Mission oder eines Unternehmensleitbilds. Hierauf soll im Folgenden kurz eingegangen werden. Daneben gibt es noch weitere Kommunikationsmaßnahmen, wie vor allem die persönliche Kommunikation in einer Vorgesetzten-/Mitarbeiter-Beziehung, die für Akzeptanz und Transparenz sorgen. Zudem tragen auch ganz andere Maßnahmen zu einer besseren Orientierung des Unternehmens an seinen Zielen bei, wie etwa die Verknüpfung von Zielen und Mitarbeitervergütung. Auf diese Aspekte werden wir in diesem Buch an anderer Stelle eingehen (siehe Kap. 5 und 6).

Vision, Mission und Unternehmensleitbild sind in der Praxis wichtige Formen zur Kommunikation der Unternehmensziele. Sehr häufig findet man dabei eine Mischung aus einer kurzen, prägnanten Vision und einer umfangreicheren Ausformulierung dieser Vision in Form einer Mission bzw. eines Unternehmensleitbilds.

Die *Vision* ist der Ursprung und die Leitidee unternehmerischer Tätigkeit. Sie ist eine Vorstellung davon, wie ein Unternehmen in der Zukunft aussehen soll, beschreibt den Sinn des Unternehmens und gibt die grundsätzliche Richtung der angestrebten Unternehmensentwicklung vor. Visionen sind oft das Ergebnis der Vorstellungskraft einzelner Personen, die aus ihren individuellen Werten und ihrer subjektiven Einschätzung zukunftsweisender Entwicklungen entspringen – „visionäre" Vorstellungen eben, die oft zu den großen unternehmerischen Leistungen dazugehören. Visionen können aber auch durch die bewusste Verarbeitung zukunftsbezogener Informationen entwickelt werden. In diesem Sinne haben sie gewisse Ähnlichkeiten mit Szenarien, unterscheiden sich von diesen Zukunftsbildern jedoch dadurch, dass sie meist ohne Alternative und damit von höherer Verbindlichkeit sind. Letztlich sollen Visionen nämlich einen Anspruch formulieren, an dem sich die Mitarbeiter eines Unternehmens orientieren können und sollen. In diesem Sinne werden einer Vision zumeist drei Funktionen zugewiesen (vgl. Bleicher 1994, 2004):

- *Identitätsfunktion*: Die Vision soll ein Zukunftsbild des Unternehmens beschreiben, das dieses einzigartig und unverwechselbar macht.
- *Identifikationsfunktion*: Die Vision soll den Mitarbeitern des Unternehmens den tieferen Sinn und Nutzen ihrer Arbeit aufzeigen und es ihnen dadurch erleichtern, sich mit dem Unternehmen zu identifizieren.
- *Mobilisierungsfunktion*: Die Vision soll die Mitarbeiter im Unternehmen anregen, das angestrebte Zukunftsbild als gemeinsames Ziel zu verfolgen.

Visionen spielen natürlich bei der Gründung von Unternehmen eine entscheidende Rolle. Anspruch einer tragfähigen Vision ist aber, als Leitlinie der Unternehmensentwicklung für einen möglichst langen Zeitraum zu dienen. Hierin liegt zugleich die entscheidende Schwierigkeit. Abgesehen davon, dass wechselnde Umfeldbedingungen oder personelle Veränderungen im Management zu einer Anpassung existierender Visionen führen können, kann es nur dann gelingen, Visionen langfristig tragfähig zu erhalten, wenn sie den Menschen im Unternehmen vermittelt und erlebbar gemacht werden. Die Vorbildfunktion der Führung besitzt hierfür zentrale Bedeutung.

Aber auch eine schriftliche Umsetzung der Vision in die so genannte *Mission* – in der Praxis auch *Unternehmensleitbild* genannt – kann dabei helfen, die Wirkung der in der Vision formulierten Ziele und Normen aufrechtzuerhalten. Missionen bzw. Unternehmensleitbilder enthalten in der Regel in wesentlich detaillierterer Art und Weise, als man es in einer Vision findet, Aussagen dazu, was das Kerngeschäft eines Unternehmens ist, welche einzigartigen Kompetenzen es besitzt und für welche Werte es steht. Ein Unternehmensleitbild dient damit letztlich dazu, Ziele und Normen des Unternehmens deutlich zu machen und so Entscheidungen zu unterstützen, Handeln zu steuern, Koordination zu erleichtern, Legitimität zu geben und Konflikte zu lösen (Abb. 2.4).

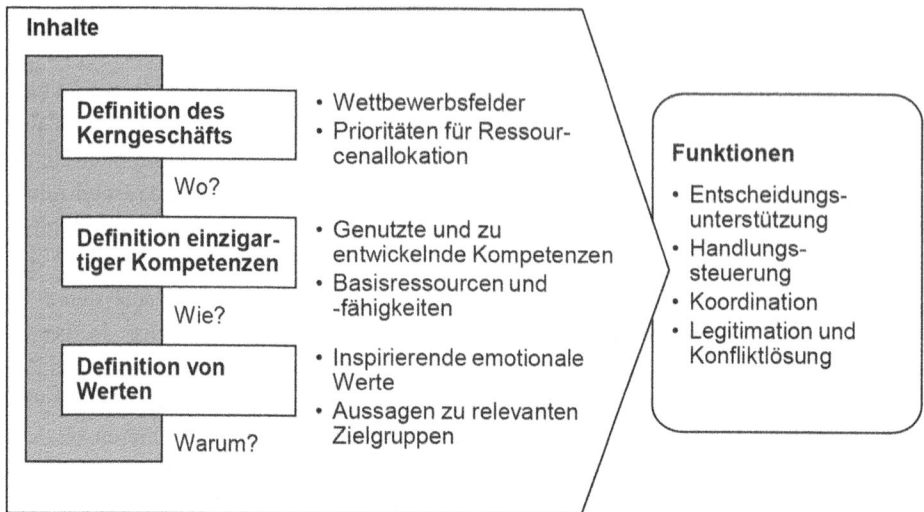

Abb. 2.4 Inhalte und Funktionen eines Unternehmensleitbilds

Vision und Leitbild der QualityRent AG

Peter Körber hat eine Vision: Er möchte, dass der Name QualityRent eines Tages in Europa als Synonym für automobile Freizeitevents und Luxus rund ums Automobil steht – ähnlich wie tesa es für Klebebänder oder Tempo für Taschentücher geschafft hat. Gerade die europaweite Ausdehnung ist Peter Körber eine besondere Herzensangelegenheit. Er will damit seinen Beitrag zur Vereinigung Europas leisten, dessen vierzigjährige Trennung ihn als Berliner immer sehr belastet hat. Gleichzeitig ist er von Herzen gern Unternehmer. Für ihn ist sein Unternehmen quasi seine Familie, und das bedeutet, dass es natürlich unterschiedliche Meinungen und auch einmal einen Konflikt geben darf, dass aber dabei alle Familienmitglieder, also alle Mitarbeiter der Quality-Rent AG, fair miteinander umgehen müssen und letztlich einer für den anderen da zu sein hat. Außerdem – und das ist Peter Körber besonders wichtig – soll diese Familie durch gemeinsame Werte vereinigt werden, nämlich die Begeisterung für das Automobil und das Streben nach höchstem Service für den Kunden.

Immer wieder hat Peter Körber in der Vergangenheit mit seinen Mitarbeitern über seine Vision und seine Werte diskutiert, und er hat das Gefühl gewonnen, dass sie von den meisten Mitarbeitern verinnerlicht worden sind. Trotzdem gerät die Vision des Unternehmens im Tagesgeschäft angesichts der zunehmend komplexen Entschewidungen, die zu treffen sind, manchmal ein wenig in Vergessenheit – sogar bei Peter Körber selbst. Sehr deutlich wurde Peter Körber dies, als vor kurzem ein großer deutscher Konzern das Angebot an die QualityRent AG herantrug, den Fahrdienst für den Vorstand des Unternehmens zu übernehmen. Dieses Angebot erschien zunächst sehr verlockend, doch nach einer langen Diskussion kamen Peter Körber und seine beiden Vorstandskollegen zu der Einsicht, dass dieses Geschäft eigentlich nicht zu dem passen würde, wofür die QualityRent AG stehen soll und deshalb abzulehnen sei. Um derartige Entscheidungen in Zukunft schneller und sicherer treffen zu können, haben die drei Vorstände die Vision und die zentralen Werte des Unternehmens schriftlich in einem Unternehmensleitbild niedergelegt. Dieses Leitbild definiert klar, was das Kerngeschäft der QualityRent AG ist, welche besonderen Kompetenzen das Unternehmen besitzt und für welche Werte es steht. Wie bereits beschrieben, kamen Peter Körber und seine Kollegen nach einiger Diskussion zu dem Schluss, dass das Kerngeschäft der QualityRent AG die Gestaltung der Freizeit für die europäische Elite in den Bereichen Mobilität, Kultur und Sport ist. Als zentrale Kompetenzen des Unternehmens erkannten sie die Kreativität, das Engagement und die automobile Kompetenz ihrer Mitarbeiter, und besondere Wertschätzung sollte das Unternehmen nach Ansicht des Vorstands Kunden, Mitarbeitern, der europäischen Gesellschaft und Investoren entgegenbringen.

Das Leitbild des Unternehmens wurde an alle Mitarbeiter der QualityRent AG verteilt und an prominenter Stelle in allen Büros und Werkstätten des Unternehmens aufgehängt. In vielen Gesprächen hat Peter Körber von Mitarbeitern, aber auch von Kunden und verschiedenen Investoren inzwischen ein sehr positives Feedback auf dieses Leitbild bekommen. Den Mitarbeitern des Unternehmens gibt das Leitbild eine noch klarere Orientierung für ihr Handeln, und auch für Externe ist nun noch transparenter, wofür die QualityRent AG steht. Selbst Peter Körber hat den Eindruck, dass ihm nun, da die zentralen Ziele einmal schriftlich fixiert sind, Entscheidungen etwas leichter fallen. ◀

Verständnisfragen

1. Welche Kategorien von Unternehmenszielen können unterschieden werden? Charakterisieren Sie diese Kategorien kurz
2. Erläutern Sie kurz die Kernaussagen der Koalitionstheorie.
3. Was bedeuten Shareholder-Value- und Stakeholder-Value-Orientierung? Wie können Shareholder Value und Stakeholder Value berechnet werden?
4. Erläutern Sie die Funktion von Zielen für Unternehmen.
5. Was ist eine Vision und welche Funktion hat eine Vision für ein Unternehmen?
6. Beschreiben Sie die wesentlichen Inhalte eines Unternehmensleitbilds.

Diskussionsfragen

1. Vergleichen Sie den Shareholder-Ansatz und den Stakeholder-Ansatz. Welcher dieser Ansätze erscheint Ihnen als Orientierungsmaßstab für Unternehmen geeigneter? Zeigen Sie die wesentlichen Argumente auf.

2. Diskutieren Sie, ob die QualityRent AG sich eher am Shareholder- oder am Stake-holder-Ansatz orientiert bzw. orientieren sollte. Welche Veränderungen haben sich in diesem Zusammenhang in jüngster Zeit für die QualityRent AG ergeben?
3. Welche Funktion hat das neue Leitbild für die QualityRent AG? Was bedeutet die-ses Leitbild für die langfristige Ausrichtung des Unternehmens?

2.2   Unternehmensverfassung

Die Gestaltung der Unternehmensverfassung ist ebenfalls eine wichtige normative Führungsaufgabe, mit deren Hilfe das Selbstverständnis abgesichert werden soll, das in den Zielen, in der Vision und in der Mission des Unternehmens seinen Ausdruck findet. Wir wollen uns in diesem Zusammenhang unter anderem mit folgenden Fragen befassen: Was ist eine Unternehmensverfassung und wie wird sie gestaltet? Welche gesetzlichen Vorgaben gibt es für die Gestaltung der Unternehmensverfassung? Welche aktuellen Ent-wicklungen prägen die Diskussion um die Unternehmensverfassung?

Dass die Unternehmensverfassung das Handeln eines Unternehmens in sehr grund-legender Art und Weise beeinflusst und daher für seine Entwicklung von großer Bedeutung ist, verdeutlicht auch die Fallstudie der QualityRent AG.

Beispiel

Die Unternehmensverfassung von QualityRent

Die Gründung der QualityRent GmbH im Jahr 1985 hatte Peter Körber sich viel ein-facher vorgestellt, als sie es tatsächlich war. Nachdem ihm die Idee gekommen war, sich mit den drei geerbten Rolls-Royce-Limousinen selbstständig zu machen, hatte er seinen alten Freund Ralf Schuster angesprochen, um ihn zu bewegen, in das neue Unternehmen mit einzusteigen. Körber war sich bewusst, dass der „geniale Mechani-ker" Schuster für das neue Unternehmen unentbehrlich sein würde. Ralf Schuster wil-ligte sehr schnell ein, und so setzten sich die beiden an einem Nachmittag im März 1985 zusammen, um ihr neues Unternehmen zu planen.

Peter Körber erinnerte sich an eine Grundstudiumsvorlesung, in der er etwas über Rechtsformen gehört hatte, und schlug vor, ihr neues Unternehmen in Form einer GmbH zu gründen, um vor allem die persönliche Haftung der beiden Eigentümer zu begrenzen. Dann unterhielten sie sich darüber, was eigentlich genau der Geschäfts-zweck des Unternehmens sein sollte und einigten sich darauf, als Autovermietung zu starten. Auch der Name QualityRent und ein Logo waren schnell gefunden. Schließlich diskutierten Körber und Schuster noch die gegenseitige Arbeitsaufteilung in ihrem Unternehmen. Schuster schlug vor, dass Peter Körber das Unternehmen leiten sollte, weil er ja auch die Automobile als wesentliches Kapital des Unternehmens einbrächte. Darüber hinaus sollte Peter Körber für den kaufmännischen Bereich und die Kunden-akquisition zuständig sein, während Ralf Schuster sich um die Wartung der Rolls Royce und um deren Bereitstellung beim Kunden kümmerte. Für die erste Zeit sollte Ralf Schuster auch als Chauffeur tätig werden.

Sie waren überzeugt, dass sie mit diesen Entscheidungen eine gute Grundlage für ihr gemeinsames Unternehmen gelegt hatten und dass alles Weitere schon im GmbH-Gesetz geregelt sei, so dass darüber hinaus gehende Festlegungen überflüssig wären. In diesem Glauben gingen Körber und Schuster an einem der nächsten Tage zu einem Notar, um die Handelsregistereintragung ihres Unternehmens zu veranlassen. Dort erlebten sie allerdings „ihr blaues Wunder".

Der Notar beglückwünschte die beiden zwar zunächst zu ihrem Mut, ein eigenes Unternehmen zu gründen, und war auch mit der Rechtsform, dem Firmennamen und der Arbeitsaufteilung zwischen Schuster und Körber einverstanden. Dann aber begannen die Probleme. Zur Gründung einer GmbH, so erläuterte er, sei ein Stammkapital von mindestens DM 50.000 (25.565 €) notwendig. Dieses Kapital könne natürlich auch in Form von Sachanlagen – also zum Beispiel durch die Rolls Royce – in das Unternehmen eingebracht werden. Gesellschafter werde jedoch nur, wer auch tatsächlich eine Einlage leistet. Konkret bedeutete dies, dass Ralf Schuster nicht einfach Gesellschafter werden konnte, ohne selbst Kapital in das Unternehmen einzubringen. Darüber hinaus riet der Notar den beiden dringend, eine Satzung für ihr Unternehmen zu entwerfen, denn sowohl das GmbH-Gesetz als auch andere relevante Gesetze ließen wesentliche Fragen offen. In der Satzung sollten Schuster und Körber unter anderem konkret regeln, wie der Gewinn des Unternehmens aufgeteilt werden sollte und wie mit Nachschussverpflichtungen im Falle nachhaltiger Verluste umgegangen würde. Darüber hinaus legte der Notar ihnen sehr ans Herz, das Abstimmungsverfahren bei Gesellschafterentscheidungen festzulegen, also zu bestimmen, ob Entscheidungen der Gesellschafter nur einstimmig oder mit einfacher Mehrheit getroffen werden können. Er persönlich – äußerte der Notar – halte Mehrheitsentscheidungen für sinnvoll, da ansonsten die Gefahr bestünde, dass sich die Gesellschafter gegenseitig blockierten. Denn, mahnte der Notar, Körber und Schuster müssten bedenken, dass sie zwar heute die besten Freunde seien, aber das müsste ja nicht auf ewig so bleiben. Schließlich – und das war der letzte Hinweis des Notars – sollten die beiden auch noch Regelungen für den Fall treffen, dass einer der beiden Gesellschafter Anteile des Unternehmens verkaufen wollte. Hier empfehle es sich, dem anderen Gesellschafter ein Vorkaufsrecht einzuräumen, um eine Zersplitterung des Anteilsbesitzes zu vermeiden.

Nach diesem ersten Notartermin gingen Körber und Schuster erst einmal ziemlich bedrückt nach Hause. So kompliziert hatten sie sich die Gründung ihres Unternehmens nicht vorgestellt. Aber nach einigen Gläsern Bier waren sie sich einig, dass der Notar Recht hatte. Wer konnte schon wissen, was in zehn oder zwanzig Jahren sein würde, und wenn ihr Unternehmen langfristig bestehen und Erfolg haben sollte, dann war es wichtig, von vornherein für alle Fragen, die im GmbH-Gesetz nicht festgelegt waren, verbindliche Regelungen zu schaffen und diese in einer Satzung zu kodifizieren.

Also gingen die beiden daran, die Liste mit offenen Fragen abzuarbeiten, die der Notar ihnen mitgegeben hatte. Schuster sammelte seine Ersparnisse zusammen, lieh sich noch ein wenig Geld von seinen Eltern und kam letztlich auf einen Betrag von DM 20.000 (10.226 €), den er in das Unternehmen einbringen konnte. Die drei Rolls Royce von Körber wurden von Gutachtern auf einen Wert von insgesamt etwa DM 80.000 (40.903 €) geschätzt, so dass die Gesellschafteranteile zwischen den beiden im Verhältnis 80 zu 20 aufgeteilt wurden. Der Gewinn des Unternehmens sollte jedoch jeweils zur Hälfte an die beiden gehen, da beide – jeder auf seine Art – für das Unternehmen wichtig waren. In einer Zusatzklausel legten sie jedoch fest, dass dieses Aufteilungsverhältnis neu geregelt würde, sobald einer der beiden nicht mehr im Unternehmen tätig wäre. Für Gesellschafterentscheidungen vereinbarten sie – entgegen den Empfehlungen des Notars – Einstimmigkeit, da Peter Körber sonst faktisch alle Entscheidungen allein treffen könnte. In allen übrigen Bereichen folgten sie dem Rat des Notars. Nach knapp drei Wochen Arbeit hielten sie die fertige Satzung stolz in den Händen. Peter Körber nannte sie fortan nur noch „unser Grundgesetz".

Auf dieser Basis wurde die QualityRent GmbH dann am 25. April 1985 ins Handelsregister eingetragen. Elf Jahre lang fuhr das Unternehmen mit diesen Regelungen sehr gut, bis im Jahr 1996 die Entscheidung anstand, die QualityRent GmbH in eine Aktiengesellschaft umzuwandeln, um über einen anschließenden Börsengang das weitere Wachstum des Unternehmens zu finanzieren. Die Umwandlung in eine Aktiengesellschaft erforderte nicht nur eine neue Satzung, sondern auch die rechtlichen Rahmenbedingungen für das Unternehmen änderten sich. Konkret galt nun das Aktiengesetz für das Unternehmen, und das forderte, dass neben der eigentlichen Unternehmensleitung, die nun Vorstand hieß, und der Versammlung der Eigentümer, nun Hauptversammlung genannt, ein weiteres Organ eingerichtet wurde, nämlich der Aufsichtsrat. Für den Aufsichtsrat gewann Peter Körber seinen Vater Hans Körber, einen Unternehmensberater im Ruhestand, sowie zwei seiner ehemaligen Professoren. Gleichzeitig rückte Ralf Schuster in den Vorstand auf. Später kam auch noch Klaus Klein hinzu.

Ähnlich wie das GmbH-Gesetz lässt auch das Aktiengesetz gewisse Regelungslücken offen, die durch Festlegungen in einer Satzung geschlossen werden müssen. Beispielsweise ist im Aktiengesetz zwar grundsätzlich festgelegt, dass sämtliche Vorstandsmitglieder nur gemeinschaftlich zur Geschäftsführung befugt sind. Dies hätte jedoch zur Folge, dass bei sämtlichen Entscheidungen der QualityRent AG die drei Vorstände gemeinsam entscheiden müssten, was Handlungsfähigkeit und Flexibilität des Unternehmens stark einschränken würde. Aus diesem Grund hat die QualityRent AG in ihrer Satzung bestimmt, dass die drei Vorstände innerhalb bestimmter Grenzen – beispielsweise bei Investitionen bis 500.000 € – auch allein entscheiden können.

Insgesamt musste Körber jedoch die Erfahrung machen, dass sich durch die Umwandlung der QualityRent GmbH in eine Aktiengesellschaft sein unternehmerischer Handlungsspielraum verändert hat. Während er früher nur seinen Mitgesellschafter Ralf Schuster von seinen Ideen und Vorstellungen über die langfristige Entwicklung des Unternehmens überzeugen musste, hat sich der Kreis der Interessengruppen, die auf die Entscheidungsfindung Einfluss nehmen, nun deutlich erweitert. Insbesondere der Aufsichtsrat und Aktionärsvertreter schauen dem Vorstand viel stärker „über die Schulter", als Peter Körber dies bislang gewohnt war.

Hinzu kommt, dass die QualityRent AG seit kurzem eine Größe erreicht hat, die eine Beschäftigung mit Fragen der Mitbestimmung der Arbeitnehmer erforderlich macht. Seitdem das Unternehmen mehr als 500 Arbeitnehmer beschäftigt, ist die QualityRent AG nämlich auf Basis des Betriebsverfassungsgesetzes von 1952 verpflichtet, ein Drittel des Aufsichtsrates mit Arbeitnehmervertretern zu besetzen. Daher wurde der Aufsichtsrat im Jahre 2001 auf sechs Mitglieder erweitert. Neben Hans Körber und den zwei ehemaligen Professoren von Peter Körber gehören dem Aufsichtsrat nun auch ein ehemaliger Vorstand eines großen Automobilkonzerns sowie zwei langjährige Mitarbeiter an, die aus dem Kreis der Arbeitnehmer des Unternehmens gewählt worden sind.

Obwohl Peter Körber mit dem Aufsichtsrat insgesamt gut zurechtkommt, spürt er doch, dass sich das Einflussgefüge innerhalb des Unternehmens – die „innere Ordnung" – durch das Wachstum der QualityRent AG und die Umwandlung in eine Aktiengesellschaft verändert hat. Das Netz an Einflüssen und Interessen ist insgesamt wesentlich größer geworden, und viel mehr Interessengruppen als früher müssen berücksichtigt werden. „Unsere heutige Unternehmensverfassung", bemerkte Peter Körber vor kurzem zu Ralf Schuster, „hat fast nichts mehr mit unserem ‚Grundgesetz' von 1985 zu tun. Vielmehr hat sich unser ‚Grundgesetz' wesentlich schneller und auch anders weiterentwickelt, als ich mir das jemals vorgestellt hätte." ◄

2.2.1 Merkmale und Zweck der Unternehmensverfassung

Allgemein gesprochen ist eine Verfassung eine grundlegende, rechtswirksame Ordnung eines sozialen Systems, also eines Staates, einer Institution oder eben eines Unternehmens. In einer Verfassung werden zentrale Normen festgelegt, die die innere Ordnung und die Außenbeziehungen des sozialen Systems determinieren. Zu diesen Normen zählen zum einen Aussagen zum Bestand des Systems, also zu seinem Existenzzweck und zu den Möglichkeiten seiner Veränderung und Auflösung. Darüber hinaus enthält eine Verfassung Festlegungen zu den Rechten und Pflichten aller Beteiligten. Nicht zuletzt werden in einer Verfassung auch Grundfragen der Organisation des Systems geklärt, das heißt Bestimmungen zu relevanten Organen, deren Befugnissen und Zusammensetzung sowie zur Verteilung von Aufgaben und Verantwortung innerhalb des Systems (vgl. Bleicher 1994).

Letztlich dienen alle Festlegungen in einer Verfassung dazu, eine normative Rahmenordnung zu schaffen, welche die Zuständigkeitsbereiche einzelner Personen und das Zusammenwirken aller Beteiligten in einem sozialen System grundlegend regelt. Diese Grundidee liegt prinzipiell allen Arten von Verfassungen zugrunde, das heißt sowohl einer Staatsverfassung wie dem deutschen Grundgesetz als auch einer Unternehmensverfassung oder einer Betriebsverfassung. Unterschiede existieren jedoch in der inhaltlichen Ausrichtung der verschiedenen Verfassungen.

So besteht das *Ziel einer Unternehmensverfassung* vor allem darin, ein Normengefüge, also eine grundlegende Ordnung, für ein Unternehmen zu definieren. Bei der Gestaltung ihrer jeweiligen Ordnung besitzen Unternehmen durchaus einen Gestaltungsspielraum, da die Unternehmensverfassung im Gegensatz zur Staatsverfassung nicht einheitlich kodifiziert ist. Die Unternehmensverfassung basiert nämlich nur teilweise auf gesetzlichen Vorgaben, wie etwa dem Gesellschafts-, Arbeits-, Mitbestimmungs-, Wettbewerbs-, Kapitalmarkt- und Verbraucherschutzrecht. Darüber hinaus beruht sie zu wesentlichen Teilen auf kollektivvertraglichen Vereinbarungen wie Tarifverträgen oder Betriebsvereinbarungen und, wie auch die Fallstudie der QualityRent AG zeigt, vor allem auf privatrechtlichen Vereinbarungen zwischen den Unternehmensträgern, die in Form von Gesellschaftsverträgen, Satzungen, Geschäftsordnungen oder Unternehmensverträgen niedergelegt sind (vgl. Gerum 1995).

Die *Regelungen der Unternehmensverfassung* zielen insbesondere darauf ab, die Einflussmöglichkeiten einzelner Interessengruppen auf Ziele und Handeln des Unternehmens zu bestimmen. Eine herausgehobene Bedeutung kommt dabei den Interessen der Eigentümer zu. So ist die Verfassung der meisten Unternehmen durch zahlreiche gesetzliche, aber auch privatrechtliche Regelungen geprägt, die Rechte und Pflichten der Eigentümer betreffen. Insbesondere der Frage, wie die Eigentümer an der Leitung und Kontrolle ihres Unternehmens beteiligt sein sollen, wird im Rahmen der Unternehmensverfassung breiter Raum eingeräumt. Gesetzlich vorgeschrieben ist in diesem Zusammenhang beispielsweise, welche Organe ein Unternehmen einzurichten hat und welchen Einfluss die Eigentümer auf diese Organe besitzen.

Neben den Eigentümern finden aber auch andere Interessengruppen in der Unternehmensverfassung Berücksichtigung. In Deutschland wird insbesondere den Arbeitnehmern im Zuge der so genannten unternehmerischen und betrieblichen Mitbestimmung starker Einfluss gewährt. Alle anderen Interessengruppen besitzen dagegen für die Unternehmensverfassung eine eher untergeordnete Bedeutung und finden nur am Rande – zum Beispiel über das Wettbewerbsrecht oder das Verbraucherschutzrecht – Berücksichtigung (vgl. Macharzina und Wolf 2008).

Insgesamt ist die Unternehmensverfassung ein wesentliches Instrument, um das Selbstverständnis des Unternehmens abzusichern. Durch seine Verfassung schafft ein Unternehmen klare Regelungen für Leitung und Kontrolle, die eine wesentliche Basis für nachgeordnete Entscheidungen bilden. Damit gibt die Unternehmensverfassung dem Unternehmen nicht nur eine verlässliche und auch rechtswirksame innere Ordnung, sondern unterstützt auch die Durchsetzung von Unternehmenszielen in ganz entscheidendem Maße.

Beispiel

Unternehmensverfassung der QualityRent AG im Wandel der Zeit
Regelungen zum Einfluss einzelner Interessengruppen bilden auch den Kern der Unternehmensverfassung der QualityRent AG. Die Art und Komplexität der Festlegungen in der Verfassung des Unternehmens haben sich jedoch im Zeitablauf deutlich

verändert. So lag der Schwerpunkt der Unternehmensverfassung der QualityRent als GmbH auf Regelungen zum Einfluss von und zur Aufgabenverteilung zwischen den beiden Gesellschaftern Peter Körber und Ralf Schuster. Im Zuge des Wachstums des Unternehmens und der Umwandlung in eine Aktiengesellschaft mussten jedoch zunehmend andere Interessengruppen berücksichtigt werden – zunächst andere Aktionäre, dann auch die Arbeitnehmer des Unternehmens. Peter Körber und seine Vorstandskollegen erkannten dabei, dass Wachstum ein Unternehmen nicht nur auf seinen Absatzmärkten vor neue Herausforderungen stellt, sondern auch eine Anpassung der inneren Ordnung erfordert. ◄

2.2.2 Rechtliche Grundlagen der Unternehmensverfassung

Nicht nur das Beispiel der QualityRent AG verdeutlicht, dass die Frage, wie die Eigentümer an der Leitung und Kontrolle ihres Unternehmens beteiligt werden sollen, von zentraler Bedeutung für die Unternehmensverfassung ist. Daher sind gerade in diesem Bereich sehr klare, gesetzliche Regelungen geschaffen worden, die sich allerdings von Land zu Land unterscheiden. Darüber hinaus spielt insbesondere in Deutschland die Mitbestimmung der Arbeitnehmer eine wesentliche Rolle. Im Folgenden werden daher zunächst die wesentlichen gesetzlichen Bestimmungen zum Eigentümer- und zum Arbeitnehmereinfluss in Deutschland dargestellt, bevor im Anschluss – als Beispiel – wichtige Regelungen zur Gestaltung der Unternehmensverfassung im angloamerikanischen Raum skizziert werden. Außerdem soll mit der Principal-Agent-Theorie eine wesentliche wissenschaftliche Grundlage für die Gestaltung der Unternehmensverfassung behandelt werden.

2.2.2.1 Regelungen zum Eigentümereinfluss in Deutschland

Die Beteiligung der Eigentümer an der Leitung und Kontrolle ihres Unternehmens ist im Gesellschaftsrecht geregelt. Allerdings liegt in Deutschland – wie auch in vielen anderen Ländern – kein einheitlich kodifiziertes Gesellschaftsrecht vor. Gesellschaftsrechtliche Regelungen finden sich vielmehr in unterschiedlichen Gesetzen, so zum Beispiel im Handelsgesetzbuch, im GmbH-Gesetz oder im Aktiengesetz. Diese Gesetze sehen je nach Unternehmenstyp und Rechtsform unterschiedliche Einflussmöglichkeiten der Eigentümer auf die Leitung und Kontrolle ihres Unternehmens vor. Die Unterschiede zwischen den einzelnen gesetzlichen Regelungen lassen sich vor allem an den vorgeschriebenen Unternehmensorganen und deren Zusammensetzung festmachen.

Grundsätzlich sind drei verschiedene *Organe* vorgesehen, mit deren Hilfe die Eigentümer Einfluss auf ihr Unternehmen ausüben können. Dazu zählen zunächst das Leitungsorgan, das für die Führung des Unternehmens verantwortlich ist, zum zweiten das Kontrollorgan, das für die Kontrolle der Unternehmensführung verantwortlich ist, und schließlich das Gesellschafterorgan, in dem die Eigentümer des Unternehmens vertreten sind und grundlegende Fragen, wie etwa die Gewinnverwendung oder Satzungsänderungen, direkt entscheiden. Nicht für jeden Unternehmenstyp sind jedoch alle drei

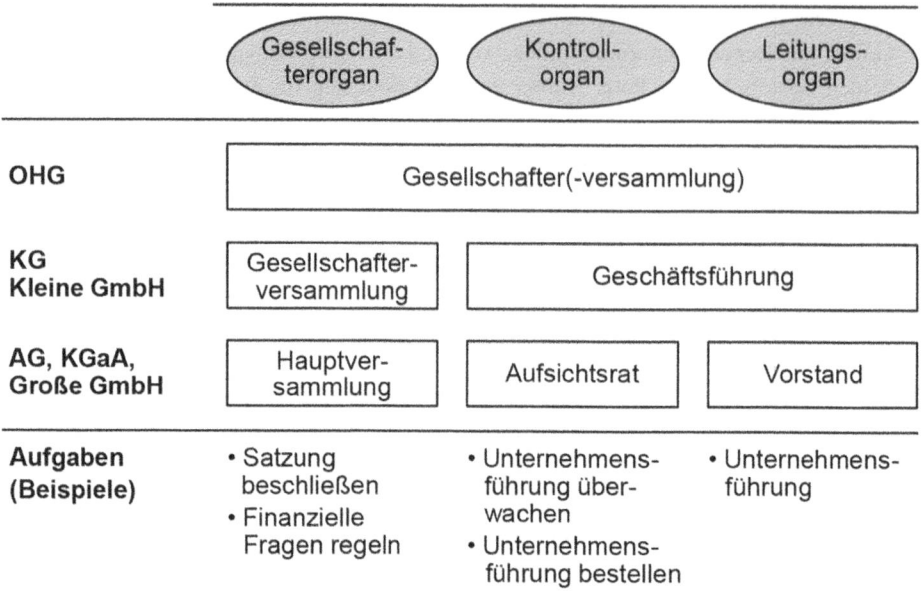

Abb. 2.5 Grundtypen der Unternehmensverfassung von Gesellschaften

Organe vorgeschrieben, und auch die Regelungen zur Besetzung der Organe unterscheiden sich teilweise deutlich. Sieht man vom Einzelunternehmen ab, so lassen sich für Gesellschaften aus den unterschiedlichen gesetzlichen Regelungen drei *Grundtypen der Unternehmensverfassung* ableiten, die im Folgenden kurz vorgestellt werden (Abb. 2.5; vgl. Macharzina und Wolf 2008).

Zum ersten Grundtyp zählt vor allem die *Offene Handelsgesellschaft* (OHG). Dieser Typ ist dadurch gekennzeichnet, dass die Gesellschafter, also die Eigentümer, ihr Unternehmen gemeinsam führen. Zwar besteht grundsätzlich ein Recht zur Einzelgeschäftsführung (§§ 114 f. HGB), doch dieses Recht wird durch die Widerspruchsmöglichkeit jedes anderen Gesellschafters gegen Einzelentscheidungen eines Gesellschafters beschränkt. Somit fallen beim ersten Grundtyp einer Unternehmensverfassung das Gesellschafter- und das Leitungsorgan zusammen, das heißt Eigentum am Unternehmen und Verfügungsgewalt über das Unternehmen liegen in einer Hand. Dementsprechend ist auch kein Kontrollorgan erforderlich.

Zum zweiten Grundtyp der Unternehmensverfassung zählen unter anderem die *Kommanditgesellschaft* (KG) und die *Gesellschaft mit beschränkter Haftung* (GmbH), sofern diese noch keinen besonderen Mitbestimmungsregelungen unterliegt. Außerdem kann man auch die angloamerikanische *„Stock Corporation"* zu diesem Typ zählen. Dieser Grundtyp der Unternehmensverfassung ist durch eine Trennung von Leitungs- und Gesellschafterorgan gekennzeichnet. So sieht zum Beispiel das GmbH-Gesetz die Bildung von zwei wesentlichen Unternehmensorganen vor, der Gesellschafterversammlung und der Geschäftsführung (§ 6 und § 48 GmbHG). Eine ähnliche Regelung gilt für die KG, da hier den Kommanditisten kein Geschäftsführungsrecht zusteht. Dieses Recht ist vielmehr allein dem Komplementär vorbehalten. Obwohl somit Eigentum und Verfügungsgewalt am Unternehmen auseinander fallen, ist auch bei diesem Grundtyp der Unternehmensverfassung ein Kontrollorgan nicht vorgesehen. Begründen lässt sich diese Regelung damit, dass zumindest bei der KG und der mitbestimmungsfreien GmbH der Gesellschafterkreis meist so klein ist, dass die Kontrolle der Geschäftsführung unmittelbar durch die Gesellschafter wahrgenommen werden kann.

Dem dritten Grundtyp der Unternehmensverfassung gehören unter anderem die *Aktiengesellschaft* (AG), die *Kommanditgesellschaft auf Aktien* (KGaA) sowie die *mitbestimmungspflichtige GmbH* an. Diese Unternehmensformen weisen in der Regel eine Größe auf, die eine direkte Kontrolle der Unternehmensführung durch die Eigentümer unmöglich macht. Daher ist dieser Grundtyp durch die Existenz jeweils eines eigenständigen Gesellschafter-, Leitungs- und Kontrollorgans gekennzeichnet. Am Beispiel der Aktiengesellschaft lassen sich die Aufgaben dieser drei Organe gut darstellen.

- *Hauptversammlung*: Die Hauptversammlung ist das Gesellschafterorgan der Aktiengesellschaft, dem alle Eigentümer des Unternehmens angehören. Nach den gesetzlichen Bestimmungen entscheidet die Hauptversammlung unter anderem über Satzungsänderungen, die Auflösung der Gesellschaft, eventuelle Fusionen oder eine Kapitalerhöhung bzw. Kapitalherabsetzung. Darüber hinaus bestellt sie die Aufsichtsratsmitglieder und beschließt über die Verwendung des Bilanzgewinns sowie über die Entlastung von Vorstands- und Aufsichtsratsmitgliedern. Formell ist die Hauptversammlung damit das oberste Organ der AG. In der Regel ist ihre Bedeutung jedoch gering, da die Hauptversammlung nicht berechtigt ist, eigentliche Führungsaufgaben wahrzunehmen. Das wichtigste Instrument, das den Eigentümern zur Einflussnahme zur Verfügung steht, ist die Satzung, in der viele konstitutive Regelungen mit Vorgabecharakter für die Unternehmensführung möglich sind.
- *Vorstand*: Der Vorstand ist das Leitungsorgan der Aktiengesellschaft. Die Mitglieder des Vorstands sind durch ihre Bestellung zur Leitung des Unternehmens legitimiert. Sie übernehmen die eigentliche (strategische und operative) Führung sowie die Vertretung des Unternehmens nach innen und außen. Für den in der Regel aus mehreren Mitgliedern bestehenden Vorstand gilt generell das so genannte Kollegialprinzip, das heißt der Vorstand kann Entscheidungen nur gemeinsam treffen. Durch spezielle Regelungen in der Satzung ist aber auch eine alleinige Entscheidungsbefugnis einzelner Vorstandsmitglieder möglich. Generell erstrecken sich die Geschäftsführungsbefugnisse des Vorstands auf den gesamten Tätigkeitsbereich des Unternehmens. Die Einflussmöglichkeiten des Vorstands werden lediglich durch in der Satzung festgelegte Rechte von Hauptversammlung und Aufsichtsrat sowie durch bestimmte gesetzliche Regelungen beschränkt. Solche Beschränkungen betreffen unter anderem den Erwerb und die Veräußerung von Beteiligungen, die Expansion von Betriebsstätten oder das Eingehen von Fusionen.

- *Aufsichtsrat*: Der Aufsichtsrat bildet das Kontrollorgan der Aktiengesellschaft. Seine Hauptaufgabe besteht darin, den Vorstand zu überwachen. Zu diesem Zweck kann er unter anderem die Ordnungsmäßigkeit und die Zielwirksamkeit der Führung überprüfen, aber auch gezielt einzelne Handlungen des Vorstands kontrollieren. Darüber hinaus obliegt dem Aufsichtsrat die Bestellung der Vorstandsmitglieder. Der Aufsichtsrat wird durch die Hauptversammlung berufen und vertritt daher prinzipiell die Interessen der Anteilseigner. In Deutschland setzt sich der Aufsichtsrat von Unternehmen ab einer bestimmten Mitarbeiterzahl jedoch nicht nur aus Vertretern der Anteilseigner zusammen. Vielmehr kommen Arbeitnehmervertreter hinzu, die im Rahmen der so genannten unternehmerischen Mitbestimmung in diesem Organ Einfluss auf die Unternehmensführung besitzen.

Insgesamt räumen die drei dargestellten Grundtypen der Unternehmensverfassung den Eigentümern unterschiedliche Einflussmöglichkeiten ein. Während beim ersten Grundtyp – begünstigt durch die in der Regel geringe Größe dieser Unternehmen – Eigentum und Führung zusammenfallen, sind die beiden anderen Grundtypen durch eine Trennung von Eigentum und Führungsbefugnis gekennzeichnet. Insbesondere beim letzten Grundtyp sind die Einflussmöglichkeiten der Eigentümer tendenziell geringer ausgeprägt, da sie die Führung des Unternehmens nur noch indirekt über den Aufsichtsrat bzw. die Gestaltung der Satzung beeinflussen können.

Beispiel

Eigentümereinfluss bei der QualityRent AG

Auch Peter Körber und Ralf Schuster mussten erkennen, dass eine kleine, mitbestimmungsfreie GmbH und eine Aktiengesellschaft sich in den gesetzlichen Vorgaben für die Ausgestaltung der Unternehmensverfassung erheblich unterscheiden. Während sie als alleinige Eigentümer und Geschäftsführer der QualityRent GmbH Entscheidungen relativ frei von Einflüssen anderer Interessengruppen treffen konnten, hat sich diese Situation nach der Umwandlung in eine AG und dem anschließenden Börsengang gewandelt. Nicht nur andere Eigentümer, vor allem institutionelle Investoren, sondern auch der Aufsichtsrat haben nun ein Mitspracherecht bei Entscheidungen bzw. verlangen Erklärungen und Rechtfertigungen. Gesetzliche Regelungen haben so in der seit 1996 gültigen Unternehmensverfassung der QualityRent AG zu einer nennenswerten Veränderung der Einflussmöglichkeiten von Peter Körber und Ralf Schuster geführt. ◄

2.2.2.2 Regelungen zum Arbeitnehmereinfluss in Deutschland

Neben Regelungen zur Beteiligung der Eigentümer an der Leitung und Kontrolle ihres Unternehmens besitzen in Deutschland gesetzliche Bestimmungen zur so genannten *Mitbestimmungder Arbeitnehmer* eine erhebliche Bedeutung für die Unternehmensverfassung. Diese Mitbestimmung ist in Deutschland seit Anfang der fünfziger Jahre – teilweise verbunden mit erheblichen Konflikten – in international einzigartiger Weise gesetzlich verankert worden und beherrscht auch heute noch stark die Diskussion um die Verfassung von Unternehmen (vgl. Bisani 2001).

Durch Regelungen zur Mitbestimmung werden den Mitarbeitern eines Unternehmens bestimmte Einflüsse auf dessen Leitung und Kontrolle eingeräumt. Vor allem drei Gesetze spielen eine Rolle: das Montanmitbestimmungsgesetz (1951), das Betriebsverfassungsgesetz (1952 und 2004; 1972 und 2001) und das Mitbestimmungsgesetz (1976). Mit diesen gesetzlichen Regelungen wurden die Arbeitnehmer neben den Eigentümern als zweite wesentliche Interessengruppe („Stakeholder") von Unternehmen hervorgehoben und mit besonderen Rechten versehen. Die Mitbestimmung der Arbeitnehmer erstreckt sich grundsätzlich auf zwei Ebenen, die Betriebsebene und die Unternehmensebene (vgl. Macharzina und Wolf 2008).

- *Betriebliche Mitbestimmung*: Die betriebliche Mitbestimmung bezieht sich auf den Betrieb, verstanden als technisch-organisatorische Einheit. Im Rahmen der betrieblichen Mitbestimmung bestehen vor allem über den Betriebsrat bestimmte Informations-, Mitwirkungs- und Mitbestimmungsrechte der Arbeitnehmer in personellen, sozialen und wirtschaftlichen Angelegenheiten. Basis für Regelungen zur betrieblichen Mitbestimmung ist das Betriebsverfassungsgesetz von 1972, das im Jahr 2001 novelliert worden ist. Neben dem Betriebsverfassungsgesetz muss in diesem Zusammenhang auch das Sprecherausschussgesetz von 1989 hervorgehoben werden, in dem Mitbestimmungsrechte der „Leitenden Angestellten" geregelt sind. Die betriebliche Mitbestimmung spielt eine wichtige Rolle für unternehmerische Entscheidungen und ist natürlich Teil der Unternehmensverfassung. Sie wird jedoch an dieser Stelle nicht weiter beleuchtet.
- *Unternehmerische Mitbestimmung*: Die unternehmerische Mitbestimmung bezieht sich auf das Unternehmen als Ganzes. Im Rahmen der unternehmerischen Mitbestimmung steht die Beteiligung der Arbeitnehmer an der Kontrolle des Unternehmens im Mittelpunkt. Regelungen zur unternehmerischen Mitbestimmung sind im Montanmitbestimmungsgesetz von 1951, im Betriebsverfassungsgesetz von 1952 (aktualisiert durch das Drittelbeteiligungsgesetz von 2004) sowie im Mitbestimmungsgesetz von 1976 festgeschrieben. Diese Regelungen werden im Folgenden näher beleuchtet, da sie unmittelbar die Besetzung des Leitungs- und des Kontrollorgans von Unternehmen betreffen (Abb. 2.6).

Das *Montanmitbestimmungsgesetz* von 1951 regelt den Einfluss von Arbeitnehmern im Vorstand und Aufsichtsrat von Unternehmen des Bergbaus sowie der Eisen und Stahl erzeugenden Industrie mit mehr als 1000 Arbeitnehmern. Der Aufsichtsrat eines Unternehmens, das unter die Bestimmungen des Montanmitbestimmungsgesetzes fällt, umfasst je nach Grundkapital des Unternehmens 11, 15 oder 21 Mitglieder. Im Falle eines elfköpfigen Gremiums gehören dem Aufsichtsrat vier Vertreter der Anteilseigner sowie zwei betriebsangehörige und zwei außerbetriebliche Arbeitnehmervertreter an. Hinzu kommt auf Anteilseigner- und auf Arbeitnehmerseite jeweils ein weiteres Mitglied. Vorsitzender

	Montanmit-bestimmungs-gesetz (1951)	Betriebsver-fassungsgesetz (1952, 2004)	Mit-bestimmungs-gesetz (1976)
Unterneh-menstyp	Kapitalgesellschaften in Bergbau, Eisen- und Stahlindustrie	Kapitalgesell-schaften, KGaA	Kapital-gesellschaften
Unterneh-mensgröße	> 1000 Mitarbeiter	> 500 Mitarbeiter	> 2000 Mitarbeiter
Regelungen	• Paritätische Beset-zung des Aufsichts-rats, neutraler Vorsitzender • Arbeitsdirektor im Vorstand	• Ein Drittel der Aufsichtsratsmit-glieder von Arbeit-nehmern gestellt	• Formal paritäti-sche Besetzung des Aufsichtsrats • Aufsichtsrats-vorsitzender bei Pattsituation mit doppeltem Stimmrecht • Arbeitsdirektor im Vorstand

Abb. 2.6 Regelungen zur unternehmerischen Mitbestimmung in Deutschland

des Aufsichtsrats ist ein neutrales Mitglied, auf das sich Anteilseigner- und Arbeitnehmer-vertreter einigen müssen. Diese Person besitzt erhebliche Bedeutung, weil sie häufig als Schlichter zwischen Anteilseigner- und Arbeitnehmerinteressen gefordert ist.

Zusätzlich zu den Regelungen für die Besetzung des Aufsichtsrats muss der Vorstand von Unternehmen, die unter das Montanmitbestimmungsgesetz fallen, einen Arbeits-direktor besitzen, der als gleichberechtigtes Vorstandsmitglied in der Regel für Personal- und Sozialangelegenheiten zuständig ist. Der Arbeitsdirektor kann nicht gegen die Stim-men der Arbeitnehmervertreter im Aufsichtsrat berufen werden. Insgesamt räumt das Montanmitbestimmungsgesetz Arbeitnehmern damit sehr weitgehende Mitbestimmungs-rechte ein. Es findet heute jedoch nur noch in sehr wenigen Unternehmen Anwendung.

Durch das *Betriebsverfassungsgesetz* von 1952, das mit Wirkung zum 1.7.2004 durch das Drittelbeteiligungsgesetz aktualisiert wurde, wurde die unternehmerische Mit-bestimmung der Arbeitnehmer über die Montanindustrie hinaus auch auf andere Unter-nehmen und Branchen ausgedehnt. Dieses Gesetz bezieht sich auf Unternehmen in der Rechtsform der GmbH, der Erwerbs- und Wirtschaftsgenossenschaft, der AG und der KGaA mit mehr als 500 Beschäftigten. In Unternehmen, die unter die Bestimmungen des Betriebsverfassungsgesetzes fallen, stellen Arbeitnehmervertreter ein Drittel der Auf-sichtsratsmitglieder. Damit sind die Einflussmöglichkeiten der Arbeitnehmer auf Ent-scheidungen des Aufsichtsrats natürlich begrenzt. Allerdings besitzen sie zumindest eine beratende Funktion und sind außerdem frühzeitig über wichtige Entscheidungen ihres Unternehmens informiert.

Das *Mitbestimmungsgesetz* von 1976 dehnt die durch das Montanmitbestimmungsgesetz von 1951 und das Betriebsverfassungsgesetz von 1952 vorgesehene unternehmerische Mitbestimmung der Arbeitnehmer weiter aus. Das Mitbestimmungsgesetz gilt für alle Kapitalgesellschaften mit mehr als 2000 Arbeitnehmern und bezieht auch Kommanditgesellschaften mit ein, sofern sie eine Kapitalgesellschaft als Komplementär (zum Beispiel GmbH & Co. KG) besitzen. Wie das Montanmitbestimmungsgesetz beinhaltet auch das Mitbestimmungsgesetz Regelungen zur Besetzung von Aufsichtsrat und Vorstand.

Hinsichtlich der Besetzung des Aufsichtsrats sieht das Mitbestimmungsgesetz formal einen paritätischen Einfluss von Anteilseigner- und Arbeitnehmervertretern vor, das heißt der Aufsichtsrat, der je nach Unternehmensgröße zwischen zwölf und zwanzig Mitgliedern haben kann, setzt sich je zur Hälfte aus Vertretern der Anteilseigner und der Arbeitnehmer zusammen. Faktisch wird die Parität zwischen Anteilseignern und Arbeitnehmern jedoch dadurch aufgehoben, dass der Aufsichtsratsvorsitzende, der in der Regel von der Anteilseignerseite gestellt wird, in Pattsituationen doppeltes Stimmrecht besitzt. Darüber hinaus bestimmt das Mitbestimmungsgesetz, dass auf Arbeitnehmerseite zumindest ein Vertreter der „Leitenden Angestellten" dem Aufsichtsrat angehören muss. Dadurch wird die Parität im Aufsichtsrat weiter untergraben, da davon ausgegangen werden muss, dass Vertreter der „Leitenden Angestellten" im Zweifel eher im Sinne der Anteilseigner als der Arbeitnehmer entscheiden. Neben diesen Regelungen zur Besetzung des Aufsichtsrats schreibt das Mitbestimmungsgesetz auch vor, dass dem Vorstand ein Arbeitsdirektor als gleichberechtigtes Mitglied angehören muss. Der Arbeitsdirektor ist in der Regel für den Bereich Personal und Sozialwesen zuständig. Er kann jedoch – anders als nach dem Montanmitbestimmungsgesetz vorgesehen – gegen die Stimmen der Arbeitnehmervertreter im Aufsichtsrat berufen werden. Insofern ist davon auszugehen, dass er weniger ein Repräsentant der Arbeitnehmer im Vorstand ist als der Arbeitsdirektor nach dem Montanmitbestimmungsgesetz.

Beispiel

Arbeitnehmereinfluss bei der QualityRent AG

Auch bei der QualityRent AG haben die Arbeitnehmer in jüngerer Zeit einen größeren Einfluss auf Leitung und Kontrolle des Unternehmens erhalten. Seit das Unternehmen die Grenze von 500 Beschäftigten überschritten hat, fällt es unter die Bestimmungen des Betriebsverfassungsgesetzes und muss zwei von sechs Aufsichtsratsmitgliedern mit Arbeitnehmervertretern besetzen. Damit ist das Spektrum der Interessen, die bei der Entscheidungsfindung des Unternehmens eine Rolle spielen, weiter gewachsen. ◄

2.2.2.3 Unternehmensverfassung im internationalen Rahmen

Das deutsche Modell der Unternehmensverfassung, das bei den meisten Kapitalgesellschaften eine Trennung von Leitungs- und Kontrollorgan vorsieht und daher auch Trennungsmodell genannt wird, findet sich in dieser Form noch in Österreich und den

Niederlanden. In Frankreich ist das *Trennungsmodell* unter bestimmten Bedingungen möglich. Wesentlich weiter verbreitet ist jedoch das aus dem angloamerikanischen Raum stammende so genannte *Vereinigungsmodell*, das eine Trennung von Leitung und Kontrolle bei keinem Unternehmenstyp vorsieht. Dieses Modell findet sich neben den USA und Großbritannien auch in Belgien, Dänemark, Italien, Japan, Schweden, der Schweiz und Spanien. Die wesentlichen Regelungen der auf dem Vereinigungsmodell beruhenden Unternehmensverfassung und ihre Unterschiede gegenüber dem Trennungsmodell sollen hier anhand der amerikanischen Stock Corporation kurz dargestellt werden (vgl. Macharzina und Wolf 2008).

Die Verfassung der *amerikanischen Stock Corporation* beruht ebenso wie die deutsche Unternehmensverfassung auf gesetzlichen Regelungen sowie privatrechtlichen Vereinbarungen, die im Gründungsvertrag (Charter) und in der Geschäftsordnung (By-laws) niedergelegt werden. Im Gegensatz zur deutschen Unternehmensverfassung sieht die amerikanische Unternehmensverfassung, die auch *Board-Verfassung* genannt wird, eine zwingende Trennung zwischen einem Leitungs- und einem Kontrollorgan nicht vor, sondern weist mit dem so genannten „Shareholders' Meeting" und dem „Board of Directors" lediglich zwei Organe auf.

Das *Shareholders' Meeting* entspricht in seinen Rechten und Pflichten weitgehend der Hauptversammlung, das heißt es ist unter anderem für die Wahl der Mitglieder des Board of Directors, für Veränderungen im Gründungsvertrag oder für Entscheidungen über außerordentliche Angelegenheiten wie die Auflösung oder Fusion des Unternehmens zuständig. Das Board of Directors unterscheidet sich jedoch vom Vorstand oder Aufsichtsrat nach deutschem Trennungsmodell, da es sowohl Geschäftsführungs- als auch Kontrollfunktionen wahrnimmt.

Das *Board of Directors* setzt sich aus unternehmensinternen Mitgliedern, so genannten Inside Directors, und externen Mitgliedern, so genannten Outside Directors, zusammen. Eine Mitbestimmung der Arbeitnehmer im Board, wie nach deutschem Recht im Aufsichtsrat vorgesehen, existiert nicht. Das Board of Directors hat zwei wesentliche Funktionen: Zum einen fungiert es als Treuhänder der Eigentümerinteressen und übernimmt damit Kontrollaufgaben. Zum anderen hat es die Aufgabe, das Unternehmen zu leiten und nach außen zu vertreten und übernimmt damit eine Management-Funktion. Im Einzelnen ist das Board of Directors unter anderem für die Festlegung der Unternehmensstrategie, für die Entscheidung über die Gewinnverwendung, für die Berichterstattung gegenüber den Anteilseignern und für die Berufung der so genannten „Officers" zuständig. Damit übernimmt das Board of Directors sowohl Aufgaben, die nach dem deutschen Trennungsmodell dem Vorstand zufallen, als auch solche, die nach deutschem Modell der Aufsichtsrat wahrnimmt.

Unterstützt wird das Board of Directors bei seiner Arbeit durch die so genannten Officers des Unternehmens, wie zum Beispiel den Chief Executive Officer (CEO), den Chief Operating Officer (COO), den Chief Finance Officer (CFO) oder den Chief Information Officer (CIO). Bei diesen Officers handelt es sich um Top-Manager des Unternehmens, die Mitglied des Board sein können, aber nicht unbedingt sein müssen. Sie übernehmen –

ähnlich wie der Vorstand nach deutschem Modell – Führungsaufgaben im Unternehmen. Trotz dieser vorstandsähnlichen Funktion stellen sie jedoch kein eigenständiges Organ des Unternehmens dar.

Zur Erfüllung seiner Aufgaben kann das Board of Directors Ausschüsse oder Komitees bilden, die Management- oder Treuhandaufgaben übernehmen. Häufig eingerichtete Komitees sind das Executive Committee, das in der Regel die Geschäftsführung wahrnimmt, das Audit Committee, das die Abschlussprüfung vorbereitet, und das Nominating and Compensation Committee, das sich mit der Anwerbung und Vergütung von Top-Managern beschäftigt (vgl. Bleicher 1994).

Insgesamt weisen das angelsächsische Vereinigungsmodell der Unternehmensverfassung und das deutsche Trennungsmodell deutliche Unterschiede in der Ausgestaltung der wesentlichen Leitungs- und Kontrollorgane auf. Angesichts der zunehmenden Internationalisierung der Geschäftstätigkeiten vieler Unternehmen zeichnet sich jedoch eine langsame Konvergenz der Modelle ab. Interessanterweise nähert sich dabei das amerikanische Modell dem deutschen Trennungsmodell an. In den USA wurden in diesem Zusammenhang in den letzten Jahren Reformen durchgesetzt, die auf eine Abschwächung der Machtkonzentration im Leitungsorgan abzielten. Im Rahmen dieser Regelungen wurden beispielsweise die Haftungsbedingungen des CEO und des CFO verschärft, die Koordination der Ausschüsse wurde verbessert, und es wurde die Unabhängigkeit der Mitglieder des Board of Directors erhöht. Konkret bedeutete dies unter anderem eine stärkere Trennung der Funktionen des CEO und des Chairman. Ebenso wurde die Anzahl der Sitze der unabhängigen Outside Directors im Board of Directors erhöht. (vgl. Macharzina und Wolf 2008).

2.2.3 Principal-Agent-Theorie als wissenschaftliche Basis für die Gestaltung der Unternehmensverfassung

Die zentrale Frage der Unternehmensverfassung ist, wie der Einfluss der Eigentümer auf Leitung und Kontrolle ihres Unternehmens geregelt werden sollte. Eine wichtige theoretische Grundlage für die Beantwortung dieser Frage ist die so genannte *Principal-Agent-Theorie* (vgl. Alchian und Demsetz 1972; Ross 1973; Jensen und Meckling 1976).

Ausgangspunkt der Principal-Agent-Theorie ist die für arbeitsteilige Wirtschaftssysteme typische Situation, dass ein Auftraggeber existiert – Principal genannt –, der einen Auftragnehmer – den Agenten – mit der Wahrnehmung seiner Interessen betraut. Der Agent handelt dann im Auftrag des Principals, aber in eigener Verantwortung. Derartige Principal-Agent-Beziehungen finden sich beispielsweise im Verhältnis zwischen Nachfrager und Anbieter, zwischen Gläubiger und Schuldner, zwischen Patient und Arzt, zwischen Mandant und Anwalt oder eben zwischen Eigentümern und Managern eines Unternehmens.

Zwei wesentliche Merkmale kennzeichnen jede Principal-Agent-Beziehung (Abb. 2.7). Zum einen besitzen Principal und Agent in der Regel unterschiedliche Ziele und Interes-

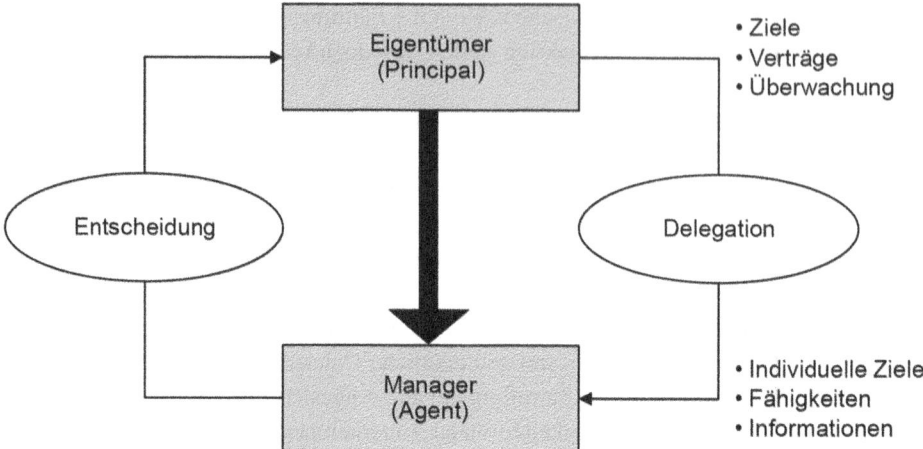

Abb. 2.7 Principal-Agent-Beziehung zwischen Eigentümer und Manager

sen. Daher besteht bei derartigen Beziehungen immer die Gefahr, dass der Agent sich nicht im Sinne des Principals verhält, sondern auch seine eigenen, abweichenden Interessen verfolgt (*Interessendivergenz*). Zum anderen unterscheiden sich die dem Principal und dem Agenten jeweils zur Verfügung stehenden Informationen. Typischerweise weiß der Agent dabei sehr viel besser über seine eigenen Aktivitäten Bescheid als der Principal, da er für die jeweiligen Aufgaben spezialisiert ist und sie selbst durchführt (*Informations-asymmetrie*).

Die Principal-Agent-Theorie untersucht solche Beziehungen zwischen einem Auftraggeber und einem Auftragnehmer und entwickelt Empfehlungen für die Ausgestaltung von Principal-Agenten-Beziehungen, mit deren Hilfe der Principal seine Ziele trotz Interessendivergenz und asymmetrischer Informationsverteilung durchsetzen kann. Um den Agenten auf die Ziele des Principals zu verpflichten, bieten sich vor diesem Hintergrund zwei Ansatzpunkte:

- *Milderung des Zielkonflikts* zwischen Principal und Agent, indem die persönliche Zielerreichung des Agenten mit der Zielerreichung des Principals verknüpft wird. Anders ausgedrückt: Der Agent soll dann (und nur dann) seine individuellen Ziele erreichen, wenn auch die Ziele des Principals erfüllt werden. Dies geschieht in erster Linie durch die Gestaltung der Entlohnung des Agenten.
- *Überwachung des Agenten* durch den Principal, um hierdurch die relative Informationssituation zu verbessern. Dies ist im Fall der Aktiengesellschaft Aufgabe des Aufsichtsrats. Wesentliche Grundlage der Überwachung ist das Führungssystem, auf dessen Basis der Aufsichtsrat und indirekt auch die Eigentümer selbst über die Handlungen der Manager informiert werden. Ziel sollte es sein, dass sich die Manager einem möglichst gut informierten Aufsichtsrat gegenüber sehen.

Für die Gestaltung der Unternehmensverfassung folgt aus der Principal-Agent-Theorie, dass Regelungen geschaffen werden müssen, durch die gewährleistet wird, dass das Unternehmen tatsächlich im Interesse seiner Eigentümer geführt wird. Im Falle eines Einzelunternehmens und einer Personengesellschaft wie der OHG ist dies relativ unproblematisch realisierbar, da die Eigentümer alle wirtschaftlichen Entscheidungen selbst treffen und auch die daraus resultierenden Folgen tragen. In diesem Fall liegt eine Einheit von Entscheidungsrechten und Eigentum am Unternehmen vor. Dementsprechend sind keine komplizierten Regelungen zur Sicherung des Eigentümereinflusses bei diesen Unternehmenstypen notwendig.

Eine Trennung von Verfügungsgewalt und Eigentum liegt dagegen bei einer Kapitalgesellschaft vor. Hier fallen die Geschäftsführung und das Eigentum am Unternehmen auseinander. Dementsprechend muss bei der Gestaltung der Unternehmensverfassung dafür Sorge getragen werden, dass die Manager, die das Unternehmen im Auftrag der Eigentümer führen, auf die Eigentümerinteressen verpflichtet werden. Zu diesem Zweck ist im deutschen Trennungsmodell ein Aufsichtsrat vorgesehen, der die Überwachung der Unternehmensführung übernimmt. Im angelsächsischen Vereinigungsmodell wird dagegen stärker auf die Selbstkontrolle durch das Board of Directors und die Schaffung von Anreizen über eine wesentlich höhere variable Vergütung von Führungskräften gesetzt.

2.2.4 Aktuelle Diskussion zur Unternehmensverfassung in Deutschland

Seit Mitte der neunziger Jahre werden Fragen der Unternehmensverfassung unter dem Stichwort *„Corporate Governance"* in Wissenschaft und Praxis wieder verstärkt diskutiert. Der Ursprung dieser Diskussion liegt im angloamerikanischen Raum. Dort steht der Begriff „Corporate Governance" für ein Gesamtkonzept der Führung und Überwachung von Unternehmen und umfasst neben der Unternehmensverfassung im oben angesprochenen Sinn weitere Aspekte, wie zum Beispiel die Führungsorganisation oder die Gestaltung von Managementvergütungssystemen.

In Deutschland hat die Diskussion um das Thema „Corporate Governance" in jüngster Zeit ebenfalls Auftrieb erhalten. Auslöser waren unter anderem Managementskandale wie bei Bremer Vulkan, der Metallgesellschaft, FlowTex, Philipp Holzmann, der Kirch-Gruppe oder Comroad und Interessenkonflikte von Aufsichtsräten, die beispielsweise bei der Fusion von Thyssen und Krupp sichtbar geworden sind. Zusätzlich wird vor allem von internationalen Investoren seit langem beklagt, dass deutsche Konzerne sich zu wenig an den Interessen von Anlegern orientieren. Als Ursachen für diese unzureichende Shareholder-Orientierung werden unter anderem die Mitbestimmung der Arbeitnehmer, die starke Überkreuzverflechtung deutscher Unternehmen, der große Einfluss der Banken sowie Übernahmehindernisse genannt, wie sie beispielsweise bei der Volkswagen AG bestehen. Darüber hinaus wird kritisiert, dass deutsche Konzerne unzureichend kontrolliert werden, da Aufsichtsräte zu selten tagen und zu wenig Einblick in die Geschäftstätigkeit von Unternehmen besitzen.

Angesichts dieser Probleme sind zahlreiche Schritte unternommen worden, um den Einfluss der Aktionäre zu stärken und die Kontrolle in deutschen Unternehmen zu verbessern. Zu nennen ist in diesem Zusammenhang zunächst das Gesetz zur Kontrolle und Transparenz im Unternehmenssektor (*KonTraG*) von 1998. Das KonTraG zielt vor allem darauf ab, die Kontrollfunktion von Aufsichtsrat und Hauptversammlung zu stärken sowie die Qualität der Abschlussprüfung zu verbessern. Darüber hinaus reduzieren die Regelungen dieses Gesetzes den Einfluss der Banken und verpflichten Unternehmen zur Einführung eines Risikomanagement- und Frühwarnsystems.

Zusätzlich entwickelte eine Regierungskommission unter Vorsitz des damaligen Aufsichtsratsvorsitzenden der ThyssenKrupp AG, Gerhard Cromme, auf Basis von Vorarbeiten zahlreicher anderer Kommissionen den so genannten *„Deutschen Corporate Governance Kodex"* (DCGK). Dieser Kodex liegt seit Beginn des Jahres 2002 vor, und die Regierungskommission überprüft mindestens einmal jährlich, ob der Kodex angepasst werden muss. Die Vorstände börsennotierter deutscher Unternehmen sind auf Basis des Transparenz- und Publizitätsgesetzes (*TransPubG*) von 2002 verpflichtet, jährlich zu erklären, inwieweit sie den Verhaltensregeln des DCGK entsprechen. Der DCGK enthält Muss-, Soll- und Kann-Vorschriften zu sechs wesentlichen Feldern der Leitung und Kontrolle von Unternehmen:

- *Aktionäre und Hauptversammlung*: Der Kodex sieht unter anderem vor, dass jede Aktie grundsätzlich eine Stimme auf der Hauptversammlung gewährt und dass Hauptversammlungen über das Internet übertragen werden können.
- *Zusammenwirken von Vorstand und Aufsichtsrat*: Der DCGK regelt unter anderem, dass der Aufsichtsrat die Berichtspflichten des Vorstands festlegen soll und auch ohne den Vorstand tagen kann.
- *Vorstand*: Unter anderem wird geregelt, dass Vergütungen von Vorständen im Detail, das heißt individualisiert, veröffentlicht werden sollen.
- *Aufsichtsrat*: Der DCGK fordert unter anderem, dass der Aufsichtsrat Ausschüsse bilden soll und dass die Vergütung von Aufsichtsräten sich auch am Unternehmenserfolg orientieren soll.
- *Transparenz*: Zur Verbesserung der Transparenz sieht der Kodex unter anderem vor, dass alle Aktionäre gleichmäßig informiert werden sollen.
- *Rechnungslegung/Prüfung*: Im Bereich der Rechnungslegung fordert der DCGK unter anderem die Beachtung internationaler Rechnungslegungsvorschriften.

Insgesamt führt die Diskussion um die Corporate Governance in Deutschland, die in ähnlicher Form auch in anderen Ländern geführt wird, zu einer langsamen Verbesserung von Kontrolle und Shareholder-Orientierung in deutschen Unternehmen. Damit verbunden ist auch eine langsame Annäherung der Vorschriften für die Gestaltung der Unternehmensverfassung im internationalen Rahmen.

Neben der Corporate Governance stellt die *Corporate Social Responsibility(CSR)*, also die unternehmerische soziale Verantwortung, eine wichtige normative Grundlage und Herausforderung der Unternehmensführung dar. CSR steht dafür, dass Unternehmen nachhaltig soziale Verantwortung gegenüber internen und externen Anspruchsgruppen übernehmen und diese durch entsprechende Maßnahmen verwirklichen – ohne dabei die Unternehmensinteressen zu vernachlässigen.

In einer Studie der Bertelsmann-Stiftung aus dem Jahr 2005 assoziierten Top-Führungskräfte der deutschen Wirtschaft mit dem Terminus „gesellschaftliche Verantwortung von Unternehmen" folgende Begriffe: 38 % der Manager benannten „Verantwortung für Mitarbeiter" sowie „Arbeitsplätze sichern", gefolgt von „gesamtgesellschaftliche Verantwortung übernehmen" mit 26 % der Antworten. „Innovationsbereitschaft" bzw. ein Antrieb für die Wirtschaft zu sein, assoziierten 19 % der Top-Führungskräfte, „Verantwortung und Engagement für die Region" nannten 14 % der Manager. Ebenfalls im zweistelligen Bereich lag schließlich „Verantwortung für die Umwelt", was von 11 % angeführt wurde. Hintergrund dieser Nennungen ist das Bewusstsein, dass die ökonomische Leistungsfähigkeit der Unternehmen auch von ihren Bemühungen abhängt, sich gegenüber gesellschaftlichen Gruppierungen mit deren Interessen zu legitimieren (vgl. Bertelsmann Stiftung 2005).

Konkrete CSR-Aktivitäten sind vielfältig und beziehen sich auf unterschiedliche gesellschaftliche Belange, wie beispielsweise einen Code of Conduct für Lieferantenverträge bei der OTTO GmbH & Co. KG, dem Verkauf von Fair-Trade-Produkten bei der REWE AG oder der Mitbegründung von Initiativen wie der „Global Compact" für eine nachhaltige Weltwirtschaft durch die BASF AG.

Unternehmen berichten verstärkt über ihre Aktivitäten zum Beispiel in Nachhaltigkeitsreports. Das Institut für ökologische Wirtschaftsforschung & future e.V. stellte im Jahr 2011 bei einer Umfrage unter den 150 größten Unternehmen fest, dass nur noch 8 % keine entsprechenden Informationen bereitstellten und 19 % der Befragten lediglich in geringfügigen Umfang informierten. Neben Berichten kommt auch in Rankings zu gesellschaftsrelevanten Themen die Verantwortungsübernahme von Unternehmen zum Ausdruck. Das Ranking „Deutschlands beste Arbeitgeber", das von der Europäischen Kommission initiiert wurde, zeichnet beispielsweise Unternehmen aus, die die folgenden drei Kriterien positiv erfüllen: die Beziehung zwischen Mitarbeitern und Management, die Beziehung zwischen Mitarbeitern und ihrer Arbeitstätigkeit sowie dem Unternehmen bzw. der Organisation und die Beziehung zwischen den Mitarbeitern untereinander.

Insgesamt verhält sich ein Unternehmen dann sozial verantwortlich, wenn es durch sein Handeln, auch sein ökonomisches, einen Nutzen für die gesellschaftlich relevanten Gruppen schafft. Entsprechende Maßnahmen sind aber nur dann Ausdruck einer funktionierenden CSR, wenn sie über eine werbewirksame Schlagzeile hinausgehen und in der Kultur des Unternehmens dauerhaft verankert werden.

---

1. Was ist eine Unternehmensverfassung und welchen Zweck erfüllt eine Unternehmensverfassung?
2. Welche Grundtypen der Unternehmensverfassung lassen sich nach deutschem Recht unterscheiden?
3. Was wird unter betrieblicher und unternehmerischer Mitbestimmung verstanden?
4. Erläutern Sie die Regeln zur unternehmerischen Mitbestimmung in Deutschland.
5. Beschreiben Sie die grundsätzlichen Regelungen der amerikanischen Board-Verfassung.
6. Erläutern Sie die Annahmen und die wesentlichen Aussagen der Principal-Agent-Theorie.
7. Welche Kritik wird im Rahmen der aktuellen „Corporate-Governance"-Debatte an der Unternehmensverfassung in Deutschland geübt?
8. Welche Regelungsbereiche enthält der Deutsche Corporate Governance Kodex?
9. Welcher Zusammenhang besteht zwischen Corporate Social Responsibility (CSR) und dem unternehmerischen Erfolg?
10. Worin kann sozial verantwortliches Engagement von Unternehmen zum Ausdruck kommen?

---

1. Diskutieren Sie Unterschiede zwischen dem so genannten Trennungsmodell und dem so genannten Vereinigungsmodell der Unternehmensverfassung. Welche Vor- und Nachteile sehen Sie bei den Modellen? Welche Implikationen haben sie für die Unternehmensführung?
2. Zeigen Sie, inwieweit die Principal-Agent-Theorie eine theoretische Basis für die Unternehmensverfassung liefert. Welche Fragen, die im Rahmen der Unternehmensverfassung adressiert werden, lassen sich auf Grundlage der Theorie beantworten und welche nicht?
3. Diskutieren Sie, ob die Kritik, die im Rahmen der aktuellen „Corporate-Governance"-Debatte an der Unternehmensverfassung in Deutschland geübt wird, berechtigt ist und welche Gegenmaßnahmen getroffen werden sollten.

2.3   Unternehmenskultur

Mit der Unternehmenskultur wird die Verhaltensdimension des normativen Managements angesprochen. Anders als die Unternehmensverfassung, deren Regelungen die Wertvorstellungen und Normen der Unternehmensträger explizit zum Ausdruck bringen, spiegelt die Unternehmenskultur diese Wertvorstellungen und Normen eher implizit – nämlich über das Verhalten der Unternehmensmitglieder – wider. Gerade weil sie jedoch im Verhalten der Mitarbeiter des Unternehmens verwurzelt ist, besitzt die Unternehmenskultur einen bedeutenden Einfluss auf die Entwicklung des Unternehmens. Wir wollen uns deshalb mit den unterschiedlichen Aspekten der Unternehmenskultur in den folgenden Fragen auseinander setzen: Was ist eine Unternehmenskultur? Welche Arten von Unternehmenskulturen gibt es in der Praxis? Wie beeinflusst die Unternehmenskultur Entscheidungen und Handlungen? Dass die Unternehmenskultur ein komplexes Phänomen ist und einen bedeutenden Einfluss auf Unternehmensentscheidungen besitzt, zeigt auch das Fallbeispiel der QualityRent AG.

Beispiel

Die Unternehmenskultur der QualityRent AG

„Unser exquisiter und doch unaufdringlicher Service baut auf unseren hervorragenden Fahrzeugen und unseren vielfältigen Event-Angeboten auf. Doch nur durch unsere Mitarbeiter und ihre Bereitschaft, auch die letzte Meile für die Wünsche unserer Kunden zu gehen, entsteht unser Erfolg. Kunden- und Qualitätsorientierung, das sind die Fundamente der QualityRent AG. Ich freue mich, dass sie sich entschlossen haben, an unserem Haus mitzubauen, und wünsche Ihnen für ihren Start bei der QualityRent AG alles Gute", damit beendete Peter Körber seine Ansprache beim Neueinsteigerworkshop.

Obwohl das Unternehmen in den letzten 30 Jahren rasant gewachsen ist und über 600 Mitarbeiter beschäftigt, lässt es sich Peter Körber nicht nehmen, neue Mitarbeiter persönlich zu begrüßen, sie näher kennen zu lernen und mit ihnen im Rahmen des Workshops über die Ausrichtung der QualityRent AG zu diskutieren. Dabei ist sein Ziel immer, dass neue Mitarbeiter den Grundsatz der QualityRent AG verinnerlichen: „Unsere Kunden sind stets die wichtigsten Personen, wo auch immer wir ihnen begegnen."

Dass Kunden- und Qualitätsorientierung zu integralen Bestandteilen der Unternehmenskultur der QualityRent AG geworden sind, daran hat auch die Vorbildfunktion der Führungskräfte des Unternehmens einen bedeutenden Anteil. So legt Simon Kleeberg, der Leiter des Bereichs Vertrieb und Service, sehr großen Wert darauf, dass seine Mitarbeiter die Kundendatenbank des Unternehmens so sorgfältig wie möglich führen, um den Kunden des Unternehmens bestmöglichen und individuellen Service bieten zu können. Außerdem achtet er bei der Einsatzsteuerung penibel darauf, dass die Kunden des Unternehmens rund um die Uhr einen Ansprechpartner finden können, damit ihre Wünsche zu jeder Zeit – ob am späten Abend oder am Wochenende – schnell erfüllt werden können. Bei der Auswahl neuer Mitarbeiter legt er außerordentlichen Wert auf deren Kreativität und Einsatzbereitschaft sowie auf ihre Begeisterung für Automobile. Sein Credo, das er immer wieder im Unternehmen verkündet, lautet: „Unsere Kundenbetreuer brauchen Benzin im Blut, damit sie die Liebe unserer Kunden zu exklusiven Fahrzeugen verstehen und immer wieder aufs Neue wecken können."

Auch Paul Steger, der Leiter des Bereichs Fuhrparkmanagement, lebt die Qualitätsorientierung in seinem Bereich sichtbar vor. Dementsprechend ist es in den letzten fünf

Jahren nur einmal zu einer Panne an einem Fahrzeug der QualityRent AG gekommen. Um seine Mitarbeiter zu weiteren Höchstleistungen anzuspornen, brachte Paul Steger in allen Werkstätten Tafeln an, die den aktuellen Stand der Fehlerfreiheit wiedergeben. „Seit 1095 Tagen ohne Panne", ist heute darauf zu lesen. Als seine Mitarbeiter 1000 Tage ohne Panne erreicht hatten, lud Paul Steger sie alle nach Berlin ein, um diese großartige Leistung zu feiern. Denn – dessen ist er sich bewusst – die hohe Qualität in seinem Bereich fußt auf dem Einsatz und der Motivation seiner Mitarbeiter. Dafür wollte er sich mit dem Fest bedanken.

Die auf Qualität, Kundennähe und Begeisterung für das Automobil ausgerichtete Kultur des Unternehmens wird jedoch nicht von allen Mitarbeitern und Führungskräften ausschließlich positiv gesehen. So liegt beispielsweise in den Augen von Stephanie Lackmann, der Leiterin des Bereichs Marketing und Event Management, der Schwerpunkt der QualityRent AG zu einseitig auf dem Automobil. Sie sieht die Zukunft des Unternehmens eher im Event Management im Allgemeinen, das heißt auch unabhängig vom Automobil. Um die Kreativität ihrer Mitarbeiter bei der Planung und Gestaltung neuer Events nicht einzuengen, ging sie daher sogar so weit, alle Modelle und Bilder von Automobilen, die normalerweise sämtliche Wände der QualityRent AG schmücken, abzunehmen und durch Aquarelle zu ersetzen. Nach zahlreichen Mitarbeiterbeschwerden und einer persönlichen Intervention von Peter Körber musste sie diesen Schritt jedoch rückgängig machen.

Etwas erfolgreicher als Stephanie Lackmann opponiert Klaus Willmann, der Leiter des Bereichs Finanzen und Controlling, gegen die bedingungslose Qualitäts- und Kundenorientierung der QualityRent AG. Er ist nämlich überzeugt, dass angesichts der zunehmenden Größe und Komplexität des Unternehmens ein stärkerer Fokus auf Kosteneinhaltung und Prozesseffizienz gelegt werden müsste. Deshalb hat er in einem ersten Schritt für Kosten- und Erlöstransparenz in den einzelnen Unternehmensbereichen gesorgt. Große Einsparungen verspricht er sich unter anderem von Rahmenverträgen mit einzelnen Automobilherstellern bei Ersatzteillieferungen. Dabei stößt er jedoch auf den Widerstand der dezentral geführten Werkstätten, die auf ihre eigenen Bezugswege pochen, um für ihre Kunden schnell und flexibel die benötigten Teile besorgen zu können. Darüber hinaus hat Klaus Willmann herausgefunden, dass ein Großteil der Anschaffungskosten bei Automobilien durch einige wenige Sonderanfertigungen verursacht wird. Nach Ansicht von Paul Steger, dem Leiter des Bereichs Fuhrparkmanagement, dienen aber gerade diese Sonderanfertigungen dazu, den einzigartigen Ruf der QualityRent AG sicherzustellen und ermöglichen es erst, Kunden für das Unternehmen zu gewinnen und langfristig zu binden. Seiner Meinung nach wird die QualityRent AG ihrem Anspruch, „das Besondere rund ums Automobil" zu bieten, mit einem Verzicht auf diese Sonderanfertigungen nicht mehr gerecht. Auch wenn die meisten Mitarbeiter und Führungskräfte des Unternehmens das Kostenbewusstsein von Klaus Willmann noch nicht teilen, rechnet er es sich als Erfolg an, die Aufmerksamkeit des Vorstands gewonnen zu haben – ein erster Schritt, so seine feste Überzeugung, zu einer nachhaltigen Veränderung der Kultur der QualityRent AG. ◄

2.3.1 Merkmale und Elemente der Unternehmenskultur

Der Kulturbegriff stammt aus der Ethnologie und bezeichnet dort die besonderen, historisch gewachsenen Merkmale von Volksgruppen. Solche Merkmale sind unter anderem einheitliche Wert- und Denkmuster, aber auch gemeinsame Symbolsysteme oder Riten (vgl. Hansen 2011). Dieser ursprüngliche Kulturbegriff ist insbesondere seit den siebziger Jahren des zwanzigsten Jahrhunderts auch auf Unternehmen übertragen worden. Hinter dieser Übertragung steht die Vorstellung, dass einzelne Unternehmen – ähnlich wie Volksgruppen – durch besondere Denkmuster, Wertesysteme, Normen und Verhaltensweisen geprägt sind und dass sie somit eigenständige Kulturgemeinschaften darstellen (vgl. Bleicher 2004).

Nach außen sichtbar wird die Kultur eines Unternehmens vor allem in den besonderen Verhaltensweisen der Unternehmensmitglieder, wie zum Beispiel in der Ansprache von Kunden, im Umgang der Mitarbeiter untereinander oder – wie bei der QualityRent AG – in der Tatsache, dass Automobile im Unternehmen das Gesprächsthema Nr. 1 sind.

Verhaltensmuster oder Gesprächsthemen allein machen jedoch noch keine Unternehmenskultur aus. Eine Unternehmenskultur basiert vielmehr zusätzlich auf gemeinsamen Wertvorstellungen, die von einer Mehrzahl der Unternehmensmitglieder geteilt werden. Die besondere Kultur eines Unternehmens bzw. die mit ihr zusammenhängenden Wertvorstellungen und Verhaltensmuster sind ein Ergebnis der historischen Entwicklung des Unternehmens. Häufig spielen bei der Entstehung einer Kultur herausragende Persönlichkeiten oder kritische Ereignisse in der Unternehmensgeschichte eine wichtige Rolle. Die Unternehmenskultur besitzt daher eine starke emotionale Komponente und kann nicht einfach durch die Unternehmensführung verordnet werden. Vielmehr entsteht und entwickelt sie sich eher implizit und informell über die Zeit (vgl. Scholz 2014).

Schein hat ein Modell entwickelt, das ein umfassendes Verständnis der Unternehmenskultur ermöglicht (vgl. Schein 1984, 2010). Er geht davon aus, dass eine Unternehmenskultur nicht nur aus den sichtbaren Verhaltensweisen der Unternehmensmitglieder besteht, sondern auch aus den dahinter liegenden „Charaktereigenschaften" des Unternehmens. Konkret unterscheidet Schein drei Elemente der Unternehmenskultur, die in enger Beziehung zueinander stehen. Zu diesen drei Elementen zählen Grundannahmen, Werte und Normen sowie Artefakte (Abb. 2.8):

- *Grundannahmen*: Basis der Unternehmenskultur sind die so genannten Grundannahmen. Hierbei handelt es sich um langfristig konstante Auffassungen über den Menschen, seine Beziehung zur Umwelt und damit letztlich auch über den Sinn und die Realitäten eines Unternehmens. Grundannahmen haben sich im Laufe der Zeit unbewusst herausgebildet und werden von allen Unternehmensmitgliedern soweit als selbstverständlich vorausgesetzt, dass sie nicht mehr bewusst hinterfragt werden. Diese Grundannahmen leiten die Wahrnehmung und das Handeln innerhalb des Unternehmens und werden automatisch befolgt, ohne darüber nachzudenken, ohne sie gar bewusst zu kennen. Grundannahmen sind als Bestandteil einer Unternehmenskultur

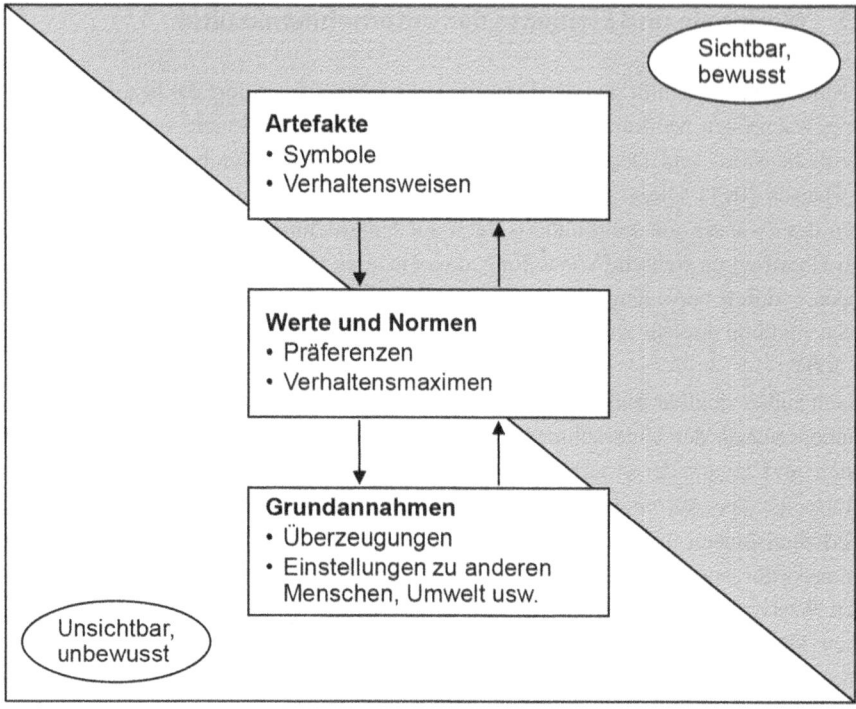

Abb. 2.8 Modell der Unternehmenskultur nach Schein

nicht sichtbar und lassen sich daher auch nur schwer vermitteln, obwohl sie großen Einfluss auf das Verhalten der Unternehmensmitglieder haben.
- *Werte und Normen*: Auf der zweiten Kulturebene liegen die kollektiven Werte und Normen. Sie sind es vor allen Dingen, die das Verhalten der Unternehmensmitglieder steuern. Werte beschreiben in diesem Zusammenhang abstrakte Auffassungen eines Individuums über das, was wünschens- oder erstrebenswert ist (bzw. nicht ist). Sie kommen in bestimmten Präferenzmustern für Ziele, Handlungsalternativen sowie angestrebte Zustände zum Ausdruck und sind damit für den Menschen Beurteilungs- und Orientierungsmaßstab bei seinem Handeln. Zum Gegenstand der Unternehmenskultur werden sie, wenn sie zumindest von der Mehrheit der Unternehmensmitglieder geteilt werden. Auch dann sind sie jedoch überwiegend unsichtbar und mehr im Unterbewussten verankert. Während sich Werte im Individuum bilden, sind Normen Verhaltensmaximen, die als abgestimmte, von außen gesetzte Handlungserwartungen an den Einzelnen herangetragen werden. Sie sind somit zumindest teilweise sichtbar, führen aber nur dann zu einer Verhaltensbeeinflussung, wenn die Betroffenen sich ihrer auch bewusst sind. Werte hingegen können auch dann verhaltensbestimmend sein, wenn der Betroffene sich ihrer nicht ausdrücklich bewusst ist.
- *Artefakte*: Artefakte schließlich sind die sichtbare „Oberfläche" der Unternehmenskultur. Sie haben die Aufgabe, den schwer fassbaren, wenig bewussten Komplex von

Annahmen und Wertvorstellungen lebendig zu erhalten, weiter auszubauen und für neue Mitglieder erlebbar zu machen. Zu den Artefakten zählen in erster Linie die von den Unternehmensmitgliedern entwickelten und gelebten Verhaltensweisen, wie Sitten und Gebräuche oder tägliche Umgangsformen. Zu diesen sichtbaren Kulturelementen gehören auch bestimmte Riten und Zeremonien. Dabei handelt es sich um geplante Aktivitäten, die an ein bestimmtes Publikum gerichtet sind – etwa bei der Aufnahme neuer Mitarbeiter, der Beförderung oder dem Ausscheiden alter Mitarbeiter. Daneben stehen andere sichtbare Symbole des Miteinanders, wie etwa Formen der Sanktionierung und Belohnung, aber auch Bekleidungsgewohnheiten oder statusbezogene Büroeinrichtungen. Um Unternehmenskultur zu vermitteln, wird auch auf das Erzählen von Legenden, Anekdoten und Geschichten vom Firmengründer oder anderen wichtigen Ereignissen zurückgegriffen. Schließlich können auch die Sprache selbst, die im Unternehmen verwendet wird, und die darin enthaltenen Ausdrücke, Slogans und Metaphern dazu dienen, den Mitarbeitern spezielle Botschaften zu vermitteln. Obwohl diese Ebene der Unternehmenskultur einfach zu beobachten ist, liegt die Problematik in der eindeutigen Entschlüsselung der Botschaften, die durch Artefakte übertragen werden sollen.

Zwischen den drei Elementen der Unternehmenskultur bestehen enge wechselseitige Beziehungen. So sind die von den Unternehmensträgern geteilten Grundannahmen Basis für Werte und Normen. Werte und Normen müssen mit den Grundannahmen übereinstimmen, um im Unternehmen akzeptiert zu werden. Umgekehrt können Werte sich in stabile und unbewusste Grundannahmen wandeln, wenn sie dauerhaft im Unternehmen verankert sind. Ähnliches gilt für die Artefakte: Sie sind sichtbarer Ausdruck der ihnen zugrunde liegenden Werte und Normen; umgekehrt können Verhaltensweisen und Symbole Werte und Normen prägen. Die einzelnen Kulturebenen stehen also nicht isoliert nebeneinander, sondern in Beziehung zueinander.

Beispiel

Artefakte in der QualityRent AG

Auf den Einsteigerworkshops erhalten neue Mitarbeiter der QualityRent AG nicht nur einen Überblick über das Unternehmen, seine Ziele und seine Ausrichtung. Vielmehr steht auf diesen Workshops gerade auch die Vermittlung des Verhaltenskodex der QualityRent AG im Vordergrund. Um den Teilnehmern den Sinn der sehr strikten Verhaltensregeln des Unternehmens zu vermitteln, erzählt Peter Körber häufig eine kurze Geschichte aus der Anfangszeit des Unternehmens.

„Im Frühjahr 1990, kurz nach dem Fall der Berliner Mauer", beginnt Peter Körber diese Geschichte, „hatten sich unsere bis dahin bedeutendsten Kunden angesagt, Franz Beckenbauer, der damalige Teamchef der deutschen Fußballnationalmannschaft und Lothar Matthäus, sein Kapitän. Wir sollten sie durch die neuen Bundesländer fahren, speziell nach Dresden und Leipzig, wo sie einige Gespräche mit Fußballspielern, Trainern und Funktionären der DDR führen wollten. In unserem Unternehmen herrschte natürlich helle Aufregung, und wir versuchten, alles minutiös zu planen. Doch an dem entscheidenden Tag – es war der 7. April – ging dann fast alles schief, was schief gehen konnte. Zunächst hatte der Bentley, den wir für die Fahrt ausgewählt hatten, eine Reifenpanne – die erste überhaupt an diesem Wagen –, und an einen Ersatzwagen hatten wir nicht gedacht. Diese Panne konnten wir jedoch gerade noch rechtzeitig beheben. Ich fuhr dann so schnell es ging zum Flughafen Tegel, stellte den Wagen ab und rannte zum Ankunftsgate – und dabei passierte das zweite Malheur. Ich stieß mit einem Gepäckträger zusammen und riss mir dabei einen Teil meines Sakkos und meiner Anzughose auf. Auch an einen Ersatzanzug hatten wir nicht gedacht. Allerdings hatte ich auch gar keine Zeit mehr zum weiteren Nachdenken, denn in diesem Moment traten auch schon Franz Beckenbauer und Lothar Matthäus in die Ankunftshalle. Ich ging auf sie zu, um sie zu begrüßen, wie ich es hundertmal geübt hatte, doch sie fingen nur schallend an zu lachen. Ich lief dunkelrot an und hatte Schweißperlen auf der Stirn. Franz Beckenbauer bemerkte wohl die Verlegenheit und sagte: ‚Sie müssen Peter Körber sein. Sie sehen allerdings etwas komisch aus.' Und Lothar Matthäus ergänzte: ‚Aber wissen Sie was? Sie und ich haben doch ungefähr die gleiche Größe. Ich könnte Ihnen einen Anzug leihen. Ich hätte zum Beispiel einen ganz neuen pinken Anzug.' Ich wusste nicht, ob ich lachen oder weinen sollte, entschied mich dann aber doch für einen einfachen blauen Anzug aus der Kollektion von Lothar Matthäus. Wir fuhren nach Leipzig und Dresden und beim Abschied bemerkte Franz Beckenbauer: ‚Vielen Dank. Es war eine sehr schöne Fahrt. Ihr Service ist wirklich so exquisit, wie er mir beschrieben wurde und unsere Unterhaltung habe ich auch genossen.' Lothar Matthäus ergänzte: ‚Mein Anzug steht Ihnen auch ganz ausgezeichnet. Behalten Sie den als Glücksbringer für Ihr Unternehmen. Aber eines muss ich Ihnen sagen: Sie scheinen nicht gerade ein Fußballfan zu sein. Der Franz ist nämlich nicht der König, sondern der Kaiser, und Mittelstürmer war er auch nie.' Hier wäre ich am liebsten wieder im Boden versunken. Doch die beiden nahmen auch diese Panne mit Humor."

„Seit diesem Tag", und damit kommt Peter Körber zum Fazit seiner Geschichte, „müssen alle Chauffeure der QualityRent AG immer einen Ersatzanzug dabei haben, und seit diesem Tag halten wir für jeden Kunden ein Ersatzfahrzeug bereit. Mir ist zwar kein Fall bekannt, bei dem wir den Ersatzanzug oder das Ersatzfahrzeug jemals gebraucht hätten. Beide sind jedoch ein Symbol dafür, dass wir immer alle hundertprozentig auf alle möglichen Situationen vorbereitet sein müssen – nicht nur auf einen zerrissenen Anzug und eine Reifenpanne. Seit diesem Tag haben wir auch mit dem Aufbau unserer Kundendatenbank begonnen. Unser Ziel muss es sein, mehr über unsere Kunden zu wissen als sie selbst. Übrigens", und damit schloss Peter Körber seine Geschichte, „der Anzug, den Sie vielleicht unten in der Eingangshalle unserer Hauptverwaltung bemerkt haben, das ist der Anzug von Lothar Matthäus – ein schönes Souvenir und gleichzeitig für alle Mitarbeiter der QualityRent AG ein Symbol für höchste Sorgfalt und Umsicht." ◄

2.3.2 Arten von Unternehmenskulturen

Nachdem geklärt worden ist, was unter dem Begriff Unternehmenskultur verstanden wird, stellt sich die Frage, welche Arten von Unternehmenskulturen man in der Praxis antreffen kann und wie unterschiedliche Kulturen systematisiert werden können. In der betriebswirtschaftlichen Literatur finden sich vor allem zwei unterschiedliche Typologien von Unternehmenskulturen – nämlich solche, die Unternehmenskulturen nach ihrer inhaltlichen Ausrichtung beschreiben, und solche, die die Stärke der Kultur als Anknüpfungspunkt für die Systematisierung wählen. Beide Arten von Typologien sollen im Folgenden kurz vorgestellt werden.

2.3.2.1 Inhaltliche Ausrichtung von Unternehmenskulturen

Die bekannteste Typologie, die nach Inhalten von Unternehmenskulturen unterscheidet, ist jene von Deal und Kennedy. Auf Basis einer umfassenden Analyse verschiedener Unternehmen haben Deal und Kennedy zwei wesentliche Dimensionen identifiziert, an denen Unterschiede zwischen Unternehmenskulturen festgemacht werden können und die sich demnach auch als Basis für die Systematisierung von Kulturen eignen. Diese beiden Dimensionen sind zum einen das Risiko, das mit einer Entscheidung verbunden ist und das Unternehmensmitglieder beim Treffen einer Entscheidung eingehen, und zum anderen die Geschwindigkeit des Feedbacks, das auf eine getroffene Entscheidung folgt (vgl. Deal und Kennedy 1983). Auf der Grundlage dieser beiden Dimensionen ergibt sich eine Vier-Felder-Matrix mit vier grundlegend unterschiedlichen Extremtypen der Unternehmenskultur (Abb. 2.9):

- *„Macho-Kultur" (tough-guy/macho)*: Die „Macho-Kultur" ist durch Individuen gekennzeichnet, die bereit sind, ein hohes Risiko einzugehen und dabei ein rasches, direktes Feedback über den Erfolg oder Misserfolg ihrer Entscheidungen erhalten. Das Ansehen der Unternehmensmitglieder wird durch Erfolg, Einkommen und Macht bestimmt, und ein Starkult kann sich herausbilden. In dieser „Alles-oder-nichts"-Kultur

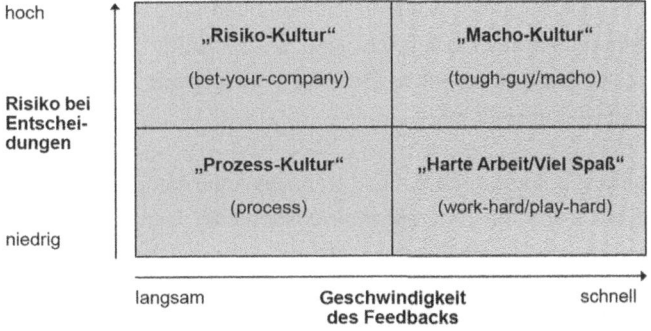

Abb. 2.9 Kulturtypologie nach Deal/Kennedy

werden große Erfolge überschwänglich gefeiert, Misserfolge führen zum persönlichen Absturz. Die Macho-Kultur ist für viele angelsächsische Unternehmen typisch und findet sich zum Beispiel in Unternehmensberatungen und Investmentbanken.

- *„Harte Arbeit/Viel Spaß-Kultur"* (work-hard/play-hard): Die Mitglieder eines Unternehmens, das durch eine „Harte Arbeit/Viel Spaß-Kultur" gekennzeichnet ist, übernehmen eher kleine Risiken und erhalten ein schnelles Feedback über den Erfolg von getroffenen Entscheidungen. Ausgeprägte Teamorientierung, die sich in einer unkomplizierten Zusammenarbeit im Team und vielen gemeinsamen Aktivitäten und ungezwungenen Festen manifestiert, ist einer der Fixpunkte dieses Kulturtyps. Ein anderer ist die Kundenorientierung, die durch die Vorstellung gespeist wird, dass die Umwelt viele Chancen biete, die es zu nutzen gelte. Eine solche Unternehmenskultur ist beispielsweise für viele der im Rahmen des Internet-Booms bis zum Jahr 2000 gegründeten Unternehmen typisch.

- *„Risiko-Kultur"* (bet-your-company): Die „Risiko-Kultur" ist dadurch gekennzeichnet, dass die Unternehmensmitglieder Entscheidungen mit großer Bedeutung und großem Risiko übernehmen, deren Erfolg oder Misserfolg aber erst nach längerer Zeit offenkundig wird. Dabei handelt es sich typischerweise um größere Projekte, die lange dauern und sehr hohe Investitionen verlangen, zum Beispiel im Erdölgeschäft oder im Anlagenbau. Dem hohen Risiko, das mit Entscheidungen verbunden ist, wird durch Akribie und Hierarchie begegnet. So sind solche Kulturen durch einen „Techniker/ Tüftler-Kult" geprägt, der sich in der ruhigen, analytischen Arbeitsweise der Mitarbeiter zeigt. Typisches Ritual für eine solche Kultur sind formelle und informelle Sitz- und Redeordnungen bei den häufig stattfindenden Besprechungen.

- *„Prozess-Kultur"* (process): In Unternehmen, die eine „Prozess-Kultur" besitzen, ist das Risiko der getroffenen Entscheidungen gering und gleichzeitig ist der Informationsfluss über den Erfolg der getroffenen Entscheidung sehr langsam. In einer solchen Kultur ist es wichtiger, die geforderten Aufgaben richtig, ohne Fehler zu erfüllen, als die Richtigkeit der Aufgaben selber zu hinterfragen. Nicht Auffallen ist eine wichtige Eigenschaft, und Mitarbeiter versuchen, sich durch eine Orientierung am Dienstweg jederzeit abzusichern. Strenge Hierarchien haben nicht nur Einfluss auf das Einkommen, sondern auch auf Umgangsformen, Kleidung und Sprache. Dienstjubiläen zu festen Terminen sind wichtig, während spontane und ungezwungene Feste nicht stattfinden, da Emotionen nicht erwünscht sind. Diese Kultur findet sich ohne Frage in manchem deutschen Unternehmen. Besonders ausgeprägt ist sie wahrscheinlich im Bank- und Versicherungssektor.

Die dargestellte Typologie von Deal und Kennedy kann natürlich nur einen sehr vereinfachenden Überblick über die Vielzahl real existierender Unternehmenskulturen geben. Sie bietet nur einen ersten Anhaltspunkt, um die konkrete Kultur eines Unternehmens näher zu untersuchen. Ihr Wert liegt jedoch darin, dass sie die prinzipiellen Möglichkeiten zur inhaltlichen Ausgestaltung der Unternehmenskultur offen legt und damit eine – wenn auch grobe – Einordnung der Kulturen unterschiedlicher Unternehmen ermöglicht.

Corporate Identity

Eng verbunden mit dem Begriff Unternehmenskultur sind eine Reihe weiterer Konstrukte, die unter dem Sammelbegriff Corporate Identity diskutiert werden. Hinter dem Begriff Corporate Identity steht die Vorstellung, dass ein Unternehmen – ähnlich wie Personen – bestimmte identitätsstiftende Persönlichkeitsmerkmale besitzt. Äußerlich zählen zu diesen Persönlichkeitsmerkmalen eines Unternehmens unter anderem das so genannte Corporate Design (visuelle Gestaltung der Artefakte), die so genannte Corporate Communication (Unternehmenskommunikation) und das so genannte Corporate Image (das Fremdbild, das das Unternehmen in der Öffentlichkeit vermittelt). Interpretiert man den Begriff Corporate Identity mehr aus der Innensicht, so wird damit – in Anlehnung an psychologisches Gedankengut – eine gewisse Stimmigkeit der Unternehmensmerkmale zum Ausdruck gebracht. Anders ausgedrückt: Die Unternehmensidentität – die Corporate Identity – beschreibt die Stimmigkeit des Entscheidens, Sprechens und Handelns eines Unternehmens.

Literatur: Macharzina und Wolf 2008

2.3.2.2 Stärke von Unternehmenskulturen

Neben der inhaltlichen Typologisierung spielt die Unterscheidung von starken und schwachen Kulturen eine wichtige Rolle, um unterschiedliche Arten von Unternehmenskulturen beschreiben und erklären zu können. Die Stärke einer Unternehmenskultur wird dabei vor allem an drei Merkmalen festgemacht, nämlich ihrer Prägnanz, ihrem Verbreitungsgrad und ihrer Verankerungstiefe (vgl. Schreyögg 1989):

- *Prägnanz*: Eine starke Unternehmenskultur ist durch große Prägnanz gekennzeichnet. Dies bedeutet, dass Werte und Normen so deutlich ausgeprägt sind, dass der Einzelne sein Verhalten daran ausrichten kann. Innerhalb des Unternehmens besteht eine klare Vorstellung darüber, was erwünscht ist und was nicht. Um eine solche klare Orientierung vorgeben zu können, müssen Werte und Normen eindeutig und umfassend definiert sein, so dass sie in allen möglichen Situationen als Leitlinie des Handelns dienen können. Insbesondere Geschichten und Anekdoten können die Prägnanz der Unternehmenskultur fördern. Ihre Pointen und Lehren geben nämlich eine klare Orientierung für aktuelles und zukünftiges Verhalten.
- *Verbreitungsgrad*: Eine starke Unternehmenskultur ist außerdem durch einen starken Verbreitungsgrad charakterisiert. Damit meint man, dass ein großer Teil der Unternehmensangehörigen – im Extremfall sogar alle – von den Werten und Normen der Unternehmenskultur überzeugt sind. Somit zeichnen sich starke Kulturen auch durch ein großes Maß an Homogenität im Verhalten der Unternehmensmitglieder aus. In Unternehmen, in denen zahlreiche Subkulturen vorherrschen, das heißt in denen die Wertvorstellungen der Mitarbeiter unterschiedlich oder sogar gegenläufig sind, ist die Gesamtkultur dagegen eher schwach ausgeprägt.

- *Verankerungstiefe*: Schließlich ist eine starke Unternehmenskultur durch eine hohe Verankerungstiefe gekennzeichnet, das heißt Werte und Normen der Unternehmenskultur werden nicht nur vordergründig übernommen, sondern sind tief im Bewusstsein der Unternehmensangehörigen verankert. Die Unternehmenskultur ist zum selbstverständlichen Bestandteil des täglichen Handelns geworden und wird von den Unternehmensmitgliedern nicht nur oberflächlich, aus Konformismus heraus gelebt, sondern entspringt ihrer inneren Überzeugung.

Verschiedene empirische Untersuchungen zeigen, dass die Stärke einer Unternehmenskultur insbesondere von der Intensität der Zusammenarbeit und auch von den gemeinsamen Erfahrungen der Unternehmensmitglieder abhängt. So haben Wilkins und Ouchi ermittelt, dass vor allem Unternehmen mit geringer Fluktuation, hoher interner Interaktionsintensität oder großem technologischem Vorsprung eine starke Unternehmenskultur aufweisen. Auch die Branche spielt in diesem Zusammenhang eine wichtige Rolle (vgl. Wilkins und Ouchi 1983).

Die Auseinandersetzung mit der Stärke der Unternehmenskultur besitzt in der Betriebswirtschaftslehre eine große Bedeutung, weil in der Regel unterstellt wird, dass starke Unternehmenskulturen sich positiv auf die Unternehmensentwicklung und den Unternehmenserfolg auswirken. Sieben wichtige positive Wirkungen starker Kulturen werden dabei diskutiert (vgl. Steinmann et al. 2013):

- *Handlungsorientierung*: Starke Unternehmenskulturen vermitteln den Unternehmensmitgliedern ein eindeutiges Weltbild, das heißt sie geben ein einheitliches Raster zur Interpretation von Informationen und damit zur Reduktion von Komplexität und Mehrdeutigkeit vor. So erleichtern starke Kulturen die Orientierung und schaffen eine verständliche Grundlage für das tägliche Handeln. Gerade in Bereichen, in denen formale Regelungen nicht greifen bzw. nicht greifen können, ist eine solche Handlungsorientierung von großer Wichtigkeit.
- *Reibungslose Kommunikation*: Da starke Unternehmenskulturen durch sehr homogene Verhaltensmuster der Unternehmensmitglieder gekennzeichnet sind, laufen Kommunikations- und Abstimmungsprozesse in der Regel sehr viel einfacher und direkter ab. Eine starke Unternehmenskultur begünstigt damit den Aufbau eines informellen Kommunikationsnetzes, innerhalb dessen Informationen sehr viel schneller transportiert und sehr viel zuverlässiger interpretiert werden können.
- *Rasche Entscheidungsfindung*: Gemeinsam getragene Werte und Normen, die ein wesentliches Kennzeichen starker Unternehmenskulturen sind, schaffen eine Basis für eine schnelle Einigung oder zumindest einen tragfähigen Kompromiss in Entscheidungs- und Problemlösungsprozessen.
- *Zügige Implementierung*: Getroffene Entscheidungen, Pläne und Projekte lassen sich schneller umsetzen, wenn sie breite Akzeptanz im Unternehmen besitzen. Diese Akzeptanz ist in der Regel bei starken Unternehmenskulturen gegeben, solange sich die

Entscheidungen, Pläne und Projekte innerhalb des Wertesystems der Unternehmenskultur bewegen.

- *Geringer Kontrollaufwand*: Starke Unternehmenskulturen besitzen eine ausgeprägte Tendenz zur Selbstkontrolle bezüglich der Einhaltung der gesetzten Normen und Vorgaben. Daher besteht in der Regel keine Notwendigkeit einer permanenten (Fremd-) Kontrolle. Kontrollaktivitäten können sich vielmehr auf die stichprobenartige Überprüfung der Zielerreichung beschränken.

- *Motivation und Teamgeist*: Eine starke Unternehmenskultur mit klaren, gemeinsamen Werten und Normen und einem damit verbundenen Gemeinschaftsgefühl hat auch positive Auswirkungen auf die (intrinsische) Motivation der Unternehmensmitglieder. So steigt häufig nicht nur ihre Bereitschaft, sich für das Unternehmen zu engagieren und besondere Leistungen zu erbringen, sondern die Unternehmensmitglieder tragen ihre Begeisterung für das Unternehmen auch nach außen.

- *Stabilität*: Nicht zuletzt verleiht eine starke Unternehmenskultur mit klaren Leitlinien und Orientierungsmustern den Unternehmensmitgliedern Sicherheit und Selbstvertrauen. Direkte Folge sind in der Regel geringe Fehlzeiten und eine niedrige Fluktuationsrate.

Subkultur

Im Zusammenhang mit der Unternehmenskultur wird in der Regel unterstellt, dass Unternehmen eine homogene, von allen Unternehmensmitgliedern akzeptierte Kultur besitzen. Verschiedene Studien verweisen jedoch darauf, dass gerade in älteren Unternehmen vielfältige kulturelle Orientierungsmuster auftreten, so genannte Subkulturen. Subkulturen können sich beispielsweise zwischen verschiedenen hierarchischen Ebenen wie unterem, mittlerem und Top-Management oder zwischen unterschiedlichen Funktionsbereichen herausbilden. Im letzteren Fall kann es dann im gleichen Unternehmen beispielsweise eine Marketingkultur und eine Buchhaltungskultur geben.

Vertreter der Subkultur-Idee gehen teilweise sogar so weit zu behaupten, dass eine einheitliche Unternehmenskultur als solche eigentlich gar nicht existiert. Vielmehr setzt sich jede Unternehmenskultur aus einer Vielzahl von Subkulturen zusammen. Unterschiede zum Beispiel in der Stärke einzelner Unternehmenskulturen sind ihrer Meinung nach dann vor allem auf eine spezielle Mischung von Subkulturen zurückzuführen.

Literatur: Bleicher 1986.

Den positiven Effekten einer starken Unternehmenskultur stehen jedoch auch Risiken gegenüber. So tendieren Unternehmen mit einer starken Kultur dazu, sich nach außen abzuschotten und zu „geschlossenen Systemen" zu werden, die Veränderungen der Umwelt nicht wahrnehmen bzw. negieren und Veränderungen oder neue Ideen, die aus dem Unternehmen selbst kommen, von vornherein ablehnen. Dies gilt insbesondere für solche Veränderungen, die im Widerspruch zum bisherigen Wertesystem stehen (vgl. Scholz 1988).

Und selbst wenn Veränderungen bei Unternehmen mit einer starken Unternehmenskultur in den Entscheidungsprozess eingeflossen sind, erweist sich deren Umsetzung oft als Problem. Da Veränderungen traditionelle Orientierungsmuster bedrohen, besteht eine Tendenz zum offenen oder versteckten Widerstand gegen Maßnahmen zur Umsetzung der Veränderungen. Letztlich erweisen sich starke Unternehmenskulturen daher oft als sehr effizient unter stabilen Bedingungen, gleichzeitig jedoch als inflexibel und wenig anpassungsfähig, wenn die Ausgangsbedingungen sich verändern – eine Eigenschaft, die in einer dynamischen Umwelt das Überleben von Unternehmen massiv bedrohen kann (vgl. Steinmann et al. 2013).

Beispiel

Stärke der Unternehmenskultur bei der QualityRent AG

Peter Körber ist stolz darauf, dass er es geschafft hat, Qualitäts- und Kundenorientierung so tief in seinem Unternehmen zu verankern. Die Werkstätten des Unternehmens sind genauso gepflegt wie die Automobile, und den Kundenbetreuern ist ihre Freude bei jedem Gespräch mit einem Kunden regelrecht anzumerken. Auch intern hat diese starke Unternehmenskultur sehr positive Auswirkungen. Die Kommunikation innerhalb des Unternehmens funktioniert hervorragend und Qualitätskontrollen sind kaum notwendig. Denn wenn einmal ein neuer Mitarbeiter nicht ganz perfekt arbeitet, ist sofort ein erfahrener Kollege zur Stelle, der aushilft. Auch über die Motivation seiner Mitarbeiter kann Peter Körber nicht klagen – ganz im Gegenteil: Viele seiner Leute muss er abends nach Hause schicken. Allerdings – und das gibt Peter Körber manchmal zu denken – sind seine Mitarbeiter und Führungskräfte nicht gerade sehr offen für Veränderungen. So stieß Stephanie Lackmann mit ihrem Versuch, Bilder und Modelle von Automobilen aus ihrem Unternehmensbereich zu entfernen, auf sehr starke Ablehnung. Peter Körber hat hier den Forderungen seiner Mitarbeiter nachgegeben, obwohl auch er schon manchmal darüber nachgedacht hat, das Unternehmen stärker von Automobilen zu lösen. ◄

2.3.3 Wirkungen und Veränderbarkeit der Unternehmenskultur

Nachdem geklärt worden ist, was Unternehmenskultur ist und welche Arten von Unternehmenskulturen es gibt, stellt sich abschließend die Frage, welche Wirkungen die Unternehmenskultur hat, das heißt wie sie den Unternehmenserfolg beeinflusst, wie sie sich im Zeitablauf verändert und inwieweit sie bewusst gestaltet werden kann.

Bereits im vorangegangenen Abschnitt ist deutlich geworden, dass gerade starke Kulturen sich positiv auf Unternehmensentwicklung und Unternehmenserfolg auswirken können. Diese Erkenntnis ist jedoch noch nicht sehr alt. Vielmehr hat die Betriebswirtschaftslehre erst zu Beginn der achtziger Jahre des zwanzigsten Jahrhunderts damit begonnen, die Unternehmenskultur als einen wichtigen Erfolgsfaktor zu sehen. Auslöser dieser Erkenntnis waren mehrere empirische Studien, die sich mit der Stärke japanischer Unternehmen vor allem im Vergleich zu ihren amerikanischen Konkurrenten beschäftigten. Diese Studien kamen unter anderem zu dem Schluss, dass der Erfolg japanischer Unternehmen ganz wesentlich durch ihre starke, kohärente Unternehmenskultur begünstigt wurde (vgl. Ouchi 1981; Pascal und Athos 1982; Deal und Kennedy 1983).

Besondere Popularität hat in diesem Zusammenhang die Studie von Peters und Waterman aus dem Jahr 1982 erlangt. Auf Basis einer Untersuchung besonders erfolgreicher amerikanischer Unternehmen propagierten sie acht Erfolgsmerkmale, die jeweils in der Kultur der betrachteten Unternehmen fußten. Zu diesen Erfolgsmerkmalen zählten unter anderem eine große Kundennähe, die beispielsweise Hewlett Packard auszeichnete, das Gewähren von unternehmerischem Freiraum für möglichst viele Mitarbeiter, das einen wichtigen Beitrag zum Erfolg von 3M leistete, oder ein sichtbar gelebtes Wertesystem, das unter anderem charakteristisch für IBM war (vgl. Peters und Waterman 2004).

Wenn eine starke Unternehmenskultur oder eine Kultur mit besonderen inhaltlichen Merkmalen einen Erfolgsfaktor darstellt, so stellt sich natürlich unmittelbar die Frage, wie eine solche Unternehmenskultur herbeigeführt werden kann. Diese Frage wird in der Betriebswirtschaftslehre recht kontrovers diskutiert (vgl. Schwarz 1989).

So wird einerseits betont, dass sich eine Unternehmenskultur durch einen Prozess kultureller und sozialer Evolution entwickelt, der sich einer direkten Beeinflussung entzieht. Beispielsweise hat Schein herausgearbeitet, dass die Lebenszyklusphase, in der ein Unternehmen sich befindet, den vorherrschenden Kulturtyp ganz wesentlich beeinflusst. Er unterscheidet in diesem Zusammenhang drei Entwicklungsphasen von Unternehmen, in denen seiner Ansicht nach jeweils besondere, typische Kulturmerkmale dominieren. So weisen Unternehmen in der Gründungs- und Wachstumsphase zunächst meist eine starke Unternehmenskultur auf, welche die Persönlichkeitsmerkmale der Unternehmensgründer widerspiegelt. Die Unternehmenskultur dient in dieser Phase der Identitätsfindung für die Unternehmensmitglieder, wird explizit herausgestellt und intensiv diskutiert. Häufig sind Unternehmen gerade in der Gründungsphase durch einen hohen Zusammenhalt gekennzeichnet. Im Laufe der weiteren Unternehmensentwicklung geht diese starke Unternehmenskultur jedoch in vielen Fällen zunehmend verloren. Traditionelle Werte und Grundannahmen verlieren an Bedeutung, und die Kultur des Unternehmens beschränkt sich vielfach auf Routinen und Slogans. Allerdings ist auch bei älteren Unternehmen eine Revitalisierung der Unternehmenskultur möglich, vor allem dann, wenn es gelingt, persönliche Beziehungen zwischen Unternehmensmitgliedern zu fördern, gerade auch im abteilungs- und bereichsübergreifenden Rahmen. Charismatische Persönlichkeiten an der Unternehmensspitze können hier ebenfalls einen wertvollen Beitrag leisten (vgl. Schein 2010).

Obwohl die Entwicklung der Unternehmenskultur sicherlich zu einem nicht unwesentlichen Teil ein evolutionärer Prozess ist, der sich der direkten Beeinflussung entzieht, werden in der Betriebswirtschaftslehre andererseits auch Möglichkeiten zur Gestaltung der Unternehmenskultur diskutiert. So wird die Ansicht vertreten, dass die Unternehmenskultur zumindest teilweise über die Gestaltung interner Einflussgrößen beeinflusst werden

kann. Neben der Unternehmensstruktur und dem Führungssystem, neben Mitarbeiteraus-
wahl und Mitarbeiterentwicklung, neben formellen Aussagen zur Vision und den Zielen
des Unternehmens ist es vor allem das Management selbst, das als Vorbild für die Mitarbeiter eine prägende Rolle bei der Entwicklung der Unternehmenskultur spielt. Das Verhalten des Managements wird von allen Mitarbeitern beobachtet; ihm kommt über seine
inhaltlichen Konsequenzen hinaus auch eine starke symbolische Bedeutung zu.

Durch sein Verhalten setzt das Management Kultursignale, was unabhängig von der
konkreten Absicht zwangsläufig und meist unbewusst passiert. Aspekte, die vom Management beachtet, gemessen oder kontrolliert werden, Reaktionen des Managements auf kritische Ereignisse oder Verhaltensweisen – all dies sind wesentliche Einflussfaktoren, an
denen sich Mitarbeiter orientieren. Damit wird aber auch klar, dass jede Kulturveränderung
zunächst eine eindeutige und einheitliche Identifikation aller Führungskräfte mit den veränderten Werten und Normen verlangt, bevor von den anderen Unternehmensangehörigen
erwartet werden kann, dass sie ihre Verhaltensweisen auf das veränderte Selbstverständnis
des Unternehmens ausrichten. Eine besondere Bedeutung kommt hier häufig so genannten
Change Agents zu, das heißt Führungskräften, die im Unternehmen akzeptiert sind, die
gleichzeitig aber für die angestrebte neue Ausrichtung der Unternehmenskultur stehen und
die dann an Schlüsselpositionen im Unternehmen platziert werden. Im Extremfall – gerade bei Unternehmen in Krisensituationen – können solche Change Agents auch unternehmensexterne Personen sein, deren Führungsfähigkeiten allgemein bekannt und akzeptiert sind.

Beispiel

Kulturwandel bei der QualityRent AG

Peter Körber sieht in jüngster Zeit recht deutlich, dass die QualityRent AG eine
Größe und Komplexität erreicht hat, die eine Kulturanpassung unumgänglich macht.
Bisher ist das Unternehmen immer noch vom Geist der Gründungsjahre, von hoher
Qualitäts- und Kundenorientierung, geprägt. Klaus Willmann, der Leiter des Bereichs
Finanzen und Controlling, hat den Vorstand jedoch schon seit längerer Zeit darauf aufmerksam gemacht, dass die Kosten des Unternehmens aus dem Ruder zu laufen drohen, wenn nicht ein stärkerer Fokus auf Kostentransparenz und Kosteneinhaltung gelegt wird. Peter Körber sieht diese Gefahr ebenfalls recht deutlich; allerdings sträubt er
sich bislang dagegen, Kostentransparenz und Kosteneinhaltung als zentrale Zielvorgaben für das Unternehmen auszurufen, weil er fürchtet, dass dadurch die Kreativität
sowie das Qualitäts- und Kundenbewusstsein seiner Mitarbeiter leiden könnten. Deshalb setzt er eher auf eine graduelle Kulturanpassung. Mit Klaus Willmann hat er vereinbart, dass dieser als „Mr. Kosteneinhaltung" des Unternehmens – also als eine Art
Change Agent – das Bewusstsein für die Bedeutung von Kosten im Unternehmen verankert und dass gleichzeitig Peter Körber selbst das Thema Kosten neben Qualität und
Kundenorientierung immer stärker in seine eigene Kommunikation einfließen lässt. So
hofft er, das Bewährte der bisherigen Kultur zu erhalten und gleichzeitig eine notwendige Kulturanpassung zu erreichen. ◄

Verständnisfragen

1. Erläutern Sie die Elemente des Modells der Unternehmenskultur von Schein.
2. Welche Arten von Unternehmenskulturen unterscheiden Deal/Kennedy in ihrem Modell? Charakterisieren Sie die unterschiedlichen Arten.
3. Woran lässt sich die Stärke einer Unternehmenskultur festmachen?
4. Welche Vor- und Nachteile hat eine starke Unternehmenskultur?
5. Besitzt die Unternehmenskultur einen Einfluss auf den Erfolg von Unternehmen? Begründen Sie Ihre Antwort.
6. Welche Ansatzpunkte besitzt das Management von Unternehmen zur Veränderung der Unternehmenskultur?

Diskussionsfragen

1. Charakterisieren Sie die Unternehmenskultur der QualityRent AG auf Basis der Modelle von Schein sowie Deal/Kennedy.
2. Beurteilen Sie die Stärke der Unternehmenskultur der QualityRent AG. Wie beeinflusst die Stärke der Unternehmenskultur die Möglichkeiten von Peter Körber und seinen Vorstandskollegen, Veränderungen im Unternehmen durchzusetzen? Welchen Einfluss hat die Stärke der Kultur auf den Unternehmenserfolg?
3. Diskutieren Sie den Zusammenhang zwischen der Unternehmenskultur, dem Unternehmenserfolg und dem Unternehmenswandel anhand von Beispielen wie der katholischen Kirche, der Siemens AG oder der deutschen Fußballnationalmannschaft.

Literatur

Alchian, A., Demsetz, H.: Production, Information Costs, and Economic Organizations, in: American Economic Review, 62. Jg. 1972, S. 777 ff.

Barnard, C.: The Functions of the Executive, Cambridge 1938.

Bertelsmann Stiftung (Hrsg.): Die gesellschaftliche Verantwortung von Unternehmen, Gütersloh 2005.

Bisani, F.: Personalwesen und Personalführung, 5. Aufl., Wiesbaden 2001.

Bleicher, K.: Strukturen und Kulturen der Organisation im Umbruch, in: Zeitschrift Führung und Organisation, 55. Jg. 1986, S. 97 ff.

Bleicher, K.: Normatives Management, Frankfurt 1994.

Bleicher, K.: Das Konzept Integriertes Management, 7. Aufl., Frankfurt 2004.

Copeland, T., Koller, T., Murrin, J.: Valuation – Measuring and Managing the Value of Companies, 4. Aufl., New York 2005.

Cyert, R., March, J.: A Behavioral Theory of the Firm, 2. Aufl., Englewood Cliffs 1992.

Deal, T., Kennedy, A.: Culture: A New Look Through Old Lenses, in: Journal of Applied Behavioral Science, 19. Jg. 1983, S. 498 ff.

Gerum, E.: Unternehmensverfassung, in: Handbuch Unternehmensführung, Hrsg. H. Corsten, M. Reiß, Wiesbaden 1995, S. 123 ff.

Hahn, D., Hungenberg, H.: PuK – Wertorientierte Controllingkonzepte, 6. Aufl., Wiesbaden 2001.

Hansen, K.: Kultur und Kulturwissenschaft: Eine Einführung, 4. Aufl., Tübingen 2011.

Hungenberg, H.: Kooperation und Konflikt aus Sicht der Unternehmensverfassung, in: Unternehmung, Gesellschaft und Ethik, Hrsg. H. Hungenberg, B. Schwetzler, Wiesbaden 2000, S. 125 ff.

Janisch, M.: Das strategische Anspruchsgruppenmanagement, Bern 1993.

Jensen, M., Meckling, W.: Theory of the Firm: Managerial Behavior, Agency Costs and Ownership Structure, in: The Journal of Financial Economics, 3. Jg. 1976, S. 305 ff.

Kirsch, W.: Die Unternehmensziele in organisationstheoretischer Sicht, in: Zeitschrift für betriebswirtschaftliche Forschung, 21. Jg. 1969, S. 665 ff.

Macharzina, K., Wolf, J.: Unternehmensführung, 6. Aufl., Wiesbaden 2008.

March, J., Simon, H.: Organizations, New York 1958.

Ouchi, W.: Theory Z – How American Business Can Meet the Japanese Challenge, London 1981.

Pascal, R., Athos, A.: The Art of Japanese Management, New York 1982.

Peters, T., Waterman, R.: In Search of Excellence, New York 2004.

Rappaport, A.: Creating Shareholder Value, 2. Aufl., New York 1997.

Ross, S.: The Economic Theory of Agency: The Principal's Problem, in: American Economic Review, 63. Jg. 1973, S. 134 ff.

Schein, E.: Coming to a New Awareness of Organizational Culture, in: Sociological Methods and Research, 25. Jg. 1984, Nr. 2, S. 3 ff.

Schein, E.: Organizational Culture and Leadership, 4. Aufl., San Francisco 2010.

Scholz, C.: Organisationskultur, in: Zeitschrift für betriebswirtschaftliche Forschung, 40. Jg. 1988, S. 243 ff.

Scholz, C.: Personalmanagement, 6. Aufl., München 2014.

Schreyögg, G.: Unternehmenskultur und Innovation, in: Personal, 41. Jg. 1989, S. 370 ff.

Schwarz, G.: Unternehmungskultur als Element des strategischen Managements, Berlin 1989.

Spremann, K.: Stakeholder-Ansatz versus Agency-Theorie, in: Zeitschrift für Betriebswirtschaft, 59. Jg. 1989, S. 742 ff.

Steinmann, H., Schreyögg, G., Koch, J.: Management, 7. Aufl., Wiesbaden 2013.

Wilkins, A., Ouchi, W.: Efficient Cultures – Exploring the Relationship Between Culture and Economic Performance, in: Administrative Science Quarterly, 28. Jg. 1983, S. 473 ff.

Strategie und Strategiegestaltung

3

Das dritte Kapitel des Buchs beschäftigt sich mit der zentralen Frage der strategischen Unternehmensführung: der Entscheidung über die Strategie. Sie bestimmt die grundsätzliche Positionierung des Unternehmens und seiner Einzelgeschäfte im Markt und prägt dessen Ressourcenbasis. Strategien und Strategiegestaltung sind somit ganz wesentlich für den Erfolg eines Unternehmens. Im Einzelnen sollen in diesem Kapitel die folgenden Fragen beantwortet werden:

- Was sind Strategien und wie werden sie gestaltet?
- Wie entstehen Strategien für das Gesamtunternehmen und wie werden sie umgesetzt?
- Wie werden Strategien für Einzelgeschäfte entwickelt und welche Strategiealternativen gibt es?
- Welche Informationen müssen für die Strategiegestaltung bereitgestellt werden?

Beispiel

Strategie und Strategiegestaltung bei der QualityRent AG

Seit seiner Studienzeit gilt Peter Körbers besonderes Interesse Fragen der Strategie und der Strategiegestaltung. Zu seinem Leidwesen treten jedoch strategische Fragestellungen im Tagesgeschäft allzu oft in den Hintergrund. Trotzdem nimmt er sich immer wieder die Zeit, mit seinen Vorstandskollegen die strategische Ausrichtung der QualityRent AG zu diskutieren. Zusätzlich ist es Peter Körber vor kurzem gelungen, Dr. Carsten Tratsch als Vorstandsassistenten mit einem Aufgabenschwerpunkt im Bereich der strategischen Planung zu gewinnen. Dr. Tratsch hat sich in seiner Doktorarbeit bereits mit strategischen Themenstellungen im Dienstleistungssektor auseinandergesetzt und auch schon erste Berufserfahrungen in einer kleinen Strategieberatung ge-

wonnen. Mit Carsten Tratschs Hilfe hofft Peter Körber, der QualityRent eine nachhaltige strategische Neuorientierung zu geben – denn in diesem Bereich stehen gerade
jetzt wichtige Entscheidungen an.

Bisher haben sich Peter Körber und seine Vorstandskollegen im Zusammenhang mit
dem Thema Strategie immer nur auf das traditionelle Geschäft der QualityRent AG
fokussiert, nämlich die Vermietung von Luxusautomobilen und das Angebot automobiler Events. Dabei standen unter anderem folgenden Fragen im Mittelpunkt:

- Wie soll das Angebot der QualityRent AG ausgestaltet sein? Welche Arten von
  Automobilen werden vermietet und welche Events werden angeboten?
- Auf welchen Märkten, das heißt in welchen Ländern soll die QualityRent AG vermieten und Events anbieten?
- Wie sollen Vermietung und das Angebot von Events erfolgen? Sollen Angebote und
  sonstige Aktivitäten eher zentral erfolgen und welche Rolle nehmen die Vertriebs-
  und Servicebüros des Unternehmens ein?

Geleitet wurden diese Diskussionen immer von dem Ziel, einen möglichst nachhaltigen Wettbewerbsvorteil für die QualityRent AG zu erreichen. Vor einiger Zeit ist
Peter Körber jedoch deutlich geworden, dass diese traditionell im Vorstand diskutierten
Fragestellungen nicht die einzigen, im Zusammenhang mit dem Thema Strategie relevanten Aspekte sind. Neben der Frage, was ein Unternehmen tun muss, um ein Geschäft erfolgreich zu betreiben, existiert noch eine zweite wichtige strategische Fragestellung, nämlich: In welchen Geschäften will ein Unternehmen eigentlich tätig sein?

Diese zweite Fragestellung hat die QualityRent AG bisher vollkommen vernachlässigt, doch insbesondere Stephanie Lackmann, die Leiterin der Abteilung Marketing und Event Management, hat sich sehr dafür eingesetzt, dass dieser Aspekt des
Themas Strategiegestaltung stärker in den Vordergrund rückt. Stephanie Lackmann
konnte sich nämlich noch nie so stark für Automobile begeistern wie ihre Kollegen.
Darüber hinaus glaubt sie, dass die QualityRent AG gerade im Bereich Event Management mittlerweile so viele Kompetenzen und Erfahrungen besitzt, dass das Unternehmen diesen Bereich weiter ausbauen und als eigenständiges Geschäftsfeld für die
Organisation und Durchführung von luxuriösen Großevents aller Art – auch unabhängig
von Automobilen – etablieren könnte. Lange Zeit ist Stephanie Lackmann mit ihrem
Vorhaben am Widerstand der beiden Bereichsleiter Simon Kleeberg (Vertrieb und Ser-
vice) und Paul Steger (Fuhrparkmanagement) gescheitert, die sich für eine weitere
Konzentration auf den automobilen Kern der QualityRent AG aussprachen. Und da
Peter Körber die Devise herausgegeben hat, dass die einzelnen Bereichsleiter ihre Kon-
flikte untereinander lösen sollen, ist die Idee von Stephanie Lackmann auch nicht in die
Vorstandsebene gedrungen.

Beim letzten Betriebsausflug in die österreichischen Alpen hat Stephanie Lackmann
dann aber die Gelegenheit genutzt und den Vorstand Klaus Klein während einer gemeinsamen Sessselliftfahrt auf ihren Vorschlag angesprochen. Abends, beim Apres Ski

im noblen Hotel Steigenberger Kaprun, hat sie an dieses Gespräch angeknüpft und konnte Klaus Klein davon überzeugen, das Thema einer Erweiterung des Angebotsportfolios beim nächsten Vorstandstreffen auf die Tagesordnung zu setzen.

Das Hauptargument, das Stephanie Lackmann einige Wochen später in der Präsentation vor dem Vorstand aufbrachte, war die in letzter Zeit immer häufiger zu hörende Forderung der Investoren, dass die QualityRent AG schneller wachsen müsse. Und dies, so argumentierte sie, sei über den Ausbau des Bereichs Event Management zügig und mit guten Erfolgschancen zu bewerkstelligen. In der anschließenden hitzigen Diskussion wurde aber schnell klar, dass der Vorschlag von Stephanie Lackmann auch im Vorstand nicht auf ungeteilte Gegenliebe stieß. Besonders Ralf Schuster bereitete die Abkehr vom automobilverbundenen Geschäft Probleme, da er fürchtete, damit die mühsam erarbeitete Unternehmenskultur zu gefährden und auch die Außenwahrnehmung der meist sehr automobilbegeisterten Kunden zu verwässern.

Peter Körber teilte die Bedenken von Ralf Schuster zumindest teilweise. Allerdings sah er auch die Chancen, die im Vorschlag von Stephanie Lackmann lagen. Und da einer der nächsten Tagesordnungspunkte der Vorstandssitzung die Verabschiedung des neuen Unternehmensleitbilds war, schlug Peter Körber vor, die Idee von Stephanie Lackmann weiter zu verfolgen, das heißt konkret die Marktchancen eines unabhängigen Bereichs Event Management zu erkunden, und gleichzeitig das Unternehmensleitbild leicht zu verändern. Anstelle der ursprünglichen Formulierung: „Wir gestalten die Freizeit der europäischen Elite mit automobilen Ideen", setzte Peter Körber mit Zustimmung seiner Vorstandskollegen ein abgewandeltes Ziel für das Unternehmen fest, nämlich: „Wir gestalten die Freizeit der europäischen Elite in den Bereichen Mobilität, Kultur und Sport mit kreativen Ideen und höchstem Engagement." Dadurch blieb die Möglichkeit offen, das Geschäft der QualityRent AG in neue Bereiche zu erweitern, und Stephanie Lackmann und Dr. Carsten Tratsch wurden beauftragt, die Chancen und Risiken einer Diversifikation des Unternehmens zu überprüfen. ◄

3.1 Grundlagen der Strategiegestaltung

Der Begriff der Strategie wird in der Betriebswirtschaftslehre sehr vielfältig verwendet: Man spricht von Wettbewerbs- und Unternehmensstrategie, aber auch von Angriffs- und Verteidigungsstrategie, von Wachstums-, Stabilisierungs- und Schrumpfungsstrategie, von Absatz-, Produktions-, Umweltschutz- oder Personalstrategie. Und auch außerhalb des Unternehmensbereichs wird der Begriff verwendet, wenn man etwa von Spiel- oder Karrierestrategie spricht. Was genau wollen wir unter diesem Begriff verstehen?

Wir verstehen *Strategie* als das wichtigste Element der strategischen Unternehmensführung. Sie bestimmt die grundsätzliche Ausrichtung eines Unternehmens im Markt, und sie legt fest, welche Ressourcen dazu innerhalb des Unternehmens aufgebaut und eingesetzt werden sollen. Damit schafft sie die Voraussetzungen, um die normativen Ansprüche an die Entwicklung des Unternehmens langfristig erfüllen zu können. Als Element der strategischen Unternehmensführung kann sie näher durch die allgemeinen *Merkmale strategischer Entscheidungen* gekennzeichnet werden (vgl. Hungenberg 2014):

- Strategien prägen die grundsätzliche Richtung der Unternehmensentwicklung. Da es meist nicht ganz einfach ist, die grundsätzliche Unternehmensausrichtung zu verändern, beanspruchen Strategieentscheidungen langfristige Gültigkeit. Es ist ihr Anspruch, unsichere Ereignisse so gut es geht zu antizipieren und einen auch unter sich ändernden Bedingungen stabilen Entwicklungspfad vorzugeben.
- Strategien zielen darauf ab, den langfristigen Erfolg eines Unternehmens zu sichern. Da Unternehmen in einer wettbewerblich organisierten Wirtschaft in Konkurrenz zueinander stehen, ist dies nur möglich, wenn es dem Unternehmen gelingt, Vorteile gegenüber seinen Wettbewerbern aufzubauen und zu verteidigen. Strategien bezwecken daher den Aufbau solcher Vorteile.
- Strategien versuchen, Handlungsmöglichkeiten zu schaffen, von denen der zukünftige Erfolg eines Unternehmens abhängt. Man spricht in diesem Zusammenhang auch davon, dass Erfolgspotenziale geschaffen werden, die in der Zukunft genutzt werden können (vgl. Kirsch 1991). Es geht also nicht darum, einzelne, konkrete Handlungen im Markt oder im Unternehmen anzustoßen, sondern den Rahmen für solche Entscheidungen vorzugeben.
- Strategien besitzen eine bereichsübergreifende Bedeutung und müssen aus einer bereichsübergreifenden Perspektive gestaltet werden. Es handelt sich damit bei der Strategiegestaltung um eine relativ komplexe Aufgabe, die nicht einzelnen Organisationsbereichen zugeordnet werden kann, sondern in erster Linie durch die oberste Unternehmensführung zu erfüllen ist.

Strategien sind der Ausgangs- und Mittelpunkt der strategischen Unternehmensführung. Die Gestaltung von Strategien gehört damit zu den wichtigsten Aufgaben der Führung und sie beeinflusst den Erfolg eines Unternehmens in besonderer Weise. Durch die besondere Erfolgsbedeutung, aber auch durch unterschiedliche Zeithorizonte und die unterschiedlichen Freiheitsgrade, grenzt sich die Strategiegestaltung von den operativen Aufgaben der Unternehmensführung ab. Da Strategien zum Aufgabenbereich der obersten Unternehmensführung zählen, hängt die Frage, wie Strategien in einem Unternehmen entstehen und gestaltet werden, auch davon ab, wie die Unternehmensführung selbst organisiert ist.

Ein Unternehmen, das nur ein Produkt oder eine relativ homogene Produktgruppe anbietet – also nur in einem Geschäftsfeld aktiv ist –, ist im Regelfall funktional gegliedert. Die Organisationseinheiten, die der Unternehmensführung unmittelbar nachgeordnet sind, sind die so genannten Funktionsbereiche. In einem solchen Unternehmen ist die Aufgabe der Strategiegestaltung daher auf der Ebene der obersten Unternehmensführung angesiedelt: Nur sie kann das Geschäft des Unternehmens übergreifend – über alle Funktionsbereiche hinweg – strategisch ausrichten.

Mit zunehmender Differenzierung des Produktprogramms gehen Unternehmen aber meist dazu über, mehrere Produkt-/Marktbereiche – auch Geschäftsfelder genannt – zu unterscheiden, die in der Regel auch organisatorisch getrennt werden, indem Unternehmensbereiche (Divisionen) gebildet werden. Diese sollen als weitgehend unabhängige, marktorientierte Teilbereiche jeweils für ein Geschäftsfeld verantwortlich sein. Die Strategiegestaltung für jedes einzelne Geschäftsfeld übernimmt dann die Führung der einzelnen Unternehmensbereiche. Daneben gibt es aber auch die Aufgabe, die Geschäftsfelder und Teilbereiche aus der Sicht des Gesamtunternehmens strategisch auszurichten und zu führen. Diese Aufgabe kann nur durch die oberste Unternehmensführung übernommen werden. Damit ergeben sich zwei Ebenen, auf denen Strategien gestaltet werden: die Ebene des Gesamtunternehmens und die Ebene einzelner Geschäftsfelder:

- *Strategiegestaltung auf Unternehmensebene*: Die zentrale strategische Aufgabe auf Unternehmensebene besteht darin festzulegen, in welchen Geschäften das Unternehmen agieren soll und wie diese untereinander zu priorisieren sind. Kern der Strategiegestaltung ist daher die Bestimmung des so genannten Geschäftsfeldportfolios. Man spricht in diesem Zusammenhang auch davon, dass eine *Unternehmensstrategie* („corporate strategy") formuliert wird.
- *Strategiegestaltung auf Geschäftsfeldebene*: Die zentrale strategische Aufgabe auf Geschäftsfeldebene besteht darin festzulegen, wie das Unternehmen in einem einzelnen Geschäft operieren soll, um im Wettbewerb erfolgreich zu bestehen. Im Kern geht es darum, wie Wettbewerbsvorteile gegenüber Konkurrenten geschaffen werden können. Man spricht daher in diesem Zusammenhang auch von einer *Wettbewerbsstrategie* („business strategy"). Ein Unternehmen, das mehrere Geschäftsfelder bearbeitet, verfügt somit für jedes seiner Geschäftsfelder über eine eigenständige Wettbewerbsstrategie, die durch die gemeinsame Klammer der Unternehmensstrategie zusammengehalten werden.

In der Literatur wird neben diesen beiden Ebenen oft noch eine dritte Ebene genannt: strategische Planung auf Funktionsbereichsebene. Natürlich sind Sachverhalte, die nur einzelne Funktionsbereiche betreffen, für den Unternehmenserfolg sehr bedeutsam – beispielsweise die Frage, mit welchen Marketingkonzepten Kunden angesprochen und gewonnen werden sollen, oder die Frage, mit welchen Produktionsmitteln das Unternehmen möglichst flexibel und kostengünstig produzieren kann. Solche Fragen berühren jedoch nicht die grundsätzliche Ausrichtung des Unternehmens und werden daher hier dem Bereich der operativen Unternehmensführung zugerechnet.

Verständnisfragen

1. Welche Merkmale kennzeichnen strategische Entscheidungen?
2. Welche unterschiedlichen Aufgaben fallen im Bereich der Strategiegestaltung auf Unternehmens- und Geschäftsfeldebene an?

3.2 Strategiegestaltung auf Unternehmensebene

Grundgedanke der Strategiegestaltung auf Unternehmensebene ist, dass sich das gesamte Tätigkeitsfeld eines Unternehmens als ein *Portfolio von Geschäftsfeldern* darstellen lässt (vgl. Hahn 2006). Das Unternehmen setzt sich demnach aus einem Bündel (mehr oder weniger) unterschiedlicher Geschäftsfelder zusammen, die vereinfacht als spezielle Produkt-/Marktkombinationen mit dazugehöriger Wettbewerbssituation gekennzeichnet werden können. Jedes einzelne Geschäftsfeld könnte im Prinzip auch eigenständig – unabhängig vom Gesamtunternehmen – existieren. Dies kann am Beispiel des Siemens-Konzerns verdeutlicht werden, der in so unterschiedlichen Tätigkeitsgebieten wie Stromerzeugung und Stromübertragung, Motoren und Antriebe, Gebäudetechnik oder auch Medizintechnik aktiv ist. Grundsätzlich wäre jedes dieser Geschäfte auch außerhalb des Siemens-Konzerns lebensfähig, was nicht zuletzt durch die Tatsache belegt wird, dass in allen diesen Geschäften neben Siemens auch eigenständige Wettbewerber erfolgreich bestehen, die keinem großen Konzern angehören.

Die Zusammenfassung mehrerer Geschäftsfelder in einem Unternehmen wird organisatorisch meist dadurch bewältigt, dass Geschäftsfelder von eigenständigen organisatorischen Einheiten unterhalb der Unternehmensführung betreut werden, die Unternehmensbereiche, Divisionen (divisions) oder auch strategische Geschäftseinheiten (SGE) genannt werden. Ein solcher Unternehmensbereich kann mit einem Geschäftsfeld deckungsgleich sein oder auch die Verantwortung für mehrere verwandte Geschäftsfelder übernehmen. So sollen Einheiten geschaffen werden, die eigenständige Tätigkeitsfelder des Unternehmens auch weitgehend autonom bearbeiten können.

Bereiche, die Geschäftsfelder verantworten – im Folgenden auch *Unternehmensbereiche* genannt –, kommen damit der Vorstellung eines Unternehmens im Unternehmen sehr nahe. Sie sind jedoch in keinem Fall vollkommen eigenständig, da sie in den Gesamtverbund eines Unternehmens eingebunden und damit der Führung des Gesamtunternehmens untergeordnet sind. Diese oberste Unternehmensführung bildet gemeinsam mit ihren Unterstützungseinheiten die so genannte *Unternehmenszentrale*. Ihre Aufgabe ist es, das Gesamtunternehmen so zu führen, dass sich eine für den Gesamtverbund optimale Konstellation ergibt – also das Unternehmen als Ganzes seine Ziele erreicht (Abb. 3.1).

Die Ziele und die strategische Ausrichtung des Gesamtunternehmens sind somit den Zielen und Strategien einzelner Geschäftsfelder übergeordnet. Dabei können natürlich Konflikte zwischen den Zielen des Unternehmens und den Interessen einzelner Geschäftsfelder auftreten. So kann es zum Beispiel aus der Gesamtsicht heraus notwendig sein, einem Geschäftsfeld Investitionsmittel vorzuenthalten, die dieses für eine optimale Positionierung im Markt benötigen würde, um sie in andere, stark wachsende Zukunftsgeschäfte des Unternehmens zu investieren. Oder es kann von einzelnen Geschäftsfeldern verlangt werden, dass diese ihre Einkaufsaktivitäten durch eine zentrale Einheit abwickeln lassen, weil sich dann kostensenkende Bündelungseffekte einstellen. In derartigen Fällen müssen einzelne Geschäftsfelder ihre Partikularinteressen zugunsten eines Gesamt-

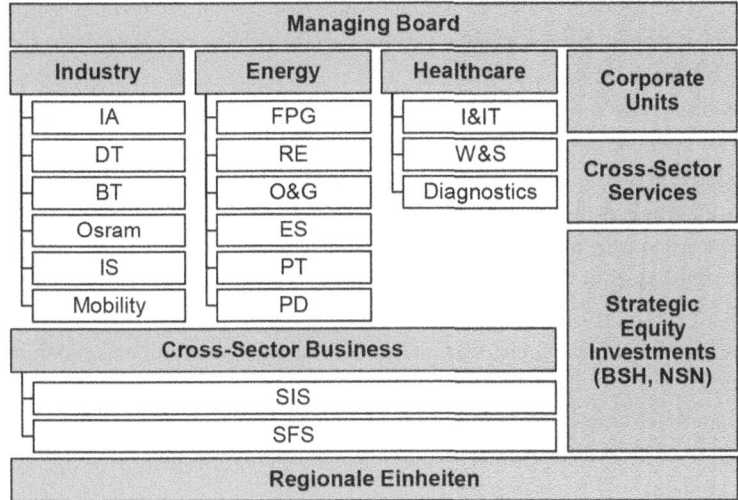

Abb. 3.1 Organisation eines Unternehmens mit mehreren Unternehmensbereichen am Beispiel Siemens im Jahr 2010

optimums zurückstellen. Es ist die zentrale Aufgabe der Strategiegestaltung auf Unternehmensebene, dieses Gesamtoptimum durch die *Auswahl und Priorisierung der Geschäftsfelder* herbeizuführen.

Die Teilaktivitäten, die für die Auswahl und Priorisierung der Geschäftsfelder eines Unternehmens notwendig sind, werden auch als Portfolioplanung bezeichnet. Die *Portfolioplanung* bestimmt durch Art der Zusammenstellung des Geschäftsfeldportfolios sowie die Priorisierung der Einzelgeschäfte bei der Ressourcenallokation die Strategie des Gesamtunternehmens – die Unternehmensstrategie („corporate strategy"). Auf sie soll im Folgenden näher eingegangen werden.

3.2.1 Portfolioplanung als Kernbestandteil der Strategiegestaltung

3.2.1.1 Geschäftsfelder und Geschäftsfeldsegmentierung

Voraussetzung für die Portfolioplanung ist, dass zuvor eine Geschäftsfeldsegmentierung erfolgt ist. Unter einem *Geschäftsfeld* versteht man dabei einen (Teil-)Markt, auf dem das Unternehmen operiert. Dieser Markt ist durch eine spezielle Wettbewerbssituation gekennzeichnet, die sich so von anderen Märkten unterscheidet, dass es für das Unternehmen erforderlich ist, diesen Markt strategisch eigenständig zu behandeln. Der richtigen Abgrenzung von Geschäftsfeldern kommt dabei offenkundig hohe Bedeutung zu. Eine zu enge Abgrenzung hätte zur Folge, dass bestimmte Elemente der Wettbewerbssituation, beispielsweise einige Kundengruppen oder mögliche Konkurrenten, bei der strategischen Betrachtung unberücksichtigt blieben. Eine zu weite Abgrenzung wiederum könnte dazu führen, dass Teilmärkte mit heterogenen Anforderungen zusammengefasst werden, denen mit einer gemeinsamen Strategie nicht adäquat entsprochen werden kann (vgl. Backhaus und Voeth 2014).

Die Grundidee der *Geschäftsfeldsegmentierung* besteht somit darin, die Unternehmensaktivitäten so voneinander abzugrenzen, dass Einheiten entstehen, die in sich strategisch homogen sind, im Vergleich zu anderen Geschäftsfeldern aber jeweils besonderen Bedingungen unterliegen. Dabei sollte eine Kunden- und Wettbewerbsperspektive eingenommen werden, die meist durch die folgenden drei Kriterien operationalisiert wird (vgl. Abell 1980; Meffert 1994):

- Ein Geschäftsfeld bedient eine oder mehrere *Kundengruppen* mit genau definierten Bedürfnissen.
- Ein Geschäftsfeld bietet ein bestimmtes *Produkt* oder eine Gruppe relativ homogener Produkte an, mit deren Hilfe die Bedürfnisse der bedienten Kundengruppe befriedigt werden können.
- Ein Geschäftsfeld steht in Konkurrenz zu einer Anzahl von identifizierbaren *Wettbewerbern*, die aus Sicht der Kunden vergleichbare (austauschbare) Produkte anbieten.

Durch die Geschäftsfeldsegmentierung wird das Gesamtunternehmen also gedanklich in einzelne Teile aufgespaltet, die eigenständige Marktaufgaben darstellen und weitestgehend unabhängig voneinander in ihren jeweiligen Märkten operieren können. Aufgabe der Portfolioplanung ist es, trotz dieser gedanklichen Aufspaltung des Unternehmens eine geschäftsfeldübergreifende, aus der Gesamtsicht heraus entwickelte Ausrichtung des Unternehmens zu ermöglichen.

Beispiel

Geschäftsfelder der QualityRent AG

Traditionell ist die QualityRent AG in zwei Geschäftsfeldern tätig, zum einen in der Vermietung von Luxusautomobilen und zum anderen im Angebot automobiler Events. Beide Geschäftsfelder bedienen zwar gleiche Kundengruppen, nämlich die europäische Elite, unterscheiden sich aber in den angebotenen Produkten bzw. Leistungen – zum einen nur die reine Vermietung von Luxusautomobilen mit oder ohne Chauffeur, zum anderen die Einbindung von Automobilen in umfassendere Events. Auch die Wettbewerber der beiden Geschäfte sind jeweils andere. Im Bereich Vermietung sind es vor allem kleinere, regional tätige Anbieter von exklusiven Automobilen sowie die großen, international tätigen Autovermietungen wie Avis, Sixt oder Hertz. Im Bereich automobiler Events besitzt die QualityRent AG dagegen kaum Konkurrenten, da bei anderen Event-Anbietern in der Regel keine exklusiven Automobile im Mittelpunkt stehen.

Zusätzlich zu diesen beiden Geschäftsfeldern, die bisher organisatorisch allerdings nicht getrennt voneinander bearbeitet worden sind, plant die QualityRent AG nun auf Vorschlag von Stephanie Lackmann, weitere Geschäftsfelder mit Fokus auf den Be-

reich Event Management unabhängig von Automobilen zu gründen. Stephanie Lackmann schweben hier zwei Bereiche vor – einer, der sich auf Sportevents fokussiert, und
einer mit einem Schwerpunkt bei kulturellen Events. Beide Bereiche sollten nach Ansicht von Stephanie Lackmann ähnliche Kunden ansprechen wie die bestehenden Geschäfte der QualityRent AG, nämlich die europäische Elite. Die angebotenen Leistungen sowie Wettbewerber wären jedoch sehr unterschiedlich. Mit dann vier verschiedenen
Geschäftsbereichen wäre die QualityRent AG recht breit am Freizeitmarkt für die europäische Elite aufgestellt und – nach Ansicht von Stephanie Lackmann – auch gut auf
weiteres Wachstum vorbereitet. ◄

3.2.1.2 Konzepte der Portfolioplanung

Konzepte der Portfolioplanung sind die zentralen Instrumente bei der Strategiegestaltung
auf Unternehmensebene. Diese Portfoliokonzepte haben ihre Herkunft in der finanzwirtschaftlichen Portefeuille-Theorie (vgl. Markowitz 1952). Dort wird unter einem Portfolio (Portefeuille) eine Zusammenstellung unterschiedlicher Wertpapiere eines Anlegers
verstanden, die jeweils hinsichtlich der erwarteten Rendite und des ermittelten Risikos der
Anlage beurteilt werden. Ziel der Portfoliobetrachtung ist es, die Wertpapiere in einem
Portfolio so zusammenzustellen, dass für eine gegebene Höhe des Risikos die erwartete
Rendite aus dem Portfolio maximiert oder für eine gegebene Rendite das Risiko aus dem
Portfolio minimiert wird. Überträgt man diesen Grundgedanken auf die Situation eines
Unternehmens mit mehreren Geschäftsfeldern, so stellen die einzelnen Geschäftsfelder
die Anlagemöglichkeiten dar, die es hinsichtlich unterschiedlicher Kriterien zu beurteilen
gilt, um eine aus der Sicht des Anlegers optimale Zusammenstellung zu erreichen.

Seit Ende der sechziger Jahre, als der Begriff Portfoliokonzept erstmalig im Zusammenhang mit dem strategischen Management verwendet worden ist, ist eine kaum mehr überschaubare Vielzahl solcher Konzepte entwickelt worden. Ihr gemeinsamer Grundgedanke
ist, dass die einzelnen Geschäftsfelder stets aus zwei unterschiedlichen Dimensionen heraus beurteilt werden: einer *externen Dimension*, die die Attraktivität eines Geschäftsfelds
zum Ausdruck bringen soll, und einer *internen Dimension*, anhand derer die Stärke eines
Geschäftsfelds im Wettbewerb beurteilt wird. Die typische Visualisierung dieses Grund-
gedankens ist eine Matrix, bei der die externe Dimension auf der vertikalen und die interne
Dimension auf der horizontalen Achse abgetragen wird. Einzelne Geschäftsfelder werden
dann entsprechend der bei ihnen gemessenen Ausprägungen der beiden Dimensionen in
dieser Matrix positioniert, wobei die Darstellungsgröße eines Geschäftsfelds mit seiner
Bedeutung für das betrachtete Unternehmen korrespondiert, die meist durch Größen wie
Umsatz oder Deckungsbeitrag ausgedrückt wird (Abb. 3.2).

In der betriebswirtschaftlichen Literatur finden sich ganz unterschiedliche Portfoliokonzepte, die aber alle von diesem gemeinsamen Grundgedanken ausgehen. Sie
unterscheiden sich in erster Linie durch die Wahl der Kriterien, die zur Messung der beiden betrachteten Dimensionen herangezogen werden.

Das wohl bekannteste derartige Portfoliokonzept ist das so genannte *Marktwachstums-/
Marktanteils-Portfolio*, das Ende der sechziger Jahre von der Unternehmensberatung Bos-

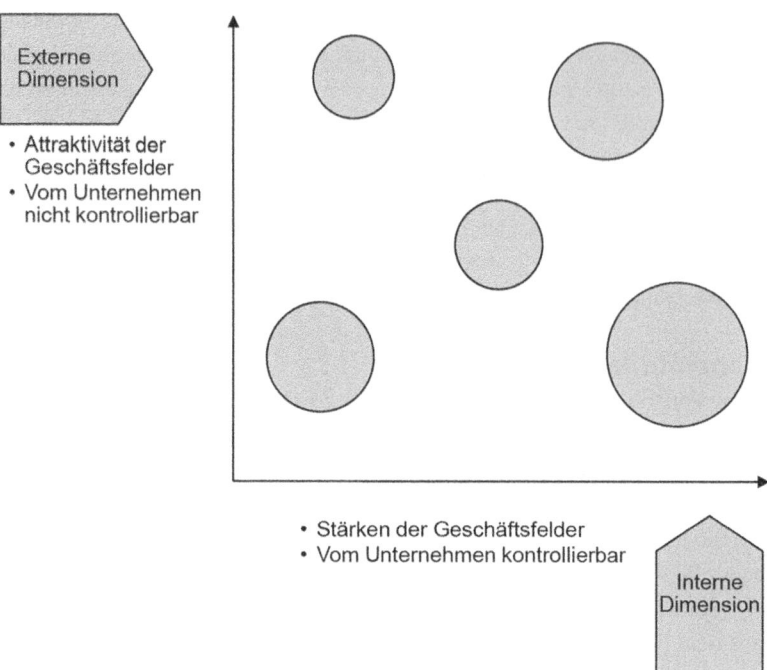

Abb. 3.2 Grundaufbau der Portfoliokonzepte

ton Consulting Group (BCG) entwickelt worden ist. Wie der Name schon sagt, sind die beiden Dimensionen, die in diesem Portfolio abgebildet sind, das *Marktwachstum* als Ausdruck der (externen) Attraktivität sowie der *relative Marktanteil* als Ausdruck der (internen) Stärke eines Geschäftsfelds. Das Marktwachstum wird dabei in der Regel prozentual ausgedrückt, als Wachstumsrate des Marktes, in dem ein bestimmtes Geschäftsfeld operiert. Der relative Marktanteil wird gemessen, indem der eigene Marktanteil zu dem des stärksten Konkurrenten ins Verhältnis gesetzt wird (vgl. Hedley 1999).

Hintergrund dieses Portfoliokonzeptes ist vor allem das Konzept der *Erfahrungskurve*. Dieses besagt, dass sich die Stückkosten eines Unternehmens mit Zunahme der kumulierten Produktions- und Absatzmenge tendenziell verringern, und zwar in der Weise, dass die Stückkosten mit jeder Verdoppelung der kumulierten Menge um typischerweise 20 bis 30 % zurückgehen. Folglich hat jenes Unternehmen Kostenvorteile, das seine kumulierte Menge schneller vergrößert als seine Wettbewerber – und das heißt: Marktanteile gewinnt. Daher wird der relative Marktanteil als Ausdruck der Wettbewerbsstärke eines Geschäftsfelds betont. Die Vorteile des stärkeren Mengenwachstums sind dann besonders groß, wenn ein Markt schnell wächst. Aus diesem Grund ist das Marktwachstum in diesem Portfoliokonzept Maßgröße für die Attraktivitätsdimension. Dabei wird dem Konzept des *Branchenlebenszyklus* folgend angenommen, dass Märkte einer idealtypischen Entwicklung folgen, wobei junge Märkte durch hohe und reife Märkte durch niedrige Wachstumsraten gekennzeichnet sind.

Vor dem Hintergrund dieser Überlegungen werden die beiden Dimensionen Marktwachstum und Marktanteil zu einer Portfoliomatrix gebündelt Die Achsen dieser Matrix werden aus Gründen der Anschaulichkeit in jeweils zwei Segmente aufgeteilt. Die Trennlinien für diese Segmente können unterschiedlich bestimmt werden. Für den relativen Marktanteil liegt die Trennlinie in der Regel bei dem Wert eins. Ein dort positioniertes Geschäftsfeld wäre gerade genauso groß wie sein stärkster Wettbewerber. Für das Marktwachstum wird sie zumeist entweder durch das Wachstum des Bruttosozialprodukts bestimmt oder durch das durchschnittliche Wachstum aller Märkte, in denen die Geschäftsfelder des betrachteten Unternehmens tätig sind.

Durch diese Segmentierung der beiden Dimensionen entsteht eine Matrix mit vier Feldern. Jedes der vier Felder ist mit einem Namen für die darin positionierten Geschäftsfelder versehen, der deren strategische Situation anschaulich beschreiben soll (Abb. 3.3):

- *„Question marks"*: Geschäftsfelder dieser Kategorie haben einen niedrigen relativen Marktanteil, sind jedoch in Märkten tätig, die ein hohes Marktwachstum haben. Sie befinden sich demnach in der Entstehungs- oder Wachstumsphase. Allerdings gibt es in diesen Märkten bereits andere Wettbewerber, die einen größeren Marktanteil haben, weil sie zum Beispiel früher in den Markt eingetreten sind. Der Name „Fragezeichen" für diese Geschäftsfelder drückt aus, dass es unklar ist, ob sie sich aus ihrer (relativ) schwachen Position heraus im Wettbewerb durchsetzen können.
- *„Stars"*: Diese Geschäftsfelder sind ebenfalls in Märkten mit hohem Marktwachstum tätig, haben es aber geschafft, in diesen Märkten einen hohen (relativen) Marktanteil zu erreichen – sie sind also größer als der stärkste Konkurrent. Diese Geschäftsfelder sind Marktführer in einem Wachstumsmarkt. Der Name „Stern" drückt aus, dass diese Geschäftsfelder sich in einer attraktiven und starken Position befinden, die jedes Unternehmen gerne erobern würde.

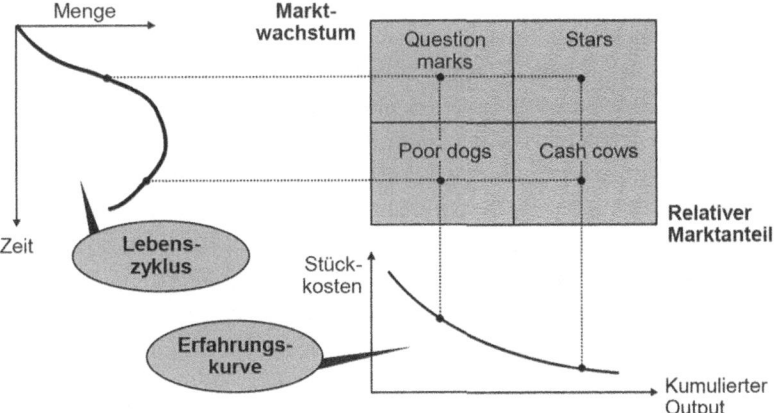

Abb. 3.3 Marktwachstums-/Marktanteils-Portfolio (BCG)

- *„Cash cows"*: Hier sind Geschäftsfelder positioniert, die in einer starken Marktposition mit hohem Marktanteil sind, die aber zugleich in Märkten operieren, die nur unterdurchschnittlich schnell wachsen oder gar stagnieren. Dies sind zumeist Märkte in der Reifephase. Durch ihre sehr gute Marktposition besitzen sie in der Regel eine günstige Kostenposition mit entsprechend hohen Gewinnen. Da der Markt, wenn überhaupt, nur geringfügig wächst, sind nur relativ geringe Investitionen erforderlich. Der Name „Cash-Kuh" soll daher ausdrücken, dass diese Geschäftsfelder Finanzmittelüberschüsse erwirtschaften, die für andere Zwecke abgeschöpft („gemolken") werden können.
- *„Poor dogs"*: Hiermit meint man solche Geschäftsfelder, die einen geringen Marktanteil in einem unterdurchschnittlich wachsenden bzw. stagnierenden Markt haben. Es ist zwar nicht mehr erforderlich, nennenswert in diese Geschäfte zu investieren, infolge der ungünstigen Marktposition können sie aber auch kaum mehr zum Erfolg des Unternehmens beitragen. Wie der Name „Arme Hunde" signalisiert, handelt es sich um echte Problemgeschäfte, bei denen eine Desinvestition nicht ausgeschlossen ist.

In der durch diese vier Felder gebildeten Matrix werden die einzelnen Geschäftsfelder des betrachteten Unternehmens positioniert – entsprechend des jeweils bei ihnen gegebenen Marktwachstums und ihres relativen Marktanteils. Diese Positionierung kann für die Gegenwart (Ist-Portfolio) und die Zukunft (Soll-Portfolio) erfolgen. Die Unterschiede zwischen beiden zeigen die strategischen Stoßrichtungen für die Zukunft. Wenn ein Geschäftsfeld in sich weiter in Teilsegmente aufgeteilt ist, kann die gleiche Darstellung – auf einem entsprechend niedrigeren Aggregationsniveau – ebenfalls für einzelne Geschäftsfelder und die darin enthaltenen Segmente oder gar Einzelprodukte erarbeitet werden.

Aus der Analyse des Marktwachstums-/Marktanteils-Portfolios lassen sich drei wesentliche Erkenntnisse gewinnen: Erstens soll durch die Betrachtung des *Gesamtportfolios* erkannt werden, ob sich das Unternehmen insgesamt in einem ausgewogenen Zustand befindet. Damit ist vor allem gemeint, ob ein ausgewogenes Verhältnis von jungen, risikoreichen Geschäften (Question marks, Stars) und reifen, risikoarmen Geschäften (Cash cows) besteht. Zweitens bietet die Portfoliodarstellung die Möglichkeit, Geschäfte mit Finanzmittelüberschüssen und Finanzmittelbedarf zu identifizieren, so dass ein unternehmensweiter Finanzmittelausgleich erleichtert wird. Und drittens können aus der Positionierung eines Geschäftsfelds in der Portfoliomatrix Empfehlungen für seine strategische Ausrichtung abgeleitet werden. Solche *Normstrategien* orientieren sich am Marktanteil als Ausdruck für die Stärke eines Geschäftsfelds und empfehlen – abhängig von der Geschäftsfeldposition – Stoßrichtungen für dessen Veränderung (Abb. 3.4).

Das von BCG entwickelte Marktwachstums-/Marktanteils-Portfolio ist in der Praxis sehr weit verbreitet. Es hat aber auch reichlich Kritik auf sich gezogen. Sieht man einmal davon ab, dass sich einige Kritiker an den Begriffen stoßen, die zur Kennzeichnung der vier Felder dienen, so bezieht sich die Kritik vor allem auf zwei Aspekte: die Notwendigkeit, einen relevanten Markt abzugrenzen, um Marktwachstum und Marktanteil bestimmen zu können, und die Validität der Erfolgskriterien (vgl. Hax und Majluf 1984).

Marktwachs-
tumsrate (%)

Question marks	Stars
• Strategie: Ausbauen oder abstoßen • Gewinn: Null oder negativ • Investition: Sehr hoch oder desinvestieren • Netto-Cashflow: Extrem negativ oder positiv	• Strategie: Halten oder ausbauen • Gewinn: Hoch • Investition: Hoch • Netto-Cashflow: Null oder leicht negativ
Poor dogs	Cash cows
• Strategie: Abstoßen • Gewinn: Niedrig, Null oder negativ • Investition: Desinvestieren • Netto-Cashflow: Positiv	• Strategie: Halten oder ernten • Gewinn: Hoch • Investition: Niedrig • Netto-Cashflow: Stark positiv

(relativer)
Marktanteil

Abb. 3.4 Implikationen des Marktwachstums-/Marktanteils-Portfolios

Vor allem der zweite Aspekt war Anknüpfungspunkt für die Portfoliokonzepte, die zeitlich nach dem BCG-Portfolio entwickelt worden sind. Sie gehen davon aus, dass sich weder die externe noch die interne Dimension valide in nur jeweils einem Kriterium erfassen lässt. Vielmehr wird angenommen, dass beide von einer Vielzahl von Faktoren abhängen und daher auch anhand von mehreren Kriterien gemessen werden müssen, wenn die Attraktivität eines Marktes und die Stärke eines Geschäftsfelds wirklich sinnvoll beurteilt werden sollen.

Ein Beispiel für ein Portfoliokonzept, das diesen Gedanken aufgreift, ist das so genannte *Marktattraktivitäts-/Geschäftsfeldstärken-Portfolio*, das Anfang der siebziger Jahre von der Unternehmensberatung McKinsey in Zusammenarbeit mit General Electric entwickelt worden ist. Auch bei diesem Portfoliokonzept findet man eine externe Dimension (Marktattraktivität) und eine interne Dimension (Geschäftsfeldstärke), die aber nicht nur durch jeweils einen Faktor – zum Beispiel Marktwachstum und Marktanteil – bestimmt werden, sondern durch eine Vielzahl unterschiedlicher Faktoren, die Einfluss auf die Marktattraktivität und die Geschäftsfeldstärke haben (vgl. Timmermann 1988). Man spricht deshalb auch von einem Mehrfaktorenkonzept.

Auch hier werden die beiden Dimensionen Marktattraktivität und Geschäftsfeldstärke zu einer Portfoliomatrix gebündelt. Dabei werden beide Dimensionen in jeweils drei Bereiche unterteilt (niedrig, mittel, hoch), so dass die resultierende Matrix neun Felder enthält. Innerhalb dieser Matrix lassen sich drei Zonen identifizieren. Für die darin enthaltenen Geschäftsfelder werden wiederum unterschiedliche Normstrategien empfohlen.

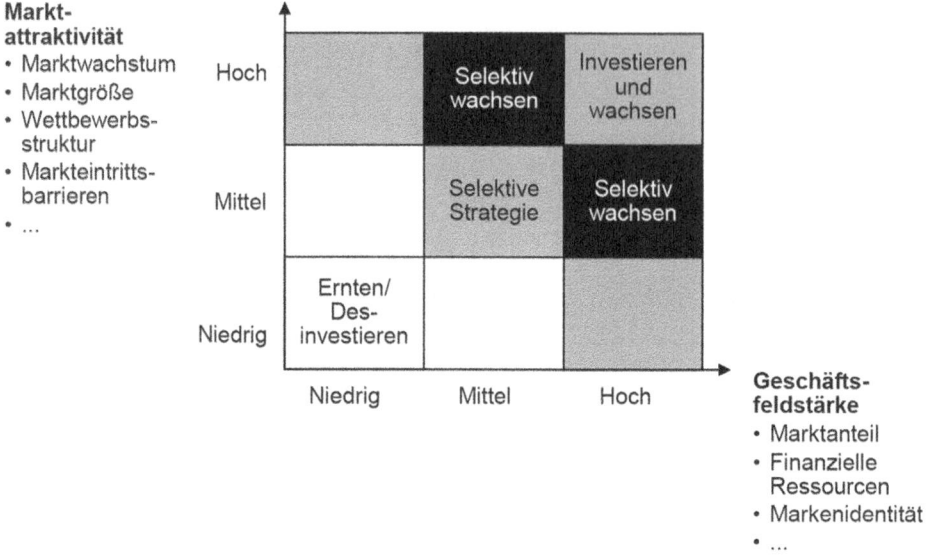

Abb. 3.5 Marktattraktivitäts-/Geschäftsfeldstärken-Portfolio (McKinsey)

So werden für alle Geschäftsfelder, die sich in den drei Feldern rechts oben in der Matrix befinden, Investitionsstrategien empfohlen. Für die Geschäftsfelder, die sich in den drei Feldern links unten befinden, werden Desinvestitionsstrategien empfohlen. Im selektiven Bereich, der durch die Diagonale von links oben nach rechts unten abgesteckt wird, sind keine eindeutigen Strategieempfehlungen möglich. Abhängig von der konkreten Situation eines Geschäftsfelds kann sowohl eine Investitions- als auch eine Desinvestitionsstrategie sinnvoll sein (Abb. 3.5).

Das Marktattraktivitäts-/Geschäftsfeldstärken-Portfolio ist dem von BCG entwickelten Portfoliokonzept im Grundsatz sehr ähnlich. Anders als dieses gestattet es jedoch eine wesentlich differenziertere und damit ausgewogenere Beurteilung der beiden Erfolgs-dimensionen. Allerdings entstehen hierdurch zugleich neue Probleme, die vor allem im Umgang mit mehrdimensionalen Kriterienkatalogen begründet sind. Die Kriterien müssen bestimmt und Ausprägungen dieser Kriterien (meist) qualitativ beurteilt werden. Die Posi-tionierung der verschiedenen Geschäftsfelder wird somit in hohem Maße durch subjektive Einschätzungen bestimmt.

Neben diesen Konzepten der Portfolioplanung sind viele weitere Ansätze entwickelt worden, auf die hier nicht im Detail eingegangen werden soll. Es gibt dabei zunächst sol-che Ansätze, die ähnlich wie die Portfoliokonzepte der Beratungsgesellschaften BCG und McKinsey auf den Absatzmarkt des Unternehmens abstellen und lediglich die externe und interne Dimension des Portfolios anhand anderer Kriterien bestimmen. Darüber hinaus gibt es weitere Ansätze, die die Grundidee der Portfoliokonzepte auf andere Bezugs-bereiche als den Absatzmarkt übertragen. So gibt es beispielsweise *Beschaffungsportfolios oder Technologieportfolios*, mit deren Hilfe einzelne Aspekte, die für den Unternehmenserfolg wichtig sind – nämlich der Beschaffungsmarkt oder einzelne Technologien –, differenziert für die Geschäftsfelder eines Unternehmens betrachtet werden können (vgl. Hahn 2006). Auch hieraus lassen sich Rückschlüsse auf die Situation des Gesamtportfolios gewinnen und Normstrategien für die Ausrichtung einzelner Geschäftsfelder ableiten – beides allerdings nur bezogen auf den jeweils betrachteten Aspekt.

3.2.1.3 Einsatz und Grenzen der Portfoliokonzepte

Die Portfoliokonzepte unterstützen die Führung bei der *Auswahl der Geschäftsfelder*, in denen das Unternehmen zukünftig tätig sein soll, sowie ihrer *grundsätzlichen Priorisierung*. Aus der Betrachtung der Portfolioposition einzelner Geschäftsfelder, aber auch aus der Betrachtung des Gesamtportfolios, lassen sich Rückschlüsse ziehen, welche der vorhandenen Geschäftsfelder ausgebaut, gehalten oder aufgegeben werden sollen. Außerdem gibt die Portfolioanalyse erste Anhaltspunkte dafür, ob und in welche neuen Geschäftsfelder investiert werden soll, um ein auch zukünftig attraktives Portfolio aufzubauen.

Der wesentliche *Vorzug* von Portfoliokonzepten liegt darin, dass sie die strategische Situation des Unternehmens auf eine systematische und leicht nachvollziehbare Weise wiedergeben. Durch die einfache Visualisierung dieser Zusammenhänge sind Portfoliokonzepte zugleich wirkungsvolle Kommunikationsinstrumente. Die strategischen Empfehlungen, die durch die Position von Geschäftsfeldern in einer Portfoliomatrix und die damit verbundenen Normstrategien vorgegeben werden, können zumindest als Ausgangsbasis für deren konkrete strategische Ausrichtung dienen. Sie zeichnen die strategische Stoßrichtung, die notwendige Ressourcenzuteilung und den erforderlichen Finanzmittelfluss idealtypisch vor.

Der wesentliche Vorteil des Einsatzes von Portfoliokonzepten ist zugleich aber auch für die erheblichen Schwächen dieser Konzepte verantwortlich, die ihre *Grenzen* bestimmen. Die Anwendung von Portfoliokonzepten birgt die Gefahr, dass die Strategieformulierung zu einer zu stark vereinfachenden, „mechanischen" Übung verkommt. Dargestellt werden stark aggregierte, oft auf subjektiven Beurteilungen basierende Einschätzungen, die im Detail nicht immer nachvollziehbar sind. Strategieempfehlungen, die hierauf aufbauen, sind ebenfalls stark vereinfacht, und Normstrategien, die sich aus einer Position in der Portfoliomatrix ergeben, sind eben nur im Allgemeinen plausibel, nicht aber notwendigerweise für die spezielle Situation eines konkreten Geschäftsfelds.

Weiterhin erscheinen in der heutigen Zeit auch einige der wesentlichen Annahmen der traditionellen Portfoliokonzepte zweifelhaft. So dürfte beispielsweise die Annahme, dass Branchen einen bestimmten Lebenszyklus durchlaufen, der Faktoren wie Marktwachstum, Gewinnsituation und Cashflow-Generierung treibt, immer weniger zutreffend sein. Auch die Annahmen, die hinter der Erfahrungskurve stehen und letztlich die besondere Betonung des Marktanteils als strategisches Ziel begründen, erscheinen nicht immer von Bedeutung. Schließlich ist auch die Annahme, dass ein Unternehmen intern einen Ausgleich seines Finanzmittelflusses erreichen muss und daher ein ausgewogenes Portfolio von Finanzmittel generierenden und verbrauchenden Geschäftsfeldern sinnvoll ist, immer weniger zu begründen – dies gilt zumindest in Zeiten und Regionen mit effizienten Kapitalmärkten, die einen einfachen Zugang zu externen Finanzmitteln gestatten.

Darüber hinaus besteht eine weitere Grenze der Anwendung klassischer Portfoliokonzepte in der Annahme, dass die Geschäftsfelder eines Unternehmens vollkommen unabhängig voneinander sind. Damit wird aber übersehen, dass es Beziehungen zwischen den Geschäftsfeldern eines Unternehmens gibt, durch deren Nutzung entscheidende strategische Vorteile für das Gesamtunternehmen gewonnen werden können. So kann es durchaus sein, dass ein erfolgreiches Geschäftsfeld nur deswegen zum „Star" geworden ist, weil es von positiven Synergieeffekten profitiert, die aus der Zusammenarbeit mit einem als „Poor dog" klassifizierten Geschäftsfeld erwachsen. Eine Orientierung an den Strategieempfehlungen der Portfoliokonzepte wäre vermutlich für beide Geschäftsfelder das Ende.

Es ist daher verständlich, dass die klassischen Portfoliokonzepte in den letzten Jahren etwas an Bedeutung verloren haben. Sie leisten nach wie vor einen Beitrag, wenn man sie als Ausgangsbasis einer Strategiediskussion versteht, deren Implikationen nicht unreflektiert, sondern bestenfalls als Hilfestellung für weitergehende Betrachtungen verwendet werden. Dazu können dann auch andere Instrumente, wie etwa wertorientierte oder kompetenzorientierte Portfoliokonzepte eingesetzt werden, die sich besonders an den aktuellen Herausforderungen der Strategiegestaltung auf Unternehmensebene orientieren (vgl. Hungenberg 2014).

Beispiel

Portfolioplanung bei der QualityRent AG

Der Vorstand der QualityRent AG hat Stephanie Lackmann und Dr. Carsten Tratsch beauftragt, mit Hilfe der Portfolioanalyse eine Grundlage für die Entscheidung für oder gegen den Eintritt in weitere Geschäftsbereiche zu erarbeiten. Nach umfangreicher Datensammlung und -auswertung und zahlreichen Teamtreffen haben die beiden eine Portfoliomatrix der QualityRent AG erstellt (Abb. 3.6).

In dieser an das BCG-Portfolio angelehnten Darstellung haben Stephanie Lackmann und Dr. Carsten Tratsch die zwei existierenden und zwei potenziellen Geschäftsfelder der QualityRent AG abgetragen, nämlich die Vermietung von Luxusautomobilen, den Bereich automobile Events sowie die beiden Bereiche Sport- und Kulturevents.

Der Markt für automobile Events zeigt aufgrund der guten wirtschaftlichen Entwicklung und auch der steigenden gesellschaftlichen Akzeptanz ein starkes Wachstum. Zwar beschränkt sich die Kundenbasis der QualityRent AG auf die gesellschaftliche Elite, aber diese ist in zunehmendem Maße in der Lage und bereit, für die Angebote der QualityRent AG Geld auszugeben. Die QualityRent AG kann in diesem Markt bereits seit Jahren einen sehr hohen Marktanteil behaupten und gilt im avisierten Kundenkreis klar als erste Anlaufstelle. Allerdings erfordert das nachfrageinduzierte Wachstum auch sehr hohe Investitionen in den Fuhrpark, in neue Geschäftsstellen im europäischen Ausland und in Eventideen, die den Ergebnisbeitrag vorläufig stark schmälern. Damit

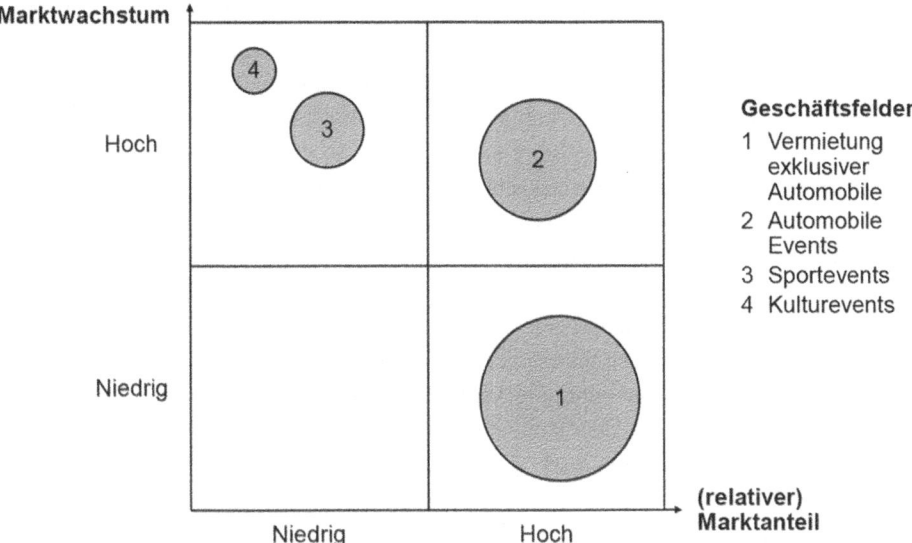

Abb. 3.6 Portfolio der QualityRent AG

ist das Geschäft mit automobilen Events als „Star" im Portfolio der QualityRent AG zu bezeichnen.

Auch auf dem Markt für die Vermietung exklusiver Automobile konnte sich die QualityRent AG im Verlauf der letzten Jahre eine führende Position erarbeiten. Zudem wird es auch immer üblicher, bei Hochzeiten und anderen besonderen Anlässen wie Abschlussbällen oder runden Geburtstagen einen Limousinenservice zu bestellen. Allerdings ist das Marktpotenzial in diesem Bereich fast ausgeschöpft und lediglich die weitere Expansion ins Ausland kann hier noch ein spürbares Wachstum erwarten lassen. Diese Expansion kann über die ohnehin aufgebauten Geschäftsstellen für den Bereich automobile Events erfolgen, so dass keine sehr hohen zusätzlichen Investitionen nötig sind. Damit ist das Geschäft mit der Vermietung exklusiver Automobile eine klare „Cash cow" der QualityRent AG, also ein Bereich mit hohem Ergebnisbeitrag für das Unternehmen.

Das Themenfeld Sportevents wird von der QualityRent AG bereits heute schon teilweise abgedeckt, zum Beispiel über exklusive Autorallyes oder auch VIP-Besuche von Formel 1 Rennen mit Boxengassenaufenthalten. Hier konnte sich das Unternehmen einen guten Namen aufbauen, wenngleich es von vielen Kunden noch nicht mit diesen Angeboten direkt verbunden wird. Dieser spezielle Markt wächst aber seit Jahren beständig und auch beim Kundenstamm der QualityRent AG ist eine vermehrte Popularität solcher Angebote zu registrieren. Investitionen in diesem Bereich wären aber sehr hoch, da der Fuhrpark in diese Richtung noch stark ausgebaut werden müsste und auch Lizenzgebühren bei der FIA im Voraus entrichtet werden müssten. Damit kann dieser Bereich den „Question marks" im Portfolio der QualityRent AG zugeordnet werden.

Das Event Management im Bereich Kultur gewinnt in der jüngsten Vergangenheit auch stark an Bedeutung. Aufgrund der schrumpfenden Fördergelder verlegen sich kulturelle Einrichtungen vermehrt darauf, mit Event-Agenturen zusammenzuarbeiten und ihre Tore für kommerzialisierte, kulturelle Veranstaltungen zu öffnen. Dieses neuartige Angebot wird vom Markt begeistert aufgenommen, so dass die meisten Anbieter derzeit schon auf Monate hinaus ausgebucht sind und keine Aufträge mehr annehmen können. Gerade im Bereich der vermögenden Privatkunden ist abzusehen, dass diese die Verbindung von gesellschaftlichen Feiern mit kulturellen Angeboten sehr schnell akzeptieren und weiter nachfragen werden. Allerdings hat die QualityRent AG im kulturellen Bereich keine Erfahrungen, und auch wichtige Kontakte zu Einrichtungen wie Opernhäusern oder Museen müssten erst aufgebaut werden. Positiv erscheint aber der Investitionsaspekt, da für kulturelle Veranstaltungen kaum Vorabzahlungen geleistet bzw. kostspielige Anlagen oder Fahrzeuge angeschafft werden müssten. Damit ist auch dieser Bereich als „Question mark" einzuordnen. ◀

3.2.2   Planung von Portfolioveränderungen

Als Ergebnis der Portfolioplanung ist festgelegt, in welchen Geschäftsfeldern das Unternehmen zukünftig tätig sein will und wie diese Aktivitäten bei der Ressourcenausstattung priorisiert werden sollen. Damit werden die wesentlichen Eckpunkte einer Unternehmensstrategie bestimmt. Alternative Portfoliokonstellationen repräsentieren folglich alternative Unternehmensstrategien.

Um die zukünftig angestrebte Portfoliokonstellation zu verwirklichen, sind in aller Regel Veränderungen des gegenwärtigen Portfolios vorzunehmen. Einige Geschäftsfelder sind möglicherweise aufzugeben, andere sollen neu hinzukommen. Mit anderen Worten: Es sind Portfolioveränderungen zu planen, um das Unternehmen vom Ist-Portfolio zum angestrebten Soll-Portfolio zu entwickeln. Es gibt prinzipiell drei Möglichkeiten, *Portfolioveränderungen* zu verwirklichen:

- *Interne Entwicklung*: Man spricht von interner Entwicklung, wenn ein Unternehmen ein neues Geschäftsfeld aus eigener Kraft aufbaut. Die Einheit, die das neue Geschäftsfeld repräsentiert, wird also aus dem Unternehmen heraus neu geschaffen. Im negativen Fall – der so genannten Portfoliobereinigung – wird ein existierendes Geschäftsfeld stillgelegt (Liquidation).
- *Externe Entwicklung*: Von externer Entwicklung spricht man dann, wenn ein Unternehmen ein neues Geschäftsfeld durch Kauf erwirbt (Akquisition). Die Einheit, die das neue Geschäftsfeld repräsentiert, existiert also bereits als eigenständiges Unternehmen oder Teil eines anderen Unternehmens. Im umgekehrten Fall wird ein Geschäftsfeld, das im eigenen Unternehmen existiert, an ein externes Unternehmen veräußert (Verkauf).

- *Kooperation*: Bei Kooperationen handelt es sich um Mischformen der internen und externen Entwicklung. Sie sind dadurch gekennzeichnet, dass zwei oder mehr Unternehmen Teile ihrer Aktivitäten zusammenlegen, um ein bestimmtes Geschäftsfeld gemeinsam zu bearbeiten. Joint Ventures, Projekt- oder Lizenzkooperationen sind nur einige Beispiele für solche Formen der Zusammenarbeit.

Konzentriert man sich – aus Gründen der Anschaulichkeit – auf den Fall der Portfolioerweiterung, so stehen drei Alternativen zur Portfolioveränderung zur Verfügung: die unternehmensinterne Entwicklung von Geschäftsfeldern, ihre (unternehmensexterne) Akquisition und die Kooperation. Alle drei Alternativen haben Vor- und Nachteile; keine ist in allen Fällen allen anderen Alternativen überlegen (vgl. Yip 1982). Wenn eine Strategiealternative Portfolioveränderungen vorsieht – und dies dürfte der Regelfall sein –, so tut das betroffene Unternehmen deshalb gut daran, sich intensiv mit den möglichen Formen der Portfolioveränderung auseinanderzusetzen. Dies soll im Folgenden in Form eines allgemeinen Überblicks geschehen.

3.2.2.1 Interne Entwicklung von Geschäftsfeldern

Interne Entwicklung bedeutet, dass ein Unternehmen ein Geschäftsfeld aus eigener Kraft aufbaut. Die Einheit, die das neue Geschäftsfeld repräsentiert, wird also aus dem Unternehmen heraus geschaffen. Die interne Entwicklung eines Geschäftsfelds ist somit ein unternehmensinterner Veränderungsprozess. Auch wenn die interne Entwicklung gewissermaßen die „natürliche" Form der Portfolioveränderung darstellt, so ist sie doch in jedem Fall nur eine von mehreren denkbaren Alternativen. Ob sie im Einzelfall geeignet ist, eine angestrebte Portfolioveränderung zu verwirklichen, kann in den folgenden drei Teilschritten überprüft werden:

- *Planung der Leistungen*: Aufbauend auf den Ergebnissen der Portfolioplanung geht es zunächst darum, die Leistungen weiter zu konkretisieren, die innerhalb des neuen Geschäftsfelds erbracht werden sollen. Dazu sind Kunden und Kundenbedürfnisse zu durchdenken, die Charakteristika des möglichen Produktangebots zu spezifizieren und die Aktivitäten näher zu beschreiben, die intern oder mit Hilfe von Partnern durchgeführt werden sollen, um das Produktangebot zu erstellen.
- *Planung des Ressourcenbedarfs*: Um diese Leistungen zu erbringen, werden Ressourcen benötigt. Art und Menge der erforderlichen Ressourcen müssen bestimmt werden, um beispielsweise zu erkennen, wie viele Mitarbeiter unterschiedlicher Qualifikation und wie viele Gebäude, Anlagen und Maschinen zukünftig benötigt werden. Nur wenn diese Ressourcen innerhalb oder außerhalb des Unternehmens beschafft werden können, ist eine interne Entwicklung des Geschäftsfelds überhaupt möglich.
- *Planung der organisatorischen Umsetzung*: Aus organisatorischer Sicht gibt es verschiedene Möglichkeiten, ein Geschäftsfeld intern zu entwickeln. Die Entwicklung kann aus einer bestehenden Organisationseinheit heraus erfolgen, aber es kann auch eine eigenständige Organisationseinheit aufgebaut werden, innerhalb derer das Ge-

schäftsfeld entwickelt wird. Diese kann gegebenenfalls sogar rechtlich verselbst-
ständigt werden. Welche der Alternativen sinnvoll ist, hängt im konkreten Fall von der
Art des zu entwickelnden Geschäftsfelds, vor allem seinen Beziehungen zu den bisherigen Geschäftsfeldern des Unternehmens, ab.

Diese Planungsaktivitäten finden im Laufe der internen Entwicklung eines Geschäftsfelds mehrfach statt. So wird in der Regel das Leistungsspektrum sukzessive erweitert.
Gleichzeitig steigt der Ressourcenbedarf, und auch die organisatorische Einbindung kann
sich im Zeitablauf verändern. An die Planungsaktivitäten schließt sich dann die eigentliche Realisierung an – dies allerdings nur dann, wenn sich die interne Entwicklung nach
der Planung auch als die sinnvollste Form der Portfolioveränderung darstellt. Dies ist
keinesfalls sicher, denn die interne Entwicklung besitzt gegenüber den anderen Formen
der Portfolioveränderung gleichermaßen Vor- und Nachteile.

Der wohl wichtigste Vorteil der internen Entwicklung ist, dass sie einen graduellen Einstieg in ein Geschäftsfeld gestattet (*Flexibilitätsvorteil*). Anders als bei der Akquisition ist
es nicht erforderlich, in einem Schritt – dem Kaufvorgang – in ein Geschäftsfeld einzusteigen, sondern das Unternehmen kann einem Pfad der schrittweisen Entwicklung folgen,
an dessen Anfang nicht ein vollständiges „commitment" stehen muss. Dieser Pfad gestattet es, einzelne Entwicklungsrichtungen auszuprobieren, sich schneller an Veränderungen der Marktbedingungen anzupassen und von erfolgreichen und weniger erfolgreichen Entwicklungsschritten für die nächsten zu lernen. Dies ist besonders dann wichtig,
wenn sich das Unternehmen in neue Wachstumsmärkte entwickelt, die sehr dynamisch
sind und bei denen keiner der Marktteilnehmer richtig abschätzen kann, wie sich der
Markt in Zukunft entwickeln wird.

Ein weiterer Vorteil der internen Entwicklung besteht darin, dass sie es am besten gestattet, ein neues Geschäftsfeld durch den Transfer überlegener interner Ressourcen und
Fähigkeiten zu entwickeln (*Kompetenzvorteil*). Dies ist vor allem dann der Fall, wenn in-
tangible Kompetenzen übertragen werden sollen. Natürlich ist es prinzipiell auch denkbar,
ein Geschäftsfeld zu akquirieren und dann einen entsprechenden Kompetenztransfer zu
versuchen. Dies scheitert jedoch oft an inhomogenen Arbeitsprozessen, personellen
Widerständen oder unvereinbaren Unternehmenskulturen, was bei einer internen Entwicklung weniger wahrscheinlich ist. Die Unternehmenskultur spielt im Zusammenhang
mit der Portfolioveränderung aber auch aus einem anderen Grund eine Rolle: Durch die
interne Entwicklung können positive Signale für die Entwicklung der Unternehmenskultur gegeben werden (*Kulturvorteil*).

Neben diesen Vorteilen besitzt die interne Entwicklung aber auch wichtige Nachteile,
die in vielen Fällen dazu führen, dass sich Unternehmen für eine andere Form der Portfolioveränderung entscheiden. Der wichtigste dieser Nachteile ist sicher, dass die interne Entwicklung enorm zeitaufwändig ist (*Zeitrisiko*). Vor allem im Vergleich mit einer Akquisition kehrt sich hier der Vorzug des graduellen Einstiegs in ein Geschäftsfeld in einen
Nachteil um. Das Geschäft muss erst entwickelt und aufgebaut werden, bevor sich das
Unternehmen als nennenswerter Marktteilnehmer etablieren kann. Dies birgt gerade in der

Anfangsphase der Entwicklung die Gefahr, mit einer unterkritischen Größe – und damit meist mit Kostennachteilen – operieren zu müssen. Außerdem führt die interne Entwicklung eines Geschäftsfelds stets dazu, dass in dessen Branche ein neuer Wettbewerber entsteht, der mit zusätzlicher Kapazität in den Markt eintritt. Insbesondere in reifen und schrumpfenden Märkten würde ein solcher Markteintritt Abwehrreaktionen der etablierten Anbieter auslösen, die den Erfolg des Markteintritts erheblich gefährden könnten (*Marktrisiko*). Solche Reaktionen sind vor allem dann wahrscheinlich, wenn die Kapazität, die für ein effizientes Angebot im Markt mindestens notwendig ist, in Relation zum Marktvolumen recht groß ist. In diesem Fall wird daher oft die Akquisition gegenüber der internen Entwicklung bevorzugt, weil bei ihr ein bestehender Wettbewerber übernommen wird und damit der Markteintritt ohne Ausweitung der Kapazität im Markt möglich ist.

Bei einer internen Entwicklung geht das betroffene Unternehmen zudem ein beachtliches *Erfolgsrisiko* ein. Es ist alles andere als sicher, dass es dem Unternehmen gelingt, das anvisierte Geschäftsfeld tatsächlich aus eigener Kraft aufzubauen. Immer wieder müssen Unternehmen erfahren, dass sie dabei ihre eigenen Kompetenzen oder finanziellen Möglichkeiten überschätzen. Schlägt eine interne Entwicklung fehl, so ist es in den meisten Fällen zudem nicht möglich, die Mittel, die in diese Entwicklung geflossen sind, wieder zu gewinnen. Dies ist bei einer Akquisition anders, wo ein Fehlschlag durch Wiederverkauf der entsprechenden Einheit zumindest teilweise kompensiert werden kann.

3.2.2.2 Akquisition von Geschäftsfeldern

Die *Akquisition* von Geschäftsfeldern ist die wahrscheinlich häufigste Form, mit der in der Praxis Portfolioveränderungen realisiert werden. Man spricht auch von *externer Entwicklung*, weil die Einheit, die das neue Geschäftsfeld repräsentiert, bereits existiert – und zwar außerhalb des eigenen Unternehmens. Eine Akquisition erfolgt zumeist dadurch, dass das akquirierende Unternehmen ein eigenständiges Unternehmen als Ganzes von dessen Eigentümern erwirbt. Man spricht aber auch von Akquisition, wenn das akquirierende Unternehmen nur einen Teil eines anderen Unternehmens erwirbt und diesen in seine eigenen Aktivitäten eingliedert.

Es gibt verschiedene Möglichkeiten, *Akquisitionsarten* zu systematisieren. Die wichtigste Unterscheidung ist die nach den Beziehungen, die zwischen den Geschäftsfeldern des erworbenen Unternehmens und den Geschäftsfeldern des akquirierenden Unternehmens bestehen. Dementsprechend können drei Arten von Akquisitionen unterschieden werden (Abb. 3.7):

- *Horizontale Akquisition*: Gehören die Geschäftsfelder beider Unternehmen (im Wesentlichen) der gleichen Branche an, so spricht man von einer horizontalen Akquisition. Dies wäre etwa der Fall, wenn ein Automobilunternehmen ein anderes erwirbt. Die beteiligten Unternehmen stehen also vor der Akquisition miteinander im Wettbewerb; Hauptmotiv des akquirierenden Unternehmens ist zumeist, die eigene Marktposition in diesem Wettbewerb zu stärken.

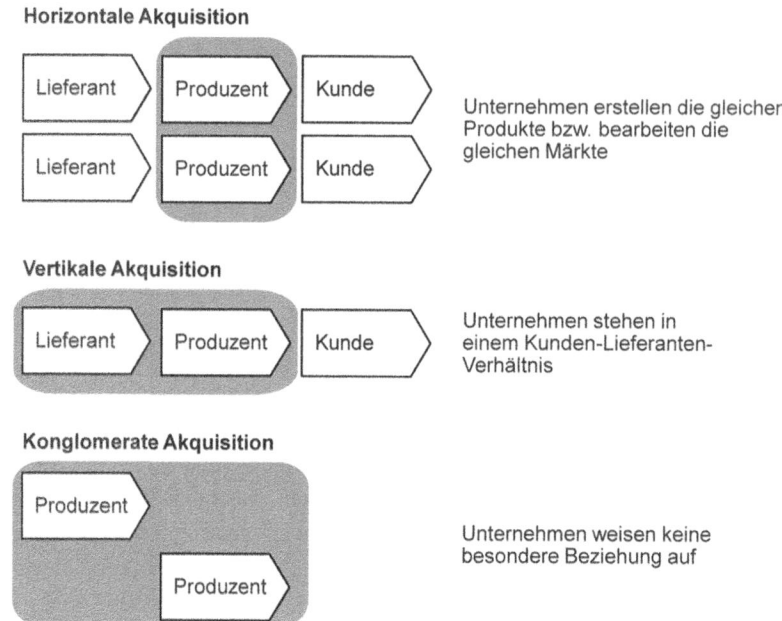

Abb. 3.7 Arten von Akquisitionen

- *Vertikale Akquisition*: Von einer vertikalen Akquisition spricht man, wenn die beteiligten Unternehmen auf vor- bzw. nachgelagerten Wertschöpfungsstufen operieren.
  Sie stehen also (zumindest potenziell) in einem Kunden-/Lieferantenverhältnis. Durch
  die Akquisition werden zwei Wertschöpfungsstufen in einem Unternehmen zusammengefasst, um deren Abstimmung zu verbessern. Akquiriert ein Unternehmen einen
  (potenziellen) Kunden, so spricht man auch von Vorwärtsintegration, wird ein (potenzieller) Lieferant erworben, von Rückwärtsintegration.
- *Konglomerate Akquisition*: Wenn beide Unternehmen in Bereichen operieren, die
  weder in einer horizontalen noch in einer vertikalen Beziehung miteinander stehen,
  spricht man von einer konglomeraten Akquisition. In diesem Fall erwirbt ein Unternehmen also ein neues Geschäftsfeld, das sich grundlegend von seinen bisherigen Geschäftsfeldern unterscheidet.

Akquisitionen sind in der Praxis wohl deswegen so häufig, weil sie auf den ersten Blick
eine ganze Reihe von Vorteilen gegenüber den anderen Alternativen zur Portfolioveränderung aufweisen. Der wichtigste dieser Vorteile ist, dass die Akquisition einem Unternehmen sehr schnell Zugang zu neuen Aktivitäten eröffnet (*Zeitvorteil*). Durch den Kauf
eines bereits im Markt existierenden Anbieters kann das akquirierende Unternehmen darauf verzichten, zeitaufwendig eigene Ressourcen und die notwendige Marktpräsenz aufzubauen und stattdessen sofort „mitmischen". Selbst wenn die Geschwindigkeit nicht so

wichtig ist, gibt es aber auch Situationen, in denen es gar nicht möglich ist, entsprechende Ressourcen und Fähigkeiten – zum Beispiel Know-how oder Patente – intern aufzubauen, weil sie nur schwierig zu beschaffen und zu imitieren sind (*Kompetenzvorteil*).

Abgesehen von diesen Effekten kann eine Akquisition auch für den Aufbau einer attraktiven Marktposition Vorteile bieten (*Marktvorteile*). So lassen sich durch die Akquisition Markteintrittsbarrieren, wie beispielsweise der Zugang zu einem Distributionssystem, in der Regel leichter und damit kostengünstiger überwinden. Außerdem führt die Akquisition nicht dazu, dass in dem betroffenen Markt ein neuer Wettbewerber entsteht, weil ja ein existierender Anbieter übernommen wird.

Man darf jedoch nicht übersehen, dass Akquisitionen nicht nur Vorteile besitzen, sondern auch ernsthafte Probleme bereiten können, die bei einer anderen Form der Portfolioveränderung nicht bzw. nicht in diesem Maße auftreten. Das Hauptproblem ist sicher, dass auch Akquisitionen mit einem erheblichen Risiko, vor allem finanzieller Art, verbunden sind. Dieses Risiko besteht in der Akquisitionsphase, wenn es um die Ermittlung eines angemessenen Kaufpreises geht (*Preisrisiko*). Oft werden von den bisherigen Eigentümern Preisaufschläge von 30 % oder mehr gegenüber dem gegenwärtigen Marktpreis erwartet, bevor sie einem Verkauf zustimmen. Solche Preisaufschläge lassen sich aber nur dann rechtfertigen, wenn durch Akquisition und Integration neue Werte geschaffen werden können, die den Mehrpreis überkompensieren. Es ist nicht ganz einfach, diese Wertsteigerungsmöglichkeiten ex-ante auch nur annähernd abzuschätzen, geschweige denn exakt zu quantifizieren, wie es für eine seriöse Preisbestimmung eigentlich notwendig wäre. Manchmal merkt man dann erst nach der Akquisition, dass der gezahlte Kaufpreis viel zu hoch war.

Wird ein Unternehmen akquiriert, so wird es in aller Regel nicht eigenständig weitergeführt, sondern in irgendeiner Form integriert, das heißt mit Einheiten des akquirierenden Unternehmens zusammengeführt. Diese Integration ist in der Regel die Voraussetzung dafür, dass durch die Akquisition überhaupt zusätzlicher Wert geschaffen werden kann. In den meisten Fällen begründet erst die Zusammenführung einzelner Aktivitäten, beispielsweise im Bereich der Entwicklung, des Einkaufs, der Produktion oder des Vertriebs, jenes Wertsteigerungspotenzial, das notwendig ist, um die Akquisition zu rechtfertigen. Diese Integration ist aber, so zeigt die Praxis, ausgesprochen schwierig (*Integrationsrisiko*). Dies gilt nicht nur für die eigentliche Integration von Wertschöpfungsaktivitäten, wie beispielsweise das Zusammenlegen von Einkaufs- oder Entwicklungstätigkeiten. Es gilt vor allem für die Integration von Organisationsstrukturen sowie Managementsystemen und -prozessen. Und schließlich tritt auch immer wieder ein kulturelles Integrationsproblem auf, wenn Einheiten aus zwei unterschiedlichen Kulturkreisen vereinigt werden sollen. Konsequenz dieser Probleme ist, dass in vielen Fällen das ursprünglich anvisierte Wertsteigerungspotenzial ex-post nicht realisiert werden kann, weil persönliche oder sachliche Widerstände die Integration verhindern oder zumindest erheblich verteuern (vgl. Gerpott 1993).

3.2.2.3 Kooperationen zur gemeinsamen Entwicklung von Geschäftsfeldern

Kooperationen – als dritte Alternative zur Portfolioveränderung – sind dadurch gekennzeichnet, dass zwei oder mehr Unternehmen Teile ihrer Aktivitäten zusammenlegen, um ein bestimmtes Geschäftsfeld gemeinsam zu bearbeiten. Sie sind *Mischformen der internen und externen Entwicklung*, da aus Sicht der beteiligten Unternehmen das betroffene Geschäftsfeld teilweise selbst entwickelt wird – mit den Aktivitäten, die aus dem eigenen Unternehmen heraus in die Kooperation eingebracht werden –, zugleich aber auch auf außerhalb des Unternehmens bereits bestehende Teile eines anderen Unternehmens zurückgegriffen wird (vgl. Bresser 1998).

Es gibt sehr viele unterschiedliche Formen der Zusammenarbeit von Unternehmen, die unter dem Begriff Kooperation diskutiert werden. Sie können im Allgemeinen zu vier *Grundtypen der Kooperation* zusammengefasst werden (Abb. 3.8):

- *Vertragslose Zusammenarbeit*: Die einfachste Form der Kooperation liegt dann vor, wenn zwei oder mehr Unternehmen zusammenarbeiten, dieser Zusammenarbeit aber keine Verträge zugrunde liegen. Die Unternehmen schränken in diesem Fall ihre wirtschaftliche Selbstständigkeit auf dem Kooperationsgebiet ein, indem sie (vertragslose) Absprachen miteinander treffen. Diese Form der Zusammenarbeit ist nicht nur die einfachste, sondern auch die am wenigsten stabile Kooperationsform.
- *Vertragliche Zusammenarbeit (Kooperations-/Lizenzverträge)*: Wird die Zusammenarbeit der beteiligten Unternehmen durch Verträge abgesichert, gewinnt die Kooperation an Stabilität – auf Verträge kann man sich berufen, sollte einer der Partner vom Kooperationsziel abweichen. Zu dieser Kooperationsform zählen allgemeine

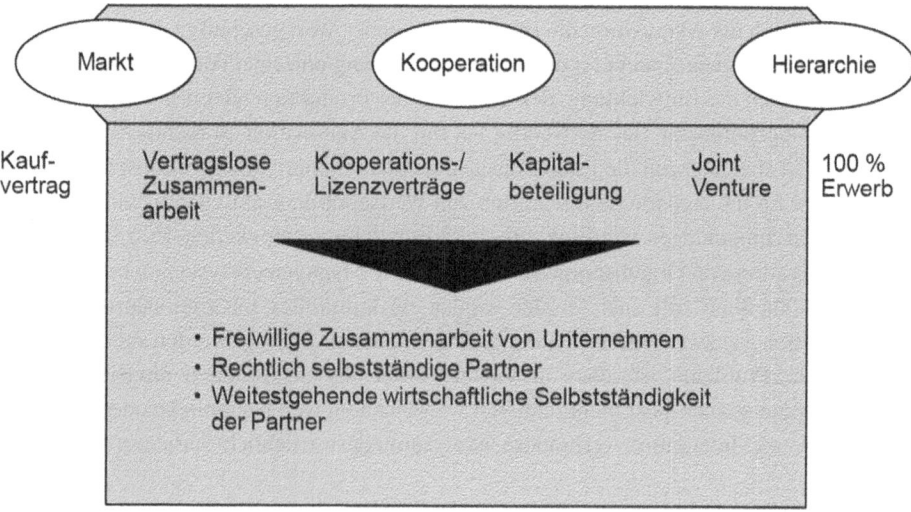

Abb. 3.8 Formen der Institutionalisierung von Kooperationen

Kooperationsverträge zwischen Unternehmen, wie sie beispielsweise die Lufthansa und der Autovermieter Sixt abgeschlossen haben, um ihre komplementären Produkte gemeinsam zu vermarkten. Aber auch Lizenzverträge sind eine Möglichkeit, die Kooperation von Unternehmen zu regeln.

- *Kapitalbeteiligungen*: Gehen Unternehmen, die miteinander kooperieren, ein- oder wechselseitige Kapitalbeteiligungen ein, so wird die Institutionalisierung der Kooperation weiter verstärkt. Wie auch bei der vertraglichen Zusammenarbeit werden die Aktivitäten der beteiligten Unternehmen auf dem Kooperationsgebiet untereinander abgestimmt, sie werden aber auch weiterhin innerhalb der beteiligten Unternehmen abgewickelt. Allerdings gewinnen die Unternehmen durch die Beteiligung an dem jeweils anderen Partner einen stärkeren Einfluss auf diesen, der sich auch auf Gebiete außerhalb des eigentlichen Kooperationsfelds erstrecken kann.

- *Joint Ventures*: Eine Kooperation ist dann am stärksten institutionalisiert, wenn die betroffenen Unternehmen alle Aktivitätsfelder, bei denen sie kooperieren wollen, aus ihrem Unternehmen ausgliedern und in ein eigenständiges Unternehmen einbringen. Dieses Joint Venture hat dann die Aufgabe, das betroffene Geschäftsfeld im Interesse der beteiligten Partner zu bearbeiten. Die häufigste Form des Joint Ventures ist das so genannte Gemeinschaftsunternehmen, bei dem die Anteile unter den beteiligten Unternehmen gleichverteilt sind. Aber auch Formen mit ungleichmäßigem Anteilsbesitz sind möglich.

Kooperationen sind in der Praxis schon seit langem üblich und auch in der Betriebswirtschaftslehre ausführlich behandelt worden (vgl. Schubert und Küting 1981). Gerade in den letzten zwei Jahrzehnten hat das Kooperationsphänomen jedoch noch weitaus stärker an Bedeutung gewonnen. Dabei ist vor allem eine spezielle Kooperationsform immer wieder beobachtet und diskutiert worden: die so genannte *strategische Allianz* (vgl. Backhaus und Plinke 1990; Hungenberg 2006). Damit meint man eine Kooperation von Unternehmen, die auf der gleichen Wertschöpfungsstufe agieren – also Wettbewerber sind –, und die miteinander kooperieren, um ihre Kräfte für den Wettbewerb in ihrer Branche zu bündeln. Dabei kann sich die Zusammenarbeit der beteiligten Unternehmen auf einzelne Teilbereiche konzentrieren, was etwa dann der Fall ist, wenn zwei Automobilunternehmen eine Entwicklungskooperation eingehen oder gemeinsam Produkte für ein bestimmtes Marktsegment produzieren. Es ist aber auch möglich, dass die Unternehmen alle Aktivitäten, die sie in einer bestimmten Branche besitzen, in die strategische Allianz einbringen, wie es etwa bei der Zusammenarbeit von VIAG und British Telecom im deutschen Telekommunikationsmarkt der Fall war. In diesem Fall wird die strategische Allianz meist als Joint Venture realisiert. Aber auch die anderen Formen der Institutionalisierung, die hier beschrieben worden sind, sind grundsätzlich möglich.

Kooperationen sind vor allem deswegen so häufig, weil die beteiligten Unternehmen sich von ihnen versprechen, gleichzeitig die Vorteile der internen und der externen Entwicklung realisieren zu können. Sieht man einmal von den Unterschieden zwischen den verschiedenen Kooperationsformen ab, so liegt der wesentliche Vorteil einer Kooperation in der Tat darin, dass sie einem Unternehmen schneller als die interne Entwicklung Zugang zu neuen Aktivitäten eröffnet (*Zeitvorteil*), ohne das Unternehmen dabei in einem so starken Maße wie bei einer Akquisition an das neue Geschäft und den einmal eingeschlagenen Weg zu binden (*Flexibilitätsvorteil*). In diesem Zusammenhang ist auch wichtig, dass Unternehmen bei einer Kooperation die Kosten und das Risiko ihrer Aktivität nicht alleine tragen müssen, sondern teilen können. Für das einzelne Unternehmen besteht insofern ein *Risikovorteil* gegenüber der internen und der externen Entwicklung. Schließlich verspricht man sich von einer Kooperation auch, dass beide Arten eines *Kompetenzvorteils* gleichzeitig zu realisieren sind: der Transfer eigener Kompetenzen auf neue Aktivitäten und der Zugang zu den Kompetenzen eines anderen Unternehmens. Insofern sind interne und externe Lerneffekte möglich.

Wie die anderen Formen der Portfolioveränderung, so besitzen jedoch auch Kooperation nicht nur Vorteile. Das wesentliche Problem, das Unternehmen in einer Kooperation haben, ist, dass ihr Einfluss auf die betreffenden Aktivitäten geringer ist als bei der internen Entwicklung oder der Akquisition. Die Unternehmen sind nicht in der Lage, die Aktivitäten der Kooperation vollständig in ihrem Sinne zu beeinflussen und zu überwachen, da es stets noch einen zweiten Partner gibt, der ebenfalls versucht, seine Interessen durchzusetzen (*Führungsrisiko*). Dies ist besonders kritisch, wenn sich die ursprünglich homogenen Interessen der Kooperationspartner im Laufe der Zusammenarbeit wieder auseinanderentwickeln oder die beiden Partner ihre ursprünglichen Kooperationsziele unterschiedlich schnell erreichen. Dadurch unterliegen Kooperationen auch einem beachtlichen *Stabilitätsrisiko*.

3.2.3 Diversifikation als Ergebnis von Portfolioplanungen

Als Ergebnis der Portfolioplanung wird die Zusammenstellung und Priorisierung der verschiedenen Geschäftsfelder eines Unternehmens sichtbar. Die Portfoliozusammenstellung ist Ausdruck der Ausgangslage und der zukünftigen Prioritäten eines Unternehmens – es gibt folglich ganz unterschiedliche Formen der Portfoliogestaltung. Diese lassen sich allgemeingültig vor allem durch ein Merkmal beschreiben: die *„Diversifikation"* des Geschäftsfeldportfolios. Da die Portfoliozusammenstellung im Mittelpunkt der Strategiegestaltung auf Unternehmensebene steht, spricht man auch von Diversifikationsstrategien, um die Art der Strategie des Gesamtunternehmens zu charakterisieren.

Allgemein gesprochen beschreibt der Begriff Diversifikation die Tatsache, dass ein Unternehmen in mehreren, unterschiedlichen Geschäften bzw. Geschäftsfeldern tätig ist. Die Betriebswirtschaftslehre hat sich etwa seit Ende der fünfziger Jahre in vielfältiger Weise mit der Diversifikation von Unternehmen beschäftigt (vgl. Ramanujam und Varadarajan 1989). Dabei standen vor allem zwei Fragen im Mittelpunkt: Welche Formen der Diversifikation gibt es und welche Diversifikationsstrategie ist die „beste", weil sie in der Realität am ehesten zu Erfolg führt. Auf beide Fragen wird im Folgenden kurz eingegangen.

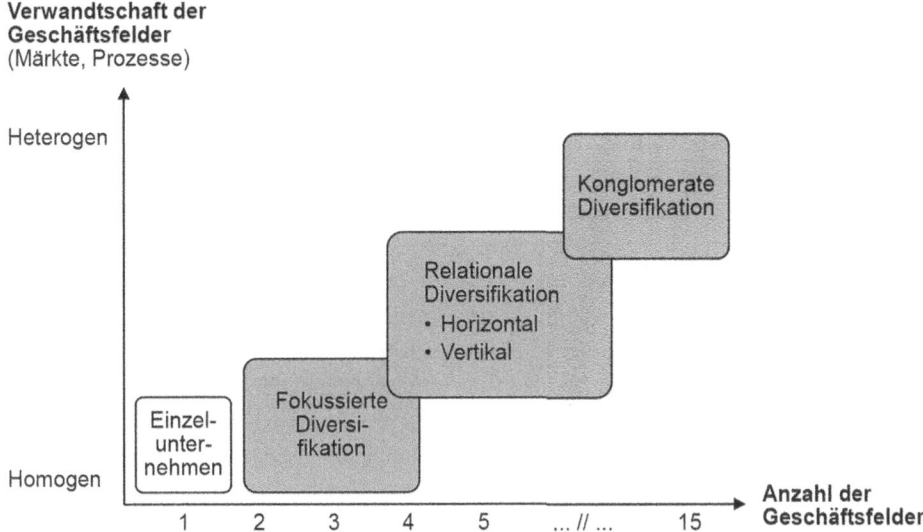

Abb. 3.9 Typen von Diversifikationsstrategien

3.2.3.1 Formen der Diversifikation

In der Realität existieren unterschiedliche Formen der Diversifikation. Will man diese idealtypisch beschreiben, so spielen zwei Merkmale eine besondere Rolle: die Anzahl der Geschäfte im Geschäftsfeldportfolio und der Grad ihrer Verwandtschaft. Beide können gemeinsam herangezogen werden, um die folgenden drei Diversifikationsformen bzw. Diversifikationsstrategien zu unterscheiden (Abb. 3.9): die fokussierte, die relationale und die konglomerate Diversifikation.

Von einer *fokussierten Diversifikation* spricht man bei all den Unternehmen, die nur eine kleine Anzahl von Geschäftsfeldern bearbeiten, die sich einerseits hinsichtlich ihrer Produkte und der zu bearbeitenden Märkte sowie andererseits hinsichtlich ihrer internen Leistungsprozesse sehr ähnlich sind. Die Geschäftsfelder sind durch (weitestgehend) identische Wertschöpfungsprozesse gekennzeichnet und stehen im Grundsatz den gleichen Kunden und Wettbewerbern gegenüber. Ein Beispiel für diese Strategie ist der VW-Konzern, der mit seinen Geschäftsfeldern nahezu ausschließlich in der Automobilbranche vertreten ist. Eine Strategie der fokussierten Diversifikation führt also dazu, dass ein zahlenmäßig begrenztes Portfolio von eng verwandten Geschäften aufgebaut und bearbeitet wird. Das Ziel ist hier vor allem, aus der Gleichartigkeit der Geschäftsaktivitäten Effizienz- und Know-how-Vorsprünge und damit letztlich Wettbewerbsvorteile zu erschließen.

Eine *relationale Diversifikation* liegt demgegenüber vor, wenn die Geschäftsfelder zwar unterschiedliche Produkte und Märkte bedienen und unterschiedliche Leistungsprozesse aufweisen, jedoch die Anforderungen an die Führung dieser Geschäftsfelder sehr ähnlich sind. Die Geschäftsfelder sind unterschiedlich, aber verwandt, und die Zahl der gemeinsam geführten Geschäftsfelder ist auf mittlere Werte begrenzt. Abhängig von der Art der Verwandtschaft lassen sich zwei Arten relationaler Diversifikation unterscheiden, nämlich die horizontale (relationale) Diversifikation und die vertikale (relationale) Diversifikation. Ein horizontal (relational) diversifiziertes Unternehmen hält verwandte Geschäftsfelder in seinem Portfolio, die auf der gleichen Wertschöpfungsstufe agieren. Eine derartige Diversifikationsstrategie verfolgt beispielsweise der Metro-Konzern, dessen Geschäftsfeldportfolio so unterschiedliche Aktivitäten wie Lebensmittel-Einzelhandel (zum Beispiel real,-), Nonfood-Fachmärkte (zum Beispiel MediaMarkt, Saturn), Warenhäuser (GaleriaKaufhof) oder Großhandel (metro Cash & Carry) umfasst. Trotz der Unterschiedlichkeit sind alle Geschäfte verwandt – denn es handelt sich ausschließlich um Handelsaktivitäten, die grundsätzlich ähnliche Führungsanforderungen erzeugen. Vertikal (relational) diversifizierte Unternehmen sind dagegen durch Geschäftsfelder gekennzeichnet, die entlang der Wertschöpfungskette als (vorgelagerter) Lieferant oder (nachgelagerter) Abnehmer einer bestimmten Leistung unmittelbar miteinander in Beziehung stehen. Ein Beispiel für einen derart diversifizierten Konzern ist die Bertelsmann AG, deren Geschäftsfeldportfolio beispielsweise im Buchbereich vom Druck über den Verlag bis hin zum Buchhandel reicht. Ziel dieser Diversifikationsstrategie ist es, durch die Verknüpfung der Geschäftsfelder und die Übertragung von Kernkompetenzen zwischen den Geschäftsfeldern Wettbewerbsvorteile für alle Geschäfte zu generieren.

Eine *konglomerate Diversifikation* schließlich liegt vor, wenn ein Unternehmen mehrere Geschäftsfelder besitzt, die sich auf der einen Seite hinsichtlich ihrer Produkte und Märkte und auf der anderen Seite hinsichtlich ihrer Leistungsprozesse deutlich oder sogar vollständig voneinander unterscheiden (zum Beispiel General Electric, Siemens, Dr. Oetker). Die Geschäftsfelder arbeiten in wirtschaftlich unterschiedlichen Umfeldern, die auch unterschiedliche Anforderungen an die Führung stellen. Die Zahl der Geschäfte, die bei dieser Strategie in einem Unternehmen vereinigt werden können, ist nach oben kaum begrenzt. Mit dieser Diversifikationsstrategie wird vor allem bezweckt, Unsicherheiten in der wirtschaftlichen Entwicklung von Geschäftsfeldern wechselseitig auszugleichen und so eine kontinuierliche, stabile Entwicklung des Gesamtunternehmens zu sichern.

3.2.3.2 Erfolg von Diversifikationsstrategien

Neben der Beschreibung und Klassifikation von Diversifikationsstrategien ist vor allem die Frage, welche Diversifikationsstrategie grundsätzlich am erfolgreichsten ist, Gegenstand vielfältiger Auseinandersetzungen in Wissenschaft und Praxis gewesen, konnte allerdings (bis heute) nicht eindeutig beantwortet werden. So wurde in den sechziger und siebziger Jahren (des vergangenen Jahrhunderts) klar eine ausgeprägte Diversifikation (konglomerate Strategie) favorisiert, während in den achtziger und neunziger Jahren das Pendel in die Richtung einer stärkeren Fokussierung (fokussierte Diversifikation) zurückschwang.

Setzt man sich zunächst aus theoretischer Sicht mit der Diversifikation auseinander, so gibt es einige Argumente, dass durch eine stärkere Diversifikation Erfolg geschaffen werden kann. So werden vor allem Vorteile wie das Ausnutzen von Synergien, das Erreichen von Marktmacht und die (unter bestimmten Bedingungen) höhere Effizienz interner Kapitalmärkte genannt.

Das am häufigsten angeführte Argument ist das der Synergie. Mit Synergien, welche durch das Zusammenführen unterschiedlicher Geschäfte entstehen können, hat sich Ansoff als einer der ersten auseinandergesetzt (vgl. Ansoff 1965; Nayyar 1992). Dabei handelt es sich zum einen um solche Effekte, die aus der gemeinsamen Nutzung materieller Ressourcen resultieren, und zum anderen um immaterielle Synergien, wie zum Beispiel die gemeinsame Nutzung von Know-how oder Patenten. Gerade immaterielle Synergien werden in jüngerer Zeit verstärkt als Rechtfertigung und Erfolgsfaktor der Diversifikation herausgestellt.

Auch das Argument der Marktmacht wird als Rechtfertigung für die Diversifikation in unterschiedliche Geschäftsfelder angeführt. Diversifizierte Unternehmen verfügen – so die Argumentation – wesentlich besser als Einzelunternehmen über die Möglichkeit, Marktmacht aufzubauen und diese durch Verhaltensweisen wie „predatory pricing" (räuberische Preisgestaltung), „reciprocal buying" (wechselseitiger Einkauf) oder „mutual forbearance" (gegenseitige Duldung) zu ihrem Vorteil zu nutzen (vgl. Montgomery 1994).

Das dritte Hauptargument für eine stärkere Diversifikation besteht in der höheren Effizienz (unternehmens-)interner Kapitalmärkte. Laut den Befürwortern dieser Theorie können diversifizierte Unternehmen zum einen auf vielfältigere Finanzierungsquellen zurückgreifen als Einzelunternehmen, und zum anderen verfügt das Management diversifizierter Unternehmen über bessere Informationen bezüglich Situation und Entwicklungsperspektiven seiner Geschäftsfelder. Folglich kann das Management dieser Unternehmen auch bessere Entscheidungen über die Kapitalallokation treffen, als externe Kapitalgeber dies könnten (vgl. Lang und Stulz 1994; Servaes 1996).

Neben diesen Vorteilen werden in der theoretischen Diskussion aber auch zahlreiche Nachteile der Diversifikation genannt, wie zum Beispiel Probleme und Kosten der Synergieerschließung. So zeigen zahlreiche Beispiele aus der Praxis – insbesondere von Unternehmen, die durch Akquisition in neue Geschäfte eingetreten sind –, dass (vermutete) Synergiepotenziale und (tatsächlich) realisierte Synergien weit auseinander liegen können. Zudem fallen oft beachtliche Kosten an, um Synergiepotenziale wirklich zu realisieren. Porter spricht in diesem Zusammenhang beispielsweise von Koordinationskosten, Kompromisskosten und Inflexibilitätskosten, die durch das Zusammenfügen heterogener Geschäftsfelder entstehen können (vgl. Porter 1985; Nayyar 1992).

Ferner zeigt beispielsweise die Principal-Agent-Theorie, dass Diversifikation nicht immer sachlich, sondern auch durch die Interessen der Unternehmensmanager begründet sein kann. So kann für die Manager ein Anreiz existieren, den Diversifikationsgrad ihres Unternehmens zu steigern, weil dadurch die Sicherheit ihres Arbeitsplatzes gesteigert wird (Risikoreduktion durch Diversifikation) und ihr Einkommen und Ansehen verbessert werden können (vgl. Tosi und Gomez-Mejia 1989). Insofern besteht für Manager ein Anreiz zur Überdiversifikation, das heißt zur Ausweitung der Diversifikation ihres Unternehmens auch über das aus Sicht der Anteilseigner sinnvolle Maß hinaus.

Vor dem Hintergrund dieser unterschiedlichen theoretischen Argumente für und gegen eine stärkere Diversifikation haben zahlreiche empirische Studien seit den sechziger Jahren versucht, die Frage zu klären, ob die Fokussierung auf verwandte Geschäftsfelder oder eine stärkere Diversifikation in unterschiedliche Geschäftsfelder die in der Realität bessere Strategie ist. Obwohl die Ergebnisse dieser Studien nicht eindeutig sind, konnten gerade in den neunziger Jahren vermehrt Belege dafür gefunden werden, dass Fokussierungsstrategien (fokussierte Diversifikation, in Grenzen auch relationale Diversifikation) eher Erfolg versprechend sind (vgl. Comment und Jarrell 1995; Lang und Stulz 1994). Als Folge dieser Indizien hat sich in Wissenschaft und Praxis die Meinung durchgesetzt, dass Fokussierungsstrategien im Allgemeinen sinnvoller sind.

Aufgrund dieser Entwicklungen sind konglomerate Diversifikationsstrategien zunehmend in die Kritik geraten. Vor allem wird den Befürwortern einer konglomeraten Diversifikationsstrategie vorgeworfen, dass durch diesen Strategieansatz nicht Wert geschaffen, sondern Wert vernichtet wird (vgl. Berger und Ofek 1995). Daraus resultiert ein Wertabschlag auf Konglomerate, auch „conglomerate discount" genannt. Allerdings gibt es in der Praxis durchaus auch einige Beispiele für sehr erfolgreiche Konglomerate, wie zum Beispiel General Electric oder 3M. Zudem bestätigen jüngere Studien das Vorhandensein von so genannten Premium Conglomerates, also von Unternehmen, die es geschafft haben, durch die Bündelung unterschiedlicher Geschäfte Wert zu schaffen und nicht zu vernichten (vgl. Shulman 1999). Der Unterschied zwischen diesen und den weniger erfolgreichen Konglomeraten scheint vor allem in der Umsetzung der Unternehmensstrategie zu liegen – nicht unbedingt in der Art der Strategie selber.

Beispiel

Portfolioveränderungen bei der QualityRent AG

Die Portfolioanalyse, die Stephanie Lackmann und Dr. Carsten Tratsch durchgeführt haben, zeigte, dass die QualityRent AG mit ihren beiden aktuellen Tätigkeitsfeldern über ein derzeit ausgewogenes Portfolio von Geschäftseinheiten verfügt. Gleichzeitig wurde jedoch deutlich, dass die Sicherung zukünftigen Wachstums den Eintritt in neue Geschäftsfelder, speziell in die Bereiche Sport- und Kulturevents, erforderlich macht. Daher haben Stephanie Lackmann und Dr. Carsten Tratsch auch darüber diskutiert, welches die besten Möglichkeiten für den Ausbau des Event Managements wären.

Für den Bereich Sportevents sehen beide die beste Vorgehensweise darin, aus dem vorhandenen Geschäft den Ausbau voranzutreiben, da hier bereits interne Kompetenzen vorhanden sind. Bei den kulturellen Events allerdings gibt es Meinungsverschiedenheiten. Dabei favorisiert Stephanie Lackmann den schnellen Aufbau der fehlenden Kompetenzen im Unternehmen durch die Akquisition der renommierten CultArt S.A., einem auf diesen Bereich spezialisierten Unternehmen mit Sitz im spanischen Nobelstädtchen Marbella. Dr. Carsten Tratsch ist allerdings ganz anderer Meinung. Gerade weil es sich um ein neuartiges Geschäft für die QualityRent AG handle – so argumentiert er –, sollte man nicht das hohe finanzielle Risiko einer Akquisition eingehen, sondern auch hier lieber die Kompetenz intern, zum Beispiel durch Anstellung von zwei spezialisierten Event-Managern, aufbauen.

Als sich die beiden auch nach drei Wochen nicht einigen können, beschließen sie, die Ergebnisse der Analysen und alle möglichen Optionen dem Vorstand zu präsentieren. Jeder der beiden soll dabei seine eigenen Vorschläge vorstellen. Die Ergebnisse stoßen beim Vorstand auf positive Resonanz und übertreffen die Erwartungen von Peter Körber und seinen Kollegen. Bei der Diskussion der verschiedenen Handlungsalternativen können sich die Vorstände auch schnell darauf einigen, dass die Akquisition der CultArt S.A. verfrüht wäre. Besonders die beiden Unternehmensgründer sind überzeugt davon, dass die eigentliche Stärke der QualityRent AG in der starken Unternehmenskultur, insbesondere der Ausrichtung auf Qualität, Kundennähe und Automobile, liegt. Bei einer Akquisition der CultArt S.A. bestünde daher die Gefahr, dass zwei Kulturen aufeinander träfen, die im schlimmsten Fall unvereinbar wären und somit den Erfolg des ganzen Unternehmens aufs Spiel setzen würden. Deshalb wurde beschlossen, tatsächlich einen eigenständigen Bereich Event Management mit den zwei Säulen Sport- und Kulturevents aufzubauen. Der Bereich sportliche Events soll dabei ausschließlich intern aufgebaut werden, während für die kulturellen Events eine Kooperation mit der CultArt S.A. angestrebt wird. ◄

3.2.3.3 Private-Equity-Gesellschaften als eine Spezialform hochdiversifizierter Unternehmen

Private-Equity-Gesellschaften (PEG) – häufig auch Finanzinvestoren genannt – und ihre Portfoliounternehmen (PU) können ebenfalls als diversifizierte Unternehmen interpretiert werden, quasi als die Spezialform eines Konglomerats. Bekannte Beispiele für PEGs sind unter anderen Kohlberg Kravis Roberts & Co (KKR), Apax Partners oder The Blackstone Group, bekannte PUs sind beispielsweise A.T.U. (Auto-Teile-Unger), ProSiebenSat.1 Media AG oder Toys"R"Us. Private-Equity-Gesellschaften kaufen Unternehmen und halten diese als weitgehend selbstständige Einheiten in ihrem Portfolio – dies aber nur für eine begrenzte Zeit, denn im Unterschied zu anderen Konglomeraten besteht von vornherein die Absicht, die gekauften Unternehmen nach einiger Zeit möglichst gewinnbringend wieder zu veräußern.

Der große Erfolg der Private-Equity-Gesellschaften hat diese insbesondere im Laufe des vergangenen Jahrzehnts in den Mittelpunkt des wirtschaftlichen und gesellschaftlichen Interesses gerückt. Etwa 25 % aller Private-Equity-Gesellschaften gelingt es, mit ihren Investitionen die Rendite der Aktienmärkte zu übertreffen, und die besten unter ihnen erzielen sogar deutliche Überrenditen. Nicht zuletzt deswegen hat die Bedeutung von Private-Equity-Gesellschaften über die letzten Jahre stetig zugenommen. Auch wenn Private-Equity-Gesellschaften gerade von Seiten der Politik häufig mit dem Argument kritisiert wurden, dass sie als „Heuschrecken" lediglich die Substanz der übernommenen Unternehmen „abgrasen", zeigen verschiedene Studien, dass Private-Equity-Gesellschaften eher einen positiven Einfluss auf den Erfolg dieser Unternehmen und auf Volkswirtschaften insgesamt haben (vgl. Ernst & Young 2007; EVCA 2005).

Eine Private-Equity-Gesellschaft fungiert als Schnittstelle zwischen Kapitalgebern und Kapitalnehmern. Sie bündelt als Finanzintermediär das von den privaten und institutionellen Investoren bereitgestellte Kapital in einem Fonds, in den sie häufig auch selbst einen geringen Anteil einzahlt. Mit diesem Kapital erwirbt die Private-Equity-Gesellschaft dann Unternehmen bzw. Unternehmensteile. Diese Übernahme wird als Private-Equity-Buyout bezeichnet, die übernommenen Unternehmen als Portfoliounternehmen, weil sie sich ab dem Zeitpunkt des Private-Equity-Buyouts im Portfolio der Private-Equity-Gesellschaft befinden. Der Kaufpreis für das Portfoliounternehmen wird jedoch typischerweise nur zu 10–30 % mit dem eingesammelten Eigenkapital beglichen. Die restlichen 70–90 % werden mit Fremdkapital finanziert. Nach einer Haltephase von meist zwei bis sieben Jahren, in welcher die Private-Equity-Gesellschaft das primäre Ziel verfolgt, den Wert des Portfolio-unternehmens zu steigern, wird die Beteiligung wieder veräußert. Der Verkaufserlös wird in etwa im Verhältnis von 80:20 auf die Investoren und die Private-Equity-Gesellschaft aufgeteilt. Zusätzlich verlangt die Private-Equity-Gesellschaft während der Fondslaufzeit eine Art Verwaltungsgebühr (Management-Fee) von den Investoren (vgl. Schefczyk 2000).

Während der Haltephase hat die Private-Equity-Gesellschaft die Möglichkeit, aktiv Einfluss auf ihre Portfoliounternehmen zu nehmen, um deren Wert zu steigern. Diese Ein-flussnahme kann beispielsweise darin bestehen, dass die Strategie der Portfoliounter-nehmen verändert wird, organisatorische Anpassungen erfolgen oder in die operativen Geschäftsprozesse eingegriffen wird. Oft kommt es auch zum Austausch von einem bzw. mehreren Top-Managern zu Beginn oder während der Haltephase. Wie stark der Einfluss auf das Portfoliounternehmen ist, hängt von der jeweiligen Private-Equity-Gesellschaft ab. Erfolgt eine starke Einflussnahme, wird dies als „hands-on" bezeichnet, im Falle einer schwachen Einflussnahme als „hands-off". In Anlehnung an die Wertschöpfung von Konzernzentralen (vgl. Campbell et al. 1995) lassen sich vier Möglichkeiten der Einfluss-nahme unterscheiden: die Stand-Alone-Einflussnahme, die Übernahme von Zentral-funktionen und Services, die verbindende Einflussnahme und die Einflussnahme durch Unternehmensentwicklung (Abb. 3.10).

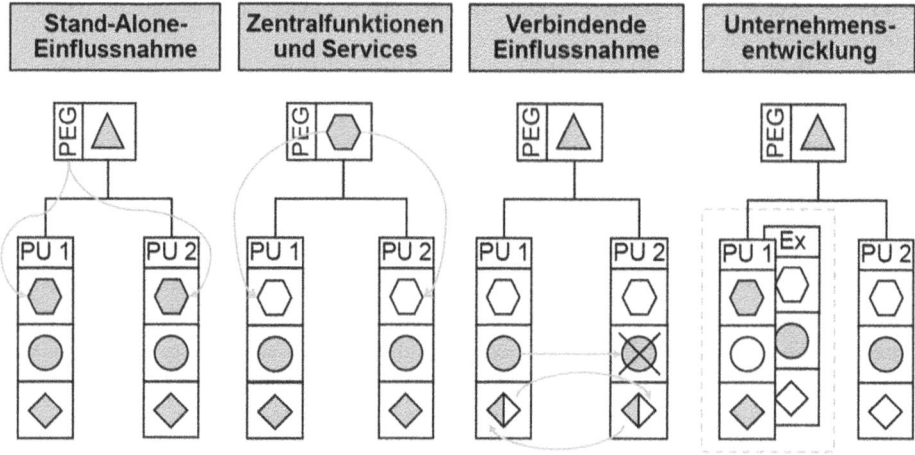

Abb. 3.10 Prinzipielle Wertschöpfungsmöglichkeiten von Private-Equity-Gesellschaften

Bei der *Stand-Alone-Einflussnahme* unterstützt die Gesellschaft einzelne Portfolio-unternehmen. So kann beispielsweise spezifisches Wissen in den Bereichen Controlling oder Strategiefindung bereitgestellt oder unterstützend eingesetzt werden. Bei der Über-nahme von *Zentralfunktionen und Services* übernimmt die Gesellschaft vollständige Auf-gaben bzw. Funktionen für alle Portfoliounternehmen. Hier ist beispielsweise die voll-ständige Übernahme der Controllingfunktion denkbar. Diese Funktion bzw. die dafür notwendigen Ressourcen und Kompetenzen müssen damit nicht mehr bei den einzelnen Portfoliounternehmen vorgehalten werden. Eine *verbindende Einflussnahme* bedeutet, dass bestimmte Funktionen weiterhin auf Ebene der Portfoliounternehmen erbracht wer-den, jedoch nicht mehr in jedem Unternehmen individuell. Das Ausmaß dieser Verbindung zwischen den Portfoliounternehmen kann sehr unterschiedlich geregelt sein. Neben einer Abstimmung von einzelnen Aufgaben kann dies auch so weit gehen, dass einzelne Unter-nehmen ganze Aufgabenbereiche oder gar Funktionen für alle anderen Portfoliounter-nehmen übernehmen. Bei einem „normal" diversifizierten Unternehmen spricht man bei diesem Versuch der Verbindung der verschiedenen Geschäftsfelder von dem Streben nach Wertsteigerung durch Synergie. Die vierte und letzte Form der Einflussnahme ist der Ver-such der *Unternehmensentwicklung*. Dabei werden für einzelne Portfoliounternehmen weitere strategische Partner in das Portfolio aufgenommen, beispielsweise durch Zukauf, um durch eine besondere Marktpositionierung oder den Zugang zu spezifischen Kompe-tenzen den Wert des bereits vorhandenen Portfoliounternehmens zu steigern.

Die hier beschriebenen Private-Equity-Gesellschaften sind nicht zu verwechseln mit den so genannten Venture-Capital-Gesellschaften. Während Venture-Capital-Gesell-schaften Unternehmen in der Früh- und Wachstumsphase meist durch Minderheitsbetei-ligungen finanzieren, übernehmen Private-Equity-Gesellschaften im Allgemeinen einen Mehr-heitsanteil an etablierten Unternehmen in den Spätphasen der Unternehmensentwicklung. Darüber hinaus fließt das aufgebrachte Kapital bei einem Private-Equity-Buyout – im Gegensatz zur Wachstumsfinanzierung – nicht primär in die zu erwerbende Gesellschaft, sondern an die verkaufenden Eigentümer.

Verständnisfragen

1. Welche Kriterien werden im Allgemeinen zur Segmentierung von Geschäftsfeldern genutzt? Erläutern Sie diese Kriterien am Beispiel der Siemens AG.
2. Durch welchen grundsätzlichen Aufbau sind die klassischen Portfoliokonzepte ge-kennzeichnet?
3. Erläutern Sie Hintergrund und Struktur des Marktwachstums-/Marktanteils-Portfolios (BCG-Portfolio). Welche Normstrategien lassen sich ableiten?
4. Inwieweit unterscheidet sich das Marktattraktivitäts-/Geschäftsfeldstärken-Portfolio vom Marktwachstums-/Marktanteils-Portfolio?
5. Erläutern Sie die wesentlichen Stärken und Schwächen der klassischen Portfolio-konzepte.

6. Welche grundsätzlichen Möglichkeiten zur Verwirklichung von Portfolioverän-
    derungen lassen sich unterscheiden? Charakterisieren Sie diese Möglichkeiten kurz.
7. Geben Sie einen Überblick über die wesentlichen Vorteile und Risiken von interner
    Entwicklung, externer Entwicklung (Akquisitionen) und Kooperationen.
8. Erläutern Sie kurz, welche Formen der Diversifikation unterschieden werden kön-
    nen und wodurch sich diese unterscheiden.
9. Wie kann eine Private-Equity-Gesellschaft Einfluss auf ihre Portfoliounternehmen
    nehmen, um deren Wert zu steigern?

Diskussionsfragen

1. Diskutieren Sie, inwieweit die Geschäftsfelder der QualityRent AG die Kriterien
    erfüllen, die normalerweise zur Geschäftsfeldsegmentierung genutzt werden.
2. Entwerfen Sie ein Marktwachstums-/Marktanteils-Portfolio für die QualityRent
    AG. Berücksichtigen Sie dabei auch die potenziellen, neuen Geschäftsfelder des
    Unternehmens. Welche Handlungsempfehlungen lassen sich auf Basis dieses Port-
    folios ableiten? Welche Probleme können sich bei einer unreflektierten Übernahme
    der empfohlenen Normen ergeben?
3. Bewerten Sie die geplanten Portfolioveränderungen bei der QualityRent AG anhand
    der Vorteile und Risiken, die generell mit den einzelnen Formen der Portfoliover-
    änderung verbunden sind.

3.3   Strategiegestaltung auf Geschäftsfeldebene

Neben der Strategie für das Gesamtunternehmen muss die strategische Ausrichtung jedes
einzelnen Geschäftsfelds eines Unternehmens bestimmt werden. Dabei kennzeichnet der
Begriff Geschäftsfeld, wie bereits in Kap. 3.2 erläutert, einen (Teil-)Markt, auf dem das
Unternehmen operiert. Dieser Markt ist durch eine spezielle Wettbewerbssituation gekennzeichnet, die sich so von anderen Märkten unterscheidet, dass es für das Unternehmen
erforderlich ist, diesen Markt strategisch eigenständig zu behandeln. Es ist die Aufgabe der
Strategiegestaltung auf Geschäftsfeldebene, diese strategische Ausrichtung zu bestimmen.

3.3.1   Wettbewerbsvorteile und Wettbewerbsstrategien

Die zentrale Fragestellung bei der Strategiegestaltung auf Geschäftsfeldebene besteht
darin, wie das Unternehmen in einem bestimmten Geschäftsfeld operieren will, um erfolgreich im Wettbewerb zu bestehen. Es geht darum, *Wettbewerbsstrategien* zu entwickeln,

die angesichts der speziellen Situation eines Geschäftsfelds geeignet sind, diesem Vorteile gegenüber der Konkurrenz zu verschaffen.

Dieses Denken in *Wettbewerbsvorteilen* ist Kernbestandteil der Strategiegestaltung auf Geschäftsfeldebene. Das so genannte *strategische Dreieck* ist ein geeigneter Bezugs-rahmen, um diesen Grundgedanken auszudrücken: Ausgehend von den anvisierten Kunden stellt dieses ein Unternehmen mit seinem Angebot, das aus Sicht der Kunden durch ein bestimmtes Preis-Leistungs-Verhältnis gekennzeichnet ist, in Relation zu seinen Wett-bewerbern und dem Preis-Leistungs-Verhältnis, das diese anbieten (Abb. 3.11).

Für ein Geschäftsfeld ergibt sich demnach ein Wettbewerbsvorteil, wenn es ein Preis-Leistungs-Verhältnis aufweist, das sich durch drei Merkmale auszeichnet (vgl. Ghe-mawat 1986; Simon 1988):

- Es stiftet besonderen Wert für seine Kunden, weil es einen Preis-Leistungs-Vorteil auf-weist, der von den Kunden wahrgenommen wird und diesen wichtig ist.
- Es weist einen Unterschied zur Konkurrenz auf, der von dieser nicht ohne weiteres ein-geholt werden kann – also dauerhaft ist.
- Es weckt eine Zahlungsbereitschaft (Preis) bei den Kunden, die dauerhaft die Kosten des Leistungsangebots übersteigt.

Dabei ist es für das Unternehmen gar nicht entscheidend, objektiv besser als die Kon-kurrenz zu sein; entscheidend ist allein, welche Unterschiede die Kunden subjektiv wahr-nehmen. Nur die subjektive Wahrnehmung bestimmt den Nutzen, den der Kunde einer Leistung beimisst, und damit den Preis, den er für die Inanspruchnahme der Leistung zu zahlen bereit ist.

Welchen Wettbewerbsvorteil ein Unternehmen erzielen kann, hängt natürlich von sei-nem Umfeld, aber auch von seinen Ressourcen und Fähigkeiten ab. Diese tragen jedoch nur insofern zum Entstehen von Wettbewerbsvorteilen bei, wie es dem Unternehmen ge-lingt, seine besonderen Ressourcen und Fähigkeiten auch für den Kunden erlebbar zu

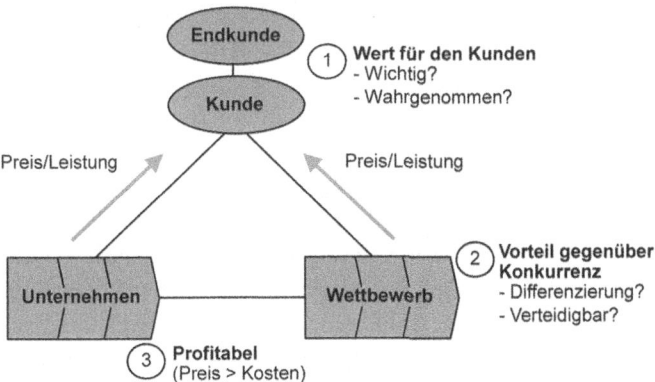

Abb. 3.11 Strategisches Dreieck und Wettbewerbsvorteile

machen. Denn letztlich entscheidet nur der Kunde darüber, ob tatsächlich ein Wettbewerbsvorteil vorliegt – und zwar durch den Kauf der Produkte. Daher ist es wichtig, Wettbewerbsvorteile stets aus Kundensicht zu betrachten. Allgemein gesprochen nehmen Kunden Wettbewerbsvorteile von Unternehmen immer in Form von *Preisunterschieden* – niedrigerer Preis bei gleicher Leistung – oder *Leistungsunterschieden* – höhere Leistung bei gleichem Preis – zwischen den Angeboten einzelner Wettbewerber wahr. Diese Differenzierung wird im Folgenden bei der Betrachtung so genannter generischer Wettbewerbsstrategien wieder aufgegriffen.

Beispiel

Wettbewerbsvorteile der QualityRent AG

Als Vermieter exklusiver Automobile und als Anbieter besonderer Events rund um das Automobil bewegt sich die QualityRent AG in einem eher kleinen Markt. Europaweit hat das Unternehmen nur etwa 10.000 Kunden. Vornehmlich handelt es sich dabei um vermögende Privatpersonen. Diese Kunden schätzen den europaweit gleichen, exquisiten und zugleich unaufdringlichen Service der QualityRent AG, die durchgehend hervorragende Ausstattung der Fahrzeuge sowie die vielfältigen und innovativen Event-Angebote des Unternehmens. Und dafür sind sie auch bereit, die zugegebenermaßen nicht ganz niedrigen Preise zu zahlen, die die QualityRent AG fordert. Die QualityRent AG bietet also ihren Kunden einen Nutzen, der ihnen nicht nur wichtig ist, sondern auch wahrgenommen wird. Dies wird auch daran erkennbar, dass wiederholt durchgeführte Kundenbefragungen immer wieder ergeben, dass kaum ein Kunde der QualityRent AG in Erwägung zieht, zu einem anderen Anbieter zu wechseln.

Einen Wettbewerber mit einem vergleichbaren Preis-Leistungs-Verhältnis besitzt die QualityRent AG allerdings im Prinzip auch nicht. Zwar finden sich in allen Ländern, in denen das Unternehmen vertreten ist, auch andere Vermieter von exklusiven Automobilen. Bei diesen Unternehmen handelt es sich jedoch fast ausschließlich um regional tätige Anbieter. Die mehr international ausgerichteten Kunden der QualityRent AG, denen es gerade wichtig ist, europaweit einen gleichen, verlässlichen Service aus einer Hand zu bekommen, ziehen diese Wettbewerber daher kaum in Betracht. Dass einer dieser Anbieter in naher Zukunft das Geschäftskonzept der QualityRent AG kopieren wird, ist nicht zu erwarten.

Neben regional tätigen Vermietern haben in den letzten Jahren auch die großen, international tätigen Autovermietungen wie Avis, Sixt oder Hertz begonnen, einen so genannten Limousinenservice einzurichten. Aufgrund der mangelnden Exklusivität dieser Anbieter werden sie jedoch von den Kunden der QualityRent AG ebenfalls kaum berücksichtigt. Neben klassischen Autovermietern zählen natürlich auch Anbieter exklusiver Reise- und Freizeitaktivitäten zu den Konkurrenten der QualityRent AG. Von diesen Anbietern hebt sich die QualityRent AG jedoch dadurch ab, dass bei allen Angeboten exklusive Automobile im Mittelpunkt stehen – und gerade hier hat QualityRent einen klaren und wohl auch dauerhaften Vorteil. ◄

3.3.2 Generische Wettbewerbsstrategien

3.3.2.1 Strategien zum Aufbau von Wettbewerbsvorteilen

Um die enorme Vielfalt der in der Realität möglichen Alternativen zum Aufbau von Wettbewerbsvorteilen besser verstehen zu können, hat man sich angewöhnt, statt der verschiedenen Einzelstrategien so genannte generische Strategien zu betrachten. Dies sind idealisierte Strategietypen, die nicht alle Einzelaspekte einer real beobachtbaren Strategie erfassen, sondern sich meist nur auf ein Merkmal von Strategien konzentrieren. Jene Strategien, die sich hinsichtlich des betrachteten Merkmals gleichen, werden dann zu einer generischen Strategiealternative zusammengefasst (vgl. Karnani 1984).

Es gibt sehr viele unterschiedliche Ansätze, solche generischen Wettbewerbsstrategien zu systematisieren. Unter diesen haben vor allem die Ansätze von Miles und Snow (1978) sowie Porter (1980) besondere Beachtung gefunden. Porter kommt dabei der Verdienst zu, eine Systematik generischer Wettbewerbsstrategien entwickelt zu haben, die unmittelbar an den beiden grundsätzlichen Ansatzpunkten anknüpft, die ein Unternehmen besitzt, um Wettbewerbsvorteile aufzubauen – Preisunterschiede bzw. Leistungsunterschiede. In Anlehnung an Porter sollen dementsprechend zwei generische Strategien unterschieden werden, die jeweils auf einen dieser Ansatzpunkte ausgerichtet sind: eine Strategie der Differenzierung und eine Strategie der Kosten-/Preisführerschaft (Abb. 3.12).

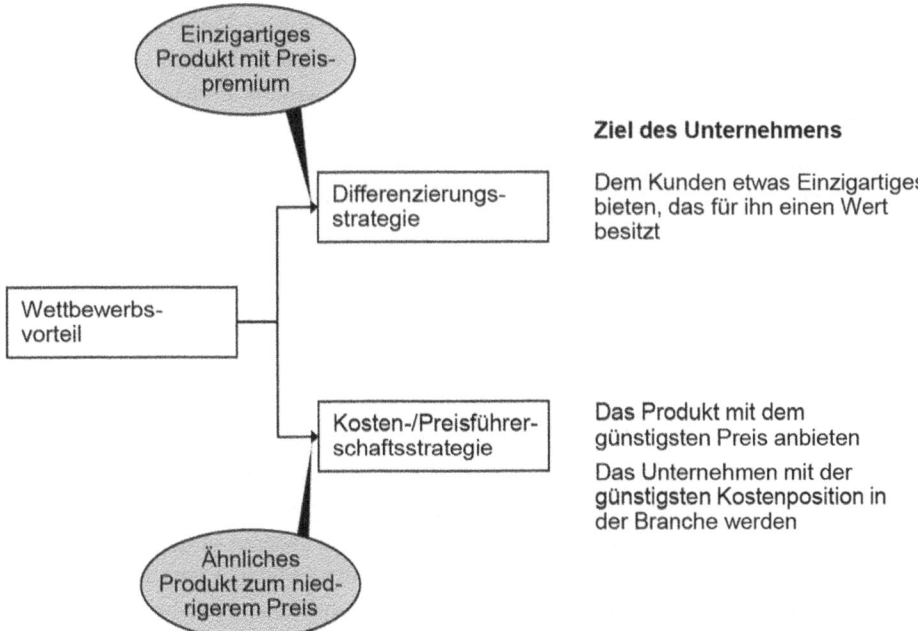

Abb. 3.12 Differenzierungs- und Kosten-/Preisführerschaftsstrategie

- Bei einer *Differenzierungsstrategie* versuchen Unternehmen, den Kunden durch bestimmte Eigenschaften ihres Angebots eine bessere Leistung zu bieten, die einen höheren Nutzen vermittelt, so dass die Kunden dann auch bereit sind, einen höheren Preis – eine so genannte Preisprämie – zu zahlen. Ein Unternehmen ist differenziert, wenn die Kunden seine Leistungen als einzigartig ansehen – die Alleinstellung aus Sicht der Kunden begründet einen Wettbewerbsvorteil. Quelle der Einzigartigkeit können sehr viele unterschiedliche Faktoren sein: objektiv beurteilbare Faktoren, wie spezielle technische Eigenschaften eines Produkts, eine besondere Produktausstattung, ein umfassendes Händler- und Servicenetz, aber auch Faktoren wie das Markenimage eines Produkts, die nur subjektiv fassbar sind. Beispiele wie Bang & Olufsen (Design), BMW (Innovation, Image), Coca-Cola (Marke), Miele (Qualität) oder UPS (Service) deuten an, wie groß das Spektrum der Differenzierungsmöglichkeiten ist.
- Ein Unternehmen, das die Strategie der *Kosten-/Preisführerschaft* verfolgt, liefert ein Produkt, das sich materiell kaum von den Konkurrenzprodukten unterscheidet, bietet dieses seinen Kunden aber zu einem günstigeren Preis. Der Preisvorteil soll die Kunden veranlassen, das Produkt verstärkt nachzufragen. Um die günstige Preisposition im Markt auf die Dauer erhalten zu können, muss das Unternehmen jedoch zugleich Kostenführer sein – also auch die günstigste Kostenposition in der jeweiligen Branche einnehmen. Dabei entsteht der eigentliche Vorteil für die Kunden – und damit der Wettbewerbsvorteil – durch den günstigeren Preis und nicht schon durch die günstigere Kostensituation des Unternehmens. Prinzipiell hätte ein Unternehmen, das Kostenführer ist, nämlich auch die Option, den eigenen Kostenvorteil nicht über den Preis an die Kunden weiterzugeben, um so eine entsprechend höhere Marge zu realisieren, wenn es sich auch anders von der Konkurrenz abheben kann. Insofern soll hier nicht nur der Begriff Kostenführerstrategie genutzt werden, wie ihn Porter verwendet hat, sondern es soll zutreffender von einer Kosten-/Preisführerstrategie gesprochen werden (vgl. Meffert 1994). Sie wird im deutschen Markt beispielsweise von Unternehmen wie Fielmann (Brillen), Kia (Automobil), Lidl (Lebensmitteleinzelhandel) oder Ryan Air (Luftverkehr) verfolgt.

Gelingt es einem Unternehmen, eine der beiden Strategien konsequent zu verwirklichen, so besitzt es einen eindeutigen *Wettbewerbsvorteil*. Ein Unternehmen, das die Differenzierungsstrategie verfolgt, bietet seinen Kunden einen *Leistungsvorsprung*, für den diese eine Preisprämie zu zahlen bereit sind, die wiederum die Gewinnmarge des Unternehmens erhöht. Als Folge der Differenzierung bindet das Unternehmen Nachfrager an sich und kann so seine Umsätze tendenziell steigern. Ein Kosten-/Preisführer bietet seinen Kunden hingegen einen *Preisvorsprung*. Angesichts seiner überlegenen Kostensituation kann er trotzdem eine attraktive Gewinnmarge realisieren. Außerdem führt der Preisvorteil dazu, dass das Unternehmen Nachfrage auf sich zieht und sein Umsatz wächst.

Nach Porters Ansicht muss sich ein Unternehmen zudem eindeutig zwischen einer dieser beiden generischen Wettbewerbsstrategien entscheiden – also entweder versuchen, Kosten-/Preisführer zu werden oder sich in seinem Markt klar zu differenzieren. Ein

Unternehmen, das sich nicht eindeutig für eine der beiden Strategien entscheidet, arbeitet – nach Porters Argumentation – in der Regel weniger rentabel als ein Unternehmen mit eindeutiger strategischer Ausrichtung, weil es (einerseits) eine ungünstigere Kostenposition als der effizienteste Anbieter seiner Branche hat und (andererseits) seine Leistungen auch nicht zu den Preisen absetzen kann, die ein differenziertes Unternehmen realisiert. Mit anderen Worten: es ist „zwischen den Stühlen" (vgl. Porter 1980).

Dieser von Porter formulierte Zusammenhang zwischen Rentabilität und Wettbewerbsstrategie ist jedoch durchaus umstritten. Porter selbst relativiert seine ursprünglichen Aussagen, indem er darauf hinweist, dass ein Unternehmen beiden Ansatzpunkten Beachtung schenken muss, um dauerhaft erfolgreich zu sein. Ein Kosten-/Preisführer muss auch akzeptable Qualität und akzeptablen Service anbieten, um nicht zu starken Preisnachlässen gezwungen zu sein. Und auch ein Differenzierer darf die Kosten seiner Leistungen nicht aus dem Auge verlieren, um seinen Ergebnisvorsprung nicht zu untergraben (vgl. Porter 1990).

Abgesehen davon gibt es in der Realität aber durchaus Fälle, in denen Unternehmen gezielt versuchen, beide Dimensionen miteinander zu vereinbaren – und dabei erfolgreich sind. Sie erbringen eine Leistung, die aus Sicht der Kunden eindeutig differenziert ist, und sie können diese Leistung zugleich zu einem Preis anbieten, der deutlich unter dem der Konkurrenz liegt. Eine solche (hybride) Strategie, wie man sie beispielsweise bei der Einführung der Swatch-Uhren beobachten konnte, nennt man auch „*Outpacing-Strategie*", da sie gegenüber der einfachen Kosten-/Preisführerschafts- und Differenzierungsstrategie als überlegen gilt (vgl. Gilbert und Strebel 1994). Ihr Vorteil im Vergleich zur reinen Differenzierungsstrategie liegt darin, dass es angesichts des gebotenen Preisvorteils tendenziell zu einer größeren Nachfrage und damit zu einem höheren Marktanteil kommt. Dies wirkt sich wiederum positiv auf die Kostensituation des Unternehmens aus. Gegenüber der reinen Kosten-/Preisführerschaft bietet sie den Vorteil, dass das Unternehmen angesichts seiner Leistungen als differenziert (einzigartig) angesehen wird. Es schafft sich hierdurch einen gewissen Substitutionsschutz im Wettbewerb, der die Marktposition stärkt. Die Outpacing-Strategie bietet somit das Potenzial für hohe Marktanteile bei gleichzeitig attraktiven Gewinnmargen.

Trotz des Potenzials der Outpacing-Strategie darf nicht übersehen werden, dass diese Strategie besonders schwierig zu verwirklichen und aufrecht zu erhalten ist, da sich ihre Elemente zumindest teilweise widersprechen: Um die Kostenführerschaft zu erreichen, ohne die eine Preisführerschaft nicht durchgehalten werden kann, muss ein Unternehmen letztlich alle Stufen seines Geschäftssystems auf Effizienz ausrichten. Das heißt unter anderem standardisierte Produktentwicklung, Einkauf kostengünstiger Materialien, Massenproduktion und Standardvertrieb. Um eine einzigartige Leistung zu erbringen und sich dadurch zu differenzieren, muss das Unternehmen demgegenüber Merkmale wie hohe Innovation, Qualität und Individualität verwirklichen – und alle diese wirken sich in der Regel kostensteigernd aus. Außerdem ist die Gefahr groß, dass ein Unternehmen, das sowohl in der Kosten-/Preis- wie der Leistungsdimension einzigartig sein will, seine Anstrengungen auf so viele Merkmale richten und seine Ressourcen so stark zersplittern muss, dass es letztlich in keiner der beiden Dimensionen aus dem Mittelmaß herauskommt (vgl. Simon 1988).

Vor dem Hintergrund dieser Überlegungen kann die *Systematik generischer Wettbewerbsstrategien*, die Porter vorgestellt hat, wie in Abb. 3.13 wiedergegeben, modifiziert und erweitert werden. Systematisiert man Strategien einerseits nach der (vom Kunden) wahrgenommenen Leistung und andererseits nach dem relativen Preis für die entsprechende Leistung, so lässt sich neben den reinen Wettbewerbsstrategien der Differenzierung und der Kosten-/Preisführerschaft auch die Outpacing-Strategie abbilden, die eine Kombination der beiden Erstgenannten darstellt. Das Gegenstück zur Outpacing-Strategie – eine Strategie, bei der eine geringe Leistung für den Kunden mit einem relativ hohen Preis einhergeht – lässt sich wohl nur in einer Monopolsituation auf die Dauer durchhalten; es soll daher hier von einer Monopolstrategie gesprochen werden. Es gibt jedoch auch bei dieser Betrachtungsweise eine Position „zwischen den Stühlen" – dann nämlich, wenn sich ein Unternehmen weder entlang der Leistungsdimension noch entlang der Preisdimension eindeutig positioniert.

Diese Überlegungen zeigen, welche Strategiealternativen einem Unternehmen prinzipiell zur Verfügung stehen, um sich erfolgreich im Wettbewerb zu positionieren. Vor diesem Hintergrund interessiert als nächstes, welche Handlungsmöglichkeiten ein Unternehmen besitzt, um die dargestellten Wettbewerbsvorteile zu erreichen – wie also die verschiedenen Strategiealternativen verwirklicht werden können. Dieser Frage soll im Folgenden nachgegangen werden. Dabei beschränken sich die folgenden Überlegungen (erstens) auf die wichtigsten Ansatzpunkte und (zweitens) auf die „reine" Kosten-/Preisführerschafts- bzw. die „reine" Differenzierungsstrategie. Kombinierte Strategien sollen

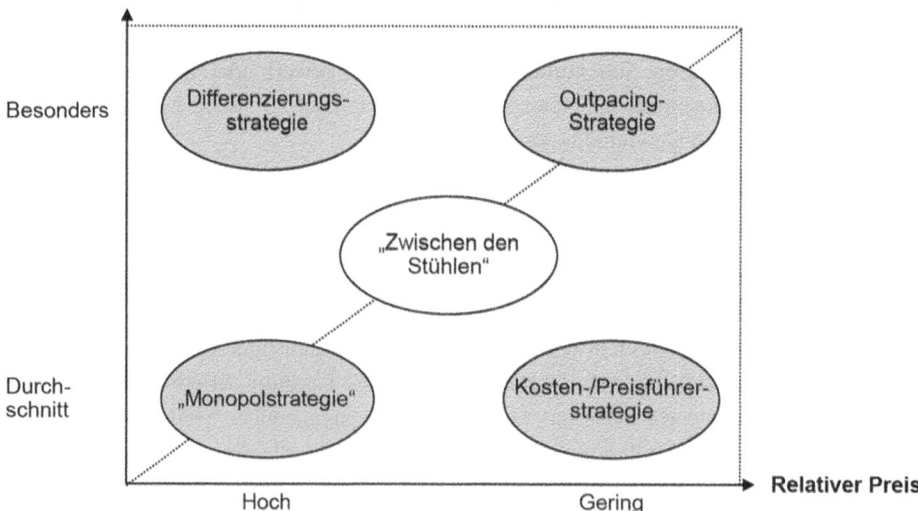

Abb. 3.13 Systematik von Wettbewerbsstrategien

nicht weiter behandelt werden, da sie hinsichtlich der zu gestaltenden Parameter und ihrer Einflussgrößen im Wesentlichen Elemente der beiden generischen Strategien verknüpfen und keine grundsätzlich anderen Ansatzpunkte beinhalten.

Nischenstrategie

Porter hat seine Systematik von Wettbewerbsstrategien erweitert, indem er Strategien nach einem zweiten Merkmal differenziert: der Breite, mit der ein Unternehmen im Markt agiert. Er unterscheidet dabei Unternehmen mit breitem Produktangebot und Unternehmen, die nur in einer Nische des Marktes tätig sind. Bei einer solchen Nischenstrategie versucht ein Unternehmen, durch eine Konzentration auf bestimmte Teilmärkte oder Zielgruppen die Bedürfnisse der Kunden in diesen „Marktnischen" besser oder günstiger zu erfüllen als größere, weniger spezialisierte Unternehmen. Voraussetzung dafür ist allerdings, dass in einem Markt tatsächlich isolierte, von anderen Unternehmen vernachlässigte Marktsegmente mit speziellen Bedürfnisstrukturen existieren.

Verknüpft man diese Unterscheidung nach der Breite des Marktauftritts mit der Differenzierung nach der Art des angestrebten Wettbewerbsvorteils, so erhält man vier generische Wettbewerbsstrategien: Kosten-/Preisführerschaft und Differenzierung im Gesamtmarkt sowie Kosten-/Preisführerschaft und Differenzierung in einer Nische. Letztere nennt Porter auch Fokus- oder Nischenstrategien.

Da die Frage nach den angestrebten Wettbewerbsvorteilen im Mittelpunkt der Strategiewahl steht, stellt die Nischenstrategie eigentlich kein eigenes Strategiemuster dar: Auch sie kann nur zu Wettbewerbsvorteilen in Form von Preis- oder Leistungsunterschieden führen. Entscheidungen über die Breite des Markteintritts, die natürlich im Rahmen der Strategiewahl ebenfalls zu treffen sind, führen eher zu einer Konkretisierung einer der generischen Strategiealternativen – wie es beispielsweise auch Entscheidungen über die Ausrichtung des eigenen Geschäftssystems oder den Zeitpunkt des Markteintritts tun. Insofern sollen Nischenstrategien hier nicht als eigenständige Strategiealternativen behandelt werden.

Literatur: Porter 1980.

3.3.2.2 Strategie der Kosten-/Preisführerschaft

Die Strategie der Kosten-/Preisführerschaft zielt darauf ab, die Produkte eines Unternehmens zu günstigeren Preisen als die Wettbewerber anzubieten, was (aus Sicht der Kunden) einen Wettbewerbsvorteil darstellt. Um dauerhaft erfolgreich zu sein, muss diese Preisführerschaft mit einer Kostenführerschaft verbunden sein. Die überlegene Kostenposition des Kosten-/Preisführers gestattet trotz des Preisvorteils noch attraktive Gewinnmargen.

Voraussetzung für die Verwirklichung dieser Strategie ist, dass sich ein Unternehmen *Kostenvorteile* gegenüber seinen Wettbewerbern erarbeiten kann. Dafür kommen grundsätzlich zwei unterschiedliche Ansatzpunkte in Frage: strukturelle Kostenunterschiede, die durch die unterschiedliche Größe, Gestalt und Erfahrung von Unternehmen begründet sind, sowie Effizienzunterschiede, die durch ein besseres (oder schlechteres) Kostenmanagement hervorgerufen werden.

Unterschiede in der Größe, der Gestalt und der Erfahrung von Unternehmen sind die wesentlichen Ursachen *struktureller Kostenunterschiede*. Dementsprechend müssen in diesem Zusammenhang drei Sachverhalte als mögliche Quelle von Kostenvorteilen betrachtet werden: Skaleneffekte, Verbundeffekte sowie Erfahrungseffekte (vgl. Hungenberg und Kaufmann 2001).

Skaleneffekte beschreiben Vorteile, die durch die unterschiedliche Größe von Unternehmen hervorgerufen werden. Sie kommen darin zum Ausdruck, dass die Stückkosten mit zunehmender Produktions- und Absatzmenge sinken. Wenn ein Unternehmen seine Produktions- und Absatzmenge in einer Periode ausweitet – also größer wird –, so ermöglicht ihm dies, seine gegebenen Kapazitäten besser auszulasten. Dadurch verteilen sich die Fixkosten, zum Beispiel für Maschinen und Anlagen, auf eine größere Stückzahl – es kommt zu einem Fixkostendegressionseffekt, wodurch die Kosten pro Stück sinken. Darüber hinaus ist es bei zunehmender Größe auch möglich, spezialisierte und damit in der Regel besonders effiziente Maschinen und Anlagen einzusetzen, was wiederum zu einer Stückkostensenkung beiträgt. Skaleneffekte lassen sich aber nicht nur im Produktionsbereich (und damit in Industrieunternehmen) erzielen. Vielmehr besitzen große Unternehmen auch in anderen Bereichen vielfältige Möglichkeiten zu einer besseren, kostensenkenden Kapazitätsnutzung. So können beispielsweise auch im Marketingbereich Größenvorteile erzielt werden, wenn etwa eine landesweite Werbekampagne durchgeführt wird oder die Kosten des Außendiensteinsatzes auf eine größere Stückzahl verteilt werden können.

Skaleneffekte führen also dazu, dass größere Unternehmen (zu einem bestimmten Zeitpunkt) Kostenvorteile gegenüber ihren kleineren Konkurrenten haben. Demgegenüber begründen *Verbundeffekte* Kostenvorteile nicht mit der Größe, sondern mit der besonderen Gestalt von Unternehmen. Man meint damit vor allem, wie breit (oder eng) die Produktpalette oder die regionale Ausdehnung des Unternehmens ist. Dementsprechend kann man zwei Arten von Verbundeffekten unterscheiden: produktorientierte und regionale. Produktorientierte Verbundeffekte entstehen, wenn ein Unternehmen gleichzeitig mehrere Produkte auf einem Markt anbietet. Regionale Verbundeffekte resultieren daraus, dass ein Produkt gleichzeitig in mehreren Regionen vermarktet wird.

Verbundeffekte führen dazu, dass unter sonst gleichen Bedingungen die Kosten des Angebots von zwei (oder mehr) Produkten in einem Unternehmen niedriger sind als die Kosten des Angebots dieser Produkte in zwei (oder mehr) getrennten Unternehmen. Als Hauptanknüpfungspunkte für Verbundeffekte gelten dabei die Bereiche Forschung und Entwicklung, Marketing und Vertrieb. So kann zum Beispiel die Platzierung mehrerer Produkte unter einer gemeinsamen Marke zu einem verringerten Werbeaufwand pro Produktart beitragen und damit können Kosten, die (zumindest in wesentlichen Umfängen) auch anfallen, wenn nur eine Produktart angeboten wird, auf mehrere Produktarten verteilt werden. Ähnliches gilt für das Angebot eines Produkts in mehreren Regionen. Wenn solche Verbundeffekte auftreten, besitzen die Unternehmen, die die betroffenen Produkte (Regionen) im Verbund herstellen (bedienen), einen Kostenvorteil gegenüber ihren spezialisierten Konkurrenten.

Die dritte strukturelle Ursache für Kostenunterschiede sind *Erfahrungseffekte*, die auf dem so genannten *Erfahrungskurvenkonzept* beruhen (vgl. Henderson 1974). Dieses geht auf die lerntheoretische Erkenntnis zurück, dass Menschen die wiederholte Ausübung einer bestimmten Tätigkeit zunehmend leichter fällt. Auch bei den Entwicklungs-, Produktions- und Vermarktungsaktivitäten in Unternehmen können derartige Lernvorgänge auftreten. Mit jeder zusätzlich produzierten und abgesetzten Produkteinheit erreichen Unternehmen einen Zuwachs an Wissen und Erfahrung, der sich in einer effizienteren Leistungserbringung und damit in sinkenden Stückkosten niederschlagen kann. Vor diesem Hintergrund postuliert das Konzept der Erfahrungskurve einen Zusammenhang zwischen der kumulierten Produktions- und Absatzmenge eines bestimmten Produkts – diese gilt als Maßgröße der Erfahrung – und den Stückkosten: Es wird angenommen, dass die Stückkosten bei einer Zunahme der kumulierten Produktmenge über die Zeit kontinuierlich sinken. Diesen Zusammenhang hat insbesondere die Boston Consulting Group in mehreren Studien untersucht und aus den Ergebnissen ein einfaches „*Gesetz der Erfahrungskurve*" formuliert: Mit jeder Verdoppelung der produzierten Menge eines Standardprodukts über die Zeit sinken demnach die Stückkosten eines Unternehmens (inflationsbereinigt) um einen konstanten Prozentsatz von meist 20 bis 30 % (Abb. 3.14).

Die relative Kostenposition eines Unternehmens hängt damit von seiner kumulierten Ausbringungsmenge im Vergleich zu seinen Wettbewerbern ab. Unternehmen mit hoher kumulierter Menge besitzen Kostenvorteile gegenüber Unternehmen mit geringer Menge. Daraus leitet sich die Schlussfolgerung ab, dass ein Unternehmen, das sich Kostenvor-

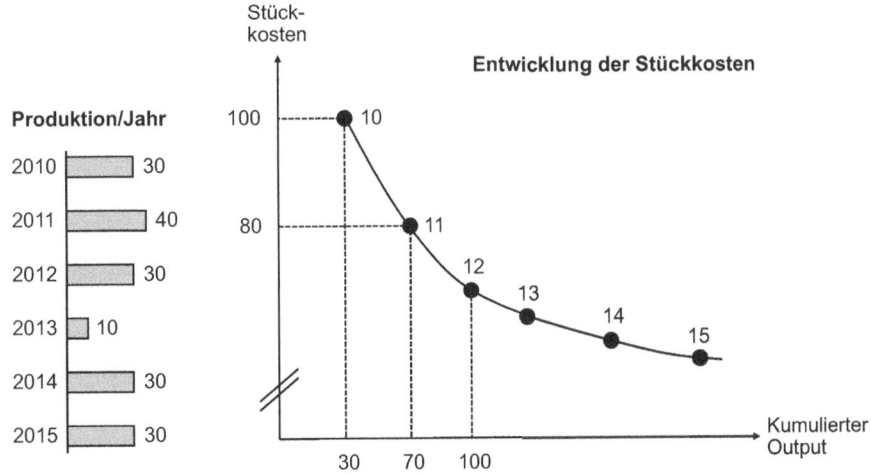

Abb. 3.14 Erfahrungskurve

sprünge erarbeiten will, seine Ausbringungsmenge schneller steigern muss als die Konkurrenz – und das heißt, es muss seinen Marktanteil steigern. Damit ergibt sich das Ziel „*Marktanteilsmaximierung*" als wesentliche strategische Implikation der Erfahrungskurve.

Strukturelle Kostenvorteile allein sind nur in wenigen Fällen ausreichend, um dauerhafte Kostenvorteile aufbauen zu können. Zudem kann es auch sein, dass sich die wichtigsten Wettbewerber in einer Branche strukturell – hinsichtlich Größe, Gestalt und Erfahrung – gar nicht nennenswert unterscheiden. Eine Strategie der Kosten-/Preisführerschaft muss daher in aller Regel von Maßnahmen eines aktiven *Kostenmanagements* begleitet werden, die zu möglichst effizienten Entwicklungs-, Produktions- und Vermarktungsaktivitäten führen sollen. Dabei geht es vor allem darum, *Niveau und Struktur der Kosten* eines Unternehmens zu beeinflussen:

- Das Ziel des *Kostenniveau-Managements* ist offensichtlich: Die Kosten sollen in ihrer Höhe verringert werden. Dies kann aus der Perspektive von Organisationseinheiten (Senkung von Budgets) oder aus der Perspektive von Produkten (Senkung von Stückkosten) erfolgen und sich auf alle Kostenarten und die dahinter stehenden Produktionsfaktoren beziehen (Arbeit, Kapital, Material, Raum etc.).
- Das *Kostenstruktur-Management* schließlich zielt darauf ab, die Zusammensetzung der Kosten nach unterschiedlichen Gesichtspunkten zu optimieren. Von besonderem Interesse ist dabei die Zusammensetzung der Kosten nach fixen und variablen Kosten sowie nach Einzel- und Gemeinkosten. Ihre Struktur bestimmt in hohem Maße die Flexibilität des Unternehmens.

Um diese Aufgaben zu erfüllen, sind unterschiedliche Instrumente des Kostenmanagements entwickelt worden, die es dem Management erlauben, aktiv auf Kostenniveau und Kostenstruktur Einfluss zu nehmen. Zu diesen Methoden und Techniken zählen unter anderem das Zero-Base-Budgeting, die Gemeinkosten-Wertanalyse, die Prozesskostenrechnung und das Lifecycle Costing, das Target Costing und das Cost Benchmarking (vgl. Hungenberg und Kaufmann 2001). Auf einige dieser Techniken wird in Kap. 6 dieses Buchs, das sich mit dem Controlling befasst, noch näher eingegangen.

3.3.2.3 Strategie der Differenzierung

Die Strategie der Differenzierung zielt darauf ab, eine im Vergleich zur Konkurrenz bessere Leistung zu erbringen. Besser heißt dabei, dass diese Leistung aufgrund ihrer speziellen Eigenschaften den Kunden einen höheren Nutzen vermittelt als die Leistungen der Wettbewerber. Wenn dieser Leistungsvorsprung dazu führt, dass die Angebote des Unternehmens in den Augen der Kunden als etwas Besonderes, im Idealfall als einzigartig erscheinen, so gilt das Unternehmen als differenziert und besitzt einen entsprechenden Wettbewerbsvorteil. Die Differenzierung führt dazu, dass die Kunden bereit sind, für die Leistungen des Unternehmens eine so genannte Preisprämie zu zahlen, die sich positiv auf seine Gewinnmarge auswirkt.

Voraussetzung für die Verwirklichung dieser Strategie ist, dass in einem Unternehmen Ansatzpunkte zum Erzielen von Leistungsvorteilen identifiziert und realisiert werden können. Unternehmen besitzen ein sehr breites Spektrum an Möglichkeiten, um sich *Leistungs-vorteile* zu verschaffen. Jeder Parameter, der im Zusammenspiel zwischen Kunde und Unternehmen beeinflusst werden kann, kann potenziell Quelle eines Leistungsvorsprungs sein: die Funktion oder Zuverlässigkeit der angebotenen Produkte genauso wie die Beratung durch den Außendienst, die lokale Erreichbarkeit des Unternehmens, sein Service oder sein Image. Welchen der denkbaren Ansatzpunkte zur Differenzierung ein Unternehmen wählen sollte, kann natürlich nur im Einzelfall, unter Berücksichtigung der konkreten Unternehmens- und Wettbewerbssituation beantwortet werden. Dabei sollte sich das Unternehmen an zwei einfachen Fragen orientieren:

- *Was erzeugt Kundennutzen?* Nicht der Wert, den ein Anbieter seinem Produkt beimisst, sondern nur die vom Kunden wahrgenommene Leistung entscheidet darüber, ob ein Produkt nachgefragt wird oder nicht. Deshalb muss sich ein Unternehmen bei der Suche nach Differenzierungsmöglichkeiten die Sichtweise der Kunden zu Eigen machen. Dies bedeutet zum einen, dass Ansatzpunkte zur Differenzierung gesucht werden müssen, die sich in Form von Nutzenelementen und nicht nur in Form von technischen oder sonstigen Leistungsmerkmalen beschreiben lassen. Es bedeutet zum anderen, dass Differenzierungsansätze immer vor dem Hintergrund der subjektiven Kundenwahrnehmung beurteilt werden müssen – denn nicht die objektiven Gegebenheiten, sondern die subjektive Wahrnehmung entscheidet über den Nutzen, den ein Kunde aus einer bestimmten Leistung zieht.
- *Was verschafft Einzigartigkeit?* Nicht jedes Nutzenelement bietet auch ein Potenzial zur Differenzierung. Differenziert ist ein Unternehmen nämlich erst, wenn keiner seiner Wettbewerber bei diesem Merkmal eine ähnliche Leistung bieten kann. Die Kundenperspektive muss daher durch den Blick auf die Konkurrenz ergänzt werden, und die eigenen Bestrebungen zum Aufbau von Nutzenvorteilen müssen an denen der Wettbewerber gespiegelt werden. Nur solche Ansatzpunkte, die die Konkurrenz nicht in gleicher Weise verwirklichen kann, schaffen die angestrebte Alleinstellung.

Die möglichen Ansatzpunkte zum Aufbau von Leistungsvorteilen sind bei den meisten Produkten enorm vielfältig. Dies gilt vor allem dann, wenn Produkte komplex sind (wie Flugzeuge), wenn sie komplexe Bedürfnisse befriedigen (wie Autos) und wenn sie keinerlei Standardisierung unterliegen (wie Spielzeuge). Das Potenzial zur Differenzierung wird demgegenüber enger, wenn Produkte sehr einfach sind (wie Strümpfe), wenn sie einfache Bedürfnisse befriedigen (wie Nägel) oder wenn sie präzise technische Standards erfüllen müssen (wie Stromschutzschalter). Unter den vielen denkbaren *Ansatzpunkten zur Differenzierung* sollen hier vier näher beschrieben werden, die in der Praxis große Bedeutung besitzen: Es sind dies die Differenzierung durch Qualität, Zeit, Marke sowie (besondere) Kundenbeziehungen.

Mit dem Begriff *Qualität* wird in der Regel nicht auf Aspekte wie die Einhaltung technischer Spezifikationen oder möglichst geringe Ausschussquoten abgestellt, sondern auf die konkreten Eigenschaften eines Produkts, die in Summe seine Qualitätswahrnehmung bestimmen. Damit besitzt Qualität eine objektive Dimension, die sich beispielsweise bei einem PKW in messbaren Eigenschaften wie Beschleunigungsvermögen, Fahrstabilität oder Motorstärke ausdrückt. Neben diesen objektiven Eigenschaften steht die subjektive Dimension der Qualität, die bei bestimmten Produkteigenschaften auftritt, welche nur im Empfinden eines Kunden beurteilt werden können – wie beispielsweise das Design oder die Wertigkeit der Materialanmutung. Eine Differenzierung durch bessere Qualität kann dementsprechend an der Funktion, der Haltbarkeit, der Zuverlässigkeit oder an den ästhetischen Merkmalen eines Produkts ansetzen (vgl. Hungenberg 2014). In diesem Sinne können so unterschiedliche Unternehmen wie Miele (Haushaltsgeräte), aber auch Bang & Olufsen (Unterhaltungselektronik) als Beispiele für eine erfolgreiche Differenzierung durch Qualität genannt werden.

Neben der Produktqualität hat sich gerade in den letzten Jahren die *Zeit* zu einem immer wichtigeren Ansatzpunkt der Differenzierung entwickelt. Der Grund hierfür ist, dass die Zeit als Wettbewerbsfaktor allgemein an Bedeutung gewonnen hat, wofür vor allem verantwortlich ist, dass sich die Produktlebenszyklen und die Entwicklungszeiten von Produkten deutlich verkürzt haben (Abb. 3.15). Zeit spielt im Wettbewerb vor allem im Produktentwicklungs- und im Auftragsabwicklungsprozess eine Rolle. Dementsprechend lassen sich zwei Ansatzpunkte für zeitbasierte Leistungsvorteile unterscheiden: Innovationsvorteile sowie Geschwindigkeitsvorteile. Dabei ist der Geschwindigkeitsaspekt für nahezu alle Märkte relevant, während der Innovationsaspekt (Timing) vor allem in schnell wachsenden Märkten, zum Beispiel den so genannten „High-Tech-Märkten", von Bedeutung ist (vgl. Stalk 1988).

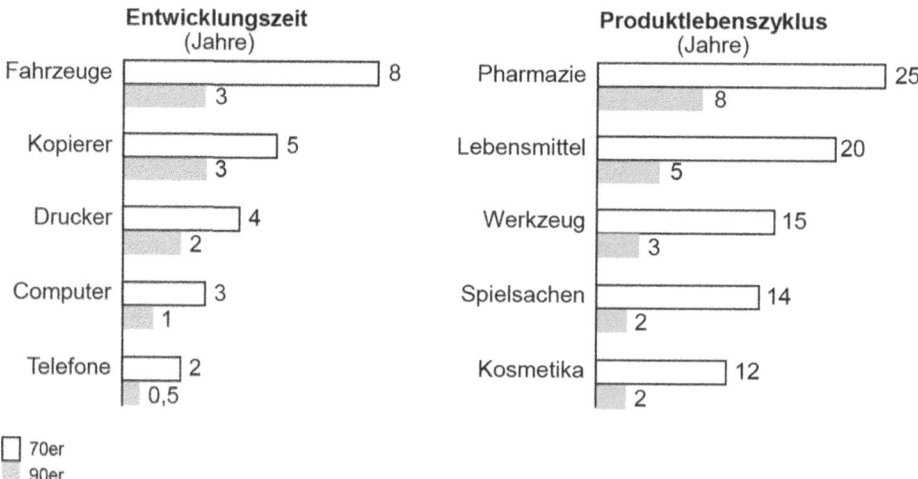

Abb. 3.15 Produktlebenszyklen und Entwicklungszeiten in ausgewählten Branchen

Ein Unternehmen, das als erstes ein neues Produkt (oder eine neue Produktgeneration mit wesentlichen Verbesserungen) in einen Markt einführt, besitzt in aller Regel einen *Innovationsvorteil*, der es gewissermaßen automatisch differenziert: Der Innovator kann als einziges Unternehmen die neuartige Leistung anbieten. Allerdings besteht ein solcher Innovationsvorsprung in der Regel nur für einen bestimmten Zeitraum, wenn nicht Patente oder andere Schutzrechte eine Imitation durch andere Unternehmen verhindern. Aber auch ein kurzer Innovationsvorsprung kann zu dauerhaften Vorsprüngen im Wettbewerb führen. Das erste Unternehmen im Markt schafft es durch seinen Startvorsprung oft, seine Spezifikation als Standard im Markt durchzusetzen. Hierdurch bindet es die Kunden dauerhaft an seine Produkte.

Allerdings gibt es auch mögliche Nachteile für den Pionier. So muss er einen weitgehend unbekannten Markt bearbeiten, was vor allem hinsichtlich der Kunden- und Technologiebeurteilung mit Risiken verbunden ist. Der Pionier bietet den nachfolgenden Unternehmen ein Beispiel, von dem diese lernen können. Dies gilt insbesondere dann, wenn der Markt noch nicht „reif" für ein bestimmtes Produkt ist – das heißt, in modischer, technischer oder wirtschaftlicher Hinsicht noch nicht ausreichend vorbereitet ist.

Der zweite Ansatzpunkt, um zeitbasierte Nutzenvorteile zu schaffen, liegt in der Geschwindigkeit des Auftragsabwicklungsprozesses. Ein *Geschwindigkeitsvorteil* in der Auftragsabwicklung kann für die Kunden des Unternehmens ein wichtiges Nutzenelement sein, da er zu einer schnelleren und flexibleren Bearbeitung von Aufträgen und damit zu einer schnellstmöglichen Verfügbarkeit des gewünschten Produkts beim Kunden führt. Aber auch die Schnelligkeit bestimmter Dienstleistungen kann einen Anbieter in diesem Sinne differenzieren. Auch bei dem liefernden Unternehmen selbst entstehen Vorteile aus der Geschwindigkeit: Schnelle Bearbeitungsprozesse führen in der Regel zu sinkenden Kosten, etwa der Lagerung, und in vielen Fällen sogar zu einer Verbesserung der Produktqualität (vgl. Rommel et al. 2006). Beides hat eine positive Wirkung auf die Stellung dieses Unternehmens im Wettbewerb.

Anders als Qualität und Zeit lässt sich die *Marke* als Quelle der Differenzierung ausschließlich subjektiv erfassen. Trotzdem – oder vielleicht auch gerade deswegen – kommt ihr große Bedeutung für den Aufbau von Nutzenvorteilen zu (vgl. Meffert et al. 2015). Unter einer Marke versteht man dabei ein in der Psyche der Kunden verankertes, unverwechselbares Vorstellungsbild von einem Produkt. Es beruht auf einer Leistung, die über einen längeren Zeitraum in gleichartigem Auftritt und in zumindest gleichbleibender Qualität erbracht wird. Sie ist dann strategisch relevant, wenn sie für den Kunden eine Art Mehrwert generiert, der über die objektiv fassbaren Elemente der Leistung hinausgeht.

Für den Nachfrager kann sich eine Marke auf zweierlei Weise darstellen: durch eine Reduktion der Qualitätsunsicherheit oder ein bestimmtes emotionales Erleben (vgl. Backhaus und Voeth 2014). *Qualitätsunsicherheit* ist gerade bei komplexen Produkten und Dienstleistungen ein Problem für die Kunden, da sie die Qualität der angebotenen Leistung vor deren Inanspruchnahme nicht genau beurteilen können. Ein Anbieter, dessen Marke aus der Sicht der Nachfrager mit einer bestimmten Qualitätserwartung verbunden ist, kann diese Unsicherheit verringern: Der Kunde vertraut auf das Qualitätsversprechen der Marke, und er kann auf eine detaillierte Qualitätsprüfung verzichten. Die zweite Form, in der sich eine Marke für den Kunden darstellen kann, ist das *emotionale Erleben*. Es spiegelt sich in positiven Werten, Einstellungen und Gefühlen wider, die ein Kunde vor dem Kauf, während des Kaufs und während der Nutzung eines Produkts mit der Marke verbindet. In diesem Sinne steigert die Marke das Selbstimage eines Kunden, weil es beispielsweise zu einem bestimmten Statusgefühl, einem besonderen Lebensgefühl oder der (wahrgenommenen) Zugehörigkeit zu einer Gruppe Gleichgesinnter führt.

Bei der Differenzierung durch eine Marke ist allerdings darauf zu achten, dass der Inhalt der Marke mit einem konsistenten äußeren Erscheinungsbild verbunden wird, das sich beispielsweise im Markennamen, im Markenzeichen und in der Verpackung ausdrückt. Durch eine angepasste Preispolitik und Distribution, vor allem aber durch eine entsprechende Kommunikation soll die Markenbotschaft auf eine unverwechselbare Art vermittelt werden. Wenn dies gelingt, so schafft die Marke die gleichen Vorteile wie die anderen Ansatzpunkte zum Aufbau von Leistungsvorteilen: Sie steigert die Kundenbindung, erhöht den preispolitischen Spielraum des Unternehmens und fördert so seinen Erfolg im Wettbewerb.

Neben Qualität, Zeit und Marke bietet auch der Aufbau von langfristigen, stabilen und dadurch unter Umständen sogar exklusiven *Kundenbeziehungen* einem Unternehmen die Möglichkeit, sich nachhaltig von seinen Wettbewerbern abzuheben. Wie bei allen Formen der Differenzierung ist die entscheidende Voraussetzung dafür, dass der Kunde dieses Unternehmens aus der besonderen Art der Beziehung einen Nutzenzuwachs erfährt, den er als solchen wahrnimmt, der für ihn wichtig ist und den er in der Beziehung zu einem anderen Lieferanten nicht ohne weiteres gewinnen könnte.

Die Vorteile, die ein Kunde aus einer langfristigen, besonders engen Beziehung zu einem Lieferanten ziehen kann, sind vielfältig. So hat der Kunde im Laufe der Zeit eine große Erfahrung mit dem Lieferanten aufgebaut, die bei ihm eine bestimmte Qualitätserwartung geschaffen hat. Seine *Qualitätsunsicherheit* bei der Inanspruchnahme einer Leistung sinkt, was besonders bei komplexen Produkten und bei Dienstleistungen von Bedeutung ist. Der Kunde spart Kosten für die Beurteilung der versprochenen Qualität und den Vergleich alternativer Angebote. Außerdem kann er davon ausgehen, dass er eine zielgenauere Lösung seiner Probleme erhält, weil auch der Lieferant besondere Erfahrung in der Zusammenarbeit mit dem Kunden hat: Der Lieferant hat ein besseres Verständnis für die Problemlage und Besonderheiten des Kunden aufgebaut und ist deshalb in der Lage, eine „passgenaue", kundenindividuelle Lösung zu schaffen. Schließlich sinken durch die etablierte Beziehung ganz allgemein die Transaktionskosten des Kunden, weil es etablierte Kommunikationswege gibt, weil Ansprechpartner und Verantwortlichkeiten bekannt sind und weil eine Vertrauensbasis besteht, welche die Zusammenarbeit vereinfacht. Wie wichtig diese Aspekte sind, zeigen beispielsweise die Erfolge der großen japanischen Firmennetzwerke (Keiretsu), aber auch Beispiele wie Wal*Mart, Dell oder McDonalds, die sich an Schlüsselstellen ganz gezielt auf einen oder maximal zwei Lieferanten verlassen, mit denen sie eine enge, partnerschaftliche Beziehung eingehen.

Aus Sicht des liefernden Unternehmens werden vor diesem Hintergrund Aufbau und Erhalt von Kundenbeziehungen – *Kundenbindung* also – zum zentralen Erfolgsfaktor.

Dies gilt gerade in reifen und gesättigten Märkten, die sich durch rückläufige Wachstumsraten, schrumpfende Margen und immer kleiner werdende Produkt- und Leistungsunterschiede auszeichnen. Kundenbindung führt dazu, dass Akquisitions- und Marketingaufwendungen vermieden werden können. Zudem wird argumentiert, dass loyale Kunden auch bereit sein können, ein so genanntes Preispremium zu zahlen, weil ihre enge Bindung und die damit verbundenen Vorteile die Preissensitivität verringern. Außerdem erleichtern etablierte Kundenbeziehungen die Möglichkeit zu „Cross-Selling" und „Up-Selling" – Kunden sind eher bereit, auch andere Leistungen des Unternehmens nachzufragen, weil eine Vertrauensbasis besteht. Schließlich geht man davon aus, dass loyale Kunden die eigenen Produkte auch weiterempfehlen. Jeder vorhandene Kunde kann damit wie ein Umsatzmultiplikator wirken.

Beispiel

Wettbewerbsstrategie der QualityRent AG

Dass die QualityRent AG eine klare Differenzierungsstrategie verfolgt, ist Peter Körber sehr deutlich bewusst. Die Kunden des Unternehmens schätzen insbesondere den europaweit gleichen, exquisiten und zugleich unaufdringlichen Service der QualityRent AG, die durchgehend hervorragende Ausstattung der Fahrzeuge sowie die vielfältigen und innovativen Event-Angebote des Unternehmens. Und dafür sind sie auch bereit, eine Preisprämie zu zahlen. Peter Körber ist immer bemüht, die wesentlichen Differenzierungsansätze des Unternehmens auszubauen. Dazu zählt er insbesondere den hervorragenden Service, die europaweite Präsenz des Unternehmens, seinen Fahrzeugpark sowie die Kreativität von Kundenbetreuern und Event-Planern. Allerdings – und darauf macht Klaus Willmann, der Leiter des Bereichs Finanzen und Controlling, Peter Körber immer wieder aufmerksam, darf auch ein Differenzierer den Kostenaspekt nicht vollkommen außer Acht lassen – und hier ist noch viel zu tun. ◄

3.3.3 Strategiealternativen als Ergebnis der Strategieformulierung

Wettbewerbsstrategien dienen dazu, Wettbewerbsvorteile aufzubauen, um dadurch den langfristigen Erfolg eines Unternehmens zu sichern. Angesichts der permanenten Bedrohung von Wettbewerbsvorteilen durch Kundenwandel oder Konkurrenzverhalten ist das Entwickeln und Anpassen von Wettbewerbsstrategien keine einmalige, sondern eine kontinuierlich wiederkehrende Aufgabe der Unternehmensführung. Natürlich unterscheiden sich die Strategien, die dabei in der Realität entwickelt werden, von den hier diskutierten generischen Wettbewerbsstrategien: Generische Strategien sind idealisierte Strategietypen, die durch Konzentration auf ein bestimmtes Merkmal von Strategien entstehen – realtypische Wettbewerbsstrategien sind demgegenüber durch eine Vielzahl von Einzelaspekten gekennzeichnet, die in Summe eine reale Strategie ausmachen.

Jede real beobachtbare Strategie kann anhand der Merkmale des Leistungs- oder Kosten-/Preisvorsprungs eingeordnet werden, denn der Wettbewerbsvorteil ist das zentrale Merkmal einer jeden Strategie. Sollen reale Strategien weiter typisiert werden, so müssen zusätzliche Merkmale betrachtet werden. Dabei besitzen zwei *weitere Strategiemerkmale* besondere Bedeutung: die Breite der Marktbearbeitung und die Art der Leistungser-bringung. Diese beiden Dimensionen sowie die des Leistungs- oder Kosten-/Preisvor-sprungs sind besonders übersichtlich in einem Instrument der Strategieentwicklung inte-griert, *dem strategischen Spielbrett* (Abb. 3.16). Dieses in Abschn. 3.3.3.1 beschriebene Modell bietet auch eine gute Grundlage zum Verständnis und zur Analyse von radikal neuen Strategien, die in Abschn. 3.3.3.2 diskutiert werden.

3.3.3.1 Das strategische Spielbrett
Mit jeder Wettbewerbsstrategie ist zunächst eine Entscheidung über die *Breite der Markt-bearbeitung* verknüpft. Dabei geht es um die Frage, wie breit oder eng der Markt ab-gegrenzt werden soll, auf dem ein Unternehmen tätig sein möchte. So kann das Unter-nehmen versuchen, seinen Wettbewerbsvorteil nur in einem Segment des Marktes zum Tragen zu bringen, oder es kann mehrere Segmente und gegebenenfalls sogar den Gesamt-markt bedienen. Für den ersten Fall, die Konzentration auf ein Marktsegment, hat Porter den Begriff Fokus- bzw. Nischenstrategie geprägt. Dieser Begriff bringt zum Ausdruck, dass ein Unternehmen sich auf einen abgegrenzten, meist kleinen Teil des Marktes kon-zentriert (vgl. Porter 1980). Dieser Teil kann produktorientiert (Spezialprodukte), regional

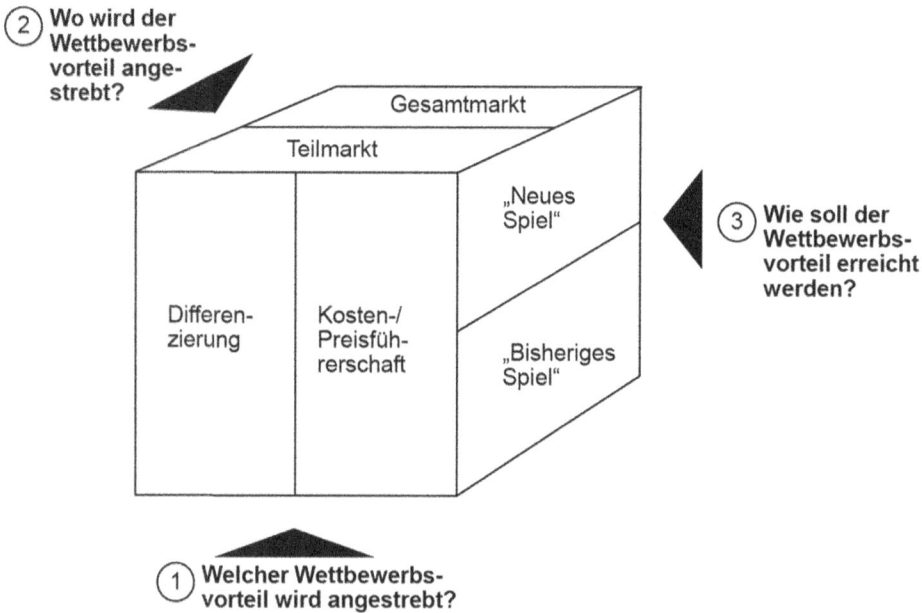

Abb. 3.16 Strategisches Spielbrett

(Regionen, Länder) oder kundenorientiert (Kundensegmente) bestimmt werden. Vorteil dieser Konzentration ist, dass ein Unternehmen sich voll auf die speziellen Anforderungen der Kunden im relevanten Marktsegment ausrichten kann. Demgegenüber ist eine Strategie, die den Gesamtmarkt adressiert, vor allem dann ratsam, wenn die Kundenbedürfnisse in den verschiedenen Marktsegmenten sich nicht sehr stark unterscheiden. Denkbar ist schließlich auch, dass es einem Unternehmen gelingt, durch das eigene Produktangebot den Markt in seiner bisherigen Abgrenzung zu erweitern. Dies setzt in der Regel eine grundlegende Veränderung des bisherigen Produktangebots voraus (vgl. Kim und Mauborgne 1997).

Eine weitere wichtige Frage ist, wie der Markt bearbeitet werden soll, auf dem ein Unternehmen seinen Wettbewerbsvorteil anstrebt. Dabei geht es im Kern um die *Ausgestaltung der Wertschöpfungskette* (des so genannten Geschäftssystems) eines Unternehmens: Wie sollen einzelne Stufen des Geschäftssystems zu dem angestrebten Wettbewerbsvorteil beitragen und wie soll das Geschäftssystem als Ganzes ausgestaltet sein? Dies schließt auch die Frage ein, wie der in der Wertschöpfungskette geschaffene Wert abgeschöpft, das heißt in Gewinn umgewandelt, wird. Systematisierend unterscheidet man hier die Alternativen „altes Spiel" und „neues Spiel". Ein „altes Spiel" zu spielen bedeutet dabei, dass ein Unternehmen versucht, seinen Wettbewerbsvorteil mit einem Geschäftssystem zu verwirklichen, das keine wesentlichen Abweichungen gegenüber den Geschäftssystemen der Wettbewerber aufweist. Damit ist für den betroffenen Anbieter natürlich auch das Potenzial begrenzt, sich vom Wettbewerb abzuheben. Versucht ein Unternehmen demgegenüber, sein Geschäftssystem andersartig auszugestalten als dies bislang in der eigenen Branche üblich war, so spricht man von einer Strategie, mit der ein „neues Spiel" gespielt werden soll.

Die beiden Merkmale Breite der Marktbearbeitung und Art der Leistungserbringung bieten jedoch nicht nur zusätzliche Perspektiven auf reale Strategieoptionen, sondern sie verkörpern wichtige Entscheidungen, die bei der Ausgestaltung jeder Wettbewerbsstrategie durchdacht werden müssen. Die Frage nach dem angestrebten Wettbewerbsvorteil – „Welcher Wettbewerbsvorteil soll erreicht werden?" –, die im Mittelpunkt der Strategiegestaltung steht, muss in jedem Fall durch die Fragen nach dem „Wo?" und „Wie?" ergänzt werden. Das strategische Spielbrett hilft, diese Fragen in ihrem Zusammenhang zu behandeln und stellt die grundsätzlichen Handlungsmöglichkeiten entlang der drei genannten Dimensionen dar (vgl. Feider und Schoppen 1988). Der Einsatz des strategischen Spielbretts bei der Strategiegestaltung hilft dabei, dass sich die Beteiligten auf die wesentlichen Fragestellungen konzentrieren und stimuliert gleichzeitig die Strategieentwicklung durch die Diskussion neuartiger Kombinationen unterschiedlicher Optionen.

3.3.3.2 Radikal neue Strategien

Das strategische Spielbrett bietet auch eine gute Grundlage zum Verständnis von radikal neuen Strategien. Mit diesem Begriff werden Strategieansätze bezeichnet, die durch grundlegende Veränderungen in den Produktangeboten, in der Definition von Märkten und

dem Aufbau von Wertschöpfungsketten gekennzeichnet sind. Man spricht in diesem Zusammenhang auch von *strategischen Innovationen*, die sich von technologischen Innovationen dadurch unterscheiden, dass hier neue Werte für Kunden nicht allein durch die
Verbesserung von Produkten oder Prozessen entstehen, sondern durch eine Neudefinition
der Art und Weise, wie Unternehmen in einer Branche Leistungen erbringen und daraus
Gewinne erzielen. Strategische Innovationen sind vor allem deshalb relevant, weil sie etablierten Anbietern in einem Markt große Schwierigkeiten bereiten und in Folge dessen
fundamentalen Wandel ganzer Branchenstrukturen hervorrufen können.

Ein Beispiel für eine radikal neue Strategie ist Apples „App Store" für die mobilen
Geräte iPod, iPhone und iPad. So steigert der App Store mit über 1.300.000 herunterlad-
baren Applikationen in 2014, einschließlich Spielen, Navigationssystemen oder Wörter-
büchern, den Kundennutzen eines mobilen Telefons um ein Vielfaches im Vergleich zu
herkömmlichen Angeboten. Damit erweitert sich auch die Breite der Marktsegmente, die
Apple mit seinem Angebot ansprechen kann. Mit Hilfe des App Stores gehören nicht mehr
nur Jugendliche und Technologieliebhaber zur Zielgruppe, die gerne hochentwickelte
Computerspiele auf dem Handy spielen, sondern auch andere Menschen aller Altersstufen
aus beinahe allen Milieus und Berufszweigen. Apples Strategie unterscheidet sich darüber
hinaus auch durch die Art der Wertschöpfung radikal von gängigen Angeboten. Im Gegensatz zu anderen Herstellern hat Apple die Erstellung der Software nach außen verlagert.
Der App Store und das dazugehörige Programmierungssystem liefert allein eine Plattform; die eigentlichen Innovationen werden von Entwicklern in der ganzen Welt geleistet.
Damit ermöglicht der App Store es Apple zu guter Letzt auch, den durch das iPhone und
den Applikationen geschaffenen Kundennutzen auf eine einfache, aber höchst profitable
Art und Weise in Gewinn umzuwandeln: Apple erhält für jeden verkauften App einen ge-
wissen Anteil. Bei mehr als 85 Milliarden abgerufener Apps bis 2014 und äußerst geringen
Kosten für die Bereitstellung der Plattform, ergibt sich daraus selbst bei einer nur kleinen
Marge ein beachtlicher Gewinn. Addiert man diesen Gewinn zu dem aus dem Verkauf von
Millionen von Endgeräten, ist es nicht verwunderlich, dass Apple im Mai 2010 Microsoft
als das wertvollste Technologieunternehmen der Welt ablösen konnte.

Wie in Abb. 3.17 dargestellt, gibt es viele Beispiele dafür, dass es selbst erfolgreichen
Marktführern enorm schwer fällt, erfolgreich auf radikale strategische Innovationen zu
reagieren. Zum Beispiel wurden in den achtziger Jahren nach der Liberalisierung des amerikanischen Flugverkehrs angestammte Marktführer wie Delta oder American Airlines
Schritt für Schritt von so genannten „No-frills"-Anbietern wie Southwest verdrängt. No-
frills Airlines, zu denen heute auch europäische Fluggesellschaften wie Ryanair oder Ea-
syjet gehören, zeichnen sich dadurch aus, dass sie das Produktangebot auf das Wesentliche
reduzieren: sicher von A nach B reisen. Zusatzangebote, wie sie bei den etablierten Fluglinien üblich sind, also Speisen an Bord, freie Getränke und eine Business Class für Ge-
schäftsleute, gibt es bei solchen Airlines nicht. Im Gegenzug kosten Flugtickets von Anbietern wie Southwest signifikant weniger, wodurch sich die Anzahl angesprochener
Kunden deutlich erweiterte. Um diese niedrigen Preise zu ermöglichen, bauen Billigfluglinien auf eine vollkommen umgestaltete Wertschöpfungskette – sie spielen ein neues

Abb. 3.17 Beispiele für Marktführer „gestern und heute"

Spiel. In vielen Fällen sind die etablierten Unternehmen nicht willens oder nicht in der Lage, sich auf diese Änderungen einzustellen. Seit dem Markteintritt verlieren die ehemals führenden Gesellschaften daher kontinuierlich an Marktanteilen. Southwest beispielsweise ist heute eine der größten Fluglinien in den Vereinigten Staaten mit über 135 Millionen Passagieren im Jahr 2014.

Beispiele für strategische Innovationen gibt es immer wieder. Manche Entwicklungen haben bereits einen eindeutigen Sieger (zum Beispiel Aldi mit seiner radikal anderen Strategie im Lebensmitteleinzelhandel), andere beginnen gerade erst, etablierte Anbieter vor Herausforderungen zu stellen. So könnte es sein, dass Anbieter von Schönheitsoperationen irgendwann einmal eine Gefahr für etablierte Kosmetikhersteller und -händler werden. Nicht nur, dass Botox-Spritzen und eintätowierte Lidschatten Ersatzprodukte für Angebote wie Cellulitis-Cremes und herkömmlichen Lidschatten sind, die von den jetzigen Marktführern produziert und vermarktet werden. Vielmehr liegt die Herausforderung darin, dass die Geschäftsmodelle, mit denen Ärzte und Kliniken in diesem rasant wachsenden Markt agieren, sich grundlegend von denen der etablierten Hersteller von Kosmetikprodukten unterscheiden, was es diesen schwer macht, angemessen auf die neue Herausforderung zu reagieren.

Aufgrund der Auswirkungen radikaler strategischer Veränderungen haben sich zahlreiche Managementforscher mit diesem Phänomen beschäftigt. Übergreifend lassen sich zwei generelle Eigenschaften radikal neuer Strategien herausheben, die eine erfolgreiche Reaktion etablierter Spieler äußerst erschweren: 1) Strategische Innovationen etablieren *neue Leistungsmerkmale* in einem Markt, die vorher keine (große) Bedeutung hatten und 2) sie erbringen diese Leistungsmerkmale mit Hilfe eines Geschäftsmodells, welches Fähigkeiten erfordert, die mit den bestehenden Fähigkeiten in *Konflikt* stehen.

Dies lässt sich noch einmal gut am Beispiel der Luftfahrtbranche verdeutlichen. Wie in Abb. 3.18 dargestellt, konzentrieren sich No-frills-Anbieter wie Ryanair auf neue Produkt- und Serviceattribute, die sich von den traditionellen Leistungsmerkmalen stark unterscheiden. Während Fluglinien wie Lufthansa versuchen, den Service, die Zuverlässigkeit und die (globale) Reichweite zu optimieren, bieten Billigfluglinien ihren Kunden einen äußerst niedrigen Preis, Einfachheit und Pünktlichkeit. Zudem stehen die dahinter liegenden Geschäftsmodelle in starkem Konflikt zueinander. Airlines wie die Lufthansa setzen auf Serviceführerschaft, Ausbau des Streckennetzes und eine breite Vertriebsinfrastruktur aus Reisebüros, Agenten und anderen Distributionskanälen. Fluggesellschaften wie Ryanair dagegen setzen auf Kostenführerschaft, fliegen dazu nur von „Punkt zu Punkt" und vertreiben ihre Tickets vor allem durch direkte Kanäle wie das Internet. Wollte sich Lufthansa dem Geschäftsmodell der Billiglinien anpassen, müsste die Fluglinie ihre gesamte Struktur radikal verändern. Insbesondere würden viele Unternehmensteile obsolet, Entlassungen stünden ins Haus, Infrastruktur wie Technikcenter oder Firmenteile wie Catering wären unter Umständen nur schwer verkäuflich. Widerstand käme im Unternehmen auf, gleichzeitig würden sich aber auch viele der heutigen Kunden vom Unternehmen abwenden. Kurz: Für etablierte Spieler wie die Lufthansa ist es beinahe unmöglich, schnell und adäquat auf strategische Innovationen zu reagieren.

Neben der Neuigkeit und dem Konfliktpotenzial haben die Managementforscher noch zahlreiche weitere Ursachen identifiziert, die erklären, warum etablierte Unternehmen häufig zu langsam oder wenig erfolgreich auf strategische Innovationen reagieren (vgl. Enders et al. 2009). So zeigte sich unter anderem, dass das Streben von Unternehmen, Geschäftsroutinen und -prozesse effizient, einfach und stabil zu gestalten, ein Grund für diese so genannte „Starrheit" sein kann (vgl. Hannan und Freeman 1984). Zwar ist eine effizi-

Lufthansa	Strategische Innovation	RYANAIR THE LOW FARES AIRLINE
	(1) „Neu"	
• Services • Zuverlässigkeit • (Globale) Reichweite	Betont neue Produkt-/ Serviceattribute, die sich von den traditionellen unterscheiden	• Preis • Einfachheit • Pünktlichkeit
	(2) „Konflikt"	
• Serviceführerschaft • Streckennetz • Vertriebsinfrastruktur	Schafft ein neues Ge- schäftsmodell, das Fä- higkeiten erfordert, die mit den bestehenden im Konflikt stehen	• Kostenführerschaft • Punkt-zu-Punkt- Verbindung • Internetvertrieb

Abb. 3.18 Merkmale radikaler strategischer Innovationen (Beispiel)

ente Gestaltung von Prozessen in den meisten Fällen sinnvoll, denn Kunden und Kapitalmärkte ziehen stabile Unternehmen, deren Verhalten vorhersehbar ist, instabilen Unternehmen vor. Zudem führen effiziente, stabile Prozesse zu geringeren Kosten und damit zu
Vorteilen gegenüber Wettbewerbern. Häufig verhindern jedoch gerade eingefahrene Routinen, dass Organisationen sich flexibel an Wandel anpassen, weil sie dazu führen, dass
neue Entwicklungen nicht erkannt oder unterschätzt werden.

Ein Erklärungsmodell, das in diesem Zusammenhang besondere Berücksichtigung gefunden hat, ist die von Clayton Christensen entwickelte *Theorie der disruptiven Innova-*
tion (vgl. Christensen 2006). Diese geht davon aus, dass Produkte und Dienstleistungen,
die vielleicht am Anfang ihrer Entwicklung den Anforderungen der Kunden noch nicht
vollständig genügten, kontinuierlich weiterentwickelt werden und nach einer gewissen
Zeit der Weiterentwicklung möglicherweise die von den Kunden geforderte Leistung
sogar übertreffen (Abb. 3.19). So war beispielsweise die Funktionalität eines PCs in den
ersten Jahren nach seiner Entwicklung für die Anforderungen der meisten Nutzer noch
nicht ausreichend. Dies führte dazu, dass Anbieter die Leistungsmerkmale von PCs
kontinuierlich gesteigert haben. Heute sind wir jedoch an dem Punkt angelangt, an dem
ein Großteil der Privat- und Geschäftskunden weitere Verbesserungen in Funktionalität
und Leistungsfähigkeit gar nicht mehr verwenden kann. Die Verbesserungen sind mithin
nur noch relevant für das Segment der anspruchsvollsten Kunden, wie zum Beispiel die
Nutzer von hoch auflösenden Videospielen oder Grafiker.

Christensen nennt diese Innovationen, mit deren Hilfe die bestehenden Produkte immer
weiter entwickelt werden, *„sustaining" (erhaltende) Innovationen* (vgl. Christensen 2006).
Die in einem Markt etablierten Unternehmen sind nicht immer die ersten, die solche er-

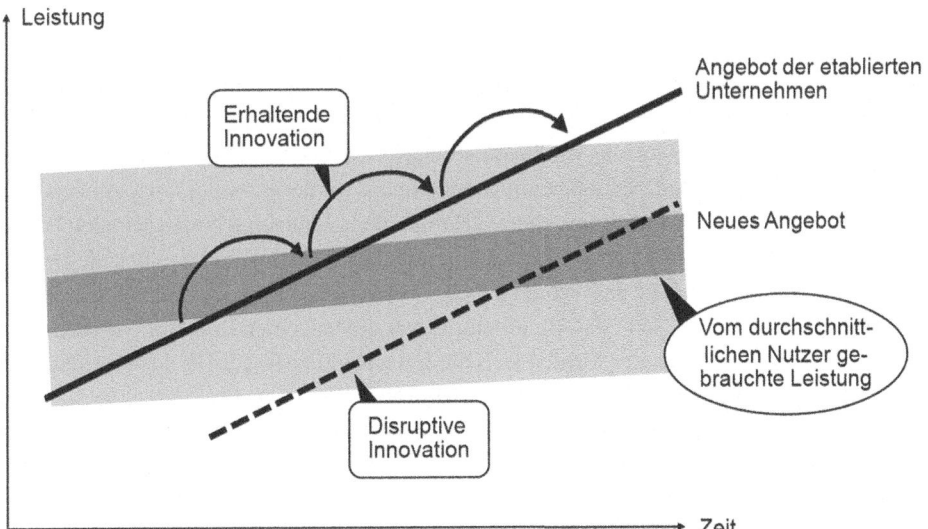

Abb. 3.19   Disruptive Innovationen

haltenden Innovationen entwickeln, aber sie sind in den meisten Fällen diejenigen, die bei der Vermarktung dieser Weiterentwicklungen die Oberhand behalten. Sie haben schlicht den besseren Zugang zu bestehenden Kunden und mehr Ressourcen, um sich, im Falle eines Angriffs durch neue Konkurrenten, zu verteidigen.

Ganz anders sieht das Bild bei den so genannten *„disruptiven" Innovationen* aus. Diese Innovationen zeichnen sich dadurch aus, dass sie zunächst ein Leistungsangebot bieten, welches in den traditionellen Produkt- und Servicemerkmalen deutlich schwächer ist als das bisher im Markt etablierte Angebot. Allerdings weisen disruptive Innovationen bei ganz anderen Merkmalen Stärken auf – häufig sind sie einfacher zu bedienen oder kundenorientierter als herkömmliche Produkte und zudem billiger. So waren beispielsweise zu den Anfangszeiten des Computerherstellers Dell die dort angebotenen Computer nicht so leistungsfähig wie die High-End-Modelle bereits etablierter Wettbewerber. Dafür konnten die Computer aber den individuellen Kundenwünschen entsprechend konfiguriert werden und das zu einem relativ geringen Preis.

Für etablierte Anbieter können disruptive Innovationen schnell gefährlich werden: So können sie zum einen relativ schnell einen großen Teil der „überversorgten" Kunden auf sich ziehen. Zum anderen entwickeln sich die angebotenen Leistungen im Allgemeinen auch bezüglich der traditionellen Produkt- und Servicemerkmale weiter, so dass immer mehr (auch anspruchsvolle) Kunden von den alten auf die neuen Angebote umsteigen.

Darüber hinaus haben disruptive Innovationen ihren Ursprung in den Marktsegmenten, die für die etablierten Unternehmen zunächst unattraktiv sind. Disruptive Innovationen sprechen Kunden an, die geringe Ansprüche haben und deren Leistungsnachfrage weit unter den technischen Möglichkeiten zurückbleibt. Solche Kunden sind meist auch deutlich weniger profitabel als die anspruchsvollen Kunden am oberen Ende des Marktes. Letztere lehnen disruptive Innovationen jedoch ab, da diese Neuerungen nicht ihren hohen Anforderungen entsprechen.

Etablierte Unternehmen reagieren träge auf solche disruptiven Veränderungen, da Organisationen sich in ihrer Innovationstätigkeit in der Regel an ihren besten Kunden ausrichten. Diese Kundengruppen sind willens, Premiumpreise zu bezahlen, um die leistungsfähigsten Produkte nutzen zu können. So sind beispielsweise professionelle Bildbearbeiter bereit, für eine hochentwickelte Bildbearbeitungssoftware wie Adobe Photoshop bis zu 300 € pro Jahr zu bezahlen. Steht nun ein Unternehmen vor der Entscheidung, entweder in eine „sustaining" Innovation zu investieren, für die die bestehenden besten Kunden bereit sind, in Zukunft Geld auszugeben, oder in eine disruptive Innovation, von der die besten Kunden sagen, sie könnten das Produkt nicht verwenden, da es die notwendigen Anforderungen nicht erfüllt, steht das Unternehmen vor einem echten Problem – dem „Innovator's Dilemma". Fast immer werden sich die Entscheidungsträger für das Produkt entscheiden, dessen Zukunft profitabel und vorhersehbar erscheint. Dies gilt insbesondere deshalb, da Unternehmen auch von ihren Kapitalgebern abhängig sind, für die prognostizierbare Umsätze und Margen von großer Bedeutung sind. Diese werden typischerweise jedoch nicht in neuen Märkten erzielt, für die es keine klar definierten Kundenbedürfnisse und Kundensegmente gibt. Daher ist es schwierig, Investitionen in disruptive Innovationen zu rechtfertigen.

Um disruptive Gefahren frühzeitig aufzudecken, bevor sie die etablierten Unternehmen ernsthaft bedrohen, bietet es sich an, Veränderungen im eigenen Marktumfeld immer kritisch bezüglich ihres disruptiven Potenzials zu hinterfragen. In diesem Sinne sind drei Veränderungsdimensionen von Bedeutung (siehe Abb. 3.20): 1) Kunden und deren Bedürfnisse, 2) neue Leistungsangebote im Markt und 3) die eigene Einschätzung der Veränderung.

- *Kunden und Kundenbedürfnisse*: Hier ist unter anderem zu fragen, ob es bereits Kundensegmente gibt, die überversorgt werden und somit offen für disruptive Angebote sein könnten. Gibt es Kunden, die sich über zu komplizierte oder zu teure Produkte beschweren? Gibt es Features oder Services, die von Kunden nicht verwendet werden? Beschweren sich Kunden, dass unsere Produkte aufgrund ihrer vielfältigen Leistungsmerkmale unnötig teuer sind?
- *Neue Leistungsangebote im Markt*: In diesem Bereich geht es primär um die Frage, ob sich disruptive Wettbewerber bereits in den unteren Marktsegmenten etabliert haben und beginnen, in den Kernmarkt des etablierten Unternehmens vorzustoßen. Gibt es neue Wettbewerber, die sich im unteren Marktsegment über einen Preisvorteil etablieren und möglicherweise neue Nutzenmerkmale anbieten können? Erzielen diese neuen Wettbewerber gleichzeitig schnelle Leistungssteigerungen bei traditionellen Nutzenmerkmalen? Sind diese Wettbewerber für überversorgte Kunden attraktiv?
- *Einschätzung der Veränderung im eigenen Unternehmen*: Hier geht es darum zu erörtern, inwieweit die eigene Wahrnehmung und die der besten Kunden dazu beitragen, dass disruptive Gefahren übersehen werden. Ist es beispielsweise der Fall, dass im Unternehmen vermutet wird, dass die bisherigen Stammkunden die Innovation ablehnen? Schätzt das eigene Unternehmen die Innovation als minderwertig ein, oder wird das Bewegen in höhere Marktsegmente als attraktiv angesehen? Falls dies der Fall

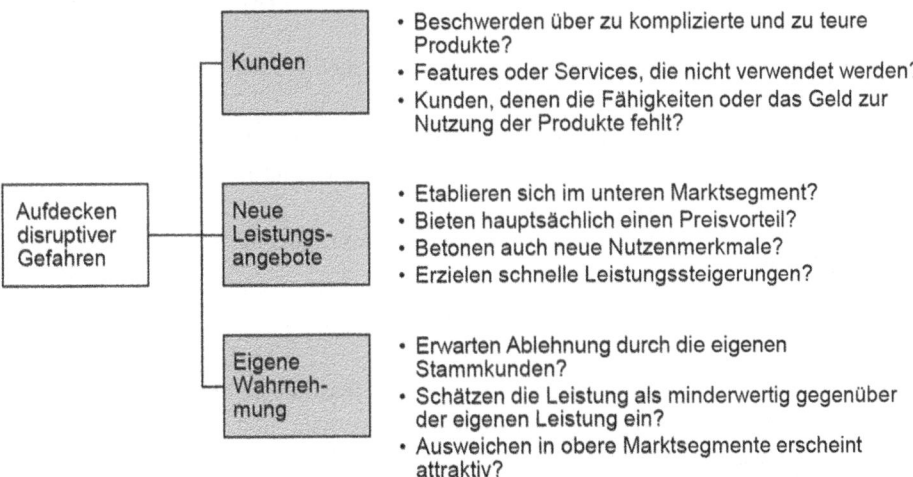

Abb. 3.20 Fragen zur Identifikation disruptiver Gefahren

ist, besteht die Gefahr, dass die disruptive Gefahr eventuell nicht ernst genommen wird, oder dass das etablierte Unternehmen bereits versucht, der Gefahr auszuweichen, indem es in höherpreisige Segmente flüchtet.

Disruptive Veränderungen als solche zu erkennen, gehört zu den größten Herausforderungen des strategischen Managements. Daher bieten die oben diskutierten Fragen auch keine Garantie, um sich vor solch einer Bedrohung zu schützen. Aber sie helfen doch, disruptive von stabilen Situationen zu unterscheiden und leisten damit eine Hilfestellung, diese Herausforderung erfolgreich zu bewältigen.

Verständnisfragen

1. Durch welche Merkmale ist ein Wettbewerbsvorteil gekennzeichnet?
2. Erläutern Sie die generischen Wettbewerbsstrategien nach Porter.
3. Was ist eine Nischenstrategie?
4. Was versteht Porter unter „zwischen den Stühlen"? Gibt es Beispiele von Unternehmen, bei denen der von Porter formulierte Zusammenhang zwischen Rentabilität und Wettbewerbsstrategie nicht gilt?
5. Was ist eine Outpacing-Strategie?
6. Geben Sie einen Überblick über grundsätzliche Möglichkeiten zur Realisierung von Kostenvorteilen.
7. Welche Gemeinsamkeiten und Unterschiede bestehen zwischen Skalen-, Verbund- und Erfahrungskurveneffekten?
8. Erläutern Sie das Erfahrungskurvenkonzept. Welche zentrale strategische Implikation ergibt sich aus diesem Konzept?
9. Geben Sie einen Überblick über Ansatzpunkte und Instrumente des Kostenmanagements.
10. Welche grundsätzlichen Überlegungen liegen der Entwicklung einer Differenzierungsstrategie zugrunde?
11. Erläutern Sie die vier wichtigsten Ansatzpunkte zur Erzielung von Differenzierungsvorteilen.
12. Beschreiben Sie das strategische Spielbrett und zeigen Sie auf, wie dieses Spielbrett genutzt werden kann, um die Strategieentwicklung zu unterstützen.
13. Was ist eine strategische Innovation?
14. Warum fällt es etablierten Unternehmen schwer, angemessen auf radikal neue Strategieansätze zu reagieren?

Diskussionsfragen

1. Wie würden Sie die gegenwärtige Wettbewerbsstrategie der QualityRent AG charakterisieren? Erläutern Sie Wettbewerbsvorteile und daraus resultierende Differenzierungsansätze.
2. Welche Ansatzpunkte zur Erzielung von Kostenvorteilen bzw. zur Kostensenkung erscheinen bei der QualityRent AG am geeignetsten? Begründen Sie Ihre Antwort.

3. Welche Ansatzpunkte zur Differenzierung könnte die QualityRent AG über die bereits realisierten hinaus prinzipiell anstreben?
4. Vergleichen Sie die Wettbewerbsstrategie der QualityRent AG mit denjenigen von großen Autovermietungen wie Avis oder Sixt. Welche Unterschiede und Gemeinsamkeiten existieren?

3.4 Strategische Analyse als Basis der Strategiegestaltung

3.4.1 Grundgedanken und Ziele der strategischen Analyse

Im Mittelpunkt der Strategiegestaltung steht die Wahl der Wettbewerbs- und Unternehmensstrategien, mit deren Hilfe jedes einzelne Geschäftsfeld und das Unternehmen als Ganzes Erfolg versprechend ausgerichtet werden sollen. Um diese Entscheidungen treffen zu können, sind unternehmerisches Gespür und Kreativität erforderlich, aber auch ein möglichst umfassendes Verständnis der gegenwärtigen und zukünftigen Stellung eines Unternehmens in seinen Umfeldern, in seiner Branche und speziell im Verhältnis zu seinen Kunden und Wettbewerbern. Es ist die Aufgabe der strategischen Analyse, diese Informationsbasis zu erarbeiten.

Unternehmen bzw. Geschäftsfelder sind Teil eines umfassenderen Ganzen: Sie gehören einer bestimmten Branche an, operieren in einem bestimmten gesellschaftlichen und rechtlichen Umfeld und werden von allgemeinen makroökonomischen Faktoren beeinflusst – um nur einige Beispiele zu nennen. Gleichzeitig setzen sich Unternehmen aus vielen einzelnen Teilen zusammen – so besitzen sie zum Beispiel die unterschiedlichsten materiellen und personellen Ressourcen, die in verschiedenen Funktionsbereichen gebündelt sind. Dieser Sachverhalt muss auch in der strategischen Analyse berücksichtigt werden. Als Informationsbasis für die Strategiegestaltung sind deshalb das externe Umfeld, in das ein Unternehmen eingebettet ist, und die internen Elemente, aus denen sich ein Unternehmen zusammensetzt, zu analysieren. Dementsprechend wird im Rahmen der strategischen Analyse in der Regel eine *interne und eine externe Analyse* unterschieden und durchgeführt.

Die Aufgabe der externen Analyse besteht vor allem darin, Chancen zu erkennen, die sich dem Unternehmen in seinem externen Umfeld eröffnen. Gleichzeitig soll die externe Analyse aber auch auf Risiken aufmerksam machen, die dem Unternehmen aus seinen Umfeldern drohen. Um Chancen zu nutzen bzw. Risiken zu vermeiden, muss ein Unternehmen jedoch über bestimmte Kompetenzen, das heißt wettbewerbsrelevante Stärken verfügen. Eine wesentliche Aufgabe der internen Analyse besteht deshalb darin, die Stärken des eigenen Unternehmens herauszuarbeiten. Allerdings besitzt ein Unternehmen neben Stärken in der Regel auch Schwächen, die es für Risiken in besonderer Weise „empfänglich" machen. Auch diese Schwächen gilt es im Rahmen der internen Analyse zu ermitteln.

Dieser Grundgedanke der strategischen Analyse wird als Bezugsrahmen in der so genannten *„SWOT"-Analyse* zusammengefasst. Diese dient dazu, Aussagen über Chancen und Risiken sowie Stärken und Schwächen eines Unternehmens transparent gegenüberzustellen und zu verbinden. Das Akronym „SWOT" steht dabei für die Anfangsbuchstaben der englischen Begriffe *„strengths", „weaknesses"* (Stärken und Schwächen), *„opportunities", „threats"* (Chancen und Risiken) (Abb. 3.21; vgl. Andrews 1987).

Diese Gegenüberstellung verdeutlicht, ob die gegenwärtigen Stärken und Schwächen eines Geschäftsfelds angesichts der erwarteten Entwicklungen der Umfelder prinzipiell relevant sind, und insbesondere, ob sie geeignet sind, die sich auftuenden Chancen und Risiken zu bewältigen. Die einzelnen Felder der „SWOT"-Matrix zu füllen, ist letztlich die Aufgabe der strategischen Analyse. Wie diese Aufgabe erfüllt werden kann, wird im Folgenden – zunächst für die externe Analyse und dann für die interne Analyse – beschrieben.

3.4.2 Externe Analyse: Einschätzung der Chancen und Risiken der Umwelt

Die externe Umwelt eines Geschäftsfelds wird durch eine Vielzahl von Faktoren geprägt, die von außen auf ein Unternehmen einwirken und von diesem nicht direkt beeinflusst werden können. Wechselkursveränderungen, technologische Entwicklungen, gesetzliche Regelungen oder spezielle Initiativen von Wettbewerbern sind nur einige dieser Faktoren. Sie können dem Geschäftsfeld Chancen im Wettbewerb eröffnen, weil sie beispielsweise neue Produktanwendungen schaffen, oder sie können Risiken erzeugen, die bisherige Wettbewerbsvorteile bedrohen. Sie zu verstehen ist daher eine unabdingbare Voraussetzung, um das Unternehmen erfolgreich im Markt zu positionieren.

Beide – Chancen und Risiken – können durch eine Vielzahl von Einflussfaktoren aus der externen Umwelt eines Geschäftsfelds hervorgerufen werden. Man unterscheidet

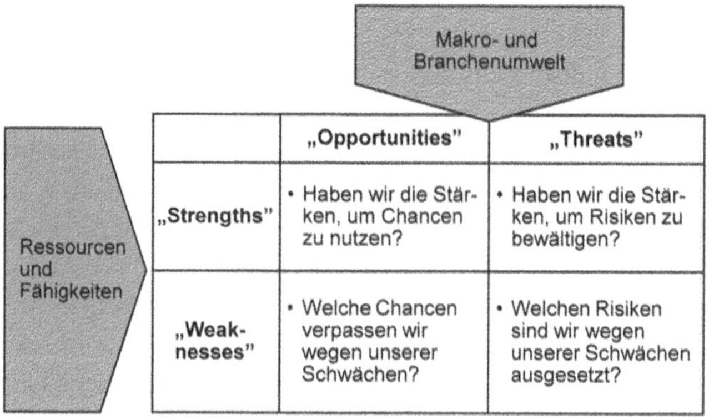

Abb. 3.21 „SWOT"-Analyse

dabei im Allgemeinen zwischen Einflussfaktoren aus einer weiteren Umwelt (auch Makro-umwelt genannt) und einer näheren Umwelt – der Branchenumwelt (Abb. 3.22). Die *Makroumwelt* umfasst weitergehende politisch-rechtliche, ökonomische, technologische, gesellschaftliche und ökologische Rahmenbedingungen, die für Unternehmen aller Bran-chen vom Grundsatz her gleich sind. Demgegenüber zählen zur *Branchenumwelt* solche Faktoren wie Kunden und Wettbewerber, die spezifisch für die Branche sind, in der ein Geschäftsfeld angesiedelt ist. Für beide Umweltbereiche stehen vielfältige Methoden der Umweltanalyse zur Verfügung, mit deren Hilfe das Umfeld eines Unternehmens durch-drungen und besser verstanden werden kann.

3.4.2.1 Analyse der Makroumwelt

Die Makroumwelt eines Geschäftsfelds wird im Allgemeinen in eine politisch-rechtliche, ökonomische, technologische, gesellschaftliche und ökologische Umwelt differenziert; diese fünf Bereiche werden auch *Umfelder des Unternehmens* genannt. Die gegenwärtigen Bedingungen, vor allem aber die erwarteten Veränderungen in diesen Umfeldern eröffnen Chancen und Risiken, die das Geschäftsfeld beachten muss, die es jedoch selbst nur in sehr geringem Umfang beeinflussen kann. Im Folgenden werden einige Aspekte und Ein-flüsse der Makroumwelt kurz angerissen.

Die *politisch-rechtliche Umwelt* beinhaltet vor allem die von staatlicher Seite vor-gegebenen Rahmenbedingungen für das wirtschaftliche Handeln. Dazu zählen zum Bei-spiel die rechtlichen Normen, denen die Unternehmen entsprechen müssen. Besonders

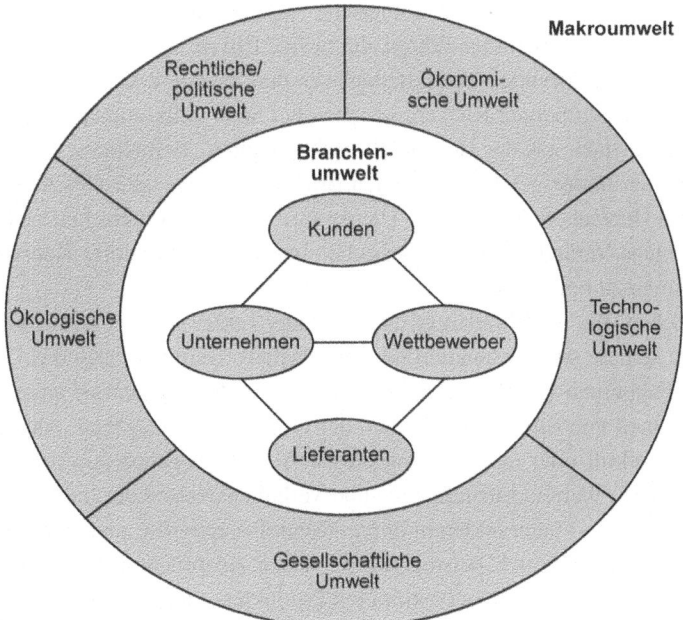

Abb. 3.22 Externe Umwelt eines Unternehmens

relevant sind zum Beispiel rechtliche Regelungen zur Unternehmensverfassung, zur Besteuerung oder zur Produzentenhaftung, aber auch Investitions-, Umweltschutz- und Patentvorschriften. Neben den kodifizierten Rechtsnormen spielt für die Unternehmen aber auch die Rechtshandhabung eine wichtige Rolle. Auch die Organisation und die Stabilität des politischen Systems beeinflusst das politisch-rechtliche Umfeld von Unternehmen. In diesem Zusammenhang ist zum Beispiel die Industrie- und Subventionspolitik der Staaten als Einflussgröße auf strategische Entscheidungen zu sehen.

Bei der Analyse der ökonomischen *Umwelt* steht die allgemeine volkswirtschaftliche Entwicklung im Vordergrund. Dabei sollte zwischen solchen Faktoren unterschieden werden, die Bedeutung für die gesamte Weltwirtschaft oder größere Wirtschaftsräume besitzen, und jenen Einflussgrößen, die spezifisch einzelne nationale Volkswirtschaften betreffen. Als wichtige Einflussgrößen aus der ökonomischen Umwelt gelten zum Beispiel die Entwicklung des Wirtschaftswachstums, der Zinsen, der Inflationsrate und der Wechselkurse. Wie diese Größen im Einzelfall ausgeprägt sind, hängt von der Struktur und den Entwicklungen in der Gesamtwirtschaft ab. Sie werden unter anderem durch die Finanz-, Wirtschafts- und Geldpolitik, die Entwicklung einzelner nationaler oder regionaler Absatzmärkte, die Struktur der Kapitalmärkte und durch viele andere Faktoren bestimmt. Es handelt sich also um ökonomische Größen, die branchenübergreifend von Bedeutung sind.

Auch das *technologische Umfeld* beeinflusst Unternehmen in hohem Maße. So gibt es wohl kein Unternehmen, das heute nicht in irgendeiner Form von technologischen Entwicklungen, wie zum Beispiel der Entwicklung der Informations- und Kommunikationstechnologie, beeinflusst wird. Technologische Veränderungen können zu veränderten Arbeitsprozessen in Unternehmen führen, die riesige Effizienzgewinne gestatten. Sie können aber auch zu gravierenden Veränderungen in den Märkten der Unternehmen führen. Solche Veränderungen bergen Risiken, können aber auch vollkommen neue Chancen für Unternehmen eröffnen, wie das Beispiel des so genannten „E-Business" verdeutlicht, das sich seit Mitte der neunziger Jahre in vielen Branchen mit rasanter Geschwindigkeit etabliert hat (vgl. Hutzschenreuter 2000). Die Analyse der technologischen Umwelt befasst sich damit, solche Veränderungen zu verstehen und hinsichtlich ihrer Konsequenzen für ein Unternehmen zu bewerten.

Die Menschen, die als Mitarbeiter, Kunden oder Lieferanten in Beziehung zu einem Unternehmen stehen, sind Bestandteil der Gesellschaft. Damit ist auch das Unternehmen selbst den allgemeinen Einflüssen aus der *gesellschaftlichen Umwelt* ausgesetzt. Diese können zum einen von Strukturmerkmalen der Gesellschaft ausgehen, zum Beispiel der Bevölkerungsstruktur oder dem Bildungswesen. Vor allem gehen gesellschaftliche Einflüsse aber von den Werten, Einstellungen und Verhaltensweisen der Individuen einer Gesellschaft aus. Sie sind unter anderem durch kulturelle, religiöse und ethische Prinzipien beeinflusst und schlagen sich beispielsweise in den Ansprüchen der Menschen an die Arbeit oder ihre Einstellungen zu bestimmten Produkten oder Produktionsmethoden nieder. Verändern sich die Werte und Einstellungen der Mitglieder einer Gesellschaft, so müssen sich auch die Unternehmen auf diesen Wandel einstellen.

Der letzte Umweltbereich, der Einfluss auf die Unternehmensführung besitzt, ist die *ökologische Umwelt*. Auch hier sind zunächst allgemeine Umweltbedingungen von Bedeutung, wie beispielsweise die (natürliche) Lage eines Unternehmens oder die Verfügbarkeit von Rohstoffen, die für die Produktion benötigt werden. Darüber hinaus ist aber vor allem die Frage der Umweltbelastung bzw. des Umweltschutzes besonders wichtig.

Ziel der Analyse der Makroumwelt ist also, wichtige Einflussgrößen und Trends in den verschiedenen Umfeldern eines Unternehmens zu erkennen. In jedem dieser Bereiche werden sehr viele unterschiedliche Faktoren zusammengefasst, die in einer konkreten Entscheidungssituation möglicherweise strategierelevant sind. Welche Einflussgrößen relevant sind, lässt sich jedoch nicht im Vorhinein bestimmen. Um im Einzelfall die wichtigen Umfeldentwicklungen zu identifizieren, sollte ein Unternehmen die Analyse der Makroumwelt daher systematisch auf der Grundlage einer alle Umfelder abdeckenden Checkliste angehen (Abb. 3.23).

3.4.2.2 Analyse der Branchenumwelt

Während bei der Analyse der Makroumwelt eines Geschäftsfelds eher allgemeine, alle Unternehmen in gleicher Weise betreffende Faktoren untersucht werden, stehen bei der

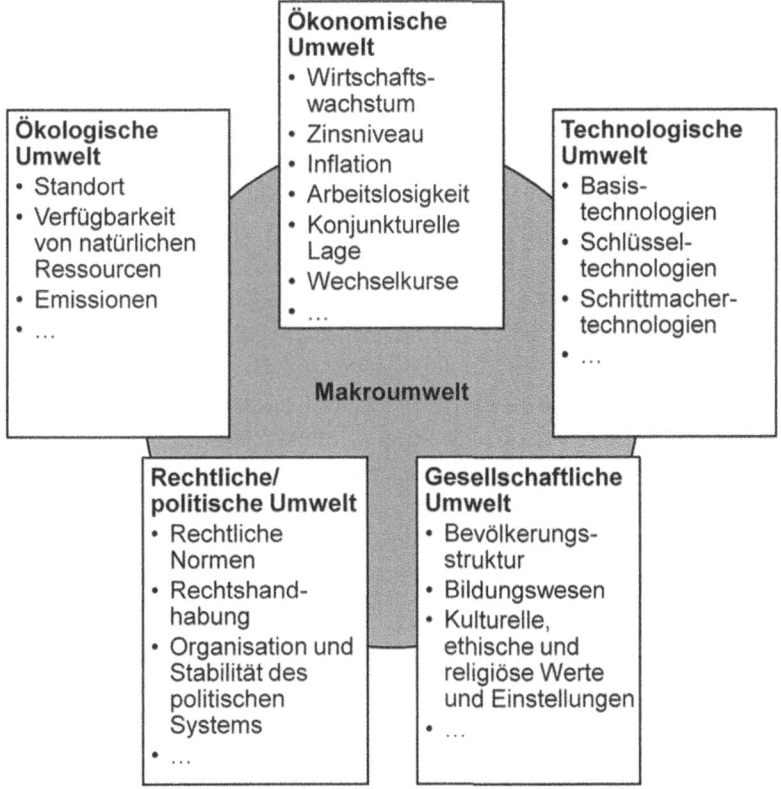

Abb. 3.23 Beispielhafte Checkliste zur Analyse der Makroumwelt

Analyse der Branchenumwelt jene Faktoren im Mittelpunkt, die nur für die Unternehmen einer ganz speziellen Branche von Bedeutung sind, da sie den Wettbewerb innerhalb dieser Branche beeinflussen. Vom Wettbewerb und der Entwicklung des Wettbewerbs in einer Branche gehen direkte und im Regelfall auch besonders starke Einflüsse auf die strategische Situation eines Unternehmens aus. Sie ist auch stärker als die Makroumwelt durch die Unternehmen selbst zu beeinflussen. Daher nimmt die Analyse der Branchenumwelt eine besondere Bedeutung im Rahmen der strategischen Analyse ein.

Um die Branchenumwelt systematisch analysieren zu können, empfiehlt es sich, die Analysetätigkeiten zu zwei Teilschritten zu bündeln. In einem ersten Schritt sollte so die *Branche als Ganzes* betrachtet werden, um deren Struktur und die Entwicklung der branchenspezifischen Einflussgrößen insgesamt zu untersuchen. Hierauf aufbauend können dann die beiden wichtigsten Elemente einer Branche – *Kunden und Wettbewerber* – einer detaillierten Analyse unterzogen werden. Um diese Analyseschritte sinnvoll durchführen zu können, muss jedoch zunächst die *Branche selbst bestimmt* bzw. abgegrenzt werden.

Die *Abgrenzung der Branche*, in der ein Unternehmen operiert, ist eine wichtige Grundlage der strategischen Analyse. Diese soll ja aufzeigen, welche Einflussgrößen und Marktteilnehmer den Wettbewerb prägen, dem ein bestimmtes Unternehmen bzw. Geschäftsfeld ausgesetzt ist. Je nachdem, wie die zu untersuchende Branche definiert wird, kommen daher ganz unterschiedliche Einflussgrößen sowie Kunden und Wettbewerber in die Betrachtung – oder bleiben bei der strategischen Analyse außen vor.

Bei der Branchenabgrenzung – man spricht in diesem Zusammenhang auch von der Definition des relevanten Marktes – geht man in Analogie zur Geschäftsfelddefinition so vor, dass zunächst jene Produkte identifiziert werden, die aus der Sicht der Nachfrager mit den eigenen Produkten direkt vergleich- und austauschbar sind. Diese Produkte nennt man (im engeren Sinne) substitutive Produkte. Kunden, die diese Produkte nachfragen, und Wettbewerber, die diese Produkte vermarkten, müssen in jedem Fall der eigenen Branche zugerechnet werden, da von ihren Handlungen die Wettbewerbsposition des eigenen Unternehmens in besonderer Weise beeinflusst wird. Ob eine Substitutionsbeziehung vorliegt, kann durch das betroffene Unternehmen natürlich nur indirekt und näherungsweise bestimmt werden. Dabei wird in der Regel vermutet, dass eine enge Substitutionsbeziehung vorliegt – und somit die betrachteten Produkte bzw. Anbieter zu einer Branche gehören – wenn die Entscheidungen eines Anbieters die Entscheidungsmöglichkeiten eines anderen Anbieters signifikant beeinflussen. Diese Signifikanz kann qualitativ beurteilt oder auf der Basis von Preiselastizitäten oder Preiskorrelationen abgeschätzt werden (vgl. Besanko et al. 2012).

Nachdem die Branche bestimmt ist, die näher analysiert werden soll, empfiehlt es sich als nächstes, die Branche als Ganzes, ihre Struktur und Entwicklung, systematisch zu analysieren. Unter den Modellen zur *Analyse der Branchenstruktur und -entwicklung* ist das so genannte Branchen- oder Industriestruktur-Modell, das von Porter entwickelt worden ist, das bekannteste (vgl. Porter 1980). Das Ziel dieses Modells besteht darin, die Wettbewerbssituation innerhalb einer Branche aus der Sicht eines Unternehmens zu bestimmen, das bereits in dieser Branche tätig ist. Dabei geht es vor allem darum zu erkennen, ob die Wettbewerbssituation und die Entwicklung der Branche für das darin tätige Unternehmen attraktiv sind – also eine langfristig profitable Existenz gestatten. In diesem Modell wird angenommen, dass die Attraktivität eines Marktes aus der Sicht der Unternehmen, die dort tätig sind, vor allem von der Marktstruktur abhängt. Diese beeinflusst das strategische Verhalten der Marktteilnehmer, welches seinerseits den Markterfolg bestimmt. Damit hängt auch der Erfolg – zumindest indirekt – von der Marktstruktur ab.

Das Branchenstruktur-Modell von Porter bietet vor diesem Hintergrund ein Analyseraster, mit dessen Hilfe die Struktur einer Branche systematisch erfasst werden kann und die Einflussgrößen beschrieben werden können, die von der Branchenstruktur auf die Unternehmen der Branche ausgehen. Dabei werden *fünf Komponenten der Branchenstruktur* unterschieden – Porter spricht auch von den „five forces" –, von denen in Summe die Attraktivität einer Branche bestimmt wird. Es sind die Marktmacht der Lieferanten und der Abnehmer, die Bedrohung durch Ersatzprodukte und potenzielle Konkurrenten sowie die Rivalität zwischen den bestehenden Wettbewerbern innerhalb der Branche (Abb. 3.24). Die jeweiligen Ausprägungen dieser Strukturkomponenten werden ihrerseits durch eine Reihe von Einzelfaktoren bestimmt, auf die im Folgenden eingegangen wird.

Potenzielle Konkurrenz ist ein Wettbewerbsfaktor, da das Eintreten von Konkurrenten in einen Markt im Allgemeinen dazu führt, dass sich die Kapazitäten in der Branche erhöhen und daher tendenziell das Preisniveau sinkt. Damit wird auch die Profitabilität der bisherigen Anbieter sinken – und so natürlich die Attraktivität der Branche (aus Sicht der bisherigen Anbieter) zurückgehen. Dies bedeutet, dass eine Branche aus Sicht der dort tätigen Unternehmen grundsätzlich umso attraktiver ist, je geringer die Bedrohung durch potenzielle Konkurrenten ist.

Wie groß die Gefahr tatsächlich ist, dass potenzielle Konkurrenten in den Markt eintreten, hängt insbesondere von der Höhe der Markteintrittsbarrieren ab. Hohe Eintritts-

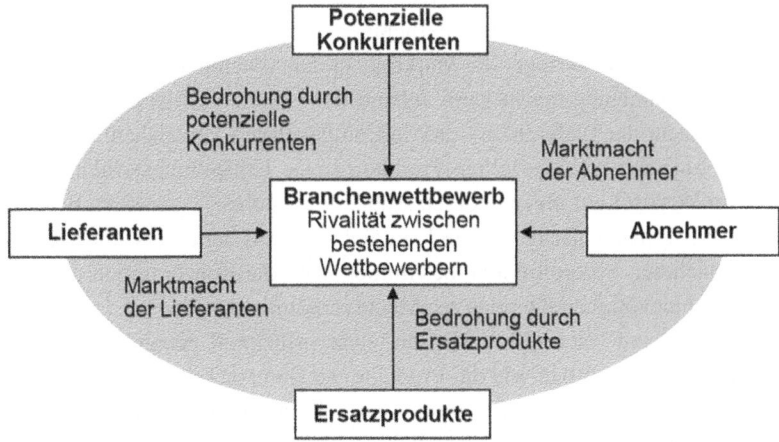

Abb. 3.24 Branchenstruktur-Modell

barrieren – und damit eine geringe Bedrohung durch potenzielle Konkurrenten – liegen zum Beispiel dann vor, wenn „economies of scale" in der betrachteten Branche eine große Rolle spielen. In diesem Fall wäre der Markteintritt eines neuen Konkurrenten mit Kostennachteilen verbunden, da der neue Anbieter zumeist bei den Nachfragern noch relativ unbekannt ist und daher mit einer geringen Größe in den Markt eintreten muss. Eintrittsbarrieren können aber auch durch Produktdifferenzierung aufgebaut werden. Gleiches gilt, wenn der Markteintritt mit hohem Kapitalbedarf verbunden ist, wenn den Kunden beim Anbieterwechsel hohe Umstellungskosten entstehen, wenn Vertriebskanäle gebunden sind oder staatliche Beschränkungen des Marktzutritts bestehen.

Marktmacht von Lieferanten kann sich darin äußern, dass diese höhere Preise durchsetzen können, die das Ergebnisniveau der Unternehmen in der untersuchten Branche verschlechtern, oder sie kann sich darin äußern, dass sie eine geringere Qualität (zum gleichen Preis) liefern, wodurch auch das Qualitätsniveau der Abnehmer negativ beeinflusst werden kann. Beides führt dazu, dass das Gewinnpotenzial und damit die Branchenattraktivität für die Unternehmen in der untersuchten Branche sinken. Insofern ist eine Branche grundsätzlich umso attraktiver, je geringer die Marktmacht der Lieferanten gegenüber den Unternehmen der Branche ist.

Die relative Marktmacht von Lieferanten hängt vor allem davon ab, wie differenziert und einzigartig die Vorprodukte sind, die ein Lieferant für die Unternehmen der Branche bereitstellt. Je ausgeprägter die Differenzierung ist, desto schwieriger wird es für die Abnehmer sein, Vergleichbares von anderen Lieferanten zu bekommen. Der differenzierte Lieferant besitzt daher gegenüber den Abnehmern eine gewisse Marktmacht. Auch wenn aus anderen Gründen Umstellungskosten beim Lieferantenwechsel entstehen oder die Abnehmer für den Lieferanten relativ klein und unbedeutend sind, kann der Lieferant Marktmacht aufbauen und ausnutzen.

Spiegelbildlich zur Marktmacht der Lieferanten äußert sich die *Marktmacht der Abnehmer* darin, dass die Kunden niedrigere Preise verlangen oder dass sie versuchen, eine höhere Qualität und einen besseren Service durchzusetzen. Beides wirkt sich negativ auf die Ergebnissituation der liefernden Unternehmen aus. Aus deren Sicht ist eine Branche daher umso attraktiver, je geringer die Marktmacht der Abnehmer ihrer Produkte ist.

Die Höhe der Abnehmermacht kann anhand der gleichen Kriterien beurteilt werden wie die Marktmacht der Lieferanten – nur mit umgekehrten Vorzeichen. Ein hoher Grad an Differenzierung der bereitgestellten Produkte sowie Umstellungskosten, die den Abnehmern beim Wechsel auf einen anderen Anbieter entstehen, vergrößern bei dieser Betrachtung die Marktmacht der liefernden Unternehmen (aus der untersuchten Branche) zu Lasten der Abnehmer. Spiegelbildlich bestimmen auch die Konzentration der Abnehmer und deren Abnahmevolumen die relativen Machtverhältnisse.

Ersatzprodukte sind solche Produkte, die zwar prinzipiell geeignet wären, ähnliche Kundenbedürfnisse zu erfüllen wie die Produkte der untersuchten Branche, gegenwärtig aber dennoch nicht in einer engen Substitutionsbeziehung zu diesen stehen, da sie von den Kunden anders wahrgenommen werden, sich an andere Kundengruppen richten oder in anderen Regionen angeboten werden. Man spricht deshalb in Abgrenzung von (echten)

Substituten, die in einer engen Substitutionsbeziehung zu den eigenen Produkten stehen und daher Bestandteil der eigenen Branche sind, auch von Ersatzprodukten oder potenziellen Substituten. Sie sind ein wesentlicher Wettbewerbsfaktor, da das Gewinnpotenzial in einer Branche natürlich auch davon beeinflusst wird, ob Kunden im Zweifelsfall auf die Anbieter anderer Produkte ausweichen können. Daher gilt eine Branche als umso attraktiver, je geringer die Bedrohung durch Ersatzprodukte ist. Wie hoch die Bedrohung ist, hängt vor allem vom Preis-Leistungs-Verhältnis der Ersatzprodukte relativ zum Preis-Leistungs-Verhältnis der eigenen Produkte ab.

Der letzte Faktor, der in diesem Modell als attraktivitätsbestimmend angesehen wird, ist schließlich die *Rivalität der Unternehmen*, die bereits in der untersuchten Branche arbeiten. Sie kommt in der Intensität des Wettbewerbs zwischen ihnen zum Ausdruck. Der Wettbewerb in einer Branche kann unterschiedlich ausgeprägt sein: als Preiswettbewerb, bei dem die Konkurrenten versuchen, wechselseitig ihre Preise zu unterbieten, oder als Leistungswettbewerb, bei dem die Anbieter versuchen, durch verbesserte Produktqualität oder Zusatzleistungen Kunden zu gewinnen. In beiden Fällen gilt, dass intensiver Wettbewerb das Gewinnpotenzial der Unternehmen einer Branche senkt – durch rückläufige Preise oder steigende Kosten. Insofern ist eine Branche aus Sicht der dort tätigen Unternehmen grundsätzlich umso attraktiver, je geringer die Rivalität der Wettbewerber ist.

Der Grad der Rivalität hängt unter anderem von der Anzahl der Wettbewerber ab, aber auch vom Wachstum der Branche. Typischerweise führt eine steigende Anzahl von Wettbewerbern dazu, dass sich auch die Wettbewerbsintensität vergrößert. Die Wettbewerbsintensität wird verstärkt, wenn die Branche nur langsam wächst oder sogar schrumpft, da eine Ausdehnung des eigenen Geschäfts dann nur möglich ist, wenn Konkurrenten Marktanteile „abgejagt" werden. Eine ähnliche Auswirkung haben Überkapazitäten. Demgegenüber senkt ein hoher Grad an Produktdifferenzierung innerhalb einer Branche tendenziell den (Preis-)Wettbewerb. Nicht zuletzt hängt die Intensität des Wettbewerbs aber auch von der Höhe der Austrittsbarrieren für die Unternehmen ab.

Der Nutzen des Branchenstruktur-Modells im Rahmen der externen Analyse besteht darin, dass es eine systematische und umfassende Betrachtung der im Wettbewerb relevanten Faktoren sicherstellt. Aus diesem Grund erweist sich die Analyse der Branchenstruktur vor allem im Anfangsstadium einer strategischen Analyse als zweckmäßig, wenn es darum geht, die Branche zu verstehen, in der ein Unternehmen arbeitet, und zu simulieren, ob und wie die relevanten Wettbewerber auf mögliche Veränderungen der eigenen Strategie reagieren werden. Das Branchenstruktur-Modell erlaubt es, Chancen und Risiken einzuschätzen, die sich am Markt ergeben, und ermöglicht es so, Erfolgspotenziale sowie Wege zur Umgehung von Risiken aufzuzeigen.

Bei der Anwendung des Branchenstruktur-Modells muss jedoch beachtet werden, dass dieses Modell primär für langsam wachsende Oligopolmärkte geschaffen worden ist. Märkte mit hoher Dynamik können mit seiner Hilfe schwerer erfasst werden, da hier oft interne Ressourcen eine wesentlich größere Bedeutung für den Wettbewerbserfolg besitzen als die strukturellen Merkmale, die sich zudem mit großer Geschwindigkeit verändern. Ein wesentliches Defizit des Modells von Porter besteht außerdem darin, dass nur strukturelle Merkmale betrachtet werden. Das Wettbewerbsgeschehen kann aber auch durch andere, nicht strukturelle Merkmale beeinflusst werden. Dies ist etwa dann der Fall, wenn Unternehmen nicht nur in einer Branche konkurrieren, sondern mit unterschiedlichen Geschäftsfeldern in mehreren Branchen im Wettbewerb stehen. Schließlich wird in diesem Modell angenommen, dass Unternehmen in einer Branche stets miteinander in Konkurrenz stehen und nur auf diesem Weg Vorteile erreichen können. Die Beobachtung der Unternehmenspraxis in den vergangenen Jahren hat jedoch gezeigt, dass Unternehmen durchaus auch den Weg gehen, sich durch eine (selektive) Kooperation mit Wettbewerbern, Kunden oder Lieferanten Vorteile zu verschaffen. Auch dieser Aspekt muss für die Strategiegestaltung berücksichtigt werden (vgl. Brandenburger und Nalebuff 1996).

Aufbauend auf der Branchenanalyse sind dann, im letzten Teilschritt der externen Analyse, Kunden und Wettbewerber – die wichtigsten Elemente einer Branche – einer detaillierten Analyse zu unterziehen (vgl. Hungenberg 2014). Aufgabe der strategischen *Kundenanalyse* ist dabei, die Kundenbasis des Unternehmens in verschiedene Kundensegmente zu unterteilen und die Attraktivität der verschiedenen Segmente zu bestimmen. Hierauf aufbauend sind dann die Kundenbedürfnisse und das Nachfrageverhalten der besonders attraktiven Kundensegmente zu untersuchen. Im Rahmen der strategischen *Wettbewerberanalyse* geht es demgegenüber darum, die wichtigsten Konkurrenten zu identifizieren und deren mögliches Verhalten zu untersuchen. Zu diesem Zweck werden auch hier zunächst Wettbewerber zu so genannten strategischen Gruppen zusammengefasst, bevor sie einer detaillierten Konkurrenzanalyse unterzogen werden. Letzteres ist nicht nur notwendig, um das zukünftige Verhalten der Wettbewerber besser abschätzen zu können, sondern ist auch eine Voraussetzung, um im Rahmen der internen Analyse die eigenen Stärken und Schwächen relativ zur Konkurrenz beurteilen zu können. Hierauf soll im Folgenden näher eingegangen werden.

Beispiel

Chancen und Risiken der QualityRent AG

Als Vermieter exklusiver Automobile und als Anbieter besonderer Events rund um das Automobil bewegt sich die QualityRent AG in einem eher kleinen Markt. Europaweit hat das Unternehmen nur etwa 10.000 Kunden. Vornehmlich handelt es sich dabei um vermögende Privatpersonen. Diese Kunden schätzen den exquisiten und zugleich unaufdringlichen Service der QualityRent AG, die durchgehend hervorragende Ausstattung der Fahrzeuge sowie die vielfältigen und innovativen Event-Angebote des Unternehmens. Wiederholt durchgeführte Kundenbefragungen zeigen, dass kaum ein Kunde der QualityRent AG in Erwägung zieht, zu einem anderen Anbieter zu wechseln. Durchschnittlich nehmen die Kunden die Leistungen des Unternehmens an zehn Tagen im Jahr in Anspruch – und das europaweit.

Einen gleichartigen Wettbewerber besitzt das Unternehmen im Prinzip nicht, und auch in naher Zukunft ist kein echter potenzieller Wettbewerber in Sicht. Zwar finden sich in allen Ländern, in denen die QualityRent AG vertreten ist, auch andere Vermieter von exklusiven Automobilen. Bei diesen Unternehmen handelt es sich jedoch fast aus-schließlich um regional tätige Anbieter. Die mehr international ausgerichteten Kunden der QualityRent AG, denen es gerade wichtig ist, europaweit einen gleichen, verläss-lichen Service aus einer Hand zu bekommen, ziehen diese Wettbewerber daher kaum in Betracht. Neben regional tätigen Vermietern haben in den letzten Jahren auch die gro-ßen, international tätigen Autovermietungen wie Avis, Sixt oder Hertz begonnen, einen so genannten Limousinenservice einzurichten. Aufgrund der mangelnden Exklusivität dieser Anbieter werden sie jedoch von den Kunden der QualityRent AG ebenfalls kaum berücksichtigt. Neben klassischen Autovermietern zählen natürlich auch Anbieter ex-klusiver Reise- und Freizeitaktivitäten zu den Konkurrenten der QualityRent AG. Von diesen Anbietern hebt sich die QualityRent AG jedoch dadurch ab, dass bei allen An-geboten exklusive Automobile im Mittelpunkt stehen – und gerade hier hat Quality-Rent einen klaren Vorteil. Natürlich existieren Ersatzprodukte für die Leistungen der QualityRent AG, und auch Lieferanten – vor allem die großen Automobilhersteller – üben einen gewissen Druck aus. Insgesamt ist jedoch die Branche, in der die Quality-Rent AG tätig ist, als attraktiv einzuschätzen.

Auf die derzeitige Marktsituation der QualityRent AG haben natürlich nicht nur Kunden und Wettbewerber einen Einfluss. Vielmehr spielen auch Entwicklungen außerhalb des unmittelbaren Wettbewerbsumfelds eine wichtige Rolle. So ist die Zahl vermögender Privatpersonen, die die Hauptkunden der QualityRent AG darstellen, in Deutschland, aber auch in westeuropäischen Staaten und insbesondere in Mitteleuropa in den letzten 20 Jahren stark gestiegen. Außerdem ist Luxus, der in vielen Ländern Europas lange Zeit eher verpönt war, wieder „gesellschaftsfähig" geworden. Daher er-freuen sich Luxusautomobile, aber auch Sport- und Geländewagen zunehmender Be-liebtheit sowohl bei einem älteren, als auch bei einem jungen Publikum. Nicht zuletzt haben die Automobilkonzerne durch die Entwicklung einer großen Anzahl neuer Mo-delle im Luxussegment dazu beigetragen, dass die QualityRent AG ihre Angebots-palette stark erweitern und attraktiver gestalten konnte. Negativ auf die Entwicklung des Unternehmens wirken sich natürlich angesichts des typischerweise hohen Benzin-verbrauchs der Fahrzeuge steigende Steuern und Benzinpreise aus. Insgesamt werden jedoch im Falle der QualityRent AG die Risiken ganz eindeutig von den bestehenden Chancen überkompensiert. ◄

3.4.3   Interne Analyse: Einschätzung der Stärken und Schwächen des Unternehmens

Durch die im vorherigen Abschnitt dargestellte externe Analyse können Chancen und Ri-siken ermittelt werden, die ein Unternehmen in seiner Umwelt erwarten. Inwieweit das Unternehmen diese Chancen nutzen und Risiken bewältigen kann, hängt natürlich sehr stark davon ab, wie es selbst dafür gerüstet ist: von seinen Stärken und Schwächen also.

Aus diesem Grund ist es notwendig, neben der externen Umwelt auch die interne Situation eines Unternehmens als Basis der Strategiegestaltung sorgfältig zu analysieren.

Die Kompetenzen eines Unternehmens sind die Ursachen für seine Stärken und Schwächen im Wettbewerb. Sie zu verstehen ist daher die Hauptaufgabe der internen Analyse. Kompetenzvorsprünge oder -nachteile schlagen sich letztlich aber auch in der finanziellen Situation eines Unternehmens nieder. Es ist deswegen sinnvoll, zunächst finanzielle Größen als Ausdruck der Stärken und Schwächen eines Unternehmens näher zu betrachten.

3.4.3.1 Finanzielle Analyse

Finanzielle Größen sind das quantitative Abbild der Leistungsfähigkeit eines Unternehmens im Wettbewerb und bieten erste Anhaltspunkte, um seine Stärken und Schwächen zu beurteilen. Im Mittelpunkt der finanziellen Analyse steht dabei eine betriebswirtschaftliche Kennzahlenanalyse, die sich vor allem auf die finanz- und erfolgswirtschaftliche Situation eines Unternehmens bezieht. Sie soll die wirtschaftliche Lage und die künftige Entwicklung eines Unternehmens möglichst realitätsnah abbilden. Kennzahlen können gerade im Vergleich zum Wettbewerb die aktuelle Lage eines Geschäftsfelds darstellen, Problembereiche und Prioritäten für die weitere Analyse verdeutlichen und erste Anhaltspunkte für die Verbesserung der Situation aufzeigen (vgl. Coenenberg et al. 2014).

Bei der Kennzahlenanalyse unterscheidet man im Allgemeinen zwei Kennzahlen- bzw. Analysearten, die sich auf unterschiedliche Datenquellen stützen: Kennzahlen zur finanzwirtschaftlichen Analyse basieren auf den Daten der Bilanz und helfen, die finanzielle Stabilität des Unternehmens zu analysieren. Die erfolgswirtschaftliche Analyse auf der Basis der Gewinn- und Verlustrechnung zeigt an, ob das Unternehmen profitabel oder mit Verlust gearbeitet hat und was möglicherweise Ursachen dafür sind (vgl. Abb. 3.25; vgl. ausführlich auch Kap. 6 dieses Buchs).

Mit Kennzahlen der *finanzwirtschaftlichen Analyse* werden Informationen über die Kapitalherkunft, die Kapitalverwendung und die Beziehungen zwischen beiden erarbeitet, um Aussagen über die finanzielle Stabilität des Unternehmens ableiten zu können. Im Einzelnen zählen dazu die Investitions-, die Finanzierungs- und die Liquiditätsanalyse.

• Untersuchungsobjekt der *Investitionsanalyse* sind Art und Zusammensetzung des Vermögens sowie die Dauer der Vermögensbindung (Vermögensstruktur). Eine in diesem Zusammenhang aussagekräftige Kennzahl ist die Anlagenintensität (Anlagevermögen/Gesamtvermögen), die verdeutlicht, wie anlagen- bzw. kapitalintensiv ein Unternehmen arbeitet. Da der Einsatz von Maschinen und Anlagen in der Regel die Produktivität eines Unternehmens erhöht, kann eine hohe Anlagenintensität – vor allem im industriellen Bereich – positiv sein. Allerdings ist eine hohe Anlagenintensität auch meist mit hohen Fixkosten verbunden, die das Unternehmen weniger flexibel machen und besonders bei einem Nachfragerückgang die Verlustgefahr erhöhen.

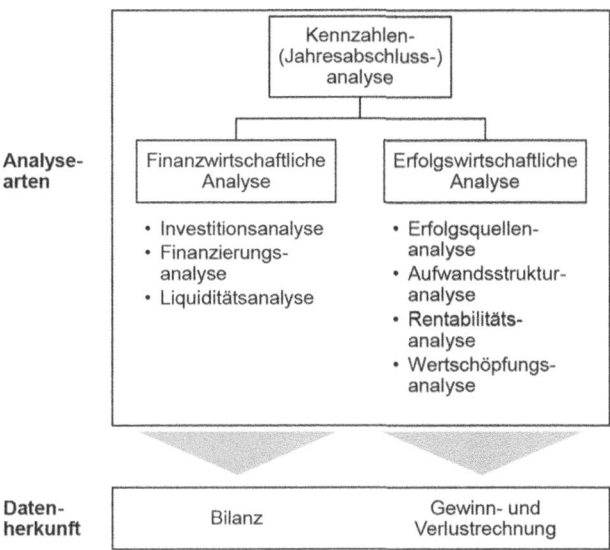

Abb. 3.25 Analysearten und Datenherkunft der Kennzahlenanalyse

- Die Analyse der Kapitalstruktur mit Hilfe der *Finanzierungsanalyse* soll die Quellen und Zusammensetzung des Kapitals nach Art, Sicherheit und Fristigkeit darstellen. Das Ziel ist dabei, die Finanzierungsrisiken des Unternehmens aufzuzeigen. Betrachtet man zum Beispiel den Selbstfinanzierungsgrad (Gewinnrücklagen/Gesamtkapital), so kann man ersehen, zu welchem Teil das Unternehmen sein Vermögen durch thesaurierte Gewinne finanzieren konnte. Ein hoher Selbstfinanzierungsgrad erhöht den Eigenkapitalanteil und verschafft dem Unternehmen ein Sicherheitspolster für den Fall von zukünftigen Verlusten. Analysten sehen einen hohen Selbstfinanzierungsgrad allerdings meist negativ, da durch Thesaurierung den Anteilseignern die Verfügungsmöglichkeit über Gewinne entzogen wird.
- Die *Liquiditätsanalyse* schließlich versucht die Fähigkeit eines Unternehmens, jederzeit seinen Zahlungsverpflichtungen nachkommen zu können, abzubilden. Je nach Art der verwendeten Daten sind zwei Vorgehensweisen für eine Liquiditätsanalyse denkbar: Die Liquiditätsanalyse aufgrund von Bestandsgrößen und die Liquiditätsanalyse der Stromgrößen. Die Liquiditätsanalyse aufgrund von Bestandsgrößen knüpft an der Bilanz an und fragt, ob Überlassungs- und Bindungsfristen in einem angemessenen Verhältnis zueinander stehen. Die stromgrößenorientierte Liquiditätsanalyse bezieht zusätzlich den Cashflow mit ein und untersucht diesen auf ein angemessenes Verhältnis zur Investition und Finanzierung. So ist zum Beispiel der so genannte Innenfinanzierungsspielraum (Brutto-Cashflow/Nettoinvestitionen in das Anlagevermögen) eine wichtige Kennzahl. Der Innenfinanzierungsspielraum verdeutlicht, zu welchem Grad das Unternehmen in der Lage ist, Investitionen in das Anlagevermögen aus seinem Cashflow – also aus dem laufenden Geschäft – zu finanzieren.

Die Zielsetzung der *erfolgswirtschaftlichen Analyse* besteht darin, Informationen für die Beurteilung der Ertragskraft des Unternehmens zu gewinnen. Unter der Ertragskraft versteht man die Fähigkeit, auch in der Zukunft Gewinne zu erwirtschaften. Dafür wird auf Basis der vergangenheitsbezogenen Informationen auf die Zukunft geschlossen. Im Rahmen der erfolgswirtschaftlichen Analyse unterscheidet man die Erfolgsquellen-, die Aufwandsstruktur-, die Rentabilitäts- und die Wertschöpfungsanalyse.

- Die *Erfolgsquellenanalyse* soll die Komponenten und die Einflussfaktoren des Gesamtergebnisses offenlegen. Zweck der Aufspaltung des Ergebnisses ist es insbesondere, die nachhaltigen Erfolgsbestandteile von den nicht nachhaltigen, kurzfristigen Schwankungen ausgesetzten Erfolgsbestandteilen zu trennen. Ferner soll der betrieblich bedingte, operative Erfolg von den nicht unmittelbar operativen, vorwiegend aus dem finanziellen Geschehen resultierenden Erfolgsbestandteilen getrennt werden. So werden zumindest das Betriebsergebnis, das Finanzergebnis und das außerordentliche Ergebnis unterschieden.
- Zur Beurteilung der Nachhaltigkeit des Betriebsergebnisses ist eine Analyse der strukturellen *Zusammensetzung der betrieblichen Aufwendungen* aufschlussreich. So gibt beispielsweise die Personal- oder die Materialintensität an, wie hoch der Personalkosten- bzw. der Materialkostenanteil am Umsatz ist. Beide Größen sind im Zeitvergleich, aber auch im Branchenvergleich von Interesse.
- Unter Rentabilität versteht man eine Beziehungszahl, bei der eine Ergebnisgröße zu einer dieses Ergebnis maßgeblich bestimmenden Einflussgröße in Relation gesetzt wird. Als solche Einflussgrößen kommen für die *Rentabilitätsanalyse* einerseits das zur Ergebniserzielung eingesetzte Kapital (oder Vermögen) in Betracht, andererseits der Umsatz, der das Ergebnis begründet hat. Die Eigenkapitalrentabilität (Jahresüberschuss vor Steuern/Eigenkapital) verdeutlicht in diesem Zusammenhang zum Beispiel die Verzinsung des Eigenkapitals. Als Vergleichsmaßstab können hier Renditen von alternativen Anlagemöglichkeiten eines Eigenkapitalgebers herangezogen werden.
- Schließlich kommt auch der *Wertschöpfungsanalyse* Bedeutung zu. Eine in diesem Zusammenhang wichtige Kennzahl ist die Wertschöpfungsquote (Wertschöpfung/Gesamtleistung), die eine Aussage über die Fertigungstiefe eines Unternehmens macht.

Neben der reinen Kennzahlenanalyse können auch weitergehende *Kennzahlensysteme* zur Analyse von Unternehmen und Geschäftsfeldern herangezogen werden. Kennzahlensysteme verwenden eine einzelne Kennzahl – etwa die Gesamtkapital- oder Eigenkapitalrentabilität – als Ausgangspunkt der Betrachtung und zerlegen diese Kenngröße, einer Baumstruktur folgend, in ihre Basiskomponenten. Dadurch werden bei der Analyse auch die Beziehungen zwischen einzelnen Kennzahlen deutlich, und es kann aufgezeigt werden, wie sich die Beeinflussung einzelner nachgelagerter Größen innerhalb des Kennzahlensystems auf die vorgelagerte Erfolgskennzahl auswirkt. Eines der bekanntesten derartigen Kennzahlensysteme ist das bereits 1922 entwickelte DuPont-Kennzahlensystem, das in Abb. 3.26 dargestellt ist (vgl. Reichmann 2006).

Abb. 3.26 DuPont-Kennzahlensystem

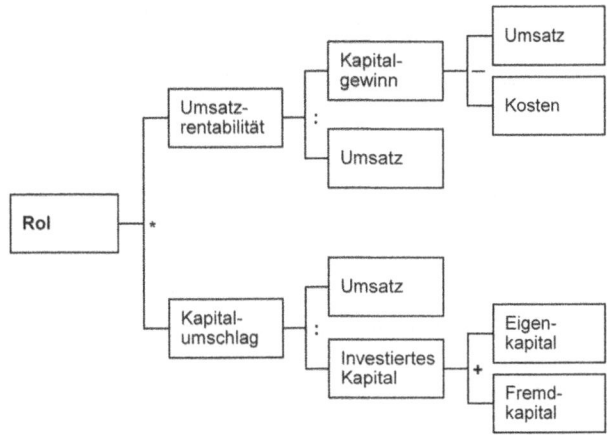

Besonders aussagekräftig sind finanzielle Größen, wenn man sie an Vergleichsmaß-stäben misst. Hierzu sind wiederum Zeit-, Plan- und Unternehmensvergleiche sinnvoll. Bei einem *Zeitvergleich* werden Kennzahlen eines Unternehmens über zwei oder mehrere Jahre hinweg miteinander verglichen. So werden Veränderungen aufgezeigt, deren Ursachen untersucht werden können. Dies kann beispielsweise in Form von Ergebnisüberleitungen erfolgen, die erklären, wie sich einzelne Ergebniskomponenten von einem zum anderen Jahr verändert haben. Weiterhin sollte man auch einen *Planvergleich* in Betracht ziehen, in dem die tatsächliche Entwicklung der Kennzahlen mit der geplanten Entwicklung ver-glichen und positive sowie negative Soll-/Ist-Abweichungen kenntlich gemacht werden. Wo immer dies möglich ist, sollte schließlich auch versucht werden, die finanziellen Grö-ßen in einem *Unternehmensvergleich* an denen anderer Geschäftsfelder oder sogar von Konkurrenten zu spiegeln. Erst diese Form der Gegenüberstellung liefert letztlich Aussagen über die (finanziellen) Stärken und Schwächen eines Geschäftsfelds im Wettbewerb.

Beispiel

Finanzielle Analyse der QualityRent AG

Schon seit längerem bemängelt Klaus Willmann, der Leiter des Bereichs Finanzen und Controlling der QualityRent AG, das fehlende Kostenbewusstsein innerhalb des Unternehmens. Ihm missfällt insbesondere, dass sich in der QualityRent AG alles nur noch um Qualität und Kundenorientierung dreht und dass die neu entwickelten Qualitäts- und Kundenzufriedenheitsindices zu den wichtigsten Zielgrößen des Unter-nehmens aufgestiegen sind. Ob mit einem Auftrag auch Geld verdient wird, interessiert dabei fast überhaupt nicht mehr. Erst vor kurzem ist ein Fall an Klaus Willmann heran-getragen worden, bei dem für einen Stammkunden aus dem Hochadel einen Monat lang permanent ein Rolls Royce in Bereitschaft gehalten wurde, damit dieser bei Bedarf sofort zur Verfügung stand. Berechnet wurde dem Kunden aber natürlich nur die tat-sächlich genutzte Zeit.

Nach langem Insistieren konnte Klaus Willmann schließlich auch Peter Körber davon überzeugen, dass solche Praktiken der QualityRent AG langfristig schaden werden. Um ein stärkeres Kosten- und Ertragsbewusstsein im Unternehmen zu wecken, schlägt Klaus Willmann vor, monatlich eine finanzielle Analyse für alle Bereiche des Unternehmens zu erstellen und allen Führungskräften zuzusenden. Diese Analyse soll nur eine Seite umfassen und wesentliche finanzielle Kennzahlen darstellen, um sicherzugehen, dass der Bericht auch tatsächlich beachtet wird. Klaus Willmann denkt dabei an Umsatz-, Ergebnis- und Renditekennziffern auf Gesamtunternehmens-, Bereichs- und Auftragsebene (Abb. 3.27). Mittelfristig sollte auch die Vergütung von Führungskräften und ausgewählten Mitarbeitern am Erreichen finanzieller Ziele festgemacht werden. ◄

3.4.3.2 Analyse von Ressourcen und Fähigkeiten

Die gewählte Strategie soll ein Unternehmen so auf den Wettbewerb ausrichten, dass es die Chancen nutzen kann, welche die Umwelt bietet, und die Risiken bewältigt, denen es ausgesetzt ist. Dies verlangt nicht nur, dass Chancen und Risiken erkannt werden, sondern auch, dass ein Unternehmen hierzu angesichts seiner Stärken und Schwächen überhaupt in der Lage ist. Ob dies der Fall ist, kann erst durch eine Analyse der *Kompetenzbasis* des Unternehmens beurteilt werden. Dabei sollten Ressourcen und Fähigkeiten unterschieden werden:

- Als *Ressourcen* bezeichnet man alle materiellen und immateriellen Güter, Vermögensgegenstände sowie Einsatzfaktoren, über die ein Unternehmen verfügt. Materielle Res-

Gesamt	Umsatz	Kosten	Operatives Ergebnis	Umsatzrendite	Kundenzufriedenheit**
März 2019	**11.450**	**10.250**	**1.200**	**10,5%**	**94**
Vormonat	11.206	10.430	776	6,9%	87
Änderung dazu	+2,2%	-1,7%	+54,6%		
Vorjahr	10.050	9.350	700	7,0%	94
Änderung dazu	+13,9%	+9,6%	+71,4%		

Nach Bereichen

Vermietung	6.069	5.638	431	7,1%	96
Events Automobil	4.008	3.383	625	15,6%	92
Events Sport	1.145	871	274	23,9%	89
Events Kultur***	344	308	36	10,5%	77

*   Angaben in T€
**   Höchstwert 100
***   Nur Lizenzeinnahmen von Cult-Art S.A.

Abb. 3.27 Finanzbericht der QualityRent AG

sourcen sind beispielsweise Maschinen und Anlagen, Rohstoffe, Standorte oder auch finanzielle Mittel. Immaterielle Ressourcen sind insbesondere das Know-how der Mitarbeiter eines Unternehmens, aber auch andere immaterielle Objekte wie Patente, der Markenname oder das Unternehmensimage.

- Mit der zweiten Kompetenzart – *Fähigkeiten* – beschreibt man demgegenüber, inwieweit ein Unternehmen in der Lage ist, seine Ressourcen durch eine zielorientierte Ausrichtung und Koordination auch zu nutzen. Fähigkeiten finden ihren Ausdruck in der Organisation des Unternehmens, den Prozessen, die im Unternehmen ablaufen, und den Führungssystemen (zum Beispiel Planungs- und Kontrollsysteme, Anreizsysteme), die dabei zum Einsatz kommen.

Die Ressourcen und Fähigkeiten eines Unternehmens bestimmen in ihrer Gesamtheit darüber, welche Leistungen dieses erbringen kann. Letztlich sind sie es, durch die sich ein Unternehmen von allen anderen Unternehmen unterscheidet – ihre Kompetenzbasis macht Unternehmen einzigartig (vgl. Knyphausen 1993). Dieser Grundgedanke wurde durch den so genannten „ressourcenorientierten Ansatz" des strategischen Managements dahingehend weiterentwickelt, dass man Ressourcen und Fähigkeiten als die Hauptursache des Unternehmenserfolgs herausstellte. Jene Ressourcen und Fähigkeiten, die dabei unter den speziellen Wettbewerbsbedingungen eines Unternehmens besonders erfolgskritisch sind, werden auch als *Kernkompetenzen* („core competencies") bezeichnet (vgl. Prahalad und Hamel 1990).

Ob eine Ressource oder Fähigkeit in diesem Sinne erfolgskritisch ist – und damit in Abgrenzung von sonstigen (peripheren) Kompetenzen eine Kernkompetenz darstellt – wird im Allgemeinen durch zwei zentrale Fragen beantwortet (Abb. 3.28):

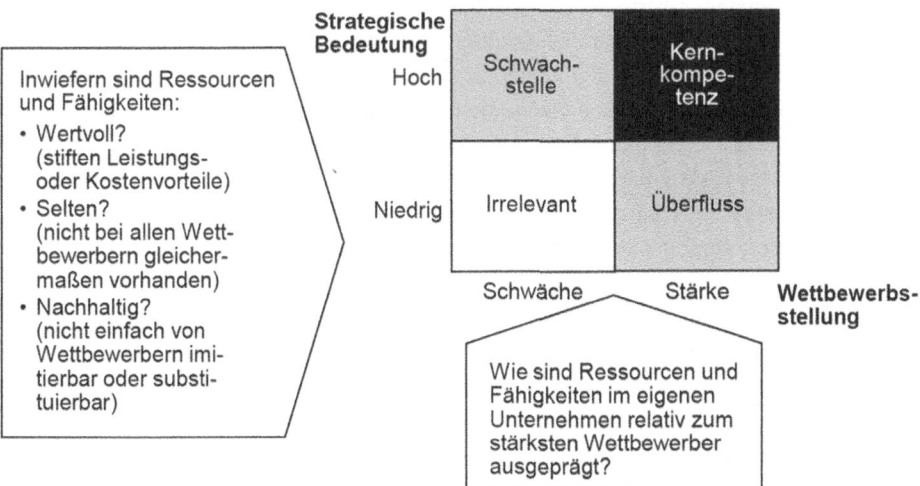

Abb. 3.28 Ressourcen und Fähigkeiten als Basis von Kernkompetenzen

- *Ist die Ressource oder Fähigkeit strategisch bedeutsam?* Dies ist vor allem dann der Fall, wenn eine Kompetenzart wertvoll ist, weil sie einen wesentlichen Beitrag dazu leistet, dass ein Unternehmen in seinen Produktmärkten einen Wettbewerbsvorteil (Kosten- oder Leistungsvorteil) schafft und verteidigt. Wertvoll sind in dem Sinne solche Ressourcen und Fähigkeiten, die selten sind – also nicht allen Wettbewerbern in gleicher Weise zur Verfügung stehen. Schließlich bleibt der Wert einer Ressource oder Fähigkeit nur dann dauerhaft hoch, wenn diese schwierig zu imitieren oder zu substituieren ist. Nur unter diesen Bedingungen kann ein Kompetenzvorsprung mit dem dazugehörigen Wettbewerbsvorteil dauerhaft verteidigt werden.
- *Ist unser Unternehmen bezüglich der Ressource oder Fähigkeit dem Wettbewerb überlegen?* Dies ist dann der Fall, wenn das Unternehmen qualitativ oder quantitativ besser mit einer Ressource oder Fähigkeit ausgestattet ist als seine relevanten Wettbewerber.

Eine Kompetenz, die einem Unternehmen in einem seiner Märkte Vorteile verschafft, ist zudem dann besonders wichtig, wenn sie übertragbar ist – wenn also Ressourcen und Fähigkeiten so breit nutzbar sind, dass sie dem Unternehmen in mehreren unterschiedlichen Märkten (im Idealfall sogar in verschiedenen Geschäftsfeldern) Vorteile im Wettbewerb verschaffen.

Um langfristig erfolgreich im Wettbewerb zu bestehen, müssen Unternehmen ihre Kernkompetenzen kennen, bestehende Kompetenzen weiterentwickeln und sich neue Kompetenzen aneignen, die ihnen Chancen im Wettbewerb eröffnen. Schon der erste Schritt, die *Analyse von Kernkompetenzen*, ist nicht einfach, da diese sich oft aus der Kombination mehrerer einzelner Ressourcen materieller und immaterieller Art in Verbindung mit besonderen Fähigkeiten ergeben. Ein einfaches Instrument, das dabei helfen kann, Kernkompetenzen systematisch zu identifizieren, ist das so genannte *Geschäftssystem*. Es basiert auf der Grundidee, dass sich die Leistungen eines Unternehmens aus einer Vielzahl einzelner Aktivitäten (Wertschöpfungsstufen) zusammensetzen (vgl. Baur und Kluge 2000). Diese Aktivitäten lassen sich in ihrer logischen Reihenfolge in einem Flussdiagramm darstellen, das mit den Aktivitäten beginnt, die am Anfang der Leistungserstellung stehen, und mit jenen Aktivitäten endet, die unmittelbar gegenüber den Kunden erbracht werden, welche die eigentliche Leistung nutzen. Zwischen diesen beiden Eckpunkten werden die übrigen Aktivitäten in ihrer logischen Folge angeordnet. So könnte beispielsweise ein einfaches Geschäftssystem durch die Aktivitäten Forschung und Entwicklung, Produktion, Marketing und Vertrieb sowie Service beschrieben werden (Abb. 3.29).

Das Geschäftssystem ist also eine vereinfachte Darstellung der physisch und technologisch unterscheidbaren Aktivitäten, die ein Unternehmen ausübt, um Leistungen für seine Kunden zu erbringen. Es sollte so gestaltet sein, dass die verschiedenen Aktivitäten nach ihrer Wichtigkeit zu Teilschritten gebündelt werden. Im Prinzip verfügt damit jedes Unternehmen über sein ganz spezielles Geschäftssystem, das sich von denen anderer Unternehmen unterscheidet. Zumindest für Unternehmen einer Branche lassen sich jedoch meist gemeinsame Grundstrukturen in ihren Aktivitäten erkennen, die es rechtfertigen, für diese Unternehmen ein gemeinsames Geschäftssystem zugrunde zu legen.

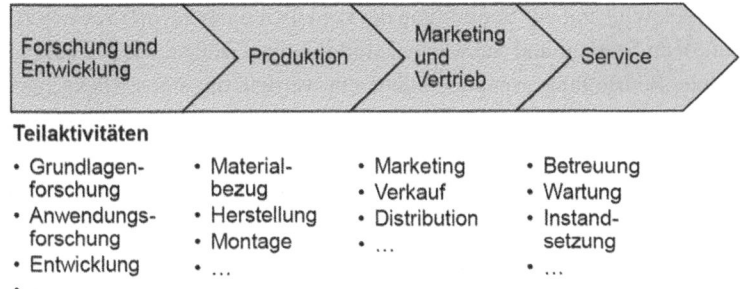

Teilaktivitäten

• Grundlagen-
  forschung
	• Material-
	  bezug
		• Marketing	• Betreuung

• Anwendungs- forschung	• Herstellung	• Verkauf	• Wartung
• Entwicklung	• Montage	• Distribution	• Instand- setzung
• ...	• ...	• ...	• ...

Abb. 3.29 Beispielhaftes Geschäftssystem eines Unternehmens

Auf der Grundlage dieses gemeinsamen Geschäftssystems können dann die Unterschiede in den Ressourcen und Fähigkeiten der betroffenen Unternehmen im Detail transparent gemacht werden.

Beispiel

Kernkompetenzen der QualityRent AG

Peter Körber ist sich bewusst, dass der Erfolg der QualityRent AG auf einigen zentralen Kernkompetenzen beruht, die das Unternehmen in der Vergangenheit aufgebaut hat. Dazu zählen unter anderem die Qualitäts- und Servicekultur, die alle Mitarbeiter des Unternehmens prägt, aber auch das europaweite Netz an Verkaufs- und Servicebüros sowie Werkstätten. Ganz entscheidend sind aber auch die Kreativität und Einsatzbereitschaft der Mitarbeiter, vor allem bei der Event-Planung, die automobile Kompetenz des Unternehmens sowie die zahlreichen Kontakte, die das Unternehmen im kulturellen, sportlichen, gesellschaftlichen und politischen Bereich besitzt. Gerade diese Kontakte sind es, die die Durchführung vieler automobiler Events ermöglichen oder zumindest erleichtern.

Diese Kernkompetenzen sind wertvoll für den Kunden, denn sie bilden die Basis für den exquisiten, unaufdringlichen Service der QualityRent AG, die durchgehend hervorragende Ausstattung der Fahrzeuge sowie die vielfältigen und innovativen Event-Angebote der QualityRent AG, die von den Kunden des Unternehmens so geschätzt werden. Gleichzeitig sind es gerade diese Faktoren, die es für Wettbewerber so schwer machen, das Geschäftsmodell der QualityRent AG nachzuahmen. Und nicht zuletzt ermöglichen vor allem diese Kernkompetenzen der QualityRent AG auch den Einstieg in neue Geschäfte, wie etwa die Bereiche Sport- und Kulturevents. Denn dort sind Kontakte, Kreativität oder Service- und Qualitätsorientierung genauso entscheidend wie im angestammten Geschäft der QualityRent AG. ◄

3.4.3.3 Zusammenfassung zur Stärken- und Schwächenanalyse

Im Ergebnis soll die interne Analyse zu einer Darstellung der Stärken und Schwächen eines Geschäftsfelds führen. Diese Darstellung setzt voraus, dass die Betrachtung des eigenen Geschäftsfelds mit der Beurteilung der konkurrierenden Unternehmen zusammen-geführt wird, denn Stärken und Schwächen sind relative Größen. Sie setzt aber auch vor-aus, dass solche Beurteilungsaspekte eingebracht werden, die einen Rückschluss auf den Erfolg im Wettbewerb gestatten, denn ein Unterschied zwischen dem eigenen Unter-nehmen und den Wettbewerbern ist nur dann wirklich wichtig, wenn er auch zu Erfolgs-unterschieden führt. Die Beurteilungskriterien, anhand derer Stärken und Schwächen ge-messen werden, sind deshalb aus Markt- und Wettbewerbssicht abzuleiten – und nicht aus der Innensicht des beurteilenden Unternehmens. Vor diesem Hintergrund empfiehlt sich folgende, dreistufige Vorgehensweise zur Ermittlung von Stärken und Schwächen.

Im ersten Schritt wird das *Geschäftssystem* des untersuchten Unternehmens bestimmt. Dieses Geschäftssystem ergibt sich aus den physischen und technologisch differenzier-baren Aktivitäten, die das Geschäftsfeld ausübt, um bestimmte Leistungen für seine Kun-den zu erbringen. Es bietet die Grundstruktur für den Vergleich mit den Wettbewerbern. Dabei sollten alle Aktivitäten einbezogen werden, die grundsätzlich zu einem bestimmten Geschäft (einer bestimmten Branche) gehören, unabhängig davon, ob diese in allen Fällen auch selbst erbracht oder möglicherweise im Wege des „Outsourcing" auf andere Unter-nehmen übertragen worden sind. Schon dieser Aspekt kann nämlich zu Unterschieden zwischen Wettbewerbern führen, die möglicherweise Stärken oder Schwächen begründen.

Im zweiten Schritt sind dann die *Erfolgsfaktoren* zu identifizieren, die in einem be-stimmten Geschäft insgesamt und differenziert für die einzelnen Teilaktivitäten des Ge-schäftssystems von Bedeutung sind. Letztlich liegt nur dann eine Stärke (Schwäche) vor, wenn ein Unternehmen einen im Wettbewerb kritischen Faktor besser (schlechter) erfüllt als seine Konkurrenten. Unterschiede zwischen Wettbewerbern, die sich auf nicht-erfolgskritische Faktoren beziehen, sind demgegenüber von nachgeordneter Bedeutung. Die zentrale Fragestellung muss demnach lauten: Welche Leistungen sind in diesem Ge-schäft in jeder einzelnen Aktivität notwendig, um erfolgreich im Markt bestehen zu kön-nen? In diesem Sinne können Merkmale wie zum Beispiel Innovationsfähigkeit, Technologie-Know-how, Flexibilität, Marktabdeckung, Kundenkenntnisse, Finanzkraft oder ähnliches als geschäftsspezifische Anforderungen abgeleitet und formuliert werden (Abb. 3.30).

Die so ermittelten Erfolgsfaktoren dienen dann im dritten Schritt als Beurteilungs-kriterien, anhand derer die *Stärken und Schwächen* des Geschäftsfelds in den einzelnen Aktivitäten relativ zur Konkurrenz bestimmt werden. Stärken des eigenen Unternehmens liegen dann vor, wenn dieses erfolgskritische Anforderungen besser erfüllt als die Konkur-renten. Ergibt die Beurteilung einen Vorteil für die Wettbewerber, so liegt eine Schwäche vor. Dabei sollte sich das Unternehmen zunächst direkt mit seinem stärksten Wettbewerber vergleichen. Zudem sollte aber auch ein Vergleich mit einem fiktiven „best-in-class"-Wett-bewerber durchgeführt werden. Dieser lässt sich gedanklich schaffen, indem für jede Teil-aktivität, die zu beurteilen ist, jenes Unternehmen als Vergleichsmaßstab gewählt wird, das die jeweilige Aktivität insgesamt am besten erbringt. Die Ergebnisse dieser Analyse kön-nen dann zum Beispiel in Form einer Profildarstellung zusammengefasst werden, welche

Abb. 3.30 Profildarstellung
von Stärken und Schwächen

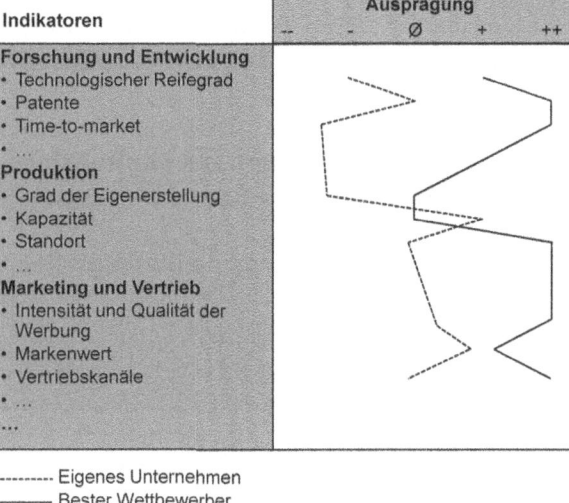

---------- Eigenes Unternehmen
———— Bester Wettbewerber

die eigenen Stärken und Schwächen relativ zu einem (möglicherweise fiktiven) „Besten der Besten" ausweist (Abb. 3.30). Damit ist eine wesentliche analytische Grundlage für die eigene Strategiegestaltung gelegt.

Verständnisfragen

1. Erläutern Sie die Grundidee der SWOT-Analyse.
2. Beschreiben Sie das Ziel und die grundsätzliche Herangehensweise an die Analyse der Makroumwelt.
3. Erläutern Sie Zielsetzung, Aufbau und Anwendung des Branchenstruktur-Modells von Porter.
4. Welche Ansatzpunkte einer finanziellen Analyse von Unternehmen können unterschieden werden? Welchen Zweck erfüllt eine solche finanzielle Analyse?
5. Durch welche Merkmale sind Kernkompetenzen gekennzeichnet? Was sind im Unterschied dazu Ressourcen und Fähigkeiten?
6. Was ist ein Geschäftssystem und wie kann ein Geschäftssystem genutzt werden, um eine Stärken- und Schwächenanalyse durchzuführen?

Diskussionsfragen

1. Nutzen Sie das Branchenstruktur-Modell zur Analyse der Branchenumwelt der QualityRent AG. Beachten Sie, dass Sie zu diesem Zweck zunächst einmal die relevante Branche abgrenzen müssen.
2. Führen Sie eine finanzielle Analyse der QualityRent AG durch. Nutzen Sie dafür die Daten der Bilanz sowie der Gewinn- und Verlustrechnung aus Kap. 1 dieses Buchs.

3. Stellen Sie für jedes Geschäftsfeld der QualityRent AG ein Geschäftssystem auf und führen Sie eine Stärken- und Schwächenanalyse durch.
4. Erstellen Sie eine SWOT-Matrix für die QualityRent AG.

3.5   Herausforderungen der Digitalisierung für Strategiegestaltung und strategische Analyse

3.5.1   Strategiegestaltung in einer digitalen Welt

Die Strategiegestaltung in einer digitalen Welt basiert grundsätzlich auf ganz ähnlichen Überlegungen und Herangehensweisen wie die bereits beschriebene Strategiegestaltung auf Geschäftsfeldebene (vgl. Abschn. 3.3). Auch bei der Strategiegestaltung in einer digitalen Welt geht es also um die Beantwortung der Frage, wie das Unternehmen in einem (digitalen) Geschäft operieren soll, um im Wettbewerb erfolgreich zu sein. Dafür ist es notwendig, eine Wettbewerbsstrategie zu gestalten, die Wettbewerbsvorteile gegenüber Konkurrenten sichert.

Der wesentliche Unterschied zur traditionellen Strategiegestaltung liegt jedoch in den Produkten und Services sowie den dahinterstehenden Prozessen, die Gegenstand der Wettbewerbsstrategien sind. Strategiegestaltung in einer digitalen Welt bezieht sich nämlich auf digitale Produkte, Services und Prozesse, d. h. auf solche, die die Möglichkeiten digitaler Technologien nutzen. Dementsprechend ist das Spektrum digitaler Produkte, Services und Prozesse sehr vielfältig. Autonome Rasenmäher, Staubsauger oder Autos zählen genauso dazu wie automatisierte Übersetzungsprogramme oder besser koordinierte und damit schnellere Lieferservices. Digitale Produkte, Services und Prozesse zeichnen sich im Vergleich zu physischen Produkten und Services häufig durch eine höhere Umsetzungs- und Veränderungsgeschwindigkeit, durch eine höhere technologische Komplexität und durch vielfältigere Weiterentwicklungsmöglichkeiten (Generativität) aus (vgl. Nambisan et al. 2019).

Dies bedeutet jedoch nicht, dass digitale Produkte, Services und Prozesse eine radikal andere Strategiegestaltung erfordern. Vielmehr geht es bei der Strategiegestaltung für eine digitale Welt meist darum, bereits vorhandene Kundenbedürfnisse besser, schneller oder effizienter zu erfüllen. So ist es beispielsweise dem Baustoffhersteller Knauf durch die Digitalisierung von Prozessen gelungen, seinen Kunden innerhalb von einer statt vier Stunden Baumaterial nachzuliefern, wenn es zu einem ungeplanten Ausfall kommt (vgl. Simon 2019). Eher selten, wie z. B. in der Taxibranche durch Uber oder in der Hotelbranche durch Airbnb, kommt es zu disruptiven Veränderungen durch digitale Produkte und Services. Gleichzeitig verdrängen digitale Produkte, Services und Prozesse in der Regel die physischen Produkte und Services nicht, sondern sie ergänzen diese. So gehen nicht nur viele Handelsunternehmen wie Rewe oder Ikea den Schritt in die digitale Welt und eröffnen Online-Shops, sondern es lassen sich genauso Online-Händler wie Amazon oder der Online-Optiker Mister Spex beobachten, die zusätzlich auf physische Verkaufsstandorte setzen (vgl. Furr und Shipilov 2019).

Dennoch bieten digitale Produkte, Services und Prozesse besondere Chancen für die Strategiegestaltung. Dies betrifft alle relevanten strategischen Positionen, d. h. sowohl die Differenzierungs- als auch die Kosten-/Preisführerschafts- und die Outpacing-Strategie (vgl. Abschn. 3.3.2.1):

- Eine *Differenzierungsstrategie* erfordert, dass Kunden die Leistungen des Unternehmens als einzigartig ansehen. Durch digitale Produkte, Services und Prozesse sind vielfältige, neue Möglichkeiten entstanden, um diese Einzigartigkeit herzustellen. Hotelbuchungsplattformen wie Booking.com bieten z. B. über eine digitale Plattform schnellere und einfachere Möglichkeiten der Hotelsuche und -buchung. Der Werkzeugmaschinenhersteller Trumpf ist in der Lage, innerhalb von vier Stunden nach Zusendung der entsprechenden Zeichnung durch den Kunden individuelle Werkzeuge zu fertigen und zu versenden – ein Prozess, der bis vor kurzem vier Tage benötigte (vgl. Simon 2019).
- Unternehmen, die eine Strategie der *Kosten-/Preisführerschaft* verfolgen, bieten ihren Kunden ein ähnliches Produkt oder einen ähnlichen Service wie Wettbewerber, allerdings zu einem geringeren Preis. Gerade digitale Prozesse erweitern die Möglichkeiten für die Gestaltung einer solchen Strategie der *Kosten-/Preisführerschaft*. So fungiert beispielsweise das Unternehmen ControlExpert als Dienstleister für Versicherungsunternehmen und wickelt Kfz-Schäden digital und automatisiert über eine Plattform ab. Für Versicherungsunternehmen bedeutet diese Prozessdigitalisierung und Verlagerung an einen Dienstleister eine enorme Kostenreduktion, da sie einen ursprünglich sehr personalintensiven Prozess vereinfachen und beschleunigen konnten (vgl. Simon 2019).
- Unternehmen, die eine Strategie der Differenzierung und der Kosten-/Preisführerschaft miteinander verbinden, verfolgen eine *Outpacing-Strategie*. Gerade digitale Produkte, Services und Prozesse bieten hervorragende Möglichkeiten, um eine solche Outpacing-Strategie zu verwirklichen. Beispielsweise hat das Kölner Unternehmen DeepL eine auf künstlicher Intelligenz basierte Übersetzungssoftware entwickelt, die Texte in 26 Sprachen übersetzt – mit höchster Qualität, wie Vergleichstests zeigen, und teilweise sogar kostenlos (vgl. Simon 2019). Und der Online-Händler Amazon ist nicht zuletzt deshalb so erfolgreich, weil es ihm gelingt, schnelle Lieferung (als wichtiges Leistungsmerkmal aus Kundensicht) mit niedrigen Preisen zu kombinieren. Für beides legen digitale bzw. digital unterstützte Prozesse die Grundlage.

Digitale Produkte, Services und Prozesse bieten jedoch nicht nur Chancen für den Aufbau neuer oder zusätzlicher Wettbewerbsvorteile. Vielmehr bringen sie auch zahlreiche Risiken mit sich. Die höhere Umsetzungs- und Veränderungsgeschwindigkeit, die höhere technologische Komplexität und die vielfältigeren Weiterentwicklungsmöglichkeiten, die charakteristisch für digitale Produkte, Services und Prozesse sind, können nämlich auch von Wettbewerbern genutzt werden. Gleichzeitig tragen diese Eigenschaften auch dazu bei, dass Kundenbedürfnisse sich schneller und umfassender ändern können (vgl. Nambisan et al. 2019). Dadurch besteht die Gefahr, dass bestehende Wettbewerbsvorteile schneller obsolet werden, weil Kundenbedürfnisse sich ändern oder Wettbewerber auf- bzw. sogar überholen. Um dieser Gefahr entgegenzuwirken, sind umfassendere und schnellere strategische Analysen notwendig. Digitale Technologien liefern auch dafür eine hervorragende Grundlage.

3.5.2 Strategische Analyse in einer digitalen Welt

Auch in einer digitalen Welt besteht die zentrale Aufgabe der strategischen Analyse darin, ein umfassendes Verständnis der gegenwärtigen und zukünftigen Situation eines Unternehmens in seinen Umfeldern zu gewährleisten. Dafür können traditionelle Instrumente wie die Analyse der Makroumwelt oder Porters Branchenstrukturmodell immer noch hilfreich sein (vgl. Abschn. 3.4.2). Allerdings sollten diese Instrumente (1) um Methoden der strategischen Analyse ergänzt werden, die Dynamik, Komplexität und Unsicherheit als wichtige Merkmale digitaler Produkte, Services und Prozesse besser erfassen können. Darüber hinaus müssen (2) die Möglichkeiten der datengetriebenen Entscheidungsunterstützung, die digitale Technologien bieten, umfassend genutzt werden.

3.5.2.1 Instrumente der strategischen Analyse in einer digitalen Welt

Das strategische Management hat verschiedene Instrumente entwickelt, die in der Lage sind, Dynamik, Komplexität und Unsicherheit in der Unternehmensumwelt zu berücksichtigen und so eine bessere Grundlage für strategische Entscheidungen in einer digitalen Welt zu schaffen. Eines der wichtigsten Instrumente in diesem Kontext ist die Szenarioplanung. Die Nutzung von Szenarien, d. h. alternativen Zukunftsbildern, im Rahmen der strategischen Analyse öffnet den Blick der Unternehmensführung für alternative Entwicklungen im Unternehmensumfeld. Gleichzeitig zwingt die Szenarioplanung die Unternehmensführung dazu, alternative strategische Optionen zu formulieren, um den unterschiedlichen Zukunftsbildern gerecht zu werden. Damit fördert die Szenarioplanung die Entwicklung flexibler Wettbewerbsstrategien, die in dynamischen, komplexen und unsicheren (digitalen) Umfeldern sehr nützlich sein können, weil sie gegebenenfalls eine schnelle Anpassung an Umfeldveränderungen erlauben. Die Arbeit mit Szenarien im Rahmen der strategischen Analyse in einer digitalen Welt ist aber auch deshalb hilfreich, weil die Szenarioplanung externe Anspruchsgruppen in die Strategieentwicklung einbezieht. Gerade in Zeiten schneller Veränderungen und hoher Technologiedynamik kann die Unternehmensführung so sicherstellen, dass Strategien nicht mit einem zu einseitigen Blickwinkel erstellt und relevante politische, technologische, ökologische oder soziale Entwicklungen übersehen werden (vgl. Schwenker und Wulf 2017).

Zahlreiche Ansätze der Szenarioplanung sind in der Vergangenheit in Managementforschung und -praxis entwickelt worden. Beispielhaft sei hier der Ansatz der szenariobasierten strategischen Planung genannt, der strategische Analyse und Strategiegestaltung in einer dynamischen, komplexen und unsicheren (digitalen) Welt in besonderer Weise unterstützt. Dieser Ansatz entwickelt Szenarien und szenario-basierte Strategien in einem sechsstufigen Prozess (vgl. Schwenker und Wulf 2013):

- In einem ersten Prozessschritt wird das Ziel für das Szenarioprojekt festgelegt, d. h. es wird festgelegt, für welches (digitale) Geschäft bzw. für welche (digitalen) Produkte, Services oder Prozesse Zukunftsbilder und entsprechende Strategien entwickelt werden sollen. Gleichzeitig wird der strategische Planungszeitraum – meist vier bis acht Jahre – definiert.
- Im zweiten Prozessschritt, der Wahrnehmungsanalyse, werden wichtige Faktoren ermittelt, die die Entwicklung des untersuchten (digitalen) Geschäfts in den nächsten Jahren beeinflussen können. Dafür werden interne und externe Experten befragt, die relevante Einflussfaktoren nennen und bewerten sollen. Das Ziel der Wahrnehmungsanalyse besteht somit darin, wichtige Einflussfaktoren auf das eigene Geschäft zu erfassen und gleichzeitig die eigenen Annahmen und Denkmuster zu hinterfragen.
- Im dritten Prozessschritt – der Trend und Unsicherheitsanalyse – sichtet, bewertet und priorisiert die Unternehmensführung die im vorangegangenen Schritt identifizierten Einflussfaktoren. Insbesondere geht es darum, Einflussfaktoren in Abhängigkeit ihrer Wichtigkeit und Unsicherheit als Trends oder Kernunsicherheiten zu kategorisieren.
- Im vierten Prozessschritt – der Szenarioentwicklung – werden die wichtigsten Kernunsicherheiten zu zwei Szenariodimensionen verdichtet, die gemeinsam die Szenariomatrix bilden. Aus deren vier Feldern resultieren automatisch vier Szenarien. Diese Zukunftsbilder sowie die Entwicklungspfade zu diesen Szenarien werden umfassend beschrieben.
- Im fünften Prozessschritt – der Strategiedefinition – werden strategische Maßnahmen für diese Szenarien abgeleitet. Sogenannte Kernstrategien beschreiben Maßnahmen, die in allen Szenarien sinnvoll erscheinen, während strategische Optionen nur in einzelnen Szenarien geeignet sind.
- Im sechsten und letzten Prozessschritt – dem Monitoring – erfolgt eine kontinuierliche Beobachtung der Unternehmensumwelt, um zu entscheiden, welche strategischen Optionen neben den Kernstrategien umgesetzt werden. Dafür steht ein Szenario Cockpit zur Verfügung, das das jeweils relevante Szenario, aber auch Veränderungen der Unternehmensumwelt erfasst, um Anpassungen in der Ressourcenallokation zu ermöglichen.

Insgesamt erscheint die Szenarioplanung als besonders geeignet, um strategische Entscheidungen in einer digitalen Welt vorzubereiten, die durch hohe Veränderungsgeschwindigkeit, durch technologische Komplexität und durch Generativität gekennzeichnet ist.

3.5.2.2 Datengrundlagen der strategischen Analyse in einer digitalen Welt

Neben neuen Instrumenten verlangt die strategische Analyse in einer digitalen Welt auch eine umfassendere Datenunterstützung – sowohl im Bereich der Datengewinnung als auch im Bereich der Datenanalyse. Digitale Technologien ermöglichen genau diese Unterstützung (vgl. Abschn. 1.4).

- Im Bereich der Datengewinnung spielt *Big Data* eine zunehmend wichtige Rolle. Unternehmen erheben täglich große Mengen oft unstrukturierter Daten. Allerdings gelingt es ihnen häufig nicht, diese Daten auch nutzbar zu machen, da sie mit herkömmlichen Methoden kaum verarbeitet und interpretiert werden können. Im Rahmen der strategischen Analyse sind Unternehmen daher gefordert, die Voraussetzung für den Umgang mit *Big Data* zu schaffen (vgl. Baumann et al. 2020).
- Bei der Datenanalyse geht es darum, Big Data intelligent auszuwerten, um Schlussfolgerungen für die Strategiegestaltung ziehen zu können. In diesem Kontext spielen z. B. *Predictive Analytics* und Systeme der *Künstlichen Intelligenz* eine wichtige Rolle. Predictive Analytics leitet aus Daten zu Verhalten oder Ereignissen in der Vergangenheit Vorhersagen für zukünftiges Verhalten oder Ereignisse ab und kann z. B. für Risikoeinschätzungen oder für die Vorhersage von Trends genutzt werden. Durch die Verbindung mit Systemen künstlicher Intelligenz, die in der Lage sind zu lernen und Schlussfolgerungen zu ziehen, werden die Möglichkeiten der Vorhersage, aber auch der Erkennung von Trends noch weiter verbessert (vgl. Bughin et al. 2017).

Durch eine umfassendere Datenunterstützung im Rahmen der strategischen Analyse sind Unternehmen in der Lage, komplexe Marktentwicklungen, die für digitale Produkte und Services typisch sind, schneller zu erfassen und neue Trends frühzeitig zu erkennen. In Kombination mit alternativen Methoden der strategischen Analyse, wie z. B. der Szenarioplanung, können Unternehmen so ihr Blickfeld erweitern und Wachstumsmöglichkeiten schneller erkennen, die insbesondere ein digitales Wettbewerbsumfeld bietet (vgl. Mulligan et al. 2021).

Insbesamt bietet die Digitalisierung Unternehmen vielfältige Chancen, um Wettbewerbsstrategien neu oder anders zu gestalten und so Wettbewerbsvorteile auf- und auszubauen, die die Grundlage für langfristigen Erfolg legen. Die Entwicklung solcher Wettbewerbsstrategien erfordert jedoch neue Methoden der strategischen Analyse und die umfassendere Nutzung von Daten.

Verständnisfragen

1. Erläutern Sie die Chancen und Herausforderungen für die Strategiegestaltung in einer digitalen Welt. Gehen Sie dabei auf die drei wichtigsten strategischen Positionen ein.
2. Verdeutlichen Sie, warum die Szenarioplanung ein geeignetes Instrument für die strategische Analyse in einer digitalen Welt ist.
3. Beschreiben Sie die Prozessschritte der szenario-basierten strategischen Planung.

1. Zeigen Sie beispielhafte Möglichkeiten der QualityRent AG auf, neue digitale Produkte, Services und Prozesse zu gestalten. Wie können diese digitalen Produkte, Services und Prozesse die Positionierung der QualityRent AG verändern? Wo liegen Risiken?
2. Beschreiben Sie die Vorgehensweise zur Entwicklung einer szenario-basierten strategischen Planung für die QualityRent AG.

Literatur

Abell, D.: Defining the Business: The Starting Point of Strategic Planning, Englewood Cliffs 1980.

Andrews, K.: The Concept of Strategy, 3. Aufl., Homewood 1987.

Ansoff, H.: Corporate Strategy, New York 1965.

Backhaus, K., Plinke, W.: Strategische Allianzen als Antwort auf veränderte Wettbewerbsstrukturen, in: Strategische Allianzen, Hrsg. K. Backhaus, K. Piltz, Zeitschrift für betriebswirtschaftliche Forschung, Sonderheft 27/1990, S. 23 ff.

Backhaus, K., Voeth, M.: Industriegütermarketing, 10. Aufl., München 2014.

Baumann, F. F., Brunner, N. B., Tokarski, K. O.: Big Data Analytics, in: Schellinger, J., Tokarski, K. O., Kissling-Näf, I. (Hrsg.): Digitale Transformation und Unternehmensführung, Wiesbaden 2020, S. 223ff.

Baur, C., Kluge, J.: Die Wertkette als Instrument der strategischen Analyse, in: Praxis des strategischen Managements, Hrsg. M. Welge, A. Al-Laham, P. Kajüter, Wiesbaden 2000, S. 135 ff.

Berger, P., Ofek, E.: Diversification's Effect on Firm Value, in: Journal of Financial Economics, 37. Jg. 1995, S. 39 ff.

Besanko, D., Dranove, D., Shanley, M.: The Economics of Strategy, 6. Aufl., New York 2012.

Brandenburger, A., Nalebuff, B.: Co-opetition, New York 1996.

Bresser, R.: Strategische Managementtheorie, Berlin 1998.

Bughin, J., Hazan, E., Ramaswamy, S., Chui, M., Allas, T., Dahlström, P., Henke, N., Trench, M.: Artificial Intelligence – The Next Digital Frontier?, McKinsey Global Institute 2017.

Campbell, A., Goold, M., Alexander, M.: The Value of the Parent Company, in: California Management Review, 38. Jg. 1995, Nr. 1, S. 79 ff.

Christensen, C.: The Innovator's Dilemma, New York 2006.

Coenenberg, A., Haller, A., Schultze, W.: Jahresabschluss und Jahresabschlussanalyse, 23. Aufl., Stuttgart 2014.

Comment, R., Jarrell, G.: Corporate Focus and Stock Returns, in: Journal of Finance Economics, 37. Jg. 1995, S. 67 ff.

Enders, A., König, A., Hungenberg, H.: Wie Unternehmen radikalen Wandel meistern, in: Harvard Business Manager, 32. Jg. 2009, Heft 8, S. 20 ff.

Ernst & Young (Hrsg.): How Do Private Equity Investors Create Value? o. O. 2007.

EVCA (Hrsg.): Employment Contribution of Private Equity and Venture Capital in Europe, Zaventem 2005.

Feider, J., Schoppen, W.: Prozess der strategischen Planung – Vom Strategieprojekt zum strategischen Management, in: Handbuch Strategische Führung, Hrsg. H. Henzler, Wiesbaden 1988, S. 675 ff.

Furr, N., Shipilov, A.: Digital heißt nicht disruptive, in: Harvard Business Manager, 19. Jg. 2019, Heft 11, S. 50ff.

Gerpott, T.: Integrationsgestaltung und Erfolg von Unternehmensakquisitionen, Stuttgart 1993.

Ghemawat, P.: Sustainable Advantage, in: Harvard Business Review, 64. Jg. 1986, Nr. 1, S. 53 ff.

Gilbert, X., Strebel, P.: From Innovation to Outpacing, in: Strategy – Process, Content, Context, Hrsg. B. DeWit, R. Meyer, Minneapolis 1994, S. 239 ff.

Hahn, D.: Zweck und Entwicklung der Portfolio-Konzepte in der strategischen Unternehmungs-planung, in: Strategische Unternehmungsplanung – Strategische Unternehmungsführung, Hrsg. D. Hahn, B. Taylor, 9. Aufl., Heidelberg 2006, S. 215 ff.

Hannan, M., Freeman, J.: Structural Inertia and Organizational Change, in: American Sociological Review, 49. Jg. 1984, S. 149 ff.

Hax, A., Majluf, N.: Strategic Management, Englewood Cliffs 1984.

Hedley, B.: Strategy and the „Business Portfolio", in: Strategische Unternehmungsplanung – Strate-gische Unternehmungsführung, Hrsg. D. Hahn, B. Taylor, 8. Aufl., Heidelberg 1999, S. 373 ff.

Henderson, B.: The Experience Curve Reviewed – How Does it Work? Boston 1974.

Hungenberg, H.: Anreizsysteme für Führungskräfte – Theoretische Grundlagen und praktische Aus-gestaltungsmöglichkeiten, in: Strategische Unternehmungsplanung – Strategische Unter-nehmungsführung, Hrsg. D. Hahn, B. Taylor, 9. Aufl., Heidelberg 2006, S. 353 ff.

Hungenberg, H.: Strategisches Management in Unternehmen, 8. Aufl., Wiesbaden 2014.

Hungenberg, H., Kaufmann, L.: Kostenmanagement, 2. Aufl., München 2001.

Hutzschenreuter, T.: Electronic Competition, Wiesbaden 2000.

Karnani, A.: Generic Competitive Strategies – An Analytical Approach, in: Strategic Management Journal, 5. Jg. 1984, S. 367 ff.

Kim, W., Mauborgne, R.: Value Innovation – The Strategic Logic of High Growth, in: Harvard Busi-ness Review, 75. Jg. 1997, Nr. 1, S. 103 ff.

Kirsch, W.: Grundzüge des strategischen Managements, in: Beiträge zum Management strategischer Programme, Hrsg. W. Kirsch, München 1991.

Knyphausen, D. zu: Why Are Firms Different?, in: Die Betriebswirtschaft, 53. Jg. 1993, S. 777 ff.

Lang, L., Stulz, R.: Tobin's q, Corporate Diversification, and Firm Performance, in: Journal of Poli-tical Economy, 102. Jg. 1994, S. 1248 ff.

Markowitz, H.: Portfolio Selection, in: Journal of Finance, 7. Jg. 1952, S. 77 ff.

Meffert, H.: Marketing-Management – Analyse, Strategie, Implementierung, Wiesbaden 1994.

Meffert, H., Burmann, C., Kirchgeorg, M.: Marketing, 12. Aufl., Wiesbaden 2015.

Miles, R., Snow, C.: Organizational Strategy, Structure and Process, New York 1978.

Montgomery, C.: Corporate Diversification, in: Journal of Economic Perspectives, 8. Jg. 1994, S. 163 ff.

Mulligan, C., Northcote, N., Röder, T., Vesuvala, S.: The strategy-analytics revolution, McKin-sey&Company 2021.

Nambisan, S., Wright, M. und Feldman, M.: The digital transformation of innovation and entre-preneurship: Progress, challenges and key themes, in: Research Policy, 48. Jg. 2019, S. 103773.

Nayyar, P.: On the Measurement of Corporate Diversification Strategy: Evidence from Large U.S. Service Firms, in: Strategic Management Journal, 13. Jg. 1992, S. 219 ff.

Porter, M.: Competitive Strategy, New York 1980.

Porter, M.: Competitive Advantage, New York 1985.

Porter, M.: The Competitive Advantage of Nations, New York 1990.

Prahalad, C., Hamel, G.: The Core Competence of the Corporation, in: Harvard Business Review, 68. Jg. 1990, Nr. 3, S. 79 ff.

Ramanujam, V., Varadarajan, P.: Research on Corporate Diversification: A Synthesis, in: Strategic Management Journal, 10. Jg. 1989, S. 523 ff.

Reichmann, T.: Controlling mit Kennzahlen und Managementberichten, 7. Aufl., München 2006.

Rommel, G., Brück, F., Diederichs, R., Kempis, R.-D., Kluge, J.: Einfach überlegen, Heidelberg 2006.

Schefczyk, M.: Finanzieren mit Venture Capital – Grundlagen für Investoren, Finanzintermediäre, Unternehmer und Wissenschaftler, Stuttgart 2000.

Schubert, W., Küting, K.: Unternehmungszusammenschlüsse, München 1981.

Schwenker, B., Wulf, T. (Hrsg.): Scenario-based Strategic Planning – Developing Strategies in an Uncertain World, Wiesbaden 2013.

Schwenker, B., Wulf, T.: Ein besseres Bild der Zukunft – Wie man Ungewissheit mit Szenarien einfängt, in: Schwenker, B., Dauner-Lieb, B. (Hrsg.): Gute Strategie, Frankfurt 2017, S. 53ff.

Servaes, H.: The Value of Diversification During the Conglomerate Merger Wave, in: Journal of Finance, 51. Jg. 1996, S. 1201 ff.

Shulman, L.: Management Lessons of Premium Conglomerates, o. O. 1999.

Simon, H.: Management strategischer Wettbewerbsvorteile, in: Zeitschrift für Betriebswirtschaft, 58. Jg. 1988, S. 461 ff.

Simon, H.: Die digitalen Hidden Champions, in: Harvard Business Manager, 19. Jg. 2019, Heft 11, S. 62ff.

Stalk, G.: Time – The Next Source of Competitive Advantage, in: Harvard Business Review, 66. Jg. 1988, Nr. 4, S. 41 ff.

Timmermann, A.: Evolution des strategischen Managements, in: Handbuch Strategische Führung, Hrsg. H. Henzler, Wiesbaden 1988.

Tosi, H., Gomez-Mejia, L.: The Decoupling of CEO Pay and Performance: An Agency Theory Perspective, in: Administrative Science Quarterly, 34. Jg. 1989, S. 169 ff.

Yip, G.: Diversification Entry: Internal Development Versus Acquisition, in: Strategic Management Journal, 3. Jg. 1982, S. 331 ff.

Organisation und Organisationsgestaltung

4

Das vierte Kapitel des Buchs beschäftigt sich mit einer weiteren wichtigen Aufgabe der Unternehmensführung: der Gestaltung der Organisation. Sie legt fest, wie die Gesamtaufgabe des Unternehmens, die durch die Strategie vorgezeichnet wird, arbeitsteilig erfüllt werden kann. Sie ist damit eines der wichtigsten Instrumente, um das Handeln der Menschen im Unternehmen zu koordinieren. Im Einzelnen werden in diesem Kapitel die folgenden Fragen beantwortet:

- Was sind die grundlegenden Aufgaben und Ziele der Organisation?
- Welche idealtypischen Organisationsformen existieren und unter welchen Bedingungen werden sie eingesetzt?
- Was sind aktuelle Spezialfragen der Organisationsgestaltung?

Beispiel

Organisation der QualityRent AG

Nicht nur die strategische Ausrichtung des Unternehmens wird zurzeit innerhalb der QualityRent AG intensiv diskutiert. Vielmehr denken Peter Körber und seine Vorstandskollegen auch über die Organisation des Unternehmens und mögliche Veränderungen in diesem Bereich nach.

Lange Zeit ist das Unternehmen mit seiner Gliederung in die fünf Bereiche Fuhrparkmanagement, Marketing und Event Management, Vertrieb und Service, Personal und IT sowie Finanzen und Controlling recht gut gefahren – gerade auch, weil durch diese Struktur die einzelnen Aufgaben des Unternehmens sehr klar zugeordnet werden konnten. So ist beispielsweise der Bereich Fuhrparkmanagement europaweit für die

---

H. Hungenberg, T. Wulf, *Grundlagen der Unternehmensführung*, https://doi.org/10.1007/978-3-658-35423-7_4

Wartung und Reinigung sowie die Überführung und Bereitstellung von Fahrzeugen, aber auch für den Pannenservice verantwortlich. Zusätzlich zählen die Beschaffung neuer Automobile und Verhandlungen mit Automobilherstellern zum Aufgabenbereich des Fuhrparkmanagements. Um diese Aufgabe wahrzunehmen, ist der Bereich in die zwei Abteilungen Werkstatt- und Pannenservice sowie Beschaffung untergliedert. Der Abteilung Werkstatt- und Pannenservice wiederum sind die lokalen Werkstätten an den 15 Standorten des Unternehmens innerhalb Europas zugeordnet. Der Bereich Marketing und Event Management ist in zwei kleine und eine große Abteilung unterteilt. Die beiden kleineren Abteilungen sind für die zentrale Marktkommunikation, also Werbung und Public Relations, sowie für die Marktforschung zuständig. Darüber hinaus zählt noch die relativ große Abteilung Event Management zu diesem Bereich. Dem Vertrieb und Service sind die 15 Vertriebs- und Servicebüros des Unternehmens an verschiedenen Standorten in Europa zugeordnet. Jedes dieser Vertriebs- und Servicebüros besitzt wiederum drei untergeordnete Bereiche für Kundenbetreuung, telefonischen Kundenservice sowie Einsatzsteuerung der Chauffeure. Der Bereich Personal und IT schließlich ist in zwei Gruppen – Personalbetreuung und EDV-Services – gegliedert, während der Bereich Finanzen und Controlling in drei Gruppen unterteilt ist – die Finanzierung, die Buchhaltung und das Controlling (Abb. 4.1).

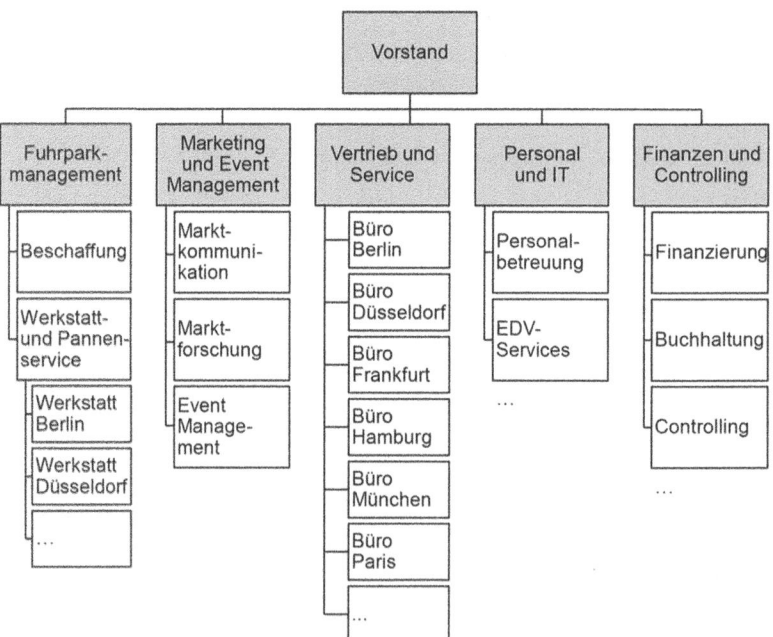

Abb. 4.1 Organigramm der QualityRent AG

Diese Organisation hat sich in den Anfangsjahren der QualityRent AG als sehr geeignet erwiesen, da die einzelnen Bereichsleiter und -mitarbeiter ihre speziellen Fähigkeiten und Erfahrungen einbringen konnten und gleichzeitig die Überschaubarkeit des Unternehmens informelle Abstimmungen ermöglichte. Mit zunehmender Größe der QualityRent AG treten jedoch immer mehr Probleme auf, die unter anderem mit der nicht mehr ganz zeitgemäßen Struktur des Unternehmens zusammenhängen. So sind manche Bereiche heute so groß und heterogen, dass sie kaum noch von einer Person geführt werden können. Der Bereich Personal und IT ist ein gutes Beispiel dafür. Darüber hinaus erweist sich die Abstimmung, gerade zwischen den operativen Bereichen, als zunehmend schwierig und langwierig.

So funktioniert beispielsweise die Kommunikation zwischen der zentralen Marktkommunikation und den regionalen Kundenbetreuern nicht immer reibungslos – mit der Folge, dass Kunden teilweise gleichzeitig Angebote aus der Zentrale und von ihren regionalen Betreuern erhalten. Noch größere Konflikte treten zwischen den regionalen Kundenbetreuern und der Abteilung Event Management auf, seit diese Abteilung begonnen hat, Kunden des Unternehmens direkt anzusprechen, ohne die zuständigen Kundenbetreuer einzuschalten. Als „nicht ganz glücklich" kritisieren Mitarbeiter zudem die Situation in den 15 Niederlassungen des Unternehmens. An jedem Standort der QualityRent AG sind nämlich sowohl ein Verkaufs- und Servicebüro als auch eine Werkstatt angesiedelt, die jeweils einen eigenen Leiter besitzen und von unterschiedlichen Unternehmensbereichen Weisungen empfangen. Dadurch treten nicht nur Abstimmungsprobleme und Zuständigkeitsüberschneidungen auf, sondern diese Konstellation verursacht auch zunehmend hohe Kosten.

Angesichts dieser Probleme kommen Peter Körber und seine Vorstandskollegen immer mehr zu der Ansicht, dass die Organisation der QualityRent AG angepasst werden muss. Sie sind sich jedoch noch nicht ganz im Klaren darüber, wie diese Anpassung erfolgen soll.

Einige Anforderungen an eine neue Organisation sind ihnen jedoch in letzter Zeit deutlich geworden. So muss zum einen sichergestellt werden, dass die Kundenorientierung, die das Unternehmen in der Vergangenheit so sehr ausgezeichnet hat, auch weiterhin erhalten bleibt. Daher erscheint es sinnvoll, auch in Zukunft an den regionalen Verkaufs- und Servicebüros festzuhalten. Es stellt sich jedoch die Frage, ob die Trennung zwischen Werkstätten und Verkaufs- und Servicebüros an jedem Standort unbedingt notwendig ist oder ob aus Kostengründen eine Zusammenlegung erfolgen kann. Darüber hinaus legt der Vorstand sehr viel Wert darauf, dass die Organisation anpassungsfähig ist und insbesondere ein weiteres Wachstum des Unternehmens ermöglicht. Und natürlich darf eine neue Organisation des Unternehmens die Mitarbeiter nicht demotivieren, sondern sollte interessante Arbeitsfelder sowie neue Karriere- und Entwicklungsmöglichkeiten aufweisen.

Peter Körber und seine Vorstandskollegen haben während ihrer jüngsten Vorstands-
sitzungen mehrere Alternativen für die Neustrukturierung ihres Unternehmens durchgespielt. Eines ist ihnen dabei zunehmend bewusst geworden: Wie die zukünftige Organisation des Unternehmens aussehen sollte, hängt ganz entscheidend von der
zukünftigen strategischen Ausrichtung der QualityRent AG ab. Solange das Unternehmen im Wesentlichen nur in einem Geschäft tätig ist, also sich lediglich mit der
Vermietung von Luxusautomobilen und der Organisation „automobiler Events" beschäftigt, erscheint die Beibehaltung der bisherigen Organisation in einer angepassten
Form durchaus sinnvoll.

Wenn die QualityRent AG sich jedoch dafür entscheiden sollte, ihre Tätigkeiten in
neue Geschäfte auszuweiten, also zum Beispiel den Bereich Event Management weiter
auszubauen, dann ist die bisherige Organisation aufgrund des dann noch weiter zunehmenden Abstimmungsbedarfs zwischen einzelnen Einheiten nicht mehr geeignet.
Für diesen Fall denkt der Vorstand über die Einführung von Produktbereichen nach –
etwa die zwei Bereiche Vermietung und automobile Events sowie Event Management.

In jedem Fall erscheint dem Vorstand jedoch eine Stärkung der regionalen Einheiten
sinnvoll. Peter Körber und seine Vorstandskollegen sind sich jedoch noch nicht sicher,
wie diese Stärkung erfolgen sollte. ◄

4.1   Aufgaben und Ziele der Organisation

4.1.1   Rolle der Organisation im Rahmen der Unternehmensführung

Im ersten Kapitel dieses Buches ist bereits deutlich geworden, dass Arbeitsteilung ein
wesentliches Merkmal von Unternehmen ist. Unternehmen bestehen aus unterschiedlichen Teilbereichen, in denen Menschen arbeiten, die verschiedene Ziele verfolgen und
jeweils andere Aufgaben erfüllen. Diese Arbeitsteilung ist notwendig, um die Gesamtaufgabe des Unternehmens mit hoher Qualität und Effizienz erfüllen zu können. Sie macht es
aber auch erforderlich, dass das Handeln der Menschen im Unternehmen koordiniert wird,
damit trotz Arbeitsteilung alle in die gleiche Richtung arbeiten – die gleichen Unternehmensziele verfolgen.

Das wichtigste Instrument, um eine solche Koordination zu bewerkstelligen, ist die
Organisation des Unternehmens. Unter dem Begriff *Organisation* werden in diesem Zusammenhang dauerhafte, grundlegende Regelungen verstanden, die die Zusammenarbeit
von Menschen im Unternehmen beeinflussen. Diese Regelungen determinieren, wie die
Gesamtaufgabe des Unternehmens auf einzelne Bereiche, Abteilungen, Gruppen und
letztlich Personen verteilt wird. Sie legen (im Grundsätzlichen) fest, wie diese Einheiten
bei der Aufgabenerfüllung verfahren sollen, und sie bestimmen, wie sich jede einzelne
Einheit bei ihrer Aufgabenerfüllung mit anderen Einheiten abstimmen soll.

Vor diesem Hintergrund lassen sich zwei *Teilaspekte der Organisation* unterschieden,
nämlich zum einen die Gestaltung der institutionellen Struktur von Aufgabenträgern, die

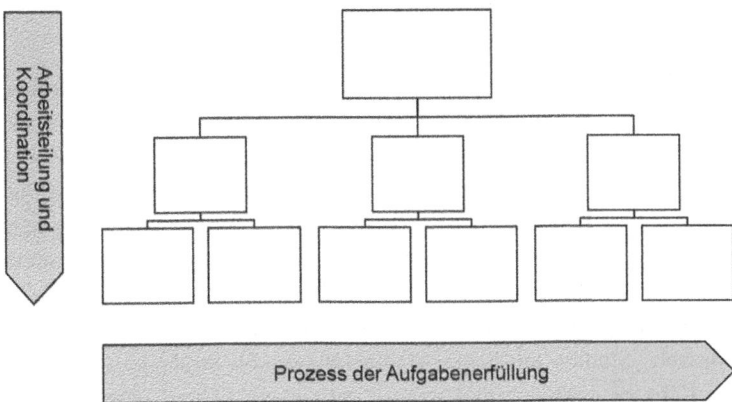

Abb. 4.2 Zusammenhang von Aufbau- und Ablauforganisation. (vgl. Ringlstetter 1997)

man auch Aufbaustruktur oder *Aufbauorganisation* nennt, und zum anderen die Gestaltung der zeitlichen und räumlichen Struktur der Aufgabenerfüllung – die *Ablauf- oder Prozessorganisation*. Wie schon Kosiol verdeutlichte (vgl. Kosiol 1976), handelt es sich hierbei aber nur um eine gedankliche Unterscheidung, bei der ein gemeinsamer Sachverhalt aus unterschiedlichen Blickwinkeln betrachtet wird: Es wird betrachtet, wie Menschen in Unternehmen arbeitsteilig Aufgaben erfüllen und welche grundsätzlichen Regelungsmöglichkeiten dabei bestehen (Abb. 4.2). Wir wollen uns zunächst auf Fragen der Aufbauorganisation konzentrieren (Abschn. 4.1 und 4.2); auf das Thema Ablauf- bzw. Prozessorganisation wird im letzten Teil dieses Kapitels (Abschn. 4.3) eingegangen.

Wie die (Aufbau-)Organisation eines Unternehmens gestaltet ist bzw. gestaltet werden sollte, hängt sehr stark von seiner besonderen Situation ab, speziell von seiner strategischen Ausrichtung. Die Aussage, dass Strategie und Organisation in einem engen Zusammenhang stehen, ist eine der klassischen Erkenntnisse der Betriebswirtschaftslehre. Sie wurde erstmals von Chandler in seiner These des *„structure follows strategy"* formuliert. Er hat diese These Anfang der sechziger Jahre aus einer historischen Untersuchung der Entwicklung U.S.-amerikanischer Unternehmen abgeleitet, in der er erkannte, dass bei diesen Unternehmen über die Jahre hin Veränderungen ihrer Strategien mit entsprechenden Anpassungen der Organisationsstrukturen einher gingen (vgl. Chandler 1962).

Den Überlegungen von Chandler folgend gilt die Strategie heute als eine der wichtigsten Einflussgrößen auf die Organisation von Unternehmen. Und aus umgekehrter Perspektive gilt das Schaffen einer strategiegerechten Organisation als maßgebliche Erfolgsbedingung für die Umsetzung einer Strategie. Die zentrale Forderung dabei lautet, die Organisation so auszugestalten, dass die Mitarbeiter des Unternehmens ihr Verhalten bestmöglich auf die strategischen Anforderungen ausrichten können (und wollen). In diesem Sinne wird die Organisation als Rahmenbedingung (als „Plattform") für das Handeln der Menschen im Unternehmen interpretiert, von deren Ausgestaltung das Mitarbeiterverhalten in hohem Maße beeinflusst wird.

Structure follows strategy– Strategy follows structure

CHANDLER war derjenige, der als erster die Beziehung zwischen Strategie und Organisation erkannte und in der Aussage „structure follows strategy" plakativ zusammenfasste. Hintergrund hierfür war eine Langzeituntersuchung U.S.-amerikanischer Unternehmen, in der er feststellte, dass diese Unternehmen mit einer zunehmenden Diversifikation – also einer veränderten Unternehmensstrategie – von einer funktionalen zu einer divisionalen Organisationsstruktur übergingen.

Aufbauend auf dieser These beschäftigten sich zahlreiche theoretische Arbeiten und empirische Studien mit dem Zusammenhang von Strategie und Struktur. Sie haben im Kern zwei Arten von Aussagen entwickelt: Erstens wurde erkannt, dass natürlich nicht nur die Strategie eine Einflussgröße auf die Organisation ist, sondern dass diese von einer Vielzahl von internen und externen Faktoren beeinflusst wird, unter denen die Strategie nur einer, wenn auch ein wesentlicher ist. Auf diesem Weg entstanden verschiedene Kontingenzansätze der Organisation. Zweitens wurde argumentiert, dass eine Beeinflussung auch in umgekehrter Richtung erfolgen kann – „strategy follows structure" lautete die entsprechende Aussage. Hiermit ist gemeint, dass eine gegebene Organisationsstruktur angesichts der mit ihr verknüpften Aufgaben- sowie Machtverteilung ihrerseits die Strategiewahl beeinflusst. In der Tat kann man in der Realität beobachten, dass die in einem Unternehmen gegebenen Strukturen nur bestimmte Strategien zulassen. Ähnlich wie bei der Frage, wie Strategien entstehen, handelt es sich hierbei aber in erster Linie um ein empirisches Phänomen, das nichts daran ändert, dass aus sachlicher Sicht die umgekehrte Beeinflussungsrichtung angestrebt werden sollte.

Literatur: Chandler 1962.

Der enge Zusammenhang von Strategie und Organisation lässt sich bei vielen Unternehmen im Laufe ihrer Entwicklung beobachten. Besonders deutlich zeigt sich dieser Zusammenhang beispielsweise in der Entwicklung des Daimler-Konzerns in den letzten zwanzig Jahren. So war die Daimler-Benz AG bis etwa 1985 ein reines Automobilunternehmen mit nur zwei wesentlichen Standbeinen. Zum einen stellte das Unternehmen ein relativ homogenes Sortiment hochwertiger Personenkraftwagen her und zum anderen war es ein bedeutender Nutzfahrzeughersteller. In beiden Geschäften wurde neben der Sicherung von Qualität und Markenimage besonderer Wert auf eine möglichst hohe Effizienz in Entwicklung, Herstellung und Vertrieb gelegt.

Diese strategische Ausrichtung des Konzerns spiegelte sich auch in der bis 1985 vorherrschenden Organisation wider. So war der Konzern auf der Ebene des Vorstands funktional in die Bereiche Forschung & Entwicklung, Produktion, Materialwirtschaft, Vertrieb, Personal- und Sozialwesen, Finanz- und Betriebswirtschaft sowie Beteiligungen gegliedert. Diese Organisation erlaubte es, infolge der funktionalen Spezialisierung und des relativ homogenen Produktprogramms Größenvorteile zu erschließen (Abb. 4.3; vgl. Bühner 1993).

Ab 1985 begann die Daimler-Benz AG dann mit einer fundamentalen Veränderung ihrer bisherigen strategischen Ausrichtung. Geleitet von der Vorstellung, dass Daimler-Benz als reines Automobilunternehmen langfristig nicht mehr wettbewerbsfähig sein würde, strebte der damalige Vorstandsvorsitzende Edzard Reuter danach, das Unternehmen zu einem „Integrierten Technologiekonzern" umzubauen, der in verschiedenen Hochtechnologiefeldern tätig sein und Synergien zwischen diesen verschiedenen Zukunftstechnologien nutzen sollte. Dementsprechend akquirierte der Daimler-Benz-Konzern zwischen Ende der achtziger und Mitte der neunziger Jahre zahlreiche Unternehmen bzw. Unternehmensteile, darunter den 50-Prozent-Anteil der MAN AG an der gemeinsamen Tochtergesellschaft MTU, die Luft- und Raumfahrtunternehmen Dornier und MBB sowie den Elektrokonzern AEG. Gleichzeitig erweiterte das Unternehmen im Automobilbereich die Modellpalette stark und dehnte insbesondere im Nutzfahrzeuggeschäft seine regionale Präsenz aus.

Zur Umsetzung dieser Strategie musste auch die Organisation des Konzerns mehrfach angepasst werden. In mehreren Teilschritten hat sich dabei bis zum Jahr 1995 eine Struktur mit den vier wesentlichen Geschäftsbereichen Mercedes-Benz AG (Automobil), Daimler-Benz Aerospace AG (Luft- und Raumfahrt), debis AG (Dienstleistungen) und AEG AG (Industrie) herausgebildet. Innerhalb dieser Geschäftsbereiche wurde weiter nach Produktbereichen gegliedert. Teilweise fanden sich aber auch Elemente einer regionalen Gliederung (zum Beispiel im Bereich Nutzfahrzeuge). In dieser neuen Organisation spiegelt sich insgesamt die stärkere Diversifikation des Konzerns wider, der nun in sehr heterogenen Tätigkeitsfeldern mit vielen unterschiedlichen Produkten tätig war (Abb. 4.4).

In der zweiten Hälfte der neunziger Jahre entwickelte der neue Vorstandsvorsitzende des Konzerns, Jürgen Schrempp, eine vollkommen neue Vorstellung von der Zukunft des Unternehmens. Geleitet vom Anspruch einer „Wertorientierten Unternehmensführung", das heißt einer Orientierung am Shareholder Value, betrieb Schrempp eine Konzentration auf die Kernaktivitäten im Bereich Automobil sowie einen Rückzug aus unrentablen Geschäftsbereichen. Im Rahmen dieser strategischen Neuorientierung wurden unter anderem

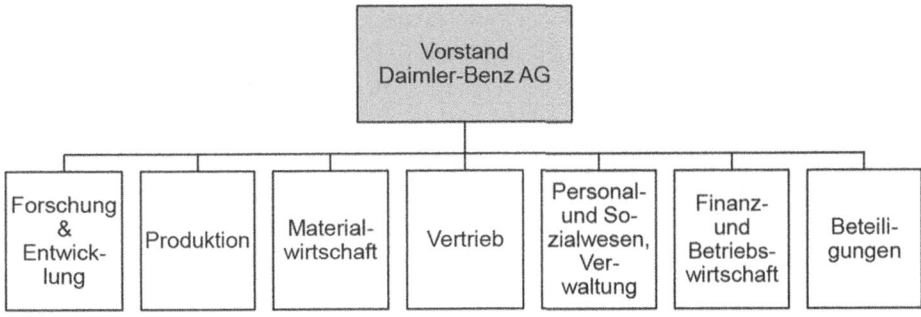

Abb. 4.3 Organigramm der Daimler-Benz AG bis ca. 1985

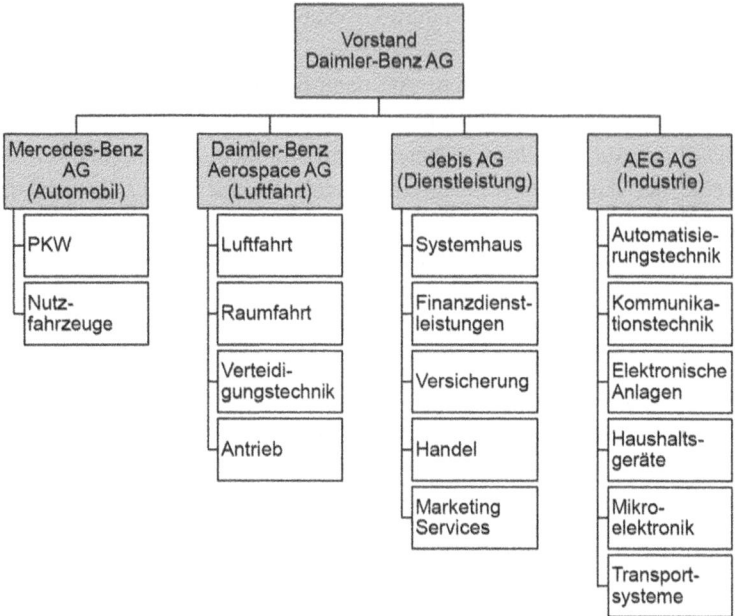

Abb. 4.4 Organigramm der Daimler-Benz AG 1995

die AEG aufgelöst und wesentliche Teile dieses Geschäftsbereichs verkauft. Auch die Aktivitäten im Dienstleistungsbereich (debis) wurden stark fokussiert, und das Luft- und Raumfahrtgeschäft wurde in das europäische Gemeinschaftsunternehmen EADS eingebracht. Darüber hinaus fusionierte die Daimler-Benz AG im Jahr 1998 mit dem amerikanischen Automobilhersteller Chrysler und machte damit einen großen Schritt hin zu einem global präsenten Automobilhersteller.

Auch diese veränderte strategische Ausrichtung schlug sich wieder in weitreichenden organisatorischen Veränderungen des DaimlerChrysler-Konzerns nieder. So wies der Konzern im Jahr 2001 fünf Geschäftsbereiche auf, von denen drei einen klaren automobilen Hintergrund hatten, die Bereiche Mercedes-Benz Passenger Cars & Smart, die Chrysler Group sowie der Bereich Commercial Vehicles, der das Nutzfahrzeuggeschäft umfasste. Hinzu kam ein wesentlich verkleinerter Geschäftsbereich DaimlerChrysler Services und ein weiterer Bereich, der alle verbliebenen industriellen Geschäfte umfasste. Gerade der letztgenannte Bereich wurde sukzessive verkauft, so dass sich die DaimlerChrysler AG als ein international aufgestellter Automobilkonzern präsentierte (Abb. 4.5).

Die in den neunziger Jahren begonnene Fokussierung auf das Automobilgeschäft, verbunden mit dem Rückzug aus anderen industriellen Geschäften, wurde auch zu Beginn des neuen Jahrtausends fortgesetzt. Im Zuge dieser Konzentration auf das Kerngeschäft wurde beispielsweise im Jahr 2005 MTU an einen schwedischen Finanzinvestor verkauft.

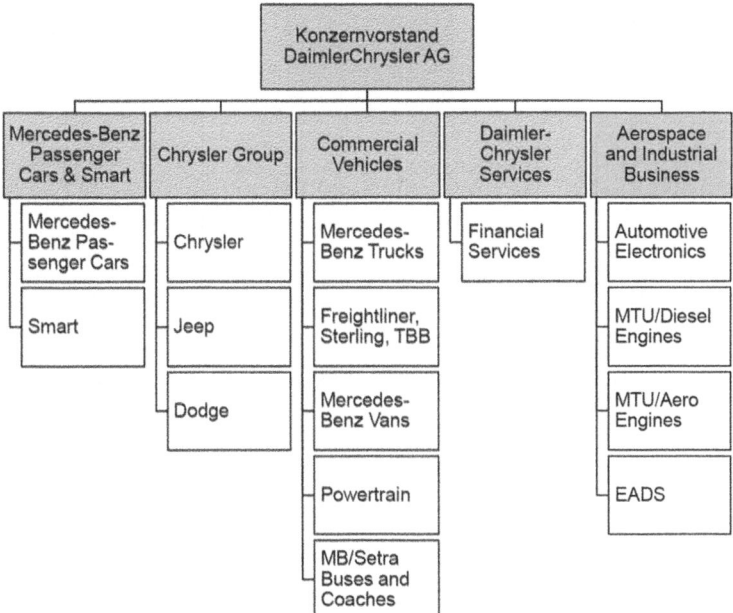

Abb. 4.5 Organigramm der DaimlerChrysler AG 2001

Nachdem auch der Bereich Dienstleistungen bereits Ende der neunziger Jahre sehr stark auf den Fahrzeugbereich ausgerichtet worden war, nahm die Bedeutung dieses Verbunds weiter stetig zu. Dies war darauf zurückzuführen, dass sich die Finanzierung immer stärker zu einem integralen Bestandteil der Wertschöpfungskette der Automobilhersteller entwickelte – so auch bei Daimler. Die wahrscheinlich spektakulärste Veränderung der letzten Jahre fand 2007 statt: Nachdem die Absätze von Chrysler trotz hoher Rabatte eingebrochen waren, was zu hohen operativen Verlusten geführt hatte, entschloss man sich, einen Mehrheitsanteil von Chrysler an den US-Finanzinvestor Cerberus zu verkaufen. Seit der Trennung von Chrysler firmiert das Unternehmen als Daimler AG.

Auch diesmal ging mit diesen strategischen Veränderungen eine Anpassung der Organisationsstrukturen einher. So wurde das Industriegeschäft als eigenständiger Geschäftsbereich aufgelöst. Die wachsende Bedeutung der Finanzierung spiegelt sich in einem Geschäftsfeld mit der Bezeichnung „Financial Services" wider und selbstverständlich verschwand nach dem Verkauf der Mehrheit an Chrysler der Bereich Chrysler Group aus dem Organigramm (Abb. 4.6).

Insgesamt zeigt dieses Beispiel, dass die Organisation stets der strategischen Entwicklung des Unternehmens gefolgt ist, weil sie ein wesentliches Element zur Umsetzung der jeweiligen Strategie ist. Daher besitzt die Gestaltung der Organisation ähnlich hohe Erfolgsbedeutung wie die Formulierung einer Strategie selbst (vgl. Macharzina und Wolf 2008).

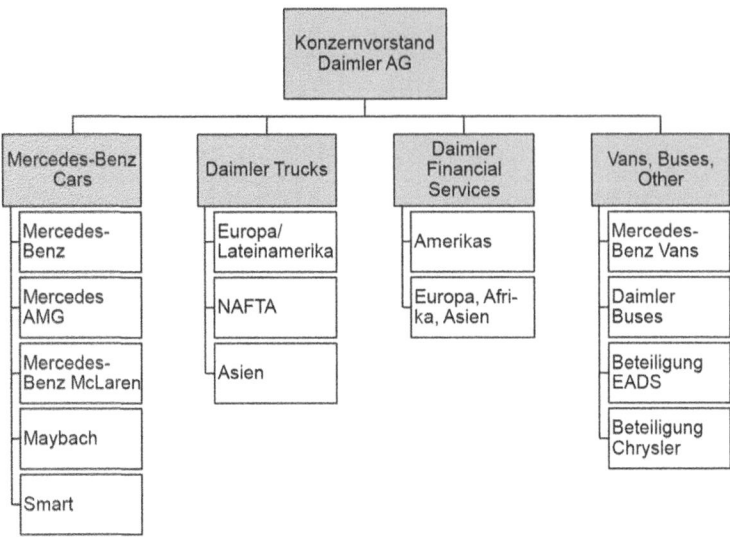

Abb. 4.6 Organigramm der Daimler AG 2007

Beispiel

Strategie und Struktur bei der QualityRent AG

Ein enger Zusammenhang zwischen Strategie und Struktur existiert auch bei der QualityRent AG. Im Rahmen ihrer Überlegungen zur zukünftigen strategischen Ausrichtung des Unternehmens haben Peter Körber und seine Vorstandskollegen erkannt, dass die Gestaltung der Organisation eng mit diesem Themenkomplex zusammenhängt und dass die Frage, inwieweit Strategie und Organisation zueinander passen, letztlich auch über den Erfolg der Strategie entscheidet. Solange das Unternehmen im Wesentlichen nur in einem Geschäft tätig ist, also sich lediglich mit der Vermietung von Luxusautomobilen und der Organisation „automobiler Events" beschäftigt, erscheint die Beibehaltung der bisherigen Organisation in einer angepassten Form durchaus sinnvoll. Wenn die QualityRent AG sich jedoch dafür entscheiden sollte, ihre Tätigkeiten in neue Geschäfte auszuweiten, also beispielsweise den Bereich Event Management gleichwertig auszubauen, dann ist die bisherige Organisation aufgrund des dann noch weiter zunehmenden Abstimmungsbedarfs zwischen einzelnen Einheiten nicht mehr geeignet. Für diesen Fall denkt der Vorstand über die Einführung von Produktbereichen nach – zum Beispiel die Bereiche Vermietung und automobile Events sowie Event Management. In jedem Fall erscheint dem Vorstand jedoch eine Stärkung der regionalen Einheiten sinnvoll. ◄

4.1.2 Anforderungen an die Organisation

Die Fragen, welche Organisation zu welchen Strategien passt bzw. welche Organisation welche Strategien unterstützt, lässt sich kaum allgemeingültig beantworten. Zu vielfältig sind die Einflussgrößen, die insgesamt auf die Organisation wirken: die Komplexität und

Dynamik der Unternehmensumwelt, die Heterogenität des Unternehmens, seine regionale Ausdehnung, Art und Bedeutung von Technologien, die Eigentümerstruktur des Unternehmens – all dies sind Faktoren, die mitbestimmen, welche Struktur im konkreten Einzelfall angemessen ist. Insofern muss die Frage, inwieweit die Organisation zur Strategie passt, stets unter Berücksichtigung vielfältiger Rahmenbedingungen und damit für jede einzelne Situation gesondert beantwortet werden. Mit anderen Worten: Es gibt nicht die unter allen Bedingungen optimale, sondern nur die unter speziellen Bedingungen geeignete (oder ungeeignete) Organisation. Hier kommt die in Kap. 1.3 angesprochene, kontingenztheoretische Ausrichtung der Unternehmensführungslehre zum Ausdruck.

Als geeignet wird eine Organisation insbesondere dann betrachtet, wenn sie in der speziellen Situation eines Unternehmens dazu beiträgt, dass das Unternehmen seine Ziele erreichen kann. Als Plattform für das Handeln der Menschen im Unternehmen soll sie diese auf die Ziele des Unternehmens und seine strategischen Prioritäten ausrichten. Die Beurteilung der Organisation muss sich also an den Unternehmenszielen orientieren. Dies kann in der Realität jedoch nie so erfolgen, dass man die Organisation unmittelbar auf ihre Zielwirkungen hin prüft – etwa indem man untersucht, welche Wert- oder Gewinnveränderungen beim Übergang von einer Organisation auf eine andere entstehen. Derartige Wirkungen lassen sich analytisch nicht von den vielen anderen Einflussgrößen isolieren.

Bei der Beurteilung der Organisation behilft man sich daher in der Regel damit, dass man bestimmte Anforderungen an die Organisation formuliert, die einerseits in einer positiven Beziehung zu den übergeordneten Unternehmenszielen stehen und andererseits so konkret formuliert sind, dass sie bei den unterschiedlichen Organisationstypen auch differenziert beurteilt werden können. Man geht also davon aus, dass eine Strukturalternative, die diese Anforderungen in der speziellen Situation eines Unternehmens am besten erfüllt, auch den bestmöglichen Beitrag zum Erreichen der jeweiligen Unternehmensziele leistet. Im Einzelnen sollen hier die folgenden vier Anforderungen unterschieden werden, die generell geeignet scheinen, um unterschiedliche Organisationstypen zu beurteilen, auch wenn man sie im Einzelfall möglicherweise weiter konkretisieren sollte (vgl. Hungenberg 1995):

- *Marktorientierung*: Eine Organisation soll dazu beitragen, das Unternehmen auf die Anforderungen seiner Märkte sowie die dort herrschenden Wettbewerbsbedingungen und Kundenbedürfnisse auszurichten.
- *Ressourceneffizienz*: Die Organisation soll so gestaltet sein, dass der Bedarf an sachlichen, personellen und finanziellen Ressourcen minimiert wird und die benötigten Ressourcen möglichst effizient eingesetzt werden.
- *Qualifikation und Motivation*: Eine Organisation soll helfen, Qualifikation und Motivation des Managements auszuschöpfen und positiv zu beeinflussen. Einen besonderen Stellenwert nimmt dabei die Entwicklung selbstständigen, unternehmerischen Handelns ein.

- *Flexibilität*: Die Organisation soll dazu beitragen, dass das Unternehmen flexibel auf Veränderungen in seinen Umfeldern reagieren kann. Außerdem soll die Organisation selbst mit möglichst wenig Aufwand veränderbar sein.

Beispiel

Anforderungen an die Organisation bei der QualityRent AG

Auch Peter Körber hat klare Anforderungen an die Organisation seines Unternehmens formuliert. So muss die Organisation zum einen sicherstellen, dass die Kundenorientierung, die das Unternehmen in der Vergangenheit so sehr ausgezeichnet hat, auch weiterhin erhalten bleibt. Daher erscheint es Peter Körber sinnvoll, auch in Zukunft an den regionalen Verkaufs- und Servicebüros festzuhalten. Es stellt sich jedoch die Frage, ob die Trennung zwischen Werkstätten und Verkaufs- und Servicebüros an jedem Standort unbedingt notwendig ist oder ob aus Kostengründen – also unter dem Aspekt der Ressourceneffizienz – eine Zusammenlegung erfolgen sollte. Darüber hinaus legt der Vorstand sehr viel Wert darauf, dass die Organisation anpassungsfähig und flexibel ist. Vor allem soll sie ein weiteres Wachstum des Unternehmens ermöglichen. Und natürlich darf eine neue Organisation des Unternehmens die Mitarbeiter nicht demotivieren, sondern sollte vielmehr interessante Arbeitsfelder sowie neue Karriere- und Entwicklungsmöglichkeiten aufweisen, aber auch Abstimmungsprobleme zwischen den Bereichen reduzieren. ◄

4.1.3 Gestaltungsparameter der Organisation

In der Unternehmenspraxis gibt es sehr vielfältige organisatorische Einzellösungen, mit deren Hilfe Unternehmen versuchen, Arbeitsteilung und Koordination zu regeln. Diese Einzellösungen lassen sich in der Regel auf einige Idealtypen der Organisation zurückführen, die jeweils spezielle Merkmale sowie Stärken und Schwächen aufweisen. Die Idealtypen wiederum entstehen durch unterschiedliche Ausprägungen und Kombination bestimmter organisatorischer Gestaltungsparameter. In Anlehnung an Krüger werden hier drei Gestaltungsparameter der Organisation unterschieden (vgl. Krüger 1994). Diese Gestaltungsparameter sind die Form der Aufgabenspezialisierung, die Gestaltung der Weisungsbefugnisse und die Verteilung der Entscheidungsaufgaben.

4.1.3.1 Form der Aufgabenspezialisierung

Die Verteilung von Aufgaben auf Aufgabenträger stellt den Ausgangspunkt jeder organisatorischen Strukturierung dar. Durch sie entsteht erst eine Arbeitsteilung im Unternehmen, bei der sich einzelne Aufgabenträger auf bestimmte Aufgaben spezialisieren. Man nutzt daher neben dem Begriff Aufgabenverteilung (der für den organisatorischen

Prozess steht) auch den Begriff Aufgabenspezialisierung (der für das organisatorische Ergebnis steht).

Die einfachste Form der Aufgabenverteilung liegt dann vor, wenn Aufgaben so zugeordnet werden, dass jeder Aufgabenträger eine Teilmenge der Gesamtaufgabe erfüllt, die Teilaufgaben der verschiedenen Personen sich aber inhaltlich nicht unterscheiden. In diesem Fall erfolgt eine so genannte *Mengenteilung*. Streng genommen sollte man hier aber noch nicht von Spezialisierung sprechen, da die eigentlichen Vorteile der Spezialisierung, die Smith schon 1776 beschrieb, noch nicht erreicht werden können (vgl. Smith 1776 Nachdruck 1976). Eine (echte) Spezialisierung liegt erst dann vor, wenn es zu einer inhaltlichen Arbeitsteilung kommt – wenn die verschiedenen Aufgabenträger Teilaufgaben unterschiedlicher Art erfüllen (*Artenteilung*). Trotzdem spiegelt sich in den Organisationsstrukturen von Unternehmen oft auch das Prinzip der Mengenteilung wider. Sie ist immer dann erforderlich, wenn trotz Spezialisierung einzelne Teilaufgaben zu umfangreich sind, um von einem Aufgabenträger allein erfüllt werden zu können. Dies kann beispielsweise dann der Fall sein, wenn ein Unternehmen Aufgaben wie Kontenverwaltung oder Kundenbetreuung nach dem Alphabet auf die verschiedenen Aufgabenträger verteilt.

Sieht man hiervon ab, so gibt es eine Reihe von Möglichkeiten, im Zuge der Aufgabenverteilung eine Spezialisierung von Aufgabenträgern zu erreichen. Diese kann prinzipiell anhand der von Kosiol unterschiedenen Merkmale von Aufgaben charakterisiert werden – also anhand von Funktion, Objekt, Rang, Phase und Arbeitsmittel (vgl. Kosiol 1976). Dabei sind die ersten beiden Merkmale – Funktion und Objekt – der unverzichtbare Kern zur Beschreibung einer Aufgabe, während die anderen Merkmale eher ergänzenden Charakter haben. Die Merkmale Funktion und Objekt werden deswegen auch vorrangig herangezogen, um die Art der Aufgabenspezialisierung zu beschreiben. Damit lassen sich die folgenden *Grundformen der Aufgabenspezialisierung* unterscheiden:

- Von einer *funktionalen Spezialisierung* spricht man, wenn die zu erfüllenden Aufgaben so auf die Aufgabenträger verteilt werden, dass jeder von ihnen nur eine bestimmte Funktion – auch Verrichtung genannt – erfüllt. Diese übt er an den unterschiedlichsten Objekten aus. Ein Aufgabenträger (oder eine Gruppe gleichartiger Aufgabenträger) erfüllt dann eine Funktion, wie zum Beispiel die Beschaffung von Einsatzstoffen, ein anderer eine weitere Funktion, etwa die Produktion der eigenen Produkte, ein dritter wieder eine andere Funktion, zum Beispiel den Vertrieb der erstellten Produkte.
- Eine *objektorientierte Spezialisierung* liegt vor, wenn die Arbeitsteilung sich an den Besonderheiten der Objekte orientiert, an denen die Aufgaben vollbracht werden. Diese Besonderheiten können aus Sicht der Produkte des Unternehmens bestimmt werden – in diesem Fall werden die Aufgaben so auf die Aufgabenträger verteilt, dass jeder von ihnen nur für einen Teil der Produktpalette eines Unternehmens (ein bestimmtes Produkt oder eine Produktart) verantwortlich ist und für dieses Produkt alle Funktionen übernimmt. Andere Aufgabenträger übernehmen die notwendigen Funktionen für andere Produkte. Man spricht dann auch von produktorientierter Spezialisierung. Wenn

regionale Gesichtspunkte die Aufgabenverteilung bestimmen, spricht man von regionaler Spezialisierung. Ein Aufgabenträger ist dann jeweils für einen bestimmten regionalen Bereich zuständig und verantwortet innerhalb dieses Bereichs alle Funktionen und Produkte. Andere Aufgabenträger übernehmen jeweils andere regionale Bezugsbereiche. Eine kundenorientierte Spezialisierung schließlich entsteht, wenn die Arbeitsteilung sich an den unterschiedlichen Kundengruppen eines Unternehmens orientiert. Ein Aufgabenträger betreut eine bestimmte Kundengruppe, zum Beispiel Privatkunden, ein anderer Aufgabenträger betreut mittelständische Kunden, ein dritter betreut Kunden aus dem Bereich der Großunternehmen.

Die dominierende Form der Aufgabenspezialisierung bestimmt, nach welchem Teilungsprinzip die Aufgaben des Unternehmens auf die verschiedenen Aufgabenträger verteilt werden. Da sich die Organisation in erster Linie an sachlichen und nicht an persönlichen Bedingungen orientieren soll, kommen aus organisatorischer Sicht (abstrakte) Stellen und Abteilungen (und nicht konkrete Personen) als die wesentlichen Aufgabenträger in Frage. Eine *Stelle* ist eine organisatorische Einheit, der ein Aufgabenkomplex zugewiesen wird, welcher von einer entsprechend qualifizierten Person unter normalen Umständen bewältigt werden kann. Eine Stelle ist damit grundsätzlich so definiert, dass sie vom jeweiligen Stelleninhaber unabhängig ist. Eine *Abteilung* entsteht durch die Zusammenfassung von mehreren Stellen, die nach einem gemeinsamen Spezialisierungsmerkmal gebildet worden sind und von einer so genannten Instanz (einer Stelle mit Weisungsbefugnissen) geleitet werden. Im Zuge der Abteilungsbildung entsteht eine mehrstufige vertikale Struktur der Aufgabenspezialisierung (Abb. 4.7). Für die Beschreibung unterschiedlicher Grundtypen der Organisation kommt dabei vor allem der Frage besondere Bedeutung zu, nach welchen Prinzipien Aufgaben auf der ersten Teilungsstufe verteilt werden – wie also die Aufgabenspezialisierung der zweiten Ebene, direkt unterhalb der Unternehmensführung gestaltet wird.

4.1.3.2 Gestaltung der Weisungsbefugnisse

Die Gestaltung der zwischen Organisationseinheiten bestehenden Weisungsbefugnisse ist der zweite Gestaltungsparameter der Organisation. Sie ist ein wesentliches Element der Koordination von Aufgabenträgern. Durch die Gestaltung der Weisungsbefugnisse soll die Aufgabenerfüllung in den gebildeten Organisationseinheiten sichergestellt und eine möglichst reibungslose Abstimmung zwischen den einzelnen Einheiten erreicht werden. Dabei werden in der betriebswirtschaftlichen Organisationslehre zwei *Grundformen der Gestaltung von Weisungsbefugnissen* unterschieden: das Einlinien- und das Mehrliniensystem (Abb. 4.8).

- Das *Einliniensystem* ist dadurch gekennzeichnet, dass einzelne Stellen jeweils nur von einer vorgelagerten Instanz Weisungen erhalten. Mitarbeiter unterstehen damit stets nur einem Vorgesetzten, dem sie allein für die Aufgabenerfüllung verantwortlich sind. Einheitlichkeit und Klarheit in den Weisungsbeziehungen sind auch die wesentlichen

Unternehmensführung					Unternehmen
Verwaltung		Produktion			Hauptabteilungen
Personal	Buch-haltung	Dreherei	Fräserei	Montage	Abteilungen
					Stellen

Abb. 4.7 Beispielhafte Struktur der Aufgabenspezialisierung und Abteilungsbildung. (vgl. Picot et al. 2008)

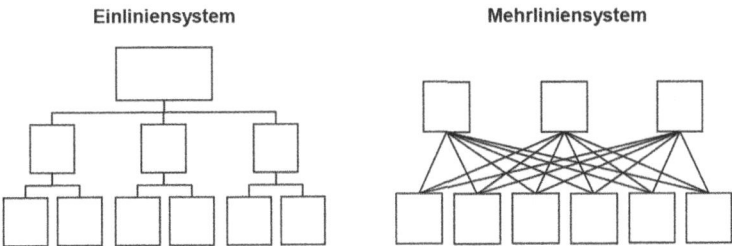

Abb. 4.8 Einlinien- und Mehrliniensystem

Merkmale des Einliniensystems. Kommt es zu Unstimmigkeiten, so werden diese bis zu der hierarchischen Stufe weitergeleitet, auf der sich der gemeinsame Vorgesetzte der betroffenen Parteien befindet. Auf Grund seiner Weisungsbefugnisse kann dieser auftretende Probleme verbindlich beseitigen. Damit einher geht allerdings eine typischerweise starke Belastung der Instanzen mit solchen Koordinationsaufgaben. Um dieses Problem zu entschärfen, kann das Einliniensystem zum so genannten Stablinien-system weiterentwickelt werden. In diesem Fall werden die Instanzen von Stabsstellen unterstützt, die Informations- und Beratungsaufgaben ohne entsprechende Weisungs-befugnisse übernehmen.

• Können demgegenüber einzelne Stellen von mehreren Instanzen Weisungen erhalten, so spricht man von einem *Mehrliniensystem*. Diese Form der Aufteilung von Weisungs-befugnissen führt dazu, dass Mitarbeiter mehreren Vorgesetzten unterstellt sind. Sie wurde – wie in Kap. 1.3 bereits beschrieben – von Taylor 1911 zur Spezialisierung von Vorgesetzten auf der Meisterebene entwickelt, findet aber auch heute noch in be-stimmten Organisationstypen Anwendung (vgl. Taylor 1911). Bei dieser Form der Ge-staltung von Weisungsbeziehungen kommt es zu einer bewussten Überlappung von Weisungsbefugnissen, wodurch es passieren kann, dass ein Mitarbeiter in einer be-stimmten Angelegenheit von zwei Vorgesetzten (unter Umständen widersprüchliche)

Anweisungen bekommt. Allerdings verspricht man sich durch dieses Konzept auch eine gewisse Spezialisierung der Vorgesetzten, die Entscheidungsprozesse verbessern und beschleunigen kann.

4.1.3.3 Verteilung der Entscheidungsaufgaben

Der dritte Gestaltungsparameter der Organisation ist die Verteilung der Entscheidungsaufgaben. Es handelt sich dabei um einen Spezialaspekt der allgemeinen Aufgabenverteilung, der deswegen gesondert hervorgehoben wird, da der Grad der Autonomie von Organisationseinheiten – und damit ein wesentlicher Aspekt des Koordinationsphänomens – maßgeblich von der Entscheidungsverteilung bestimmt wird. Die Verteilung von Entscheidungsaufgaben auf die verschiedenen Führungsebenen eines Unternehmens wird auch unter dem Stichwort *Zentralisation und Dezentralisation* diskutiert.

Die Begriffe Zentralisation und Dezentralisation stehen gleichermaßen für die Richtung der Entscheidungsverteilung wie für die Extrempunkte, welche die beiden Verteilungsrichtungen begrenzen. So bezeichnet Dezentralisation eine Tendenz, Entscheidungsaufgaben (in unterschiedlichem Umfang) auf nachgeordnete Organisationseinheiten zu verteilen. Zentralisation beschreibt die umgekehrte Tendenz des Zusammenfassens von Entscheidungsaufgaben auf der obersten Führungsebene. Gleichzeitig stehen die Begriffe für die Extrempunkte der Verteilung: Dezentralisation für die vollständige Verteilung von Entscheidungsaufgaben auf nachgeordnete Einheiten; Zentralisation für ihre vollständige Bündelung in der Unternehmensspitze (Abb. 4.9).

Aus theoretischer Sicht ist in einem Unternehmen der Extrempunkt der (vollständigen) Dezentralisation nicht denkbar. In diesem Fall würde jeder Aufgabenträger seine Entscheidungen autonom treffen, was für das arbeitsteilige Handeln von Wirtschaftssubjekten auf Märkten typisch ist. Es läge also streng genommen gar kein Unternehmen vor. In der Praxis ist aber wohl keiner der beiden Extrempunkte realisierbar, denn auch eine vollständige Zentralisation von Entscheidungen ist kaum vorstellbar. Selbst bei einer sehr zentralen Unternehmensführung werden Routineentscheidungen bis zu einem bestimmten Umfang bei den ausführenden Kräften verbleiben. Insofern geht es bei der Verteilung von

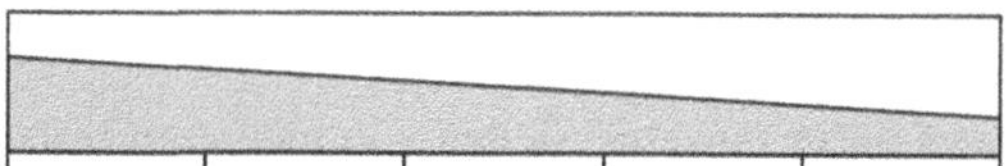

	Führung	Koordination	Direktion	Kohäsion	Information
Rolle der obersten Führungsebene	Fällt alle wesentlichen Führungsentscheidungen	Fällt alle Entscheidungen zur Koordination der Unternehmensbereiche	Fällt Entscheidungen zur Zielsetzung für Unternehmensbereiche	Fällt nur Entscheidungen, die für Zusammenhalt der Bereiche erforderlich sind	Fällt keine Führungsentscheidungen; sichert Informationsaustausch

Zentralisation ← → Dezentralisation

Abb. 4.9 Klassifikation von Dezentralisationsgraden

Entscheidungsaufgaben letztlich um die Bestimmung des *Dezentralisationsgrads* von Unternehmen: Unterschiedliche Ausprägungen von Zentralisation und Dezentralisation unterscheiden sich graduell durch das Ausmaß an Entscheidungsbefugnissen, das auf nachgeordnete Führungsebenen verteilt wird. Abb. 4.9 stellt einige mögliche Ausprägungen des Dezentralisationsgrads in allgemeiner Form zusammen.

Verständnisfragen

1. Was wird unter Aufbau- und Ablauforganisation verstanden?
2. Was sagen die Thesen „structure follows strategy" und „strategy follows structure" aus? Wie lassen sich diese gegensätzlichen Thesen zusammenführen?
3. Erläutern Sie den Zusammenhang zwischen Strategie und Organisation am Beispiel des Daimler-Konzerns.
4. Nennen und erläutern Sie die Anforderungen, die die Organisation von Unternehmen erfüllen soll.
5. Was wird im Rahmen der Organisationsgestaltung unter Aufgabenspezialisierung verstanden und welche Grundformen der Aufgabenspezialisierung existieren? Charakterisieren Sie diese Grundformen.
6. Was wird im Rahmen der Organisationsgestaltung unter der Ausgestaltung von Weisungsbefugnissen verstanden und welche grundlegenden Weisungsbefugnisse existieren? Charakterisieren Sie diese Beziehungen.
7. Was wird im Rahmen der Organisationsgestaltung unter Verteilung der Entscheidungsaufgaben verstanden und welche Möglichkeiten zur Verteilung dieser Entscheidungsaufgaben existieren? Charakterisieren Sie diese grundsätzlichen Möglichkeiten.

Diskussionsfragen

1. Diskutieren Sie, inwieweit die gegenwärtige Organisation der QualityRent AG die Anforderungen erfüllt, die an eine Organisation gestellt werden.
2. Zeigen Sie am Beispiel der QualityRent AG auf, dass sowohl die These „structure follows strategy" als auch die These „strategy follows structure" zutrifft.
3. Beschreiben Sie die Ausprägung der drei Gestaltungsparameter der Organisation bei der QualityRent AG. Welche Veränderungen in der Ausgestaltung dieser Parameter sind angedacht bzw. welche Veränderungen würden Sie empfehlen? Welche Implikationen ergeben sich aus diesen Veränderungen für das Verhalten der Mitarbeiter und Führungskräfte im Unternehmen?

4.2   Idealtypen der Organisation

Durch die Kombination unterschiedlicher Ausprägungen dieser drei Gestaltungsparameter können Idealtypen der Aufbauorganisation gebildet werden. Solche Idealtypen sind zwar in der jeweiligen Form nie in der Realität zu beobachten; in der Regel lässt sich aber jede

Organisation, die man in der Praxis beobachten kann, auf einen dieser Idealtypen zurückführen. Oft sind die vielfältigen Lösungen der Praxis nichts anderes als der Versuch, einzelne Elemente der verschiedenen Idealtypen miteinander zu vereinigen, um die jeweiligen Schwächen zu kompensieren und die jeweiligen Stärken zu kombinieren. Beschreibung und Beurteilung der idealtypischen Organisationsformen sind daher wesentliche Voraussetzungen, um Realtypen der Unternehmenspraxis verstehen und gestalten zu können.

Aus der Kombination der verschiedenen Ausprägungen der Gestaltungsparameter (Aufgabenspezialisierung: funktional oder objektorientiert; Weisungsbefugnisse: Ein-linien- oder Mehrliniensystem, Entscheidungsaufgaben: Zentralisation oder Dezentralisation) können im Grundsatz mindestens acht derartige Idealtypen gebildet werden. Praktisch sind jedoch nur drei Idealtypen der Organisation relevant, auf die im Folgenden näher einzugehen ist. Dabei handelt es sich um die funktionale Organisation, die divisionale Organisation sowie die Matrixorganisation (vgl. Krüger 1994; Frese 2012; Schreyögg 2008).

4.2.1 Funktionale Organisation

Prägendes Merkmal einer funktionalen Organisation ist die *funktionale Aufgabenspezialisierung*. Dies bedeutet, dass die Gliederung der Führungsebene unmittelbar unterhalb der Unternehmensführung nach den unterschiedlichen Funktionen (Verrichtungen) erfolgt, die abhängig vom jeweiligen Leistungserstellungsprozess eines Unternehmens bestimmt werden. In einem Industrieunternehmen können so zum Beispiel die Funktionen Forschung und Entwicklung, Beschaffung, Produktion und Absatz voneinander abgegrenzt werden (Abb. 4.10 und 4.11). Bei einem Versicherungsunternehmen könnten die Funktionen Kundenakquisition, Kundenbetreuung und Schadensregulierung sowie Administration gebildet werden. Im Telekommunikationsgeschäft würde man die Funktionen Entwicklung und Produktmanagement, Netzplanung und -betrieb, Vertrieb, Service und Rechnungslegung unterscheiden. Auf den weiteren Gliederungsebenen lassen sich dann organisatorische Einheiten wiederum nach den verschiedenen Tätigkeiten bilden – so kön-

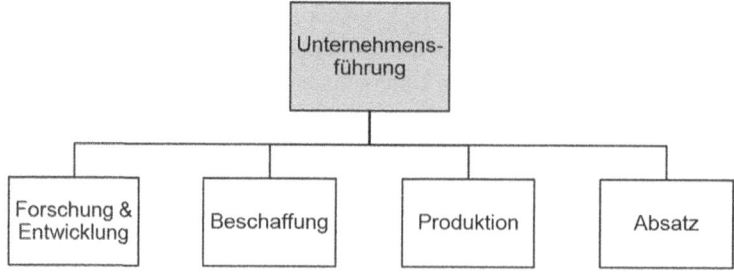

Abb. 4.10 Funktionale Organisation

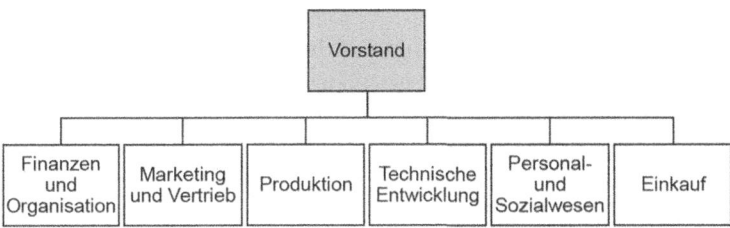

Abb. 4.11 Funktionale Organisation am Beispiel Audi

nen zum Beispiel im Absatzbereich die Funktionen Marktforschung, Marketing und Vertrieb unterschieden werden. Die Funktionsbereiche können intern aber auch nach Objekten gegliedert werden, wenn beispielsweise die Produktion in produzierende Bereiche für die unterschiedlichen Produkte des Unternehmens aufgeteilt wird. Neben diesen Funktionsbereichen, die unmittelbar zur Leistungserstellung beitragen, können zudem weitere, nur mittelbar der Leistungserstellung dienende Funktionsbereiche (zum Beispiel Personalwesen, Finanzwirtschaft, Controlling) geschaffen werden.

Weisungsbeziehungen sind bei diesem Organisationstyp in der Form des *Einliniensystems* gestaltet, so dass jeder Mitarbeiter nur von einem Vorgesetzten Weisungen erhält. Zwischen den Funktionen bestehen allerdings vielfältige Interdependenzen, da kein Bereich eigenständig eine vollständige Marktleistung erbringt. Alle Bereiche müssen zusammenwirken, wenn es darum geht, Kundenanforderungen in Produkte umzusetzen, die entsprechenden Einsatzstoffe zu beschaffen und die Produkte marktgerecht herzustellen. Da der Gesamtblick auf die Marktleistungen des Unternehmens erst bei der obersten Unternehmensführung entsteht, muss diese die Funktionsbereiche umfangreich koordinieren. Daraus ergibt sich eine eindeutige Tendenz zur *Zentralisation von Entscheidungsaufgaben.* Dies gilt speziell für alle strategischen Entscheidungen, die funktionsbereichsübergreifend gefällt werden. Aber auch die operativen Entscheidungsaufgaben werden in hohem Maße von der Unternehmensführung mit beeinflusst. Aus diesem Grund muss die Unternehmensführung gerade bei der funktionalen Organisation häufig durch Stäbe unterstützt werden.

Die funktionale Organisation sollte in erster Linie bei einem überschaubaren Unternehmen mit relativ homogenem Produktprogramm gewählt werden, das unter vergleichsweise stabilen Umweltbedingungen operiert. Daher ist die funktionale Organisation die klassische Organisationsform kleiner und mittlerer Unternehmen, speziell im Bereich der Industrie. Durch die Zusammenfassung gleicher Verrichtungsarten begünstigt sie das Entstehen und Ausnutzen von Spezialisierungsvorteilen – vor allem von Erfahrungs- und Größeneffekten. Prozesse innerhalb einzelner Funktionen sind durch Arbeitsteilung und Spezialisierung hochgradig effizient; Prozesse über Bereichsgrenzen hinweg können dagegen recht schwerfällig sein. Dennoch ist die effiziente Nutzung der Unternehmensressourcen ohne Frage die zentrale Stärke der funktionalen Organisation.

Dementsprechend ist eine funktionale Organisation auch dann besonders geeignet, wenn eine Strategie der Kosten-/Preisführerschaft verfolgt wird. In diesem Fall besitzt ein effizienter Umgang mit den Ressourcen des Unternehmens klare strategische Priorität. Dieser wird durch eine funktionale Organisation bestmöglich unterstützt. Durch die Bündelung gleichartiger Funktionen werden strukturelle Kostenunterschiede nutzbar. Die Kostenverursachung durch die verschiedenen Unternehmensaktivitäten und die organisatorische Kostenverantwortung entsprechen einander, was das Kostenmanagement erleichtert. So können die Leistungsprozesse des Unternehmens innerhalb der Funktionsbereiche möglichst effizient gestaltet werden.

Die funktionale Organisation stößt allerdings dann an ihre Grenzen, wenn aufwändige bereichsübergreifende Führungsprozesse notwendig werden, da diese einen bestehenden Kostenvorteil schnell aufzehren können. Diese Gefahr besteht besonders dann, wenn die Komplexität des Unternehmens und die Dynamik seiner Umfelder zunehmen. Die wesentliche Schwäche der funktionalen Organisation liegt nämlich im Bereich der Marktorientierung: In den Organisationseinheiten außerhalb des Absatzbereichs spielen Kundenbedürfnisse und Anforderungen des Wettbewerbs bestenfalls indirekt eine Rolle. Zudem besitzt keiner der Funktionsbereiche eine Gesamtsicht auf die Leistungen des Unternehmens, was das wechselseitige Verständnis nicht gerade fördert und zum Entstehen von Bereichsegoismen beitragen kann. Eine solche Gesamtsicht – und damit auch eine unternehmerische Verantwortung – gibt es nur bei der obersten Unternehmensführung, nicht aber bei anderen Führungskräften, was sich tendenziell negativ auf Qualifizierung und Motivation auswirkt. Aber auch die Motivation der obersten Führung wird in einem funktional organisierten Unternehmen strapaziert, da die ausgeprägte Zentralisation schnell zu einer Überlastung mit Koordinations- und Routineaufgaben führen kann. Auch die Flexibilität ist nur bedingt gegeben: Zwar können kritische Entscheidungen ohne große Abstimmungsprozesse durch die Unternehmensführung getroffen werden, eine dezentrale Reaktion auf Umweltveränderungen durch die Führungskräfte „vor Ort" ist jedoch nicht vorgesehen. Zudem fällt es schwer, die Organisation selbst zu verändern, da jede wesentliche Anpassung infolge der ausgeprägten Interdependenzen alle Funktionsbereiche einbeziehen muss.

Beispiel

Funktionale Organisation bei der QualityRent AG

Die funktionale Organisation ist die dominierende Organisationsform der Quality-Rent AG. Lange Zeit ist das Unternehmen mit der Gliederung in die fünf Funktionsbereiche Fuhrparkmanagement, Marketing und Event Management, Vertrieb und Service, Personal und IT sowie Finanzen und Controlling recht gut gefahren – gerade auch, weil diese Organisationsform eine sehr klare Zuweisung von Aufgaben und Verantwortung ermöglichte, die einzelnen Bereichsleiter und Mitarbeiter ihre speziellen Fähigkeiten und Erfahrungen einbringen konnten und gleichzeitig die geringe Größe des Unternehmens informelle Abstimmungen ermöglichte.

Inzwischen wird diese Organisation im Unternehmen jedoch zunehmend kritisch gesehen, da die QualityRent AG gewachsen ist und die Abläufe wesentlich komplexer geworden sind. Daraus resultieren immer mehr Abstimmungsprobleme zwischen einzelnen Organisationseinheiten. Auch Peter Körber wird immer mehr deutlich, dass die bisherige funktionale Organisation nicht mehr geeignet ist, die wesentlichen Anforderungen, die er an sie stellt, zu erfüllen: Kunden werden nicht mehr bestmöglich und aus einer Hand betreut, Ressourcen werden zunehmend ineffizient eingesetzt und auf die Motivation seiner Mitarbeiter wirken sich die wiederkehrenden Konflikte zwischen einzelnen Bereichen auch nicht positiv aus. Insofern erscheint eine komplette Abschaffung oder zumindest eine Anpassung der funktionalen Organisation notwendig. ◀

4.2.2 Divisionale Organisation

Von einer divisionalen Organisation spricht man, wenn eine *objektorientierte Aufgabenspezialisierung0* gewählt wird – die Organisationseinheiten unmittelbar unterhalb der Unternehmensführung also so zusammengefasst werden, dass sie gleichartige Objekte verantworten. Der Name divisionale Organisation kommt daher, dass die so entstehenden Organisationseinheiten auch Divisionen (manchmal auch Bereiche oder Sparten) genannt werden.

Je nachdem, welche objektorientierte Spezialisierungsform zum Tragen kommt, unterscheidet man die produktorientierte, die regionale und die kundenorientierte (divisionale) Organisation. Die Divisionen sind in diesen Varianten der divisionalen Organisation also für jeweils unterschiedliche Produkte bzw. Produktgruppen (zum Beispiel PKW, LKW, Omnibus), für unterschiedliche Regionen (zum Beispiel Europa, Amerika, Asien) oder für unterschiedliche Kundengruppen (zum Beispiel Privatkunden, Geschäftskunden) verantwortlich (Abb. 4.12, 4.13 bis 4.14).

Welche Form der Divisionalisierung gewählt wird, hängt von den Anforderungen des Geschäfts ab: Eine *produktorientierte Struktur* ist grundsätzlich sinnvoll, wenn die Produkte sich hinsichtlich ihrer Kunden- und Wettbewerberstrukturen sowie ihrer Leistungserstellungsprozesse deutlich voneinander unterscheiden – dies ist oft bei Industrieunternehmen der Fall, die über ein heterogenes Produktprogramm verfügen. Die *regionale*

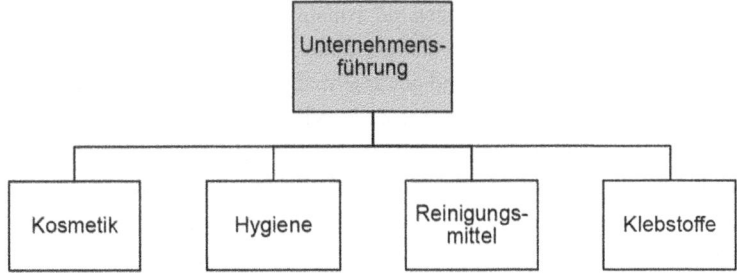

Abb. 4.12 Produktorientierte (divisionale) Organisation

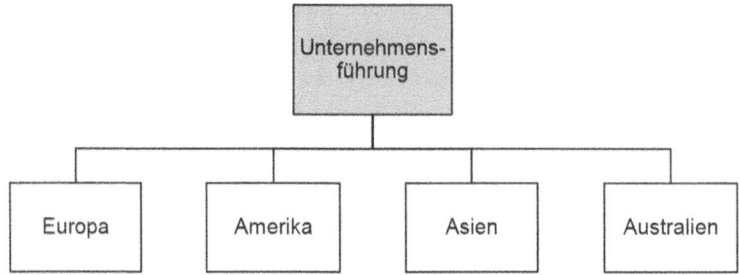

Abb. 4.13 Regionale (divisionale) Organisation

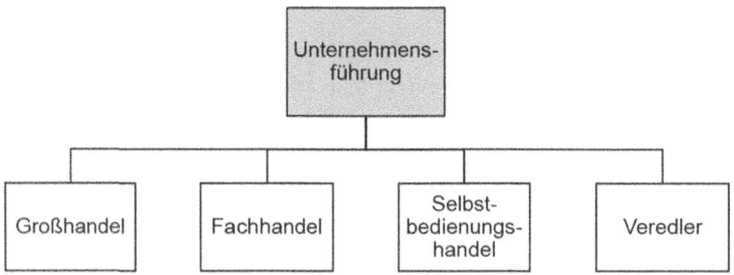

Abb. 4.14 Kundenorientierte (divisionale) Organisation

Struktur wird gewählt, wenn die Regionen, in denen das Unternehmen tätig ist, Unterschiede im Nachfrageverhalten und den Wettbewerbsbedingungen aufweisen (zum Beispiel im Handel oder in der Nahrungsmittelindustrie). Eine *kundenorientierte Struktur* ist angemessen, wenn das Unternehmen heterogene Kundensegmente mit unterschiedlichen Bedürfnisstrukturen bedient, was beispielsweise im Bank- oder Beratungsgeschäft der Fall ist. Obwohl alle drei Formen der divisionalen Organisation in der Praxis vorkommen, ist die produktorientierte Gliederung die dominierende Form der divisionalen Organisation. Die meisten großen Industrieunternehmen, wie zum Beispiel die Daimler AG oder die Siemens AG, arbeiten primär mit dieser Organisationsform.

Bei der divisionalen Organisation sind die *Weisungsbeziehungen* nach dem *Einliniensystem* gestaltet. Jeder Mitarbeiter erhält folglich nur von einem Vorgesetzten Weisungen. Da in den einzelnen Divisionen weitgehend vollständige Marktleistungen erbracht werden, gibt es deutlich weniger bereichsübergreifende Interdependenzen als in der funktionalen Organisation. Die Divisionen sind gewissermaßen „Unternehmen im Unternehmen", die im laufenden Geschäft unabhängig voneinander handeln können. Damit verringert sich auch der Koordinationsbedarf an der Unternehmensspitze. Im Gegenteil: In einer divisionalen Organisation besteht sogar eine Grundtendenz, den Divisionen relativ große Autonomie einzuräumen, da sie sich nur so auf die Besonderheiten ihrer Produkte, Regionen oder Kunden ausrichten können – um diese berücksichtigen zu können, wurde ja gerade die entsprechende Organisationsform gewählt. Die divisionale Organisation geht daher mit einer Tendenz zur *Dezentralisation von Entscheidungen* einher. Bei aller Dezentralisation unterliegen die Divisionen aber nach wie vor einer einheitlichen Führung durch die Unternehmensspitze, die sich jedoch zumeist auf strategische Führungsaufgaben konzentriert.

Innerhalb der Divisionen kann eine funktionale oder wiederum eine objektorientierte Struktur gewählt werden. In jedem Fall sind die Divisionen, um den jeweiligen Besonderheiten ihres Geschäfts entsprechend handeln zu können, mit allen Funktionen auszustatten, die zur Erfüllung ihrer Marktaufgabe erforderlich sind. Von dieser Regel sind zumeist nur solche Funktionen ausgenommen, die nicht unmittelbar der Leistungserbringung dienen und in allen Divisionen in ähnlicher Form anfallen (zum Beispiel Personalwesen), Funktionen, durch deren Bündelung besondere Vorteile für das Gesamtunternehmen erzielt werden können (zum Beispiel gemeinsame Beschaffung), oder Funktionen, die der divisionsübergreifenden Führung des Unternehmens dienen (zum Beispiel Controlling). Diese Aufgaben werden oft in so genannten Zentralbereichen gebündelt, die für ihre jeweiligen Aufgaben zumindest fachliche Richtlinienkompetenzen gegenüber den Divisionen besitzen. Dadurch wird die Autonomie der Divisionen und die Eindeutigkeit der Weisungsbeziehungen (in unterschiedlich starkem Umfang) eingeschränkt. Auf der anderen Seite lassen sich auf diesem Weg aber auch Größen- und Spezialisierungsvorteile nutzen, die bei einer Aufteilung der Aufgaben auf die einzelnen Divisionen nicht zu realisieren wären. Dementsprechend weist beispielsweise die Siemens AG im operativen Geschäft eine produktorientierte Gliederung mit den drei Sektoren Industry, Energy und Healthcare auf. Darüber hinaus existieren noch so genannte Cross-Sector Businesses und Cross-Sector Services, die ihre Leistungen sektorübergreifend erbringen. Unterstützt wird diese Struktur von funktional ausgerichteten Zentralbereichen (Corporate Units) für Finanzen, Personal, Technik oder Strategie. (Abb. 4.15).

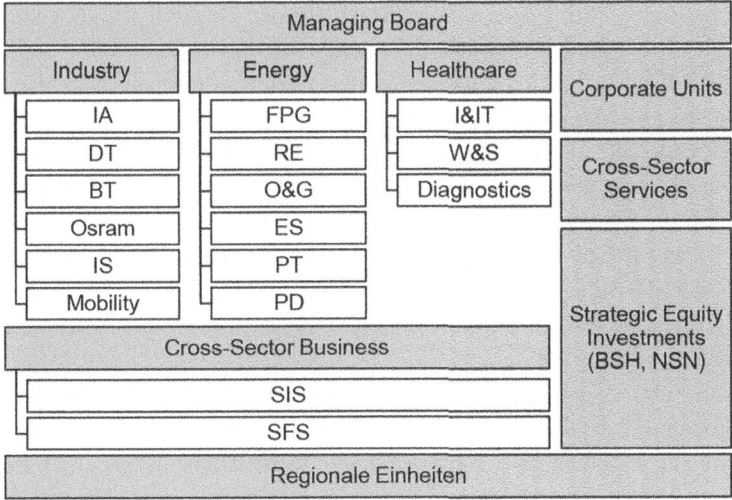

Abb. 4.15 Organisation der Siemens AG im Jahr 2010

Die Stärke der divisionalen Organisation ist ihre Marktorientierung. Mit den Divisionen werden überschaubare, eigenständige Einheiten gebildet, die sich vollständig auf die Besonderheiten eines bestimmten Produktmarktes, eines regionalen Marktes oder einer Kundengruppe konzentrieren können. Welche Form der Divisionalisierung gewählt wird, hängt dabei von den konkreten Marktbedingungen und der Art des angestrebten Differenzierungsvorteils ab. Deswegen ist eine divisionale Organisation vor allem für Unternehmen geeignet, die eine Differenzierungsstrategie verfolgen. Bei einer Strategie der Differenzierung geht es nämlich darum, Kunden und Wettbewerb zu verstehen und alle Handlungen des eigenen Unternehmens konsistent darauf auszurichten, sich in den Augen der Kunden von den Konkurrenten abzuheben. Mit anderen Worten: Marktorientierung besitzt überragende Bedeutung.

Darüber hinaus werden durch die größere Marktnähe Entwicklungen in den Umfeldern schneller erkannt; die Dezentralisation gestattet eine selbstständige und rasche Reaktion darauf. Da die Divisionen relativ autonome Einheiten sind, besitzt die divisionale Organisation eine große strukturelle Flexibilität – Divisionen können auch ohne Berücksichtigung anderer Einheiten restrukturiert werden, wenn dies notwendig wird. Vor allem führt die Autonomie der Divisionen aber dazu, dass die Unternehmensspitze von einem großen Teil der Koordinationsaufgaben entlastet wird, was nicht nur Führbarkeit und Flexibilität des Unternehmens verbessert, sondern auch die Motivation der Führungskräfte positiv beeinflusst. In diesem Zusammenhang ist weiter hervorzuheben, dass in einer divisionalen Organisation auch unterhalb der Unternehmensführung Führungspositionen mit unternehmerischer Verantwortung bestehen.

Angesichts der größeren unternehmerischen Verantwortung auf nachgelagerten Ebenen gestattet es die divisionale Organisation auch, umfassendere *Erfolgsverantwortung* auf diese Ebenen zu verlagern. Hierbei werden in der Praxis drei organisatorische Gestaltungskonzepte unterschieden (vgl. Macharzina und Wolf 2008):

- Beim *Cost-Center-Prinzip* ist das Management der Division lediglich für die Einhaltung des Kostenbudgets verantwortlich und wird daran gemessen.
- Beim *Profit-Center-Prinzip* besitzt das Management auf der Ebene der entsprechenden Division die volle Gewinnverantwortung. Dabei kann die Entscheidungsfreiheit des Managements auf Divisionsebene sogar so weit gehen, dass strategische Entscheidungen, etwa über das Produktprogramm, unabhängig von der Unternehmensleitung getroffen werden.
- Beim *Investment-Center-Prinzip* ist das Management der Division nicht nur für den Gewinn der Division, sondern auch für Investitionsentscheidungen verantwortlich. Hier liegt also eine sehr weitgehende Entscheidungsdezentralisation mit entsprechender Erfolgsverantwortung vor.

Die Autonomie der Divisionen begründet aber auch die Schwächen der divisionalen Organisation, die vor allem im Bereich der Ressourceneffizienz liegen. Die Struktur führt dazu, dass gleichartige Funktionen mehrfach im Unternehmen aufgebaut werden – im Extremfall in jeder Division. Dadurch gehen mögliche Spezialisierungsvorteile verloren, teilweise entstehen sogar Doppelarbeiten. Und selbst da, wo beispielsweise durch den Aufbau von Zentralabteilungen gemeinsame Funktionen geschaffen werden, kann sich die Divisionsautonomie negativ auswirken. Überdies verursacht die große Zahl an Führungspositionen relativ hohe Kosten.

Divisionale Organisation bei der QualityRent AG

Die divisionale Organisation spielt bei den Überlegungen zur Neugestaltung der Organisation der QualityRent AG in zweifacher Hinsicht eine wichtige Rolle. Zum einen denkt der Vorstand über die Einführung von (produktorientierten) Geschäftsbereichen für Event Management sowie Vermietung und automobile Events nach. Zum anderen steht eine Stärkung der regionalen Einheiten auf dem Programm.

Eine produktorientierte Organisation erscheint Peter Körber vor allem dann sinnvoll, wenn das Unternehmen sich für den verstärkten Einstieg in das Event Management auch unabhängig von Automobilen entscheiden sollte. Damit ein derartiger neuer Bereich angesichts der sehr starken Ausrichtung des Unternehmens auf Autos überhaupt eine Chance hat, sich erfolgreich zu entwickeln, müsste er nach Ansicht von Peter Körber von den Aktivitäten im Bereich Vermietung und automobile Events getrennt werden. Innerhalb der beiden Geschäftsbereiche stellt Peter Körber sich dann eine funktionale Gliederung vor. Einen groben Entwurf einer solchen Organisation hat er bereits entwickelt (Abb. 4.16).

Neben einer produktorientierten Gliederung hat Peter Körber auch bereits über eine regionale Organisation nachgedacht, diese Überlegungen dann jedoch verworfen, da

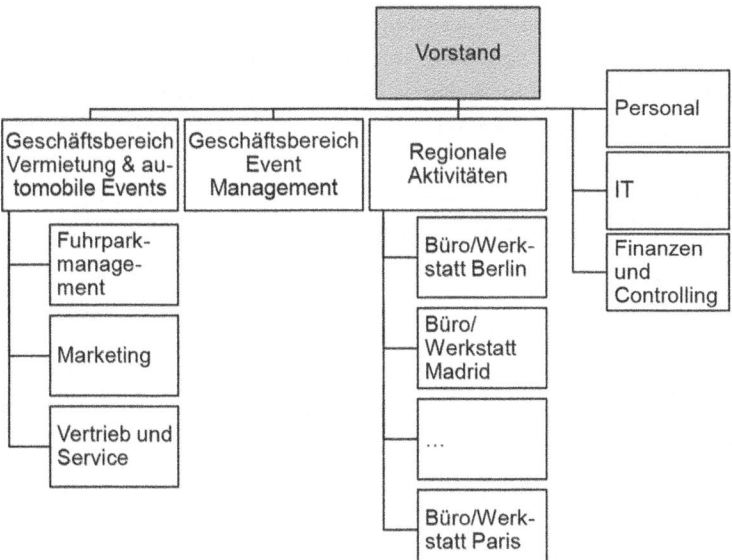

Abb. 4.16 Mögliche divisionale Organisation der QualityRent AG

die Anforderungen an das Unternehmen in den einzelnen Ländern, in denen es vertreten ist, nicht sehr unterschiedlich sind. Vielmehr weist die „europäische Elite" in den
meisten Ländern sehr ähnliche Ansprüche auf. Allerdings könnte er sich eine Einheit
für regionale Aktivitäten parallel zu den beiden neuen Geschäftsbereichen vorstellen. ◄

4.2.3 Matrixorganisation

Die Matrixorganisation unterscheidet sich von den anderen Idealtypen dadurch, dass auf
der zweiten Führungsebene gleichzeitig zwei Spezialisierungsformen zur Anwendung
kommen – meistens erfolgt zugleich eine *funktionale und eine objektorientierte Aufgabenspezialisierung*. Man spricht aus diesem Grund auch von einer mehrdimensionalen
Organisationsstruktur (vgl. Davis und Lawrence 1977). Typischerweise bilden dabei funktional ausgerichtete Organisationseinheiten die (vertikale) Grunddimension, über die eine
nach Produkten oder Regionen gegliederte Objektdimension gelegt wird (Abb. 4.17 und
4.18). Natürlich sind auch andere Kombinationen denkbar, und auch die interne Struktur
der Organisationseinheiten kann nach den unterschiedlichsten Prinzipien erfolgen.

Im Grundmodell der Matrixorganisation werden *Weisungsbefugnisse* gleichberechtigt
auf die beiden Organisationsdimensionen auf der zweiten Führungsebene verteilt. So entsteht ein System sich kreuzender Weisungslinien – ein *Mehrliniensystem*. Die betroffenen
Mitarbeiter auf den nachgeordneten Ebenen können gleichberechtigte Weisungen vom
jeweils zuständigen Funktions- und Produkt-/Regionalmanager erhalten. Hierdurch soll
die Koordination im Unternehmen optimiert werden. Allerdings werden so auch (bewusst)
Konfliktfelder geschaffen, die nach einer produktiven Konfliktlösung verlangen. Im
Verhältnis zwischen der ersten und der zweiten Führungsebene geht die Matrixorganisation
dabei von einer dezentralen Verteilung von Entscheidungsaufgaben aus. Angesichts der
Mehrfachunterstellung der Mitarbeiter ist jedoch eine weitergehende Dezentralisation
kaum noch möglich, ohne die Funktionsfähigkeit der Matrix zu gefährden.

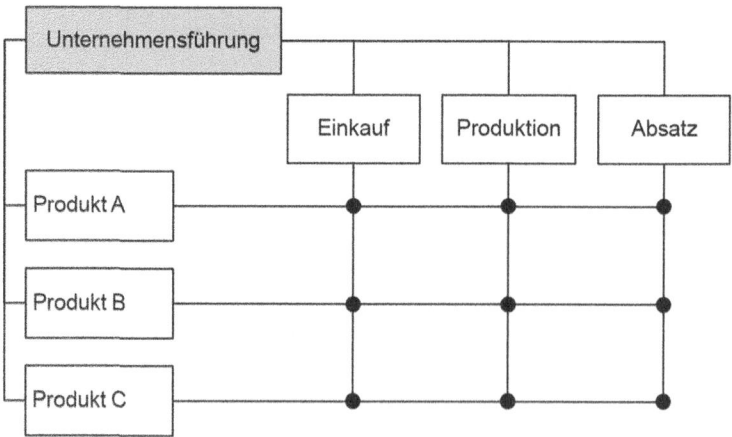

Abb. 4.17 Matrixorganisation

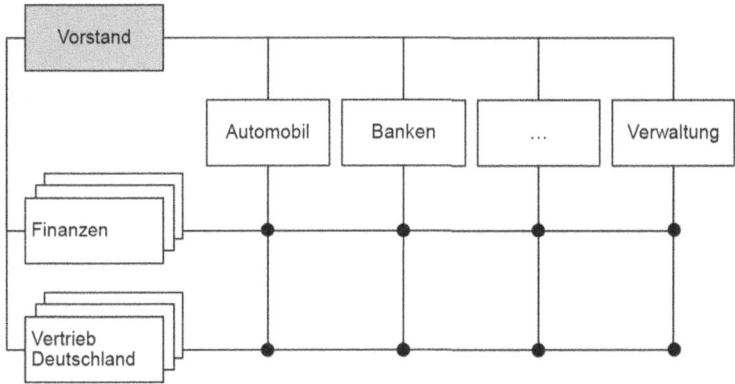

Abb. 4.18 Matrixorganisation am Beispiel SAP

Abweichend von diesem Grundmodell wird in der Praxis oft die Idee der Gleichberechtigung aufgegeben und einer der beiden Dimensionen ein Übergewicht eingeräumt. Man spricht dann auch von einer abgeschwächten Form der Matrixorganisation. In diesem Fall sind allerdings die Unterschiede zu einer der eindimensionalen Organisationen – zum Beispiel zu einer divisionalen Organisation mit Zentralbereichen – nur noch gradueller Natur. Möglich ist ferner, dass auf der zweiten Führungsebene eine gleichberechtigte Spezialisierung nach mehr als zwei Dimensionen erfolgt. So findet man es gelegentlich in Großunternehmen, dass gleichzeitig Organisationseinheiten nach Funktionen, Produkten und Regionen gebildet werden. In diesem Fall spricht man von einer Tensororganisation, die jedoch in ihren Stärken und Schwächen der Matrixorganisation vergleichbar ist (vgl. Bleicher 1991). Auf ihre gesonderte Behandlung kann daher verzichtet werden.

Die Matrixorganisation ist entstanden, um die Stärken der beiden eindimensionalen Organisationsformen zu kombinieren und ihre jeweiligen Schwächen zu vermeiden. Insofern kann bei der Beurteilung der Matrixorganisation auf das bereits Gesagte verwiesen werden. Allerdings besitzt die Matrixorganisation in der Realität einige zusätzliche Schwachstellen, die weder in der funktionalen noch in der divisionalen Organisation (in dieser Form) auftreten. Diese werden vor allem durch die institutionalisierten Konflikte hervorgerufen, die sich als Folge der Mehrfachunterstellung von Mitarbeitern ergeben. Ausgehend vom Konzept der Matrixorganisation sollen diese Konflikte zu kreativen und produktiven Problemlösungen führen. In der Realität führen sie eher zu organisatorischen Machtkämpfen, die Entscheidungs- und Anpassungsprozesse verlangsamen und meist wenig sachgerechte Kompromisslösungen hervorbringen. Insofern haben sie negative Auswirkungen auf die Flexibilität, aber auch die Marktorientierung des Unternehmens. Überhaupt scheint eine Matrixorganisation die Innenorientierung zu fördern – interne Verhandlungsprozesse, Absicherungsbedarf und damit auch Bürokratie werden vielfach wichtiger genommen als eine Zusammenarbeit der Bereiche. Hierdurch, aber auch infolge der hohen Zahl von Führungspositionen, ist die Matrixorganisation zudem relativ kostspielig (vgl. Frese 2012).

Matrixorganisation bei der QualityRent AG

Die Idee einer Matrixorganisation für die QualityRent AG hat Peter Körber ebenfalls einmal durchgespielt. Eine solche Organisation könnte er sich vor allem zur besseren Einbindung der regionalen Einheiten, das heißt der Verkaufs- und Servicebüros sowie der Werkstätten, vorstellen. Seine Idee ist hier, neue Regionalleiter zu schaffen, die sowohl für Verkaufs- und Servicebüros als auch für die Werkstätten in bestimmten Regionen verantwortlich sind. Peter Körber denkt dabei an fünf Regionalleiter für Deutschland, Nordeuropa, Westeuropa, Südeuropa sowie Mittel- und Osteuropa. Um die Aktivitäten der QualityRent AG trotzdem europaweit koordinieren zu können, müssten nach seiner Ansicht jedoch neben den Regionalleitern auch die bisher gesamtverantwortlichen Bereiche Fuhrparkmanagement, Vertrieb und Service sowie Marketing und Event Management weitgehende Kompetenzen behalten. Ergebnis einer solchen Strukturierung wäre dann eine Matrixorganisation mit funktionalen und regionalen Einheiten (Abb. 4.19). Insbesondere wegen der zu erwartenden Koordinationsprobleme und Konflikte hat Peter Körber diese Idee jedoch relativ schnell wieder verworfen. ◄

Das Grundmodell der Matrixorganisation ist insgesamt eine relativ komplizierte, schwierig zu handhabende Organisationsform, deren Funktionieren weniger von der sichtbaren Struktur als dem Verhalten der Unternehmensmitglieder abhängt. Insofern kann nicht verwundern, dass manchmal gesagt wird, eine Matrixorganisation solle nur gewählt werden, wenn überhaupt keine andere Organisationsform in Frage kommt (vgl. Davis und Lawrence 1977). Dies dürfte nur dann der Fall sein, wenn es für das Unternehmen erfolgskritisch ist, bei seiner Leistungserstellung stets Informationen aus den unterschiedlichsten Perspektiven zu berücksichtigen. Gerade in global tätigen Unternehmen, aber auch in der Unternehmensberatung, ist diese Anforderung häufig erfüllt. Eine Matrixorganisation kann aber auch in Teilbereichen eines Unternehmens sinnvoll sein, wo diese Bedingungen gegeben sind, wie etwa in der Forschung und Entwicklung.

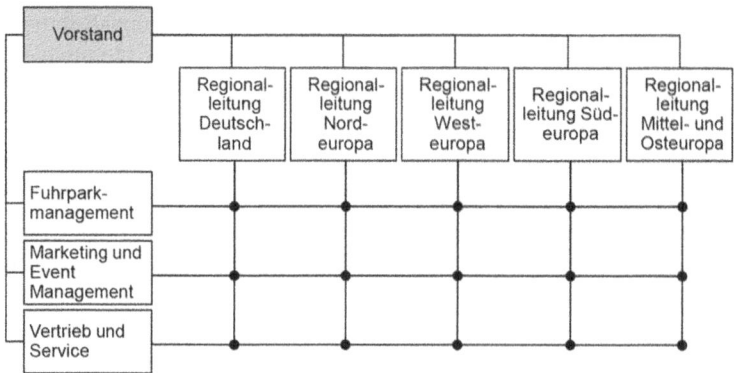

Abb. 4.19 Mögliche Matrixorganisation der QualityRent AG

In Unternehmen findet man die Matrixorganisation heute allerdings kaum noch in ihrer idealtypischen Form – das heißt mit gleichberechtigten Objekt- bzw. Funktionsmanagern. Vielmehr werden ergänzende Organisationsmechanismen genutzt, um die Konflikte zu entschärfen, die in einer Matrixorganisation fast automatisch entstehen. So sind beispielsweise bei der *reduzierten Matrixorganisation* die Weisungsrechte zwischen den beteiligten Organisationseinheiten ungleich verteilt. Einer ähnlichen Grundidee folgt das so genannte *„Lead-Country-Prinzip"*, das zum Beispiel bei global tätigen Konsumgüterunternehmen wie Procter & Gamble eingesetzt wird. Dieses Prinzip sieht vor, dass die Gesamtverantwortung für einzelne Produkte oder Funktionen aus der Unternehmenszentrale ausgelagert und einer anderen Unternehmenseinheit zugeordnet wird. Diese Zuordnung zielt darauf ab, dass das Produkt oder die Funktion jeweils dort verantwortet wird, wo innerhalb des Unternehmens die größten Kompetenzen angesiedelt sind, wo die Umfelder am innovativsten sind oder die Wettbewerbsintensität am größten ist. Die betroffene Unternehmenseinheit trägt dann als Center of Competence weltweit die Verantwortung für das entsprechende Aufgabengebiet; sie ist diesbezüglich gegenüber den übrigen Unternehmenseinheiten weisungsbefugt. Allerdings wird diese Weisungsbefugnis vielfach nur zeitlich befristet vergeben.

4.2.4 Stab-Linien-Organisation als ergänzende Organisationsform

Die Stab-Linien-Organisation stellt an sich keinen eigenständigen Grundtyp der Aufbauorganisation dar, sondern kann ergänzend zu allen drei beschriebenen Grundtypen verwendet werden. Ihr Ziel besteht darin, die Vorteile eines Einliniensystems mit denen eines Mehrliniensystems zu verbinden. Ihren Ursprung hat die Stab-Linien-Organisation im militärischen Bereich, wo bereits sehr früh Stäbe zur Unterstützung der Heeresleitungen eingesetzt wurden. Diese Idee ist dann zu Beginn des zwanzigsten Jahrhunderts auf Unternehmen übertragen worden (vgl. Staehle 1999).

Gremienorganisation
Die Gremienorganisation in Form von Komitees, Kommissionen oder Ausschüssen ist – ähnlich wie die Stab-Linien-Organisation – eine weitere Ergänzung der grundlegenden Organisationsformen, die man prinzipiell bei allen beschriebenen Grundtypen finden kann. Gremien sind Personenmehrheiten, denen bestimmte Aufgaben übertragen werden. Je nachdem, ob ein Gremium in regelmäßigen Abständen tagt, wie zum Beispiel der Wirtschaftsausschuss oder der Aufsichtsrat, oder nur zeitlich begrenzt in Erscheinung tritt, spricht man von einem „ständigen Gremium" bzw. einem „temporären Gremium". In beiden Fällen sind die Mitglieder des Gremiums nur für die Zeit ihrer Gremienarbeit von ihrer hauptamtlichen Tätigkeit befreit. Nach dem Aufgabenschwerpunkt können Informations-, Beratungs-, Entscheidungs- und Ausführungs- oder Leitungsgremien unterschieden werden.
Literatur: Staehle 1999

Die Grundidee der Stab-Linien-Organisation besteht darin, die von Routinearbeiten überlastete und mit strategischen Entscheidungen häufig überforderte Linieninstanz durch ein ständiges Hilfsorgan – eben den Stab – zu unterstützen. Um gleichzeitig die Einheitlichkeit der Auftragserteilung zu erhalten, wird der Stabsstelle jedoch keine Weisungsbefugnis erteilt. Nur bei Sonderaufgaben kann dem Stab ein zeitlich begrenztes Weisungsrecht eingeräumt werden. Aus diesen Grundprinzipien der Stab-Linien-Organisation resultiert eine charakteristische Aufgabenverteilung zwischen Stab und Linie:

- Die *Linieninstanz* übernimmt alle Routineaufgaben und ist prinzipiell verantwortlich für das Erreichen der Unternehmensziele. Nur sie ist befugt, Entscheidungen zu treffen, Maßnahmen zu ergreifen und Weisungen zu erteilen.
- Der *Stab* unterstützt die Linieninstanz bei der Zielerreichung und übernimmt Spezialaufgaben. Seine Aufgabe besteht dabei prinzipiell im Generieren von Ideen, in der Analyse sowie in der Entwicklung von Plänen und der Beratung der Linieninstanz.

Die Eingliederung von Stäben in die Organisation kann auf zwei Wegen erfolgen, zum einen nach dem Prinzip der Delegation und zum anderen nach dem Prinzip der Zentralisation. Das *Prinzip der Delegation* bedeutet in diesem Zusammenhang, dass eine Linieninstanz bestimmte Aufgaben, die sie ansonsten selbst erfüllen müsste, an einen Assistenten oder einen Stabsbereich abtritt. Beim *Prinzip der Zentralisation* werden gleichartige Aufgaben mehrerer Linieninstanzen auf einer höheren Ebene zusammengefasst und einem Stabsbereich zugeordnet (Abb. 4.20).

Die Vorteile einer Stab-Linien-Organisation liegen vor allem in der Entlastung der Linieninstanz und der Verbesserung der Entscheidungsvorbereitung durch eine auf Analyse und Beratung spezialisierte Einheit. Ziel ist es dabei, einen Ausgleich zwischen dem Spezialistendenken des Stabes und dem eher generalistischen Überblick der Linieninstanz zu schaffen.

In der Praxis ergeben sich jedoch zwischen Stab und Linieninstanz häufig Konflikte, die vor allem darauf zurückzuführen sind, dass die theoretisch geforderte, klare Aufgabentrennung zwischen Stab und Linie in der Realität fast nie zu verwirklichen ist. So fungie-

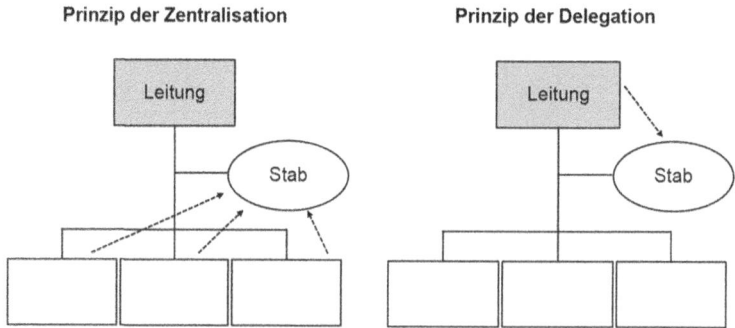

Abb. 4.20 Eingliederung von Stäben in die Hierarchie

ren Stäbe in vielen Fällen nicht nur als Berater der Linieninstanz, sondern besitzen aufgrund ihrer Spezialkenntnisse faktisch Entscheidungsmacht. Andererseits existieren auch Fälle, in denen Stabsstellen überhaupt keine Einflussmöglichkeiten besitzen und von den Linieninstanzen nur als Alibi benutzt werden. Darüber hinaus treten in der Praxis häufig persönliche Konflikte zwischen Linienmanagern und Stabsbereichen auf, da beide Arten von Positionen ganz unterschiedliche Persönlichkeitstypen ansprechen.

Beispiel

Stab-Linien-Organisation bei der QualityRent AG

Die Stab-Linien-Organisation ist auch bei der QualityRent AG mittlerweile in mehrfacher Hinsicht relevant. So hat Peter Körber wichtige Aufgaben der strategischen Planung und der Vorbereitung strategischer Entscheidungen an seinen neuen Vorstandsassistenten Carsten Tratsch delegiert, der quasi eine Ein-Mann-Stabsstelle direkt unterhalb des Vorstands bildet. Zusätzlich würden bei der Einführung einer divisionalen Organisation die Abteilungen Personal, IT sowie Finanzen und Controlling zu Bereichen werden, die Dienstleistungs- und Unterstützungsaufgaben für die Geschäftsbereiche Vermietung und automobile Events sowie Event Management wahrnehmen. Damit wären auch sie Stäbe, im Gegensatz zu Carsten Tratsch allerdings solche, die nach dem Prinzip der Zentralisation in die Organisation eingebunden wären (Abb. 4.21). ◄

Verständnisfragen

1. Beschreiben Sie die Ausprägung der Gestaltungsparameter der Organisation bei der funktionalen Organisation.
2. Wie werden die vier Anforderungen, die an die Organisation gestellt werden, von der funktionalen Organisation erfüllt?
3. Unter welchen Bedingungen bzw. für welche Unternehmen erscheint eine funktionale Organisation sinnvoll?

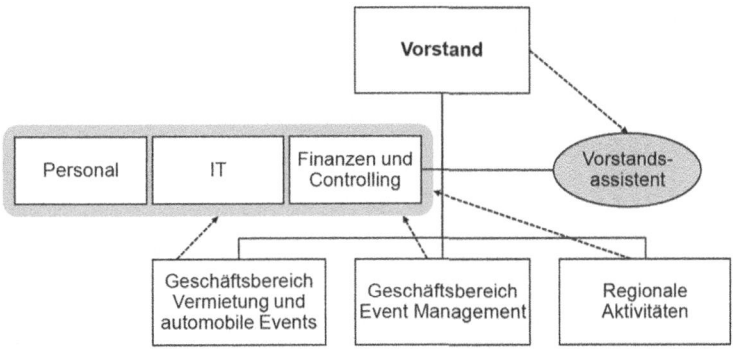

Abb. 4.21 Stab-Linien-Organisation in der QualityRent AG

4. Beschreiben Sie die Ausprägung der Gestaltungsparameter der Organisation bei der divisionalen Organisation.

5. Wie werden die vier Anforderungen, die an die Organisation gestellt werden, von der divisionalen Organisation erfüllt?

6. Unter welchen Bedingungen bzw. für welche Unternehmen erscheint eine divisionale Organisation sinnvoll?

7. Beschreiben Sie die Ausprägung der Gestaltungsparameter der Organisation bei der Matrixorganisation.

8. Wie werden die vier Anforderungen, die an die Organisation gestellt werden, von der Matrixorganisation erfüllt?

9. Unter welchen Bedingungen bzw. für welche Unternehmen erscheint eine Matrixorganisation sinnvoll?

10. Was ist das „Lead-Country-Prinzip"?

11. Erläutern Sie die Grundidee der Stab-Linien-Organisation sowie die Aufgaben von Stab und Linieninstanz bei dieser Organisationsform.

12. Was wird im Rahmen der Stab-Linien-Organisation unter dem Prinzip der Delegation und unter dem Prinzip der Zentralisation verstanden?

Diskussionsfragen

1. Diskutieren Sie die Eignung der funktionalen Organisation für die QualityRent AG. Inwieweit erfüllt dieser Strukturtyp die Anforderungen an die Organisation bei der QualityRent AG? Welche Vor- und Nachteile sind mit diesem Strukturtyp verbunden?

2. Unter welchen Bedingungen erscheint Ihnen eine divisionale Organisation als geeignet für die QualityRent AG? Welche Form der divisionalen Organisation halten Sie für relevant? Welche Anforderungen an die Organisation werden erfüllt und welche Vor- bzw. Nachteile resultieren aus dieser Organisation?

3. Diskutieren Sie die Eignung der Matrixorganisation für die QualityRent AG. Welche Dimensionen sollte die Matrixorganisation Ihrer Ansicht nach haben? Welche Mechanismen erscheinen Ihnen geeignet, um die traditionellen Schwächen der Matrixorganisation zu umgehen? Welche Anforderungen an die Organisation werden im Falle der QualityRent AG von der Matrixorganisation erfüllt und welche nicht?

4. Unter welchen Bedingungen erscheint Ihnen eine Stab-Linien-Organisation als geeignet für die QualityRent AG? Welche Anforderungen an die Organisation werden erfüllt und welche nicht?

4.3   Aktuelle Spezialaspekte der Organisationsgestaltung

Durch Entwicklungen wie den beschleunigten Technologiewandel, einen zunehmenden globalen Wettbewerb und eine gestiegene Heterogenität der Kundenbedürfnisse sind die Aufgaben der Unternehmensführung in den letzten Jahren immer anspruchsvoller und komplexer geworden. Daraus resultieren natürlich auch neue Herausforderungen an die Organisation von Unternehmen. Drei Aspekte der Organisation, die in den letzten Jahren an Bedeutung gewonnen haben, sind die Prozessorganisation, die Projektorganisation sowie veränderte Formen der Organisation der Leistungserstellung. Sie sollen im Folgenden näher beleuchtet werden.

4.3.1 Prozessorganisation

Der traditionelle organisatorische Denkansatz geht von der Vorstellung aus, dass zunächst die Aufbaustruktur zu gestalten ist und innerhalb der bestehenden Aufbaustruktur dann die notwendigen Prozesse und Prozessschritte möglichst optimal zu regeln sind. Dabei stehen operative Ziele wie Kapazitätsauslastung und Durchlaufzeit im Vordergrund. Im Ergebnis ist die Prozessorganisation gedanklich der Aufbauorganisation nachgelagert, und die Arbeitsteilung in den Prozessen wird durch die Aufbaustruktur vorgegeben (vgl. Kosiol 1976). So bestimmt zum Beispiel die Stellen- und Abteilungsbildung darüber, wie der Prozess der Auftragsabwicklung abläuft und wie lange er dauert.

Diese Sichtweise hat in den vergangenen Jahren allerdings einen Wandel erfahren, der dadurch ausgelöst worden ist, dass Faktoren wie Geschwindigkeit, Reaktionsfähigkeit, „time to market" und ähnliches eine deutlich zunehmende Bedeutung im Wettbewerb erfahren haben. Diese Faktoren sind in hohem Maße davon abhängig, wie in einem Unternehmen Innovations- und Leistungsprozesse über einzelne Stellen und Abteilungen hinweg ablaufen. So kann beispielsweise in der Auftragsabwicklung nur dann schnell und flexibel auf Kundenwünsche reagiert werden, wenn vom Vertrieb über die Produktion bis hin zur Auslieferung zusammengearbeitet wird und ein durchgängiger Material- und Informationsfluss besteht. Mit anderen Worten: Für den Erfolg im Wettbewerb ist nicht mehr so sehr die optimale Erfüllung einzelner Aktivitäten, sondern eher die schnelle, kostengünstige und qualitativ hochwertige Abwicklung ganzer Geschäftsprozesse von Bedeutung. Diese Prozesse müssen als Ganzes gesehen und gestaltet werden.

Vor diesem Hintergrund hat sich die Bedeutung des Prozessdenkens in Theorie und Praxis deutlich erhöht, und das organisatorische Denken hat eine weitgehende Umorientierung erfahren: Die Prozesse werden zunehmend als Ausgangspunkt der organisatorischen Gestaltung gesehen. Es geht bei der Regelung von Prozessen also nicht mehr darum, sie nur in eine bestehende Aufbaustruktur einzupassen, sondern die Prozessregelung selbst kann zum bestimmenden Faktor für die Aufbaustruktur werden. Dies ändert nichts daran, dass es nach wie vor Aufbau- und Prozessstrukturen gibt, aber die Beeinflussungsrichtung hat sich verändert. Heute erfolgt die Stellen- und Abteilungsbildung sehr viel stärker unter Berücksichtigung von Anforderungen, die sich aus dem Ablauf übergreifender Geschäftsprozesse ergeben (Abb. 4.22; vgl. Gaitanides 2012). Eine solche prozessorientierte Organisationsgestaltung lässt sich mit den folgenden drei Teilaufgaben beschreiben: der Identifikation von Geschäftsprozessen, der Strukturierung der Geschäftsprozesse und der Regelung von Verantwortlichkeiten für diese Prozesse.

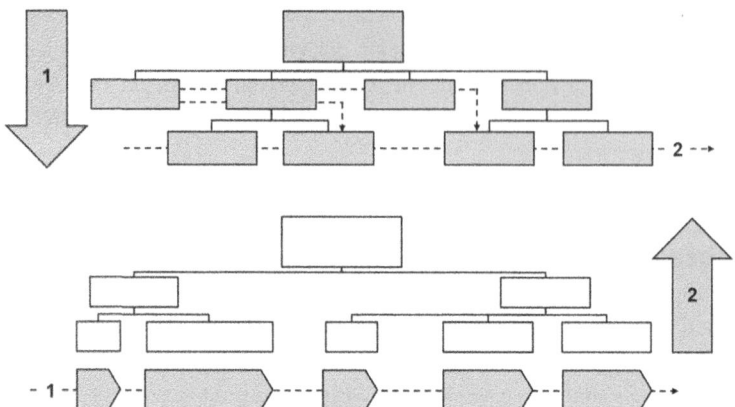

Abb. 4.22 Alternative Perspektiven der Organisationsgestaltung

4.3.1.1 Identifikation von Geschäftsprozessen

Ausgangspunkt für die Gestaltung von Prozessstrukturen ist die Identifikation und Abgrenzung von übergreifenden Geschäftsprozessen. Bei einem Geschäftsprozess handelt es sich um eine Kette von logisch zusammenhängenden Aktivitäten, die zu einem inhaltlich abgeschlossenen Ergebnis führen – beispielsweise einer Bestellung, einem bearbeiteten Auftrag, einer Rechnung oder einem neu entwickelten Produkt (vgl. Schulte-Zurhausen 2014). Ein Geschäftsprozess sollte insofern eigenständig sein, als er ohne Berücksichtigung anderer Geschäftsprozesse analysiert und ausgestaltet werden kann. Er kann aber durchaus mehrere betriebliche Funktionen umfassen und alle Planungs-, Steuerungs- und Kontrollaktivitäten einschließen, die zu seiner Abwicklung erforderlich sind. Vereinfacht kann man Leistungs- und Innovationsprozesse unterscheiden; alternativ kann eine Unterscheidung in direkte und unterstützende Geschäftsprozesse erfolgen. Das Geschäftssystem oder die Portersche Wertkette sind wertvolle Hilfsmittel zur unternehmensspezifischen Identifikation und Abgrenzung von Geschäftsprozessen.

Auch die prozessorientierte Organisationsgestaltung geht davon aus, dass sich die Anforderungen des Markt- und Wettbewerbsumfelds und die Schwerpunkte der verfolgten Wettbewerbsstrategie in der Unternehmensstruktur widerspiegeln müssen. Dies bedeutet zunächst, dass besonderes Augenmerk auf die Gestaltung jener Geschäftsprozesse gelegt werden muss, die für den Erfolg im Wettbewerb besonders bedeutsam sind – die so genannten (erfolgs-)kritischen Prozesse, auch *Kernprozesse* genannt. Welcher Prozess als Kernprozess anzusehen ist, hängt von der Branche, dem Wettbewerbsumfeld und dem angestrebten Wettbewerbsvorteil eines Unternehmens ab (vgl. Krüger 1994). So ist beispielsweise in der Automobilindustrie typischerweise der Prozess der Produktentwicklung als einer der erfolgskritischen Prozesse einzustufen. Er bestimmt die Kundenakzeptanz, aber auch das spätere Kostenniveau der Produkte. Für einen Telekommunikationsanbieter ist in der Regel der Prozess der Bereitstellung eines Telefonanschlusses ein Kernprozess. Aber auch die Rechnungsstellung besitzt besondere Bedeutung – nicht nur deswegen, weil ein großer Anbieter wie die Deutsche Telekom AG etwa 500 Mio. Rechnungen pro Jahr erstellen und in den meisten Fällen auch versenden muss, sondern vor allem aus Gründen der Kundenbetreuung und Kundenbindung. In ähnlicher Weise sind im Versandhandel Bestellungs- und Rücksendungsprozesse wichtig, weil Einfachheit und Geschwindigkeit dieser Prozesse hohe Bedeutung für die Zufriedenheit der Kunden und die Kostensituation des Anbieters besitzen.

Kernprozesse stehen also im Mittelpunkt der (prozessorientierten) Organisationsgestaltung. Hinweise für die Identifikation solcher Kernprozesse liefern unter anderem die folgenden Fragen:

- Besitzt der Prozess hohe Bedeutung für den Aufbau und die Verteidigung unserer Wettbewerbsvorteile?
- Werden in dem Prozess Ressourcen und Fähigkeiten eingesetzt bzw. entwickelt, die Kernkompetenzen sind?
- Beeinflusst der Prozess die Zufriedenheit unserer Kunden in besonderem Maße?
- Ist der Prozess für die Qualität unserer Produkte wichtig?
- Werden durch den Prozess hohe Kosten oder wird eine hohe Kapitalbindung verursacht?
- Ist der Prozess besonders zeitintensiv?

Durch die Beantwortung dieser Fragen erreicht man nicht nur eine Konzentration auf jene Prozesse, die für die Umsetzung der gewählten Wettbewerbsstrategie entscheidend sind, sondern gewinnt auch Anhaltspunkte darüber, bei welchen Prozessen im operativen Geschäft die größten Hebel zur Qualitäts-, Zeit- und Kostenoptimierung sind.

4.3.1.2 Strukturierung der Geschäftsprozesse

Der nächste Schritt der Prozessgestaltung besteht darin, die einzelnen Kernprozesse inhaltlich zu strukturieren. Zu diesem Zweck sind zunächst die einzelnen Prozessschritte abzuleiten, die in Summe den Geschäftsprozess ausmachen. Hier empfiehlt sich zumeist eine stufenweise Zerlegung des Gesamtprozesses in Teilprozesse und Aktivitäten, als deren Ergebnis eine hierarchische Prozessstruktur steht. Die gedanklich kleinste Einheit eines Geschäftsprozesses ist die Einzelaktivität, die an einem Arbeitsplatz ohne Unterbrechungen und ohne Beziehungen zu anderen Aktivitäten bzw. Prozessen durchgeführt werden kann.

Hierauf aufbauend kann dann die Reihenfolge bestimmt werden, in der die einzelnen Prozessschritte durchgeführt werden sollen. Diese wird zumeist durch sachliche oder technologisch bedingte Input-/Outputbeziehungen vorgegeben. Prozessschritte können in einer Kette angeordnet werden, aber auch Verzweigungen sowie Vor- und Rückkoppelungen sind möglich. Auf dieser Grundlage ist dann der eigentliche zeitliche und räumliche Ablauf festzulegen. Dazu ist der Zeitbedarf einzelner Prozessschritte zu bestimmen; unter Berücksichtigung der notwendigen Reihenfolge und der Möglichkeit zur parallelen Bearbeitung ergibt sich der zeitliche Ablauf des gesamten Prozesses. In Verbindung hiermit ergibt sich auch die räumliche Struktur der Aktivitäten, die unter anderem

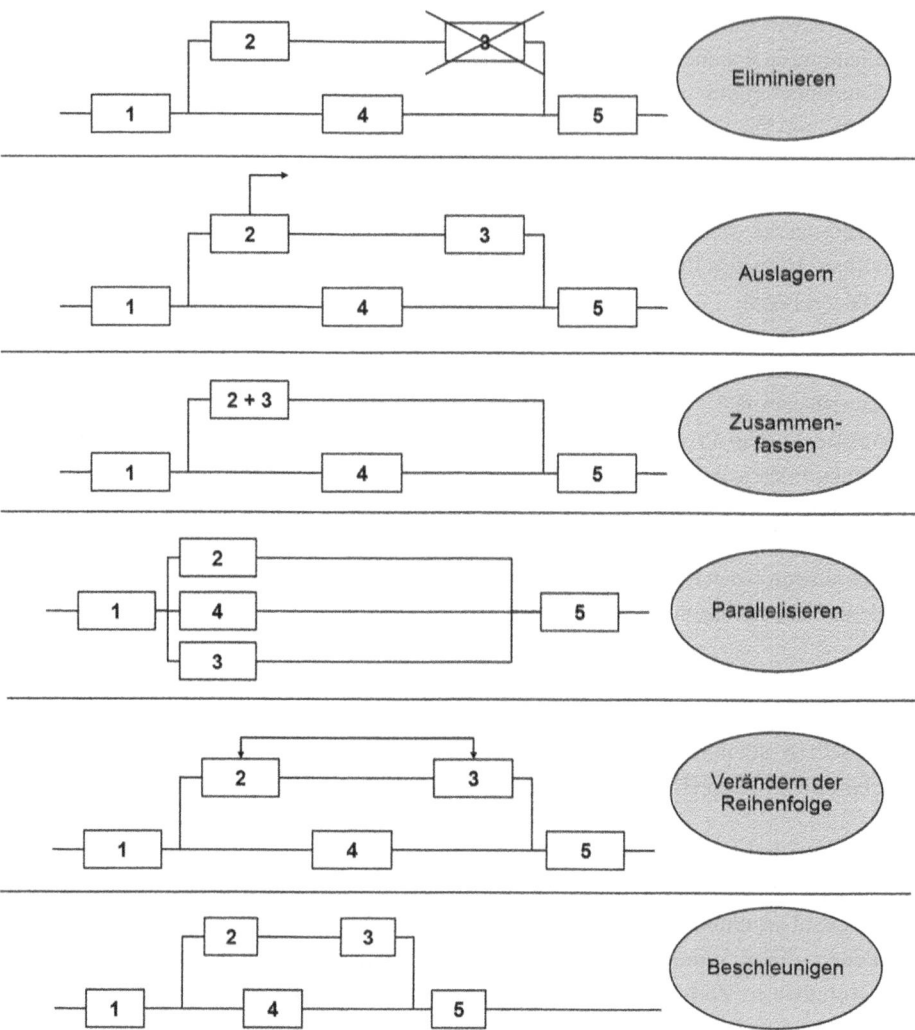

Abb. 4.23 Ansätze zur Prozessoptimierung. (vgl. Schulte-Zurhausen 2014)

die Fragen nach dem Raumbedarf sowie den Transportwegen und -mitteln beantwortet. Nur in den seltensten Fällen wird sich die Prozessgestaltung dabei mit vollkommen neuartigen Abläufen auseinandersetzen; meist geht es eher darum, Optimierungsüberlegungen für bereits bestehende Prozesse vorzunehmen. Dabei können die in Abb. 4.23 dargestellten Ansätze zur Prozessoptimierung genutzt werden.

Die Optimierung einzelner Arbeitsschritte ist wichtig – die eigentliche Prozessstruktur entsteht aber erst durch die Integration von Aktivitäten zu übergeordneten Teilprozessen, die von einem Aufgabenträger oder einer Gruppe gleichartiger Aufgabenträger durchgeführt werden sollen. Durch diese Bündelung werden zugleich die Schnittstellen der Prozesse festgelegt, an denen Bearbeiter wechseln und Übermittlungs-, Transport- und Wartezeiten auftreten können. Teilprozesse sind an diesen Schnittstellen horizontal und vertikal abzustimmen und zu verzahnen. Häufig sind dabei auch interne Prozesse mit externen Prozessen, etwa bei Zulieferern oder Spediteuren, zu verketten. Gerade die Gestaltung der Schnittstellen besitzt hohe Bedeutung für Geschäftsprozesse – Prozessorganisation ist zu einem erheblichen Teil Schnittstellenorganisation.

Das Ergebnis eines Prozesses muss mit den Wünschen der Kunden und den Zielen des Unternehmens übereinstimmen. Aus diesem Grund sollen Prozesse so gestaltet werden, dass die Faktoren betont werden, die für den Erfolg des Unternehmens im Wettbewerb maßgeblich sind. Dies können bestimmte Merkmale der zu erbringenden Leistung sein, wie etwa eine qualitativ hochwertige Beratungsleistung, besonders schneller Service oder eine zeitlich auf den Kunden ausgerichtete Produktbereitstellung, die qualitative Vorgaben für die inhaltliche Ausgestaltung einzelner Prozessschritte und ganzer Geschäftsprozesse darstellen.

Aber auch der Preis als Wettbewerbsfaktor ist über das Ziel Kostenoptimierung auf die Prozessebene umzusetzen. Auf diesem Weg kommt auch bei der konkreten inhaltlichen Prozessgestaltung die strategische Ausrichtung des Unternehmens zum Tragen. Die strategisch relevanten Anforderungen sind in konkrete Prozessziele umzusetzen, an denen sich die Prozessgestaltung orientieren kann und die zudem auch bei der Prozessdurchführung überwachbar sind. Dabei können Mengen-, Qualitäts-, Zeit- und Kostenziele formuliert werden.

4.3.1.3 Regelung von Verantwortlichkeiten

Auch bei einer prozessorientierten Organisationsgestaltung müssen die Verantwortlichkeiten für einzelne Prozessschritte bzw. ganze Geschäftsprozesse geregelt werden. Man versucht, Verantwortlichkeiten so festzulegen, dass zusammengehörige Prozessschritte ohne Schnittstellen, zumindest aber mit eindeutig zu regelnden Übergabepunkten, auf Aufgabenträger verteilt werden. So erreicht man, dass Prozessstruktur und Verantwortungsstruktur einander entsprechen. Hierauf aufbauend werden die Aufgabenträger auf der Prozessebene über eine Führungshierarchie verknüpft, wodurch eine Aufbaustruktur entsteht. Auch hierbei steht das Prinzip im Vordergrund, möglichst zusammengehörige Prozessschritte bzw. Teilprozesse in den übergeordneten Organisationseinheiten zusammenzufassen. Der Unterschied zur klassischen Gestaltung von Aufbaustrukturen ist lediglich, dass nicht die analytische Zerlegung von Aufgaben die Abgrenzung der Organisationseinheiten und die Gestalt der Aufbaustruktur bestimmt, sondern die sinnvolle Zusammenfassung von Prozessschritten.

4.3.2 Projektorganisation

4.3.2.1 Merkmale der Projektorganisation

Angesichts einer zunehmenden Anzahl völlig neuartiger, komplexer Probleme und Fragestellungen, mit denen Unternehmen sich infolge von beschleunigtem Technologiewandel, globalem Wettbewerb und heterogenen Kundenbedürfnissen auseinandersetzen müssen, wird der traditionelle organisatorische Denkansatz, bei dem die Aufbauorganisation im Mittelpunkt steht, auch von einer anderen Seite in Frage gestellt. Konkret wird nicht nur eine stärkere Prozessorientierung, sondern auch eine Flexibilisierung der Organisation gefordert. In diesem Zusammenhang gewinnt in jüngerer Zeit vor allem die so genannte Projektorganisation an Bedeutung.

Projekte sind temporäre, für die Erledigung einer eigenständigen, oft neuartigen und komplexen Aufgabe angelegte Organisationseinheiten. Da sie nicht Bestandteil der dauerhaften Organisation des Unternehmens sind, spricht man auch davon, dass mit der Projektorganisation eine sekundäre Organisation geschaffen wird, welche die dauerhaft angelegte, auf das Tagesgeschäft fokussierte Primärorganisation entlasten soll (vgl. Krüger 1994). Die organisatorische Einbindung von Projekten kann unterschiedlich erfolgen. Je nach Fokus und Bedeutung des Projekts kann es unmittelbar unterhalb der Unternehmensleitung angesiedelt sein (Produktentwicklung), der Leitung eines Bereichs zugeordnet werden (Optimierung Vertriebsprozess) oder auch innerhalb eines Bereichs angesiedelt werden (Marktforschungsstudie) (Abb. 4.24).

Die Eigenständigkeit der Projektaufgabe und ihre eigenständige Erfüllung durch die Projektgruppe sind die wesentlichen Kennzeichen und gleichzeitig auch die wichtigsten Vorteile der Projektorganisation gegenüber der typischen Routine- oder Primärorganisation. So können Projekte flexibel eingerichtet und aufgelöst werden, je nachdem, welche Aufgaben gerade bearbeitet werden müssen. Die Trennung von Projekt- und Routineorganisation gestattet es dabei, dass im Projekt unternehmensübergreifend Fachkräfte zusammengezogen werden können, die ansonsten in unterschiedlichen Abteilungen arbeiten, um gemeinsam die jeweils interessierende Fragestellung zu klären. Projekte führen daher in der Regel nicht nur sehr viel schneller zu verwertbaren Ergebnissen, sondern erreichen oft auch eine qualitativ höherwertige Problemlösung. Darüber hinaus spielen

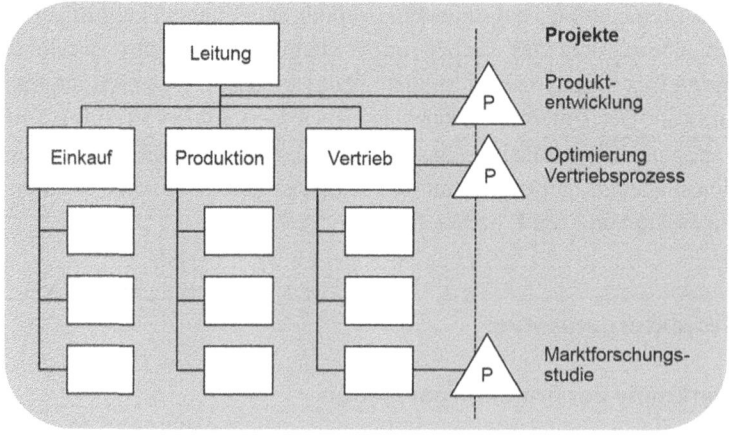

Abb. 4.24 Projektorganisation als Sekundärorganisation in Unternehmen

Projekte auch im Rahmen der Führungskräfteentwicklung eine bedeutende Rolle. Die Übernahme einer Projektleitung wird vielfach als erste Bewährungsprobe für eine Nachwuchsführungskraft gewählt. Als Nachteil der Projektorganisation hat sich allerdings in vielen Fällen die Wiedereingliederung der Projektmitarbeiter in die Routineorganisation erwiesen. Hier hat sich in der Praxis eine 4:1-Regelung bewährt, das heißt an vier Tagen in der Woche arbeitet ein Mitarbeiter in einem Projekt, am fünften Tag in der Linienorganisation, um den Kontakt zu seinem bisherigen Geschäft nicht vollkommen zu verlieren.

Diese Besonderheiten der Projektorganisation begründen auch zusätzliche Anforderungen, die nicht ganz einfach zu erfüllen sind. Diese Anforderungen betreffen insbesondere die Zusammenarbeit des Projektteams, die organisatorische Anbindung des Projekts an die Routineorganisation sowie das Projektmanagement. Auf diese Besonderheiten soll im Folgenden eingegangen werden.

4.3.2.2 Zusammenarbeit im Projektteam

Projekte haben komplexe, meistens die Fachgebiete mehrerer Abteilungen übergreifende Aufgabenstellungen. Sie können deshalb nur dann erfolgreich sein, wenn es gelingt, Mitglieder aus unterschiedlichen Fachgebieten in einer Projektgruppe und in einer sinnvollen Teamarbeit zusammenzubringen. Der besondere Wert der *Teamarbeit* besteht erstens darin, dass Menschen Wissen aus unterschiedlichen Gebieten sowie verschiedenste Fähigkeiten und Erfahrungen in einen (gemeinsamen) Problemlösungsprozess einbringen. Damit entsteht eine Wissensbasis, die über die Summe des Einzelwissens hinaus geht – es werden synergetische Effekte ausgelöst, die stimulieren und das Leistungsniveau steigern. Die in Teamarbeit erzielbaren Ergebnisse können so die Ergebnisse übertreffen, die erreicht werden, wenn nur eine Einzelperson ihr Wissen und ihre Fähigkeiten zur Problemlösung nutzt. Dieser Vorteil spielt speziell in der Problemanalyse und bei der Suche nach Lösungsmöglichkeiten eine große Rolle.

Problematischer als die Arbeit eines Einzelnen kann die Teamarbeit in der Phase der Entscheidungsfindung werden. Hier gibt es Phänomene wie das „Gruppendenken" oder eine stärkere Risikofreudigkeit („risk shift"), welche die Qualität der Entscheidungsfindung negativ beeinflussen können (vgl. auch Kap. 5). Die hierfür notwendigen Korrektive müssen vor allem durch die Projektorganisation geschaffen werden. Darüber hinaus ist die Zusammenarbeit in einem Team auch immer mit gewissen Konfliktpotenzialen verbunden. Konflikte sind zwar nicht in jedem Fall negativ, denn ein gewisses Konfliktniveau ist notwendig, um überhaupt Aktivität zu entfalten. Es darf jedoch nicht so weit gehen, dass die Teammitglieder sich wechselseitig lähmen. Insofern ist das „richtige Konfliktmaß" zu suchen – eine Empfehlung, die natürlich im konkreten Einzelfall nicht ganz einfach zu verwirklichen ist (vgl. v. Rosenstiel 2007).

Erfolgreiche Teamarbeit setzt zudem eines voraus: Hierarchiefreiheit. Hierarchiefreie Arbeit verlangt von allen Beteiligten andere Verhaltensweisen, als man sie typischerweise bei Arbeitsprozessen im Rahmen der dauerhaften Organisationsstruktur beobachten kann. So sind vor allem andere, eben nicht hierarchische, sondern allseitige Kommunikations-

und Interaktionsformen erforderlich. Auch im persönlichen Umgang der Teammitglieder muss größter Wert auf gegenseitige Akzeptanz, Offenheit und Unterstützung gelegt werden. Nur so können die Teammitglieder tatsächlich ihre individuellen Fähigkeiten in die Problemlösung einbringen und die angesprochenen Synergieeffekte der Teamarbeit realisiert werden.

Vor diesem Hintergrund dürfte es offensichtlich sein, dass die Zusammensetzung des Teams als zentrale Voraussetzung für den Erfolg eines Problemlösungsprozesses gilt. Nach der Devise „Die Mischung macht's" gilt es, die *Teammitglieder* anhand vorab definierter Anforderungen auszuwählen. Jedes Teammitglied muss dabei über ein der Aufgabenstellung entsprechendes Fachwissen und die notwendigen Teamfähigkeiten verfügen.

Eine zentrale Bedeutung in einem Projektteam nimmt der *Projektleiter* ein. Durch seine Persönlichkeit und seine Qualifikation kann er den Projekterfolg oder -misserfolg entscheidend beeinflussen. Bedingt durch die möglichst weitgehende Hierarchiefreiheit im Projekt werden zudem hohe Anforderungen an sein Führungsverhalten gestellt. So muss er bei seinem Verhalten berücksichtigen, dass er zwar einerseits Bestandteil des Teams, andererseits aber auch Manager des Objekts „Projekt" ist. Neben dem Fach- und Methodenwissen sind deshalb gerade auch soziale Fähigkeiten wie Glaubwürdigkeit, Kritikfähigkeit oder Einfühlungsvermögen notwendige Eigenschaften eines Projektleiters, um das Team erfolgreich zu führen. Nur wenn der Projektleiter den hohen Anforderungen gerecht wird, die an ihn gestellt werden, kann er als „Führungspersönlichkeit, Motivator, Trainer, Psychologe und Konfliktmanager" fungieren und das Projektteam zu dem gewünschten Ziel führen.

4.3.2.3 Anbindung des Projekts an die Routineorganisation

Auch wenn ein Projekt außerhalb der Routine- bzw. Primärorganisation eines Unternehmens gebildet wird, heißt dies nicht, dass Organisation für die Durchführung von Projekten vollkommen überflüssig wäre. Auch ein Projekt muss organisiert werden. Damit ist zum einen gemeint, dass die Aufgabenverteilung innerhalb der Projektgruppe und die Formen der Zusammenarbeit der Teammitglieder einem gewissen Maß an Regelung unterliegen müssen. Zum anderen müssen aber auch bestimmte Formen des Informationsaustauschs, der projektübergreifenden Koordination und der Entscheidungsfindung institutionalisiert sein, um Abstimmungsprobleme zu vermeiden. Anders ausgedrückt: Eine Projektgruppe darf bei aller notwendigen Autonomie nicht vollständig losgelöst von der so genannten Primärorganisation ihres Unternehmens arbeiten. Bei der Gestaltung der Projektorganisation müssen deshalb sowohl die mit der Durchführung eines Projekts beauftragten Einheiten als auch ihre Eingliederung in die bestehende Organisation des Unternehmens durchdacht werden.

Zu diesem Zweck muss eine Verknüpfung von Primärorganisation und Projekt auf mehreren Ebenen geschaffen werden (Abb. 4.25). Die Verknüpfung besteht zuerst auf der Entscheidungsebene, indem die Unternehmensgremien (oder Mitglieder aus diesen Gremien), die später über die Verwirklichung der Projektergebnisse zu befinden haben, zu-

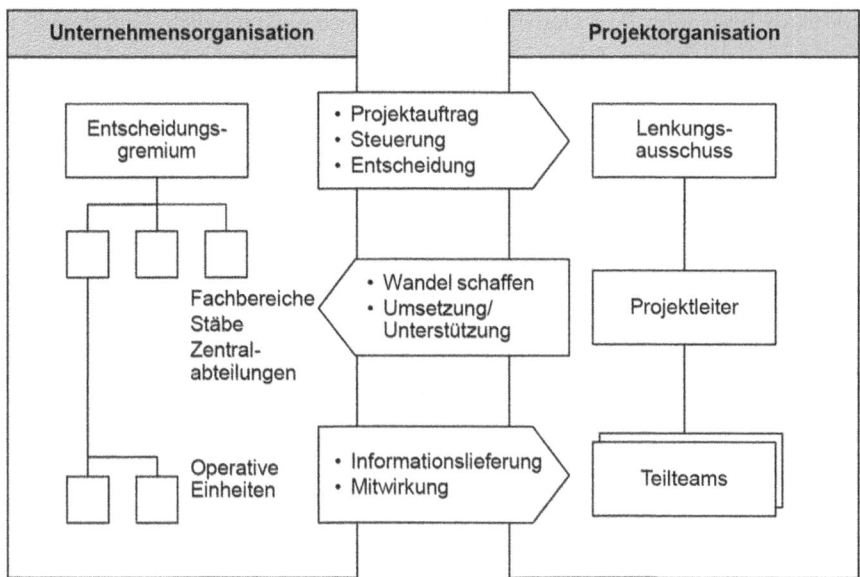

Abb. 4.25 Organisatorische Anbindung von Projekten. (vgl. Krüger 1994)

gleich auch Entscheidungsgremium für das Projekt werden. Die Entscheidungsträger eines Projekts werden in einem temporären, projektbegleitenden Gremium zusammengefasst, dem so genannten *Lenkungsausschuss*. Seine Aufgaben bestehen darin, die Interessen des obersten Auftraggebers zu vertreten und die Projektziele zu definieren. Darüber hinaus unterstützt und überwacht dieses Gremium das Projektteam. Um dieser Aufgabe nachkommen zu können, wird der Lenkungsausschuss in regelmäßigen Abständen über Zwischenergebnisse der Projektgruppe unterrichtet. Er trifft schließlich auch die abschließende Projektentscheidung oder führt eine solche Entscheidung in den zuständigen Unternehmensgremien herbei. Nach Abschluss des Projekts wird der Lenkungsausschuss aufgelöst.

Auf der Ebene darunter liegt das eigentliche Projektteam, das bei größeren Projekten auch mehrere (Teil-)Projektteams umfassen kann. Für das Projektteam und die Teammitglieder ist ein *Projektleiter* verantwortlich – bei mehreren Projektteams ist zudem ein Gesamtprojektleiter nötig. Die Aufgaben eines Projektleiters umfassen die Planung des Projekts, die Zuordnung von Aufgaben, Kompetenzen, Ressourcen und Verantwortlichkeiten sowie die Koordination und Kontrolle der Projektaktivitäten. Darüber hinaus ist er aber auch die zentrale Schnittstelle zwischen dem Projektteam und dem Lenkungsausschuss, trägt die Verantwortung für das Konfliktmanagement innerhalb des Teams und legt bei inhaltlichen Streitpunkten das weitere Vorgehen des Teams fest.

Die eigentliche Projektbearbeitung in den einzelnen Themengebieten des Projekts wird von den *Teilteams* durchgeführt. Die Teilteams, aber auch die Projektleiter, stehen mit Organisationseinheiten der regulären Organisation in Verbindung, indem sie deren Informationen als Basis ihrer Projektarbeit nutzen und diese – wo möglich – am Projekt mitwirken lassen. Gleichzeitig tragen sie die Ergebnisse der Projektarbeit in das Unternehmen hinein und unterstützen die Fachabteilungen bei deren Umsetzung.

Während die geschilderte (Aufbau-)Organisation von Projekten weitgehend unabhängig von den Projektinhalten ist, wird die Organisation des Projektablaufs natürlich von den konkreten Aufgaben geprägt. Aufbauend auf der Problemstrukturierung sind hierzu die einzelnen Teilaktivitäten des Projekts zu bestimmen, deren zeitliche Reihenfolge festzulegen sowie Verantwortlichkeiten, Ressourcen und Kompetenzen zu verteilen. Die Ergebnisse dieser Überlegungen schlagen sich im Zeitplan des Projekts nieder. Dabei ist es in aller Regel sinnvoll, Projektphasen und Meilensteine zu definieren, die den Projektablauf grob gliedern. Bei einer Phase handelt es sich um einen in sich abgeschlossenen Arbeitsschritt, der mit einem Meilenstein endet. Ein Meilenstein ist ein überprüfbares Zwischenergebnis, das inhaltlich und terminlich definiert ist und eine umfassende Beurteilung des Projektfortschritts erlaubt.

Anlässlich eines jeden Meilensteins sollte eine Berichterstattung an den Lenkungsausschuss erfolgen; diese kann auch mit einer „stop-or-go-Entscheidung" für das Projekt verknüpft werden. Damit ist für das Projektteam ein Feedback des Entscheidungsgremiums verbunden, welches Orientierung und Motivation bieten kann.

4.3.2.4 Projektmanagement

Neben einem qualifizierten und motivierten Projektteam und einer zweckmäßigen Projektorganisation ist ein professionelles Projektmanagement ein weiterer kritischer Erfolgsfaktor für den Projektverlauf. Das Projektmanagement führt alle Überlegungen zusammen, die bisher zu einer erfolgreichen Durchführung von Projekten angestellt worden sind. Versteht man Projektmanagement als einen Prozess – genauer: einen Führungsprozess –, so lassen sich die Aufgaben der Projektplanung, der Projektdurchführung sowie der Projektkontrolle als die Kernbestandteile des Projektmanagements unterscheiden (Abb. 4.26; vgl. Hahn und Hungenberg 2001).

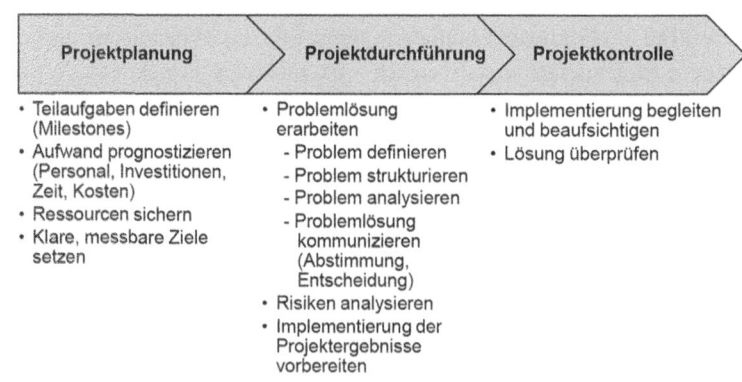

Abb. 4.26 Prozess des Projektmanagements

Das Management eines Projekts beginnt bereits bei der Planung der Projektaktivitäten. Die *Projektplanung* erfolgt im Regelfall, bevor das Projektteam (vollständig) zusammengestellt wird, das später die eigentliche Projektdurchführung mit den geschilderten Aktivitäten übernimmt. Die Projektplanung ist damit die Basis für die Ermittlung der notwendigen Bearbeitungszeit sowie der erforderlichen Sach-, Personal- und Finanzmittel. Für komplexe Probleme kann es dabei sogar sinnvoll sein, die Projektplanung in Vorstudie und Hauptstudie zu gliedern. Die einzelnen Planungsphasen werden so gedanklich mehrmals, mit zunehmender Detaillierung, durchlaufen.

In der Planung wird definiert, was erreicht werden soll, und festgelegt, wie das Angestrebte voraussichtlich am besten erreicht werden kann. Es geht also allgemein formuliert darum, Ziele zu bestimmen und Maßnahmen zur Zielerreichung auszuwählen. Die Planung eines Projekts hat somit sowohl eine inhaltliche Komponente (Projektziel, Projektaufgaben) als auch eine Zeit-, Kosten- und Ressourcenkomponente. Neben den Inhalten des Projekts müssen auch die für das Projekt zur Verfügung stehenden Kapazitäten, der einzuhaltende Abschlusszeitpunkt und der vorgegebene Budgetrahmen berücksichtigt werden. Überspitzt formuliert könnte man sagen, dass Projekte, die nicht innerhalb der vorgegebenen Zeit oder des vorgegebenen Projektbudgets abgeschlossen werden, im Prinzip genauso gescheitert sind wie Projekte, welche die untersuchte Aufgabenstellung nicht beantworten können.

In der auf der Planung aufbauenden *Projektdurchführung* geht es schließlich darum, die geplanten Aktivitäten umzusetzen. Zu diesem Zweck müssen Teilaufträge erteilt werden, Mitarbeiter sind anzuleiten, Teilprozesse und Beteiligte sind zu koordinieren und zu steuern. Dabei kann sich natürlich zeigen, dass die Annahmen, welche der Planung zugrunde liegen, nicht realisierbar sind, und deswegen der Projektablauf in der Realität vom geplanten Ablauf abweicht. Solche Änderungen sind kaum zu vermeiden, da Projekte als komplexe und einmalige Vorhaben wohl nie im Vorhinein vollständig durchdacht werden können. Im Interesse der (inhaltlichen, terminlichen und kostenmäßigen) Projektziele sollten solche Abweichungen jedoch soweit wie möglich minimiert werden.

Der Projektabschluss ist das formale Ende des Problemlösungsprozesses. Hier werden die kommunizierten und verabschiedeten Ergebnisse dokumentiert, wo nötig nachgebessert und die Implementierung der Projektergebnisse beginnt. Im Anschluss an die Implementierung ist dann zu prüfen, ob sich mit der Umsetzung der Projektergebnisse auch der angestrebte Erfolg einstellt – ob die Projektziele erreicht werden. Dies ist Aufgabe der *Projektkontrolle*. Um den Projekterfolg zu sichern, muss die Überwachung der Projektaktivitäten jedoch bereits sehr viel früher einsetzen. Projektkontrolle (im weiteren Sinne) heißt nämlich, bereits projektbegleitend zu prüfen, ob alle Aktivitäten (und deren finanzielle und zeitliche Konsequenzen) sich noch im Rahmen der Projektplanung bewegen – wo dies nicht mehr der Fall ist, muss gegengesteuert werden. Projektkontrolle ist also eine Aufgabe des Projektmanagements, welche die anderen Teilaufgaben zeitlich begleitet.

Projektorganisation bei der QualityRent AG

Das Thema Projektorganisation spielt in der QualityRent AG gerade im potenziellen neuen Geschäftsbereich Event Management eine wichtige Rolle, da jedes Event, das vom Unternehmen geplant wird, ein neues, eigenständiges und zeitlich befristetes Projekt darstellt. Daher plant Peter Körber zusammen mit Stephanie Lackmann, der Leiterin dieses neuen Bereichs, die Bildung von Mitarbeiterpools, aus denen je nach Bedarf und vorliegenden Aufträgen bestimmte Mitarbeiter für die Planung und Durchführung von bestimmten Events ausgewählt werden. Eine solche Projektorganisation erleichtert auch die Zusammenarbeit mit dem Partner der QualityRent AG in diesem Bereich, der CultArt S.A. aus Marbella. ◄

4.3.3 Outsourcing und Offshoring als neue Organisationsformen der Leistungserstellung

In den letzten Jahren und Jahrzehnten haben immer mehr Unternehmen ihre traditionelle Form der Leistungserstellung verändert, indem sie Teilaktivitäten aus dem Unternehmen ausgelagert oder diese vom inländischen Heimatstandort auf ausländische Standorte übertragen haben. Die erste Form der veränderten Organisation der Leistungserstellung – das Outsourcing – wird vor allem genutzt, um die Kostenbasis des Unternehmens zu variabilisieren (Fixkosten zu variablen Kosten machen) und die Kostenvorteile spezialisierter Anbieter zu nutzen. Die zweite Form – das Offshoring – dient vor allem dazu, internationale Faktorkostenunterschiede auszunutzen und das Unternehmen näher an seine ausländischen Märkte zu bringen (vgl. Kieser und Walgenbach 2010). Beide Formen der Organisation der Leistungserstellung, die naturgemäß auch in Kombination auftreten können, stellen die Unternehmensführung vor neue Herausforderungen (Abb. 4.27).

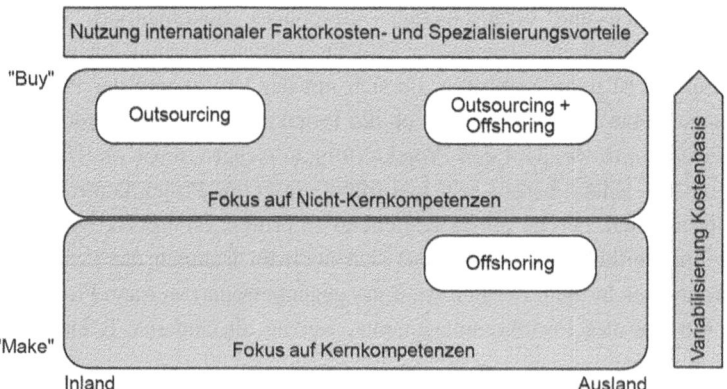

Abb. 4.27 Outsourcing und Offshoring. (vgl. Meffert und Klein 2007)

4.3.3.1 Outsourcing

Das Outsourcing – sprachlich aus der Verknüpfung der englischen Begriffe „outside", „resource" und „using" hervorgegangen – bedeutet, dass Ressourcen externer Anbieter zur Durchführung betrieblicher Leistungen genutzt werden. Outsourcing ist nicht vollkommen neu – verwandte Phänomene werden unter den Begriffen Eigenfertigung versus Fremdbezug bzw. „make or buy" schon seit längerem in Theorie und Praxis diskutiert. Gegenüber diesen bekannten Formen, andere Unternehmen für die eigene Leistungserstellung zu nutzen, besitzt das Outsourcing jedoch insofern eine neue Qualität, als es sich nicht mehr nur auf einzelne, eng abgegrenzte Aufgaben bzw. Teilleistungen bezieht, die fremdbezogen werden, sondern oft auf ganze Prozesse oder Prozessketten. Man spricht deswegen manchmal auch vom „Business Process Outsourcing".

Manche Unternehmen lagern zum Beispiel ihren gesamten Einkaufsprozess oder ihren gesamten Distributionsprozess auf externe Dienstleister aus. Oft werden dann auch die bisher mit diesen Prozessen im eigenen Unternehmen befassten Mitarbeiter (einschließlich der genutzten Vermögensgegenstände) an den neuen Leistungserbringer übertragen. Sehr häufig wird auch der Betrieb der eigenen IT-Infrastruktur ausgelagert – so haben beispielsweise in den vergangenen Jahren einige der deutschen Großbanken ihre Rechenzentren an externe IT-Dienstleister wie IBM oder EDS, die seit dem Verkauf an Hewlett Packard im Jahr 2008 HP Enterprise Services heißen, abgetreten. Auch im Produktionsbereich ist die Auslagerung umfangreicher Produktionsabläufe üblich, etwa indem spezialisierte Lieferanten mit der gesamten Fertigung bestimmter Produkttypen betraut werden. So wird beispielsweise momentan das Modell MINI Countryman der BMW AG von der österreichischen Magna Steyr AG gefertigt. In diesem Zuge sind teilweise hoch spezialisierte Anbieter entstanden, die einzelne Prozesse (etwa in der Fertigung oder Distribution) für ganze Gruppen von Unternehmen übernommen haben (zum Beispiel Flextronics als so genannter „Electronics Manufacturing Service – EMS"). Während die Verlagerung der eigenen Leistungserstellung auf Fremdunternehmen früher vor allem in Randfunktionen des Leistungsspektrums, wie zum Beispiel Kantine oder Fuhrpark erfolgte, sind heute also in verstärktem Maße auch Kernfunktionen der eigentlichen Leistungserbringung in Entwicklung, Produktion und Vertrieb betroffen.

Die Ziele, welche die Unternehmen mit dem Outsourcing verfolgen, sind neben der Konzentration auf die eigenen Kernkompetenzen vor allem im Erreichen von Kostenvorteilen, dem Verlagern von Risiken und auch einer qualitativen Verbesserung der Leistungserstellung zu suchen (vgl. Matiaske und Mellewigt 2002). Auf der anderen Seite verliert das Unternehmen natürlich die direkte Kontrolle über die „outgesourcte" Funktion und begibt sich zumindest potenziell in die Abhängigkeit eines anderen Unternehmens. Auch der drohende Verlust eigenen Know-hows ist ein Problem, welches das Outsourcing begrenzt. Insofern muss jedes Unternehmen sehr genau abwägen, bei welchen Funktionen eine externe Leistungserstellung sinnvoll ist und wie dann die externen Leistungsersteller mit den eigenen Organisationseinheiten verzahnt bzw. von diesen geführt werden können.

4.3.3.2 Offshoring

Der Begriff des Offshoring stellt demgegenüber auf einen regionalen Aspekt der Organisation der Leistungserstellung ab: die Verlagerung von Aktivitäten an einen Standort außerhalb des Heimatlandes eines Unternehmens. Auslöser für eine Offshoring-Entscheidung sind in der Regel die im Ausland günstigeren Rahmenbedingungen, insbesondere bei den Faktorkosten. So ist zum Beispiel eine Arbeitsstunde in China um ein Vielfaches billiger als in Deutschland. Selbst nach Berücksichtigung von Produktivitätsunterschieden verbleiben dann meist beachtliche Kostenvorteile der Verlagerung ins Ausland. Darüber hinaus werden Aktivitäten aus dem Heimatland verlagert, um dichter an den ausländischen Absatzmärkten zu sein oder um lokalen gesetzlichen Anforderungen (zum Beispiel des so genannten „local content") zu entsprechen. Das Offshoring kann in Kombination mit dem Outsourcing auftreten – dann werden einzelne Aktivitäten aus dem Heimatland verlagert und an einen ausländischen, externen Anbieter vergeben –, es kann aber auch unter dem Dach des eigenen Unternehmens erfolgen. In diesem Fall spricht man auch vom so genannten „Captive Offshoring".

Grundsätzlich ist ein Offshoring für jede unternehmerische Aktivität denkbar. Während in der Vergangenheit vor allem IT-bezogene Tätigkeiten oder standardisierte Unterstützungsfunktionen (zum Beispiel im Bereich der Personaladministration) verlagert wurden, findet man heute auch eine zunehmende Tendenz in den Unternehmen, Kernfunktionen – wie etwa Entwicklung oder Produktion – an ausländische Standorte zu verlagern. Damit sind aber nicht nur kritische Diskussionen im Heimatland verbunden, weil Arbeitsplätze verlagert werden, sondern es entstehen auch neue Herausforderungen für die Unternehmen, das entstehende internationale Netzwerk von Teilaktivitäten optimal zu gestalten und zu führen. Kommunikations- und Koordinationskosten können unter Umständen so groß werden, dass der ursprünglich vorhandene Kostenvorteil reduziert, in extremen Fällen sogar überkompensiert wird.

Verständnisfragen

1. Welche Veränderungen in Unternehmen und deren Umfeldern haben zu einem Bedeutungszuwachs der Prozessorganisation beigetragen?
2. Welche Teilaufgaben fallen im Rahmen der prozessorientierten Organisationsgestaltung an? Beschreiben Sie diese Teilaufgaben kurz.
3. Was sind Geschäftsprozesse und wie lassen sich so genannte Kernprozesse von den Geschäftsprozessen abgrenzen?
4. Welche Veränderungen in Unternehmen und deren Umfeldern haben zu einem Bedeutungszuwachs der Projektorganisation beigetragen?
5. Was sind Projekte und wie kann deren organisatorische Einbindung erfolgen?
6. Welche Merkmale kennzeichnen eine Projektorganisation und wie grenzt sie sich gegenüber der Primärorganisation von Unternehmen ab?
7. Welche Vor- und Nachteile sind mit der Problemlösung in Projektteams verbunden?

8. Beschreiben Sie die Anforderungen, die einer erfolgreichen Teamarbeit zugrunde liegen.
9. Stellen Sie die typische Organisation eines Projekts und seine organisatorische Anbindung an die Primärorganisation dar.
10. Erläutern Sie die Teilaufgaben des Projektmanagements.
11. Was ist unter Outsourcing zu verstehen und welche Ziele werden damit verfolgt?
12. Was ist unter Offshoring zu verstehen und warum führen Unternehmen dieses durch?

Diskussionsfragen

1. Diskutieren Sie die Einführung einer Prozessorganisation bei der QualityRent AG. In welchen Bereichen kann eine solche Organisationsform sinnvoll sein? Welche Geschäfts- und welche Kernprozesse lassen sich identifizieren?
2. Im potenziellen, neuen Geschäftsfeld Event Management denkt die QualityRent AG über die Einführung einer Projektorganisation nach. Erläutern Sie, wie eine solche Projektorganisation ausgestaltet und an die Primärorganisation angebunden werden sollte.

4.4   Herausforderungen der Digitalisierung für Organisation und Organisationsgestaltung

Die Digitalisierung ermöglicht und erfordert neue Formen der Arbeitsteilung und Koordination in Unternehmen. Daher hat sie auch Auswirkungen auf Strukturen und Prozesse in Unternehmen. Die Digitalisierung erhöht insbesondere die Veränderungsgeschwindigkeit und Komplexität innerhalb und außerhalb von Unternehmen. Daraus resultieren steigende Anforderungen an Flexibilität und Kreativität, die sich auch in den Ansätzen der Arbeitsteilung und Koordination in Unternehmen widerspiegeln müssen. Daher haben in jüngster Zeit Konzepte der agilen Organisation an Bedeutung gewonnen, die die oben dargestellten Aspekte der Projektorganisation weiterentwickeln (vgl. Abschn. 4.3.2) und zu einer flexibleren und die Kreativität fördernden Gestaltung von Arbeitsabläufen und deren Koordination beitragen sollen (vgl. Baumann-Habersack 2017). Zwei wichtige Methoden – Scrum und Design Thinking – werden im Folgenden als Beispiele für agile Methoden der Organisationsgestaltung vorgestellt.

4.4.1   Scrum

Die Scrum-Methode stammt ursprünglich aus der IT-Branche und ist dort als Methode zur agilen Softwareentwicklung entstanden. Ihre Entwicklung lässt sich bis die 1980er-Jahre zurückverfolgen. 1986 veröffentlichten Hirotaka Takeuchi und Ikujiro Nonaka in der Harvard Business Review den Beitrag „The New Product Development Game" (vgl. Takeuchi und Nonaka 1986). In diesem Beitrag beschreiben sie, wie die Unternehmen Honda, Canon und Fuji-Xerox neue Produkte mithilfe eines teambasierten und skalierbaren Ansatzes entwickeln.

Im Jahr 1993 entwickelten die Softwareentwickler Jeff Sutherland und Ken Schwaber die Konzepte von Takeuchi und Nonaka weiter und wendeten diese in ihren eigenen Unternehmen an (vgl. Sutherland 2007). Die daraus resultierende Methode für die Softwareentwicklung bezeichneten sie als Scrum-Prozess (vgl. Gloger 2016). Der Begriff Scrum („Gedränge") stammt ursprünglich aus dem Rugby und beschreibt dort die Art und Weise, in der das Spiel nach einer Unterbrechung wieder aufgenommen wird. Das Ziel des Scrum-Prozesses ist es, Abläufe lösungsorientierter zu gestalten und stärker von formalen Richtlinien zu befreien.

Die Scrum-Methode setzt auf kleine Entwicklungsteams, deren Mitglieder jeweils alle relevanten Fähigkeiten besitzen und kooperativ, selbstverantwortlich und selbstorganisiert zusammenarbeiten. Nach der Scrum-Methode arbeitende Teams haben regelmäßig qualitativ höherwertige Softwarelösungen in kürzerer Zeit hervorgebracht als große Entwicklungsteams (vgl. Gloger 2010). Daher ist der Einsatz der Scrum-Methode mittlerweile nicht mehr nur auf die Softwareentwicklung beschränkt, sondern bildet die Grundlage für komplexe Projekte in ganz unterschiedlichen Branchen (vgl. Maximini 2018).

Der wesentliche Unterschied zwischen der Scrum-Methode und „klassischem" Projektmanagement liegt in der inkrementellen Arbeitsweise. Durch ein iteratives Vorgehen erhalten (interne oder externe) Kunden die Endprodukte in kürzerer Zeit. Gleichzeit ist durch einen regelmäßigen Feedback-Prozess eine permanente Anpassung an Veränderungen und die Integration von Wünschen und Anforderungen der Kunden möglich. Daraus resultieren letztlich ein höherer Kundennutzen und eine höhere Zufriedenheit (vgl. von Nell 2018).

Die Scrum-Methode ist durch drei Elemente gekennzeichnet:

1. die *Scrum-Rollen*
2. der *Scrum-Flow* und
3. die *Scrum-Artefakte*.

Scrum Rollen

In einem Projekt lassen sich drei Scrum-Rollen unterscheiden (vgl. Schwaber und Sutherland 2020):

- *Der Product Owner* ist dafür verantwortlich, die Interessen aller Beteiligter zu vertreten, und stellt eine wichtige Schnittstelle zwischen dem Projektteam und dem (internen oder externen) Kunden dar. Der *Product Owner* muss Wünsche und Anforderungen der Kunden erkennen und verstehen. Sie oder er erfasst darüber hinaus die Projektanforderungen, -ziele und Fertigstellungspläne in einem Projektplan, dem so genannten

Product Backlog, der permanent aktualisiert wird (Gloger 2010). Er hat dabei die Aufgabe sicherzustellen, dass die einzelnen Projektschritte richtig priorisiert und umgesetzt werden.

- *Das Entwicklungsteam* ist für die Umsetzung des Projektplans verantwortlich. Es entwickelt ein Produkt bzw. eine Leistung, die den qualitativen Anforderungen entspricht. Die Teammitglieder arbeiten selbstorganisiert, fach- und funktionsübergreifend. In der Regel besteht ein Entwicklungsteam aus drei bis neun Mitgliedern, die hierarchiefrei arbeiten und gemeinsam für den Erfolg jedes Projektschritts verantwortlich sind (vgl. Schwaber und Sutherland 2020).
- *Der Scrum-Master* ist für die grundlegende Umsetzung des Scrum-Prozesses verantwortlich (vgl. Schwaber und Sutherland 2020). Sie oder er sorgt dafür, dass alle Beteiligten mit der Scrum-Methode vertraut sind und die Regeln einhalten. Gleichzeitig wirkt der *Scrum-Master* in die Organisation hinein (vgl. Gloger 2010).

Scrum Flow
Der gesamte Scrum-Prozess besteht aus einzelnen *Sprints*, innerhalb derer jeweils bestimmte Projektaufgaben erledigt werden. Die Länge eines Sprints ist abhängig von dem jeweiligen Unternehmens- und Projektkontext und liegt normalerweise zwischen einer und vier Wochen. Das Entwicklungsteam verfolgt in jedem Sprint ein bestimmtes, vorher festgelegtes Ziel. Wenn das Ziel nicht erreicht wird, verlängert sich die Sprintdauer jedoch nicht. Zu einem Sprint zählt neben der eigentlichen Entwicklungsarbeit auch die Vor- und Nachbereitung (vgl. Schwaber und Sutherland 2020). Sprints folgen nahtlos aufeinander. Abb. 4.28 verdeutlicht den Ablauf eines Sprints.

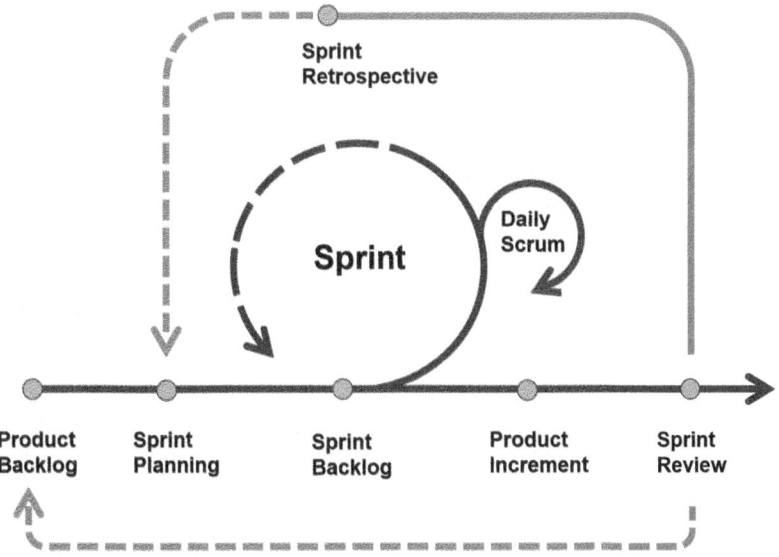

Abb. 4.28 Scrum Flow (In Anlehnung an: Scrum.org 2021)

Jeder Sprint beginnt mit einem *Sprint-Planungsmeeting*, bei dem der *Product Owner* und das Entwicklungsteam zusammenkommen, um gemeinsam zu überlegen, wie viele (priorisierte) Ziele aus dem *Product Backlog* umgesetzt werden können. Auf dieser Basis wird das Ziel für den aktuellen Sprint festgelegt. Da das Team selbstorganisiert arbeitet, benötigt es einen vorläufigen Plan, um den Sprint zu beginnen. Die Aufgaben, aus denen dieser Plan besteht, werden in einem *Sprint Backlog* niedergelegt. Falls unerwartete Herausforderungen auftreten, kann das Team täglich seine Herangehensweise ändern. Gleichzeitig werden Ressourcen und Fähigkeiten regelmäßig evaluiert. Diese Anpassungsfähigkeit ist das Kernelement der Scrum Methode (vgl. von Nell 2018).

Nach dem *Sprint Planungsmeeting* beginnt der Sprint. Während des Sprints kommt das Team täglich zu einem 15-minütigen Treffen zusammen – dem *Daily Scrum*. Beim *Daily Scrum* beantwortet jedes Teammitglied drei Fragen (vgl. Schwaber und Sutherland 2020):

- Was hast du seit dem letzten *Daily Scrum* an diesem Projekt getan?
- Was planst du, bis zum nächsten *Daily Scrum* an diesem Projekt zu schaffen?
- Welche Hindernisse stehen dir bei der Erfüllung deiner Verpflichtungen für diesen Sprint oder dieses Projekt im Weg?

Die *Daily Scrums* dienen dazu, Transparenz über die Arbeit aller Teammitglieder zu schaffen, die einzelnen Teilaktivitäten abzustimmen und ggfs. weitere Treffen zu planen, die das Team für den weiteren Fortschritt benötigt. Am Ende des Sprints findet ein *Review* statt, bei dem das Entwicklungsteam dem *Product Owner* die Ergebnisse des Sprints präsentiert. Das *Review* dient dazu, gemeinsam zu bestimmen, was als Nächstes erledigt werden soll. Hierbei können auch neue Anforderungen oder Änderungen in das *Product Backlog* aufgenommen werden. Die *Retrospektive* bildet den Abschluss des Sprints. In diesem Meeting reflektieren die Teammitglieder kritisch den Sprint, um den nächsten Sprint noch effektiver zu gestalten.

Scrum-Artefakte

Die Scrum-Artefakte stellen den dritten wesentlichen Baustein der Scrum-Methode dar (vgl. Schwaber und Sutherland 2020). Artefakte helfen dabei, das gemeinsame Verständnis aller Projektmitglieder zu allen Teilaspekten des Projekts zu jedem Zeitpunkt zu gewährleisten. Artefakte sind darauf ausgelegt, die Transparenz im Prozess zu erhöhen. Zu den Scrum-Artefakten zählen das *Product Backlog*, das *Sprint Backlog* und das *Product Increment*.

- Das *Product Backlog* ist eine geordnete Liste, die alle notwendigen Funktionalitäten des Endprodukts erfasst. Verwaltet wird das *Product Backlog* von dem *Product Owner*, der die Anforderungen definiert, diese aktiv anpasst und priorisiert (vgl. Schwaber und Sutherland 2020).
- Das *Sprint Backlog* enthält Aufgaben, die in den Sprints umgesetzt werden sollen. Es wird aus dem *Product Backlog* entwickelt. Das *Sprint Backlog* ermöglicht allen Projekt-

mitgliedern und insbesondere den Entwicklern, transparent darzustellen, woran sie gerade arbeiten (vgl. Schwaber und Sutherland 2020)

- Das *Product Increment* erfasst die Ergebnisse der bisherigen Sprints. Ergebnis jedes einzelnen Sprints ist ein potenziell auslieferungsfähiges Produktinkrement. Der *Product Owner* muss dieses Inkrement akzeptieren. Es bildet gleichzeitig die Basis für einen Feedbackprozess mit dem Kunden (Schwaber und Sutherland 2020).

4.4.2 Design Thinking

In den letzten zwei Jahrzehnten sind zahlreiche neue Innovations- und Problemlösungsmethoden entwickelt worden, die interdisziplinäre Zusammenarbeit zwischen den Ingenieur-, Wirtschafts- und Sozialwissenschaften in den Vordergrund stellen und insbesondere für digitale Innovationen erfolgreich eingesetzt werden. Eine solche Methode ist das *Design Thinking* (vgl. Brenner und Witte 2011). Design Thinking lässt sich als eine menschenzentrierte Problemlösungsmethode charakterisieren, die radikale und innovative Lösungen in Bezug auf Machbarkeit („feasibility"), Wünschbarkeit („desirability") und Wirtschaftlichkeit („viability") hervorbringen kann (vgl. Grots und Pratschke 2009).

Ein wesentlicher Grund für die Popularität des Design Thinking liegt in der vielfältigen Einsetzbarkeit der Methode. Im Mittelpunkt des Design Thinking steht das menschenzentrierte Design, bei dem die Zielgruppe von Beginn an in den Innovationsprozess einbezogen wird (vgl. Freudenthaler-Mayrhofer und Sposato 2017). So entstehen kreative Lösungsansätze, die außerhalb der spontanen Vorstellungskraft liegen. Grundlegend dafür ist ein Wechselspiel zwischen divergentem und konvergentem Denken. Im Rahmen des divergenten Denkens werden Problemlösungen unkonventionell und spontan erarbeitet. So entstehen innerhalb kurzer Zeit zahlreiche kreative Ideen für die Problemlösung. Beim konvergenten Denken geht es dagegen darum, unterschiedliche Perspektiven auf ein Thema so zusammenzufügen, dass nur eine einzige Lösung entsteht. Der Design Thinking-Prozess basiert auf einer fruchtbaren Kombination dieser beiden Denkweisen. Ein verbreitetes Vorgehensmodell ist der Design Thinking-Prozess der d.school, der die fünf Schritte *Empathise, Define, Ideate, Prototype* und *Test* umfasst (Abb. 4.29) (vgl. Both 2010; Doorley et al. 2018).

- *Empathise:* Im ersten Schritt des Design Thinking-Prozesses geht es darum, ein möglichst umfassendes, persönliches Verständnis für das zugrundeliegende Problem aufzubauen. Zu diesem Zweck kann es hilfreich sein, Experten zu konsultieren, aber auch mögliche Nutzer der Problemlösung zu beobachten und sich auf sie einzulassen, um so ihre Erfahrungen und Motivationen zu verstehen. Empathie ist entscheidend für das menschenzentrierte Vorgehen des Design Thinking, da nur so Nutzer und ihre Bedürfnisse tiefgehend verstanden werden können.

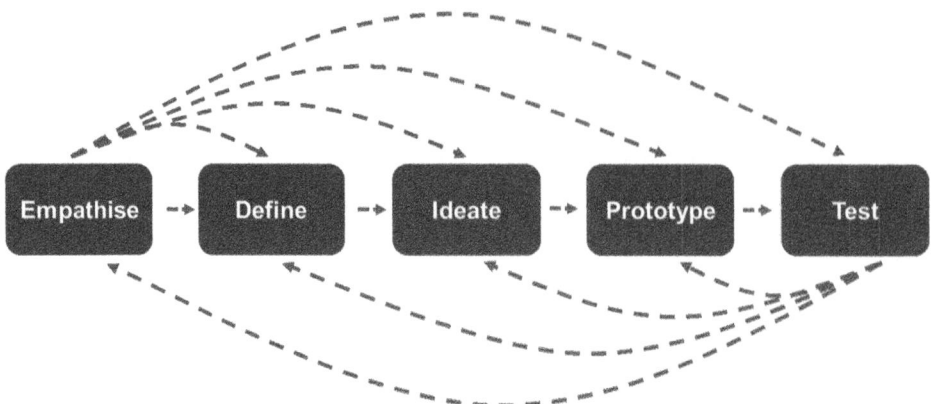

Abb. 4.29 Design Thinking Prozess der d.school. (In Anlehnung an: Doorley et al. 2018, S. 2 ff.)

- *Define*: Im zweiten Schritt des Design Thinking-Prozesses geht es darum, die Erkenntnisse aus dem ersten Schritt zu konsolidieren und zu strukturieren, um so das Kernproblem definieren.
- *Ideate*: Im dritten Schritt des Design Thinking-Prozesses steht die Ideengenerierung im Mittelpunkt. Möglichst viele kreative Ideen werden entwickeln, diskutiert und durch Iteration weiterentwickelt. Es ist wichtig, dass das Projektteam für unterschiedlichen Ansichten und Perspektiven offen ist und diese nicht sofort bewertet oder analysiert. Vielmehr geht es darum, einen heterogenen Ideenpool zu entwickeln, um aus der Kombination einzelner Ideen eine originelle Gesamtlösung zu generieren.
- *Prototyping*: Im vierten Schritt des Design Thinking-Prozesses geht es darum, für die im vorangegangenen Schritt entwickelte Lösung einen ersten, einfachen Prototypen zu erstellen und zu diesem innerhalb oder außerhalb des Entwicklungsteams Feedback einzuholen. Prototypen können auf diese Basis weiterentwickelt oder auch verworfen werden. Am Ende des Prozessschritts hat das Designteam seine Vorstellung von der Problemlösung deutlich verbessert.
- *Test*: Im letzten Schritt des Design Thinking-Prozesses werden die zuvor entwickelten Prototypen getestet. Besonders aus diesem Prozessschritt erfolgen vielfältige Rückkopplungen zu den vorgelagerten Schritten. So können die während der Testphase generierten Ergebnisse dazu verwendet werden, ein oder mehrere Probleme neu zu definieren und das Verständnis für die Nutzer und die Nutzungsbedingungen zu erweitern.

Insgesamt bilden sowohl Scrum als auch das Design Thinking Methoden zur Weiterentwicklung von Arbeitsteilung und Koordination in einer digitalen Welt, die zu einer höheren Flexibilität und Kreativität beitragen. Gerade diese Form der agilen Organisation fordert die Digitalisierung.

Verständnisfragen

1. Beschreiben Sie die wesentlichen Aufgaben der drei Scrum-Rollen.
2. Erläutern Sie die Teilschritte eines Sprints innerhalb des Scrum-Prozesses.
3. Wie wird die Transparenz im Scrum-Prozess erhöht?
4. Erläutern Sie kurz die zwei verschiedenen Denkweisen, die im Design Thinking-Prozess kombiniert werden. Welche Vorteile entstehen aus dieser Verknüpfung?
5. Beschreiben Sie die Schritte des Design Thinking-Prozesses der d.school.

Diskussionsfragen

1. Diskutieren Sie die Einsatzmöglichkeiten und den Nutzen von Scrum für die QualityRent AG. Würden Sie dem Unternehmen den Einsatz von Scrum empfehlen?
2. Kann der Einsatz von Design Thinking für die QualityRent AG nützlich sein? Welche Fragestellungen kann das Unternehmen mit Design Thinking angehen? Nennen und erläutern Sie einige Beispiele.

Literatur

Baumann-Habersack, F. H.: Mit neuer Autorität in Führung, Wiesbaden 2017.

Bleicher, K.: Organisation, 2. Aufl., Wiesbaden 1991.

Both, T.: bootcamp bootleg 2010, unter: https://dschool.stanford.edu/resources/the-bootcamp-bootleg (abgerufen am 27.05.2021).

Brenner, W., Witte, C.: Business Innovation: CIOs im Wettbewerb der Ideen, Frankfurt 2011.

Bühner, R.: Strategie und Organisation, 2. Aufl., Wiesbaden 1993.

Chandler, A.: Strategy and Structure, Cambridge 1962.

Davis, S., Lawrence, P.: Matrix, Reading 1977.

Doorley, S., Holcomb, S., Klebahn, K., Segovia, K., Utley, J.: Design Thinking Bootleg, Stanford 2018.

Frese, E.: Grundlagen der Organisation, 10. Aufl., Wiesbaden 2012.

Freudenthaler-Mayrhofer, D., Sposato, T.: Corporate Design Thinking: Wie Unternehmen ihre Innovationen erfolgreich gestalten, Wiesbaden 2017.

Gaitanides, M.: Prozessorganisation, 3. Aufl., München 2012.

Gloger, B.: Scrum, in: Informatik-Spektrum, 33(2). Jg. 2010, S. 195 ff.

Gloger, B.: Scrum: Produkte zuverlässig und schnell entwickeln, 5. Aufl., München 2016.

Grots, A., Pratschke, M.: Design Thinking – Kreativität als Methode, in: Marketing Review St. Gallen, 26. Jg. 2009, Heft 2, S. 18ff.

Hahn, D., Hungenberg, H.: PuK – Wertorientierte Controllingkonzepte, 6. Aufl., Wiesbaden 2001.

Hungenberg, H.: Zentralisation und Dezentralisation, Wiesbaden 1995.

Kieser, A., Walgenbach, P.: Organisation, 6. Aufl., Stuttgart 2010.

Kosiol, E.: Organisation der Unternehmung, 2. Aufl., Wiesbaden 1976.

Krüger, W.: Organisation der Unternehmung, 3. Aufl., Stuttgart 1994.

Macharzina, K., Wolf, J.: Unternehmensführung, 6. Aufl., Wiesbaden 2008.

Matiaske, W., Mellewigt, T.: Motive, Erfolge und Risiken des Outsourcings – Befunde und Defizite der empirischen Outsourcing-Forschung, in: Zeitschrift für Betriebswirtschaft, 72. Jg. 2002, S. 643 ff.

Maximini, D.: Scrum – Einführung in der Unternehmenspraxis: Von starren Strukturen zu agilen Kulturen, 2 Aufl., Wiesbaden 2018.

Meffert, J., Klein, H.: DNS der Weltmarktführer – Erfolgsformeln aus dem Mittelstand, Heidelberg 2007.

Picot, A., Dietl, H., Franck, E.: Organisation, 5. Aufl., Stuttgart 2008.

Ringlstetter, M.: Organisation von Unternehmen und Unternehmensverbindungen, München 1997.

Rosenstiel, L. von: Grundlagen der Organisationspsychologie, 6. Aufl., Stuttgart 2007.

Schreyögg, G.: Organisation, 5. Aufl., Wiesbaden 2008.

Schulte-Zurhausen, M.: Organisation, 6. Aufl., München 2014.

Schwaber, K., Sutherland, J.: Der Scrum Guide: Der gültige Leitfaden für Scrum: Die Spielregeln, 2020.

Scrum.org.: What is Scrum?, in: https://www.scrum.org/resources/what-is-scrum, 2021

Smith, A.: An Inquiry into the Nature and Causes of the Wealth of Nations, London 1776 (Nachdruck des Originals, München 1976).

Staehle, W.: Management, 8. Aufl., München 1999.

Sutherland, J.: Origins of Scrum – Scrum Inc. 2007, unter: https://www.scruminc.com/origins-of-scrum/ (abgerufen am 20.05.2021).

Takeuchi, H., Nonaka, I.: The New New Product Development Game, in: Harvard Business Review, 64. Jg. 1986, Heft 1, S. 137ff.

Taylor, F.: The Principles of Scientific Management, New York 1911.

Von Nell, F.: (2018) Scrum – die agile Projektmanagementmethode, in: Jeromin, J., Jourdan, G., von Nell, F. (Hrsg.): essentials – Leadership in Organisationen mit reduzierten Hierarchien, Wiesbaden 2018, S. 15ff.

Personal und Führung

5

Das fünfte Kapitel des Buchs beschäftigt sich mit einem weiteren wichtigen Aufgabenbereich der Unternehmensführung: Personal und Führung. Die besondere Bedeutung dieser Teilaufgabe resultiert vor allem daraus, dass Unternehmen arbeitsteilige Systeme sind, in denen einzelne Menschen – die Mitarbeiter und Führungskräfte des Unternehmens – unterschiedliche Teilaufgaben übernehmen, um die Produkte und Leistungen des Unternehmens zu erstellen und zu vermarkten. Sie müssen bei der Aufgabenerfüllung koordiniert und auf die Ziele des Unternehmens ausgerichtet werden. Personalführung und Personalmanagement besitzen daher im Rahmen der Unternehmensführung große Bedeutung.

Grundlage für die Führung und das Management von Personal ist ein umfassendes Verständnis, welche Merkmale und Prozesse das Verhalten von Menschen in Unternehmen – und ihre Zusammenarbeit in Gruppen – prägen. Deshalb sollen in diesem Kapitel die folgenden Fragen beantwortet werden:

- Welche Merkmale und Prozesse prägen das Verhalten von Individuen in Unternehmen?
- Welche besonderen Anforderungen entstehen für die Führung, wenn Menschen in Gruppen zusammenarbeiten?
- Was bedeutet Führung, welche Faktoren machen erfolgreiche Personalführung aus und welche Führungsprinzipien werden in der Praxis genutzt?
- Welche Einzelaufgaben können im Bereich des Personalmanagements unterschieden werden, wie wirken die verschiedenen Aufgaben auf das Verhalten der Unternehmensangehörigen und wie können wirkungsvolle Maßnahmen des Personalmanagements gestaltet werden?

5.1   Verhalten von Individuen

Das Verhalten von Menschen innerhalb und außerhalb von Unternehmen ist ein sehr komplexes Phänomen, das durch eine Vielzahl von Variablen beschrieben werden kann: Faktoren wie Qualifikation und Motivation spielen dabei eine Rolle, aber auch Einstellungen, Erwartungen und Wertvorstellungen, Umweltmerkmale und Anreize, Beurteilungen und Feedback – um nur einige zu nennen.

Um eine Grundvorstellung von den Merkmalen und Prozessen zu gewinnen, die das Verhalten von Individuen in Unternehmen prägen, soll deshalb in diesem Abschnitt ein einfaches Modell individuellen Verhaltens vorgestellt werden. Es dient dazu, Einflussfaktoren der Leistung eines Mitarbeiters und deren Zusammenspiel systematisch darzustellen und zu analysieren. Wie jedes Modell ist es eine Vereinfachung der komplexen Realität, das aber den Blick auf die wesentlichen Aspekte individuellen Leistungsverhaltens frei machen soll (Abb. 5.1; vgl. grundlegend Krüger 1994).

Im Mittelpunkt des Modells steht die *Leistung* eines Individuums, die sich in seinen Entscheidungen und Handlungen ausdrückt. Sie ergibt sich letztlich aus der Leistungsfähigkeit und der Leistungsbereitschaft der jeweiligen Person. Wichtigstes Element der *Leistungsbereitschaft* ist die Motivation, die unter anderem von den Einstellungen und Erwartungen eines Menschen abhängt. Demgegenüber ergibt sich die *Leistungsfähigkeit* aus den individuellen Charakteristika einer Person – wie beispielsweise ihren Qualifikationen und ihrer Persönlichkeit. Diese werden sowohl durch Veranlagung als auch durch die Umwelt geprägt.

Unternehmensexterne und unternehmensinterne Einflüsse wirken sich je nach Wahrnehmung durch das Individuum unterschiedlich auf Leistungsbereitschaft und Leistungsfähigkeit aus. *Wahrnehmung* ist dabei als Prozess zu verstehen, der Menschen hilft,

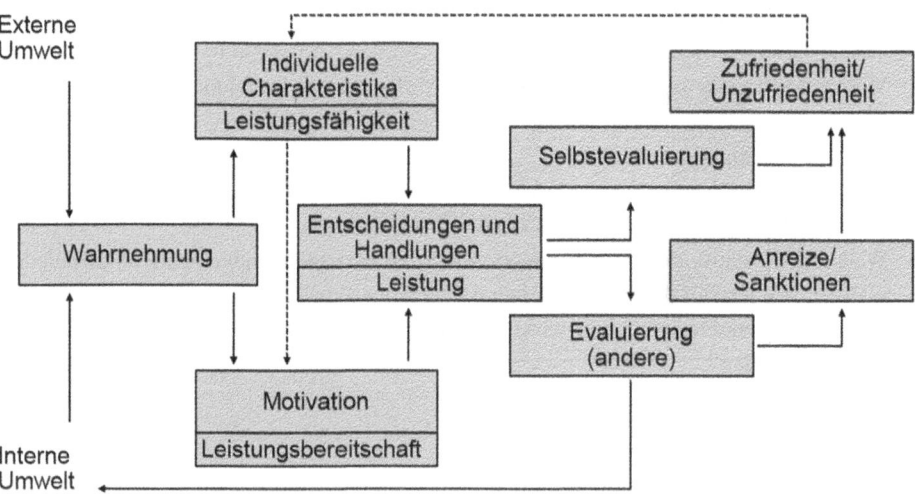

Abb. 5.1 Grundmodell individuellen Verhaltens

Eindrücke so zu ordnen und zu interpretieren, dass ihre Umwelt einen Sinn ergibt (vgl. Robbins 2005). Die Wahrnehmung stellt somit eine Art Filter dar, den äußere Einflüsse passieren, bevor sie weiter verarbeitet werden. Man muss davon ausgehen, dass sich ein bestimmter Anreizimpuls aus Umwelt oder Unternehmen aufgrund unterschiedlicher Wahrnehmungen nicht identisch auf Leistungsvermögen und Motivation von zwei verschiedenen Mitarbeitern auswirkt.

Das Ergebnis der Aktivität eines Individuums geht schließlich in einen zweiseitigen Evaluierungsprozess ein. Einerseits erfolgt eine *Selbstevaluierung* des Mitarbeiters, andererseits erfolgt eine Beurteilung durch Externe. Die *externe Beurteilung* führt in der Regel zu positiven (Boni, Beförderungen) bzw. negativen Sanktionen (Tadel, Versetzungen, Entlassungen). Sanktionen wirken sich direkt auf die *Zufriedenheit* des Mitarbeiters aus, beispielsweise durch das Erreichen finanzieller Ziele in Form von Gehaltssteigerungen und Bonuszahlungen. Darüber hinaus trägt auch die eigene Leistungsbeurteilung, die auf Basis individueller Motive, Werte und Ziele erfolgt, zur Zufriedenheit bzw. Unzufriedenheit des Individuums bei. Ihr kommt insbesondere dann eine hohe Bedeutung zu, wenn eine externe Evaluierung nur eingeschränkt bzw. überhaupt nicht erfolgt.

Die aus den Beurteilungen resultierende Zufriedenheit/Unzufriedenheit wirkt sich direkt auf die Motivation des Mitarbeiters für zukünftige Aufgaben aus. Eine hohe Zufriedenheit führt dazu, dass ein Mitarbeiter insgesamt motivierter und damit leistungsbereiter ist, ein unzufriedener Mitarbeiter wird dagegen tendenziell eine geringere Leistungsbereitschaft aufweisen. Es können dabei jedoch zwei grundlegend unterschiedliche Situationen unterschieden werden. Erfolgt eine negative Leistungsbeurteilung des Mitarbeiters sowohl durch seine Vorgesetzten als auch durch den Mitarbeiter selbst, kann dies motivierend auf den Mitarbeiter wirken, sofern er Möglichkeiten sieht, das Ergebnis seiner Leistung durch zum Beispiel höheren Zeitaufwand zu verbessern. Erfolgt dagegen eine negative externe Beurteilung, während der Mitarbeiter selbst seine Leistung als positiv einschätzt, besteht die Gefahr der Resignation, insbesondere wenn diese Situation wiederholt auftritt.

Im Folgenden werden zunächst die Merkmale erläutert, die die Leistungsfähigkeit eines Individuums beeinflussen. Im Wesentlichen sind dies biographische Eigenschaften, Qualifikationen, Werte und Einstellungen, Charakterzüge und Präferenzen sowie Emotionen. Im Anschluss daran werden die Motivation, der Wahrnehmungsprozess und die Entscheidungsfindung von Individuen detaillierter beschrieben.

5.1.1 Individuelle Charakteristika als Bestimmungsfaktoren der Leistung in Unternehmen

5.1.1.1 Biographische Eigenschaften

Die biographischen Eigenschaften eines Individuums umfassen eine Vielzahl von Faktoren. Die Daten zur Analyse dieser Faktoren sind in der Regel sehr gut messbar bzw. beobachtbar. Im Folgenden werden exemplarisch die drei Faktoren Alter, Geschlecht und Dauer der Betriebszugehörigkeit dargestellt, die bereits in zahlreichen empirischen Untersuchungen analysiert wurden, und denen im Allgemeinen eine gewisse Bedeutung für die Leistung in Unternehmen beigemessen wird.

Insbesondere in den westlichen Industrienationen, in denen die Demografie einem starken Wandel unterliegt und Unternehmen mit einem Mangel an qualifizierten jungen Arbeitskräften konfrontiert sind, ist der Zusammenhang zwischen dem *Alter* des Arbeitnehmers und dem Leistungsvermögen von erheblicher Bedeutung. Älteren Arbeitnehmern werden in der Regel Erfahrung, eine gute Arbeitsmoral und ein hohes Qualitätsbewusstsein bescheinigt. Neben diesen positiven Eigenschaften werden sie aber auch als weniger flexibel und resistent gegenüber neuen Technologien eingeschätzt.

Empirische Studien in unterschiedlichen Branchen zeigen jedoch keinen signifikanten Zusammenhang zwischen Alter und Leistung am Arbeitsplatz, so dass davon ausgegangen werden kann, dass die an die Mitarbeiter gestellten Anforderungen an den meisten Arbeitsplätzen nicht dazu führen, dass diese von älteren Arbeitnehmern weniger effizient wahrgenommen werden (vgl. Robbins 2005). Alternativ ist davon auszugehen, dass die produktiven Stärken und Schwächen von älteren Mitarbeitern sich gegenseitig aufheben und daher keine großen Unterschiede zu jüngeren Kollegen festgestellt werden können.

Es gibt wenige Fragen, die zu hitzigeren Diskussionen und Debatten führen, als die Frage, ob *geschlechtsspezifische Unterschiede* bezüglich der Leistung in Unternehmen existieren. Empirische Studien zeigen hier, dass hinsichtlich Problemlösungskompetenz, analytischen Fähigkeiten, Ehrgeiz sowie Sozial- und Lernfähigkeit keine signifikanten Unterschiede zwischen Männern und Frauen existieren. Geringe Unterschiede ergaben sich in psychologischen Studien hinsichtlich solcher Merkmale wie Aggressivität, Erfolgserwartungen und der Bereitwilligkeit, sich Autoritäten unterzuordnen. Das Ausmaß der Abweichungen ist dabei jedoch so gering, dass davon ausgegangen werden kann, dass das Geschlecht keinen signifikanten Einfluss auf die Arbeitsleistung von Menschen hat (vgl. Robbins 2005).

Bezüglich der Fehlzeiten am Arbeitsplatz wurde in zahlreichen Untersuchungen allerdings festgestellt, dass diese bei Frauen höher ausfallen als bei Männern. Dieses Ergebnis kann aber damit begründet werden, dass ein Großteil der Untersuchungen in Nordamerika stattgefunden hat. Aufgrund der gesellschaftlichen Konventionen tragen Frauen in dieser Region eine höhere Verantwortung für Familienaufgaben, so dass beispielsweise in Krankheitsfällen von Familienmitgliedern eher Frauen in die Verantwortung gezogen werden.

Ein weiterer häufig untersuchter Einflussfaktor der Leistungserbringung von Mitarbeitern ist die *Dauer der Betriebszugehörigkeit*. Auch der Einfluss dieser Variable wurde in zahlreichen Studien untersucht. Die Untersuchungen belegen einen eindeutig positiven Zusammenhang zwischen Dauer der Betriebszugehörigkeit und Produktivität, so dass die Dauer der Betriebszugehörigkeit gemeinhin als guter Prädiktor für Produktivität gesehen wird. Empirische Untersuchungen ergaben weiterhin, dass eine höhere Zugehörigkeitsdauer zu geringeren Fehlzeiten, höherer Jobzufriedenheit und einer verringerten Wahrscheinlichkeit, den Arbeitgeber zu wechseln, führt (vgl. Adler 1983).

5.1.1.2 Qualifikationen

Das zweite, ohne Frage sehr zentrale Merkmal der Leistungsfähigkeit von Individuen, sind deren Qualifikationen. Unter Qualifikationen werden sowohl durch Schul- und Ausbildung sowie Studium und Berufserfahrung erworbene Merkmale, aber auch angeborene Eigenschaften – wie Intelligenz – verstanden. Meist werden drei Arten von Qualifikationen unterschieden: physische Fähigkeiten, intellektuelle Fähigkeiten und Wissen.

Physischen Fähigkeiten kommt vor allem bei der Erfüllung von Aufgaben, die Ausdauer, Geschicklichkeit oder Kraft erfordern, eine hohe Bedeutung zu. So erfordert die Fließbandproduktion beispielsweise eine hohe Ausdauer von den Arbeitern und unter Umständen einen hohen Kraftaufwand. Bürotätigkeiten stellen dagegen keine hohen Ansprüche an die Ausdauer oder Kraft des Ausübenden. Untersuchungen haben gezeigt, dass die Ausprägung physischer Faktoren zwischen Individuen sehr stark variiert, einzelne Faktoren aber nur sehr schwach korrelieren. Menschen mit einer sehr ausgeprägten motorischen Fähigkeit weisen zum Beispiel nicht unbedingt auch eine hohe Ausdauer auf.

Unter *intellektuellen Fähigkeiten* werden solche Befähigungen verstanden, die für mentale Aktivitäten, wie beispielsweise Denken, das Treffen von Schlussfolgerungen oder das Lösen von Problemen, notwendig sind. Sie sind die Voraussetzung dafür, dass Menschen einmal erworbenes Wissen auch anwenden und damit nutzbar machen können. Die sechs am häufigsten genannten Arten von intellektuellen Fähigkeiten sind Zahlenverständnis, verbales Verständnis, Wahrnehmungsgeschwindigkeit, induktives Folgern, räumliches Denken und Erinnerungsvermögen. Hierbei handelt es sich ausschließlich um mentale Fähigkeiten. In den letzten Jahren wurden darüber hinaus Faktoren wie soziale, emotionale und kulturelle Fähigkeiten diskutiert. Die in Bewerbungsgesprächen häufig verwendeten Intelligenztests zielen in der Regel jedoch nur auf die mentalen Fähigkeiten ab.

Die dritte Art von Qualifikationen ist *Wissen*. Dieses lässt sich in implizites und explizites Wissen unterscheiden. Explizites Wissen sind Wissensinhalte, über die jemand direkt verfügt und sie auch sprachlich äußern kann. Implizites Wissen stellt dagegen Wissen dar, das nicht direkt weitergegeben werden kann, da der Betreffende dieses nicht sprachlich vermitteln kann. Ärzte können oftmals mit großer Sicherheit Krankheiten diagnostizieren, ohne hierfür explizite Regeln angeben zu können. Bei dem Wissen, das zur Diagnose verwendet wird, handelt es sich in diesem Fall zumindest teilweise um implizites Wissen. Die Wissensbasis eines Individuums wird durch Lernen erweitert, die Geschwindigkeit des Lernens hängt dabei wiederum von den (Lern-)Fähigkeiten des Individuums ab. Darüber hinaus ermöglichen hohe intellektuelle Fähigkeiten eine effektivere Nutzung einer breiten Wissensbasis.

5.1.1.3 Werte und Einstellungen

Werte stellen Grundüberzeugungen dar, nach denen ein Zustand oder eine bestimmte Verhaltensweise „der entgegengesetzten Verhaltensweise oder dem entgegengesetzten Endzustand aus persönlichen oder gesellschaftlichen Gründen vorzuziehen ist" (Rokeach 1973). Sie enthalten dabei insofern ein normatives Element, als dass sie die Vorstellungen eines Individuums darüber in sich tragen, was richtig, gut oder wünschenswert ist. Werte weisen dabei zwei Eigenschaften auf. Sie transportieren einen bestimmten Inhalt und sagen dabei aus, ob eine bestimmte Verhaltensweise oder ein Endzustand wichtig ist. Weiterhin vermitteln sie die Intensität, mit der dieser Inhalt „verteidigt" wird, und zeigen somit auf, welchen Stellenwert er für das Individuum hat. Aus der Bedeutung der einzelnen Werte für ein Individuum lässt sich eine Hierarchie bilden, die auch als *Wertesystem* bezeichnet wird. Wertesysteme sind in der Regel wenig flexibel und sehr beständig. Der Großteil der für einen Menschen bedeutenden Werte wird bereits in der Kindheit festgelegt, beispielsweise durch Eltern, Lehrer und Freunde.

Werte spielen eine bedeutende Rolle für das Verhalten von Individuen in Organisationen, da sie Wahrnehmungsprozesse, aber vor allem auch Einstellungen und Präferenzen determinieren. So wird ein Arbeitnehmer, der der festen Überzeugung ist, dass die Gehaltshöhe durch das Leistungsniveau bestimmt werden sollte, enttäuscht sein, wenn er feststellt, dass in seinem Unternehmen das Gehaltsniveau allein von der Dauer der Betriebszugehörigkeit abhängt. Aus dieser Unzufriedenheit resultiert dann möglicherweise eine verringerte Motivation des Angestellten, die sich wiederum negativ auf sein Leistungsniveau auswirkt.

Robbins unterteilt die heutigen Arbeitnehmer, auf Basis des Zeitpunktes ihres Eintritts in das Erwerbsleben, in vier Kategorien mit unterschiedlichen typischen Werthaltungen (Abb. 5.2; vgl. Robbins 2005). Die erste Gruppe stellen diejenigen dar, die während der sechziger bis Mitte der siebziger Jahre in den Arbeitsmarkt eintraten. Diese Gruppe wurde geprägt durch John F. Kennedy, die Beatles und den Vietnamkrieg und misst den Werten Gleichheit und Freiheit die größte Bedeutung zu. Arbeitnehmer der zweiten Kategorie, die Anfang der siebziger bis Mitte der achtziger Jahre in den Arbeitsmarkt eingetreten sind, zeichnen sich durch eine Betonung von materiellem Erfolg und gesellschaftlichem Aufstieg aus. Im Gegensatz dazu legt die so genannte Generation X, die zwischen Mitte der

Gruppe	Eintritt in die Arbeitswelt	Ungefähres heutiges Alter	Vorherrschende Werte in der Arbeitshaltung
1 Veterans	Späte 1960er	65+	• Fleißig, konservativ, loyal zum Unternehmen, anpassungsfähig
2 Boomers	1970 - 1985	Frühe 40er bis Mitte 60	• Erfolg, Leistung, Ehrgeiz, Abneigung gegenüber Autoritäten, karrierefokussiert
3 Xers	1985 - 2000	Späte 20er bis frühe 40er	• Work/life balance, teamorientiert, Abneigung gegen Regeln, loyal gegenüber Beziehungen
4 Nexters	2000 bis heute	Unter 30	• Zuversichtlich, finanzieller Erfolg, selbstständig aber teamorientiert, loyal gegenüber sich selbst und Beziehungen

Abb. 5.2 Entwicklung von Werten der Arbeitnehmer

achtziger und Ende der neunziger Jahre in den Arbeitsmarkt eintrat, typischerweise großen Wert auf familiäre und soziale Beziehungen und orientiert sich an Werten wie Glück, Freude und wahrer Freundschaft. Die letzte Kategorie von Arbeitnehmern, die so genannten Nexters, die seit 2000 in den Arbeitsmarkt eingetreten sind, gelten als selbstständig und teamorientiert, und sie messen finanziellem Erfolg, Freiheit und einem komfortablen Leben einen hohen Wert bei.

Die Erkenntnis, dass Werthaltungen sich individuell unterscheiden, gleichzeitig aber die gesellschaftlichen Werte der Zeit reflektieren, in der die entsprechende Person aufwuchs, kann wertvoll sein, um Verhaltensweisen vorherzusagen.

Einstellungen stellen wertende Aussagen – zustimmend oder ablehnend – über Objekte, Menschen oder Ereignisse dar (vgl. Robbins 2005). Einstellungen können in die Elemente Kognition, Affekt und Handlung unterteilt werden. Die Überzeugung, dass Stehlen falsch ist, stellt die kognitive Komponente einer Einstellung dar und bildet die Basis für die affektive Komponente. Der Affekt ist der emotionale Bestandteil einer Einstellung und könnte beispielsweise durch die Aussage: „Ich mag Thomas nicht, weil er stiehlt" beschrieben werden. Auf Basis der kognitiven Komponente werden in diesem Fall die Handlungen einer Person beurteilt. Die Handlungskomponente schließlich charakterisiert das Vorhaben, sich gegenüber einer Person oder einem Umstand auf eine bestimmte Art und Weise zu verhalten. Im genannten Beispiel würden die kognitive und affektive Komponente gegebenenfalls dazu führen, dass der Betreffende nicht mehr mit Thomas spricht oder ihn im Extremfall anzeigt. Die Unterteilung von Einstellungen in diese drei Elemente erleichtert das Verständnis der Komplexität des Phänomens und der Beziehung zwischen Einstellungen und Verhalten. Einstellungen sind in der Regel weniger stabil als Werte. Diese Eigenschaft versuchen beispielsweise zahlreiche Unternehmen zu nutzen, indem sie mit Hilfe der Werbung die Einstellung der Konsumenten gegenüber ihren Produkten positiv beeinflussen.

Aus Sicht eines Unternehmens interessieren vor allem drei Aspekte der Einstellung des Arbeitnehmers: Arbeitszufriedenheit, „Job Involvement" und organisationales „Commitment". Arbeitszufriedenheit bezeichnet dabei die allgemeine Einstellung eines Individuums gegenüber seinem Arbeitsplatz. Der Begriff des „Job Involvement" (Engagement) beschreibt, wie stark Mitarbeiter sich psychologisch mit ihrer konkreten Arbeit identifizieren. Untersuchungen haben gezeigt, dass ein hohes Engagement mit kürzeren Fehlzeiten und niedrigeren Fluktuationsraten einhergeht. Im Gegensatz dazu bezeichnet das organisationale „Commitment" die Identifikation eines Individuums mit den Zielen einer Organisation und die Absicht, die Mitgliedschaft in der Organisation aufrecht zu erhalten. Ein hohes „Job Involvement" bezeichnet also die Identifikation mit einem bestimmten Arbeitsplatz im Unternehmen, das organisationale „Commitment" die Identifikation mit dem Unternehmen selbst.

5.1.1.4 Charakterzüge und Präferenzen

Mit dem Begriff *Charakterzüge* bezeichnet man die speziellen Eigenschaften eines Menschen, in denen er sich von allen anderen Menschen unterscheidet – die ihn oder sie einzigartig machen und seine (ihre) Persönlichkeit prägen. Sie resultiert sowohl aus den vererbten Veranlagungen als auch aus der Interaktion des Individuums mit der Umwelt. Neue empirische Untersuchungen zeigen dabei einen erheblichen Einfluss der Veranlagung auf Charakterzüge wie Ängstlichkeit, Schüchternheit und Verletzbarkeit (vgl. Morris 1998, 1999). Neben diesen beiden persönlichkeitsbildenden Faktoren wirkt sich jedoch auch die Situation, in der sich ein Individuum befindet, auf die von außen wahrgenommene Persönlichkeit aus. Zwar ist die Persönlichkeit eines Menschen im Allgemeinen stabil und konsistent, je nach Situation können aber unterschiedliche Charakterzüge stärker zum Vorschein treten.

Grundsätzlich können die Charakterzüge eines Menschen anhand eines sehr breiten Spektrums von Merkmalen beschrieben werden. Ein empirisch häufig überprüftes Modell zur Beschreibung von Persönlichkeiten ist das *Fünf-Faktoren-Modell* (vgl. Digman 1990; Barrick und Mount 1991). In diesem wird zwischen den Faktoren Extraversion/Introvertiertheit, Gewissenhaftigkeit, Verträglichkeit, emotionale Stabilität und Offenheit für Erfahrungen unterschieden (Abb. 5.3).

Der Faktor Extraversion/Introvertiertheit erfasst dabei die Souveränität im zwischenmenschlichen Umgang. Extravertierte Menschen sind gesellig, kontaktfreudig und durchsetzungsfähig. Introvertierte Menschen sind dagegen eher zurückhaltend und schüchtern. Der Faktor Verträglichkeit bezeichnet die Neigung eines Individuums, gegenüber anderen Menschen nachzugeben bzw. sich auf diese einzustellen. Sehr verträgliche Menschen sind besonders kooperativ und einfühlsam. Der dritte Faktor Gewissenhaftigkeit ist ein Maß für die Verlässlichkeit eines Individuums. Menschen mit niedrigen Ausprägungen dieses Faktors sind leicht abzulenken, unordentlich und unzuverlässig. Emotionale Stabilität drückt schließlich die Widerstandsfähigkeit gegen Stress aus. Menschen mit hoher emotionaler Stabilität sind in der Regel ruhig, selbstbewusst und sicher, Menschen mit geringer emotionaler Stabilität dagegen eher nervös, angespannt und unsicher. Der Faktor Offenheit für

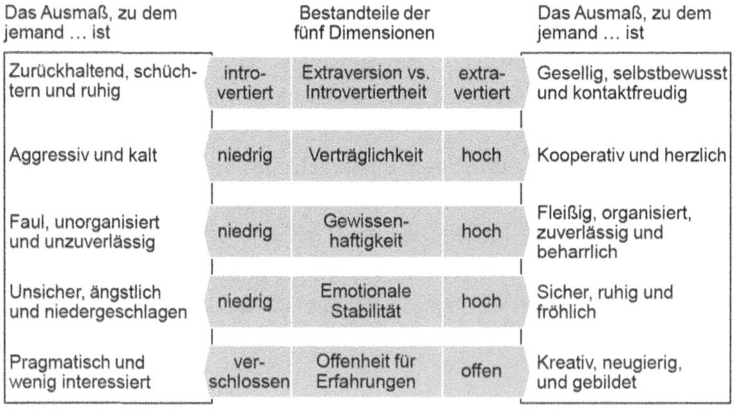

Das Ausmaß, zu dem jemand … ist	Bestandteile der fünf Dimensionen			Das Ausmaß, zu dem jemand … ist
Zurückhaltend, schüchtern und ruhig	intro-vertiert	Extraversion vs. Introvertiertheit	extra-vertiert	Gesellig, selbstbewusst und kontaktfreudig
Aggressiv und kalt	niedrig	Verträglichkeit	hoch	Kooperativ und herzlich
Faul, unorganisiert und unzuverlässig	niedrig	Gewissen-haftigkeit	hoch	Fleißig, organisiert, zuverlässig und beharrlich
Unsicher, ängstlich und niedergeschlagen	niedrig	Emotionale Stabilität	hoch	Sicher, ruhig und fröhlich
Pragmatisch und wenig interessiert	ver-schlossen	Offenheit für Erfahrungen	offen	Kreativ, neugierig, und gebildet

Abb. 5.3 Fünf-Faktoren-Modell

Erfahrungen beschreibt, wie breit die Interessen einer Person gestreut sind und wie stark die Person an für sie Neuem interessiert ist. Menschen mit hohen Ausprägungen dieses Faktors sind kreativ, neugierig und künstlerisch sensibel. Menschen mit niedrigen Ausprägungen sind dagegen konventionell geprägt und orientieren sich an ihnen Bekanntem (vgl. Robbins 2005).

Leicht nachvollziehbar scheint, dass Mitarbeiter, die gewissenhaft sind, erfolgreicher arbeiten als solche, die weniger gewissenhaft sind. Forscher haben weiterhin herausgefunden, dass extravertierte Menschen als Manager oder Verkäufer erfolgreicher sind als introvertierte Menschen. Weniger intuitiv nachvollziehbar sind dagegen Studienergebnisse, die belegen, dass Eigenschaften wie Verträglichkeit und emotionale Stabilität in einer Vielzahl von untersuchten Jobs keinen Einfluss auf den Erfolg hatten. Dieses Ergebnis mag aber teilweise auch in der Art der durchgeführten Studien begründet sein. Es dürfte klar sein, dass die Persönlichkeit eines Menschen eine bedeutende Rolle für das Verhalten eines Individuums in Organisationen spielt – die Wirkung von einzelnen Persönlichkeitsmerkmalen lässt sich jedoch oftmals nur schwer vorhersagen.

Ein wichtiger Ausdruck der Persönlichkeit eines Menschen sind seine *Präferenzen*. Sie bringen zum Ausdruck, dass Menschen meist angeborene Neigungen haben, ihren Verstand und ihre Sinne in einer ganz bestimmten Art und Weise einzusetzen. Mit anderen Worten: Sie haben Vorlieben für bestimmte Verhaltensweisen. Menschen mit unterschiedlichen Präferenzen würden sich dementsprechend in der gleichen Situation unterschiedlich verhalten. Dabei ist nicht gesagt, dass eine Präferenz besser wäre als eine andere. Einige Menschen ziehen es beispielsweise vor, mit der rechten Hand zu schreiben, während andere Menschen dafür lieber ihre linke nehmen. Dennoch kann es für die Personalführung sehr wichtig sein, die Präferenzen der Geführten (aber auch die der Führenden) zu kennen, um Menschen nicht in Situationen zu bringen, die ihren präferierten Verhaltensweisen widersprechen. Meist sind die Menschen zwar in der Lage, solche Situationen auch zu bewältigen, aber Arbeitsleistung und -zufriedenheit werden tendenziell darunter leiden. Dies wird schon an dem einfachen Beispiel eines Textes, den man mit der „falschen" Hand geschrieben hat, offensichtlich.

5.1.1.5 Emotionen

Neben den Charakterzügen und Präferenzen von Menschen spielen deren Emotionen eine wichtige Rolle am Arbeitsplatz. *Emotionen* zählen allerdings nicht zu den Persönlichkeitseigenschaften von Menschen, sondern sie sind Reaktionen auf einen bestimmten Reiz. Genauer gesagt sind Emotionen intensive Gefühle, die an eine Person oder einen Gegenstand gerichtet sind. Beispielsweise zeigen Menschen ihre Emotionen, wenn sie sich ärgern, sich über etwas freuen oder ängstlich sind.

Myers-Briggs Type Indicator (MBTI)

Der Myers-Briggs-Typindikator (MBTI) ist ein psychologisches Werkzeug zur Einschätzung der unterschiedlichen individuellen Präferenzen von Menschen und wird mittlerweile von 2–3 Mio. Menschen pro Jahr verwendet. Bei der Entwicklung des Instruments haben Myers und Briggs auf den Überlegungen des Psychiaters Carl Gustav Jung aufgesetzt. Dieser beobachtete, dass es Unterschiede im menschlichen Verhalten gibt, die sich aus den angeborenen Neigungen von Menschen ergeben, ihren Verstand und ihre Sinne in unterschiedlicher Art und Weise einzusetzen. Diese Vorlieben für ein bestimmtes Verhalten werden unter Präferenz verstanden. Myers und Briggs messen diese Präferenzen an vier dichotomen Dimensionen.

Mit der ersten Dimension wird die Präferenz für die Energiequelle eines Menschen (Extraversion – Introversion) gemessen. Die Aufnahme von Informationen (Empfinden – Intuition) wird mit der zweiten Dimension gemessen. Welche Art der Entscheidungsfindung (Denken – Fühlen) bevorzugt wird, kommt in der dritten Dimension zum Ausdruck. Die vierte und letzte Dimension gibt die Einstellung zur Außenwelt (Urteilen – Wahrnehmen) wieder. Im Folgenden werden einige Charakteristika von Menschen mit den jeweiligen Ausprägungen aufgeführt:

Extraversion:	Mögen Vielfalt und Tätigkeit; genießen Interaktion mit Menschen; lernen neue Aufgaben durch Reden und Tun
Introversion:	Mögen ruhige Umgebung, um sich konzentrieren zu können; genießen es, sich auf ein Projekt oder eine Aufgabe zu konzentrieren; lernen neue Aufgaben durch Lesen und Nachdenken
Empfinden:	Konzentrieren sich auf unmittelbare Themen; sammeln Tatsachen, um zu Schlüssen zu gelangen; nutzen ihre eigenen Erfahrungen und die anderer
Intuition:	Folgen ihren Eingebungen; fangen mit dem big picture an und fügen Tatsachen nach und nach ein; bevorzugen Veränderungen und neue Arbeitsweisen
Denken:	Konzentrieren sich auf die Aufgaben; verwenden logische Analysen zum Verstehen und Entscheiden; wenden Prinzipien konsequent an
Fühlen:	Konzentrieren sich auf Interaktion zwischen Menschen; verwenden Werte zum Verstehen und Entscheiden; wenden Werte konsequent an
Urteilen:	Wollen ihre Arbeit planen und den Plan befolgen; haben Dinge gerne erledigt und fertig; ziehen Schlussstriche durch schnelle Entscheidungen
Wahrnehmen:	Wollen flexibel arbeiten; sind gerne spontan; lassen Dinge möglichst lange offen

Anhand eines umfangreichen Tests mit ca. 100 Fragen können Menschen heraus-finden, welche Ausprägung der vier Dimensionen am besten auf sie zutrifft. Die Kombination dieser vier Ausprägungen ergibt dann einen gewissen Persönlichkeits-typ. Diese Typologie ist sowohl für den betroffenen Mitarbeiter als auch für Mana-ger sehr hilfreich. Der betroffene Mensch bekommt beispielsweise aufgezeigt, wel-che Aufgaben ihm am besten liegen und wie die Interaktion mit Teammitgliedern noch besser gestaltet werden kann. Für Manager besteht der große Nutzen darin, dass sie gezielter auf einzelne Mitarbeiter eingehen und Teams noch besser für spezifische Fragestellungen zusammenstellen können. In sehr vielen Personal-abteilungen wird der MBTI auch bei Einstellungsgesprächen benutzt, da so noch präziser die richtige Person für einen Job ausgewählt werden kann. Der MBTI kann darüber hinaus auch Informationen für die Planung der beruflichen Entwicklung oder die Lösung von Problemen bereitstellen.

Emotionen dürfen nicht mit Stimmungen verwechselt werden. Im Gegensatz zu Emo-tionen werden Stimmungen nämlich ohne einen direkten äußeren Stimulus hervorgerufen. Zudem sind Stimmungen schwächer als Emotionen. Allerdings können sich Emotionen in Stimmungen verwandeln, wenn der Fokus nicht mehr auf dem auslösenden Objekt liegt. Wenn Sie beispielsweise von einem Kollegen wegen Ihrer unstrukturierten Art zu arbeiten kritisiert werden, werden Sie wahrscheinlich ärgerlich auf ihn sein. Somit richten Sie Ihren Ärger (Emotion) auf Ihren Kollegen (Objekt). Am Ende des Tages stellen Sie viel-leicht fest, dass Sie eine schlechte Laune haben, aber nicht genau wissen, woran dies liegt. Sie haben also den Bezug zu einem äußeren Objekt verloren und befinden sich jetzt in einer Stimmung. In diesem Fall in einer schlechten Stimmung.

Jeder Manager könnte seine Mitarbeiter besser führen, wenn er deren Emotionen bes-ser verstehen würde. Allerdings ist dies keine leichte Aufgabe, da die Emotionen von Menschen jeden Tag von vielen verschiedenen Faktoren beeinflusst werden. Mit der Affective-Events-Theorie (vgl. Robbins 2005) haben Forscher den Versuch unternommen, das Zusammenspiel dieser Einflussfaktoren zu untersuchen bzw. herauszufinden, wie die verschiedenen Wirkungszusammenhänge zwischen diesen Faktoren sind (Abb. 5.4).

Kern dieser Theorie ist, dass Mitarbeiter emotional auf Gegebenheiten bzw. Ereignisse reagieren, mit denen sie am Arbeitsplatz konfrontiert werden. Diese Reaktion wird zudem durch die Persönlichkeit und die aktuelle Stimmung eines Mitarbeiters beeinflusst. Sie kann sowohl positiv als auch negativ ausfallen und in ihrer Intensität unterschiedlich stark sein. So ist es denkbar, dass durch Zeitdruck oder unklare Aufgabenverteilung durch den Vorgesetzten bei dem betroffenen Mitarbeiter negative Emotionen hervorgerufen werden. Diese negativen Emotionen beeinflussen in der Folge das Verhalten des Mitarbeiters, damit auch seinen Erfolg und seine Arbeitszufriedenheit.

Das Bewusstsein, dass Emotionen menschliches Leistungsverhalten prägen, liefert einen wertvollen Beitrag zum Verständnis des Verhaltens von Mitarbeitern. Es zeigt sich,

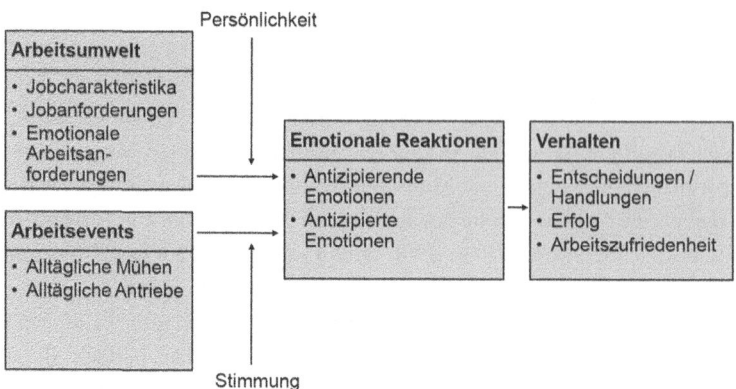

Abb. 5.4 Affective-Events-Theorie

wie die täglichen Auseinandersetzungen und die kleinen Erfolge Leistung, Erfolg und Arbeitszufriedenheit der Mitarbeiter beeinflussen. Dadurch wird klar, dass die Emotionen von Mitarbeitern von der Führung nicht ignoriert werden dürfen.

Es sind in den vergangenen Jahren und Jahrzehnten verschiedenste Versuche unternommen worden, die Emotionen von Menschen besser beschreibbar und verstehbar zu machen. Das in diesem Zusammenhang wahrscheinlich wichtigste Konstrukt ist das der so genannten *emotionalen Intelligenz*. Es wurde vor allem durch den amerikanischen Psychologen Daniel Goleman bekannt. Goleman definiert emotionale Intelligenz als die „Fähigkeit, unsere eigenen Gefühle und die anderer zu erkennen, uns selbst zu motivieren und gut mit Emotionen in uns selbst und in unseren Beziehungen umzugehen" (Goleman 1998). Die Vorteile einer hoch ausgeprägten emotionalen Intelligenz äußern sich zum Beispiel darin, dass Menschen ihre persönlichen Beziehungen besser handhaben, einen größeren Erfolg im Beruf vorweisen können oder aber ein erhöhtes Vertrauen in die eigene Person haben.

Emotionale Intelligenz setzt sich dabei typischerweise aus vier Dimensionen zusammen:

- *Selbstwahrnehmung*: Die eigenen Gefühle erkennen.
- *Selbstmanagement*: Die eigenen Gefühle und Impulse handhaben.
- *Beziehungsmanagement*: Die Fähigkeit, andere zu inspirieren, zu beeinflussen und zu entwickeln.
- *Soziale Wahrnehmung*: Mit den Emotionen anderer umgehen können.

Ein Instrument, mit dem die emotionale Intelligenz gemessen werden kann, ist der so genannte EQ-i (Emotional Quotient Inventory), von Reuven Bar-On entwickelt, der neben den oben genannten Punkten noch weitere Facetten der menschlichen Emotionalität umfasst. Der EQ-i ist das erste wissenschaftlich validierte Bewertungsinstrument, um emotionale Intelligenz zu testen und wird mittlerweile in der ganzen Welt angewendet. Neben der emotionalen Intelligenz können mit dem EQ-i zusätzlich die emotionalen Stärken und

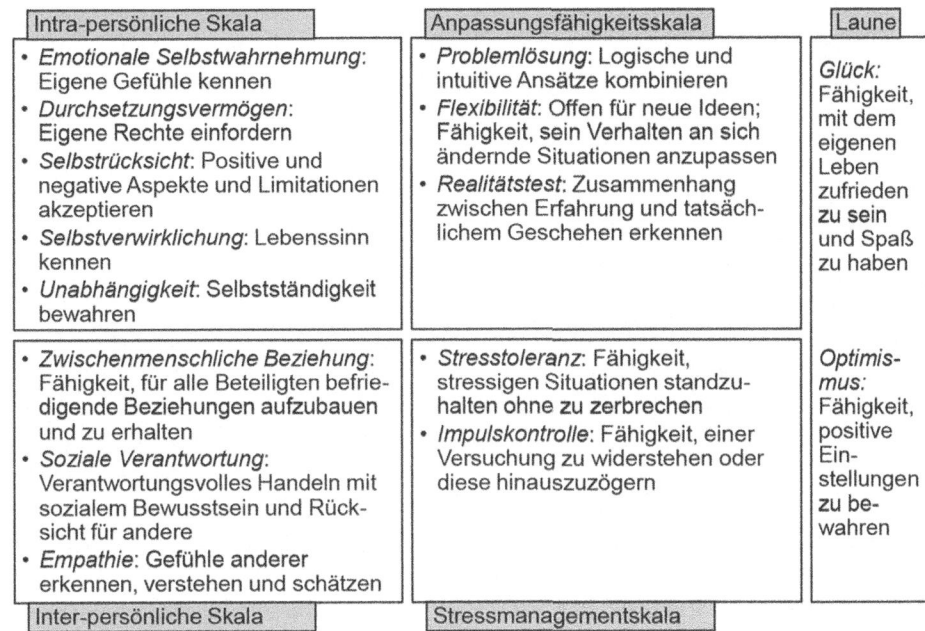

Abb. 5.5 Schlüsselbereiche emotionaler Intelligenz

Schwächen von Menschen herausgefunden werden. Bei der Anwendung des EQ-i müssen verschiedene Fragen aus 15 Schlüsselbereichen der emotionalen Intelligenz beantwortet werden. In der folgenden Abbildung sind diese 15 Schlüsselbereiche zu fünf Skalen zusammengefasst (Abb. 5.5).

Die Auswertung des Tests zeigt den Teilnehmern, bei welchen der Bereiche ihre emotionalen Fähigkeiten unterentwickelt, gut entwickelt oder aber überentwickelt sind. Am besten ist es, wenn die Ausprägungen der emotionalen Fähigkeiten in einem gut entwickelten Bereich liegen. Dies liegt daran, dass eine über (oder unter) dem Optimum entwickelte emotionale Komponente durchaus Nachteile für den Menschen bedeuten kann. Diese Nachteile könnten sich beispielsweise in einer zu starken (oder zu schwachen) Impulskontrolle oder einer erhöhten (bzw. verringerten) Empathie gegenüber Mitmenschen äußern. Neben dem Aufzeigen von Schwächen und Stärken zeigt der EQ-i auch, wie die nicht gut entwickelten Bereiche verbessert werden können. So bekommt der Anwender also nicht nur eine Beschreibung seines emotionalen Zustandes, sondern klare Anweisungen und Übungen, wie er eine beispielsweise unterentwickelte Fähigkeiten trainieren und somit ausbauen kann.

5.1.2 Motivation in Unternehmen

Motivation ist eine wesentliche Grundlage menschlichen Handelns und daher gerade aus Sicht der Unternehmensführung besonders wichtig. Wenn man nämlich verstehen will, warum manche Menschen besonders engagiert sind und Höchstleistungen erbringen, andere jedoch nicht, so muss man sich mit ihrer Motivation und den Möglichkeiten zur Beeinflussung dieser Motivation auseinandersetzen. Dass die Motivation von Mitarbeitern für Unternehmen eine große Bedeutung besitzt, zeigt auch die Fallstudie der Quality-Rent AG.

Motivation in der QualityRent AG

Dass Motivation in vielen Bereichen wichtig für den Erfolg ist, hat Peter Körber bereits während seiner Schulzeit verinnerlicht. Damals spielte er aktiv Fußball in einer der besten Jugendmannschaften West-Berlins. Trotz ihrer Spielstärke verlor seine Mannschaft jedoch immer wieder gegen vermeintlich schwächere Gegner, und Peter Körber fragte sich dann, worauf diese Niederlagen zurückzuführen waren. Oft spielte die Unlust einiger seiner Mitspieler eine Rolle, die schwächere Gegner nicht ernst nahmen und deren Lässigkeit und Lauffaulheit sich dann rächten. Wenn die Mannschaft jedoch zusammenhielt und jeder für den anderen kämpfte – so die Erfahrung von Peter Körber –, dann gewann sie fast jedes Spiel.

Peter Körber ist überzeugt, dass die richtige Motivation wie im Sport auch in Unternehmen eine große Bedeutung für den Erfolg besitzt. Und richtige Motivation bedeutet eben, dass Mitarbeiter nicht lustlos, aber auch nicht übermotiviert ihrer Arbeit nachgehen. Die negative Wirkung von sowohl zu großer als auch zu geringer Motivation hat Peter Körber in der Vergangenheit bereits mehrfach erfahren. So zeigte beispielsweise der frühere Marketingleiter der QualityRent AG, Sebastian Schütt, wenig Enthusiasmus für Automobile, und dies schlug sich auch in der Qualität des Marktauftritts des Unternehmens nieder, dem einfach der „Pepp" fehlte. Peter Körber blieb damals nichts anderes übrig, als sich von Sebastian Schütt zu trennen und ihn durch Stephanie Lackmann zu ersetzen. Dass Sebastian Schütt jedoch kein prinzipiell schlechter Marketingleiter ist, bewies er in der Folgezeit, als er recht erfolgreich den Marketingbereich eines großen Konsumgüterherstellers führte.

Dass auch Übermotivation durchaus schädlich sein kann, verdeutlicht Peter Körber seinen Mitarbeitern immer wieder am Beispiel eines jungen Chauffeurs aus dem Budapester Büro der QualityRent AG. Dieser Chauffeur war bei seinem ersten Auftrag so besessen von der Idee, bestmöglichen Service zu leisten, dass er die Präferenzen seines Kunden vollkommen aus den Augen verlor. Zwar hatte er im Briefing vor dem Auftrag die Information erhalten, dass sein Kunde diskreten Service bevorzuge und nicht gerade das Gespräch mit dem Chauffeur suche, doch der junge Chauffeur glaubte, dass es nicht nur seine Aufgabe wäre, seinen Gast zu fahren, sondern dass zu einem guten Service auch umfangreiche Informationen über Budapest gehörten. Dieser gut gemeinte, aber nicht gewünschte „Service" führte zu einer Beschwerde des Kunden – einem der besten Kunden der QualityRent AG –, und Peter Körber reiste persönlich zum damals neuen Budapester Büro, um die Angelegenheit zu klären. Heute zählt der betreffende Mitarbeiter zu den besten Führungskräften des Unternehmens und leitet das Büro in Budapest.

Wenn richtig motivierte Mitarbeiter so wichtig für ein Unternehmen sind, so besteht nach Ansicht von Peter Körber die zentrale Aufgabe aller Führungskräfte darin, diese Motivation im Unternehmen zu fördern, also alle Mitarbeiter zum bestmöglichen Einsatz für die QualityRent AG anzuspornen. Dafür ist es natürlich notwendig, Mitarbeiter angemessen zu entlohnen. Aber solche finanziellen Anreize sind in den Augen von Peter Körber nur ein Aspekt, der zur Leistungsbereitschaft beiträgt. Auch das angenehme Arbeitsumfeld, das gute Betriebsklima, das zum Beispiel durch Weihnachtsfeiern oder das Sommerfest der QualityRent AG gefördert wird, sowie die Offenheit aller Führungskräfte gegenüber Diskussionen mit Mitarbeitern tragen zur Zufriedenheit und Leistungsbereitschaft bei. Nicht zuletzt ist es für viele Mitarbeiter auch motivierend, in einem Unternehmen zu arbeiten, das sich mit exklusiven Automobilen beschäftigt. Denn auch in ihrer Freizeit sind viele Mitarbeiter „Autofanatiker". Peter Körber sieht es als eine seiner wichtigsten Aufgaben an, Zufriedenheit und Motivation seiner Mitarbeiter auch langfristig aufrechtzuerhalten. ◄

5.1.2.1 Motivation und Motive

Motivation wird im Allgemeinen als eine wesentliche Grundlage menschlichen Verhaltens angesehen. Der Begriff Motivation beschreibt die Bereitschaft eines Menschen zu handeln, um ein bestimmtes Ziel zu erreichen. Damit ist letztlich jedes Verhalten – mit Ausnahme vollkommen ziellosen Handelns – von einer bestimmten Motivation getrieben. Wie diese Motivation konkret ausgeprägt ist, unterscheidet sich jedoch von Mensch zu Mensch und von Situation zu Situation. Im Allgemeinen werden drei Kriterien genutzt, um die konkrete Ausprägung der Motivation eines Menschen zu charakterisieren, nämlich die Intensität, die Richtung und die Dauerhaftigkeit seiner Motivation:

- In der *Intensität der Motivation* kommt zum Ausdruck, wie sehr ein Mensch sich anstrengt, ein bestimmtes Ziel zu erreichen. Die Intensität steht bei der Beschäftigung mit Fragen der Motivation häufig im Mittelpunkt. Wie die Fallstudie der QualityRent AG verdeutlicht hat, führt eine große Anstrengung aber nur dann zu einer positiven Leistung, wenn sie in eine für das Unternehmen Nutzen bringende Richtung gelenkt wird.
- Daher ist für die Charakterisierung der Motivation eines Menschen nicht nur die Intensität, sondern auch die Qualität bzw. *Richtung der Motivation* wichtig. Für Unternehmen bedeutet dies, dass Mitarbeiter nicht nur hoch motiviert sein müssen, sondern dass ihre Motivation auch auf die Unternehmensziele ausgerichtet sein sollte.
- Die *Dauerhaftigkeit der Motivation* schließlich bringt zum Ausdruck, ob eine Person sich bemüht, eine gestellte Aufgabe tatsächlich auch bis zum Ende zu erfüllen oder bei den ersten Widerständen aufgibt (vgl. Robbins 2001).

Für Unternehmen ist jedoch nicht nur die Frage relevant, wie sich die Motivation von Mitarbeitern charakterisieren lässt; viel wichtiger ist die Frage, warum manche Menschen

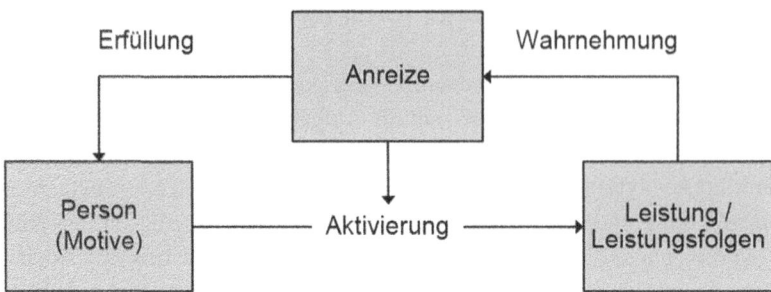

Abb. 5.6 Einfaches Verhaltensmodell. (vgl. Staehle 1999)

eine sehr viel größere Motivation aufweisen als andere. Erkenntnisse der Motivationsforschung zeigen in diesem Zusammenhang, dass Motivation keine Persönlichkeitseigenschaft wie zum Beispiel Intelligenz ist, über die manche Menschen verfügen, andere aber
eben nicht. Vielmehr ergibt sich die Motivation eines Menschen aus einem Wechselspiel
zwischen seiner Person (konkret: seinen Motiven) und der Situation – oder genauer gesagt: den Anreizen, die in der konkreten Situation vorliegen und von ihm subjektiv wahrgenommen werden. So mag beispielsweise ein Investmentbanker motiviert sein, 16 h am
Tag intensiv für sein Unternehmen zu arbeiten; gleichzeitig ist er jedoch nicht bereit, am
Wochenende zwei Stunden lang seine Wohnung zu putzen. Dieselbe Person zeigt also in
zwei verschiedenen Situationen ganz unterschiedliche Motivationsmuster und damit auch
ganz unterschiedliche Verhaltensweisen.

Um zu verstehen, warum Menschen in manchen Situationen hoch motiviert sind, in
anderen dagegen überhaupt nicht, ist es erforderlich, eine Vorstellung von den wesentlichen Triebkräften menschlichen Verhaltens zu entwickeln. In diesem Buch nutzen wir
dafür ein einfaches Verhaltensmodell (Abb. 5.6). Dieses Modell geht davon aus, dass
Motive, also unerfüllte Bedürfnisse oder Triebe, die individuell ganz unterschiedlich
ausgeprägt sind, die Grundlage menschlichen Verhaltens bilden. Im Falle des oben
beschriebenen Investmentbankers mögen für ihn subjektiv wichtige Motive beispielsweise
Berufserfolg oder Ansehen in seinem Unternehmen sein. Eine saubere Wohnung zählt dagegen nicht zu den aus seiner Sicht bedeutenden Motiven. Das Modell geht weiterhin
davon aus, dass jedes Verhalten bzw. jede Leistung, die ein Mensch erbringt, mit bestimmten situationsspezifischen Anreizen verbunden ist, die mehr oder weniger stark zur
Erfüllung seiner Motive beitragen. Bevor ein Mensch nun eine bestimmte Leistung zeigt,
erfolgt jeweils ein Abwägen zwischen der Anstrengung, die mit dieser Leistung verbunden
ist, und dem entsprechenden Anreiz, der dafür geboten wird. Die Bereitschaft, sich anzustrengen und eine besondere Leistung zu erbringen – also die Motivation –, wird dabei
umso größer sein, je wichtiger die Motive sind, die durch die mit der Leistung verbundenen
Anreize erfüllt werden. Der oben angesprochene Investmentbanker zum Beispiel ist hoch
motiviert, viele Stunden am Tag intensiv für sein Unternehmen zu arbeiten, weil lange
Arbeitszeiten in seiner subjektiven Wahrnehmung mit dem Anreiz „Ansehen" verbunden
sind und weil harte Arbeit nach seiner Erfahrung mit dem Anreiz „beruflicher Aufstieg"

belohnt wird. Beide Anreize erfüllen für ihn persönlich wichtige Motive. Das Putzen seiner Wohnung ist dagegen nicht mit Anreizen verbunden, die – in seiner persönlichen Wahrnehmung – zur Erfüllung wichtiger Motive beitragen. Ganz im Gegenteil: Das Putzen wird ihn sogar vom Arbeiten und damit von Ansehen und Berufserfolg abhalten. Aus diesem Grund zeigt er hohe Motivation bei seiner beruflichen Tätigkeit, jedoch nur eine geringe Motivation für die Hausarbeit.

Letztlich geht das vorgestellte Verhaltensmodell davon aus, dass alles Verhalten motivgesteuert ist, und dass die Motivation eines Menschen stark von subjektiv wahrgenommenen Anreizen abhängt. Daraus ergibt sich die Frage, welche Motive Menschen eigentlich verfolgen. Diese Frage lässt sich nicht allgemeingültig beantworten, denn zum einen besitzen Menschen individuell unterschiedliche Motive und zum anderen verändern sich diese Motive im Zeitablauf. So verliert beispielsweise für viele Menschen das Motiv „Ansehen durch lange Arbeitszeit" mit zunehmendem Alter zugunsten des Motivs „Zeit für die Familie" an Bedeutung.

Trotz dieser prinzipiellen Unmöglichkeit, menschliche Motive allgemeingültig zu bestimmen, sind vor allem von Organisationspsychologen verschiedene Klassifizierungen menschlicher Motive entwickelt worden. Dazu zählt zum einen die Unterscheidung von physischen, psychischen und sozialen Motiven. Zu den *physischen Motiven* werden dabei biologische Bedürfnisse, wie zum Beispiel Hunger, Durst und Wohnen, gerechnet. *Psychische Motive* können beispielsweise das Streben nach Unabhängigkeit, Selbstverwirklichung und Selbstentfaltung sein. *Soziale Motive* sind dagegen auf die Anerkennung durch andere Menschen ausgerichtet. Zu den sozialen Motiven zählen daher das Streben nach Freundschaft und Zugehörigkeit zu bestimmten Gruppen.

Daneben werden teilweise auch primäre und sekundäre Motive unterschieden. *Primäre Motive*, wie beispielsweise Hunger und Durst, sind solche Motive, die jeder Mensch von Geburt an instinktiv verfolgt. Die *sekundären Motive* sind dagegen Mittel zur Befriedigung anderer Motive. Das Streben nach Geld stellt ein Beispiel sekundärer Motive dar, da sich mit Geld viele primäre Motive befriedigen lassen.

Bedeutender als diese beiden allgemeinen Klassifizierungen ist aus Sicht der Unternehmensführung die aus der Motivationspsychologie stammende Unterscheidung von intrinsischen und extrinsischen Motiven (vgl. Jung 2011). *Intrinsische Motive* sind in diesem Zusammenhang solche Motive, die durch die Arbeit selbst befriedigt werden. Zu den intrinsischen Motiven zählen beispielsweise das Leistungs-, das Kompetenz- und das Geselligkeitsmotiv.

- *Leistungsmotiv*: Beim Leistungsmotiv steht das Erreichen von selbst gesetzten Leistungszielen im Mittelpunkt. Leistungsorientierte Menschen sind schon allein durch die Möglichkeit motiviert, durch ihr Handeln Einfluss auf bestimmte Ergebnisse zu nehmen. Die materielle Belohnung ist dagegen weniger wichtig. Geld dient lediglich als Mittel zur Beurteilung der eigenen Leistungen im Vergleich zu anderen Menschen.
- *Kompetenzmotiv*: Das Kompetenzmotiv äußert sich in dem Streben nach Möglichkeiten zur eigenständigen und kreativen Gestaltung der Umwelt. Auch der Wunsch nach

beruflicher Entfaltung gehört dazu. Kompetenzmotivierte Menschen werden vor allem von solchen Aufgaben zu hoher Leistung stimuliert, die ihnen Freiraum und Verantwortung einräumen.

- *Geselligkeitsmotiv*: Im Geselligkeitsmotiv kommt der Wunsch vieler Menschen zum Ausdruck, mit anderen zusammen zu sein bzw. in eine soziale Gruppe integriert zu sein, um so Schutz, Anerkennung, aber auch Geselligkeit zu erfahren. Betriebssportgruppen, Betriebsfeiern oder Jubiläen spielen für die Erfüllung von Geselligkeitsmotiven eine wichtige Rolle.

Im Gegensatz zu intrinsischen Motiven sind *extrinsische Motive* solche, die nicht durch die Arbeit allein befriedigt werden, sondern erst durch die Folgen einer Arbeitsleistung bzw. deren Begleitumstände. Zu den extrinsischen Motiven zählen unter anderem das Geldmotiv, das Sicherheitsmotiv sowie das Prestige- bzw. Statusmotiv.

- *Geldmotiv*: Das Streben nach finanzieller Entlohnung ist eines der offensichtlichsten Arbeitsmotive. Allerdings kann die Ausprägung dieses Motivs bei einzelnen Menschen sehr unterschiedlich sein, da die finanzielle Entlohnung, die ein Mitarbeiter erhält, sowohl einen materiellen als auch einen emotionalen Wert besitzt. Der materielle Wert finanzieller Entlohnung ergibt sich aus seinem Tauschwert für Güter aller Art, während der emotionale Wert darin zu sehen ist, dass Geld einen Maßstab für Leistung, Ansehen und Macht darstellt. Vor allem jüngere Mitarbeiter bzw. Mitarbeiter mit einem (noch) geringeren Einkommen sind häufig stark geldmotiviert; von einem bestimmten Zeitpunkt bzw. Gehaltsniveau an verliert dieses Motiv jedoch oft an Bedeutung und wird zum Beispiel von einem Bedürfnis nach mehr Zeit für Familie oder Freizeit ersetzt.
- *Sicherheitsmotiv*: Das Sicherheitsmotiv stellt ein grundlegendes Bedürfnis von Menschen dar, das nach Schutz vor tatsächlichen oder potenziellen Gefahren für ihr eigenes Wohlergehen verlangt. Ein wichtiges Sicherheitsmotiv ist beispielsweise der Wunsch nach einem sicheren Arbeitsplatz. Gerade in Deutschland spielt das Sicherheitsmotiv eine wichtige Rolle – erkennbar unter anderem an vergleichsweise stark ausgeprägten gesetzlichen Regelungen im Bereich des Kündigungsschutzes oder der Sozialversicherung. Als problematisch erweist sich eine zu starke Betonung des Sicherheitsmotivs, wenn es sich lähmend auf Initiative, Kreativität und Leistung auswirkt.
- *Prestige- oder Statusmotiv*: Im Prestigemotiv kommt das Streben von Menschen nach Ansehen, Bedeutung, Achtung oder Ruhm zum Ausdruck. Prestigemotivierte Mitarbeiter streben vorzugsweise eine berufliche Laufbahn an, die zum Beispiel ein hohes Einkommen, eine angesehene Position oder ein schnelles Voranschreiten auf der Karriereleiter verspricht. Dazu zählen empirischen Studien zufolge vor allem Menschen in Berufen, die ein hohes Ausbildungsniveau erfordern und weitgehende Unabhängigkeit bieten. Unternehmer, Ärzte, Professoren oder Unternehmensberater sind Beispiele dafür.

Menschen werden in der Regel sowohl von extrinsischen als auch von intrinsischen Motiven geleitet. Die Bedeutung der beiden Motivklassen verändert sich jedoch in Abhängigkeit von der Tätigkeit. So gilt in der Regel, dass bei einfachen Aufgaben eher extrinsische Motive angesprochen werden müssen. Bei komplexen Aufgaben spielen dagegen intrinsische Motive eine größere Rolle. Auch bei einfachen Aufgaben folgt daraus jedoch nicht, dass lediglich Geld oder Arbeitsplatzsicherheit zur Motivation eingesetzt werden können. Gerade die Rolle des Prestige- oder Statusmotivs darf hier nicht unterschätzt werden. So spielt beispielsweise der erfolgreiche Auftritt von Mercedes-Benz in der Formel 1 nachweislich eine wichtige Rolle für die Motivation der Mitarbeiter in den Werken von Mercedes-Benz. Teil eines Unternehmens zu sein, das gute Rennwagen baut und dabei auch andere Marken hinter sich lässt, erfüllt Mitarbeiter mit Stolz und steigert ihre Motivation.

Beispiel

Intrinsische und extrinsische Motive bei der QualityRent AG

Natürlich werden auch die Mitarbeiter der QualityRent AG extrinsisch und intrinsisch motiviert. Peter Körber ist jedoch besonders stolz darauf, dass es ihm immer wieder gelingt, Mitarbeiter mit einem hohen Grad an intrinsischer Motivation für sein Unternehmen zu gewinnen. Viele Mitarbeiter sind „Autofanatiker", denen es leicht fällt, sich für ein Unternehmen einzusetzen, in dem Luxusautomobile eine zentrale Rolle spielen. Dies gilt insbesondere für die Mitarbeiter des Bereichs Fuhrparkmanagement. Aber nicht nur der Umgang mit Luxusautomobilen, sondern auch die Tatsache, dass viele Mitarbeiter der QualityRent AG, vor allem die Kundenbetreuer, ein hohes Maß an Entscheidungsfreiheit und Autonomie besitzen, trägt zu ihrer intrinsischen Motivation bei.

Peter Körber weiß jedoch auch, dass extrinsische Motive im Unternehmen ebenfalls eine Rolle spielen. Daher bemüht sich das Unternehmen beispielsweise um eine Vergütung seiner Mitarbeiter, die über dem Branchendurchschnitt liegt, und zahlt darüber hinaus auch Prämien an besonders leistungsstarke Mitarbeiter. Schließlich ist Peter Körber gerade in jüngerer Zeit mehrfach als erfolgreicher Unternehmer zu Fernseh-Talkshows eingeladen worden. Dadurch ist das Unternehmen QualityRent AG inzwischen auch einer breiteren Öffentlichkeit bekannt, eine Tatsache, die viele Mitarbeiter stolz macht und die natürlich auch positiv auf ihre Motivation wirkt. ◀

5.1.2.2 Motivationstheorien

Die Beschäftigung mit Fragen der Motivation besitzt in der Lehre von der Unternehmensführung eine lange Tradition. Bereits im Zuge der Human-Relations-Bewegung in den dreißiger Jahren begann die Forschung, sich mit Ursachen und Wirkungen der Motivation auseinanderzusetzen. In den vierziger Jahren wurden dann die ersten umfassenden Motivationstheorien entwickelt. Seitdem sind zahlreiche *theoretische Ansätze zur Erklärung der Motivation* hervorgebracht worden. Dennoch existiert bis heute keine einheit-

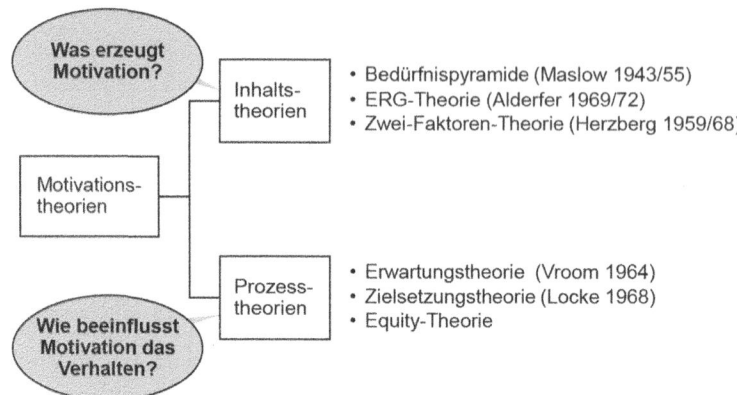

Abb. 5.7   Ausgewählte Inhalts- und Prozesstheorien der Motivation

liche Motivationstheorie. Vielmehr gibt es zahlreiche unterschiedliche Ansätze, die je-
weils andere Schwerpunkte legen, sich aber teilweise auch gegenseitig ergänzen. Diese
Ansätze lassen sich zu zwei wesentlichen Gruppen zusammenfassen, den so genannten
Inhaltstheorien und den so genannten Prozesstheorien der Motivation (Abb. 5.7).

Menschenbilder
Vorstellungen von den zentralen Motiven von Menschen kommen auch in den so
genannten Menschenbildern zum Ausdruck. Mindestens vier wichtige Menschenbilder lassen sich unterscheiden: der so genannte „economic man" bzw. „rational
man", der „social man", der „self actualizing man" und der „complex man". Jedes
dieser Menschenbilder ist eng an eine Entwicklungsstufe in der Geschichte der
Unternehmensführungslehre gekoppelt (siehe Kap. 1.3).
   Das Menschenbild des „economic man" ist eng mit dem Scientific Management
verbunden, das vor allem auf F. W. Taylor zurückgeht (Taylor 1911). Taylor ging
davon aus, dass Menschen sich nur durch ökonomische Anreize motivieren lassen.
Leistungssteigerung konnte also nur durch höhere Bezahlung erreicht werden. Da-
rüber hinaus vertrat Taylor die Überzeugung, dass Menschen in ihrem Verhalten
passiv und unfähig zu Selbstdisziplin oder Selbstkontrolle sind. Daher hielt er das
Setzen von Anreizen und die Kontrolle für besonders wichtige Führungsaufgaben.
   Die Human-Relations-Bewegung, die sich in den dreißiger Jahren quasi als
Gegenpol zum Scientific Management entwickelte, ging von einem ganz anderen
Menschenbild aus, dem so genannten „social man". Danach ist ein Mensch ein
Wesen, für das soziale Bindungen und zwischenmenschliche Beziehungen be-
sonders wichtig sind. Dementsprechend arbeiten Menschen gerade dann besonders
produktiv, wenn durch die Arbeit soziale Bedürfnisse möglichst umfassend be-

friedigt werden. Motivierend wirken nicht so sehr Anreize und Kontrolle durch die Unternehmensführung, sondern vielmehr soziale Normen in der Arbeitsgruppe.

Im Zuge des Human-Ressourcen-Ansatzes wurde in den fünfziger Jahren das Menschenbild des „self actualizing man" entwickelt, das vor allem mit den Namen McGregor, Maslow und Herzberg verbunden ist. Diese Autoren sehen den idealen Menschen als ein sich selbst kontrollierendes und verwirklichendes Wesen, das nach Autonomie strebt und motiviert ist, solange es Gelegenheit zur Selbstentfaltung erhält.

Parallel zum „self actualizing man" entstand das Menschenbild des „complex man", das stark von kontingenztheoretischen Gedanken geprägt wird und heute als adäquate Charakterisierung des arbeitenden Menschen in modernen Industriegesell-schaften angesehen wird. Der „complex man" ist ein in mehrfacher Hinsicht wandlungsfähiger Mensch. Nicht nur seine Bedürfnisse und Motive verändern sich im Zeitablauf. Auch die Wichtigkeit dieser Bedürfnisse unterliegt abhängig von der jeweiligen Situation einem ständigen Wandel. Das Menschenbild des „complex man" zeichnet damit das Bild eines vielschichtigen, von situativen Bedingungen beeinflussten Menschen.

Literatur: Schein 1980.

Die Inhaltstheorien beschäftigen sich vor allem mit der Frage, was Motivation erzeugt, das heißt, welche Anreize gesetzt werden müssen, um Menschen zu motivieren. Bei ihnen steht der inhaltliche Aspekt der Motivation im Vordergrund. Die Prozesstheorien ver-suchen dagegen zu erklären, wie der komplexe Motivationsvorgang abläuft – das heißt, wie Motivation entsteht und das Verhalten beeinflusst.

5.1.2.2.1 Inhaltstheorien der Motivation

Die Inhaltstheorien der Motivation beschäftigen sich vor allem mit den inhaltlichen As-pekten der Motivation, also mit der Frage, welche Motive Menschen eigentlich leiten bzw. was Menschen motiviert. Zu den bekanntesten Inhaltstheorien zählen die Bedürfnis-pyramide von Maslow, die ERG-Theorie von Alderfer und die Zwei-Faktoren-Theorie von Herzberg. Sie werden im Folgenden vorgestellt.

Bedürfnispyramide von Maslow

Die in den vierziger Jahren von dem amerikanischen Psychologen Abraham Maslow auf Basis klinisch-psychologischer Erfahrungen entwickelte Bedürfnispyramide ist wahr-scheinlich die am weitesten verbreitete, aber auch am meisten kritisierte Inhaltstheorie der Motivation. Maslows Bedürfnispyramide liegt die Annahme zu Grunde, dass Menschen „wanting animals" sind, die durch ihre Bedürfnisse motivierbar sind. Menschliche Be-dürfnisse wiederum – so die weitere Annahme der Theorie – lassen sich nach ihrer relati-ven Dringlichkeit hierarchisch anordnen. Daraus entwickelte Maslow die Bedürfnis-pyramide mit insgesamt fünf Hauptbedürfnisklassen. Zu diesen fünf Bedürfnisklassen

Abb. 5.8 Maslows
Bedürfnishierarchie

zählen physiologische Bedürfnisse, Sicherheitsbedürfnisse, soziale Bedürfnisse, Wertschätzungs- oder Ich-Bedürfnisse sowie Selbstverwirklichungsbedürfnisse. Die fünf Bedürfnisklassen unterteilt Maslow noch einmal nach so genannten Wachstums- und Defizitmotiven. Die physiologischen, die Sicherheits-, die sozialen und die Wertschätzungsbedürfnisse bezeichnet er als Defizitmotive, die Selbstverwirklichungsbedürfnisse als Wachstumsmotive (Abb. 5.8).

- *Physiologische Bedürfnisse*: Die physiologischen Bedürfnisse sind Grundbedürfnisse, die der Selbsterhaltung dienen. Sie spiegeln die wesentlichen körperlichen Anforderungen des Menschen wider, wie zum Beispiel das Verlangen nach Nahrung, Wohnung oder Ruhe.
- *Sicherheitsbedürfnisse*: Die Sicherheitsbedürfnisse umfassen alle Bedürfnisse, die auf den Schutz vor physischen, psychischen und ökonomischen Gefahren gerichtet sind. Hierzu zählen beispielsweise Bedürfnisse nach Geborgenheit, Ordnung, Gesetzen oder Sicherheit des Arbeitsplatzes.
- *Soziale Bedürfnisse*: Soziale Bedürfnisse sind solche, die auf den Kontakt zu und die Zuwendung von anderen Menschen ausgerichtet sind. Dazu zählen unter anderem die Bedürfnisse nach Liebe, Intimität, Gemeinschaft oder Zugehörigkeit zu einer Gruppe.
- *Wertschätzungs- oder Ich-Bedürfnisse*: Die Wertschätzungs- oder Ich-Bedürfnisse beinhalten zum einen das Streben nach Selbstachtung oder Selbstbestätigung. Dafür sind persönlicher Erfolg, Unabhängigkeit und Macht wichtig. Zu dieser Kategorie zählt aber auch das Bedürfnis nach Achtung und Anerkennung durch andere Menschen.
- *Selbstverwirklichungsbedürfnisse*: Im Selbstverwirklichungsbedürfnis kommt der Wunsch von Menschen nach persönlicher Entfaltung und Weiterentwicklung zum Ausdruck. Das Ausschöpfen der eigenen Möglichkeiten und Fähigkeiten steht im Vordergrund.

Ausgehend von der beschriebenen Bedürfnishierarchie unterstellt Maslow, dass ein Mensch zu einem gegebenen Zeitpunkt jeweils nur eine Bedürfnisklasse als besonders wichtig und motivierend erachtet, nämlich jeweils die niedrigste, als nicht ausreichend befriedigt empfundene Bedürfnisklasse. Alle anderen Bedürfnisklassen besitzen zu diesem Zeitpunkt keine Motivationswirkung. Maslow nimmt weiterhin an, dass der Mensch sein Streben allein danach ausrichtet, die unerfüllten Bedürfnisse dieser Klasse zu befriedigen. Sobald sie vollkommen oder zumindest zu einem großen Teil erfüllt sind, verlieren diese Bedürfnisse jedoch ihre Motivationswirkung und die nächsthöhere Bedürfnisebene wird aktiviert.

Für die Unternehmensführung ergibt sich aus der Motivationstheorie von Maslow eine einfache Schlussfolgerung: Um Anreize so setzen zu können, dass ein Mitarbeiter tatsächlich motiviert wird, muss man zunächst verstehen, auf welcher Ebene der Bedürfnishierarchie sich dieser Mitarbeiter gerade befindet und sich dann auf die Befriedigung der auf der entsprechenden Ebene gerade relevanten Bedürfnisse konzentrieren. Aufgrund dieser einfachen, intuitiv erfassbaren Logik hat die Bedürfnispyramide von Maslow in der Unternehmenspraxis breite Beachtung gefunden.

Dennoch weist Maslows Motivationstheorie zahlreiche Defizite auf, was zu vielfältiger Kritik an der Bedürfnispyramide geführt hat. Als besonders problematisch wird dabei die Tatsache gesehen, dass die Bedürfnispyramide nicht auf empirischen Untersuchungen beruht, sondern lediglich das Ergebnis klinischer Erfahrungen ist. Spätere empirische Studien konnten insbesondere die von Maslow unterstellte Rangfolge der Bedürfnisse nicht bestätigen. Die Rangfolge der Bedürfnisse scheint vielmehr individuell, aber auch von Kulturkreis zu Kulturkreis sehr unterschiedlich zu sein. So gelten zum Beispiel in asiatischen Kulturen soziale Bedürfnisse als sehr viel wichtiger als Selbstentfaltung. Weitgehende Einigkeit besteht lediglich darüber, dass Bedürfnisse höherer Ordnung nicht relevant werden, solange Grundbedürfnisse, also vor allem die physiologischen und die Sicherheitsbedürfnisse, nicht befriedigt sind.

Insgesamt besitzt die Bedürfnispyramide von Maslow nur noch sehr eingeschränkte Relevanz für die Unternehmensführung. Sie wird heute vor allem als ein Ansatz angesehen, der einen strukturierten Überblick über Motive gibt, die von der Unternehmensführung angesprochen werden können (vgl. Jung 2011).

ERG-Theorie von Alderfer

Die ERG-Theorie von Clayton Alderfer ist eine Weiterentwicklung der Motivationstheorie von Maslow. Alderfers Hauptanliegen bestand darin, Maslows Bedürfnishierarchie besser mit Ergebnissen der empirischen Forschung in Einklang zu bringen. Darüber hinaus konzentrierte er sich stärker auf Fragen der Motivation in Unternehmen, das heißt, er wollte eine Theorie entwickeln, die dem arbeitenden Menschen im Unternehmen gerecht werden sollte. Maslow hingegen wollte ein möglichst allgemeines Motivationsmodell entwickeln.

Einer der Hauptkritikpunkte Alderfers an der Motivationstheorie nach Maslow betraf die Überlappungen zwischen den einzelnen Stufen der Bedürfnispyramide. Daher reduzierte er in seiner Theorie die Bedürfnishierarchie auf drei Bedürfnisklassen, die auch eher

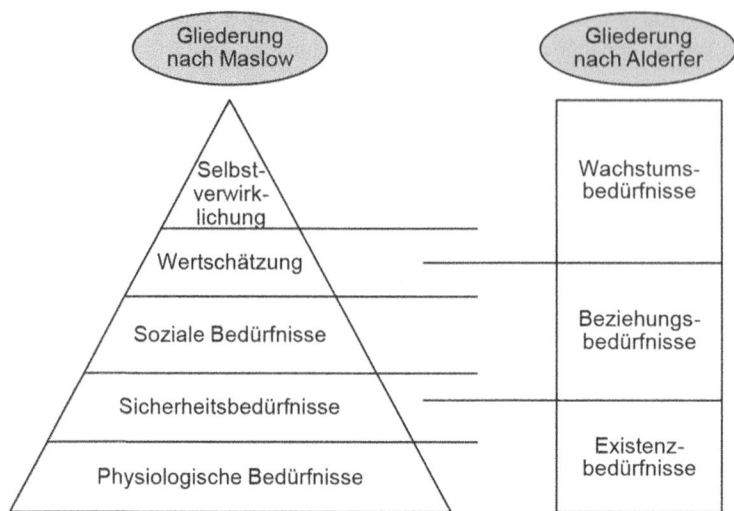

Abb. 5.9 Unterschiede zwischen der Bedürfnispyramide und der ERG-Theorie. (vgl. Lattmann 1982)

ein Kontinuum als eine Hierarchie darstellen. Die drei Bedürfnisklassen nannte Alderfer „*existence needs*" (Existenzbedürfnisse), „*relatedness needs*" (Beziehungsbedürfnisse) und „*growth needs*" (Wachstums- und Selbstverwirklichungsbedürfnisse), aus deren Anfangsbuchstaben der Name ERG-Theorie abgeleitet ist (Abb. 5.9).

- *Existenzbedürfnisse*: Die Existenzbedürfnisse beziehen sich auf grundlegende materielle Lebensvoraussetzungen. Sie schließen Maslows physiologische und Sicherheitsbedürfnisse ein.
- *Beziehungsbedürfnisse*: Die Beziehungsbedürfnisse umfassen den Wunsch nach festen zwischenmenschlichen Beziehungen. Sie entsprechen Maslows sozialen und Wertschätzungsbedürfnissen.
- *Wachstumsbedürfnisse*: Die Wachstumsbedürfnisse drücken ein intrinsisches Streben nach Entfaltung der eigenen Persönlichkeit aus. Diese überschneiden sich mit der intrinsischen Komponente von Maslows Wertschätzungskategorie und mit den unter Selbstverwirklichung zusammengefassten Elementen.

Nicht nur die Bedürfnisklassen, sondern auch die Kernaussagen der ERG-Theorie Alderfers unterscheiden sich von denen Maslows. So geht Alderfer davon aus, dass ein Mensch von mehr als einem Bedürfnis gleichzeitig motiviert werden kann. Darüber hinaus postuliert die ERG-Theorie keine starre Hierarchie, in der ein Bedürfnis niedriger Ordnung weitgehend erfüllt sein muss, bevor die nächste Bedürfnisebene aktiviert wird. Vielmehr kann eine Person beispielsweise an der Befriedigung von Wachstumsbedürfnissen arbeiten, obwohl Existenz- oder Beziehungsbedürfnisse unerfüllt bleiben. Genauso ist es möglich, dass alle drei Bedürfniskategorien zur gleichen Zeit wirken und das Verhalten einer Person beeinflussen.

Die ERG-Theorie enthält zudem eine so genannte Frustrationshypothese, die in einer „Frustrations-Regressions-Komponente" zum Ausdruck kommt. Dies bedeutet Folgendes: Maslow vertrat die Ansicht, dass die Motivation einer Person auf einer bestimmten Bedürfnisebene verharrt, bis die auf dieser Ebene relevanten Bedürfnisse befriedigt sind. Unterbleibt die Befriedigung, wird eine Person unzufrieden – mit entsprechend negativen Konsequenzen für die Arbeitsmotivation. Demgegenüber geht die ERG-Theorie davon aus, dass ein Mensch mit einem gesteigerten Bedürfnis auf der nächstniedrigeren Bedürfnisebene reagiert, wenn ein Bedürfnis höherer Ordnung nicht befriedigt wird. Die Unfähigkeit, das Bedürfnis nach sozialer Interaktion zu befriedigen, könnte dann den Wunsch nach mehr Geld oder besseren Arbeitsbedingungen steigern. Frustration kann also zur Regression auf eine niedrigere Bedürfnisebene führen.

Insgesamt ist die ERG-Theorie von Alderfer sehr viel offener als die Bedürfnispyramide von Maslow und berücksichtigt, dass Menschen unterschiedlich auf Bedürfnisbefriedigung und Nichtbefriedigung reagieren können. Die ERG-Theorie entspricht damit in stärkerem Maße den Erkenntnissen der empirischen Motivationsforschung und ist damit besser zur Abbildung von menschlichen Bedürfnissen geeignet als Maslows Bedürfnispyramide (vgl. Staehle 1999).

Zwei-Faktoren-Theorie von Herzberg
Die Zwei-Faktoren-Theorie von Frederick Herzberg ist, anders als die Bedürfnispyramide von Maslow, auf Basis empirischer Untersuchungen entstanden. Herzberg und seine Mitarbeiter befragten in der so genannten Pittsburgh-Studie im Jahr 1959 etwa 200 Buchhalter und Ingenieure in teilstrukturierten Interviews nach Situationen, in denen sie ihre Arbeit außerordentlich gut oder außerordentlich schlecht beurteilten. Alle Probanden wurden gebeten, derartige Situationen detailliert zu schildern (critical incident method). Die Antworten wurden tabellarisch erfasst und kategorisiert.

Als Ergebnis ihrer Studie stellten Herzberg und seine Mitarbeiter fest, dass in den meisten Fällen unterschiedliche Faktoren für positive und für negative Arbeitserlebnisse verantwortlich gemacht wurden. Während im Zusammenhang mit positiven Erlebnissen Faktoren wie Anerkennung oder Verantwortung genannt wurden, wurden negative Erfahrungen zum Beispiel mit schlechten Arbeitsbedingungen oder zu starker Kontrolle verbunden. Herzberg schloss daraus, dass die Motivation von zwei unterschiedlichen Arten von Faktoren beeinflusst wird, die auch unterschiedlich auf die Arbeitszufriedenheit von Menschen wirken. Herzberg nannte diese beiden Arten von Faktoren Motivatoren und Hygienefaktoren (Abb. 5.10):

- *Hygienefaktoren*: Als Hygienefaktoren bezeichnet Herzberg solche Einflussfaktoren, die – sofern sie vorhanden sind – zwar Unzufriedenheit verhindern, jedoch keine Zufriedenheit herstellen können. Sie können bestenfalls „Nicht-Unzufriedenheit" herbeiführen. Zu den Hygienefaktoren zählen vor allem die Rahmenbedingungen, die

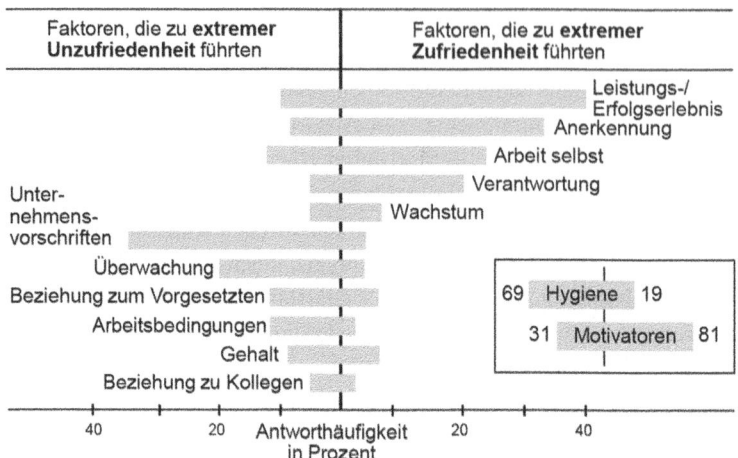

Abb. 5.10 Beispiele für Zufriedensteller und Unzufriedensteller. (vgl. Staehle 1999)

Menschen bei ihrer Arbeit vorfinden, wie zum Beispiel die Entlohnung, Arbeitsbedingungen, Beziehungen zu Vorgesetzten, Kollegen und Untergebenen, das Ausmaß
der Kontrolle oder die Unternehmenspolitik.

- *Motivatoren*: Motivatoren sind für Herzberg hingegen solche Faktoren, die Zufriedenheit herstellen können. Fehlen sie, so ist eine Person nicht unzufrieden, sondern
  lediglich „nicht zufrieden". Motivatoren sind vor allem solche Faktoren, die in engem
  Zusammenhang mit der eigenen Arbeit stehen, wie zum Beispiel die eigene Leistung,
  Anerkennung, die Arbeit selbst, Verantwortung, Beförderung oder persönliches Wachstum.

Die Erkenntnis, dass unterschiedliche Faktoren für negative und positive Arbeitserlebnisse verantwortlich sind, veranlasste Herzberg zu einer Überarbeitung der traditionellen
Motivations- und Zufriedenheitskonzepte. Bislang galt die Annahme, dass Unzufriedenheit das Gegenteil von Zufriedenheit ist – das heißt, dass Zufriedenheit und Unzufriedenheit die Endpunkte eines Kontinuums sind. Herzberg schloss jedoch aus seinen empirischen Erkenntnissen, dass Zufriedenheit und Unzufriedenheit als voneinander unabhängig
zu betrachten sind und daher auf zwei unterschiedlichen Kontinuen abgebildet werden
müssen. Das Gegenteil von Zufriedenheit ist seiner Ansicht nach nicht Unzufriedenheit,
sondern Nicht-Zufriedenheit, das Gegenteil von Unzufriedenheit nicht Zufriedenheit, sondern Nicht-Unzufriedenheit (Abb. 5.11).

Für die Unternehmensführung lassen sich aus den Überlegungen von Herzberg zwei
einfache Gestaltungsempfehlungen ableiten. So ist es zunächst wichtig, die „Hygiene" im
Unternehmen zu gewährleisten, das heißt, negative Ausprägungen in den wesentlichen
Hygienefaktoren müssen beseitigt werden. Da zu diesen Hygienefaktoren im Wesentlichen die Rahmenbedingungen der Arbeit zählen, geht es hier also insbesondere darum,
Entlohnung und sonstige Arbeitsbedingungen auf ein akzeptables Niveau zu bringen. So-

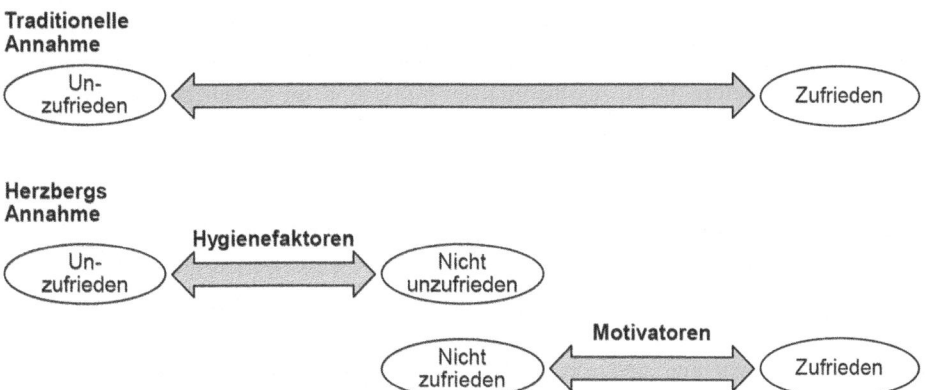

Abb. 5.11 Unterschiedliche Annahmen zum Entstehen von Zufriedenheit

bald die „Hygiene" hergestellt ist, empfiehlt Herzberg eine Konzentration auf die Motivatoren, das heißt auf die Gestaltung der Arbeit selbst, um tatsächlich Zufriedenheit zu erzeugen. Dies ist ein wichtiger Beitrag der Arbeiten von Herzberg: Er hat die Aufmerksamkeit der Unternehmensführung, die vorher insbesondere auf der Gestaltung der Rahmenbedingungen der Arbeit lag, stärker auf die Gestaltung der Arbeit selbst und ihrer konkreten Inhalte gelenkt.

Insgesamt hat Herzbergs Zwei-Faktoren-Theorie, insbesondere seine Unterscheidung von Motivatoren und Hygienefaktoren, einen wichtigen Beitrag zum besseren Verständnis menschlicher Motivation und Zufriedenheit geleistet. Trotzdem besitzt auch diese Theorie einige wesentliche Schwächen. So konnten Herzbergs Ergebnisse nur in ganz wenigen Studien empirisch bestätigt werden. Dies liegt zum einen an der Methodik: Menschen tendieren nämlich dazu, Erfolge sich selbst zuzuschreiben, Misserfolge dagegen auf die Umwelt zu schieben. Darüber hinaus zeigten Studien, die Herzbergs Theorie zu überprüfen versuchten, dass zwar anscheinend zwei unterschiedliche Faktoren der Motivation existieren, dass einzelne Merkmale jedoch – je nach Alter, Ausbildung und Beruf der Zielgruppe – in manchen Fällen den Motivatoren und in anderen den Hygienefaktoren zugeordnet wurden. Um aus der Zwei-Faktoren-Theorie Handlungsempfehlungen für die Praxis abzuleiten, scheint es daher erforderlich zu sein, in jedem Einzelfall erneut empirisch zu bestimmen, welche Faktoren im konkreten Fall zu den Motivatoren und welche zu den Hygienefaktoren gerechnet werden müssen (vgl. Robbins 2001).

Implikationen der Inhaltstheorien

Insgesamt liefern die Inhaltstheorien zwar einige Aussagen darüber, was Menschen motiviert. Sie berücksichtigen jedoch kaum individuelle oder kulturelle Unterschiede zwischen den Motiven von Menschen. Auch der Tatsache, dass Motive sich im Zeitablauf verändern, tragen sie nur eingeschränkt Rechnung. Daher lassen sich aus den Inhaltstheorien nur sehr grobe Aussagen darüber ableiten, wie Menschen in Unternehmen motiviert werden sollten. Dies wäre aber für die Gestaltung von Anreizsystemen sehr wichtig. Darüber hinaus sind die Inhaltstheorien auch nicht in der Lage zu erklären, wie Motivation eigentlich zustande kommt und welche kognitiven Prozesse dabei in einem Menschen ablaufen. Derartige Aussagen liefern die Prozesstheorien der Motivation, die bedeutend komplexer sind als die Inhaltstheorien und daher – wenig überraschend – in der Praxis auch auf geringere Resonanz stoßen.

5.1.2.2.2 Prozesstheorien der Motivation

Im Gegensatz zu den Inhaltstheorien steht bei den Prozesstheorien nicht die Frage im Vordergrund, was Menschen motiviert, sondern sie beschäftigen sich mit dem Motivationsprozess. Sie gehen also der Frage nach, wie Motivation erzeugt wird und das Verhalten beeinflusst. Drei wichtige und von ihrer Ausrichtung her sehr unterschiedliche Prozesstheorien der Motivation werden im Folgenden vorgestellt: die Erwartungstheorie, die Zielsetzungstheorie und die Gleichheitstheorie (Equity Theory).

Erwartungstheorie von Vroom

Die auf den kanadischen Psychologen Victor Vroom zurückgehende Erwartungstheorie, teilweise auch Valenz-Instrumentalitäts-Erwartungs-Theorie (VIE-Theorie) genannt, ist wohl die gegenwärtig am weitesten verbreitete Prozesstheorie der Motivation. Die Erwartungstheorie, die Vroom im Jahr 1964 erstmals publiziert hat, gilt heute als grundlegend für alle neueren Prozesstheorien.

Vereinfacht gesprochen unterstellt die Erwartungstheorie, dass Menschen umso stärker motiviert sind, eine bestimmte Handlung zu unternehmen, je mehr sie subjektiv erwarten, dass durch diese Handlung ihr persönlicher Nutzen gesteigert wird (vgl. Staehle 1999). Dieses Erwartungskalkül drückt sich konkret in einem Zusammenhang aus zwischen 1) der Motivation eines Menschen, 2) der Anstrengung, die er bereit ist, auf sich zu nehmen, 3) der Leistung, die er erbringt, und 4) dem Ergebnis, das er infolge seiner Leistung erzielt. Motivation – so die Grundannahme der Erwartungstheorie – führt demnach zunächst zur Bereitschaft, sich anzustrengen. Anstrengung drückt sich beispielsweise darin aus, dass ein Mitarbeiter bereit ist, lange und hart für sein Unternehmen zu arbeiten. Eine große Anstrengung wiederum ist eine wichtige Voraussetzung für eine gute Leistung, die sich im Erreichen der verfolgten Ziele (zum Beispiel Akquisition eines bestimmten Kunden, Steigerung des Umsatzes in einer Region etc.) ausdrückt. Allerdings hängt diese Leistung nicht nur von der Anstrengung allein ab, sondern auch von den individuellen Fähigkeiten des betrachteten Menschen und von externen Einflussfaktoren. Die gezeigte Leistung wiederum führt zu einem bestimmten Ergebnis, von dem der Handelnde betroffen ist – beispielsweise einer Gehaltserhöhung oder Beförderung.

Vor diesem Hintergrund geht die Erwartungstheorie davon aus, dass die Stärke der Motivation eines Individuums von drei Faktoren abhängt, nämlich von der Anstrengungs-Leistungs-Erwartung, von der Leistungs-Ergebnis-Erwartung und von der Wertigkeit des Ergebnisses (Abb. 5.12).

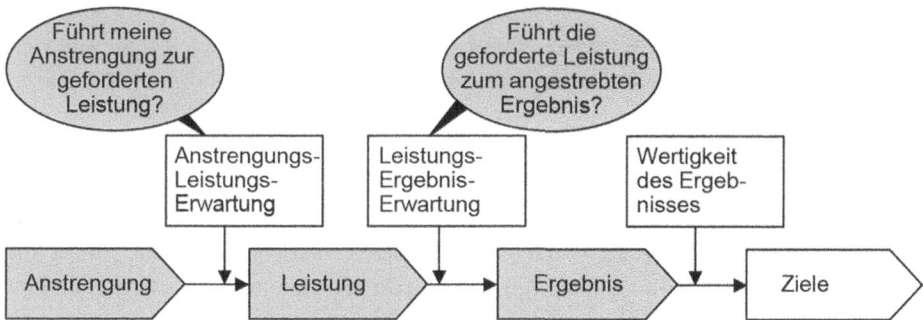

Abb. 5.12 Konzept der Erwartungstheorie

- *Anstrengungs-Leistungs-Erwartung*: Die Anstrengungs-Leistungs-Erwartung bringt die subjektive Einschätzung eines Menschen über die Wahrscheinlichkeit zum Ausdruck, dass eine große Anstrengung auch zu einer hohen Leistung führen wird. Der Erwartungswert dieser Wahrscheinlichkeit kann zwischen 0 und 1 liegen. Ein Erwartungswert nahe 1 bedeutet, dass die Wahrscheinlichkeit, dass eine große Anstrengung auch zu einer guten Leistung führt, als sehr hoch eingeschätzt wird. Dies wäre der Fall, wenn ein Mitarbeiter davon überzeugt ist, eine zusätzliche Aufgabe bei entsprechendem Mehreinsatz auch erfüllen zu können. Bei 0 liegt dieser Erwartungswert, wenn das betrachtete Individuum es für sehr unwahrscheinlich hält, dass seine Anstrengung zu einer entsprechenden Leistung führen wird.
- *Leistungs-Ergebnis-Erwartung*: Die Leistungs-Ergebnis-Erwartung drückt die subjektive Einschätzung eines Menschen über die Wahrscheinlichkeit aus, dass eine bestimmte Leistung auch zu einem bestimmten Ergebnis führen wird. Auch der Erwartungswert dieser Wahrscheinlichkeit kann zwischen 0 und 1 liegen. Ein Erwartungswert nahe 1 bedeutet, dass die Wahrscheinlichkeit, dass eine bestimmte Leistung zu einem bestimmten Ergebnis führt, also sehr hoch eingeschätzt wird. So kann ein Vertriebsmitarbeiter, für den eine Umsatzprovision vereinbart wurde, mit hoher Sicherheit davon ausgehen, dass er eine höhere Provision erhält, wenn er mehr Umsatz für das Unternehmen erzielt. Bei 0 liegt der Erwartungswert, wenn das betrachtete Individuum keinen Zusammenhang zwischen Leistung und Ergebnis sieht, das heißt, wenn ein Mitarbeiter beispielsweise der Meinung ist, dass in seinem Unternehmen die Höhe der Leistung und die Höhe der Entlohnung nichts miteinander zu tun haben.
- *Wertigkeit des Ergebnisses*: Die Erwartungstheorie geht davon aus, dass jede Leistung eines Menschen mit einer Reihe von Ergebnissen verbunden ist. So erhält ein Mitarbeiter, der sehr gute Leistungen gezeigt hat, beispielsweise häufiger Lohnerhöhungen, wird schneller befördert und von seinen Vorgesetzten gelobt. Gleichzeitig ist er aber auch gestresster und wird vielleicht von seinen Kollegen gemieden. Jedes dieser Ergebnisse hat für den betreffenden Mitarbeiter einen bestimmten Wert. Dieser Wert ist positiv, wenn das Ergebnis von dem Mitarbeiter gewünscht ist – es also der Erfüllung seiner

Ziele bzw. Bedürfnisse dient. Er ist negativ, wenn das Ergebnis als nicht wünschenswert erachtet wird. Die Wertigkeit eines Ergebnisses kann aber auch 0 sein, wenn der
Mitarbeiter gegenüber dem Ergebnis neutral eingestellt ist.

Damit Motivation entsteht, müssen nun der Erwartungstheorie zufolge drei Bedingungen erfüllt sein. Zum einen muss die Anstrengungs-Leistungs-Erwartung möglichst
nahe bei 1 liegen, das heißt, die betrachtete Person muss tatsächlich erwarten, dass sie eine
bessere Leistung erzielen kann, wenn sie sich stärker anstrengt. Zusätzlich muss die
Leistungs-Ergebnis-Erwartung dem Wert 1 möglichst nahe kommen. Das betrachtete Individuum muss also einen Zusammenhang zwischen seiner Leistung und einem entsprechenden Ergebnis erkennen. Schließlich muss die Summe der Wertigkeiten, die den
einzelnen Ergebnissen der Leistung zugemessen werden, positiv sein. Dabei können
einzelne Ergebnisse durchaus negative Wertigkeiten haben, solange sie durch die positiven
Wertigkeiten anderer Ergebnisse ausgeglichen werden.

Insbesondere über die Wertigkeit der Ergebnisse ist die Erwartungstheorie in der Lage,
individuelle Motivationsunterschiede zu erklären. Unterschiedliche Menschen haben
nämlich auch unterschiedliche Bedürfnisse und bewerten deshalb dieselben Ergebnisse
jeweils anders. So können für einen Mitarbeiter etwa Gehaltserhöhung und Beförderung
wichtig sein (eine positive Wertigkeit haben) und eventuelle negative Ergebnisse (zum
Beispiel Stress und Ablehnung durch die Kollegen) überkompensieren. Bei einem anderen
Mitarbeiter können die gleichen Ergebnisse eine genau gegenteilige Wertigkeit besitzen.
In dieser Situation würde der erste Mitarbeiter eine hohe Arbeitsmotivation entfalten, der
zweite eine geringere.

Die Bemühungen um eine Validierung der Erwartungstheorie von Vroom haben bis
heute zu keinen eindeutigen Ergebnissen geführt. Dennoch wird der von Vroom postu-
lierte Zusammenhang zwischen Anstrengung, Leistung und Ergebnis heute als zentral für
das Verständnis menschlichen Arbeitsverhaltens angesehen. Für die Unternehmenspraxis
ergeben sich aus der Erwartungstheorie ganz wichtige Implikationen für die Gestaltung
von Anreizsystemen, die im Abschn. 5.4.6 wieder aufgegriffen werden. Dazu zählt zum
einen die Forderung, Anreizsysteme individualisiert zu gestalten, das heißt, die individuellen Bedürfnisse jedes einzelnen Mitarbeiters zu berücksichtigen. Zum anderen ergibt
sich daraus die Forderung nach einem klar erkennbaren Bezug zwischen individueller
Leistung und Belohnung (vgl. Jung 2011).

Zieltheorie von Locke
Die Zieltheorie der Motivation wurde Ende der sechziger Jahre vom Psychologen Edwin
Locke entwickelt. Locke vertrat die These, dass Ziele – vor allem präzise formulierte und
anspruchsvolle Ziele – und Feedback über die Zielerreichung einen wesentlichen Einfluss
auf Motivation und Leistungsverhalten besitzen. Diese These beruht auf dem so genannten
Zeigarnik-Effekt, benannt nach der russischen Psychologin Bluma Zeigarnik. Danach
führt Zielsetzung zu Spannungen, die durch intensive Bewegung auf das Ziel hin reduziert
werden (vgl. Staehle 1999).

Locke unterstellt in seiner Zieltheorie einen differenzierten Zusammenhang zwischen Zielen, Motivation, Leistung und Feedback. Er geht davon aus, dass Ziele einen positiven Einfluss auf die Motivation von Mitarbeitern, das heißt auf Richtung, Intensität und Dauerhaftigkeit ihres Handelns besitzen und damit auch zu höherer Leistung beitragen. Die Stärke der Motivation hängt dabei nach Ansicht von Locke von der Ausprägung von zwei wesentlichen Zielcharakteristika ab, nämlich von der Ziel-Schwierigkeit und der Ziel-Spezifität:

- *Ziel-Schwierigkeit*: Die Ziel-Schwierigkeit bringt zum Ausdruck, wie anspruchsvoll ein Ziel ist. Locke geht davon aus, dass Menschen sich umso mehr anstrengen, je anspruchsvoller die Ziele sind, die sie verfolgen.
- *Ziel-Spezifität*: Die Ziel-Spezifität bezeichnet die Klarheit bzw. Präzision eines Ziels. Das Ziel „Umsatz erhöhen" ist beispielsweise sehr viel weniger spezifisch als das Ziel „den Umsatz in den nächsten 12 Monaten um 30 % erhöhen". Locke geht davon aus, dass spezifische Ziele eine höhere Motivationswirkung entfalten als unspezifische Ziele.

Voraussetzung dafür, dass spezifische und anspruchsvolle Ziele tatsächlich auch die Leistung steigern, ist allerdings, dass die Mitarbeiter sich mit den vorgegebenen Zielen *identifizieren* und diese *akzeptiert* haben. Beispielsweise ist das Ziel „Steigerung des Umsatzes um 300 % in den nächsten 12 Monaten" sehr spezifisch und – in den meisten Fällen – auch sehr anspruchsvoll. Es ist jedoch gut möglich, dass dieses Ziel von den betroffenen Mitarbeitern als unerreichbar angesehen wird und sie sich nicht damit identifizieren können. Die Folge wird dann in der Regel eher Desillusionierung als Leistungssteigerung sein. Deshalb ist es wichtig, bei der Formulierung von Zielen auch darauf zu achten, dass sich Mitarbeiter mit den Zielen identifizieren und diese persönlich akzeptieren können – etwa indem Mitarbeiter in den Prozess der Zielfindung eingebunden werden.

Neben Ziel-Schwierigkeit, Ziel-Spezifität, Ziel-Akzeptanz und Ziel-Identifikation besitzen nach Ansicht von Locke noch zwei weitere Faktoren einen wichtigen Einfluss auf Motivation und Leistung. So unterstellt Locke, dass höhere Motivation nicht in jedem Fall zu höherer Leistung führen muss. Vielmehr spielen die individuellen Fähigkeiten dabei auch noch eine Rolle. Schließlich geht er davon aus, dass ein Feedback über die erreichten Ergebnisse die Motivation steigert, weil es eine zielgerichtete Korrektur des Verhaltens erlaubt. Empirische Studien zeigen, dass fremdes Feedback dabei im Allgemeinen eine geringere Wirkung erzielt als selbst erzeugtes Feedback (Abb. 5.13).

Die Aussagen der Zieltheorie haben sich in empirischen Studien mehrfach als haltbar erwiesen. Insbesondere die Vermutung, dass spezifische und anspruchsvolle Ziele, sofern sie akzeptiert werden, leistungssteigernd wirken, hat sich immer wieder bestätigt. Auch die positive Wirkung von Feedback wurde in empirischen Untersuchungen mehrfach hervorgehoben. Daraus leiten sich direkt die entsprechenden Anforderungen für die Prozesse der Zielbildung sowie die Gestaltung von Anreiz- und Beurteilungssystemen ab, welche die Unternehmensführung zu berücksichtigen hat (siehe Kap. 5.4.5 und 5.4.6).

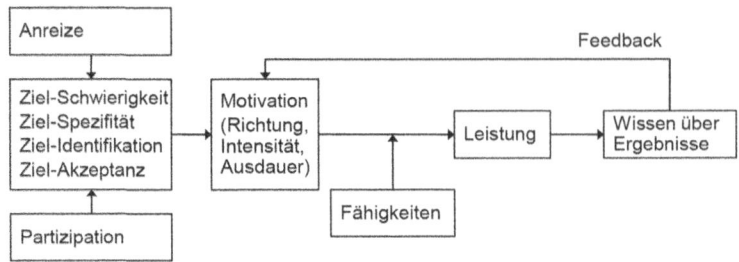

Abb. 5.13 Zieltheorie von Locke. (vgl. Staehle 1999)

Gleichheitstheorie

Die Gleichheitstheorie (Equity Theory) ist eine dritte Prozesstheorie, die sich in ihren Grundannahmen von denen der Erwartungs- und der Zieltheorie abhebt. Vertreter der Gleichheitstheorie sind unter anderem Jean Adams und Edward Lawler. Die Gleichheits-theorie geht davon aus, dass das Erreichen eines Gleichgewichtszustands, das Streben nach Harmonie und der Abbau von Dissonanzen, ein zentrales menschliches Bedürfnis darstellt. Dementsprechend führt die Wahrnehmung eines Ungleichgewichtszustands zu der Motivation, dieses Ungleichgewicht zu beseitigen. Die Stärke der Motivation eines Menschen ist nun von der Größe der subjektiv wahrgenommenen Abweichung zwischen dem erreichten Zustand und dem gewünschten, idealen Gleichgewichtszustand abhängig.

Zur Beurteilung der individuellen Situation werden dabei *soziale Vergleiche* heran-gezogen. Im Rahmen solcher Vergleiche werden die eigenen Bemühungen (also zum Bei-spiel Anstrengung, Erfahrung, Ausbildung oder Kompetenz) sowie die eigenen Ergebnisse (beispielsweise die Gehaltshöhe oder die erfahrene Anerkennung) in Beziehung gesetzt zu entsprechenden Bemühungen (Inputs) und Ergebnissen (Outputs) anderer Personen. Diese Vergleiche basieren auf subjektiver Wahrnehmung. Vergleichspersonen können sowohl Kollegen im eigenen Unternehmen als auch Mitarbeiter anderer Unternehmen, Freunde, Verwandte oder Bekannte sein. In manchen Fällen ist auch ein Vergleich mit eigenen Er-fahrungen in anderen Umfeldern, zum Beispiel als Mitarbeiter eines anderen Unter-nehmens, möglich. Der Vergleich lässt sich in folgender Form darstellen:

$$\frac{\text{Eigener Output}}{\text{Eigener Input}} \overset{?}{=} \frac{\text{Output Vergleichsperson}}{\text{Input Vergleichsperson}}$$

Der auf Basis einer derartigen Output-Input-Relation angestellte Vergleich kann prinzi-piell zu drei verschiedenen Ergebnissen führen: Das eigene Output-Input-Verhältnis kann genauso groß, größer oder kleiner als das der Vergleichsperson sein – das heißt, der ent-sprechende Mitarbeiter kann sich als gerecht behandelt, begünstigt oder benachteiligt einstufen.

Die Wahrnehmung einer Übereinstimmung des eigenen Output-Input-Verhältnisses mit dem relevanter Vergleichspersonen wird als Gleichheit (Equity) oder Gleichgewicht be-zeichnet. Ein Gleichgewicht setzt nicht voraus, dass Ergebnisse und Bemühungen beider

Personen exakt gleich sind. Vielmehr kann auch ein besseres Ergebnis, also zum Beispiel eine höhere Entlohnung, als gerecht empfunden werden, wenn mit diesem besseren Ergebnis auch ein höherer Input, zum Beispiel in Form einer höherwertigen Ausbildung verbunden ist. So mag ein Bankangestellter ein Einstiegsgehalt von 30.000 € als gerecht empfinden, obwohl sein Kollege 40.000 € als Einstiegsgehalt erhält. Dieser Kollege besitzt jedoch einen Universitätsabschluss, während der betrachtete Bankangestellte lediglich eine kaufmännische Ausbildung vorweisen kann.

Wird das eigene Output-Input-Verhältnis dagegen als schlechter wahrgenommen als das der Vergleichsperson, so stellt sich ein Spannungszustand ein – eine Motivation, diese „Ungerechtigkeit" zu beseitigen. Menschen reagieren auf eine als ungerecht empfundene Situation auf ganz unterschiedliche Art und Weise. So tendieren manche Menschen dazu, ihren Aufwand zu reduzieren, das heißt, sie strengen sich weniger an, wenn sie sich benachteiligt fühlen. Andere Menschen reduzieren den Spannungszustand, indem sie die Wahrnehmung von Outputs und Inputs verändern, also zum Beispiel Outputs anderer Personen niedriger und Inputs höher bewerten, oder neue Vergleichspersonen suchen, die eine aus ihrer Sicht „günstigere" Output-Input-Relation aufweisen. Eine Reaktion auf eine Benachteiligung kann aber auch im Rückzug, das heißt in der Kündigung bestehen.

Eine Person kann sich schließlich im Vergleich zu einer anderen Person auch als übermäßig begünstigt fühlen. Obwohl die Gleichheitstheorie postuliert, dass auch in diesem Fall eine Motivation entsteht, das Ungleichgewicht durch größere Anstrengung und höhere Leistung zu beseitigen, zeigen Forschungsergebnisse, dass eine als zu hoch empfundene Bezahlung nur in seltenen Fällen zu Unzufriedenheit führt, sondern in der Regel eher positiv aufgenommen wird.

Die Aussagen der Gleichheitstheorie wurden bislang vor allem in Bezug auf die Entlohnung untersucht. Dabei hat sich die Theorie durchaus als valide erwiesen. Vor diesem Hintergrund liegt für die Unternehmensführung ein zentraler Anknüpfungspunkt in der Erkenntnis, dass Menschen sich vergleichen und dass ein wahrgenommenes Ungleichgewicht eine Motivation erzeugt, das Gleichgewicht wieder herzustellen. Insofern liegt aus Sicht der Unternehmensführung der Gedanke nicht ganz fern, bewusst und in einem gewissen Rahmen Ungleichgewichte zu kreieren, um Mitarbeiter zum Handeln zu motivieren. Problematisch dabei ist allerdings, dass die auf ein empfundenes Ungleichgewicht folgenden Handlungen ungerichtet sind und von einer – wünschenswerten – Steigerung der Leistung bis hin zur Kündigung gehen können (vgl. Robbins 2001).

Implikationen der Prozesstheorien

Insgesamt liefern die Prozesstheorien wichtige Ansatzpunkte zur Beantwortung der Frage, wie Motivation entsteht und wie sie das Verhalten beeinflusst. Die Grundgedanken der drei vorgestellten Theorien sind sehr unterschiedlich. Während die Erwartungstheorie ein ökonomisches Nutzenkalkül in den Mittelpunkt stellt, schreibt die Zieltheorie der anspornenden Wirkung von Zielvorgaben eine zentrale Rolle zu. Die Gleichheitstheorie wiederum sieht menschliches Streben nach Ausgleich und Harmonie als grundlegend für die Erklärung der Motivation an. Obwohl keine der drei Theorien letztlich in der Lage ist, menschliches Verhalten allgemeingültig zu erklären, liefert jede von ihnen für die Unternehmensführung wertvolle Handlungsempfehlungen. Insofern sind sie gemeinsam in der Lage, zu einem besseren Verständnis des Entstehens von Motivation in Unternehmen beizutragen.

5.1.3 Wahrnehmung und Entscheidungsfindung

Die Wahrnehmung von Menschen ist für die Unternehmensführung ein nicht zu unterschätzender Faktor, da Wahrnehmung das Verhalten der Menschen beeinflusst und demnach auch deren Entscheidungen und Handlungen. Menschen müssen täglich viele verschiedene Eindrücke aufnehmen und entsprechend verarbeiten. Durch diese Verarbeitung bzw. Interpretation von Eindrücken geben Menschen ihrer Umwelt einen Sinn. Natürlich wird von ihnen erwartet, dass sie dies in korrekter und angemessener Art und Weise machen. Allerdings muss man davon ausgehen, dass die Wahrnehmung von Umwelteinflüssen auch (teils erheblich) von der objektiven Realität abweichen kann – was dann dazu führen könnte, dass falsche Entscheidungen getroffen werden.

Die Frage ist also, wie erklärt werden kann, dass Menschen dieselben Sachen sehen oder hören, aber unterschiedlich wahrnehmen. Um diese Frage beantworten zu können, betrachtet man die Wahrnehmung von Einflüssen am besten als einen Prozess, der mit einer Stimulierung durch Informationen aus der Umwelt des Menschen beginnt. Diese werden zunächst durch einen oder mehrere der menschlichen Sinne verarbeitet. Nach der ersten Verarbeitung durch die Sinne werden die Informationen interpretiert und mit dem Verstand weiterentwickelt, so dass schließlich als Reaktion eine Entscheidung getroffen werden kann (Abb. 5.14). Der mittlere Prozessschritt – die Interpretation bzw. Bewertung von Informationen – ist es, die man als *Wahrnehmung* bezeichnet.

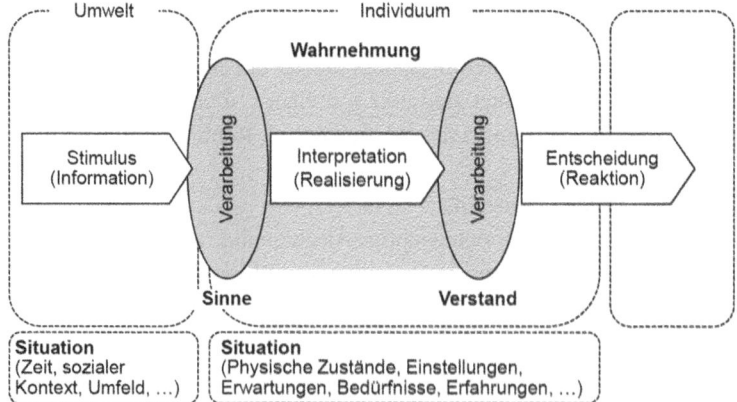

Abb. 5.14 Wahrnehmungsprozess

Wie Menschen die verschiedenen Einflüsse wahrnehmen, hängt sehr stark von ihren Persönlichkeitseigenschaften ab. So besitzt jeder Mensch unterschiedliche Einstellungen und Werte, Motive und Interessen, vergangene Erfahrungen sowie Erwartungen, die die Wahrnehmung beeinflussen. Aber auch physische Zustände – etwa Erschöpfung – beeinflussen die Art und Weise der Informationswahrnehmung.

Neben den genannten Persönlichkeitseigenschaften der Menschen spielt auch der Kontext der Stimulierung eine entscheidende Rolle. So kann die Wahrnehmung von Informationen beispielsweise von der Zeit, dem sozialen Umfeld, dem Ort oder den Arbeitsbedingungen beeinflusst werden. Beispielsweise würde eine Person mit Tenniskleidung auf einer Tennisanlage keine besondere Aufmerksamkeit erregen. Wenn aber die gleiche Person mit der gleichen Bekleidung am nächsten Tag eine Vorlesung hält, würde dies den Studierenden mit Sicherheit auffallen.

Da das Beurteilen von Informationen, Situationen und Menschen in der Realität nicht nur ein komplexer, sondern auch sehr schwieriger und anstrengender Vorgang ist, bedienen sich Menschen verschiedener Techniken, um sich diesen Prozess zu erleichtern. Diese Vereinfachungstechniken oder „Abkürzungen" bergen allerdings die Gefahr, dass die objektive Realität verzerrt wahrgenommen wird, weswegen man hier auch von Wahrnehmungsverzerrungen spricht. Diese können ihrerseits zu Problemen bei der Entscheidungsfindung führen. Die häufigsten *Wahrnehmungsverzerrungen* sollen im Folgenden kurz vorgestellt werden (vgl. Steinmann et al. 2013):

- *Stereotype*: Bei dieser Verzerrung wird eine Person oder ein Objekt auf Basis der eigenen Wahrnehmung über die Gruppe beurteilt, zu welcher die Person oder das Objekt gehört. Ein solcher Fall läge beispielsweise vor, wenn der Mitarbeiter einer Werbeagentur – ohne genaue Kenntnis der konkreten Persönlichkeit – als kreativer Spinner oder ein Controller als „Zahlenfreak" eingeschätzt wird.
- *Halo-Effekt*: Der Halo- oder Überstrahlungseffekt ist dadurch gekennzeichnet, dass ein Beobachter sich von einem einzigen, dominanten Merkmal positiv oder negativ beeinflussen lässt. Alle übrigen Dimensionen werden von der Bewertung dieses einen Merkmals überstrahlt. Ein Halo-Effekt liegt beispielsweise vor, wenn ein Vorgesetzter von langen Arbeitszeiten eines Mitarbeiters auf hohe Leistungsfähigkeit schließt und ihn automatisch positiv beurteilt, ohne andere Indikatoren zu berücksichtigen.
- *Projektion*: Eine Projektion ist gegeben, wenn man eigene Einschätzungen und Charakteristika auch anderen Personen zuschreibt. So ein Fall liegt beispielsweise dann vor, wenn eine Person in ihrer Arbeit Herausforderungen und Verantwortung schätzt und deshalb davon ausgeht, dass die übrigen Mitarbeiter dieselben Eigenschaften mit ihrer Arbeit verbinden.
- *Primacy-/Recency-Effekt*: Beim Primacy- bzw. Recency-Effekt dominiert anders als beim Halo-Effekt nicht ein beliebiges Merkmal, sondern der erste (primacy) bzw. der letzte (recency) Eindruck einer Person oder Sache. Diese Wahrnehmungsverzerrung wird häufig im Marketing ausgenutzt, indem ein besonderer Schwerpunkt auf die Anzeigen zu Anfang und am Schluss eines Werbeträgers gesetzt wird.

- *Kontrast-Effekt*: Der Kontrast-Effekt liegt vor, wenn eine Person oder Sache nicht iso-liert beurteilt wird, sondern die Beurteilung dieses Objekts von Vergleichen mit ande-ren, gleichartigen Objekten abhängt. Beispielsweise kann die Beurteilung in einer Be-werbungsgespräch sehr stark davon abhängen, zu welchem Zeitpunkt die Person interviewt wird. Ein Kandidat wird wahrscheinlich eine sehr viel bessere Beurteilung bekommen, wenn der vorherige Kandidat eine schlechte Leistung abgelegt hat. Dem-entsprechend bekommt ein Kandidat eine schlechtere Beurteilung, wenn der voran-gegangene Kandidat eine gute Leistung abgelegt hat. Diese Form der Wahrnehmungs-verzerrung machen sich beispielsweise gute Verkäufer zu Nutze, indem sie die Preisforderung für ihr Produkt immer im Vergleich zu den Preisen anderer (teurerer) Produkte stellen.

Die verzerrte Wahrnehmung äußerer Einflüsse ist ein Grund, warum Menschen in der Realität nicht immer rationale Entscheidungen treffen. Rational bedeutet in diesem Zu-sammenhang: Entscheidungen, die bestmöglich ihrer eigenen Zielerreichung dienen. Wahrscheinlich muss man sogar einräumen, dass Situationen, in denen Entscheidungen aus einem rationalen Entscheidungsprozess resultieren, in Wirklichkeit eher die Aus-nahme sind. So kann nicht davon ausgegangen werden, dass Menschen alle Informationen besitzen, die für die Entscheidungsfindung notwendig sind. Zudem ist nicht immer gesagt, dass sie sich überhaupt ihrer persönlichen Ziele und Entscheidungskriterien bewusst sind. Und schließlich sind Menschen oft schon zufrieden, wenn sie eine Lösung finden, die gut zu rechtfertigen ist und vernünftig erscheint, aber nicht der optimalen Lösung entspricht. Neben der verzerrten Wahrnehmung sind daher auch andere Faktoren dafür verantwort-lich, dass die menschliche *Entscheidungsfindung* nicht immer dem rationalen Idealmodell entspricht. Im Folgenden werden einige dieser Faktoren vorgestellt, die besonders häufig vorkommen.

Eingeschränkte Rationalität
Ursache der eingeschränkten Rationalität ist, dass es für Menschen unmöglich ist, sämt-liche Informationen, die für eine optimale Entscheidung nötig wären, zu erfassen und zu verarbeiten. Daher konstruieren sie sich vereinfachende Modelle, welche die wesentlichen Merkmale eines Problems wiedergeben. Innerhalb dieses Modells versuchen sie dann, ihren persönlichen Nutzen zu maximieren – also rational zu entscheiden. Da aber das Modell nur ein vereinfachtes (eingeschränktes) Abbild der Realität ist, spricht man von eingeschränkt oder begrenzt rationalem Handeln.

„Biases"
Man spricht von einem „bias" (Voreingenommenheit, Vorprägung, Neigung), wenn ein Entscheider die Tendenz zeigt, in bestimmten Situationen inkorrekte Schlussfolgerungen zu ziehen, die sich eher auf kognitive Vereinfachungen als auf schlüssige Beweise stützen. In vielen Fällen sind solche „Abkürzungen" durchaus sinnvoll, weil sie auf Intuition und Erfahrungen beruhend Entscheidungsprozesse vereinfachen und beschleunigen können.

Sie können aber auch zu gravierenden Abweichungen von rationalem Verhalten führen. Dies wird deutlich, wenn man sich einige der bekanntesten Formen von „bias" näher anschaut:

Rationale Entscheidungsfindung

Eigentlich sollten Menschen Entscheidungen nach einem rationalen Prozess treffen, bei dem der Entscheider eine konsistente und nutzenmaximierende Wahl trifft. Dieses Vorgehen wird mit dem Modell der rationalen Entscheidungsfindung beschrieben.

Der Ausgangspunkt dieses Modells liegt in der Definition eines Problems. Ein Problem liegt vor, wenn es eine Diskrepanz zwischen einem angestrebten Zustand (Ziel) und dem tatsächlichen Zustand gibt. Nach der Definition des Problems gilt es, die verschiedenen Optionen zu seiner Lösung zu entwickeln. Diese Optionen müssen anschließend kritisch analysiert und bezüglich ihrer Zielwirksamkeit bewertet werden. Im letzten Schritt muss dann die eine optimale Lösungsoption ausgewählt werden, mit der sich die eigenen Ziele bestmöglich verfolgen lassen.

Das Modell rationaler Entscheidungsfindung geht allerdings von einer Reihe von Voraussetzungen aus. So wird angenommen, dass vollständige Informationen über Kriterien und Alternativen vorliegen und auch das zu lösende Problem eindeutig definiert ist. Der Entscheider kennt alle Lösungsmöglichkeiten und die Konsequenzen jeder Alternative. Entscheidungen resultieren aus der logischen Bewertung der Ziele und Optionen – und im Ergebnis wird die einzig richtige Lösung ausgewählt, die für den Entscheider den größten Nutzen verspricht.

Ob diese Voraussetzungen in der Realität jemals zu erfüllen sind, ist mehr als fraglich. Insofern beschreibt das Modell der rationalen Entscheidungsfindung mehr einen theoretischen Idealzustand als eine tatsächlich gegebene Situation.

- *„Overconfidence Bias"*: Hiermit ist gemeint, dass Menschen eine systematische Angewohnheit haben, sich selbst – ihr Wissen und ihre Fähigkeiten – zu überschätzen. Dementsprechend erwarten sie auch mit einer höheren Wahrscheinlichkeit als sie tatsächlich gegeben ist, dass ihre Handlungen zum Erfolg führen.
- *„Anchoring Bias"*: Diese Form des „bias" beschreibt die Angewohnheit, dass sich Menschen während einer Problemlösung zu stark auf eine bestimmte Information verlassen. Diese eine Information wird quasi als Anker verwendet, auf den immer wieder zurückgegriffen wird. Alle weiteren Informationen verlieren demnach an Gewicht im Vergleich zu der „Ankerinformation".
- *„Confirmation Bias"*: Hiermit wird die Tendenz von Menschen beschrieben, sich ihre Informationen so auszuwählen und zu interpretieren, dass ihre eigenen Erwartungen erfüllt werden. Informationen, die dabei die eigenen Erwartungen widerlegen würden, werden in diesem Prozess unbewusst ausgeblendet. Man kann in diesem Fall auch von selektiver Wahrnehmung sprechen.

- *„Self-serving Bias"*: Dieser „bias" bezeichnet die Tendenz, dass Menschen die erlebten Erfolge eher auf die eigenen inneren Stärken (zum Beispiel Fähigkeiten, Intellekt) zurückführen, während Misserfolge auf externe Ursachen zurückgeführt werden.
- *„Escalation of commitmenterror"*: Mit diesem Fehler wird beschrieben, dass sich Menschen immer noch mit einer von ihnen getroffenen Entscheidung identifizieren, diese weiterhin befürworten und sogar weiter umsetzen, auch wenn es klare Beweise dafür gibt, dass diese Entscheidung falsch ist.

Neben den gerade beschriebenen Formen von „bias" gibt es noch eine Vielzahl weiterer Abweichungen von rationalem Verhalten, die bei Entscheidungsträgern vorliegen können. So lassen sich über 200 verschiedene Arten von Verzerrungen beobachten, die alle in ihrer eigenen Art und Weise das Treffen von Entscheidungen beeinflussen können.

Intuition

Mit Intuition wird ein unbewusster Prozess beschrieben, durch den man Einblicke in Sachverhalte oder Gesetzmäßigkeiten erlangen kann, ohne dabei den Verstand zu gebrauchen. Es werden also keine logischen Schlussfolgerungen getätigt. Somit ist Intuition auch ein kreativer Prozess. Studien haben gezeigt, dass sich Manager in 50 % der Fälle eher auf ihre Intuition als auf analytische Beweise verlassen. Dabei gibt es Situationen, in denen die Wahrscheinlichkeit noch größer ist, dass Manager auf ihre Intuition zurückgreifen (vgl. Agor 1989): 1) wenn die Unsicherheit sehr groß ist, 2) wenn es wenige Präzedenzfälle gibt, 3) wenn die Variablen analytisch nur schwer zu prognostizieren sind, 4) wenn es wenige Fakten gibt, 5) wenn die Fakten keinen eindeutigen Weg vorgeben, 6) wenn die Zeit begrenzt ist und der Druck für eine richtige Entscheidung groß ist sowie, 7) wenn es mehrere plausible Alternativen gibt, für die jeweils gute Argumente sprechen.

Entscheidungsstile

Jeder Mensch hat seinen eigenen individuellen Stil, wenn er Entscheidungen trifft. Manche Menschen benötigen einen längeren Zeitraum bis sie zu einer Entscheidung kommen als andere. Unterschiede bei Entscheidungen können auch hinsichtlich des in Kauf genommenen Risikos beobachtet werden. So gibt es Menschen, die ein im Vergleich zu anderen Menschen höheres Risiko in Kauf nehmen, aber es gibt auch Menschen, die versuchen, Risiken so weit wie möglich zu vermeiden.

Neben den beiden genannten Kriterien sind noch viele weitere Kriterien denkbar, die zur Beschreibung von Entscheidungsstilen herangezogen werden können. Ein Modell zu ihrer Beschreibung ist dabei besonders prominent in der wissenschaftlichen Forschung vertreten und wird daher im Folgenden kurz vorgestellt. Charakteristisch für dieses Modell (vgl. Rowe und Boulgarides 1992) sind vier verschiedene Ansätze, mit denen der jeweilige Entscheidungsstil beschrieben werden kann (Abb. 5.15).

Grundlage dieses Modells ist, dass die Entscheidungsstile von der Ausprägung zweier Dimensionen abhängen – Toleranz für Mehrdeutigkeit und vorherrschende Denkweise.

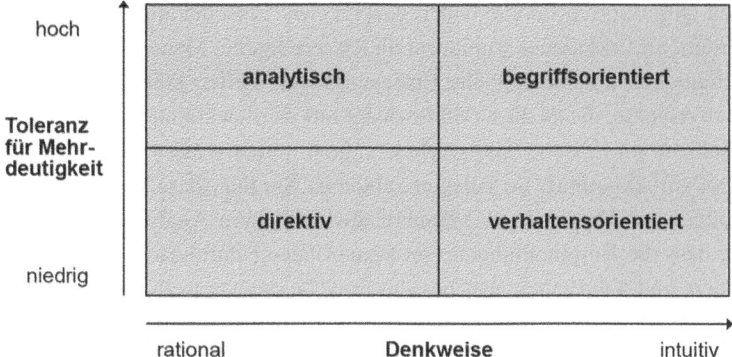

Abb. 5.15 Modell zur Beschreibung von Entscheidungsstilen

Die Dimension „Denkweise" unterscheidet zwischen Menschen, die einem logischen Denkprozess folgen, also rational vorgehen, und solchen Menschen, die Dinge als Ganzes wahrnehmen und somit eher intuitiv und kreativ denken. Die zweite Dimension „Toleranz für Mehrdeutigkeit" reicht von einer hohen Toleranz bis zu einer niedrigen Toleranz. Menschen, die eine niedrige Toleranz aufweisen, müssen Informationen sehr stark strukturieren, um die Mehrdeutigkeit von Informationen so gering wie möglich zu halten. Menschen mit einer hohen Toleranz sind in der Lage, mehrere Informationen auf einmal zu fassen und zu analysieren.

Aus der Kombination dieser beiden Dimensionen ergeben sich die vier Entscheidungsstile „analytisch", „direktiv", „begriffsorientiert" und „verhaltensorientiert". Der analytische Stil zeichnet sich durch rationales Denken und eine hohe Toleranz für Mehrdeutigkeit aus. Entscheider, die diesen Stil anwenden, bevorzugen mehrere Informationen und ziehen verschiedene Alternativen in Betracht, bevor sie eine Entscheidung treffen. Analytische Manager können als vorsichtige Entscheider charakterisiert werden, die die Fähigkeit haben, gut mit neuen und unerwarteten Situationen umzugehen. Manager, die einen direktiven Stil bevorzugen, denken ebenfalls rational, besitzen im Gegensatz zu den analytischen Managern aber nur eine geringe Toleranz für Mehrdeutigkeit. Manager, die diesen Entscheidungsstil anwenden, zeichnen sich dadurch aus, dass sie sehr effizient und logisch vorgehen. Die getroffenen Entscheidungen sind demnach das Ergebnis der Analyse von sehr wenigen Informationen und Alternativen. Manager mit einer hohen Toleranz für Mehrdeutigkeit und einer intuitiven Denkweise werden als begriffsorientiert definiert. Menschen, die diesen Stil anwenden, zeichnen sich dadurch aus, dass sie einen sehr breiten Horizont haben und für kreative Lösungen stehen. Zudem wägen sie zahlreiche Alternativen ab und sind langfristig orientiert. Der vierte und letzte Entscheidungsstil wird als verhaltensorientiert bezeichnet und unterscheidet sich vom begriffsorientierten Stil durch eine niedrige Toleranz für Mehrdeutigkeit. Anwender dieses Stils legen großen Wert auf Kommunikation und versuchen, Konflikte zu vermeiden. Zudem sind sie dankbar für jede Form der Anregung und bemühen sich um Akzeptanz.

Die oben aufgeführten Punkte haben gezeigt, wie Entscheidungen in der Realität ge-troffen werden. Sie erklären, warum zwei gleich intelligente Menschen auf Basis der glei-chen Informationen unterschiedliche Entscheidungen treffen können. Sicherlich gibt es noch weitere Aspekte, die an dieser Stelle diskutiert werden könnten – beispielsweise wer-den Unterschiede im Entscheidungsverhalten auch immer wieder auf das Geschlecht des Entscheiders zurückgeführt. So belegen zaleiche Studien, dass Frauen im Vorfeld von Entscheidungen im Vergleich zu Männern ausführlichere Analysen durchführen. Dies führt dazu, dass die Entscheidungen von Frauen besser durchdacht, eventuell aber auch überanalysiert sind. Ob Frauen aber bessere Entscheidungen treffen als Männer oder um-gekehrt, konnte allerdings bisher nicht abschließend beurteilt werden.

Verständnisfragen

1. Welche biographischen Eigenschaften sind für die Leistung eines Individuums im Unternehmen von besonderer Bedeutung?
2. Beschreiben Sie die drei Arten von Qualifikationen.
3. Wodurch unterscheiden sich Werte und Einstellungen?
4. Erläutern Sie, anhand welcher Dimensionen eine Persönlichkeit im Fünf-Fakto-ren-Modell beschrieben werden kann.
5. Beschreiben Sie die vier Dimensionen des Myers-Briggs Type Indicator und deren mögliche Ausprägungen.
6. Welche Faktoren beeinflussen laut der Affective-Events-Theorie das menschliche Verhalten?
7. Nennen Sie die vier Dimensionen der emotionalen Intelligenz und erläutern Sie, wie diese mit Hilfe des EQ-i ermittelt werden kann.
8. Durch welche Merkmale lässt sich die konkrete Ausprägung der Motivation eines Menschen charakterisieren?
9. Zeigen Sie anhand eines einfachen Verhaltensmodells, wie Motivation bei einem Menschen entsteht.
10. Was sind intrinsische und extrinsische Motive? Wie lassen sie sich voneinander abgrenzen?
11. Erläutern Sie wesentliche Menschenbilder, die in der Unternehmensführungslehre eine Rolle spielen. Welche Implikationen ergeben sich aus diesen Menschen-bildern für das Handeln der Unternehmensführung?
12. Was unterscheidet Inhalts- und Prozesstheorien der Motivation?
13. Stellen Sie die Grundannahmen, die Struktur und die wesentlichen Aussagen der Motivationstheorie von Maslow dar. Welche Implikationen ergeben sich aus der Theorie für die Unternehmensführung? Welche Kritik wird an der Theorie geübt?
14. Stellen Sie die Grundannahmen, die Struktur und die wesentlichen Aussagen der ERG-Theorie von Alderfer dar. Welche Implikationen ergeben sich aus der Theo-rie für die Unternehmensführung? Welche Kritik wird an der Theorie geübt?

15. Stellen Sie die Grundannahmen, die Struktur und die wesentlichen Aussagen der Zwei-Faktoren-Theorie von Herzberg dar. Welche Implikationen ergeben sich aus der Theorie für die Unternehmensführung? Welche Kritik wird an der Theorie geübt?

16. Erläutern Sie das Zufriedenheitskonzept, das der Zwei-Faktoren-Theorie von Herzberg zugrunde liegt. Inwieweit unterscheidet es sich vom traditionellen Zufriedenheitskonzept?

17. Stellen Sie die Grundannahmen, die Struktur und die wesentlichen Aussagen der Erwartungstheorie von Vroom dar. Welche Implikationen ergeben sich aus der Theorie für die Unternehmensführung? Welche Kritik wird an der Theorie geübt?

18. Stellen Sie die Grundannahmen, die Struktur und die wesentlichen Aussagen der Zieltheorie von Locke dar. Welche Implikationen ergeben sich aus der Theorie für die Unternehmensführung? Welche Kritik wird an der Theorie geübt?

19. Stellen Sie die Grundannahmen, die Struktur und die wesentlichen Aussagen der Gleichheitstheorie (Equity-Theorie) dar. Welche Implikationen ergeben sich aus der Theorie für die Unternehmensführung? Welche Kritik wird an der Theorie geübt?

20. Definieren Sie den Begriff Wahrnehmung und erläutern Sie den Wahrnehmungsprozess.

21. Beschreiben Sie die fünf häufigsten Arten von Wahrnehmungsverzerrungen.

22. Welche Faktoren können neben der verzerrten Wahrnehmung dafür verantwortlich sein, dass die menschliche Entscheidungsfindung nicht immer dem rationalen Idealmodell entspricht?

23. Welche Entscheidungsstile werden im Modell von Rowe/Boulgarides unterschieden? Welcher Entscheidungsstil bringt besonders kreative Lösungen hervor?

Diskussionsfragen

1. Peter Körber möchte einen neuen Mitarbeiter für das Rechnungswesen einstellen. Diskutieren Sie, auf welche Charakterzüge er dabei besonders achten sollte. Verwenden Sie hierzu die Dimensionen aus dem Fünf-Faktoren-Modell.

2. Welche Unterschiede und Gemeinsamkeiten bestehen zwischen den Inhaltstheorien der Motivation von Maslow, Alderfer und Herzberg?

3. Diskutieren Sie Unterschiede und Gemeinsamkeiten zwischen den Prozesstheorien der Motivation, das heißt zwischen der Erwartungstheorie, der Zieltheorie und der Gleichheitstheorie.

5.2 Verhalten von Gruppen

In einem Unternehmen arbeiten viele, manchmal tausende Mitarbeiter zusammen. Mit über 340.000 übertrifft die Mitarbeiterzahl von Siemens beispielsweise die Zahl der Einwohner von Städten wie Mannheim, Bielefeld oder Bonn. Immer wichtiger wird dabei die so genannte Teamarbeit, also die Zusammenarbeit von mehr als zwei Menschen in einer Gruppe, die eine gemeinsame Aufgabe zu bewältigen haben, meistens in einem klar definierten Zeitrahmen.

Team- bzw. Gruppenarbeit wird vor allem aus drei Gründen geschätzt: Erstens führt die Bildung von Teams zum Austausch von Wissen und Erfahrung zwischen den Mitgliedern einer Organisation. Dies hat zur Folge, dass Aufgaben nicht nur effizienter gelöst werden können, sondern vor allem auch effektiver, da Problemlösungen durch die Verknüpfung verschiedener Perspektiven häufig innovativer werden. Zweitens herrscht in Teams eine bestimmte Teamdynamik. Das bedeutet insbesondere, dass in Teams ein gewisser Leistungsdruck entsteht, der die Motivation der einzelnen Gruppenmitglieder deutlich erhöht. Drittens nehmen Mitarbeiter Teamarbeit auch zumeist als erfüllender wahr als Einzelarbeit, da sie sich mit anderen Mitarbeitern austauschen können, direktes Feedback erhalten und persönliche Beziehungen zu anderen Menschen knüpfen können. Auch trifft nicht selten für Teamarbeit im Arbeitsstress das Sprichwort zu: „Geteiltes Leid ist halbes Leid.“

Eine wichtige Beobachtung der Sozialpsychologie ist die, dass das Verhalten von Gruppen nicht die Summe des Verhaltens der einzelnen Gruppenmitglieder ist, sondern mehr: Eine Gruppe verhält sich nach eigenen Regeln und entwickelt eine eigene Dynamik, deren Verständnis eine Grundvoraussetzung für die Führung eines Unternehmens ist.

Auch in der QualityRent AG wird Gruppenarbeit großgeschrieben. Allerdings läuft sie nicht immer ohne Probleme ab.

Beispiel

Teamarbeit in der QualityRent AG

Als Peter Körber von seinem Team-Meeting zurückkommt, lässt er sich erschöpft in seinen Schreibtischstuhl sinken. Er und seine Kollegen hatten gerade drei Stunden zusammengesessen und trotzdem konnte er nicht sagen, was nun das Ergebnis des Treffens gewesen ist. Statt über die wesentlichen Punkte und offenen Fragen zu diskutieren, hatten sie sich immer mehr in Details und Nebensächlichkeiten verloren. Dabei wurde die Diskussion zunehmend hitziger und gipfelte schließlich darin, dass jeder dem anderen die Schuld dafür gab, dass das Team bei der Gestaltung der strategischen Neuausrichtung der QualityRent AG deutlich hinter dem vorgegebenen Zeitplan zurückliegt.

Dabei hatte alles so gut angefangen: Nach dem gemeinsamen Kick-off Meeting, in dem die Projektziele und das Vorgehen erläutert wurden, waren Peter Körber und seine Kollegen voller Euphorie in das Projekt gestartet. Jeder im Team, das aus Mitarbeitern verschiedener Bereiche zusammengestellt worden war, brachte seine Ideen und unterschiedlichen Vorstellungen mit ein, und es mangelte nicht an frischen Ideen, wie die Situation der QualityRent AG verbessert werden konnte.

Doch bald darauf gab es die ersten Probleme. Einzelne Teammitglieder hielten sich nicht an die Abmachungen und erledigten ihre Aufgaben nicht bis zum vereinbarten Termin. In den Diskussionen kristallisierten sich einzelne Wortführer heraus, die untereinander um die Führung des Teams rangelten und die anderen Mitglieder kaum zu Wort kommen ließen. Und jetzt, beim vorerst letzten Meeting, wurden diese unterschwelligen Konflikte zum ersten Mal offen ausgetragen. So warf beispielsweise Frau Kaiser aus dem Bereich Marketing und Event Management Herrn Wechselbaum vom Fuhrparkmanagement vor, ihre Ideen immer als unrealisierbar abzutun, ohne auch nur einmal darüber nachzudenken. Herr Wechselbaum war sichtlich erzürnt und erwiderte, dass der Vorstand keine utopischen Luftschlösser, sondern vielmehr konkrete Vorschläge sehen wollte, die vor allem innerhalb eines halben Jahres umzusetzen seien.

Peter Körber hatte zwar noch versucht, die Diskussion zu moderieren und den Konflikt zu entschärfen, es half jedoch alles nichts. Als sich Frau Kaiser daraufhin beleidigt aus der Diskussion zurückzog und Herr Grobschrot aus dem Bereich Vertrieb und Service Herrn Wechselbaum vorwarf, dass genau diese unproduktive Kritik schuld daran sei, dass das Team bis heute keine überzeugende Lösung für eine strategische Neuausrichtung der QualityRent AG gefunden hatte, eskalierte die Situation und alle warfen sich gegenseitig vor, für die Misere verantwortlich zu sein. ◄

Die Erfahrungen, die Peter Körber macht, sind durchaus typisch für die Arbeit in Teams: Teamarbeit ist kein Allheilmittel. Im Gegenteil, Teamarbeit ist, wie alle Situationen, in die mehrere Menschen involviert sind, ausgesprochen komplex. Auffällig ist vor allem, dass *Teamarbeit* häufig vier verschiedene *Phasen* durchläuft (vgl. Tuckman 1965), die in Abb. 5.16 zusammengefasst sind:

- *Forming*: Die erste Phase der Teamentwicklung dient im Wesentlichen der Orientierung der Teammitglieder. Das Team wird in seine Aufgaben eingeführt – typischerweise im Rahmen einer „Kick-off"-Veranstaltung – und die ersten Meetings finden statt. Diese Phase ist durch eine optimistische, aber angespannte Grundhaltung gekenn-

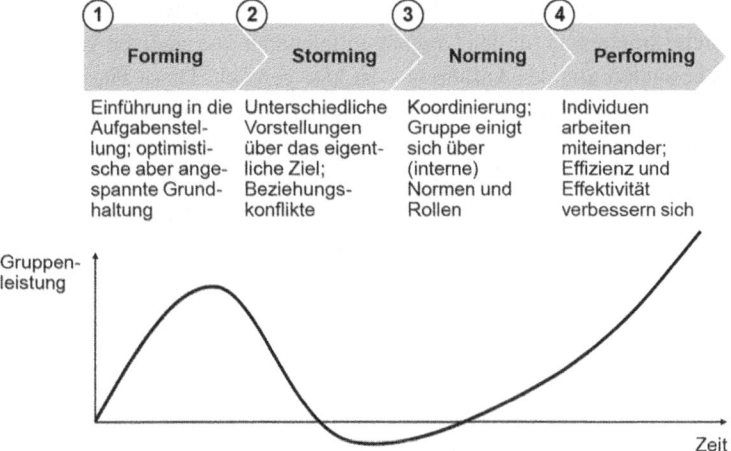

Abb. 5.16 Phasen der Teamarbeit

zeichnet: Die Teammitglieder sind sich noch unsicher bezüglich der Kenntnisse und Fähigkeiten der übrigen Mitglieder des Teams. Im Rahmen der ersten Meetings erstellt das Team einen Projektplan, der das grundsätzliche Vorgehen beschreibt, und definiert wichtige Meilensteine. Da gerade zu Beginn eines Projekts die Abgrenzung der zu bewältigenden Aufgabe häufig noch nicht zweifelsfrei geklärt ist, herrscht in dieser Phase eine erhebliche Unsicherheit innerhalb des Teams. Daher suchen die Teammitglieder zu diesem Zeitpunkt vor allem Orientierung. Im Ergebnis ist die Teamarbeit während der Forming-Phase tendenziell wenig effektiv, da die einzelnen Aktivitäten zu Beginn zumeist wenig strukturiert sind.

- *Storming*: Ist die anfängliche Phase der Unsicherheit und Orientierungslosigkeit vorüber, schließt sich in der Regel eine Konfliktphase an. Die unterschiedlichen Vorstellungen über das eigentliche Ziel des Teams treten offen zu Tage und werden kontrovers diskutiert. Darüber hinaus werden auch zunehmend persönliche Konflikte zwischen den einzelnen Teammitgliedern deutlich und teilweise auch offen ausgetragen. Dementsprechend ist diese Phase durch zahlreiche Machtkämpfe um Status und Rang innerhalb des Teams gekennzeichnet. Da auch persönliche Konflikte offen ausgetragen werden, führt dies nicht selten zur Bildung einzelner Fraktionen, die einander unversöhnlich gegenüberstehen. Die unterschiedlichen Vorstellungen bezüglich des eigentlichen Ziels des Teams können sogar dazu führen, dass die Projektaufgabe als Ganzes in Frage gestellt wird. Insgesamt ist das Team in dieser Phase sehr stark auf sich selbst und die Lösung der auftretenden internen Konflikte fokussiert, so dass die Teamleistung während dieser Konfliktphase deutlich abnimmt.

- *Norming*: Am Ende der Konfliktphase entscheidet sich das weitere Schicksal jedes Teams. Entweder die Mitglieder schaffen es, durch gemeinsame Anstrengung den Weg aus dem „Tal der Tränen" zu finden und sich zusammenzuraufen, oder die Teamleistung bleibt auf einem relativ niedrigen Niveau. Schafft es das Team jedoch, die Konfliktphase hinter sich zu lassen, so schließt sich die Norming-Phase an, in der die einzelnen Aktivitäten des Teams zunehmend koordiniert ablaufen. Dabei einigt sich das Team auf verbindliche Spielregeln für den Umgang miteinander und auch die Verteilung der Rollen – insbesondere die des Anführers – ist klar geregelt. Diese Phase ist dadurch gekennzeichnet, dass sich die einzelnen Mitglieder zunehmend als Team fühlen und ein gemeinsames „Wir-Gefühl" entwickeln, wodurch ein starker Zusammenhalt innerhalb des Teams entsteht. Da nach der Storming-Phase zwischenmenschliche Differenzen weitgehend beigelegt sind, wird Kritik nun konstruktiv geäußert und die vereinbarten Verhaltensregeln werden von den Teammitgliedern akzeptiert. Als Resultat der Norming-Phase kann die Energie der Gruppenmitglieder nun vollständig auf die Lösung der zu bewältigenden Aufgabe konzentriert werden und die Leistung des Teams nimmt stetig zu.

- *Performing*: Diese Phase stellt die eigentliche Arbeitsphase dar. Erfolgreiche Teams, die sich in dieser Phase befinden, arbeiten effektiv (das heißt, sie erarbeiten sinnvolle Lösungen) und effizient (das heißt mit dem geringstmöglichen Aufwand) zusammen. Dies erreichen erfolgreiche Teams insbesondere dadurch, dass sich jedes Teammitglied der Stärken und Schwächen der übrigen Mitglieder bewusst ist. Die Prozesse und Aufgaben innerhalb des Teams werden dabei so koordiniert, dass die Stärken jedes Einzelnen bestmöglich zur Erfüllung der Aufgaben genutzt werden. Die Teammitglieder sind aufeinander eingespielt, so dass nur ein Minimum an Koordination erforderlich ist und die einzelnen Arbeitsschritte reibungslos ablaufen. Aus diesem Grund steigt die Teamleistung während dieser Phase stark an und erreicht schließlich ihren Höhepunkt.

Unabhängig von der Entwicklungsphase, in der sich das Team gerade befindet, wird die Leistung eines Teams, also die Erreichung vorher definierter Ziele und die Zufriedenheit der Gruppenmitglieder, durch zwei zentrale Faktoren beeinflusst (Abb. 5.17): 1) die Charakteristika der Gruppe, wie zum Beispiel die Gruppengröße, sowie 2) die verschiedenen Prozesse, die innerhalb der Gruppe ablaufen, wie beispielsweise die Kommunikation zwischen den einzelnen Mitgliedern. Dabei beeinflussen die Gruppencharakteristika die Prozesse innerhalb des Teams, welche sich wiederum direkt auf Leistung und Erfolg des Teams auswirken. Letztlich wirkt sich dann auch der Gruppenerfolg wieder auf die Eigenschaften von Gruppen und die Gruppenprozesse aus. In den folgenden Abschnitten werden zunächst die wichtigsten Eigenschaften von Gruppen und dann die Gruppenprozesse näher beschrieben.

5.2.1 Charakteristika von Gruppen

Es gibt fünf zentrale Charakteristika von Gruppen, welche die Gruppenprozesse und damit den Gruppenerfolg beeinflussen: 1) die Rollen, welche die einzelnen Teammitglieder ausfüllen, 2) der Status, den einzelne Mitglieder genießen, 3) Normen, welche sich innerhalb des Teams herausbilden, 4) die Größe der Gruppe und 5) der Zusammenhalt zwischen den einzelnen Teammitgliedern.

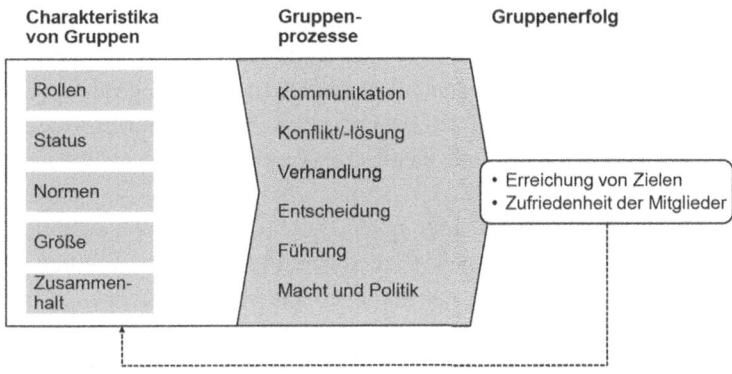

Abb. 5.17 Determinanten des Gruppenerfolges

5.2.1.1 Rollen, Status und Normen in Gruppen

Der soziologische Begriff der *Rolle* lehnt sich an den Rollenbegriff im Theater an. Dementsprechend geht die Soziologie davon aus, dass Individuen in sozialen Gefügen bestimmte Positionen einnehmen und, abhängig davon, welche Position (Rolle) sie einnehmen, verschiedene Verhaltensweisen zeigen. Diese zunächst sehr abstrakt anmutende Definition lässt sich sehr anschaulich anhand des bekannten Fußballers David Beckham verdeutlichen, der, abhängig davon, in welchem sozialen Gefüge er sich gerade befindet, verschiedene Rollen ausfüllt: Als Sportler verkörpert er die Rolle des genialen Fußballspielers, der für seine extrem präzisen Flanken und Freistöße bekannt ist. In seinem Privatleben hat er die Rolle des Familienvaters inne, der sich um das Wohlergehen seiner drei Söhne kümmert, sowie die Rolle des treusorgenden Ehemanns von Victoria Beckham. In seiner Rolle als Werbeikone verkörpert er das Image des gut aussehenden und sportiven Mannes von Welt, der viel Wert auf ein gepflegtes Äußeres legt. In seiner Rolle als Autor schließlich vermarktet er sein eigenes Leben (vgl. Robbins 2005).

Auch innerhalb eines Teams verkörpern die einzelnen Mitglieder unterschiedliche Rollen. Die britische Soziologin Meredith Belbin unterscheidet neun idealtypische *Teamrollen*, die sich durch ihr Verhalten im Lösen von Problemen, aber auch durch ihre Schwächen unterscheiden (vgl. Belbin 1993; French et al. 2008):

- *Co-ordinator („Der Koordinator")*: Der Koordinator ist häufig eine gereifte Persönlichkeit, der die Gruppe vertraut. Zudem ist er eher extrovertiert und geht auf Menschen zu, anstatt sie passiv zu beobachten. Ein Koordinator zeichnet sich insbesondere dadurch aus, dass er klar kommunizieren kann, vor allem die Ziele der Gruppe, und damit die Entscheidungsfindung eines Teams vorantreibt. Er kann zudem sehr gut delegieren, was ihn zu einer „natürlichen" Führungsfigur, einem Dirigenten, macht. Allerdings können diese Stärken auch dazu führen, dass andere Teammitglieder sich durch einen Koordinator zu sehr beeinflusst fühlen und den Eindruck haben, für ihn die Arbeit zu erledigen.
- *Shaper („Der Former")*: Ein Former ist besonders bedeutend für ein Team, vor allem da er gut unter Druck arbeiten kann, couragiert agiert und es aufgrund seines ausgeprägten Selbstbewusstseins liebt, Widerstände zu überwinden und andere anzutreiben. Ein Teammitglied in einer solchen Rolle benimmt sich äußerst kompetitiv; häufig zeigt ein Former Emotionen und handelt impulsiv und ungeduldig. Genau diese Eigenschaften haben jedoch oft auch zur Folge, dass Former Streit provozieren, andere in ihren Gefühlen verletzen und damit den Problemlösungsprozess in Mitleidenschaft ziehen.
- *Plant („Der Kreative")*: Ein Teammitglied, welches diese Rolle ausfüllt, ist außerordentlich ideenreich und originell. Eine solche Person lässt sich durch bestehende Denkschranken nicht aufhalten und dominiert mit seinen Gedanken gerne die Diskussion. Ein Kreativer ist vor allem dann nützlich, wenn es darum geht, schwierige Probleme zu lösen. Allerdings hat eine solche Person auch Schwächen: Er übersieht häufig Einzelheiten, die die Umsetzung von Lösungen verhindern. Zudem ist er fast

ausschließlich mit der Entwicklung und Kommunikation von Lösungen beschäftigt und interessiert sich nur wenig für die operative Umsetzung von Ideen.

- *Monitor-Evaluator ("Der Beobachter")*: Ganz im Gegensatz zum Kreativen zeichnet sich der Beobachter vor allem durch ein eher introvertiertes und ernstes Verhalten aus. Darüber hinaus ist ein Gruppenmitglied in dieser Rolle weniger wechselhaft in seinen Launen. Für ein Team ist ein Beobachter außerordentlich hilfreich, da er Situationen trocken und akkurat analysiert und keine Option wegen einer emotionalen Bindung zu einer (vorgefertigten) Meinung außer Acht lässt. Seine Fähigkeit, objektiv zu beurteilen, kann auch zur Lösung von Konflikten beitragen. Jedoch ist ein Beobachter keine visionäre Führungsfigur. Im Gegenteil: Aufgrund seiner Eigenschaften ist ein Beobachter weniger in der Lage, andere zu begeistern und für sich einzunehmen.
- *Implementer ("Der Umsetzer")*: Ein Umsetzer ist tendenziell konservativ eingestellt und strebt eher danach, Bestehendes zu verbessern als neue Lösungen auszuprobieren. Das bedeutet aber auch, dass ein Umsetzer außerordentlich effizient und systematisch arbeiten kann. Dies sind auch die großen Vorteile, die ein Umsetzer für ein Team mit sich bringt. Er ist verlässlich und diszipliniert und – ganz im Gegensatz zum Kreativen – in der Lage, Ideen in die Praxis umzusetzen. Da er, wenn er sich die Umsetzung einer Idee in den Kopf gesetzt hat, oft wenig flexibel ist und mitunter nicht gewillt ist, andere Lösungswege in Betracht zu ziehen, ist der Umsetzer vor allem in stabilen Situationen, wenn die Sinnhaftigkeit einer Problemlösung bereits feststeht, ein unverzichtbares Teammitglied.
- *Completer-Finisher ("Der Vollender")*: Ein Teammitglied in dieser Rolle ist noch introvertierter als ein Umsetzer. Hinzu kommt, dass eine solche Person überdurchschnittlich selbstdiszipliniert und -kontrolliert sowie außerordentlich strebsam ist. Ein Vollender ist eine große Stütze für jedes Team, da eine solche Person eine Problemlösung gewissenhaft und bis ins kleinste Detail hinterfragt und ausarbeitet. Darüber hinaus findet ein Vollender jeden kleinsten Fehler und versucht, ihn rechtzeitig innerhalb des vorgegebenen Zeitfensters auszubessern. Aufgrund seiner Eigenschaften kann ein Vollender aber auch eine Quelle von Inflexibilität und Widerstand gegen Wandel sein. Dies gilt vor allem, da eine solche Person überdurchschnittlich risikoscheu ist und zudem große Probleme hat, Arbeit zu delegieren und anderen zu vertrauen.
- *Resource investigator ("Der Ermöglicher")*: Ein Ermöglicher zeichnet sich durch seine Begeisterungsfähigkeit, sein diplomatisches Geschick, seine Flexibilität und seine Entspanntheit, auch unter großen Herausforderungen, aus. Für ein Team ist eine solche Person eine große Stütze, vor allem da sie Chancen und Möglichkeiten dort sieht, wo andere schon längt keine mehr sehen. Mit Hilfe seiner Kommunikationsfähigkeit baut ein Ermöglicher darüber hinaus Netzwerke auf, die nicht nur bei der Erarbeitung von Problemlösungen, sondern auch bei ihrer Umsetzung von großem Nutzen sein können.
- *Team worker ("Der Teamarbeiter")*: Wie der Name schon sagt, ist ein Teamarbeiter eine Person, die ihre ganze Energie für den Erfolg des Teams einsetzt. Damit unterscheidet sich diese Rolle fundamental von anderen Rollen, wie zum Beispiel der des Kreativen oder des Formers. Ein Teamarbeiter ist extrovertiert und wird von allen

aufgrund seiner sympathischen Art geliebt. Er verhält sich stets loyal zu den anderen Teammitgliedern und unterstützt diese, wann immer er nur kann. Zudem kann er gut zuhören und Streit schlichten. Damit ist eine solche Person ein großer Erfolgsfaktor für ein Team, vor allem dann, wenn es schwierig wird. Eine Schwäche hat eine solche Person jedoch: Da sie ausgesprochen konsensorientiert agiert, ist sie in harten Entscheidungssituationen oft unentschlossen und hält damit die Teamarbeit an Scheidewegen häufig auf.

- *Specialist ("Der Spezialist")*: Ein Spezialist stellt einen Gegenpol zum Teamarbeiter da. Dies ist vor allem deshalb der Fall, weil er nicht am Schicksal anderer interessiert ist, sondern vor allem an der Arbeit an speziellen Fragen, bei deren Lösung er sein Expertenwissen einsetzen und erweitern kann. Ein Spezialist ist dann von großem Vorteil, wenn zur Lösung einer schwierigen Frage Expertenwissen gefragt ist. Allerdings bedeutet dies im Umkehrschluss, dass eine solche Person nur in wenigen Situationen wirklich Wert schaffen kann. Zudem sind einem Spezialisten technische Details von Natur aus wichtiger als die Lösungen, die durch die Technik ermöglicht werden.

Wie bereits aufgezeigt, ist jede der beschriebenen Rollen mit spezifischen Stärken und Schwächen behaftet. Die Herausforderung liegt nun darin, die anfallenden Aufgaben so auf die Teammitglieder zu verteilen, dass sie am besten zu der Rolle passen, die das entsprechende Mitglied verkörpert. Nur auf diese Weise kann am Ende die bestmögliche Teamleistung erreicht werden. Teamleistung drückt sich dabei immer in zwei Merkmalen aus: der Zielerreichung und der Arbeitszufriedenheit der Teammitglieder.

Der Begriff *Status* unterscheidet sich von der Rolle, die eine Person in einer Gruppe spielt, dadurch, dass er die Einschätzung einer Person durch andere kennzeichnet. Er bezeichnet eine Position oder Stellung, die andere einem Individuum oder einer Gruppe innerhalb eines sozialen Gefüges zugestehen.

Grundsätzlich lassen sich drei verschiedene Quellen identifizieren, die zu einem hohen Status führen können (vgl. Robbins 2005):

- *Status durch Machtausübung*: Eine erste Quelle für einen hohen Status ist die Möglichkeit einer Person, Macht über andere auszuüben. Typischerweise genießen Menschen, die über eine ihnen formal zugewiesene Autorität verfügen, wie zum Beispiel ein Vorstandsvorsitzender in einem Unternehmen, über einen hohen Status. Dies liegt an der Tatsache, dass sie aufgrund ihrer Macht die Ziele und den Ressourceneinsatz innerhalb eines Teams steuern und damit die Teamleistung beeinflussen können.
- *Status durch Leistung*: Eine zweite Quelle für hohen Status stellt die Leistung eines Individuums dar. Trägt ein Individuum durch seine Leistung in überdurchschnittlichem Maß zum Erfolg einer Gruppe bei, so verdient es sich den Respekt seiner Teamkollegen und genießt einen hohen Status. Besonders deutlich wird dies am Beispiel einer Fußballmannschaft, in der überdurchschnittliche Spieler eine besondere Rolle innerhalb des Teams einnehmen und häufig auch Kapitän des Teams sind.

- *Status durch Persönlichkeit*: Eine dritte Quelle für einen hohen Status schließlich ist die Persönlichkeit eines Individuums. Verfügt ein Mensch über bestimmte Eigenschaften, die von der sozialen Gruppe, der er angehört, geschätzt werden, so hat er auch meist einen hohen Status innerhalb dieser Gruppe. Beispielsweise ist häufig zu beobachten, dass Menschen, die als gut aussehend beurteilt werden, einen höheren Status genießen als weniger gut aussehende Menschen. Forscher haben auch herausgefunden, dass eine tiefe und sonore Stimme beinahe automatisch zu Status verhilft. Aber auch Äußerlichkeiten, wie zum Beispiel die Kleidung, können einer Person Status verleihen. Dies schlägt sich auch in dem altbekannten Sprichwort „Kleider machen Leute" nieder. Zu beachten ist allerdings, dass es sehr stark von der Art der Gruppe abhängt, ob die Eigenschaften einer Person zu einem hohen Status führen: Während überdurchschnittlich sportliche Menschen in der Schule meist einen sehr hohen Status genießen, gilt dies im späteren Berufsleben, beispielsweise als Mitarbeiter einer Unternehmensberatung, nur noch in sehr eingeschränktem Maße.

Es ist für die Unternehmensführung wichtig, beide Merkmale – Rollen und Status – von Individuen in einer Arbeitsgruppe zu verstehen. So wie im Fußball die Taktik und das Spielerpotenzial des Gegners einen Einfluss darauf haben, welche Spieler eingesetzt werden und welche Rollen sie im Spiel übernehmen, so ist auch bei der Bewältigung von Aufgaben in Unternehmen genauestens zu analysieren, welche Rollen jeweils zielführend sind und welche Mitarbeiter diese Rollen am besten ausfüllen können – beispielsweise aufgrund ihrer Qualifikationen, ihrer Präferenzen, aber auch aufgrund des Status, den sie in einer Gruppe besitzen.

Der Begriff *Normen* umfasst die ungeschriebenen, jedoch allgemein akzeptierten Regeln, die festlegen, was erwünschte und unerwünschte Verhaltensweisen sind und damit das Verhalten von Individuen innerhalb einer Gruppe lenken (vgl. Greenberg 2005). Normen sind zum Beispiel unausgesprochene Vorstellungen davon, wie viel ein Mitglied einer Gruppe arbeiten sollte, Erwartungen an die Anwesenheit und Pünktlichkeit bei Meetings sowie die Einhaltung von Terminen. Normen können sich aber auch darauf beziehen, wie ehrlich man einer Führungskraft Kritik entgegenbringt und wie wichtig man bei Entscheidungen ethische Maximen nimmt.

Auch in der QualityRent AG spielen Normen eine wichtige Rolle.

Beispiel

Normen bei der QualityRent AG

Zwar ist die QualityRent AG ein vergleichsweise kleines Unternehmen, dennoch haben sich in den einzelnen Abteilungen im Laufe der Zeit unterschiedliche Normen herausgebildet.

In der Abteilung Marketing und Event Management ist es beispielsweise verpönt, abends vor 19.00 Uhr nach Hause zu gehen. Muss ein Mitarbeiter – aus welchen Gründen auch immer – trotzdem mal früher los, muss er sich Kommentare gefallen lassen wie „Na, einen halben Tag Urlaub heute?" oder „Na, zu wenig zu tun?". Seit Frau Lackmann die Leitung dieses Bereichs übernommen hat, ist es außerdem üblich, freitags etwas lockerer gekleidet, zum Beispiel ohne Krawatte oder sogar in Jeanshose, zur Arbeit zu kommen.

In der Abteilung Personal und IT von Herrn Kluge hingegen herrscht ein sehr familiäres Klima. Hier ist es üblich, dass jeder Mitarbeiter an seinem Geburtstag mindestens zwei verschiedene Arten Kuchen mitbringt und seine Kollegen nach dem Mittagessen auf einen Kaffee einlädt. Außerdem wird erwartet, dass jeder Mitarbeiter ausführlich erzählt, was sie oder er im Urlaub erlebt hat. Bei einem Urlaub im Ausland erwarten die Kollegen, dass ihnen spätestens eine Woche nach der Rückkehr die im Urlaub geschossenen Fotos gezeigt werden. Was Peter Körber seit jeher besonders an dieser Abteilung schätzt, ist die Pünktlichkeit. Was ihn einst verwunderte, war, wie die Abteilung damit umgeht. Ein Mitarbeiter erzählte einmal: „Wenn bei uns jemand zu spät zu einem Meeting kommt, muss er einen Witz erzählen. Kannst mir glauben, Peter: Bei uns kommen wenige zu spät. Und wenn, dann ist es immer lustig."

In der Abteilung Vertrieb und Service wird von allen männlichen Kollegen erwartet, mindestens einmal, besser zweimal, pro Woche Joggen zu gehen. Jeden Freitag nach dem Mittagessen treffen sich dann alle Kollegen, um die in der vergangenen Woche zurückgelegte Laufstrecke zu vergleichen. Diese wird dann auf einem großen Plakat eingetragen, das für alle gut sichtbar neben der Bürotür aufgehängt ist. Der Mitarbeiter, der innerhalb eines Jahres die größte Strecke zurückgelegt hat, wird dabei mit dem „Goldenen Laufschuh" geehrt, einem mit Goldfarbe angesprühten Turnschuh, den sich der „Sieger" ein Jahr lang auf seinen Schreibtisch stellt und sich des Neids seiner Kollegen gewiss sein darf. ◄

Wie dieses Beispiel zeigt, sind viele Normen einer Gruppe über einen langen Zeitraum gewachsen und haben mit der eigentlichen Aufgabe der Gruppe und des Unternehmens oft wenig zu tun. Darum sind sie für andere auch manchmal schwer nachzuvollziehen. Dennoch sind Normen ein Grundbestandteil des Zusammenlebens in Gruppen und mit einer Reihe von Vorteilen verbunden. Normen können insbesondere dabei helfen, das eigene Verhalten zu steuern und das Verhalten der anderen Teammitglieder vorherzusagen. Dies schafft Sicherheit und Stabilität, ein für die allermeisten Menschen zentrales Grundbedürfnis (vgl. Maslow 1943).

Weiterhin führt die Existenz von Normen dazu, dass das Verhalten der einzelnen Teammitglieder in eine gemeinsame Richtung ausgerichtet wird, wodurch Kräfte gebündelt und Ziele effizienter erreicht werden können. Neuen Teammitgliedern zeigen Normen auf, wie sie sich innerhalb der Gruppe zu verhalten haben und was die übrigen Mitglieder von ihnen erwarten. Damit nehmen Normen eine wichtige Funktion in der Lösung von Problemen ein, da Entscheidungswege und Entscheidungszeiten verkürzt werden.

Schließlich dienen Normen auch dem Zweck, eine gewünschte Kultur innerhalb einer Gruppe zu etablieren und zu erhalten. Auf diese Weise kann eine Gruppenkultur auch dann weiterbestehen, wenn die Individuen, die diese Kultur ins Leben gerufen haben, schon längst nicht mehr Mitglieder der Gruppe sind. Dies ist zum Beispiel bei Familienunternehmen besonders relevant, wo die Werte und Normen, welche die erste Generation etabliert hat, sich nicht selten über viele weitere Generationen hinweg erhalten.

5.2.1.2 Gruppengröße

Ein weiterer Faktor, der die Leistung einer Gruppe beeinflusst, ist die Anzahl der Teammitglieder. Dabei ist es aus theoretischer Sicht zunächst nicht eindeutig, ob nun kleinere oder größere Teams besser in der Lage sind, Aufgaben zu lösen. Sowohl kleine Teams von drei bis fünf Personen als auch größere Teams mit zehn bis zwölf Mitgliedern weisen spezifische Vorteile auf.

Der Vorteil kleiner Gruppen liegt darin, dass sie die ihnen gestellten Aufgaben schneller erledigen als große Gruppen und dabei produktiver arbeiten. Dies liegt unter anderem daran, dass in kleinen Gruppen der Abstimmungsbedarf zwischen den Mitgliedern geringer ist. Demgegenüber verfügen große Gruppen aufgrund der größeren Mitgliederzahl über ein breiteres Spektrum an Sichtweisen, was sich wiederum in kreativeren Lösungen für die zu bewältigende Aufgabe niederschlagen kann. Zudem sind große Teams bei der Bearbeitung breit angelegter Aufgaben produktiver, da hier eine effiziente Arbeitsteilung innerhalb des Teams eine parallele Bearbeitung einzelner Arbeitsschritte ermöglicht.

Die optimale Größe von Teams war auch Gegenstand zahlreicher empirischer Untersuchungen. Dabei zeigte sich zunächst, dass zwischen der Anzahl der Teammitglieder und der Leistung des Teams ein umgekehrt U-förmiger Zusammenhang besteht, wie in Abb. 5.18 dargestellt.

Teams mit mittlerer Größe (fünf bis sieben Mitglieder) gelten demnach als optimal. Gruppen dieser Größe sind groß genug, dass unterschiedliche Sichtweisen in den Problemlösungsprozess eingebracht und Mehrheiten gebildet werden können. Sie sind zugleich aber auch klein genug, um die Nachteile großer Gruppen zu vermeiden. So werden Grup-

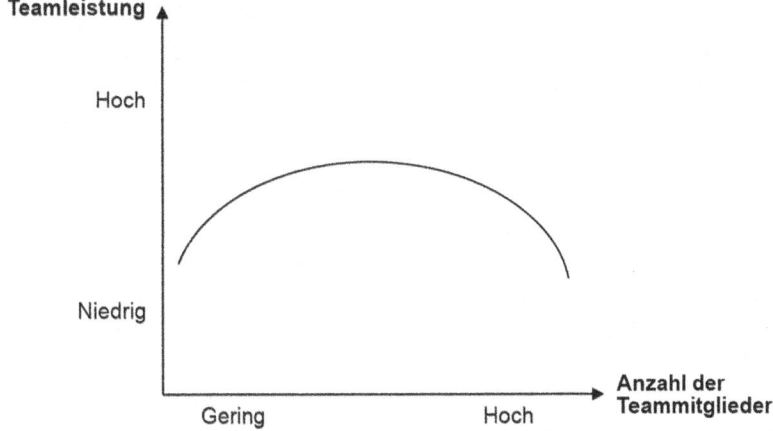

Abb. 5.18 Zusammenhang zwischen Teamgröße und Teamleistung

pen dieser Größe seltener von einzelnen Gruppenmitgliedern dominiert und auch die Bildung einzelner Untergruppen findet nur in beschränktem Umfang statt. Weiterhin nimmt die Entscheidungsfindung in Gruppen mittlerer Größe vergleichsweise wenig Zeit in Anspruch. Zudem zeigte sich, dass eine ungerade Zahl von Gruppenmitgliedern – also fünf oder sieben – überlegen ist. Sie sorgt dafür, dass bei Abstimmungen keine Patt-Situationen entstehen können.

In Gruppen dieser Größe, mit fünf oder sieben Mitgliedern, tritt zudem weniger häufig das Phänomen des so genannten „*social loafing*" auf. Mit diesem Begriff wird Trittbrettfahrerverhalten beschrieben, also die „Faulenzerei auf Kosten anderer" – ein in Gruppen häufig beobachtbares Verhalten. Es tritt besonders in Gruppen auf, die so genannte additive Tätigkeiten ausführen. In diesem Falle bearbeitet jedes Mitglied der Gruppe einen bestimmten Teilbereich der Gesamtaufgabe alleine. In Folge dessen ergibt sich die Gruppenleistung aus der Summe der individuellen Einzelleistungen. Ein Beispiel aus der Unternehmenspraxis wäre die Analyse eines ausländischen Marktes, bei der jedes Teammitglied ein anderes Kundensegment betrachtet. Dabei zeigt die empirische Forschung, dass in solchen Fällen die Leistung bzw. die Leistungsbereitschaft jedes Einzelnen umso geringer wird, je größer die Gruppe ist. Ausführlich beschrieben wurde dieser Effekt von Ringelmann (vgl. Kravitz und Martin 1986), der Gruppen mit unterschiedlicher Mitgliederzahl daraufhin untersuchte, welche Kraft die einzelnen Mitglieder im Rahmen eines Wettbewerbs im Tauziehen jeweils aufbringen. Dabei fand er heraus, dass jedes Individuum für sich alleine durchschnittlich eine Zugkraft von 63 kg aufbringen konnte. In Gruppen mit drei Mitgliedern zog jedes Mitglied jedoch lediglich mit einer Kraft von 53 kg und in Gruppen mit acht Mitgliedern fiel diese Zahl sogar auf 31 kg.

Allerdings ist das Ausmaß des „social loafing" nicht nur abhängig von der Größe des Teams, sondern wird auch vom kulturellen Hintergrund eines Individuums bestimmt (vgl. Greenberg 2005). So zeigt sich, dass dieses Phänomen hauptsächlich in sehr individualistisch geprägten Kulturen, wie zum Beispiel in Europa oder Nordamerika, auftritt. In den kollektivistischen Kulturen Asiens hingegen lässt sich sogar der gegenteilige Effekt beobachten: Hier ist die individuelle Leistung jedes Einzelnen größer, wenn er in einer Gruppe arbeitet. Der Grund hierfür liegt in der Tatsache, dass sich Individuen in diesen Kulturen ihrer Gruppe verpflichtet fühlen und sich dementsprechend stärker engagieren.

Grundsätzlich lassen sich zwei zentrale Gründe für „social loafing" identifizieren. Zum einen sind die Mitglieder einer Gruppe häufig der Meinung, dass andere in ihrer Gruppe sich weniger stark engagieren und nicht ihren Teil für die Erfüllung der Aufgabe beitragen. Als Konsequenz hieraus reduzieren sie selbst ihre Anstrengungen, da sie ihre Teamkollegen nicht „durchschleppen" wollen. Zum anderen liegt „social loafing" häufig daran, dass in Gruppen nicht klar ist, wer die Verantwortung für die Erfüllung der Aufgabe trägt, und sich somit Einzelne bewusst aus der Verantwortung stehlen und eine geringere Leistung erbringen.

Da „social loafing" in der Praxis ein nicht unerhebliches Problem darstellt, versuchen Managementforscher, die Hebel zu identifizieren, mit denen sich dieses Phänomen am besten vermeiden lässt. Hierzu stehen vier unterschiedliche Strategien zur Verfügung (vgl. Greenberg 2005):

- *Die Leistung jedes Einzelnen transparent machen*: Ist die Leistung jedes Teammitglieds von allen Gruppenmitgliedern beobachtbar, so kann sich keiner hinter der Leistung der anderen verstecken. Die Gefahr, bei der Faulenzerei erwischt zu werden, steigt hierdurch erheblich und folglich wird das Ausmaß des „social loafing" signifikant reduziert.
- *Die Bedeutung der Aufgabe unterstreichen*: „Social loafing" tritt häufig dann auf, wenn Individuen der Meinung sind, die Aufgabe, die sie ausführen sollen, sei für das Unternehmen nur von untergeordnetem Interesse. Aus diesem Grund ist es ratsam, die Bedeutung der Aufgabe für den Erfolg des Unternehmens herauszustellen.
- *Die individuelle Vergütung an die Gruppenleistung koppeln*: Ist die Vergütung jedes einzelnen Teammitglieds an die Leistung der gesamten Gruppe gekoppelt, so hat jeder Einzelne einen Anreiz, durch eine möglichst hohe Eigenleistung zum Gesamterfolg des Teams beizutragen. Darüber hinaus führt die Kopplung der individuellen Vergütung an die Teamleistung dazu, dass sich der Fokus weg vom Individuum hin zur Gruppe verschiebt, da jeder Einzelne auch Verantwortung für die Vergütung der anderen trägt.
- *Bestrafungen androhen*: Die einfachste Möglichkeit, „social loafing" zu unterbinden, ist die Androhung von Strafen im Fall von Trittbrettfahrerverhalten. Dies setzt allerdings voraus, dass die Leistung jedes einzelnen Teammitglieds genau beobachtbar ist und Klarheit über die Art der zu erbringenden Leistung besteht. Diese Voraussetzungen für einen Soll-Ist-Vergleich sind jedoch gerade im Zusammenhang mit komplexen Aufgaben oftmals nicht gegeben.

5.2.1.3 Zusammenhalt

Ein weiterer wichtiger Faktor für die Leistung eines Teams ist der *Zusammenhalt* innerhalb der Gruppe. Der Begriff Zusammenhalt (Kohäsion) beschreibt, wie sehr sich jedes Gruppenmitglied wünscht, ein Teil der Gruppe zu bleiben und die Gruppenziele zu erreichen (vgl. Greenberg 2005). Ein enger Zusammenhalt gilt grundsätzlich als positiv für die Teamleistung – allerdings nur unter der Voraussetzung, dass die Gruppenziele mit denen des Unternehmens übereinstimmen. Wenn die Ziele der Gruppe und die des Unternehmens jedoch divergieren, schwächt der Gruppenzusammenhalt (aus Unternehmenssicht) die Leistung der Gruppe.

Das Ausmaß des Zusammenhalts innerhalb der Gruppe wird im Wesentlichen durch sechs Faktoren beeinflusst:

- *Gruppengröße*: Ein zentraler Faktor, der den Zusammenhalt einer Gruppe beeinflusst, ist die Anzahl der Mitglieder. Dabei ist es wenig verwunderlich, dass der Zusammenhalt mit steigender Gruppengröße tendenziell abnimmt. Dies liegt im Wesentlichen an zwei Punkten. Zum einen beschränkt sich in großen Gruppen die Kommunikation auf einige ausgewählte Teammitglieder, während mit den übrigen Mitgliedern Kommunikation nur sporadisch, häufig sogar gar nicht stattfindet. Dies wiederum wirkt sich ne-

gativ auf den Gruppenzusammenhalt aus. Zum anderen bieten größere Gruppen natur-
gemäß auch mehr Raum für unterschiedliche Vorstellungen und Arbeitsweisen der
einzelnen Mitglieder, was sich in einem hohen Konfliktpotenzial und geringerem
Gruppenzusammenhalt niederschlägt. Dies bedeutet natürlich nicht, dass kleinere
Gruppe a priori einen stärkeren Zusammenhalt haben, aber es ist einfacher diesen her-
zustellen. Die Europäische Union ist ein gutes Beispiel hierfür. Zu Beginn hatte diese
Staatengemeinschaft nur wenige Mitglieder und es war relativ einfach, gemeinsame
Standpunkte zu finden. Je mehr Mitglieder hinzukamen, umso schwieriger wurde es,
Konsens zu finden und in kritischen Fragen zueinanderzustehen.

- *Gruppenstruktur*: Auch die Gruppenstruktur, also die Ähnlichkeit bzw. Unterschiede
  der einzelnen Gruppenmitglieder, hat einen Einfluss auf den Zusammenhalt. Insgesamt
  haben Forscher herausgefunden, dass der Zusammenhalt umso größer ist, je homogener eine Gruppe ist. Dies liegt vor allem daran, dass Menschen prinzipiell diejenigen
  anderen Menschen als sympathisch wahrnehmen, die ihnen ähnlich sind – sei es in
  Aussehen, Interessen, Herkunft oder anderen Bereichen (vgl. Cialdini 2007).
- *Anforderungen für einen Gruppenbeitritt*: Der Zusammenhalt innerhalb der Gruppe ist
  umso stärker, je schwieriger es ist, ein Teil der Gruppe zu werden. Dies lässt sich zum
  Beispiel in der französischen Fremdenlegion beobachten. Diese ist für ihre extrem harten Aufnahmebedingungen berüchtigt, welche andererseits aber dafür sorgen, die
  Truppe „zusammenzuschweißen". Nachdem die Anwärter mehrere Wochen lang zu-
  sammen für die Aufnahme in die Fremdenlegion gekämpft haben, wissen sie, dass sie
  sich aufeinander verlassen können. Zudem schaffen die Eintrittsbarrieren ein Gefühl
  der Exklusivität und Überlegenheit anderen gegenüber, ein Gefühl also, das für viele
  Menschen sehr wertvoll ist.
- *Interaktion*: Auch der Grad der Interaktion beeinflusst den Zusammenhalt einer Gruppe.
  Allgemein gilt: Je mehr direkte und persönliche Kommunikation zwischen den
  Gruppenmitgliedern stattfindet, umso größer ist der Zusammenhalt der Gruppe. Dies
  lässt sich gut nachvollziehen, wenn man daran denkt, wie sich der Zusammenhalt in
  einer Freundesgruppe verändert, wenn man von der Schule in die Universität wechselt.
  Zweifelsohne hat man noch Kontakt mit den Schulkameraden. Aber die Tatsache, dass
  man nicht mehr im täglichen direkten Austausch untereinander steht, führt über kurz
  oder lang dazu, dass der Zusammenhalt der Gruppe geringer wird und sich nur wenige
  enge Beziehungen halten.
- *Bedrohungen der Gruppe von außen*: Wird die Existenz einer Gruppe durch äußere
  Einflüsse bedroht, so treten persönliche Differenzen innerhalb der Gruppe in den
  Hintergrund und alle Gruppenmitglieder rücken enger zusammen, um die Bedrohung
  gemeinsam abzuwehren. Ein gutes Beispiel hierfür bilden die Buchhändler in Deutschland, die normalerweise in intensivem Wettbewerb zueinander stehen. Im Angesicht
  des übermächtigen Gegners Amazon jedoch begannen die Buchhändler, sich zu-
  sammenzuschließen, um gemeinsam Strategien zu entwickeln, ihr angestammtes Geschäft zu verteidigen. Der amerikanische Psychologe Daniel Gilbert hat diesbezüglich

herausgefunden, dass eine Bedrohung von außen vor allem dann zusammenschweißt, wenn die Bedrohung einen persönlichen Fixpunkt hat. Dies war zum Beispiel bei dem irakischen Diktator Saddam Hussein der Fall, der eine spezifische Person darstellte, auf die sich die Aktivitäten der „Koalition der Willigen", bestehend aus den USA, Großbritannien und ihren Verbündeten, fixieren konnten. Im Gegensatz dazu stellt Klimawandel zwar auch eine Bedrohung dar. Da allerdings, so Gilbert, der Klimawandel nicht mit einem spezifischen Aggressor in Verbindung gebracht werden kann, wird es noch lange dauern, bis sich die Menschheit als Gruppe zur Abwehr dieser Bedrohung zusammenschließen wird (vgl. Gilbert 2006).

• *Erfolg in der Vergangenheit*: Gruppen, die in der Vergangenheit erfolgreich waren – und besonders solche, die eine große Krise erfolgreich überwunden haben –, weisen in der Regel einen hohen Zusammenhalt auf. Dieses Prinzip lässt sich beispielsweise auch im Fußball beobachten. So haben die Mitglieder der Deutschen Nationalmannschaften von 1974 und 1990, die beide die Weltmeisterschaft gewonnen haben, noch immer regelmäßig Kontakt.

5.2.2 Prozesse in Gruppen

Während der Zusammenarbeit der einzelnen Mitglieder eines Teams laufen verschiedene interaktive Prozesse ab, die unter Umständen eine ganz eigene Dynamik entfalten und damit die Leistung des Teams positiv oder negativ beeinflussen können. Im folgenden Abschnitt sollen vier dieser Gruppenprozesse näher behandelt werden: 1) Kommunikation, 2) Konflikte und Konfliktlösung, 3) Verhandlungen sowie 4) Entscheidungsfindung. Prozesse, die Individuen und Gruppen gleichermaßen betreffen, werden später, in Kap. 5.3, noch ausführlich diskutiert. Hier ist vor allem an Führung und den Einsatz von Macht und politischem Verhalten zu denken.

5.2.2.1 Kommunikation

5.2.2.1.1 Funktionen der Kommunikation

Kommunikation ist eine der wichtigsten und gleichzeitig zeitintensivsten Aufgaben der Unternehmensführung (vgl. Hungenberg 2010). Verschiedene empirische Studien, die sich mit den Tätigkeitsschwerpunkten von Top-Managern auseinandergesetzt haben, zeigen beispielsweise, dass Manager über 60 % ihrer Zeit mit mündlicher Kommunikation verbringen. Gleichzeitig kommen Befragungen in verschiedenen Unternehmen zu dem Ergebnis, dass Mitarbeiter sich oft (noch) mehr Informationen und Mitsprachemöglichkeiten von ihren Vorgesetzten wünschen (vgl. Mintzberg 1973). Diese empirischen Ergebnisse verdeutlichen, dass Kommunikation eine zentrale Rolle im Rahmen der Unternehmensführung spielt. Dies ist auch in der QualityRent AG der Fall.

Kommunikation in der QualityRent AG

Peter Körber ist fest davon überzeugt, dass der Erfolg von Unternehmen ganz wesentlich von, wie er es nennt, „mündigen Mitarbeitern" abhängt. Unter „mündigen Mitarbeitern" versteht er Mitarbeiter, die Verantwortung übernehmen und selbstständig Entscheidungen treffen. Damit die Mitarbeiter dazu in der Lage sind, müssen sie natürlich informiert sein. Deshalb besitzt das Thema Kommunikation in der QualityRent AG eine ganz zentrale Bedeutung.

Peter Körber war der Kontakt zu seinen Mitarbeitern seit der Gründung des Unternehmens immer sehr wichtig. Oft saß er abends mit kleineren oder größeren Mitarbeitergruppen in seiner Stammkneipe beim Bier zusammen, ohne dass das Thema dabei immer die QualityRent AG war. Allerdings nutzte Peter Körber diese persönlichen Gespräche auch immer, um mit Mitarbeitern die Vision der QualityRent AG oder strategische Entscheidungen zu diskutieren. Aber auch über alltägliche Probleme oder neue Ideen und Verbesserungsvorschläge wurde gesprochen. Trotz der beträchtlichen Größe, die die QualityRent AG inzwischen erreicht hat, kennt Peter Körber alle seine Mitarbeiter immer noch namentlich, und er hat es sich zum Ziel gemacht, mindestens einmal im Jahr mit jedem Mitarbeiter persönlich zu sprechen.

Allerdings wird es immer schwieriger, dieses Ziel tatsächlich zu erreichen und zu allen Mitarbeitern auch eine persönliche Beziehung aufzubauen. Um diese Schwierigkeit zu bewältigen, hat Peter Körber nach neuen Wegen des Informationsaustausches mit seinen Mitarbeitern gesucht. Ein immer wichtigeres Medium ist in diesem Zusammenhang die e-Mail geworden. Einmal monatlich sendet er heute allen Mitarbeitern eine e-Mail, in der er ihnen aktuelle Informationen zur Lage der QualityRent AG und zu wesentlichen Entwicklungen innerhalb und außerhalb des Unternehmens gibt. Natürlich kann er dabei nicht überall ins Detail gehen. Deshalb hat er seine Bereichsleiter angewiesen, ähnliche e-Mails mit konkreteren Informationen an die Mitarbeiter ihrer jeweiligen Unternehmensbereiche zu senden.

Darüber hinaus kennt jeder Mitarbeiter der QualityRent AG die e-Mail-Adresse von Peter Körber und kann ihm jederzeit per e-Mail seine Probleme, Ideen oder Vorschläge mitteilen. Und jede e-Mail seiner Mitarbeiter wird von Peter Körber persönlich, wenn irgend möglich innerhalb eines Tages beantwortet. Für Mitarbeiter, die am Arbeitsplatz keinen Zugang zu einem Computer haben, wurden Terminals eingerichtet, die sie dafür benutzen können. Mit Hilfe dieser Terminals können aber nicht nur e-Mails versendet werden, sondern sie ermöglichen auch den Zugriff auf das Intranet der QualityRent AG. Im Intranet finden sich unter anderem aktuelle Unternehmensinformationen, ein schwarzes Brett, ein Diskussionsforum, eine Austauschbörse und vieles mehr. Durch diese Infrastruktur hat sich eine offene und flexible Kommunikationsstruktur in der QualityRent AG entwickelt, mit der sowohl Peter Körber als auch seine Mitarbeiter sehr zufrieden sind. ◄

Die Kommunikation erfüllt in Unternehmen eine Reihe wichtiger *Funktionen* (vgl. Robbins 2005):

- *Information*: Zunächst mal dient Kommunikation dazu, Informationen innerhalb der Gruppe oder innerhalb des Unternehmens auszutauschen und hierdurch einen einheitlichen Informationsstand zu gewährleisten. Der Austausch von Informationen spielt auch im Entscheidungsprozess eine wichtige Rolle, denn oftmals sind diejenigen, die entscheidungsrelevante Informationen besitzen, nicht diejenigen, die die Entscheidung treffen, so dass letztere auf einen intensiven Informationsaustausch angewiesen sind.
- *Motivation*: Kommunikation kann auch dazu dienen, Mitarbeiter zu motivieren, zum Beispiel indem der Vorgesetzte einem Mitarbeiter Feedback über dessen Leistung gibt und Ansätze zur Verbesserung und Weiterentwicklung aufzeigt. Auch eine klare Kommunikation der verfolgten Ziele sowie der Ansprüche, die an die Mitarbeiter gestellt werden, kann eine motivierende Wirkung entfalten.
- *Ausdruck von Meinungen und Gefühlen*: Eine dritte Funktion der Kommunikation besteht darin, dass Mitarbeiter ihre eigene Meinung und ihre Gefühle ausdrücken können. Hierzu dient häufig gerade die informelle Kommunikation, das kurze Gespräch mit anderen Kollegen beim Essen oder in der Raucherpause, bei dem nicht selten die (Un) Zufriedenheit mit der gegenwärtigen Lage zum Ausdruck gebracht wird. Der Kommunikation als Ausdruck von Meinungen und Gefühlen kommt auch deswegen eine besondere Bedeutung zu, da die Arbeitskollegen für viele Arbeitnehmer die Menschen sind, mit denen sie am meisten Zeit verbringen.
- *Kontrolle*: Schließlich dient Kommunikation natürlich auch dazu, dass die Unternehmensführung einen Überblick über das Unternehmensgeschehen erhält. Zu diesem Zweck gibt es in Unternehmen im Allgemeinen klare Regelungen, wie die Kommunikation ablaufen soll. So sollen beispielsweise Mitarbeiter eventuelle Probleme zunächst mit ihren direkten Vorgesetzten besprechen, bevor sie sich mit ihrem Anliegen an eine höhere Hierarchieebene wenden. Aber auch informelle Kommunikation, wie beispielsweise das Gespräch in der Kaffeeküche, übt ein gewisses Maß an Kontrolle aus, da sie ebenfalls den Informationsstand der Beteiligten verbessert.

5.2.2.1.2 Prozess, Arten und Ebenen der Kommunikation

Kommunikation ist also aus verschiedenen Gründen wichtig für die Unternehmensführung – aber was passiert eigentlich genau, wenn Menschen miteinander kommunizieren? Um diese Frage zu beantworten, beschreibt die Kommunikationsforschung den *Prozess der Kommunikation* mit Hilfe des Sender-Empfänger-Modells, welches in Abb. 5.19 skizziert ist.

Den Ausgangspunkt der Kommunikation bildet die *Nachricht*, die der Sender dem Empfänger übermitteln möchte. Dies könnte beispielsweise die Information sein, dass die Unternehmensumsätze im letzten Quartal aufgrund der guten wirtschaftlichen Situation um 5 % gestiegen sind. Vor der Übermittlung muss der Sender diese Information allerdings in eine geeignete Form bringen (*kodieren*), zum Beispiel indem er die relevanten

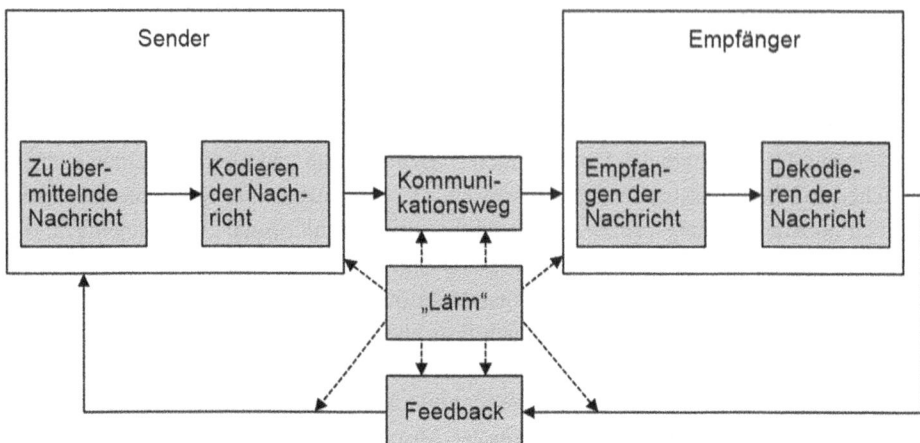

Abb. 5.19 Sender-Empfänger-Modell der Kommunikation

Daten zum Umsatz und der gesamtwirtschaftlichen Entwicklung in einer Excel-Tabelle zusammenfasst. Anschließend muss der Sender diese Information über einen geeigneten *Kommunikationsweg* an den Empfänger übertragen, also zum Beispiel die Datei mit der Excel-Tabelle per e-Mail an seinen Chef schicken. Dieser muss anschließend die übermittelte Nachricht korrekt *empfangen*, das heißt, die e-Mail darf beispielsweise nicht durch den Spamfilter des Unternehmens geblockt werden. Schließlich muss der Empfänger die Nachricht *dekodieren*, das heißt die in ihr enthaltene Information korrekt aufnehmen. Im Falle der e-Mail bedeutet dies, dass der Empfänger die Datei mit der Datentabelle öffnet und entsprechend den Absichten des Senders interpretiert. Zu beachten ist dabei, dass die Übertragung der Nachricht unter Umständen durch auftretenden *„Lärm"* gestört werden kann. So wäre denkbar, dass die e-Mail aufgrund technischer Probleme in den Weiten des World-Wide-Webs verschwindet, ohne je ihren Adressaten zu erreichen. Alternativ könnte auch die unternehmenseigene Firewall die angehängte Excel-Tabelle aus Sicherheitsgründen löschen, so dass der Empfänger nur einen Teil der Nachricht und hierdurch nicht die vom Sender gewünschten Informationen erhält.

Das am häufigsten auftretende Problem jedoch ist, dass der Empfänger eine Nachricht anders wahrnimmt als vom Sender der Nachricht beabsichtigt. So könnte beispielsweise ein Mitarbeiter, der eine große Excel-Tabelle mit Hunderten von Dateneinträgen erhält, gar nicht dazu kommen, die in der Datei enthaltenen Informationen und Botschaften zu verstehen, weil er über die Art der Darstellung schlichtweg erbost ist und die Datei sofort nach dem Öffnen wieder schließt. Umso entscheidender ist es, dass der Empfänger nach Erhalt der Nachricht dem Sender *Feedback* über die erhaltene Nachricht gibt. Nur so können Fehler, die eventuell bei der Nachrichtenübermittlung und -interpretation aufgetreten sind, aufgedeckt und behoben werden.

Weil insbesondere die Interpretation von Kommunikationsinhalten immer wieder zu Unstimmigkeiten führen kann, spielt im Rahmen der Kommunikation nicht nur der Inhalt

(Was?) eine Rolle, sondern auch die *Art der Kommunikation* (Wie?). Dabei lassen sich grundsätzlich drei verschiedene Arten der Kommunikation unterscheiden.

- *Mündliche Kommunikation*: Zur mündlichen Kommunikation zählen neben Reden und Diskussionen auch der Klatsch und Tratsch am Arbeitsplatz sowie die Gerüchteküche. Der Vorteil mündlicher Kommunikation liegt in ihrem direkten Austausch zwischen Sender und Empfänger, der ein sofortiges Feedback zwischen beiden Parteien ermöglicht. Hierdurch können eventuell aufgetretene Störungen in der Nachrichtenübermittlung sofort festgestellt und behoben werden. Mündliche Kommunikation erweist sich vor allem dann als nachteilig, wenn bestimmte Informationen über viele Stationen hinweg transportiert werden müssen. Hier besteht die Gefahr, dass auf jeder Station der Empfänger die Nachricht ein wenig anders interpretiert und entsprechend abgeändert weiterträgt, wie sich eindrucksvoll am Beispiel des Kinderspiels „Stille Post" zeigen lässt.
- *Schriftliche Kommunikation*: Schriftliche Kommunikation umfasst sowohl Memos und Briefe als auch Faxe und e-Mails sowie Aushänge an schwarzen Brettern. Sie bietet eine Reihe von Vorteilen. Ein erster Vorteil besteht darin, dass der Inhalt der Kommunikation im Nachhinein überprüft werden kann. Dies kann beispielsweise sinnvoll sein, wenn zwischen Sender und Empfänger Uneinigkeit bezüglich des Inhalts der Kommunikation besteht. Ein weiterer Vorteil besteht darin, dass Menschen gewöhnlich über das geschriebene Wort länger nachdenken, wohingegen in der mündlichen Kommunikation auch manch unbedachtes Wort ausgesprochen wird. Auf der anderen Seite ist schriftliche Kommunikation gerade deswegen häufig auch sehr viel zeitaufwändiger als mündliche. Ein weiterer Nachteil liegt in dem fehlenden Feedback: Da es bei schriftlicher Kommunikation in der Regel nicht zu einem direkten Austausch zwischen Sender und Empfänger kommt, kann sich ersterer nicht sicher sein, ob die (schriftliche) Nachricht korrekt übermittelt wurde und ob der Empfänger die Nachricht korrekt dekodiert und interpretiert hat.
- *Non-verbale Kommunikation*: Eine dritte Form der Kommunikation ist die non-verbale Kommunikation. Diese umfasst zum einen die Körpersprache, also Gestik und Mimik, zum anderen aber auch die Betonung einzelner Worte, die unter Umständen die Bedeutung eines Satzes grundlegend verändern können. So ist die Bedeutung des Satzes „Könnten Sie bitte heute die Sitzung leiten?" sehr unterschiedlich, abhängig davon ob das Wort „Sie" oder das Wort „leiten" betont wird. Im ersten Fall legt der Sender Wert darauf, dass der Empfänger und niemand sonst die Sitzung leitet, während im zweiten Fall das Hauptanliegen des Senders darin liegt, dem Empfänger klar zu machen, dass er heute die Sitzung auch tatsächlich leiten und die Diskussionen nicht einfach sich selbst überlassen soll. Auch der physische Abstand zwischen Sender und Empfänger im Rahmen einer direkten Interaktion kann als eine Form der Kommunikation betrachtet werden. Stehen Sender und Empfänger sehr nahe nebeneinander, so lässt dies auf eine gewisse freundschaftliche Vertrautheit schließen, wohingegen eine sehr große Distanz darauf hindeutet, dass Sender und Empfänger einander eher reserviert oder sogar

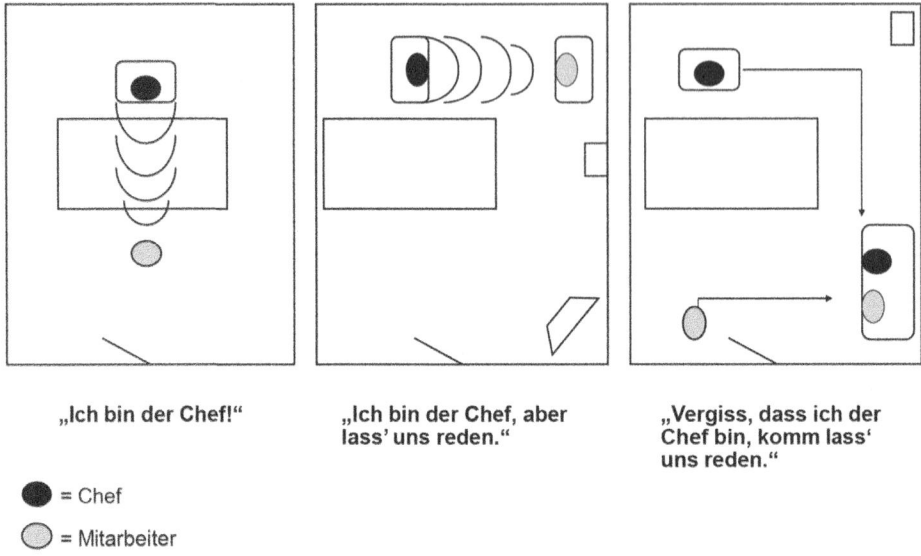

„Ich bin der Chef!"   **„Ich bin der Chef, aber**   **„Vergiss, dass ich der**
                            lass' uns reden."   **Chef bin, komm lass'**
                                                            uns reden."

● = Chef

◯ = Mitarbeiter

Abb. 5.20 Platzierung der Möbel im Büro als non-verbale Kommunikation

feindselig gegenüberstehen. Dabei ist allerdings zu beachten, dass der Abstand zwischen zwei Individuen, der als „normal" betrachtet wird, vom jeweiligen Kulturkreis abhängig ist. Auch wenn sich viele Vorgesetzte in Unternehmen dieser Tatsache nicht bewusst sind, so ist beispielsweise auch die Anordnung der Möbel in einem Büro eine Form der non-verbalen Kommunikation. Je nachdem, ob die Kommunikation über den Schreibtisch hinweg, neben dem Schreibtisch oder an einem neutralen Ort stattfindet, transportiert dies eine andere Nachricht in Bezug auf die Atmosphäre, in der das Gespräch stattfindet (Abb. 5.20). Schließlich bleibt noch eine letzte Form non-verbaler Kommunikation zu nennen: Stille und Nichtstun. Häufig ist gerade Nichtssagen und Innehalten aussagekräftiger als jede aktive Kommunikation.

Neben den Arten von Kommunikation lassen sich auch zwei unterschiedliche *Ebenen der Kommunikation* unterscheiden: zum einen die Inhaltsebene und zum anderen die Beziehungsebene.

Lange Zeit stand vor allem die *Inhaltsebene* der Kommunikation im Mittelpunkt der Betrachtung. Diese umfasst die sachlichen, objektiv nachprüfbaren Informationen, die in einer Nachricht enthalten sind, wie zum Beispiel Aussagen über die Höhe des Umsatzes im Vorjahr oder die Zahl der Mitarbeiter. Wie ein bestimmter Kommunikationsinhalt vom Empfänger aufgenommen wird, hängt jedoch auch von der so genannten *Beziehungsebene* ab – der persönlichen Beziehung zwischen den Kommunikationsbeteiligten, die unter anderem von emotionalen Faktoren wie Sympathie, Rivalität, Vorurteilen oder Erfahrungen aus der Vergangenheit beeinflusst wird. Daher spielt es im Rahmen der Kommunikation nicht nur eine Rolle, welche Informationen übermittelt werden, sondern auch, wer diese Informationen an wen übermittelt.

Inhalts- und Beziehungsebene der Kommunikation bei der QualityRent AG

Dass Kommunikation eine Inhalts- und eine Beziehungsebene besitzt, wird auch innerhalb der QualityRent AG immer wieder deutlich. Obwohl das Unternehmen insgesamt durch ein sehr positives Klima und eine sehr offene Kultur gekennzeichnet ist, herrscht zwischen manchen Bereichsleitern eine gewisse Rivalität, die dazu führt, dass Botschaften nicht immer so verstanden werden, wie sie vom Sender intendiert waren.

Sehr deutlich wurde dies auf einer der letzten Bereichsleitersitzungen. Klaus Willmann, der Leiter des Bereichs Finanzen und Controlling, wollte in einer Sitzungspause dem Leiter des Bereichs Fuhrparkmanagement, Paul Steger, gratulieren, weil die Fahrzeuge der QualityRent AG mittlerweile mehr als 1000 Tage pannenfrei waren. Trotz seiner Differenzen mit Steger in Fragen der Kosteneinhaltung, die erst kürzlich zu einem Streit geführt hatten, hielt Willmann dies für eine tolle Leistung. Außerdem glaubte er, durch ein paar versöhnliche Worte das Verhältnis zu Paul Steger wieder verbessern zu können. Und so sagte er etwas flapsig zu Steger: „Glückwunsch Paul, ich habe gehört, dass ihr mittlerweile 1000 Tage pannenfrei seid. Ihr seid zwar teuer, aber da habt ihr ja mal etwas richtig Gutes geleistet." Steger, den besonders seit ihrem Streit vor einiger Zeit die leichte Arroganz in Willmanns Auftreten störte, fasste die Gratulation von Klaus Willmann vollkommen anders auf, als sie gedacht war. Er glaubte, einen spöttischen Unterton in Willmanns Äußerungen zu hören, den er folgendermaßen interpretierte: „Wenigstens etwas bekommt ihr im Fuhrparkmanagement mal hin, auch wenn ihr sonst eigentlich nur Geld verschleudert." Und auch die vermeintliche Arroganz und Überheblichkeit von Willmann ärgerte Steger wieder. Deshalb schrie er den verdutzten Willmann unvermittelt an: „Du mit deinem dämlichen Kostensenkungsgerede. Glaubst du, dass unser Unternehmen heute so gut dastünde, wenn meine Leute nicht so gute Arbeit leisten würden? Aber davon versteht so ein Oberbuchhalter wie du wohl nichts." Nur ein schnelles Eingreifen von Peter Körber verhinderte eine weitere Eskalation der Situation. ◄

Schulz von Thun verdeutlicht dieses Zusammenspiel von Inhalts- und Beziehungsebene der Kommunikation sehr gut in seinem so genannten *Vier-Seiten-Modell der Kommunikation* – dem wahrscheinlich bekanntesten Kommunikationsmodell (vgl. Staehle 1999; Schulz von Thun 1994). Es geht davon aus, dass jede Nachricht vier Seiten besitzt, die Sachinhalt, Selbstoffenbarung, Beziehung und Appell genannt werden. Jeder Empfänger nimmt alle vier Seiten einer Nachricht auf. Welche Seite er stärker wahrnimmt (hört oder spürt) bzw. auf welche Seite er reagiert, hängt von seinen Interessen und Erfahrungen ab, aber auch von seiner Beziehung zum Sender und von der jeweiligen Situation.

Im *Sachinhalt* kommt dabei die Inhaltsebene der Kommunikation zum Ausdruck. Hier geht es um die konkrete Information, die übertragen werden soll. Neben dem Sachinhalt enthält jede Nachricht aber auch eine *Selbstoffenbarung*, da jeder Sender durch die Art seiner verbalen und non-verbalen Kommunikation auch Informationen über seine eigene

Persönlichkeit mitteilt. Diese Selbstoffenbarung kann beispielsweise in der Vermittlung eines Gefühls der Überlegenheit oder der Unwissenheit zum Ausdruck kommen. Die *Beziehungsseite* der Nachricht bringt durch Tonfall, Mimik oder Gestik zum Ausdruck, was der Sender vom Empfänger hält und wie er die Beziehung zwischen sich und dem Empfänger sieht. Die Beziehungsseite, die streng genommen einen speziellen Teil der Selbstoffenbarung darstellt, unterscheidet sich von dieser dadurch, dass sie statt „Ich-Botschaften" „Du-" und „Wir-Botschaften" enthält. Da die Beziehungsseite einer Nachricht bestimmt, wie sich der Empfänger als Person behandelt fühlt, ist sie für die zwischenmenschliche Kommunikation von außenordentlicher Bedeutung. Die *Appellseite* einer Nachricht dient schließlich dazu, wirkungsvoll Einfluss zu nehmen, das heißt den Empfänger dazu zu veranlassen, bestimmte Dinge zu tun oder zu unterlassen. Appelle treten nicht immer in Erscheinung und werden dann auch als Manipulation bezeichnet. Gerade bei betrieblichen Kommunikationsvorgängen, in denen Vorgesetzte Mitarbeiter zu einem bestimmten Handeln bewegen wollen, spielt der Appell eine wesentliche Rolle.

Im Rahmen zahlreicher wissenschaftlicher Studien hat sich gezeigt, dass die *Häufigkeit der Kommunikation* stark von der räumlichen Entfernung zwischen Sender und Empfänger abhängig ist. So wurde beispielsweise beobachtet, dass die Wahrscheinlichkeit, mindestens einmal in der Woche miteinander zu kommunizieren, für Personen aus benachbarten Büros gut ein Viertel beträgt. Liegen die Büros jedoch 20 m voneinander entfernt, so reduziert sich diese Wahrscheinlichkeit auf knapp 8 %. Dieser starke Abfall in der Kommunikationswahrscheinlichkeit lässt sich auch dann beobachten, wenn beide Büros zur gleichen Abteilung gehören. Als Konsequenz hieraus sollten Unternehmen stets darauf achten, Personen und Abteilungen, die sich häufig miteinander austauschen sollten, in enger räumlicher Nähe zueinander unterzubringen, um so die Austauschbeziehungen zu unterstützen.

5.2.2.1.3 Strukturen, Formen und Medien der Kommunikation

Die *Struktur der Kommunikation* legt fest, über welche Kanäle der Informationsfluss in einem Unternehmen erfolgt. In der Regel existieren in Unternehmen sowohl formale als auch informale Kommunikationsstrukturen. *Formale Kommunikationsstrukturen* orientieren sich meist an der Organisation eines Unternehmens und werden vor allem für die aufgabenbezogene Kommunikation genutzt. Für die Gestaltung formaler Kommunikationsstrukturen lassen sich aus der Kleingruppenforschung einige wichtige Erkenntnisse ableiten. In verschiedenen empirischen Studien wurden hier nämlich die Auswirkungen unterschiedlicher Kommunikationsstrukturen auf Leistung und Zufriedenheit der beteiligten Mitarbeiter gemessen. Drei wesentliche Strukturmuster lassen sich dabei unterscheiden: 1) die Kettenstruktur, 2) die Rad- oder Sternstruktur und 3) die Voll- bzw. Totalstruktur (Abb. 5.21; vgl. Robbins 2005).

Die drei Strukturmuster sind durch unterschiedliche Abläufe der Kommunikation in der Gruppe gekennzeichnet. Bei der *Kette* erfolgt die Kommunikation starr entlang der formalen Weisungsstrukturen von unten nach oben und umgekehrt. Beim *Rad* bzw. *Stern* nimmt dagegen der Gruppenleiter eine zentrale Position im Kommunikationsprozess ein.

Abb. 5.21 Typische Strukturmuster der Kommunikation

Kriterien	Kette	Rad, Stern	Vollstruktur
Geschwin-digkeit	mäßig	schnell	schnell
Präzision	hoch	hoch	mäßig
Herausbildung einer Füh-rungsrolle	mäßig	hoch	----
Zufriedenheit der Mitglieder	mäßig	niedrig	hoch

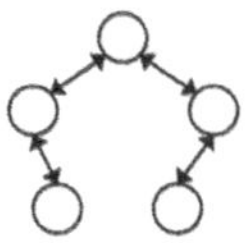

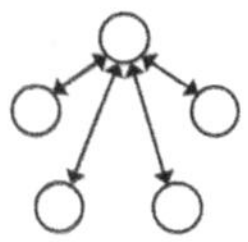

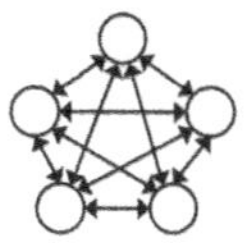

Die *Voll-* bzw. *Totalstruktur* ist schließlich dadurch gekennzeichnet, dass alle Gruppenmitglieder direkt miteinander kommunizieren.

Die drei Strukturmuster tragen in unterschiedlicher Weise zu einer schnellen und präzisen Kommunikation, zum Herausbilden einer Führungsrolle und zur Zufriedenheit der Gruppenmitglieder bei. Welcher Strukturtyp geeignet ist, hängt daher vor allem davon ab, welcher Zweck mit einer bestimmten Kommunikationsmaßnahme verfolgt wird. So erleichtert die Rad- bzw. Sternstruktur beispielsweise das Herausbilden einer Führungsrolle und sorgt für eine schnelle und präzise Übermittlung relevanter Inhalte. Darunter leidet jedoch meist die Gruppenzufriedenheit. Die Vollstruktur gewährleistet dagegen eben gerade eine hohe Zufriedenheit der Gruppenmitglieder, besitzt jedoch Nachteile hinsichtlich der Präzision der kommunizierten Inhalte. Die Kette eignet sich am besten für genau solche Vorgänge, bei denen es auf Präzision ankommt.

Neben formalen Kommunikationsstrukturen existieren in Unternehmen auch vielfältige *informale Kommunikationsstrukturen*, die im Gegensatz zu den formalen Strukturen in alle Richtungen verlaufen und dabei auch Hierarchiestufen überspringen können. Sie besitzen im Allgemeinen große Bedeutung. So zeigen empirische Studien, dass bis zu 75 % der Mitarbeiter in Unternehmen Neuigkeiten aus inoffiziellen Quellen erfahren (vgl. o.V. 1997). Die informalen Kommunikationsstrukturen dienen insbesondere den sozialen Bedürfnissen der Menschen im Unternehmen, können aber auch die Aufgabenerfüllung fördern. Oft halten Mitarbeiter Informationen, die auf informalem Wege übermittelt worden sind, für glaubwürdiger und zuverlässiger.

Obwohl informale Kommunikationsstrukturen auch aus Sicht der Unternehmensführung grundsätzlich erwünscht sind, weil sie die formalen Kommunikationskanäle ergänzen und den Informationsstand der Mitarbeiter verbessern können, können sie auch Probleme verursachen. So werden über informale Kanäle teilweise auch negative Aussagen über das Unternehmen oder unzutreffende Gerüchte weitergeleitet, ohne dass die

Unternehmensführung eine direkte Eingriffsmöglichkeit oder eine Möglichkeit zur Klarstellung besitzt. Um derartige Entwicklungen zu verhindern, sollte die Unternehmensführung versuchen, den Informationsbedarf ihrer Mitarbeiter proaktiv, durch geeignete Kommunikationsmaßnahmen über formale Kanäle zu decken (vgl. Robbins 2005).

Neben der Gestaltung von adäquaten Kommunikationsstrukturen spielen die eingesetzten *Kommunikationsformenund -medien* eine zentrale Rolle bei der Gestaltung effektiver Kommunikationsmaßnahmen. Die wichtigste Anforderung ist dabei, dass Kommunikation empfängerorientiert ausgestaltet werden sollte, das heißt, dass die Vorkenntnisse, Bedürfnisse und Erwartungen der Adressaten im Zentrum einer jeden Kommunikationsmaßnahme stehen sollten. Dementsprechend sind abhängig von der jeweiligen Person des Kommunikationsempfängers unterschiedliche Kommunikationsformen und Kommunikationsmedien geeignet (vgl. Hungenberg 2010).

In Bezug auf die *Form der Kommunikation* sind in diesem Zusammenhang vor allem zwei Aspekte relevant, nämlich der Individualisierungsgrad sowie die Feedbackmöglichkeit. Hinsichtlich des *Individualisierungsgrads* lassen sich persönliche und unpersönliche Formen der Kommunikation unterscheiden. Die *persönliche Kommunikation* ist dadurch gekennzeichnet, dass die Kommunikationspartner in direktem Kontakt miteinander stehen und die Kommunikationsinhalte individuell auf den Empfänger zugeschnitten werden. Am gleichen Ort müssen sich die Kommunikationspartner dabei allerdings nicht befinden. Dementsprechend zählen nicht nur gemeinsame Sitzungen oder Gespräche im Büro, sondern auch der Austausch von Briefen bzw. e-Mails oder auch Telefonate zur persönlichen Kommunikation.

Im Gegensatz dazu ist *unpersönliche Kommunikation* nicht an einen konkreten Adressaten gerichtet, sondern enthält standardisierte Inhalte, die sich an eine mehr oder weniger große Zahl von Empfängern wenden. Unpersönliche Kommunikation existiert in Unternehmen beispielsweise in Form von Mitarbeiterzeitungen, in Mitteilungen über das Intranet oder im Rahmen von Betriebsversammlungen. Aber auch e-Mails können eine Form der unpersönlichen Kommunikation darstellen, wenn sie standardisiert sind und sich an viele bzw. im Extremfall alle Mitarbeiter eines Unternehmens gleichzeitig richten.

Für die Gestaltung von Kommunikationsmaßnahmen ist jedoch nicht nur die Frage relevant, ob eine individualisierte oder standardisierte Kommunikation gewählt werden sollte. Mindestens ebenso wichtig ist die Frage, ob dem Empfänger eine *Feedbackmöglichkeit* eingeräumt werden soll oder nicht. Dementsprechend wird zwischen Einweg- und Zweiwegkommunikation unterschieden.

Die *Einwegkommunikation* ist dadurch gekennzeichnet, dass der Empfänger keine Möglichkeit besitzt, dem Sender ein Feedback zu geben. Eine solche Form der Kommunikation liegt beispielsweise vor, wenn ein Vorstandsvorsitzender eine Rede an seine Mitarbeiter hält. Aber auch das „Gespräch" zwischen Vorgesetzten und Mitarbeitern verläuft in der Realität häufig nach dem Schema der Einwegkommunikation: Der Vorgesetzte sendet, der Mitarbeiter empfängt. Bei der *Zweiwegkommunikation* folgt dagegen auf die Botschaft des Senders auch immer eine Rückmeldung (Feedback) durch den Empfänger. Wie bereits erläutert, ist gerade die Rückkopplung ein wichtiger Bestandteil der Kommunikation, da sie die Möglichkeit bietet, zu klären, wie der Empfänger eine Nachricht verstanden hat und einschätzt (vgl. Jung 2011).

Die Verwirklichung von persönlicher bzw. unpersönlicher Einweg- oder Zweiweg-kommunikation erfordert stets den Einsatz unterschiedlicher *Kommunikationsmedien*. Hier gibt es viele unterschiedliche Formen mit unterschiedlichen Individualisierungs- und Feedbackmöglichkeiten. So sind zum Beispiel Intranetmitteilungen, Firmen-TV oder Newsletter durch einen geringen Grad an Individualisierbarkeit und eine sehr eingeschränkte Feedbackmöglichkeit gekennzeichnet. Individualisierte e-Mails ermöglichen dagegen einen stärkeren persönlichen Zuschnitt der Botschaft, jedoch immer noch eingeschränkte Möglichkeiten zur Rückmeldung, während beispielsweise Town Meetings oder Abteilungsworkshops zwar weniger Individualität, aber dafür mehr Rückkopplungen erlauben. Der höchste Grad an Individualität und Feedback wird bei Diskussionen in kleinen Gruppen erzielt (Abb. 5.22).

Welche Kommunikationsmedien im konkreten Fall ausgewählt werden sollten, hängt ganz entscheidend von den zu vermittelnden Inhalten ab. Generell gilt, dass Kommunikationsmaßnahmen umso individualisierter und mit mehr Feedbackmöglichkeiten versehen sein sollten, je komplexer und bedeutender die kommunizierten Inhalte aus Sicht der Empfänger sind. Zahlreiche Beispiele von Unternehmen in Krisensituationen zeigen etwa, dass zu wenig Informationen und zu wenig Diskussionen bei schwerwiegenden Veränderungen zu Misstrauen, Gerüchten und einer Verunsicherung der Mitarbeiter führen und damit die bereits bestehenden Probleme der Unternehmen noch weiter verschärfen. Verunsicherte Mitarbeiter tendieren nämlich dazu, sich mehr mit ihrem eigenen Schicksal als mit ihren eigentlichen Aufgaben zu beschäftigen. Daraus resultiert in Krisenunter-

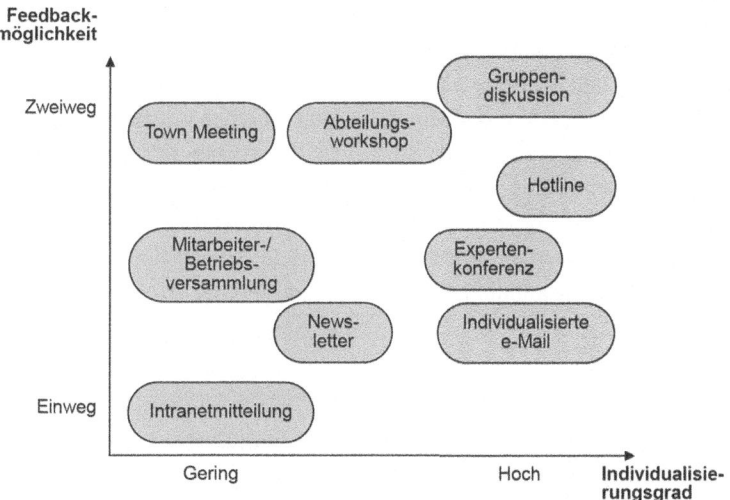

Abb. 5.22 Alternative Kommunikationsmedien in Unternehmen

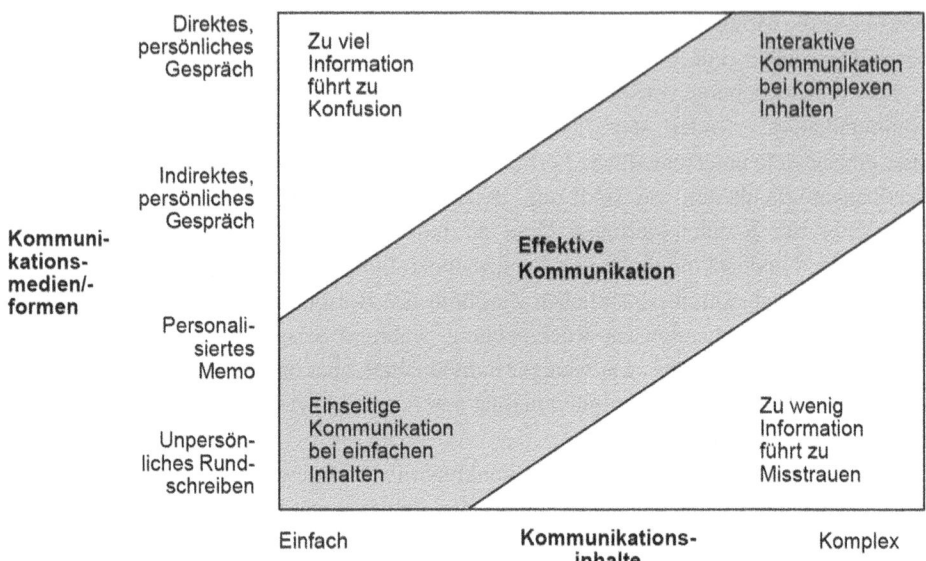

Abb. 5.23 Zusammenhang von Kommunikationsinhalten und -medien

nehmen häufig ein zusätzlicher, unnötiger Produktivitätsverlust (vgl. Hungenberg und Wulf 2004).

Der geschilderte Zusammenhang zwischen Kommunikationsinhalten und Kommunikationsmedien bzw. -formen gilt jedoch auch in umgekehrter Richtung, das heißt, zu viel Information und zu viele Diskussionen bei unbedeutenden Problemen erweisen sich ebenfalls als nachteilig, da in diesem Fall bei Mitarbeitern der Eindruck entsteht, dass „mehr dahinter steckt". Gerüchte und Verunsicherung sind auch in diesem Fall die Folge (Abb. 5.23).

Dass gute Kommunikationsmaßnahmen – solche, bei denen die gewählten Kommunikationsformen und -medien die Komplexität der zu kommunizierenden Inhalte widerspiegeln – eine besondere Bedeutung für Unternehmen besitzen, verdeutlichen auch mehrere empirische Untersuchungen. So zeigen Mitarbeiter in Unternehmen, in denen zeitnah und umfassend über wichtige strategische Entscheidungen informiert wird, wesentlich bessere Leistungen, eine geringere Stresswahrnehmung, höhere Arbeitszufriedenheit und eine bessere Identifikation mit dem Unternehmen als Mitarbeiter von Unternehmen, in denen Kommunikation weniger ausgeprägt erfolgt (Schweiger und De-Nisi 1991).

> **Beispiel**
>
> **Kommunikationsformen und -medien bei der QualityRent AG**
>   Peter Körber misst dem Thema Kommunikation innerhalb der QualityRent AG zentrale Bedeutung bei. Dementsprechend bemüht er sich, seine Mitarbeiter umfassend

und zeitnah zu informieren. Auch die anderen Führungskräfte des Unternehmens hält er dazu an. Ganz wichtig ist nach Körbers Einschätzung ein ausgewogener Kommunikations-Mix. So informiert er beispielsweise in monatlichen Abständen seine Mitarbeiter per e-Mail über die aktuelle Lage und Entwicklungen in der QualityRent AG. Diese e-Mails finden sehr positive Resonanz im Unternehmen. Peter Körber ist sich aber auch bewusst, dass relativ unpersönliche e-Mails nicht das einzige Kommunikationsmedium bleiben dürfen. Daher bemüht es sich um möglichst viele persönliche Gespräche und Diskussionen mit Mitarbeitern, um Feedback von ihnen zu bekommen, ihre Probleme zu verstehen oder Anregungen aufzunehmen. ◄

5.2.2.1.4   Kommunikationsbarrieren

Trotz ihrer großen Bedeutung für das Unternehmen und die Unternehmensführung verläuft Kommunikation nur in den seltensten Fällen störungsfrei. Kommunikationsstörungen in Unternehmen können entweder strukturelle oder persönliche Ursachen haben. Zu den *strukturellen Kommunikationsbarrieren* zählen unter anderem eine ausgeprägte Unternehmenshierarchie, ein hoher Spezialisierungsgrad innerhalb des Unternehmens oder ein schlechtes Betriebsklima.

Häufig bedeutender als strukturelle Kommunikationsbarrieren sind jedoch Störungen, die ihre Ursache auf der persönlichen Ebene haben. Dabei lassen sich sechs Arten von *persönlichen Kommunikationsbarrieren* unterscheiden (vgl. Robbins 2005):

- *Filterung von Informationen*: Hierbei manipulieren Mitarbeiter Informationen bewusst so, dass sie von anderen, speziell ihren Vorgesetzten, positiv wahrgenommen werden. Dies geschieht häufig, indem zum Beispiel positive Ergebnisse stark in den Vordergrund gerückt werden, während negative Ergebnisse tendenziell verschwiegen oder zumindest heruntergespielt werden. Die Filterung von Informationen ist umso stärker, je mehr Ebenen die Hierarchie im Unternehmen hat, da die Mitarbeiter auf jeder Stufe entscheiden, welche Informationen sie nach oben weitergeben und welche Informationen sie lieber für sich behalten.
- *Selektive Wahrnehmung von Informationen*: Dies bezeichnet das Problem, dass der Empfänger eine Nachricht nicht objektiv dekodiert, sondern stets vor dem Hintergrund seiner persönlichen Erfahrungen, seinem Wissen über den Sender sowie seiner derzeitigen Bedürfnisse und Erwartungen interpretiert. Dies kann dazu führen, dass der Empfänger etwas „zwischen den Zeilen" herauszulesen glaubt, was der Sender gar nicht beabsichtigt hat. Geht beispielsweise ein Vorgesetzter davon aus, dass einer seiner Mitarbeiter faul ist und sich gerne aus der Verantwortung stiehlt, so wird er dessen Erklärungsversuche, weshalb eine bestimmte Arbeit nicht rechtzeitig fertig geworden ist, stets in diese Richtung interpretieren.
- *Informationsüberlastung*: Wie zahlreiche Untersuchungen auf dem Gebiet der Kognitionspsychologie belegen, verfügt jeder Mensch nur über eine beschränkte Kapazität zur Aufnahme und Verarbeitung von Informationen. Durch die rasante Entwicklung des Internets sowie des e-Mail Verkehrs in den letzten Jahren hat die Menge an Infor-

mationen exorbitant zugenommen, die Mitarbeitern zur Verfügung steht. Dies führt dazu, dass immer mehr Menschen am Arbeitsplatz unter Informationsüberlastung leiden. In der Folge neigen sie dazu, bestimmte Informationen auszusortieren, zu ignorieren oder gar zu vergessen. Im Ergebnis führt dies zu einem Informationsverlust und hierdurch zu weniger effektiver Kommunikation.

- *Gefühle*: Der aktuelle Gefühlszustand, in welchem sich ein Empfänger gerade befindet, hat einen entscheidenden Einfluss auf die Art und Weise, wie eingehende Informationen aufgenommen werden. So wird ein schlecht gelaunter Empfänger negative Komponenten einer Nachricht tendenziell stärker wahrnehmen und gewichten als ein gut gelaunter. Im Extremfall kann dies sogar dazu führen, dass gewisse Teile der Nachricht überhaupt nicht wahrgenommen werden. So kann beispielsweise die Euphorie über die erfolgreiche Markteinführung eines neuen Produkts dazu führen, dass auftauchende Probleme, wie die Reaktion der Wettbewerber, völlig ignoriert werden.
- *Sprache*: Im Unternehmenskontext ist häufig zu beobachten, dass verschiedene Abteilungen „nicht die gleiche Sprache sprechen" und daher „aneinander vorbeireden". Dies liegt daran, dass jeder Mensch spezifische Definitionen für bestimmte Begriffe verwendet und automatisch davon ausgeht, dass sein Gegenüber die gleichen Definitionen verwendet. Allerdings haben die Herkunft eines Individuums sowie sein persönliches (Arbeits-)Umfeld einen starken Einfluss darauf, wie bestimmte Begriffe belegt werden. So führt die Gliederung eines Unternehmens in verschiedene Fachabteilungen dazu, dass jede Abteilung ihre eigene „Sprache" entwickelt und mit einzelnen Begriffen bestimmte Assoziationen verknüpft. Dies kann im Rahmen von abteilungsübergreifender Kommunikation zu Missverständnissen und gegenseitigem Unverständnis führen.
- *Angst vor Kommunikation*: Vielen Menschen ist es unangenehm, eine Rede vor einer größeren Gruppe zu halten. Dies bedeutet jedoch nicht automatisch, dass sie Angst vor Kommunikation haben. Kommunikationsangst bedeutet vielmehr, sich davor zu fürchten, überhaupt mit anderen mündlich oder schriftlich zu kommunizieren. Schätzungen zu Folge sind ca. 5 bis 20 % der Bevölkerung vom Phänomen der Kommunikationsangst betroffen. Als Reaktion auf ihre Angst vermeiden zum Beispiel Menschen mündliche Kommunikation und weichen stattdessen auf Briefe, e-Mails oder Faxe aus, auch wenn ein simples Gespräch sehr viel einfacher, schneller und effizienter wäre.

Beispiel

Kommunikationsbarrieren in der QualityRent AG

Auch bei der QualityRent AG existieren an einigen Stellen Kommunikationsbarrieren. Diese Barrieren haben vor allem persönliche Ursachen. Sehr deutlich werden diese Barrieren im Verhältnis von Simon Kleeberg, dem Vertriebsleiter, und Stephanie Lackmann, der Leiterin des Bereichs Marketing und Event Management. Simon Kleeberg ist ein ausgesprochener Chauvinist, der von Frauen in Managementpositionen absolut nichts hält. Stephanie Lackmann hat sich bereits mehrfach über die abfälligen Bemerkungen von Simon Kleeberg geärgert. So bereitet es Kleeberg sichtliches Vergnügen, die periodisch von Stephanie Lackmann vor dem Vorstand präsentierten Marktforschungsberichte des Unternehmens lächerlich zu machen. Stephanie Lackmann weiß auch, dass Kleeberg insbesondere ihre Idee, das Event Management stärker auszubauen, für kompletten Unsinn hält und bekämpft, wo immer dies möglich ist. Und so ist sie – nach vielen negativen Erfahrungen – inzwischen bestrebt, den Vertriebsbereich so weit wie möglich aus ihrer Tätigkeit herauszuhalten, obwohl sie sich zu Beginn ihrer Tätigkeit bei der QualityRent AG noch vorgenommen hatte, für eine enge Zusammenarbeit von Marketing und Vertrieb zu sorgen. Daher ist der von ihr verantwortete Bereich Marketing und Event Management mittlerweile beispielsweise dazu übergegangen, die Kunden des Unternehmens direkt und unter Umgehung der Kundenbetreuer mit Event-Angeboten anzusprechen – und das relativ erfolgreich.

Simon Kleeberg ist davon natürlich nicht begeistert und hat sich bereits mehrfach beim Vorstand beschwert. Auch Peter Körber und seine Kollegen sehen die gestörte Kommunikation zwischen Marketing und Vertrieb mit Sorge. Sowohl in Vier-Augen-Gesprächen als auch in gemeinsamen Unterredungen haben sie daher Kleeberg und Lackmann auf eine Verbesserung ihrer Zusammenarbeit eingeschworen und ihnen sogar mit einer Abberufung gedroht. Letztlich weiß Peter Körber jedoch um die individuellen Qualitäten sowohl von Simon Kleeberg als auch von Stephanie Lackmann. Deshalb erscheint ihm die geplante Neuorganisation des Unternehmens auch in dieser Hinsicht vorteilhaft. Stephanie Lackmann würde in dieser Organisation den Bereich Event Management verantworten und Simon Kleeberg würde eine Funktion im Bereich Vermietung und automobile Events bekleiden. Damit wäre – so Körbers Überzeugung – auch der Konflikt zwischen den beiden entschärft. ◀

5.2.2.2 Konflikte und Konfliktlösungen

Im Rahmen der sozialen Interaktion von Gruppen treten immer auch Konflikte auf. Von einem *Konflikt* spricht man in dem Fall, wenn Zielsetzungen, Absichten oder Wertvorstellungen von Personen, die in einer Gruppe zusammenarbeiten, miteinander unvereinbar sind. Die Konfliktforschung untersucht das Entstehen und den Verlauf von Konflikten und entwickelt Lösungsstrategien, um das Handeln in Konflikten zu verändern bzw. die Auswirkungen eines Konflikts begrenzen zu können.

Im Laufe der Zeit hat sich das Verständnis der Rolle von Konflikten im Rahmen der sozialen Interaktion in Teams grundlegend geändert (vgl. Robbins 2005). In den dreißiger und vierziger Jahren des vorigen Jahrhunderts ging die herrschende Meinung davon aus, dass Konflikte die Leistung eines Teams ausschließlich negativ beeinflussen. Folgt man dieser *klassischen Sichtweise von Konflikten*, so ist die Ursache von Konflikten in einer mangelhaften Kommunikation und fehlendem Vertrauen zwischen den Gruppenmitgliedern sowie in der Unfähigkeit von Managern, auf die Bedürfnisse der Gruppe einzugehen, zu suchen. Gemäß diesem Ansatz sind Konflikte grundsätzlich zu vermeiden, indem die Ursachen für den Konflikt aufgespürt und behoben werden.

Mit der Zeit wurde diese Sichtweise durch die *Human-Relations-Sichtweisevon Konflikten* abgelöst, welche bis in die siebziger Jahre das Bild von Konflikten dominierte. Im Zentrum dieses Ansatzes steht die Erkenntnis, dass Konflikte im Rahmen der sozialen Interaktion in Gruppen oder Organisation unvermeidlich sind. Dementsprechend werden Konflikte auch nicht als ein Zustand angesehen, den es zu vermeiden gilt. Die Vertreter dieser Sichtweise argumentierten vielmehr dafür, Konflikte zu akzeptieren und nach geeigneten Lösungsmöglichkeiten zu suchen. Zudem setzte sich die Erkenntnis durch, dass Konflikte in gewissen Situationen durchaus auch positive Wirkungen entfalten können.

Diese Erkenntnis wurde im Rahmen der *interaktionistischen Sichtweise von Konflikten* noch stärker in das Zentrum der Betrachtung gestellt. Dieser Ansatz geht davon aus, dass ein gewisses minimales Konfliktniveau dauerhaft aufrechterhalten werden sollte, um eine konstant hohe Teamleistung sicherzustellen. Ist eine Gruppe hingegen „zu harmonisch", so besteht die Gefahr, dass sie zu starr und unbeweglich in ihren Denkmustern wird, was sich wiederum negativ auf die Innovationskraft der Gruppe auswirkt. Dies kann gerade in Krisenzeiten, in denen Veränderungen wichtig und nötig sind, negativen Einfluss auf die Leistung der Gruppe haben.

Somit gesteht die interaktionistische Sichtweise Konflikten auch eine positive Wirkung zu, allerdings erkennt sie auch an, dass manche Konflikte die Leistung eines Teams reduzieren. Ob es sich um einen *funktionalen*, also leistungssteigernden, oder um einen *dysfunktionalen*, also leistungsmindernden, Konflikt handelt, hängt dabei entscheidend von der *Art des Konflikts* ab. In Bezug auf die Ebene, auf welcher der Konflikt stattfindet, lassen sich dabei drei Konfliktarten unterscheiden (vgl. Jehn 1995; Jehn und Mannix 2001):

- *Konflikte auf Aufgabenebene*: Hierbei stehen der Inhalt und die Ziele, die mit einer Aufgabe verfolgt werden, im Zentrum des Konflikts. Da sie die Diskussion innerhalb der Gruppe anregen und hierdurch neue Herangehensweisen an Probleme fördern, wirken sich geringe bis mittlere Konflikte auf Aufgabenebene positiv auf die Leistung einer Gruppe aus.
- *Konflikte auf Prozessebene*: Hierbei steht die Art und Weise, wie Probleme gelöst und Aufgaben bewältigt werden im Zentrum des Konflikts. Im Unterschied zu Konflikten auf Aufgabenebene wirken Konflikte auf Prozessebene nur leistungssteigernd, wenn das Konfliktniveau gering ist. Andernfalls verwendet die Gruppe zu viel Energie darauf zu klären, wer wofür verantwortlich ist und wie etwas erledigt werden sollte. Solche Diskussionen jedoch verlängern die Bearbeitungszeit unnötig und führen möglicherweise dazu, dass Aufgaben von mehreren Mitgliedern parallel bearbeitet werden.
- *Konflikte auf Beziehungsebene*: Hierbei bilden die persönlichen Beziehungen zwischen den Gruppenmitgliedern den Ausgangspunkt des Konflikts. Konflikte auf der Beziehungsebene führen zu persönlicher Abneigung zwischen den Konfliktparteien und erhöhen die Reibungsverluste in der Interaktion. Aus diesem Grund wirken Konflikte auf der Beziehungsebene fast immer leistungsmindernd.

Zusammenfassend lässt sich somit feststellen, dass Konflikte die Leistung eines Teams nicht eindeutig positiv oder negativ beeinflussen, sondern ihre Wirkung vielmehr von der Art und Intensität des Konflikts abhängt, wie Abb. 5.24 zeigt.

Hieraus ergibt sich, dass der Umgang mit Konflikten speziell auf die spezifische Situation abgestimmt werden muss. So kann es einerseits sinnvoll sein, für eine *Erhöhung des Konfliktniveaus* zu sorgen, wenn die Arbeit innerhalb des Teams zu harmonisch ist und die Gruppe daher Gefahr läuft, träge zu werden. Um Konflikte in der Gruppe anzuspornen, könnten beispielsweise die Teammitglieder dafür belohnt werden, innovativ zu denken und bisherige Lösungsansätze in Frage zu stellen. Auch der stärkere Einbezug von Außenseitern sowie die bewusste Kritik an bestehenden Lösungen, zum Beispiel indem ein Advocatus Diaboli ernannt wird, können der Erhöhung des Konfliktniveaus dienen.

Auf der anderen Seite gibt es jedoch auch Situationen, in denen eine *Verminderung des Konfliktniveaus* erforderlich ist. Dies ist vor allem dann der Fall, wenn Diskussionen innerhalb des Teams zu polarisierend sind und eine Spaltung in verschiedene Lager droht. Konflikte sind dann häufig unproduktiv und zudem kaum steuerbar. In einer solchen Situation ist es erforderlich, einen passenden Ansatz zur Konfliktlösung zu wählen, um das Konfliktniveau auf ein produktives Maß zu reduzieren.

Die Wahl eines geeigneten Konfliktlösungsansatzes setzt allerdings eine genaue Kenntnis des Konflikts sowie dessen Ursachen voraus. Um Konflikte besser zu verstehen, ist es hilfreich, den Prozess der Entstehung eines Konflikts genauer zu betrachten. Wie anhand Abb. 5.25 deutlich wird, umfasst der Konfliktprozess fünf unterschiedliche Stufen (vgl. Robbins 2005).

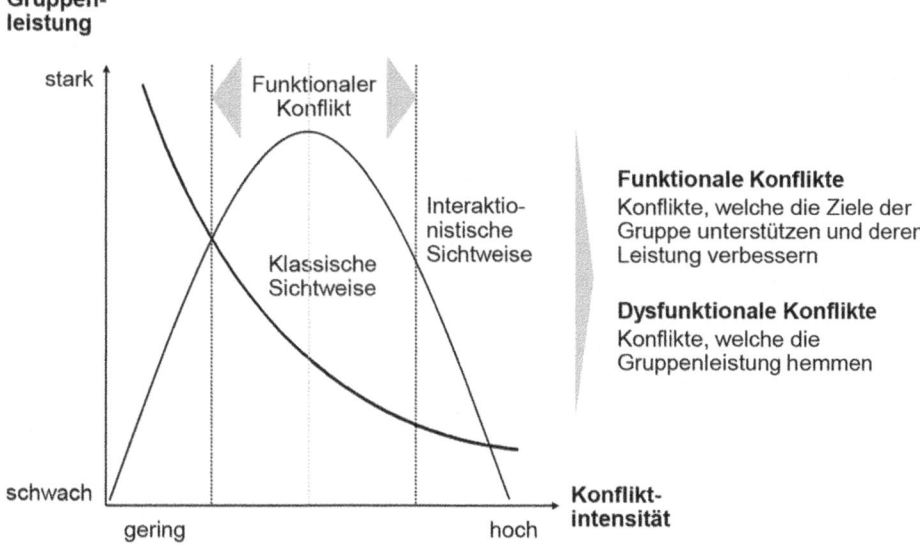

Abb. 5.24 Einfluss von Konfliktintensität auf die Gruppenleistung

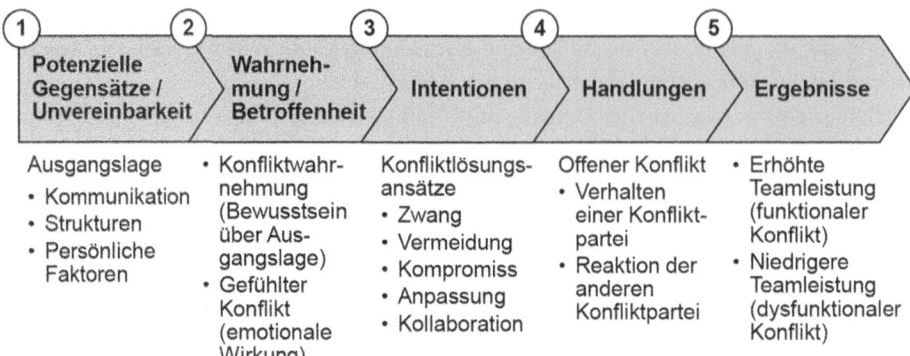

Abb. 5.25 Phasen des Konfliktprozesses

Die *erste Stufe des Konfliktprozesses* bilden *potenzielle Gegensätze oder Unvereinbarkeiten*. Diese können auch als Ursache eines Konflikts angesehen werden, da ohne ihre Existenz kein Konflikt zu Tage treten kann. Hierbei lassen sich drei typische Konfliktursachen unterscheiden: 1) Kommunikation, 2) Strukturen und 3) persönliche Faktoren.

- Wie bereits dargestellt, können sich aus der *Kommunikation* Konflikte ergeben, wenn die Beteiligten nicht miteinander, sondern aneinander vorbeireden. Eine mögliche Ursache kann in den bereits erläuterten Kommunikationsbarrieren, wie zum Beispiel der unterschiedlichen Verwendung bestimmter Begriffe, liegen. Aber auch ein unzureichender Informationsaustausch sowie Störungen des Kommunikationskanals können zu Konflikten führen.
- Daneben können sich auch aus der *Organisations- oder Gruppenstruktur* heraus Konflikte ergeben. Dies ist zum Beispiel dann der Fall, wenn die Aufgabe einer Abteilung darin liegt, die Tätigkeit einer anderen zu überwachen. So ist vorstellbar, dass in einer Bank ein gewisses Spannungsverhältnis zwischen Vertrieb einerseits und Risikomanagement andererseits besteht: Während das Ziel des Vertriebs darin besteht, möglichst viele Neukunden zu gewinnen, versucht das Risikomanagement, die Kreditausfallquote möglichst niedrig zu halten. Dies kann unter anderem durch die Ablehnung der Kreditanträge von besonders risikoreichen Kunden erreicht werden, was wiederum die Ziele des Vertriebs durchkreuzt und Konfliktpotenzial beinhaltet.
- Eine dritte Ursache von Konflikten bilden *persönliche Faktoren*. So können Konflikte entstehen, wenn eine Partei (oder beide Parteien) eine Abneigung gegenüber persönlichen Eigenschaften des Gegenübers hegt. Dies tritt häufig dann auf, wenn innerhalb einer Gruppe zu deutliche Unterschiede in den Wertvorstellungen bestehen – zum Beispiel hinsichtlich der Rolle von Frauen in der heutigen Arbeitswelt, wie wir es am Beispiel der QualityRent AG schon gesehen haben. Auch bestimmte Charaktereigenschaften, wie autoritäres Verhalten oder dogmatisches Beharren auf bestimmten Ansichten, können Konflikte auslösen.

Abb. 5.26 Intentionen/Arten
der Konfliktlösung

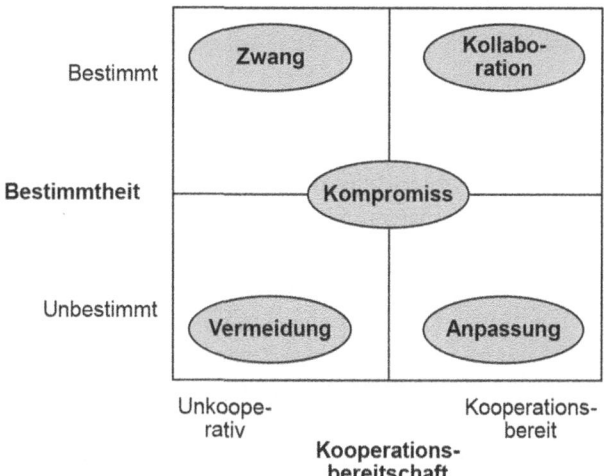

Die *zweite Stufe des Konfliktprozesses* ist erreicht, wenn sich eine Partei der *Gegensätze und Unvereinbarkeiten bewusst* ist und sich davon betroffen fühlt. Ein Konflikt besteht somit nur dann, wenn zumindest eine der beiden Konfliktparteien ihn als solchen auch wahrnimmt. Auf dieser Stufe manifestiert sich auch der eigentliche Gegenstand des Konflikts. Aus diesem Grund ist diese Stufe für die spätere Konfliktlösung entscheidend, denn ohne Kenntnis des eigentlichen Konfliktgrunds lässt sich kaum eine Lösung finden, die die Konfliktparteien zufriedenstellt.

Nachdem der Konflikt von den Beteiligten bewusst wahrgenommen wird, machen sie sich auf der *dritten Stufe des Konfliktprozesses* Gedanken darüber, welche *Intentionen* und Strategien ihr Gegenüber in dem Konflikt verfolgt. Die Konfliktforschung hat in diesem Zusammenhang fünf unterschiedliche Intentionen identifiziert (vgl. Thomas 1992), welche letztlich auch zu verschiedenen Ansätzen zur Konfliktlösung führen. Diese fünf in Abb. 5.26 aufgezeigten Intentionen unterscheiden sich hinsichtlich 1) der *Bestimmtheit*, mit der Konfliktparteien ihre eigenen Bedürfnisse zu befriedigen versuchen und 2) der *Kooperationsbereitschaft*, mit der eine Konfliktpartei gewillt ist, auf die Bedürfnisse der anderen Partei einzugehen.

- *Zwang*: Konfliktlösung durch Zwang bedeutet, dass eine Partei ihre Bedürfnisse auf Kosten anderer befriedigt. Dies geschieht typischerweise, indem eine Partei ihre formale Autorität dazu benutzt, den Konflikt zu beenden. Da hierbei meist nur eine Seite des Konflikts berücksichtigt wird, hinterlässt dieser Ansatz in der Regel Gewinner und Verlierer. Diese Form der Konfliktlösung bietet sich an, wenn eine schnelle Lösung für ein wichtiges Problem notwendig oder die Beziehung zwischen den Konfliktparteien nicht sehr wichtig ist.
- *Vermeidung*: Konfliktlösung durch Vermeidung bedeutet, dass sich die Parteien vom Konflikt zurückziehen und somit das grundlegende Problem hinter dem Konflikt nicht

gelöst wird. Diese Form der Konfliktlösung bietet sich an, wenn der Konflikt unwichtig und die Zeit knapp ist oder wenn die interpersonellen Beziehungen zwischen den Konfliktparteien wichtig sind.

*   *Kompromiss*: Konfliktlösung durch Suche eines Kompromisses bedeutet, dass jede Partei bereit ist, auf die andere Seite zuzugehen und einen Teil der eigenen Position aufzugeben. Allerdings führt dieser Ansatz häufig zu ineffizienten Lösungen, da sich jede Partei als Verlierer fühlt. Diese Form der Konfliktlösung bietet sich an, wenn eine vorübergehende Lösung eines komplexen Problems wünschenswert ist oder eine schnelle Lösung übergeordneter Probleme gefördert werden soll.
*   *Anpassung*: Konfliktlösung durch Anpassung bedeutet, dass eine harmonische Beziehung zwischen den Konfliktparteien aufrechterhalten wird, indem die Bedürfnisse einer Partei über die Bedürfnisse der anderen gestellt werden. Diese Form der Konfliktlösung bietet sich an, wenn es sich um einen weniger wichtigen Konfliktbereich handelt.
*   *Kollaboration*: Konfliktlösung durch Kollaboration stellt so etwas wie den Königsweg dar. Hierbei streben alle Konfliktparteien danach, ihre Bedürfnisse gemeinsam zu befriedigen und auf diese Weise eine „Win-Win"-Situation herzustellen. Dies setzt voraus, dass die Konfliktlösung durch eine offene und ehrliche Diskussion gekennzeichnet ist und jede Partei ihre wahren Ziele und Interessen offenlegt. Diese Form der Konfliktlösung bietet sich an, wenn die Lösung des Konflikts nicht unter Zeitdruck erfolgt und der Streitpunkt zu wichtig ist, um ihn durch einen Kompromiss zu lösen.

Welche Strategie Individuen in einem Konflikt verfolgen, hängt in der Regel nicht davon ab, um welche Art von Konflikt es sich handelt oder was der Gegenstand des Konflikts ist. Die verfolgte Intention ist vielmehr von persönlichen Charakteristiken, wie zum Beispiel dem eigenen Wertesystem, abhängig.

Die *vierte Stufe des Konfliktprozesses* umfasst die *Handlungen* der beteiligten Konfliktparteien. Diese Phase ist sehr dynamisch, da jede Partei mit ihren Handlungen jeweils auf das Verhalten der anderen Partei reagiert. Dabei kann es passieren, dass sich der Konflikt zunehmend „aufschaukelt", das heißt, dass jede Maßnahme mit einer zunehmend drastischeren Gegenmaßnahme beantwortet wird und die Intensität des Konflikts stetig zunimmt. Ein Beispiel hierfür ist der kalte Krieg, in dem letztlich beide Parteien, der Warschauer Pakt und die NATO, zur Lösung des Konflikts ihre Waffenarsenale aufstockten. Da jede Aufstockung auf der einen Seite mit einer Aufstockung auf der anderen Seite beantwortet wurde, schaukelte sich der Konflikt zunehmend auf.

Auf der *fünften Stufe des Konfliktprozesses* treten die *Ergebnisse des Konflikts* zutage. Zu welchem Ergebnis ein Konflikt führt, hängt dabei entscheidend von der Art des Konflikts ab. Handelt es sich um einen funktionalen Konflikt, so dominieren – wie bereits erläutert – die positiven Effekte eines Konflikts: Zum Beispiel verharren Gruppen nicht in angestammten Verhaltensmustern, sondern entwickeln innovative Konzepte. Handelt es sich hingegen um einen dysfunktionalen Konflikt, so dominieren die negativen Effekte: Beispielsweise spalten sich Gruppen in unterschiedliche Lager, die einander bekämpfen und eine effektive Aufgabenbearbeitung nahezu unmöglich machen.

Im Unternehmenskontext werden Konflikte allerdings nicht immer offen ausgetragen, sondern äußern sich oft eher unterschwellig. Aus diesem Grund ist es auch wichtig, die Symptome eines Konflikts zu beobachten, um geeignete Maßnahmen zur Konfliktlösung einleiten zu können. Mögliche *Symptome* eines Konflikts sind beispielsweise eine Verschlechterung der Kommunikationsbeziehungen sowie des Informationsflusses zwischen den Konfliktparteien, zunehmende Uneinigkeit in Bezug auf verschiedenste Fragen, das vermehrte Auftreten kleiner Sticheleien und Feindseligkeiten sowie das Suchen nach Schuldigen statt nach Lösungen, wenn Probleme auftreten.

5.2.2.3 Verhandlungen
Verhandlungen sind ein typischer Bestandteil des privaten und geschäftlichen Lebens. Auch in Gruppen treten sie regelmäßig auf, bevor eine Gruppe zu einer Entscheidung kommt. Das grundlegende Merkmal einer Verhandlung ist, dass es sich um eine (meist verbale) Auseinandersetzung von zwei (oder mehr) Parteien handelt, die versuchen, mit Hilfe der Verhandlung ihre jeweiligen Ziele durchzusetzen. Dabei sind die Beteiligten insofern wechselseitig voneinander abhängig, als keine Partei ihre Ziele ohne die andere Partei verwirklichen kann (vgl. Fisher und Ury 2011).

Man unterscheidet grundsätzlich zwei *Verhandlungsformen* – distributive und integrative Verhandlungen.

- *Distributive Verhandlungen* zeichnen sich dadurch aus, dass der Gegenstand, über den verhandelt wird, unveränderlich ist. Man verwendet hier den Begriff distributiv, weil als Ergebnis der Verhandlung der Verhandlungsgegenstand aufgeteilt wird. Jede Partei versucht dabei, ihre Interessen so gut wie möglich durchzusetzen – was immer nur auf Kosten der anderen Partei möglich ist. Diese Art der Verhandlung ist nur sinnvoll, wenn die Beziehung zwischen den Verhandlungspartnern von kurzfristiger Natur ist – also beispielsweise bei Kaufverhandlungen, wenn die Parteien nur einmalig oder selten (und nicht regelmäßig) aufeinander treffen.
- Demgegenüber besteht das Hauptmerkmal *integrativer Verhandlungen* darin, dass der Verhandlungsgegenstand variabel ist. In diesem Fall ist es möglich, dass die Verhandlung zu einem Ergebnis führt, bei dem beide Parteien ihre Ziele erreichen können und eine so genannte „Win-Win"-Situation erreicht wird. Dazu müssen natürlich die Interessen beider Parteien in der Verhandlung angemessen berücksichtigt werden – es gilt, die Interessen zu integrieren. Diese Art der Verhandlung ist darauf ausgerichtet, eine langfristige Beziehung zwischen den Verhandlungspartnern zu etablieren oder eine bestehende Beziehung zu festigen.

Im Unternehmenskontext sind grundsätzlich beide Verhandlungsformen denkbar. So kann zum Beispiel ein begrenztes Investitionsbudget nur einmal ausgegeben werden. In der Mehrzahl der Fälle dürften jedoch Situationen vorliegen, die nach einer integrativen Verhandlung verlangen. Schließlich sollten die Interessen aller, die in einem Unternehmen arbeiten, grundsätzlich „in die gleiche Richtung gehen", weil alle zum Erreichen der gemeinsamen Unternehmensziele beitragen. Zudem sollte es doch gerade in einem Unternehmen wichtig sein, positive Beziehungen zu anderen Verhandlungsparteien zu erhalten und sich nicht auf Kosten des jeweils anderen durchzusetzen. Dies gilt gerade für die Mitglieder eines Teams, die weiter miteinander zusammenarbeiten wollen, in besonders hohem Maße.

Um integrative Verhandlungsergebnisse zu erreichen, sind jedoch bestimmte *Voraussetzungen* erforderlich, die sich in einstellungsbezogene, verhaltensbezogene sowie informationsbezogene Voraussetzungen unterteilen lassen (vgl. Schermerhorn et al. 2008):

(1) Zu den *einstellungsbezogenen* Voraussetzungen gehört zum einen das gegenseitige Vertrauen zwischen den Verhandlungspartnern. Zum anderen gehört dazu auch die Bereitschaft der Verhandlungspartner, Informationen mit ihrem Gegenüber zu teilen, da ansonsten eine für beide Seiten vorteilhafte Problemlösung nur schwer zu finden ist. Schließlich zählt zu den einstellungsbezogenen Voraussetzungen noch die Bereitschaft beider Parteien, einander konkrete Fragen zu stellen und hierdurch den Informationsaustausch weiter zu forcieren.

(2) Neben den einstellungsbezogenen lassen sich vier zentrale verhaltensbezogene Voraussetzungen ausmachen (vgl. Fisher und Ury 2011). Erstens sollten Verhandlungsführer die Fähigkeit mitbringen, *Menschen und Probleme voneinander zu trennen* und somit stets sachlich zu argumentieren. Gelingt dies nicht, werden Verhandlungen zu emotional und können der langfristigen Beziehung zwischen den Verhandlungspartnern schaden. Zweitens gelingen integrative Verhandlungen häufig dann, wenn *Interessen offengelegt* und nicht „hinter dem Zaun" gehalten werden. Ein häufig in diesem Zusammenhang genanntes Beispiel ist die Verhandlung über die „hässliche Orange" („ugly orange"). In dieser Verhandlung benötigen beide Parteien die gesamte Ernte einer äußerst seltenen Orangenart, der „ugly orange", um jeweils einer großen Anzahl von Menschen das Leben zu retten. Die eine Partei benötigt den Saft der Orangen, um ein Medikament gegen eine Krankheit, die vor allem jungen Müttern das Leben kostet, herzustellen. Die andere Partei braucht die Schale der Orangen, um einen chemischen Stoff herzustellen, mit dem eine riesige Explosion von Giftgas verhindert werden kann. Da jedoch beide Parteien sich in der Verhandlung allein darauf konzentrieren, die Orangen zu ergattern, ohne mit der anderen Partei darüber zu sprechen, worin denn eigentlich das jeweilige Interesse liegt und welche Teile der Orange jeweils benötigt werden, übersehen die Parteien, dass die eigentlichen Interessen sich gar nicht ausschließen. In Folge dessen können sich die Parteien nicht einigen, was im Ernstfall den Tod zahlreicher Menschen bedeuten würde.

Eine dritte verhaltensbezogene Voraussetzung ist die Fähigkeit, bereits vor Verhandlungen *„Win-Win"-Optionen auszuloten*. Genau aus diesem Grunde ist es auch ratsam, bereits frühzeitig persönlichen Kontakt mit Verhandlungspartnern aufzubauen. Viertens schließlich sollten Behauptungen, die als Grundlage von Verhandlungen aufgeführt werden, anhand von Annahmen belegt werden, mit denen das Gegenüber übereinstimmt. Das bedeutet auch, dass Verhandlungen insbesondere dann erfolgreich geführt werden, wenn sie auf *objektiven Beweisen*, im Gegensatz zu persönlichen Einschätzungen, beruhen.

(3) Zu den *informationsbezogenen Voraussetzungen* zählt vor allem das Wissen jedes Verhandlungspartners um die eigenen Alternativen. Fisher und Ury, die Gründer der Verhandlungsforschung, haben in diesem Zusammenhang den Begriff des „BATNA" geprägt. BATNA bezeichnet die „Best Alternative to Negotiated Agreement", also die beste Alternative zu der in der Verhandlung diskutierten Lösung. Will man beispielsweise eine neue Wohnung mieten und verhandelt mit einem Vermieter über den Mietpreis einer Wohnung, so ist man gut beraten, sich über andere vergleichbare Wohnungen zu informieren und zu wissen, welche die beste alternativ zur Vermietung stehende Wohnung ist zu der, über die man sich mit dem Vermieter unterhält.

Unabhängig davon, ob es sich um distributive oder integrative Verhandlungen handelt, lässt sich der Verhandlungsablauf als fünfstufiger Prozess beschreiben (Abb. 5.27; vgl. Robbins 2005).

- *Vorbereitung und Planung*: Bevor die eigentliche Verhandlung stattfindet, müssen sich die Beteiligten erst über die eigenen Ziele klar werden. Daneben sollten sie auch ein Verständnis dafür entwickeln, welche Ziele ihr Verhandlungspartner verfolgt und mögliche Unterschiede und Gemeinsamkeiten in den verfolgten Zielen aufdecken. Dies wiederum bildet die Grundlage für die Definition einer Verhandlungsstrategie, welche auch berücksichtigen sollte, welche Alternativen den Verhandlungspartnern offenstehen, sofern es nicht zu einer Einigung kommen sollte, also welche BATNAs zur Verfügung stehen. Dies ist von Bedeutung, da keine Vertragspartei eine Verhandlungslösung akzeptieren wird, mit der sie sich im Vergleich zur BATNA schlechter stellt.
- *Definition der Grundregeln*: Zu Beginn der Verhandlungen verständigen sich beide Parteien in der Regel auf bestimmte Grundregeln, nach denen die Verhandlung ablaufen soll. Hierbei werden Fragen geklärt wie „Wer führt die Verhandlungen?", „Über was genau wird verhandelt?" und „Was können wir tun, falls die Verhandlungen in einer Sackgasse enden?". Zudem stellen die Verhandlungspartner in dieser Phase ihre Angebote und Forderungen an die Gegenseite vor.

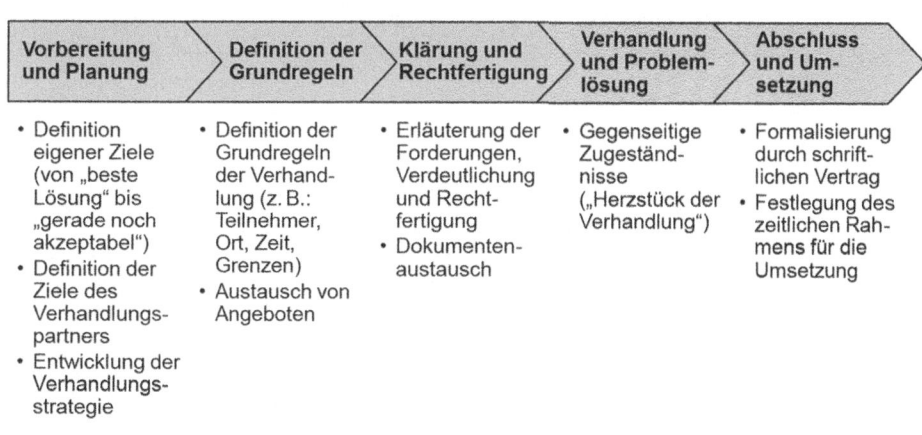

Abb. 5.27 Prozess einer Verhandlung

- *Klärung und Rechtfertigung*: Auf der dritten Stufe des Verhandlungsprozesses erläutern, verdeutlichen und rechtfertigen die Parteien ihre ursprünglichen Forderungen, beispielsweise indem sie Dokumente austauschen, die die Forderungen untermauern.
- *Verhandlung und Problemlösung*: In dieser Phase versuchen die Verhandlungspartner, durch gegenseitige Zugeständnisse zu einem Ergebnis zu gelangen, das für beide Seiten akzeptabel ist. Diese Stufe des Prozesses stellt gewissermaßen das Herzstück jeder Verhandlung dar.
- *Abschluss und Umsetzung*: Nachdem sich beide Parteien auf eine Verhandlungslösung geeinigt haben, muss diese formalisiert werden, zum Beispiel durch Unterzeichnung eines schriftlichen Vertrags. Zudem müssen sich beide Seiten darauf verständigen, wie und in welchem zeitlichen Rahmen die getroffene Vereinbarung umgesetzt werden soll.

Ein wichtiger Aspekt, der im Rahmen von Verhandlungen auch berücksichtigt werden muss, sind kulturelle Unterschiede zwischen den Verhandlungspartnern (vgl. Graham 1985). So ergaben beispielsweise verschiedene Studien, dass sich Verhandlungen im nordamerikanischen Raum stark auf Fakten und logische Argumentation stützen. Argumente der Gegenseite werden objektiv und basierend auf Tatsachen beantwortet und Zugeständnisse bereits früh im Verhandlungsprozess gemacht. Demgegenüber sind laut diesen Studien Verhandlungen im arabischen Raum eher geprägt durch eine emotionale Argumentation. Argumente der Verhandlungspartner werden hier häufig nicht mit objektiven Fakten, sondern eher mit subjektiven Eindrücken und Gefühlen beantwortet. Zugeständnisse werden im Verlauf der gesamten Verhandlung gemacht, nicht nur zu Beginn. In Abb. 5.28 sind weitere typische Unterschiede zwischen den Verhandlungsstilen in verschiedenen Kulturkreisen aufgeführt, die sich auf verbale und non-verbale Aspekte beziehen. So zeigte sich in der hier zusammengefassten Studie, dass in Brasilien deutlich häufiger „nein" zu einem Angebot gesagt wird, allerdings in Gesprächen auch kaum Stille herrscht und der Gegenüber häufig unterbrochen wird (vgl. Robbins 2005).

	Nordamerika	Japan	Brasilien
„Nein"	9	5	83
Ruhepausen (>10s)	3,5	5	0
Anzahl Unterbrechungen	Durchschnitt	Durchschnitt	Dreimal mehr als Durchschnitt
Physischer Kontakt	Einfacher Handschlag	Einfacher Handschlag	Fünffache Berührung (nicht nur Handschlag)

Abb. 5.28 Kulturelle Differenzen in Verhandlungen

5.2.2.4 Entscheidungsfindung

Ein weiterer wichtiger Aspekt, der die Leistung einer Gruppe beeinflusst, ist die Art und Weise, wie Entscheidungen getroffen werden. Grundsätzlich überwiegt dabei die Einschätzung, dass Teams qualitativ bessere Entscheidungen treffen können als einzelne Individuen. Als Beleg hierfür wird eine Reihe von *Vorteilen der Entscheidung im Team* genannt. So verfügt ein Team in der Regel über eine breitere Informations- und Wissensbasis und besitzt somit tendenziell ein höheres Potenzial zur Identifikation und zum Verständnis des eigentlichen Problems. Weiterhin stimuliert die Interaktion innerhalb der Gruppe die Diskussion und führt hierdurch zu kreativeren Lösungen, da unterschiedliche Aspekte des Problems betrachtet werden. Auch neigen Teams dazu, Entscheidungen eher auf Basis objektiver Kriterien zu treffen, was häufig zu besseren Lösungen führt. Zudem spornt die Diskussion in der Gruppe die einzelnen Teammitglieder zusätzlich an, so dass die gesamte Motivation steigt. Schließlich führt die Tatsache, dass mehrere Personen an der Entscheidungsfindung beteiligt sind, zu geringerem Widerstand bei der anschließenden Umsetzung der Entscheidung.

Allerdings lässt sich auch eine Reihe von *Nachteilen der Entscheidung im Team* identifizieren. Da eine Entscheidung im Team nur dann getroffen werden kann, wenn mindestens die Mehrheit der Mitglieder dafür ist, erhöht dies die Komplexität der Entscheidungsfindung sowie den Koordinationsbedarf innerhalb der Gruppe. Zudem erschweren die unterschiedlichen Sichtweisen der einzelnen Teammitglieder eine Einigung, insbesondere wenn sie unterschiedliche Ziele verfolgen. Häufig treten auch Probleme auf, welche durch Barrieren der Kommunikation verursacht werden (vgl. Abschn. 5.2.2.1.4) In der Summe führt dies dazu, dass Entscheidungen im Team mit einem hohen Zeitaufwand verbunden sind. Ein weiteres Problem von Entscheidungen in Gruppen besteht darin, dass einzelne Individuen die Diskussion dominieren und hierdurch das Ergebnis einseitig beeinflussen, wodurch einige der zuvor genannten Vorteile zunichte gemacht werden. Die mit Abstand wichtigsten Probleme, die bei Entscheidungen im Team auftreten, sind aber die mit den Begriffen „Group Think" und „Risk Shift" beschriebenen Phänomene (vgl. Pruitt und Teger 1969; Shaw 1971).

- Das Phänomen des *„Group Think"* tritt auf, wenn das Streben nach sozialer Konformität sowie nach Konsens innerhalb der Gruppe einen dominierenden Einfluss gewinnt. Als Folge vermeidet es jeder im Team, die herrschende Meinung innerhalb der Gruppe in Frage zu stellen, um den Frieden in der Gruppe nicht zu gefährden. Kritik wird – wenn überhaupt – nur sehr vorsichtig und zurückhaltend geäußert. Dies führt im Ergebnis dazu, dass sich die Gruppe gegenüber anderen abschottet und ein Gefühl der Überlegenheit entwickelt. Da die Gruppe keinen Einfluss und keine Meinungen mehr von „außen" zulässt, sinkt in der Folge die Qualität der getroffenen Entscheidungen zunehmend ab. Eine Möglichkeit, das Auftreten von „Group Think" zu verhindern, besteht darin, bewusst Raum für Einwände und Kritik zu schaffen – zum Beispiel indem ein Teammitglied die Rolle des „Advocatus Diaboli" einnimmt und mögliche Schwachstellen und Kritikpunkte an der vom Team favorisierten Lösung sucht.

- Mit dem Begriff *„Risk Shift"* wird die Tendenz von Individuen beschrieben, als Mitglied einer Gruppe Risiken geringer einzuschätzen als alleine. Verantwortlich hierfür ist die Tatsache, dass die Verantwortung für eine Aufgabe im Team auf alle aufgeteilt ist und es nicht einen einzigen Verantwortlichen gibt. Darüber hinaus dominieren in Gruppendiskussionen häufig risikofreudigere Individuen gegenüber den eher risikoscheuen. Als Konsequenz hieraus neigen Gruppen dazu, ein höheres Risiko einzugehen, als jedes einzelne Teammitglied alleine bereit wäre. Eine mögliche Maßnahme zur Vermeidung des „Risk Shift" liegt darin, die Verantwortung innerhalb der Gruppe zu individualisieren, zum Beispiel indem die Verantwortlichkeiten für einzelne Teilaufgaben innerhalb der Gruppe klar verteilt werden. Weiterhin ist es sinnvoll, im Rahmen von Gruppendiskussion die Risiken verschiedener Maßnahmen explizit anzusprechen und hierdurch transparent zu machen. Eine dritte Maßnahme schließlich stellt die aktive Einbindung Außenstehender in den Entscheidungsprozess dar, um auf diese Weise die Meinungen von Personen außerhalb der Gruppe mit einzubeziehen. Wie auch immer das Risikoverhalten von Gruppen beeinflusst werden kann, zu beachten ist, dass ein „Risk Shift" in einigen Situationen durchaus gewollt ist – wenn ein Unternehmen beispielsweise gezielt Risikobereitschaft fördern will, werden sinnvollerweise Teams anstatt Einzelpersonen eingesetzt.

Die Effizienz von Gruppenentscheidungen hängt allerdings nicht nur davon ab, inwieweit die beschriebenen Vorteile genutzt und die Nachteile vermieden werden können, sondern auch von der Art des Problems, welches es zu lösen gilt. Handelt es sich um *einfache Probleme*, bei denen jedes Gruppenmitglied die richtige Antwort kennt, so ist die Leistung der Gruppe davon abhängig, ob die Gruppenmitglieder die richtige Antwort auch akzeptieren. Ist dies der Fall, dann entspricht die Leistung der Gruppe der des besten Individuums. Ist dies nicht der Fall, dann ist die Leistung der Gruppe geringer als die des besten Individuums.

Handelt es sich hingegen um ein *komplexes Problem*, dann ist die Gruppenleistung höher als die des besten Individuums, falls drei Voraussetzungen erfüllt sind: 1) die Gruppe ist aus unterschiedlichen Individuen zusammengestellt, deren Fähigkeiten sich gegenseitig ergänzen, 2) jeder in der Gruppe darf seine Ideen frei vorstellen und 3) Ideen werden nur angenommen, wenn sie auch tatsächlich gut sind.

Verständnisfragen

1. Beschreiben Sie die vier Phasen der Teamarbeit. In welcher Phase entsteht das „Wir-Gefühl" des Teams?
2. Nennen Sie die Determinanten des Gruppenerfolges.
3. Welche Teamrollen unterscheidet Belbin?
4. Durch welche Quellen kann ein Teammitglied einen hohen Status erreichen?
5. Erläutern Sie den Zusammenhang zwischen Teamgröße und Teamleistung. Welche Gruppengröße wird als optimal angesehen und warum?

6. Was ist „social loafing" und durch welche vier Strategien kann es vermieden werden?

7. Beschreiben Sie kurz, welche Faktoren maßgeblich den Zusammenhalt einer Gruppe beeinflussen.

8. Welche wesentlichen Funktionen erfüllt die Kommunikation in Unternehmen?

9. Erläutern Sie den Kommunikationsprozess, mit dessen Hilfe Informationen von einem Sender zu einem Empfänger übertragen werden.

10. Welche drei grundsätzlichen Arten der Kommunikation lassen sich unterscheiden?

11. Was unterscheidet die Inhalts- von der Beziehungsebene der Kommunikation?

12. Beschreiben Sie das Vier-Seiten-Modell der Kommunikation. Wovon hängt es ab, welche der vier Seiten der Empfänger am stärksten wahrnimmt?

13. Welche grundsätzlichen formalen Strukturmuster existieren in Unternehmen? Charakterisieren Sie diese Strukturmuster kurz.

14. Worin liegt der Vorteil informaler Kommunikationsstrukturen?

15. Nennen Sie die sechs Arten von persönlichen Kommunikationsbarrieren.

16. Was unterscheidet die klassische Sichtweise von Konflikten von der interaktionistischen Sichtweise? Wie beeinflussen in der interaktionistischen Sichtweise Art und Intensität eines Konflikts die Leistung des Teams? Durch welche Maßnahmen kann das Konfliktniveau beeinflusst und somit die Leistung eines Teams erhöht werden?

17. Beschreiben Sie die fünf Phasen des Konfliktprozesses. Gehen Sie dabei besonders auf die Möglichkeiten zur Konfliktlösung ein.

18. Welche Voraussetzungen müssen für den Erfolg integrativer Verhandlungen gegeben sein? Warum sind diese Voraussetzungen bei distributiven Verhandlungen nicht nötig?

19. Skizzieren Sie kurz den Prozess einer Verhandlung.

20. Welche Probleme können auftreten, wenn Entscheidungen im Team getroffen werden?

Diskussionsfragen

1. In welcher Phase der Teamarbeit befindet sich das Projektteam von Peter Körber im Einführungstext des Kap. 5.2 (Seite 304)? Wie kann es das Team schaffen, in Zukunft erfolgreich zusammenzuarbeiten?

2. Bewerten Sie den Zusammenhalt in der Abteilung Personal und IT der QualityRent AG. Die Ausführungen zu den Normen bei der QualityRent AG können Ihnen dabei helfen (Seite 313).

3. Die QualityRent AG ist durch sehr offene und intensive Kommunikation innerhalb des Unternehmens gekennzeichnet. Diskutieren Sie die positiven und auch die negativen Wirkungen, die diese Art der Kommunikation für das Unternehmen hat.

4. Im Zusammenhang mit der anstehenden strategischen Neuausrichtung und Reorganisation der QualityRent AG ist Peter Körber die frühzeitige Information aller Mitarbeiter sehr wichtig. Diskutieren Sie, wie ein Kommunikationsprogramm in diesem Fall ausgestaltet werden sollte

5.3   Führung von Individuen und Gruppen

Wie gut es einem Unternehmen gelingt, seine Mitarbeiter zum Handeln im Unternehmensinteresse zu bewegen, hängt letztlich ganz entscheidend von der Qualität der (persönlichen) Führung ab – das heißt im Wesentlichen vom Verhalten der Führungskräfte des
Unternehmens gegenüber ihren Mitarbeitern. Fragen der (Mitarbeiter-)Führung besitzen
somit eine zentrale Bedeutung für die Unternehmensführung und den Erfolg eines Unternehmens. Führung ist daher das Thema, mit dem wir uns in diesem Kapitel des Buchs
beschäftigen – eingeleitet wiederum durch einen kurzen Blick auf die QualityRent AG.

Beispiel

Führung in der QualityRent AG

Peter Körber betont immer wieder, dass seine Mitarbeiter entscheidend für den Erfolg des Unternehmens sind. Dementsprechend legt er sehr großen Wert auf das Thema
Mitarbeiterführung und stellt in diesem Zusammenhang auch hohe Erwartungen an
seine Führungskräfte. Er glaubt insgesamt, in diesem Bereich sehr zufrieden sein
zu können.

Vor allem Simon Kleeberg, der Leiter des Bereichs Vertrieb und Service, stellt nach
Ansicht von Peter Körber quasi das Idealbild einer guten Führungskraft dar. Unter der
Führung von Kleeberg ist in den vergangenen Jahren nicht nur die Anzahl der betreuten
Kunden stetig gestiegen; vielmehr sind auch die Mitarbeiter des Bereichs Vertrieb und
Service begeistert von ihrem Chef, obwohl er extrem viel von ihnen fordert. Doch mit
seinem humorvollen und extrovertierten Wesen ist Kleeberg immer in der Lage, „das
Eis bei Kunden und Mitarbeitern zu brechen". Seine Zuverlässigkeit wird nicht nur von
den Kunden geschätzt, auch seine Mitarbeiter wissen, dass Simon Kleeberg stets hinter
ihnen steht. Seine Selbstsicherheit bei Entscheidungen gibt ihnen auch in schwierigen
Situationen Halt. Auch lebt er die Kundenorientierung, die er immer wieder von seinen
Mitarbeitern fordert, selbstlos vor. Er ist stets der erste im Büro und der letzte, der es
verlässt. Manche Mitarbeiter witzeln schon, dass Simon Kleeberg eigentlich keine
Wohnung braucht, da er ja eh im Büro lebt. In solchen Worten wird vor allem die Achtung deutlich, die ihm seine Mitarbeiter entgegenbringen. „Führung von vorne" ist der
Leitsatz von Simon Kleeberg, denn er will selbst genau die Kundenorientierung vor-
leben, die er von seinen Mitarbeitern fordert.

Klaus Willmann, der Leiter des Bereichs Finanzen und Controlling, ist als Führungskraft ein ganz anderer Typ. Einige Zeit hatte Peter Körber den Eindruck, dass Willmann
zwar sehr gute fachliche Qualitäten besitzt, für die Führung der Menschen in seiner
Abteilung jedoch weniger geeignet ist. Gespräche mit Mitarbeitern des Bereichs Finanzen und Controlling belehrten ihn jedoch eines Besseren. Die introvertierte, zurück-
haltende Art von Klaus Willmann kommt nämlich bei den Mitarbeitern des Bereichs
sehr gut an. Ihnen ist klar, dass sie sich stets auf ihren Chef verlassen können und dass
er immer Zeit für sie hat und ihnen zuhört. Darüber hinaus wissen die Mitarbeiter der

Abteilung aber auch die große Handlungs- und Entscheidungsfreiheit zu schätzen, die Willmann ihnen überlässt. Alle Mitarbeiter des Bereichs Finanzen und Controlling äußerten gegenüber Peter Körber, dass gerade durch diese Selbstbestimmung ihre Motivation sehr stark gestiegen ist.

Insgesamt hat Peter Körber im Laufe der Zeit immer mehr den Eindruck gewonnen, dass die Auswahl und Entwicklung von Führungskräften eine seiner wichtigsten und zugleich schwierigsten Aufgaben ist. Oft hat er dabei ein glückliches Händchen gehabt, wie die Beispiele von Simon Kleeberg und Klaus Willmann verdeutlichen. Es gab aber im Laufe der Entwicklung der QualityRent AG auch negative Erfahrungen. So war es Peter Körber vor einigen Jahren gelungen, einen ganz hervorragenden Vertriebsmitarbeiter von einem größeren Automobilkonzern abzuwerben. Dieser Mann sollte das Münchener Büro der QualityRent AG übernehmen, nachdem der bisherige Büroleiter in den Ruhestand gegangen war. Der neue Leiter trat seinen Job mit sehr viel „Vorschusslorbeeren" an. Schnell zeigte sich jedoch, dass er zwar sehr viele gute Ideen mit in das Unternehmen brachte, aber eben auch eine sehr autoritäre Art hatte und von seinen Mitarbeitern erwartete, dass sie genau nach seinen Vorstellungen handelten. Die Mitarbeiter des Münchener Büros waren jedoch von ihrem alten Chef einen ganz anderen Führungsstil gewohnt. Daher waren sie mit ihrem neuen Chef schnell sehr unzufrieden. Die Produktivität des Büros ging stark zurück, und auch der Krankenstand stieg. Es dauerte einige Zeit, bis Peter Körber die Ursache für diese Probleme erkannte. Letztlich blieb ihm nichts anderes übrig, als sich von dem Leiter des Münchener Büros wieder zu trennen.

Seitdem ist Peter Körber immer wieder darum bemüht zu erkennen, was eigentlich eine gute Führungskraft von einer schlechten unterscheidet. Immer stärker wird ihm jedoch bewusst, dass diese Frage nicht ganz leicht zu beantworten ist. ◄

5.3.1   Grundlagen der Führung im Unternehmen

Ein Unternehmen ist ein komplexes Gebilde, in dem unterschiedliche Menschen unterschiedliche Aufgaben erfüllen, mit unterschiedlichen Situationen konfrontiert sind und zumindest in Teilen auch unterschiedliche Ziele verfolgen. Aus dieser für Unternehmen typischen Arbeitsteilung resultieren bedeutende Spezialisierungsvorteile, aber auch die Gefahr, dass sich die einzelnen Menschen im Unternehmen in ihrem Handeln „verselbstständigen".

Damit ein Unternehmen dennoch als Ganzes seine Aufgaben bestmöglich erledigen und seine Ziele erreichen kann, muss das Handeln der einzelnen Menschen im Unternehmen koordiniert werden. *Koordination* bedeutet dabei zweierlei. Zum einen soll das Handeln aller Menschen im Unternehmen auf ein gemeinsames Ziel ausgerichtet werden: den Erfolg des Unternehmens. Zum anderen sollen die Menschen bei der Aufgabenerfüllung immer wieder so beeinflusst werden, dass sie ihren Teil der Aufgaben im Unternehmensverbund zweckmäßig wahrnehmen und sich in ihrem täglichen Handeln untereinander abstimmen. Nur so kann gewährleistet werden, dass die Unternehmensaufgaben insgesamt effizient erfüllt werden.

Beide Aspekte der Koordination ergeben sich in der Regel nicht automatisch. Jedes Unternehmen benötigt vielmehr einige Menschen, welche die notwendigen Koordinationsaufgaben übernehmen. Diese Menschen nennt man *Führungskräfte*. Die Tätigkeiten, die diese Menschen durchführen, werden als Führung im funktionalen Sinn bezeichnet. Dabei lassen sich zwei Arten von Führungsaufgaben unterscheiden, nämlich solche Aufgaben, die in Zusammenhang mit der (sachlichen) Führung des Unternehmens stehen – dazu zählen zum Beispiel Aufgaben der Strategie- oder der Organisationsgestaltung –, und solche Aufgaben, die sich auf die *(persönliche) Führung von Menschen* im Unternehmen beziehen – die *Mitarbeiterführung*. Nur auf diese wird im Folgenden unter dem Begriff Führung eingegangen.

Unter Führung wird deshalb hier die zielgerichtete Beeinflussung einzelner Personen oder ganzer Gruppen im Unternehmen verstanden (vgl. Staehle 1999). Die Menschen, die dieses „Einflusshandeln" praktizieren, werden Führungskräfte genannt.

Neben der Frage, wie sich Führungshandlungen auf die Geführten auswirken, ist in diesem Zusammenhang auch von Interesse, worauf das Handeln und Entscheiden von Führungskräften eigentlich basiert. Sie wird im Rahmen der so genannten *„Upper-Echelons"-Perspektive* intensiv diskutiert. Ein grundlegendes Modell des Handelns und Entscheidens von Führungskräften, das aus dieser Perspektive entwickelt worden ist, stammt von Hambrick und Mason (1984). Sie unterstellen, dass Führungskräfte nicht auf der Basis der „objektiven" Situation ihres Unternehmens, das heißt auf Grundlage aller verfügbaren Informationen über dessen Lage, entscheiden und handeln. Vielmehr hängt die Art und Weise ihres Handelns und Entscheidens von ihrer subjektiven Wahrnehmung der Situation ihres Unternehmens ab – ihrer „konstruierten Wirklichkeit" (Abb. 5.29).

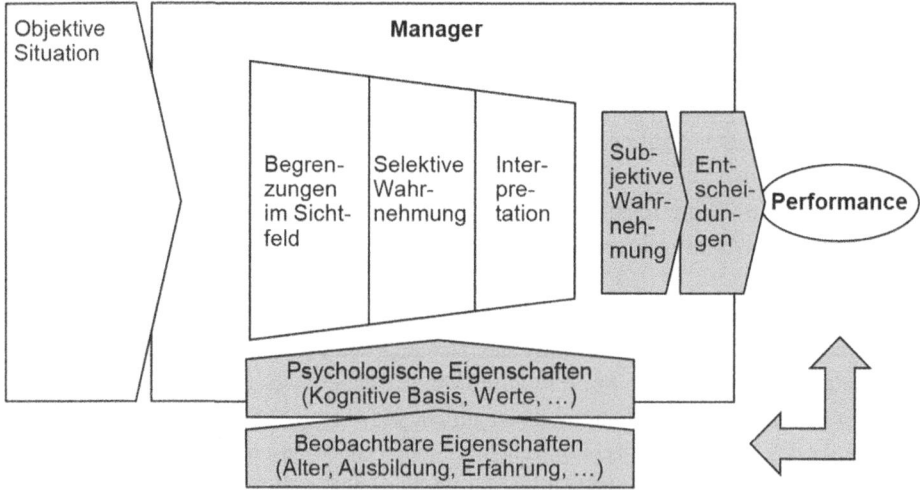

Abb. 5.29 Upper-Echelons-Perspektive. (vgl. Hambrick und Mason 1984)

Diese konstruierte Wirklichkeit ist das Ergebnis eines Filterprozesses, der Ausdruck der begrenzten Rationalität und der begrenzten Informationsverarbeitungskapazität von Führungskräften ist.

Der Filterprozess, durch den Führungskräfte ihre Wirklichkeit konstruieren, besteht aus drei Stufen, die nicht unbedingt sequentiell ablaufen, sondern sich vielmehr gegenseitig beeinflussen und verstärken können. Bei diesen drei Filtern handelt es sich zum einen um das begrenzte Sichtfeld, das jede Führungskraft hat, zum zweiten um ihre selektive Wahrnehmung sowie schließlich um die spezifische Interpretation der Informationen, die eine Führungskraft erhält. Dementsprechend treffen unterschiedliche Führungskräfte in scheinbar gleichen Situationen unterschiedliche Entscheidungen und führen ihr Unternehmen in unterschiedliche Richtungen (vgl. Wulf 2007):

- Die erste Stufe im Filterprozess von Führungskräften bilden *Begrenzungen im Sichtfeld*. Der Begriff begrenztes Sichtfeld bringt dabei die empirische Erkenntnis zum Ausdruck, dass Führungskräfte nur in bestimmte Richtungen blicken und nur auf ausgewählte Informationsquellen hören. Wie das Sichtfeld von Führungskräften ausgeprägt ist, das heißt, wohin sie blicken und worauf sie hören, ist individuell unterschiedlich. Als wesentlicher Einflussfaktor wird dabei die Ausgestaltung des persönlichen Netzwerks von Führungskräften angesehen. Eine Führungskraft beispielsweise, die von außen in ein Unternehmen berufen wird, verwendet andere Informationen und andere Informationsquellen als eine Führungskraft, die bereits längere Zeit im Unternehmen gearbeitet und dort ihr persönliches Netzwerk aufgebaut hat.
- *Selektive Wahrnehmung* bildet die zweite Stufe im Filterprozess, durch den Führungskräfte ihre Wirklichkeit konstruieren. Selektive Wahrnehmung bedeutet in diesem Zusammenhang, dass Führungskräfte selbst die Informationen, die in ihrem Sichtfeld liegen, nicht vollständig erfassen. So zeigen verschiedene Untersuchungen, dass Führungskräfte insbesondere solche Informationen wahrnehmen, die Dinge betreffen, mit denen sie vertraut sind und die ihrer Meinung nach wichtig sind. Informationen zu neuen und scheinbar unwichtigen Aspekten werden dagegen in der Regel zunächst einmal ignoriert.
- Neben einem begrenzten Sichtfeld und selektiver Wahrnehmung bildet die *Interpretation* der wahrgenommenen Informationen einen dritten Filter, durch den Führungskräfte ihre Wirklichkeit konstruieren. Erst durch ihre Interpretation geben Führungskräfte einer bestimmten Information eine Bedeutung. Folglich können zwei Führungskräfte die gleiche Information ganz unterschiedlich interpretieren. So fassen beispielsweise bestimmte Führungskräfte eine bestimmte Information als Bedrohung auf, während andere in der gleichen Information eine Chance sehen.

Mintzbergs Management-Rollen

Ende der sechziger Jahre hat Henry Mintzberg eine detaillierte Analyse der Tätig-keiten von fünf Top-Managern durchgeführt und ist dabei zu Ergebnissen ge-kommen, die dem traditionellen Verständnis von Managern als rationalen Ent-scheidern widersprachen. So stellte Mintzberg unter anderem fest, dass der Arbeitsalltag eines Top-Managers durch eine Vielzahl unterschiedlicher Aktivitäten gekennzeichnet ist, die keinem festen Muster folgen und in der Regel nur kurze Zeit in Anspruch nehmen. Kommunikation kommt im Rahmen der Tätigkeit eines Top-Managers eine große Bedeutung zu, während wenig Zeit für Reflektion bleibt. Auf Basis seiner Beobachtungen hat Mintzberg zehn so genannte Management-Rol-len identifiziert, die er drei übergeordneten Aktivitätsbereichen zuordnet.

Ein erster Aktivitätsbereich umfasst so genannte „interpersonelle Rollen". Ein Manager ist in diesem Sinne „Gallionsfigur", das heißt er vertritt sein Unternehmen nach innen und außen, er fungiert als „Vorgesetzter", der seine Mitarbeiter auswählt, beurteilt, anleitet und motiviert, und er wirkt als „Vernetzer", der ein persönliches Kontaktnetzwerk innerhalb und außerhalb des Unternehmens aufbaut und aufrecht-erhält. Ein zweiter Aktivitätsbereich umfasst Rollen, die im Zusammenhang mit der Aufnahme und Weitergabe von Informationen stehen. Hier fungiert ein Manager als „Radarschirm", der Informationen über unternehmensinterne und -externe Ent-wicklungen aufnimmt und sammelt. Gleichzeitig tritt er als „Sender" auf, der Infor-mationen und Wertvorstellungen an Mitarbeiter des Unternehmens weiterleitet, und er übernimmt die Rolle des „Sprechers", der externe Gruppen informiert und das Unternehmen in der Öffentlichkeit vertritt. Der dritte Aktivitätsbereich umfasst schließlich Rollen, die im Zusammenhang mit dem Treffen von Entscheidungen stehen. So fungiert ein Manager als „Innovator", der versucht, geplanten Wandel im Unternehmen zu initiieren. Gleichzeitig tritt er als „Problemlöser" auf, der Konflikte schlichtet und unerwartete Probleme beseitigt. Außerdem übernimmt ein Manager die Rolle des „Ressourcenzuteilers", der über die Zuweisung seiner eigenen Zeit, aber auch von Aufgaben und Kompetenzen sowie finanziellen Mitteln, festlegt, was wichtig und was unwichtig ist. Schließlich fungiert ein Manager als „Verhandlungs-führer", der das Unternehmen in wichtigen Verhandlungen mit Kunden, Lieferanten, Gewerkschaften oder anderen vertritt.

Literatur: Mintzberg 1973.

Nach dieser Sichtweise basiert das Entscheidungsverhalten von Führungskräften also auf der Art und Weise, wie diese ihre Situation subjektiv „konstruieren". Dabei besteht die wichtige Annahme, dass die konkrete Ausprägung des Prozesses, mit dem Führungskräfte ihre Wirklichkeit konstruieren, wiederum von deren Persönlichkeitsmerkmalen abhängt – also beispielsweise von ihrem Wissen, ihren Erfahrungen, ihren Wertvorstellungen. Führungskräfte mit unterschiedlichen Persönlichkeitseigenschaften nehmen demnach ihre

Umwelt unterschiedlich wahr und treffen unterschiedliche Entscheidungen. Da die Entscheidungen der Führungskräfte den Erfolg des Unternehmens maßgeblich prägen, folgert aus der Upper-Echelons-Sichtweise letztlich, dass zwischen den Persönlichkeitseigenschaften von Führungskräften und dem Unternehmenserfolg ein Zusammenhang besteht. Die Upper-Echelons-Forschung hat es sich zur Aufgabe gemacht, genau diesen Zusammenhang zu untersuchen.

5.3.2 Führungstheorien

Die Frage, wie Führung auf die Geführten wirkt und welche Faktoren zu guter Führung beitragen, besitzt für die Betriebswirtschaftslehre seit langem eine zentrale Bedeutung – sowohl aus wissenschaftlicher als auch aus praktischer Sicht. Die praktische Bedeutung lässt sich beispielsweise an der Vielzahl von Führungsratgebern erkennen, die jährlich erscheinen. Auch die Wissenschaft versucht seit langem, eine generell gültige Führungstheorie zu entwickeln, die unterschiedlichen Führungserfolg erklären kann und Hinweise gibt, wie gute Führung erreicht werden kann. Bisher existiert dazu jedoch keine allgemein akzeptierte Sichtweise. Allerdings lassen sich im Zeitablauf bestimmte Phasen in der Entwicklung von Führungstheorien erkennen, die jeweils besondere Perspektiven einnehmen.

So dominierten vor allem in den ersten Jahrzehnten des 20. Jahrhunderts – parallel zum Scientific Management – so genannte Eigenschaftstheorien der Führung. Sie gehen davon aus, dass bestimmte Eigenschaften von Personen die Qualität der Führung bestimmen. Etwa seit den dreißiger Jahren des 20. Jahrhunderts entstanden dann parallel zur Human-Relations-Bewegung die so genannten Führungsstiltheorien, die Führungserfolg nicht auf bestimmte Eigenschaften zurückführen, sondern auf die Frage, in welchem Stil Führung ausgeübt wird. Angesichts der Erkenntnis, dass ein bestimmter Führungsstil nicht in jeder Situation Erfolg versprechend ist, wurden seit den sechziger Jahren des 20. Jahrhunderts schließlich so genannte situative Führungstheorien entwickelt, die die Effektivität der Führung als abhängig von situativen Rahmenbedingungen sehen. Diese drei grundlegenden Typen von Führungstheorien werden im Folgenden detaillierter vorgestellt. Zudem wird abschließend zum Kapitel der Führungstheorien auf die so genannte transformative Führung eingegangen. Sie erfuhr insbesondere in den letzten Jahren große Aufmerksamkeit.

5.3.2.1 Eigenschaftstheorien der Führung

Eigenschaftstheorien der Führung wurden vor allem in den ersten Jahrzehnten des 20. Jahrhunderts entwickelt. Sie zählen damit zu den ältesten Erklärungsansätzen der Führung. Im Mittelpunkt eigenschaftstheoretischer Ansätze steht die Frage, welche Persönlichkeitsmerkmale eine erfolgreiche von einer erfolglosen Führungskraft unterscheiden bzw. was eine Führungskraft von den von ihr geführten Personen abhebt. Ihr Hintergrund sind individualistische Persönlichkeitstheorien und letztlich auch sozialdarwinistische Vorstellungen über die Auslese der Besten.

Grundlegend für die Eigenschaftstheorien der Führung ist die Idee, dass bestimmte, in der Regel angeborene *Eigenschaften von Personen*, wie zum Beispiel Intelligenz oder Entschlusskraft, zur Führung prädestinieren und dass nur verhältnismäßig wenige Menschen über diese Eigenschaften verfügen. Häufig wurde in diesem Zusammenhang auch unterstellt, dass Eigenschaften, die zur Führung qualifizieren, vor allem bei Menschen aus bestimmten sozialen Schichten anzutreffen sind. Solche (scheinbar) wissenschaftlich untermauerten Elitevorstellungen dienten oft dazu, vorhandene Machtpositionen und Herrschaftsinteressen zu sichern – nicht nur im Unternehmenssektor, sondern gerade auch im militärischen und politischen Bereich (vgl. Staehle 1999; Steinmann et al. 2013).

Vor allem zwischen 1900 und 1950 wurden zahlreiche empirische Untersuchungen durchgeführt, um Eigenschaften zu entdecken, durch die sich Führungskräfte von Geführten abheben und erfolgreiche von weniger erfolgreichen Führungskräften unterscheiden. Diese Untersuchungen kamen jedoch zu sehr heterogenen Ergebnissen. Stogdill wertet in einer Meta-Analyse 124 Studien aus, die sich empirisch mit der Identifikation von Führungseigenschaften beschäftigt haben. Er stellt dabei zunächst eine Übersicht von Eigenschaften zusammen, die im Rahmen empirischer Untersuchungen als charakteristisch für erfolgreiche Führungskräfte ermittelt wurden. Diese Eigenschaften ordnet Stogdill fünf verschiedenen Kategorien zu (vgl. Stogdill 1974; Staehle 1999):

- *Fähigkeiten*: Fähigkeiten stellen eine erste wichtige Kategorie von Führungseigenschaften dar. Als im Zusammenhang mit erfolgreicher Führung besonders wichtige Fähigkeiten werden in den von Stogdill ausgewerteten Studien unter anderem Intelligenz, Ausdrucksfähigkeit, Entschlussstärke und Urteilskraft identifiziert.
- *Leistungen*: Einer zweiten Kategorie ordnet Stogdill Eigenschaften zu, die sich auf besondere Leistungen von Führungskräften beziehen. Zu diesen Leistungen, durch die sich erfolgreiche Führungskräfte abheben, zählen beispielsweise Schulerfolge, eine umfangreiche Wissenssammlung oder auch sportliche Erfolge.
- *Verantwortung*: Erfolgreiche Führungskräfte zeichnen sich auch, so die Ergebnisse der von Stogdill analysierten Studien, durch besondere Eigenschaften bei der Übernahme von Verantwortung aus – unter anderem durch Zuverlässigkeit, Initiative, Selbstsicherheit und Ausdauer.
- *Partizipation*: In einer vierten Kategorie fasst Stogdill solche Eigenschaften zusammen, die sich darauf beziehen, wie Führungskräfte mit anderen Menschen zusammenwirken. In diesem Zusammenhang sind beispielsweise Aktivität, soziale Integration, Anpassungsfähigkeit, kooperatives Verhalten und Humor als wichtige Eigenschaften erfolgreicher Führungskräfte zu nennen.
- *Status*: In eine fünfte Kategorie ordnet Stogdill schließlich solche Merkmale ein, die im Zusammenhang mit dem Status einer Person stehen. Dazu zählen unter anderem der sozioökonomische Hintergrund, insbesondere die Abstammung aus „guten Verhältnissen", aber auch die Popularität einer Führungskraft.

Stogdill kommt in seiner Analyse zu dem Schluss, dass in empirischen Untersuchungen viele unterschiedliche Eigenschaften identifiziert werden konnten, durch die sich erfolgreiche Führungskräfte hervortun. Insgesamt identifiziert er bis zu 500 Eigenschaften, die erfolgreiche Führungskräfte auszeichnen (sollen). Allerdings konnte daraus nie ein konsistentes Muster von Eigenschaften abgeleitet werden.

So kann auch Stogdill nur fünf Eigenschaften identifizieren, die in mehr als 15 der 124 analysierten Untersuchungen bei Führungskräften häufiger auftreten als bei Geführten. Bei diesen Eigenschaften handelt es sich um Intelligenz, Schulerfolg, Zuverlässigkeit bei der Übernahme von Verantwortung, Aktivität und soziale Integration sowie eine Herkunft aus höheren sozialen Schichten. In zahlreichen anderen Fällen treten dagegen Widersprüche auf. So sind bestimmte Eigenschaften in manchen Studien stärker bei Führungspersonen, in anderen dagegen stärker bei Geführten zu beobachten. Diese Widersprüche lassen sich zumindest teilweise mit Unterschieden in den jeweils betrachteten Führungssituationen erklären. Stogdills Meta-Analyse verdeutlicht nämlich auch, dass sich die bei erfolgreichen Führungskräften zu beobachtenden Eigenschaftsmuster mit der Führungssituation verändern – das heißt zum Beispiel mit dem intellektuellen Niveau, mit den Fähigkeiten, mit den Bedürfnissen und mit den Interessen der Geführten, aber auch mit dem Unternehmensumfeld. Andere Meta-Analysen eigenschaftstheoretischer Studien kommen zu ganz ähnlichen Ergebnissen wie Stogdill (vgl. Mann 1959).

Insgesamt gelten Eigenschaftstheorien der Führung heute wegen ihrer Inkonsistenz und Widersprüchlichkeit als weitgehend gescheitert. Angesichts der Vielfalt unterschiedlicher Führungssituationen und Führungsanforderungen scheint es nicht möglich zu sein, ein konsistentes und allgemein gültiges Set von wünschenswerten Führungseigenschaften zu definieren. Vielmehr können Persönlichkeitsmerkmale, die in einer Situation zum Führungserfolg beitragen, in anderen Situationen belanglos sein oder den Führungserfolg sogar behindern. So zeigen beispielsweise Studien, dass aus Sicht der Eigenschaftstheorie erfolgreiche Führungskräfte – also besonders intelligente, entschlusskräftige oder sozial integrierte Personen – häufig bei neuartigen Führungssituationen oder ungewohntem Verhalten der Geführten versagen (vgl. Staehle 1999). Daher ging die Führungsforschung seit den dreißiger Jahren des 20. Jahrhunderts verstärkt dazu über, die Geführten und das Verhalten von Führungskräften gegenüber ihren Mitarbeitern zu berücksichtigen. Diese Tendenz führte zur Entwicklung von so genannten Führungsstiltheorien.

Trotz aller Kritik an den eigenschaftstheoretischen Ansätzen hat die Betrachtung von Persönlichkeitsmerkmalen herausragender Unternehmer und Manager vor allem in der populärwissenschaftlichen Literatur nicht an Attraktivität verloren. Aber auch im wissenschaftlichen Bereich werden immer wieder Versuche unternommen, Persönlichkeitsmerkmale wieder stärker in den Mittelpunkt zu rücken.

Einen derartigen Versuch bildet zum Beispiel die eigenschaftsorientierte *Attributionstheorie* der Führung, die in den siebziger Jahren des 20. Jahrhunderts vor allem von Calder propagiert wurde. Im Gegensatz zur traditionellen Eigenschaftstheorie untersucht Calder aber nicht die objektiv messbaren Eigenschaften von Führungskräften. Vielmehr ist seiner

Ansicht nach entscheidend für Führungserfolg, dass die Führungseigenschaften auch subjektiv von den Geführten wahrgenommen und der Führungskraft zugewiesen (attribuiert)
werden. So ist es beispielsweise möglich, dass einem Entwicklungsleiter Führungseigenschaften wie Intelligenz, Urteilskraft und Entschlussstärke zugebilligt werden, weil er in
Entwicklungsbesprechungen genau die richtigen Fragen gestellt und immer wieder wichtige Impulse gegeben hat. Ob der Entwicklungsleiter tatsächlich über diese Eigenschaften
verfügt und tatsächlich zum Erfolg von Entwicklungsprojekten beiträgt, ist dann nur noch
sekundär.

Macht als Grundlage der Führung
Führung, verstanden als Beeinflussung von Einstellungen und Verhaltensweisen an-
derer Personen, setzt Macht voraus. Macht beschreibt die Möglichkeit, den eigenen
Willen auch gegen den Widerstand anderer durchzusetzen. Im Allgemeinen werden
fünf verschiedene Grundlagen der Macht unterschieden. Dazu zählen Macht durch
Legitimation, Macht durch Belohnung, Macht durch Bestrafung, Macht durch
Persönlichkeitswirkung sowie Expertenmacht.
    Macht durch Legitimation ist die grundlegende Form der Macht in jedem Unter-
nehmen. Unternehmen räumen ihren Führungskräften nämlich das Recht ein, ihren
jeweiligen Mitarbeitern Anweisungen zu erteilen. Mitarbeiter leisten diesen Weisungen Folge, weil sie dieses Recht ihres Vorgesetzten anerkennen. Legitimation ist
allerdings nur eine schwache Machtgrundlage. Sie reicht für eine erfolgreiche Beeinflussung von Mitarbeitern, das heißt für erfolgreiche Führung, in der Regel nicht
aus. *Belohnungsmacht* beruht auf der Fähigkeit, Mitarbeiter für bestimmte Leistungen zu belohnen. So werden viele Menschen wahrscheinlich bereit sein, den Anweisungen eines Vorgesetzten zu folgen, wenn dieser über Gehalt und Karriere entscheiden kann. Belohnungsmacht ist allerdings nur dann langfristig wirksam, wenn
die Belohnungen für die betroffenen Mitarbeiter attraktiv sind und sie den Eindruck
haben, dass diese Belohnungen auch tatsächlich gewährt werden. *Macht durch Bestrafung* basiert auf der Möglichkeit, nicht gewünschtes Verhalten zu sanktionieren,
zum Beispiel durch Entlassung, Versetzung oder Lohnkürzung. Die Macht durch
Bestrafung hat im Wesentlichen abschreckenden Charakter, das heißt, es geht darum,
Mitarbeiter durch Androhung von Strafen von unerwünschtem Verhalten abzu-
halten. Diese Machtgrundlage ist nur so lange wirksam, wie die Drohung glaubhaft
aufrechterhalten werden kann. *Macht durch Persönlichkeitswirkung*, auch Refe-
rentenmacht genannt, basiert auf einer attraktiven persönlichen Ausstrahlung eines
Menschen und dem Wunsch anderer, von diesem Menschen geschätzt zu werden.
Ein Mensch mit Persönlichkeitswirkung besitzt Einfluss, weil er bewundert wird
und andere sich mit ihm identifizieren möchten. Bei *Expertenmacht* schließlich basieren die Einflussmöglichkeiten einer Person auf einem Wissensvorsprung in be-

stimmten Bereichen. Andere sind bereit, dem Experten zu folgen. Dabei erstreckt sich Macht allerdings meist nur auf einen abgegrenzten Wissensbereich.

Der Überblick über die fünf Machtgrundlagen verdeutlicht, dass nicht nur Führungskräfte Mitarbeiter beeinflussen, das heißt führen, können. Vielmehr kann eine Führungsrolle beispielsweise auch Experten bzw. besonders charismatischen Persönlichkeiten in einer Gruppe unabhängig von ihrer hierarchischen Position zufallen.

Literatur: Steinmann et al. 2013.

Die Stärke der eigenschaftsorientierten Attributionstheorie im Vergleich zu den älteren Eigenschaftstheorien liegt vor allem darin, dass sie die Perspektive der Geführten in den Mittelpunkt stellt. Auch auf dieser Basis ist es jedoch bisher nicht gelungen, konsistente Muster von Eigenschaften zu identifizieren, die erfolgreiche Führungskräfte auszeichnen (vgl. Calder 1977).

In jüngerer Zeit werden eigenschaftstheoretische Ansätze auch in der so genannten Theorie *charismatischerFührung* aufgegriffen. Studien zu charismatischer Führung versuchen, Persönlichkeitsmerkmale und Verhaltensweisen zu ermitteln, die charismatische Führungskräfte, wie zum Beispiel John F. Kennedy, Steve Ballmer von Microsoft oder Jack Welch von General Electric, von nicht-charismatischen Führungskräften unterscheiden. Besonders im amerikanischen Raum besitzen derartige Untersuchungen Popularität. Heute wird weitgehend die Ansicht vertreten, dass es nicht bestimmte Persönlichkeitsmerkmale sind, die Charisma erzeugen. Vielmehr wird Charisma Führungskräften aufgrund bestimmter Verhaltensweisen von ihren Mitarbeitern zugeschrieben (attribuiert). Diese Zuweisung von Charisma ist vor allem dann zu beobachten, wenn Führungskräfte 1) eine Vision formulieren, die eine bessere Zukunft verheißt, wenn sie 2) bereit sind, hohe persönliche Risiken in Kauf zu nehmen, wenn sie 3) selbst Opfer bringen, wenn sie 4) ihre Ideen und Visionen erfolgreich realisieren und wenn sie 5) unkonventionelles Verhalten zeigen und ihre Führungsmotivation klar zum Ausdruck bringen (vgl. Steinmann et al. 2013).

Empirische Studien geben jedoch Anlass zu der Vermutung, dass charismatische Führung nicht in allen Fällen Erfolg versprechend ist. Vielmehr scheint charismatische Führung vor allem im Fall hoher Umweltunsicherheit bzw. -komplexität angemessen zu sein. Für Unternehmen bedeutet dies, dass charismatische Führungskräfte vor allem in der Gründungsphase oder in einer Existenz bedrohenden Krise hilfreich sein können. Beispiele charismatischer Führungskräfte, wie etwa Lee Iacocca bei Chrysler, die ihre Unternehmen erfolgreich durch eine Krise geführt haben, unterstützen diese These (vgl. Robbins 2001).

Ein weiterer aktueller Forschungsstrang beschäftigt sich eingehend mit psychologischen Konstrukten, um den Einfluss von Persönlichkeitseigenschaften von Führungskräften – speziell von CEOs – auf den Erfolg ihrer Unternehmen aufzudecken. Besonders hervorzuheben ist dabei die Arbeit von Chatterjee und Hambrick (2007), die untersuchen, wie die Persönlichkeitseigenschaft des *Narzissmus* – vereinfacht gesprochen: ein überhöhtes Selbstgefühl – den Erfolg eines Unternehmens beeinflusst. In einer Langzeitstudie in der Computerindustrie kommen Chatterjee und Hambrick zu dem Ergebnis, dass CEOs mit einem höheren Niveau an Narzissmus häufiger und größere Akquisitionen vornehmen als CEOs mit einem niedrigeren Niveau an Narzissmus. Darüber hinaus zeigen die beiden Autoren, dass Narzissten eher dazu neigen, die im Unternehmen bestehende Mittelverteilung zu verändern und bereit sind, Ausgaben, wie zum Beispiel für Forschung und Entwicklung oder Marketing, auch drastisch zu erhöhen oder zu senken. Daher lassen die Forschungsergebnisse von Chatterjee und Hambrick beispielsweise den Schluss zu, dass die Persönlichkeitseigenschaft des Narzissmus eines CEOs signifikant beeinflusst, wie Unternehmen auf neue Technologien reagieren, insbesondere auf Innovationen, die radikale Veränderungen für das Unternehmen mit sich bringen (vgl. Chatterjee und Hambrick 2007).

Auch wenn das Konstrukt in den Verhaltenswissenschaften und in der Psychologie von großer Bedeutung ist, ist Narzissmus – und insbesondere Narzissmus von Führungskräften – noch ein Gebiet im Bereich des Managements, das unzureichend erforscht ist. Trotz vieler Untersuchungen bleibt nämlich die eigentlich spannende Frage – inwieweit eine narzisstische Führungsperson für ihr Unternehmen von Vorteil ist oder nicht – bis heute noch offen. Chatterjee und Hambrick (2007) zeigen in ihrer Studie zwar, dass narzisstische CEOs Wandel herbeiführen, aber sie liefern keine Erkenntnisse darüber, ob ein Unternehmen mit einem narzisstischen CEO grundsätzlich bessere oder schlechtere Ergebnisse erzielt.

5.3.2.2 Führungsstiltheorien

Führungsstiltheorien sind etwa seit den dreißiger Jahren des 20. Jahrhunderts entstanden. Wegweisend waren dabei die Human-Relations-Bewegung und die damit verbundene Erkenntnis, dass die Qualität der Führung nicht allein auf Basis der Eigenschaften einer Führungskraft, sondern nur anhand ihres Verhaltens gegenüber den Mitarbeitern beurteilt werden kann. Führungsverhalten steht dementsprechend bei den Führungsstiltheorien im Mittelpunkt. Unter *Führungsstil* wird dabei ein langfristig stabiles, situationsbeständiges Verhaltensmuster einer Führungskraft verstanden, das ganz wesentlich durch ihre persönliche Grundeinstellung gegenüber den Mitarbeitern geprägt wird.

Führungsstiltheorien werden von der Idee geleitet, dass sich bestimmte Führungsstile identifizieren lassen, die mit höherem Führungserfolg verbunden sind als andere. Die Führungsstiltheorien bewegen sich damit in der Tradition der Eigenschaftstheorien – mit dem Unterschied, dass nicht mehr bestimmte Persönlichkeitsmerkmale, sondern bestimmte Verhaltensmuster für den Führungserfolg verantwortlich gemacht werden. Im Laufe der Zeit, insbesondere zwischen den dreißiger und siebziger Jahren des 20. Jahrhunderts, sind zahlreiche unterschiedliche Führungsstiltheorien entwickelt worden. Diese lassen sich prinzipiell in eindimensionale und zweidimensionale Konzepte einteilen, wobei die eindimensionalen Ansätze entwicklungsgeschichtlich früher anzusiedeln sind.

5.3.2.2.1 Eindimensionale Führungsstiltheorien

Die ersten eindimensionalen Führungsstiltheorien stellen vor allem einen Versuch dar, Führungsstile nach bestimmten Kriterien in idealtypische Kategorien einzuteilen. Klare Aussagen zur Vorteilhaftigkeit bestimmter Führungsstile werden in diesen Theorien jedoch nicht abgeleitet. In der deutschen Literatur ist in diesem Zusammenhang vor allem die auf Max Weber zurückgehende Einteilung in so genannte *traditionaleFührungsstile* zu nennen. Dabei werden im Allgemeinen der patriarchalische, der charismatische, der autokratische und der bürokratische Führungsstil unterschieden.

In der amerikanischen Führungsliteratur hat eine andere Führungsstilsystematik, nämlich die so genannte *Kontinuum-Theorie* von Tannenbaum und Schmidt, besondere Verbreitung gefunden. Ihre Klassifizierung von Führungsstilen basiert auf real beobachtbaren Verhaltensmustern von Führungskräften. Tannenbaum und Schmidt haben diese Verhaltensmuster nach dem Ausmaß der Anwendung von Autorität durch die Führungskraft bzw. nach dem Ausmaß der Entscheidungsfreiheit der Mitarbeiter zu Idealtypen geordnet. Als Resultat ergeben sich sechs idealtypische Führungsstile auf einem Kontinuum, das von ausschließlicher Autorität des Vorgesetzten bis hin zu hohem Entscheidungsspielraum der Mitarbeiter reicht. Abb 5.30 gibt dieses Kontinuum in verkürzter Form mit den vier wesentlichen Führungsstilen – der autoritären Führung, der patriarchalischen Führung, der partizipativen Führung und der kooperativen Führung – wieder.

- *Autoritäre Führung*: Autoritäre Führung ist dadurch gekennzeichnet, dass die Führungskraft allein Entscheidungen trifft, ihren Mitarbeitern Aufgaben zuweist, gleichzeitig die

	Autoritäre Führung	Patriarchalische Führung	Partizipative Führung	Kooperative Führung
Führungsverhalten	• Ausschließlich aufgabenorientiert • Sieht den Mitarbeiter weniger als Menschen, sondern als Produktionsfaktor	• Primär aufgabenorientiert • Sieht seine Mitarbeiter als seine Familie an, um die er sich kümmern muss • Philosophie: „Arbeite hart und ich kümmere mich um den Rest"	• Gleichermaßen aufgaben- und personenorientiert • Ermutigt die Mitarbeiter zur Partizipation, behält sich jedoch die Entscheidung vor • Akzeptiert Information und Feedback	• Führungsposition wird nahezu aufgegeben • Mitarbeiter interagieren miteinander • Manager ist Moderator, setzt Grenzen
Entscheidungsverhalten	• Manager entscheidet und ordnet an	• Manager trifft Entscheidungen und „verkauft" diese	• Manager zeigt Probleme; Gruppe entwickelt Vorschläge; Manager entscheidet	• Manager setzt Grenzen, beauftragt Gruppe mit der Entscheidungsfindung

Anwendung von Autorität durch den Vorgesetzten

Entscheidungsfreiheit der Mitarbeiter

Abb. 5.30 Systematik von Führungsstilen. (vgl. Tannenbaum und Schmidt 1958)

Art der Aufgabenerfüllung vorschreibt und den Arbeitsfortschritt so oft wie möglich kontrolliert. Mitarbeiter besitzen keinen eigenen Gestaltungsspielraum. Darüber hinaus ist die Führungskraft auf soziale Distanz bedacht, bringt den Untergebenen keine persönliche Wertschätzung entgegen und hält sich von Gruppenaktivitäten fern.

- *Patriarchalische Führung*: Im Rahmen der patriarchalischen Führung entscheidet der Vorgesetzte immer noch allein. Er ist jedoch bestrebt, die Untergebenen von seinen Entscheidungen zu überzeugen, bevor er Anordnungen trifft. Der Vorgesetzte sieht sich dabei in der Rolle eines Patriarchen oder Familienvaters, der zu Treue und Fürsorge gegenüber seinen Mitarbeitern verpflichtet ist und als Gegenleistung dafür Dankbarkeit, Loyalität und Gehorsam erwartet.
- *Partizipative Führung*: Im Rahmen der partizipativen Führung liegt die Rolle der Führungskraft zunächst vor allem darin, Probleme aufzuzeigen. Die Aufgabe der Mitarbeiter besteht dagegen darin, für diese Probleme selbstständig Lösungsvorschläge zu entwickeln und vorzuschlagen. Die letztliche Entscheidung über die Auswahl einer Lösungsalternative trifft jedoch wieder die Führungskraft. Information und Feedback werden dabei jedoch akzeptiert.
- *Kooperative Führung*: Bei einer kooperativen Führung gibt die Führungskraft ihre Führungsposition fast vollständig auf und räumt den Mitarbeitern hohe Entscheidungsfreiheit ein. Die Führungskraft setzt lediglich die Grenzen des Entscheidungsspielraums fest, überlässt es ihren Mitarbeitern aber weitgehend selbst, Arbeitsaufgaben zu verteilen, Lösungsalternativen zu entwickeln und sich für eine Alternative zu entscheiden. Die Führungskraft fungiert in diesem Prozess nur noch als Moderator und versucht, Aufgaben, Ziele und Vorgehensweisen durch Diskussion mit der Gruppe zu klären. Gleichzeitig ist die Führungskraft bemüht, die soziale Distanz zur Gruppe zu verringern, den Mitgliedern der Gruppe hohe persönliche Wertschätzung entgegenzubringen und aktiv am Gruppenleben teilzuhaben.

Tannenbaum und Schmidt treffen keine Aussage zur Überlegenheit eines bestimmten Führungsstils. Vielmehr gehen sie davon aus, dass abhängig von den Charakteristika der Führungskraft (etwa ihrem Wertesystem, ihrem Vertrauen in die Mitarbeiter, ihren Führungsqualitäten), abhängig von den Merkmalen der Mitarbeiter (ihrer Erfahrung in der Entscheidungsfindung, ihrer fachlichen Kompetenz, ihrem Engagement und ihren persönlichen Entfaltungsansprüchen) sowie abhängig von situativen Rahmenbedingungen (der Art des Unternehmens, den Eigenschaften der Gruppe sowie der Art des Problems) jeweils unterschiedliche Führungsstile geeignet sind. Ihrer Ansicht nach ist Flexibilität im Führungsverhalten der Schlüssel zum Erfolg. Tannenbaum und Schmidt legten damit bereits eine Grundlage für situative Führungstheorien (vgl. Staehle 1999).

Etwa seit den vierziger Jahren des 20. Jahrhunderts haben Forscher vor allem in den USA versucht, Führungsstile nicht mehr nur zu klassifizieren, sondern Aussagen zur Vorteilhaftigkeit bestimmter Führungsstile abzuleiten. Besondere Relevanz haben in diesem Zusammenhang die so genannten Iowa-Studien und die so genannten Michigan-Studien erlangt.

Die *Iowa-Studien* fanden zwischen 1938 und 1940 unter Leitung von Kurt Lewin an der Child Welfare Research Station der Iowa University Elementary School statt. Lewin und seine Mitarbeiter untersuchten in Experimenten mit Schülergruppen die Auswirkungen autoritärer und demokratischer Führungsstile auf Gruppenverhalten und Gruppenleistung. Hintergrund dieser Untersuchungen war Lewins Vermutung, dass der autoritäre Erziehungsstil in Deutschland den Nationalsozialismus begünstigt hat, während das stärker demokratische Erziehungssystem der USA auch eine demokratische Gesinnung in der Bevölkerung förderte. Im Ergebnis ihrer Untersuchungen zeigt sich, dass ein demokratischer Führungsstil, der dem oben beschriebenen kooperativen Stil sehr ähnlich ist, zu einer vergleichsweise entspannteren, freundschaftlicheren Atmosphäre in der Gruppe, höherer Kohäsion, höherem Interesse für die Aufgabe sowie originelleren Arbeitsergebnissen führt. Aus diesen Ergebnissen lässt sich jedoch nicht direkt folgern, dass auch in Unternehmen ein demokratischer oder kooperativer Führungsstil immer vorteilhaft wäre. Vielmehr spielen auch hier die Unternehmensziele und sonstige situative Rahmenbedingungen eine wichtige Rolle (vgl. Staehle 1999).

Etwa zehn Jahre nach den Iowa-Studien beschäftigte sich eine Forschergruppe an der University of Michigan mit der Frage, welches Führungsverhalten sich durch besondere Effizienz auszeichnet (*Michigan-Studien*). Als Effizienzkriterien wurden dabei Produktivität, Zufriedenheit, Fluktuation, Absentismus und Motivation der Geführten sowie Kosten und Ausschuss gewählt. Als Ergebnis ihrer Untersuchungen entwickelten die Forscher ein eindimensionales Kontinuum, das so genannte Michigan-Stilkontinuum, das zwei Führungsstile unterscheidet, nämlich einen mitarbeiterorientierten Führungsstil und einen leistungsorientierten Führungsstil:

- *MitarbeiterorientierterFührungsstil*: Beim mitarbeiterorientierten Führungsstil werden die zwischenmenschlichen Beziehungen im Rahmen der Aufgabenerfüllung besonders betont. Die Bedürfnisse und Ziele des Mitarbeiters stehen im Mittelpunkt, und seine persönliche Entwicklung besitzt eine hohe Bedeutung.
- *LeistungsorientierterFührungsstil*: Beim leistungsorientierten Führungsstil stehen die Aufgaben und die Erfüllung von Unternehmenszielen im Zentrum. Mitarbeiter werden lediglich als Mittel zum Erreichen von Zielen betrachtet.

Die Forscher der University of Michigan gingen davon aus, dass der mitarbeiterorientierte Führungsstil sich insgesamt als überlegen erweisen würde – nicht nur hinsichtlich der Zufriedenheit der Geführten, sondern auch in Bezug auf die anderen Effizienzdimensionen. Empirische Befunde konnten eine generelle Überlegenheit des mitarbeiterorientierten Führungsstils jedoch nicht bestätigen.

Aufgrund dieses Mangels an klaren empirischen Befunden wurde das Michigan-Stilkontinuum mehrfach überarbeitet. So wird in späteren Fassungen dieser Führungsstiltheorie unter anderem die Annahme aufgegeben, dass der mitarbeiterorientierte und der leistungsorientierte Führungsstil die Endpunkte eines eindimensionalen Kontinuums bilden. Vielmehr werden Mitarbeiter- und Leistungsorientierung als zwei unabhängige Dimensionen angesehen. Damit liegt bereits in den Michigan-Studien die Basis für die so genannten zweidimensionalen Führungsstilkonzepte, die im Anschluss beschrieben werden. Klarere empirische Befunde brachten diese Anpassungen des Michigan-Stilkontinuums jedoch auch nicht (vgl. Steinmann et al. 2013).

5.3.2.2.2 Zweidimensionale Führungsstiltheorien

Zweidimensionale Führungsstiltheorien basieren vor allem auf den Arbeiten eines Forscherteams an der *Ohio State University*, das sich etwa seit 1945 mit der Entwicklung eines Instrumentariums zur Beschreibung von Führungsverhalten beschäftigt hat. Ergebnis dieser Bemühungen war zunächst der so genannte „Leader Behavior Description Questionnaire" (LBDQ), ein Fragebogen mit mehr als 100 Aussagen (Items) zur Erfassung von Führungsverhalten. Auf Basis dieses Fragebogens und anschließender Faktorenanalysen ermittelten die Forscher der Ohio State University zwei unabhängige, orthogonale Faktoren, auf deren Basis Führungsverhalten umfassend beschrieben werden konnte. Diese beiden Faktoren bezeichneten sie als „consideration" (Beziehungsorientierung) und „initiating structure" (Aufgabenorientierung) (vgl. Halpin und Winer 1957).

Der Faktor „consideration" (*Beziehungsorientierung*) bezieht sich vor allem auf solche Verhaltensweisen einer Führungskraft, die menschliche Wärme, Vertrauen, Respekt gegenüber den Geführten, Zugänglichkeit oder Rücksichtnahme auf persönliche Sorgen zum Ausdruck bringen. Typische Aussagen, mit denen im LBDQ Beziehungsorientierung abgefragt wird, sind zum Beispiel: „Er ist freundlich, man hat leicht Zugang zu ihm" oder „Er zeigt Anerkennung, wenn einer gute Arbeit leistet."

Der Faktor „initiating structure" (*Aufgabenorientierung*) steht vor allem für solche Verhaltensweisen von Führungskräften, die unmittelbar mit dem Leistungsprozess und dessen Effizienz zu tun haben. Dazu zählen beispielsweise die klare Definition und Abgrenzung von Kompetenzen, die sorgfältige Planung des Aufgabenvollzugs, Vollzugs- und Ergebniskontrollen oder das Setzen von externen Leistungsanreizen. Typische Aussagen (Items) im LBDQ, die auf eine Aufgabenorientierung hindeuten, sind beispielsweise: „Er legt Wert darauf, dass Termine eingehalten werden" oder „Er fordert leistungsschwache Mitarbeiter zu höherer Leistung auf."

Auf der Basis dieser beiden Faktoren zur Beschreibung von Führungsverhalten entwickelten die Forscher der Ohio State University die so genannte *Zwei-Dimensionen-Theorie*. Der zentrale Unterschied zwischen der Zwei-Dimensionen-Theorie und traditionellen Führungsstiltheorien liegt in einer Abkehr von der Annahme eines eindimensionalen Führungsstilkontinuums. Beziehungs- und Aufgabenorientierung werden nicht mehr als sich gegenseitig ausschließend betrachtet, sondern als zwei unabhängige Faktoren, die gemeinsam zur Beschreibung von Führungsverhalten dienen. Eine Führungskraft kann demnach gleichzeitig eine hohe Beziehungsorientierung und eine hohe Aufgabenorientierung aufweisen. Aus einer Zweiteilung der beiden Dimensionen in eine jeweils hohe und niedrige Ausprägung ergeben sich dann die so genannten Ohio-State-Leadership-Quadranten, das heißt vier mögliche Führungsstile, die jeweils niedrige und hohe Aufgaben- bzw. Beziehungsorientierung miteinander kombinieren (Abb. 5.31).

Abb. 5.31 Ohio-State-Leadership-Quadranten

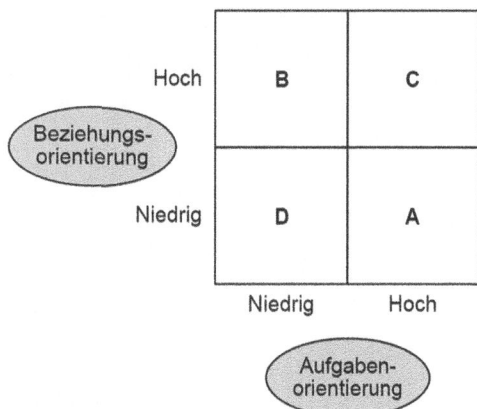

Die Vertreter der Zwei-Dimensionen-Theorie gingen ursprünglich davon aus, dass Führungskräfte insbesondere dann erfolgreich sind, wenn sie hohe Ausprägungen in beiden Dimensionen besitzen, also Führungsstil C anwenden. Gleichzeitig unterstellten sie, dass eine hohe Beziehungsorientierung generell positiv auf die Zufriedenheit der Geführten wirkt. Beide Annahmen konnten in empirischen Tests jedoch nicht aufrechterhalten werden, das heißt, eine lineare Beziehung zwischen Beziehungs- und Aufgabenorientierung einerseits sowie Führungserfolg andererseits konnte empirisch nicht bestätigt werden. Vielmehr verdeutlichen Studien, dass situative Rahmenbedingungen, wie zum Beispiel das Unternehmensklima oder die Organisation, eine wichtige Rolle für den Erfolg eines bestimmten Führungsstils spielen. Sie sind jedoch im Rahmen der Zwei-Dimensionen-Theorie nicht näher betrachtet worden (vgl. Steinmann et al. 2013).

Trotz aller Kritik bildet die Zwei-Dimensionen-Theorie der Ohio-Schule die Basis für eine Vielzahl von praxisorientierten Führungskonzepten. Eines der bekanntesten derartigen Konzepte ist das so genannte *Verhaltensgitter* (*„Managerial Grid"*) von Blake und Mouton, das 1960 im Rahmen eines Führungstrainings für Exxon entwickelt wurde. Grundlage des Verhaltensgitters sind die beiden Hauptfaktoren der Zwei-Dimensionen-Theorie, die Blake und Mouton „Betonung der Produktion" (Aufgaben-/Leistungsorientierung) und „Betonung des Menschen" (Mitarbeiter-/Beziehungsorientierung) nennen. Das Verhaltensgitter ist damit prinzipiell den Ohio-State-Leadership-Quadranten sehr ähnlich. Der Unterschied besteht lediglich darin, dass Blake und Mouton die beiden Dimensionen nicht in zwei, sondern in neun Stufen unterteilen (Abb. 5.32; vgl. Staehle 1999).

Theoretisch kann das Verhaltensgitter damit 81 unterschiedliche Führungsstile abbilden. Blake und Mouton konzentrieren sich jedoch auf fünf zentrale Führungsstile bzw. „Theorien", wie sie es nennen. Dabei handelt es sich um die so genannten Theorien 1.1, 1.9, 5.5, 9.1 sowie 9.9:

- *Theorie 1.1*: Die Theorie 1.1, auch als „Impoverished Management" bezeichnet, ist durch eine extrem niedrige Aufgaben- und Beziehungsorientierung gekennzeichnet.

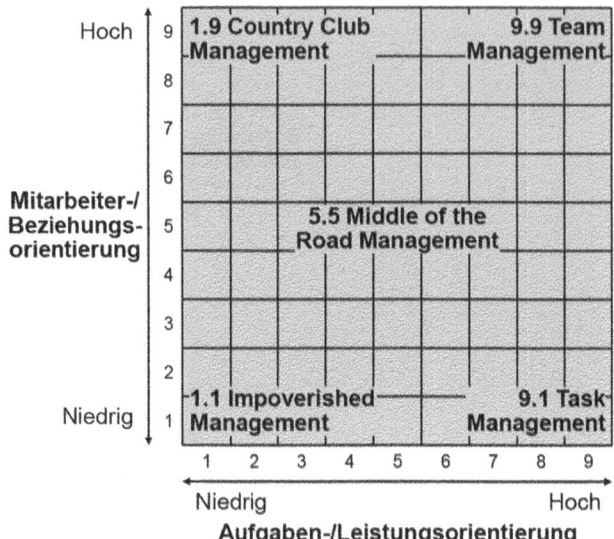

Abb. 5.32 Managerial Grid

Die Führungskraft wirkt kaum auf Arbeitsleistung und Mitarbeiter ein. Sie verhält sich ihren Mitarbeitern gegenüber gleichgültig und apathisch.

- *Theorie 1.9*: Bei der Theorie 1.9, auch „Country Club Management" genannt, führt eine sorgfältige Beachtung der zwischenmenschlichen Beziehungen zu einer bequemen und freundlichen Atmosphäre. Leistungsziele werden jedoch vernachlässigt.
- *Theorie 5.5*: Bei der Theorie 5.5, auch „Middle of the Road Management" genannt, handelt es sich um einen Führungsstil, bei dem ein befriedigender Kompromiss zwischen den persönlichen Belangen der Mitarbeiter und den Erfordernissen des Leistungsprozesses gesucht wird. Mittlere Aufgabenorientierung wird dabei mit mittlerer Beziehungsorientierung verknüpft.
- *Theorie 9.1*: Theorie 9.1, als „Task Management" bezeichnet, ist durch ein energisches Streben nach Höchstleistungen gekennzeichnet. Aufgabenorientierung steht demnach im Mittelpunkt. Eine Rücksichtnahme auf die Belange und Erwartungen der Mitarbeiter erfolgt dabei nicht.
- *Theorie 9.9*: Als Theorie 9.9 oder „Team Management" wird schließlich ein Führungsstil bezeichnet, der ein hohes Leistungsstreben mit einer starken Berücksichtigung der Mitarbeiterbelange verbindet. Gemeinsame Ziele spielen häufig eine wichtige Rolle zur Verwirklichung dieses Führungsstils.

Blake und Mouton treffen im Rahmen ihres Verhaltensgitters sehr klare Aussagen hinsichtlich des anzustrebenden Führungsstils. Die Theorie 9.1 bewerten sie als nicht sinnvoll, die Theorie 5.5 als unpraktisch, die Theorie 1.9 als idealistisch und die Theorie 1.1 als unmöglich. Dementsprechend sollten diese Theorien nicht gewählt werden. Anstrebenswert ist ihrer Ansicht nach ausschließlich die Theorie 9.9. In empirischen Untersuchungen konnte die Vorteilhaftigkeit der Theorie 9.9 allerdings bisher nicht generell nachgewiesen werden. Darin kommt die zentrale Schwäche eigentlich aller Führungsstiltheorien zum Ausdruck: Sie versuchen, eine allgemeingültige Beziehung zwischen einem bestimmten Führungsstil und dem Führungserfolg herzustellen. Dabei vernachlässigen sie jedoch eine Erkenntnis, die in empirischen Untersuchungen immer deutlich wird, nämlich die Erkenntnis, dass die Eignung eines bestimmten Führungsstils ganz wesentlich von den jeweils vorherrschenden situativen Rahmenbedingungen abhängt.

5.3.2.3 Situative Führungstheorien

Im Laufe der wissenschaftlichen Auseinandersetzung mit den Themen Führung und Führungserfolg ist immer deutlicher geworden, dass es nicht *die* Führungseigenschaften oder *den* Führungsstil gibt, die generell zu erfolgreicher Führung beitragen, wie die Eigenschaftstheorien bzw. die Führungsstiltheorien noch postulierten. Vielmehr hat sich allmählich die Erkenntnis durchgesetzt, dass Führungserfolg von den situativen Rahmenbedingungen abhängt, unter denen Führungskraft und Geführte miteinander interagieren. Diese Erkenntnis führte etwa seit den sechziger Jahren des 20. Jahrhunderts zur Entwicklung so genannter situativer Führungstheorien, die sich bis heute in der Führungsforschung weitgehend durchgesetzt haben.

Mittlerweile sind zahlreiche unterschiedliche situative Führungstheorien entstanden. Ihr Grundprinzip ist jedoch immer ähnlich: Sie betrachten Führungsverhalten in Abhängigkeit von den Geführten, der Aufgabe und sonstigen Parametern der Führungssituation und zeigen auf, unter welchen Bedingungen welcher Führungsstil am geeignetsten ist. Erfolgreich ist dementsprechend nicht eine Führungskraft mit besonderen Eigenschaften oder einem speziellen Führungsstil, sondern diejenige Führungskraft, die in der Lage ist, die jeweiligen Situationsbedingungen klar zu analysieren und ihr Führungsverhalten entsprechend anzupassen. Zwei der bekanntesten situativen Führungstheorien sind die Kontingenztheorie von Fiedler und die situative Führungstheorie von Hersey und Blanchard. Sie werden an dieser Stelle tiefergehend beschrieben, um den prinzipiellen Aufbau dieser Theorien zu verdeutlichen. Zudem werden im Folgenden die Austauschtheorie von Graen, die im Gegensatz zu Fiedler und Hersey und Blanchard davon ausgeht, dass eine Führungskraft nicht alle ihre Mitarbeiter gleich behandelt, und die Weg-Ziel-Theorie von House, die gegenwärtig außerordentlich große Anerkennung erfährt, näher beleuchtet.

Kontingenztheorie von Fiedler

Die erste umfassende situative Führungstheorie, die so genannte Kontingenztheorie der Führung, wurde in den sechziger Jahren des 20. Jahrhunderts von Fred Fiedler entwickelt. Fiedler und seine Mitarbeiter an der University of Washington untersuchten zwischen 1950 und 1965 in zahlreichen Unternehmen den Einfluss unterschiedlichen Führungsverhaltens auf die Effizienz von Arbeitsgruppen. Fiedlers zentrale Hypothese war dabei, dass die Leistung der Arbeitsgruppe – und damit der Führungserfolg – vom Zusammenspiel von Führungsstil und Führungssituation bestimmt wird. Seine Kontingenztheorie besitzt dementsprechend drei zentrale Variablen: 1) den Führungsstil, 2) die Leistung der Arbeitsgruppe bzw. den Führungserfolg sowie 3) die Führungssituation, welche die Beziehung von Führungsstil und Führungserfolg moderiert (vgl. Steinmann et al. 2013).

Zur Messung des *Führungserfolgs* wählt Fiedler die Produktivität der Arbeitsgruppe sowie die Zufriedenheit der einzelnen Gruppenmitglieder. Ein positiver Führungserfolg liegt demnach vor, wenn die Geführten produktiv und zufrieden sind.

Hinsichtlich des *Führungsstils* unterscheidet Fiedler analog zum Michigan-Stil-kontinuum zwischen einem aufgabenorientierten und einem personenorientierten Führungsstil. Beim aufgabenorientierten Führungsstil stehen die Lösung einer Arbeitsaufgabe und das Erreichen der Unternehmensziele im Mittelpunkt. Beim personenorientierten Führungsstil werden dagegen die zwischenmenschlichen Beziehungen zwischen Führungskraft und Geführten stärker betont. Fiedler geht davon aus, dass der aufgaben- und der personenorientierte Führungsstil jeweils die Endpunkte eines Kontinuums markieren; es handelt sich also um eine eindimensionale Führungsstilsystematik.

Zur Messung des Führungsstils einer Führungskraft nutzen Fiedler und seine Mitarbeiter den von ihnen entwickelten *LPC-Wert* (least preferred co-worker). Der LPC-Wert wird mit Hilfe eines Fragebogens ermittelt, der 16 bipolare Paare von Adjektiven enthält, wie zum Beispiel das Gegensatzpaar „freundlich – unfreundlich". Führungskräfte werden nun aufgefordert, den von ihnen am wenigsten geschätzten Mitarbeiter (least preferred) hinsichtlich der 16 Adjektivpaare auf einer achtstufigen Skala zu bewerten. Der LPC-Wert ergibt sich dann aus der Summe der Einzelbewertungen. Ein hoher LPC-Wert sagt aus, dass die betreffende Führungskraft auch den am wenigsten geschätzten Mitarbeiter insgesamt noch wohlwollend bewertet. Eine solche positive Bewertung gilt als Indikator für einen personenorientierten Führungsstil. Ein niedriger LPC-Wert, also eine negative Beschreibung des am wenigsten geschätzten Mitarbeiters, wird dagegen als Indikator für einen aufgabenorientierten Führungsstil gewertet.

Zur Erfassung der *Situationseinflüsse* verwendet Fiedler das Konstrukt der „situationalen Günstigkeit". Die situationale Günstigkeit bringt zum Ausdruck, inwieweit die Situationsbedingungen die Einflussnahme der Führungskraft auf die Geführten erleichtern. Zur Bestimmung der *situationalen Günstigkeit* verwendet Fiedler drei Variablen:

- *Positionsmacht*: Die Positionsmacht beschreibt, inwieweit eine Führungskraft aufgrund ihrer hierarchischen Position im Unternehmen in der Lage ist, die Geführten in ihrem Sinne zu beeinflussen. Fiedler unterscheidet zwischen starker und schwacher Positionsmacht. Eine starke Positionsmacht erleichtert nach Auffassung von Fiedler die Aufgabenerfüllung, während eine schwache Positionsmacht die Beeinflussung der Geführten erschwert. Insgesamt sieht Fiedler die Positionsmacht jedoch als die unbedeutendste Situationsvariable an.
- *Aufgabenstruktur*: Mit dem Merkmal Aufgabenstruktur wird zum Ausdruck gebracht, ob die von den Geführten zu lösende Aufgabe stark oder schwach strukturiert ist. Je höher der Strukturierungsgrad der Aufgabe, das heißt zum Beispiel, je klarer die Aufgabenstellung und je geringer die Zahl der Lösungsalternativen, desto einfacher lassen sich die Aktivitäten der Arbeitsgruppe koordinieren und kontrollieren. Dement-

sprechend trägt eine hohe Aufgabenstrukturierung zu einer günstigen Führungssituation bei.

- *Führer-Mitarbeiter-Beziehung*: In der Führer-Mitarbeiter-Beziehung drückt sich das
  Verhältnis einer Führungskraft zu ihren Mitarbeitern auf der zwischenmenschlichen
  Ebene aus. Dieses Verhältnis kann gut oder schlecht sein. Je besser das Verhältnis ist,
  das heißt, je mehr Vertrauen und Anerkennung die Führungskraft von ihren Mitarbeitern
  erhält, desto leichter können die Mitarbeiter beeinflusst werden und desto günstiger ist
  tendenziell die Führungssituation. Die Führer-Mitarbeiter-Beziehung ist nach Ansicht
  von Fiedler die wichtigste und damit auch die am stärksten gewichtete Situationsvariable.

Aus der Kombination der drei Variablen, die jeweils zwei Ausprägungen besitzen, ergeben sich insgesamt acht Führungssituationen, die nach ihrer situationalen Günstigkeit
geordnet werden können.

Bei der empirischen Überprüfung seiner Kontingenztheorie stellt Fiedler fest, dass in
der Tat in unterschiedlichen Situationen unterschiedliche Führungsstile geeignet sind,
weil sie zu besseren Führungserfolgen (Produktivität und Arbeitszufriedenheit) führen.
Konkret ist bei einer besonders ungünstigen und bei einer besonders günstigen Führungssituation ein aufgabenorientierter Führungsstil mit höherem Führungserfolg verbunden.
Bei Führungssituationen mittlerer Günstigkeit erweist sich dagegen der personenorientierte Führungsstil als besser geeignet (Abb. 5.33).

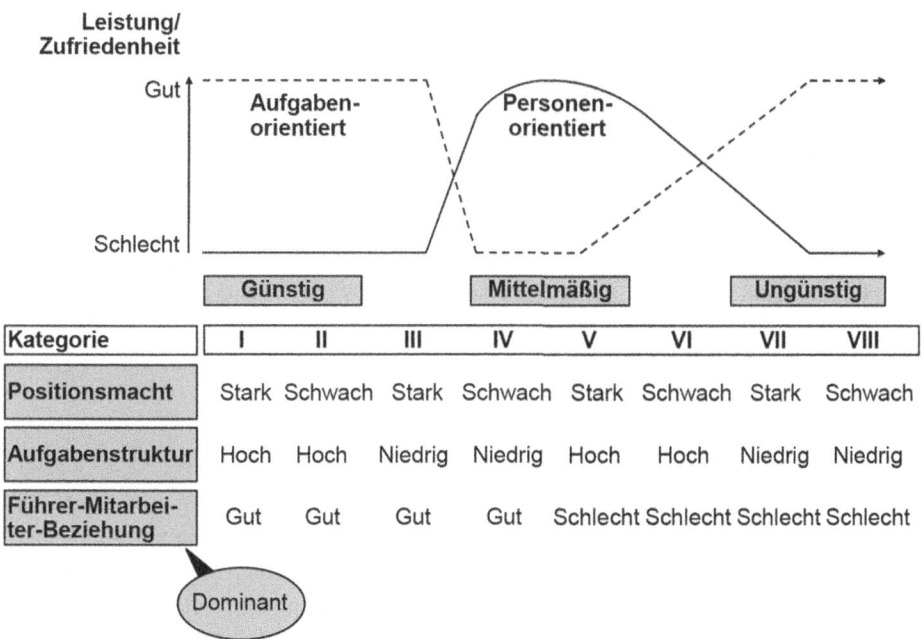

Abb. 5.33 Ergebnisse der Kontingenztheorie von Fiedler

Aus diesen empirischen Ergebnissen leitet Fiedler die Erkenntnis ab, dass Führungserfolg nur eintritt, wenn Führungsstil und Führungssituation zueinander passen. Fiedler vertritt allerdings die Ansicht, dass der Führungsstil einer Führungskraft höchstens langfristig verändert werden kann. Deshalb schlägt er vor, nicht den Führungsstil an die Führungssituation anzupassen, sondern vielmehr die Situation an den Führungsstil, indem Positionsmacht, Aufgabenstruktur und Führer-Mitarbeiter-Beziehung entsprechend beeinflusst werden. Darüber hinaus fordert er, in Seminaren die diagnostischen Fähigkeiten von Führungskräften zu fördern, damit diese klarer erkennen können, ob die vorhandene Situation ihrem Führungsstil entgegenkommt oder nicht. Wenn eine Führungskraft in einer bestimmten Situation nicht über einen angemessenen Führungsstil verfügt und auch die Situation nicht entsprechend verändert werden kann, sollte die Führungskraft ausgetauscht werden, um auf diesem Wege Situation und Führungsstil wieder in Übereinstimmung zu bringen.

Trotz der intuitiven Plausibilität von Fiedlers Ergebnissen muss festgehalten werden, dass seine Überlegungen in Nachfolgestudien nur sehr eingeschränkt bestätigt werden konnten. Als Ursache für diese mangelnde empirische Bestätigung werden neben Messproblemen zahlreiche konzeptionelle Schwächen der Theorie genannt. So werden insbesondere die von Fiedler gewählten Situationsvariablen kritisiert. Nach Meinung zahlreicher Autoren geben sie die Führungssituation nur unvollständig wieder, weil wichtige Faktoren, insbesondere die Fähigkeiten, Erwartungen und Bedürfnisse der Geführten, überhaupt nicht berücksichtigt werden. Zusätzlich erscheint die unterstellte Wirkungsrichtung der verwendeten Situationsvariablen fraglich. So erleichtert zum Beispiel eine hohe Positionsmacht nicht in jedem Fall die Aufgabenerfüllung, sondern sie schafft auch soziale Distanz zwischen Führungskraft und Mitarbeiter. Dadurch wird die Einflussmöglichkeit der Führungskraft eher gesenkt als erhöht. Weitere Kritik betrifft die mangelnde Berücksichtigung eines Einflusses des Führungsstils auf die Führungssituation. In der Realität ist nämlich davon auszugehen, dass der Führungsstil seinerseits die Führer-Mitarbeiter-Beziehung beeinflusst. Schließlich wird auch die Verwendung des LPC-Werts zur Ermittlung des Führungsstils kritisiert. Dieser Wert ist sehr einseitig und eindimensional und daher nur begrenzt in der Lage, das weite Spektrum möglichen Führungsverhaltens abzubilden. Trotz aller Kritik kommt Fiedler jedoch das Verdienst zu, als erster eine situative Führungstheorie entwickelt zu haben, die grundlegend für alle weiteren Theorien in diesem Bereich war und auch in der Unternehmenspraxis weite Beachtung gefunden hat (vgl. Staehle 1999; Steinmann et al. 2013).

Situative Führungstheorie von Hersey und Blanchard
Die situative Führungstheorie, von Hersey und Blanchard in den siebziger Jahren des 20. Jahrhunderts entwickelt, baut konzeptionell auf den oben beschriebenen Ohio-State-Leadership-Quadranten auf, indem sie vier Führungsstile in einer Matrix mit den zwei Dimensionen Aufgabenorientierung und Personenorientierung unterscheidet. Diese vier Führungsstile nennen Hersey und Blanchard „Unterweisung", „Verkaufen", „Beteiligung" und „Delegation":

- *Unterweisung (Telling)*: Bei diesem Führungsstil, der Ähnlichkeiten mit dem autoritären Führungsstil aufweist, trifft die Führungskraft alle Entscheidungen allein. Die Geführten erhalten Anweisungen, die sie exakt ausführen müssen. Aufgabenorientierung dominiert.
- *Verkaufen (Selling)*: Bei diesem Führungsstil, der hohe Aufgaben- mit hoher Beziehungsorientierung verbindet, entscheidet die Führungskraft zwar letztlich auch noch allein. Sie versucht jedoch über eine positive zwischenmenschliche Beziehung und rationale Argumentation, die Geführten zur Akzeptanz ihrer Aufgaben zu bringen.
- *Beteiligung (Participating)*: Bei diesem Führungsstil, der dem partizipativen Stil ähnlich ist, zeigt die Führungskraft Probleme auf, während die Mitarbeiter eigenständig für die Entwicklung von Lösungsalternativen verantwortlich sind. Entscheidungen werden gemeinsam getroffen. Besondere Bedeutung besitzt bei diesem Führungsstil die persönliche Beziehung zwischen Führungskraft und Mitarbeitern.
- *Delegation (Delegating)*: Bei diesem Führungsstil wird die Führungsposition fast vollständig aufgegeben. Die Führungskraft delegiert sämtliche Verantwortung an ihre Mitarbeiter und beschränkt sich auf gelegentliche Kontrollen.

Welcher der vier Führungsstile gewählt werden sollte, hängt nach Ansicht von Hersey und Blanchard von den vorherrschenden Situationsbedingungen ab. Zur Beschreibung der Situation verwenden sie letztlich nur eine Variable, nämlich den *Reifegrad der Mitarbeiter*. Der Reifegrad der Mitarbeiter setzt sich aus zwei Teilelementen zusammen, der Funktionsreife und der psychologischen Reife. Die Funktionsreife beschreibt die Fähigkeiten, das Wissen und die Erfahrungen, die ein Mitarbeiter für die Erfüllung einer Aufgabe mitbringt. Die psychologische Reife drückt dagegen die Motivation sowie die Leistungs- und Verantwortungsbereitschaft aus, die ein Mitarbeiter bei der Erfüllung einer Aufgabe zeigt. Hersey und Blanchard greifen damit eine zentrale Schwäche der Kontingenztheorie von Fiedler auf und rücken die Bedürfnisse und Fähigkeiten der Geführten stärker in den Mittelpunkt. Da sich der Reifegrad eines Mitarbeiters jeweils auf eine konkrete Aufgabe bezieht, kann ein Mitarbeiter zum gleichen Zeitpunkt eine hohe Reife in Bezug auf eine Aufgabe besitzen und eine geringe Reife in Bezug auf eine andere. Insgesamt unterscheiden Hersey und Blanchard vier Reifegrade der Mitarbeiter, die sie M1, M2, M3 und M4 nennen:

- *M1 (niedrige Reife)*: Der Mitarbeiter weist eine geringe Funktionsreife und eine geringe psychologische Reife auf. Wichtige Fähigkeiten, Wissen, Erfahrungen und Motivation zur Erfüllung der Aufgabe fehlen.
- *M2 (geringe bis mäßige Reife)*: Dem Mitarbeiter fehlt die Funktionsreife; die psychologische Reife, das heißt die Motivation, ist jedoch vorhanden.
- *M3 (mäßige bis hohe Reife)*: Funktionsreife, also Fähigkeiten, Wissen und Erfahrungen, ist vorhanden; die psychologische Reife fehlt jedoch.
- *M4 (hohe Reife)*: Der Mitarbeiter verfügt in Bezug auf die betrachtete Aufgabe sowohl über eine hohe Funktionsreife als auch eine hohe psychologische Reife.

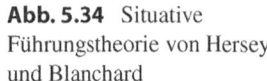

Abb. 5.34 Situative Führungstheorie von Hersey und Blanchard

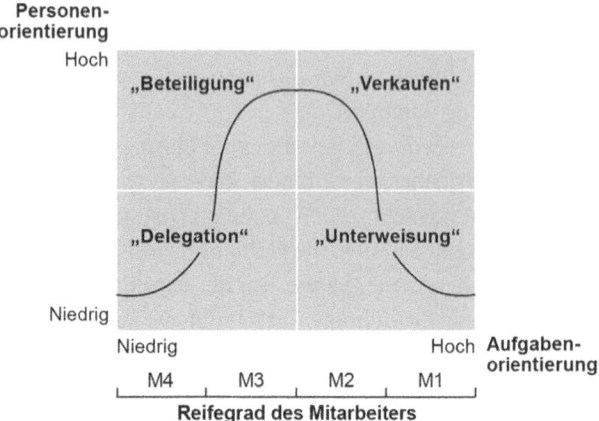

Hersey und Blanchard unterstellen nun einen Zusammenhang zwischen dem aufgabenrelevanten Reifegrad der Mitarbeiter, dem Führungsstil des Vorgesetzten und der Effektivität der Führung. Konkret gehen sie davon aus, dass bei unreifen Mitarbeitern (M1) der Unterweisungsstil die höchste Effektivität verspricht. Bei geringer bis mäßiger Reife (M2) erweist sich ihrer Ansicht nach eine Verbindung aus Aufgaben- und Beziehungsorientierung in Form des „Verkaufens" als besonders sinnvoll. Für Mitarbeiter mit mäßiger bis hoher Reife (M3) schlagen sie einen partizipativen Führungsstil (Beteiligung) vor. Bei hoher aufgabenbezogener Reife (M4) ist schließlich der Delegationsstil mit seiner Betonung der Selbstständigkeit der Geführten am geeignetsten (Abb. 5.34).

Die Implikationen, die sich aus der situativen Führungstheorie von Hersey und Blanchard ableiten lassen, unterscheiden sich deutlich von den Handlungsempfehlungen, die aus Fiedlers Kontingenztheorie der Führung resultieren. Während Fiedler davon ausgeht, dass Führungskräfte gegenüber allen Mitarbeitern ein konstantes Führungsverhalten zeigen, das höchstens langfristig verändert werden kann, fordern Hersey und Blanchard für jeden Mitarbeiter und für jede Aufgabe ein differenziertes Führungsverhalten. Letztlich muss ihrer Ansicht nach jede Führungskraft alle vier Führungsstile gleichzeitig beherrschen und einsetzen. Allerdings sehen Hersey und Blanchard die Aufgabe von Führungskräften nicht allein in der passiven Anpassung ihres Führungsverhaltens an den aufgabenbezogenen Reifegrad der Mitarbeiter. Vielmehr fordern sie, dass Führungskräfte den Reifegrad ihrer Mitarbeiter durch gezielte Förderung kontinuierlich erhöhen sollten.

Die situative Führungstheorie von Hersey und Blanchard wurde bislang kaum empirisch getestet. Als wesentlicher Grund für die mangelnde empirische Überprüfung wird die unklare Definition der Reifegrade von Mitarbeitern gesehen. Insofern sind die Fragen, ob Führungskräfte tatsächlich in der Lage sind, gleichzeitig unterschiedliche Führungsstile zu beherrschen und ob Aufgaben- und Beziehungsorientierung tatsächlich beliebig miteinander kombinierbar sind, bislang weitgehend offen geblieben (vgl. Staehle 1999).

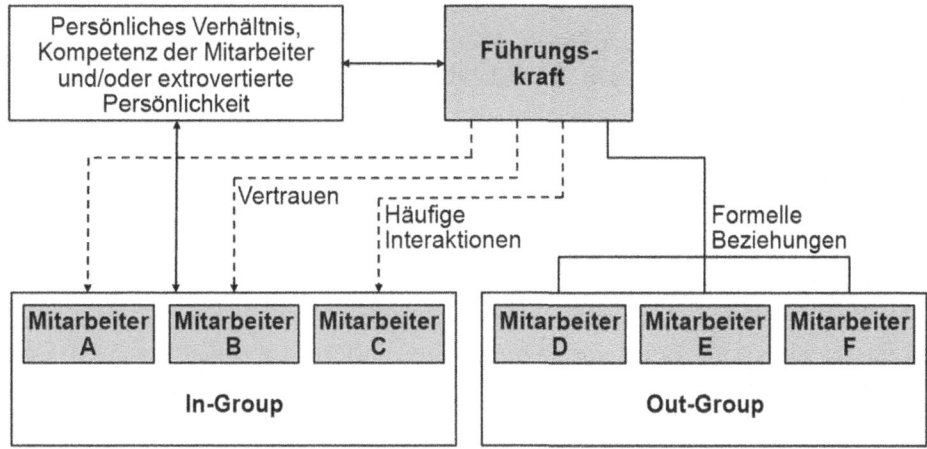

Abb. 5.35 Austauschtheorie von Graen

Austauschtheorie von Graen

Die beiden bisher behandelten situativen Führungstheorien – insbesondere die Kontingenztheorie von Fiedler – gehen weitestgehend davon aus, dass Führungskräfte alle ihre Mitarbeiter gleich behandeln. Dies ist in der Realität jedoch nicht immer der Fall. Die *Austauschtheorie* (Leader-Member Exchange Theory, LMX Theory) basiert daher auf der
Annahme, dass Führungskräfte oft eine enge Beziehung zu einer kleinen Gruppe an
Geführten aufbauen, der so genannten *„In-Group"* (Abb. 5.35). Diese Gruppe genießt das
Vertrauen der Führungskraft, die ihnen überdurchschnittlich viel Aufmerksamkeit widmet
und oftmals besondere Vorrechte einräumt. Beispiele für diese Vorrechte sind ein persönliches Verhältnis zur Führungskraft, interessante Aufgaben, Übertragung von Verantwortung, Zugang zu Informationen und Mitspracherecht bei Entscheidungen. Zudem
genießen diese Mitarbeiter persönliche Unterstützung und Anerkennung durch die
Führungskraft. Wodurch ein Mitarbeiter der In-Group zugeordnet wird, ist noch nicht im
Einzelnen erforscht. Jedoch wird davon ausgegangen, dass Mitglieder der In-Group mit
den Einstellungen und Persönlichkeitsmerkmalen der Führungskraft stark übereinstimmen
und eine höhere Kompetenz aufweisen als die Mitglieder der so genannten *„Out-Group"*.
Die Out-Group umfasst die Mitarbeiter, bei denen die Mitarbeiter-Führer-Beziehung eher
auf formellen Interaktionen basiert. Die Führungskraft verbringt sowohl von der Intensität
als auch von der Dauer gesehen weniger Zeit mit diesen Individuen und lässt sie weniger
an von ihr kontrollierten Belohnungen teilhaben (vgl. Schermerhorn et al. 2008).

Studien konnten die Austauschtheorie im Allgemeinen bestätigen. Forschungsergebnisse zeigen, dass Führungskräfte in der Tat Unterscheidungen zwischen den Geführten
vornehmen, dass diese Unterscheidungen keinesfalls willkürlich sind und dass der mit der
In-Group verbundene Status zu höherer Zufriedenheit, gestiegener Produktivität, niedrigerer Personalfluktuation, höherem Einkommen und schnelleren Beförderungsraten führt als

die Zugehörigkeit zur Out-Group. Diese Erkenntnisse bekräftigen die Austauschtheorie und ihre Implikationen für die Praxis. Allerdings bleiben weiterhin wichtige Aspekte offen – wie die Frage was passiert, wenn die Behandlung der Mitglieder der In- und Out-Group zu sehr voneinander abweicht oder die Frage, ob Mitglieder der Out-Group so stark verärgert sind, dass sie Leistungen des Teams sabotieren. Zusätzlich besteht weiterer Forschungsbedarf bezüglich des Themas, wie sich das Verhältnis In-Group zu Out-Group zu Beginn konstituiert und dann im Verlaufe der Zeit entwickelt und verändert.

Weg-Ziel-Theorie von House
Ein weiterer Ansatz einer situativen Führungstheorie, dem gegenwärtig große Anerkennung zuteil wird, ist die von Robert House entwickelte *Weg-Ziel-Theorie*. Dieses Kontingenzmodell der Führung baut ihre Kernaussagen auf den Ohio-Studien über die Aufgaben- und Beziehungsorientierung sowie auf der Erwartungstheorie der Motivation auf. Die Bezeichnung „Weg-Ziel" ist darauf zurückzuführen, dass effektive Führungskräfte als Wegbereiter dienen und Hindernisse aus dem Weg räumen. Die Aufgabe der Führungskraft besteht somit darin, ihren Mitarbeitern bei der Erfüllung ihrer Ziele zu helfen und durch Anleitung und Unterstützung zu gewährleisten, dass ihre Ziele mit den Gesamtzielen der Gruppe und der Organisation übereinstimmen (vgl. French et al. 2008).

Abb 5.36 fasst die situative Führungstheorie von House zusammen. House geht im Gegensatz zu Fiedler davon aus, dass Führungskräfte flexibel sind und je nach Situation ihren Führungsstil entsprechend anpassen können (vgl. Robbins 2001). Dabei werden vier Ausprägungen von Führungsverhalten unterschieden. Die *direktive Führungskraft* (directive leader) kommuniziert ihren Mitarbeitern deutlich, was von ihnen erwartet wird, strukturiert die anstehenden Aufgaben und gibt klare, spezifische Anweisungen. Die *partizipative Führungskraft* (participative leader) berät sich auf einer regelmäßigen Basis mit ihren Geführten. Sie holt deren Meinungen ein und beachtet diese, bevor eine Entscheidung getroffen wird. Die *leistungsorientierte Führungskraft* (achievement-oriented leader) ver-

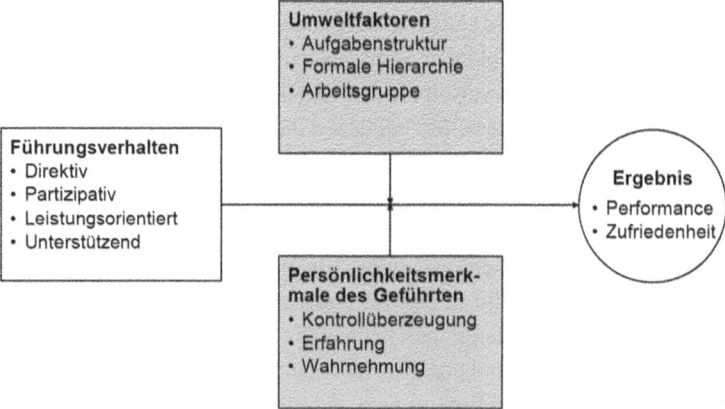

Abb. 5.36 Weg-Ziel-Theorie von House

sucht, herausfordernde Ziele zu definieren, hebt herausragende Leistungen hervor und vermittelt Vertrauen, dass die Gruppe den hohen Standards gerecht werden kann. Die *unterstützende Führungskraft* (supportive leader) kümmert sich um die Bedürfnisse und das Wohl der Mitarbeiter und versucht, eine freundliche Arbeitsatmosphäre aufrechtzuerhalten.

Zudem unterscheidet die Weg-Ziel-Theorie zwei Arten von Kontingenzvariablen, die auf die Beziehung zwischen Führungsverhalten und Ergebnis einwirken. Zum einen sind dies Umweltfaktoren, auf die der Geführte keinen Einfluss hat. Darunter ist die Aufgabenstruktur, die formale Hierarchie und die Arbeitsgruppe zu subsumieren. Zum anderen sind dies persönliche Eigenschaften des Geführten wie Kontrollüberzeugung, Erfahrung und wahrgenommene Qualifikation. Die persönlichen Eigenschaften bestimmen, wie die Umwelt und das Führungsverhalten interpretiert werden. Deshalb ist zu beachten, dass das Führungsverhalten nicht nur zu den Umweltfaktoren, sondern auch zu den Eigenschaften der Geführten passt.

5.3.2.4 Transformative Führung

In jüngerer Zeit findet die Unterscheidung zwischen transformativer und transaktionaler Führung breite Beachtung in der Führungslehre. Beide Ansätze stehen allerdings nicht im Gegensatz zueinander, sondern sie bauen aufeinander auf. So geht man davon aus, dass es Situationen gibt, in denen transaktionale Führung vollkommen angemessen ist. Darauf aufbauend kann transformative Führung aber Einsatzwillen und Leistungen der Mitarbeiter hervorbringen, die mit einem transaktionalen Führungsstil alleine nicht erreicht werden könnten.

Im Allgemeinen werden die beiden Führungsstile durch die folgenden Merkmale gekennzeichnet:

- *Transaktionale Führung*: Im Rahmen der transaktionalen Führung wird Führung im Wesentlichen als ein Austauschprozess begriffen. Die Aufgabe der Führungskraft besteht dabei vor allem darin, deutlich zu machen, welche Leistungen von den Mitarbeitern erwartet werden und welche Anreize diese im Gegenzug erhalten; das heißt, die Führungskraft soll Austauschprozesse (von Anreizen und Leistungen) steuern. Dieser Führungsstil ist vor allem für Routinetätigkeiten geeignet, bei denen Führung eher etwas mit Programmierung als mit individueller Beeinflussung zu tun hat.
- *Transformative Führung*: Im Rahmen der transformativen Führung geht es dagegen nicht um Routinetätigkeiten, sondern um die Veränderung von Einstellungen, Wünschen und Vorstellungen der Mitarbeiter. Eine transformative Führungskraft vermittelt auf Basis tief verankerter Werte und Überzeugungen eine Vision und regt dazu an, Dinge völlig neu zu sehen und zu tun. Transformative Führung kann unter folgende vier Kernpunkte gefasst werden: Eingehen auf Individuen, geistige Anregung, Inspiration und Charisma. Im Detail bedeutet dies, dass eine transformative Führungskraft sich persönlich um ihre Mitarbeiter kümmert, auf jeden Mitarbeiter individuell eingeht und beratend zur Seite steht. Des Weiteren fördert sie Intelligenz, rationales Denken und

Problemlösungsfähigkeiten ihrer Mitarbeiter. Mit Hilfe ihrer Inspiration kommuniziert sie hohe Erwartungen, konzentriert die Bemühungen mittels Symbolen auf ein zentrales Ziel und drückt wichtige Zielsetzungen in einfachen, verständlichen Worten aus. Durch das Charisma der Führungskraft vermittelt sie ihre Vision und Mission und versteht es, die Mitarbeiter mit Stolz zu erfüllen und deren Respekt und Vertrauen zu gewinnen.

Es ist wohl wenig erstaunlich, dass sich in empirischen Untersuchungen sehr häufig die Überlegenheit der transformativen gegenüber der transaktionalen Führung gezeigt hat. Transformative Führung ist in der Regel mit niedrigeren Fluktuationsraten sowie höherer Produktivität und Mitarbeiterzufriedenheit verbunden. Allerdings ist sie auch wesentlich schwerer zu verwirklichen als transaktionale Führung (vgl. Robbins 2001).

Zusammenfassung zu den Führungstheorien
Insgesamt hat sich in der Führungsforschung die Erkenntnis durchgesetzt, dass weder bestimmte Eigenschaften noch bestimmte Führungsstile existieren, die generell mit höherem Führungserfolg verbunden sind. Vielmehr wird weitgehend akzeptiert, dass die Frage, welches Führungsverhalten effizienter ist, also zu höherer Produktivität, Zufriedenheit und Motivation sowie zu niedrigerer Fluktuation und Abwesenheit, geringeren Kosten und Ausschuss führt, nur unter Beachtung der situativen Rahmenbedingungen beantwortet werden kann.

Auch situative Führungstheorien sind jedoch bislang nicht in der Lage, konsistent aufzuzeigen, unter welchen Bedingungen welches Führungsverhalten besonders erfolgreich ist. Das gilt sowohl für die beiden beschriebenen, etablierten situativen Führungstheorien, die Kontingenztheorie von Fiedler und die situative Führungstheorie von Hersey und Blanchard, als auch für weitere situative Führungstheorien wie die Austauschtheorie von Graen und die Weg-Ziel-Theorie von House. Ein Grund für das Fehlen einer generell akzeptierten Führungstheorie ist sicherlich in der großen Vielfalt unterschiedlicher Führungssituationen zu sehen. Diese Vielfalt lässt sich nur schwer in einer einzigen Theorie erfassen, und das wird sich wohl auch zukünftig nicht grundlegend ändern. Daher können Führungstheorien immer nur Teilausschnitte tatsächlicher Führungssituationen erfassen und analysieren.

In der Praxis haben sich angesichts des Fehlens einer klaren, theoriegestützten Anleitung für Führungshandeln so genannte Führungstechniken entwickelt, die keine theoretische Grundlage haben, jedoch einfache und klare Handlungsanweisungen für unterschiedliche Führungssituationen geben. Diese Führungstechniken werden im folgenden Abschnitt dieses Kapitels vorgestellt.

5.3.3 Führungstechniken

Führungstechniken haben im deutschen Sprachraum seit den sechziger Jahren des 20. Jahrhunderts unter der Bezeichnung „Management-by-Techniken" weite Verbreitung gefunden. Anders als die englische Bezeichnung „Management by …" vermuten lässt, sind diese Führungstechniken mit Ausnahme des „Management by Objectives" im amerikanischen Sprachraum jedoch weitgehend unbekannt. Nach Ansicht von Staehle dienen die hier verwendeten Anglizismen nämlich nur dazu, positive Assoziationen mit dem als effizient geltenden amerikanischen Managementstil zu wecken (vgl. Staehle 1999). Deswegen, aber auch weil diese Techniken für das praktische Handeln von Führungskräften klare Orientierungshilfen und Verhaltensleitlinien bieten, sind sie in der Unternehmenspraxis sehr populär.

In der Vergangenheit sind zahlreiche unterschiedliche Führungstechniken entwickelt worden. Das Spektrum existierender „Management-by-Techniken" reicht von einfachen Handlungsrichtlinien zur Gestaltung des Verhältnisses von Führungskräften und Mitarbeitern bis hin zu tiefgehenden Managementmodellen, die sich auf die Führung des Unternehmens als Ganzes beziehen. Zu den wichtigsten Führungstechniken zählen das „Management by Decision Rules", das „Management by Results", das „Management by Exception", das „Management by Participation", das „Management by Motivation" sowie als umfassende Führungstechnik das „Management by Objectives". Sie werden im Folgenden kurz vorgestellt (vgl. Fuchs-Wegner 1987):

- *Management by Decision Rules*: Im Rahmen des Management by Decision Rules delegiert eine Führungskraft Aufgaben an ihre Mitarbeiter und gibt gleichzeitig Entscheidungsregeln vor, die bei der Durchführung der übertragenen Aufgaben eingehalten werden müssen. Varianten des Management by Decision Rules findet man beispielsweise im Rahmen der Schadensregulierung in Versicherungsunternehmen. Die einzelnen Sachbearbeiter haben dort die Aufgabe, Schadensfälle nach genau vorgegebenen Regeln zu bearbeiten. Eine solche Regel kann zum Beispiel darin bestehen, dass bei Schäden mit einem Wert unter 2000 € der Schadensbetrag sofort, ohne weitere Prüfung an den Geschädigten überwiesen wird. Das Management by Decision Rules ist insbesondere für Routineaufgaben auf unteren Unternehmensebenen anwendbar. Es setzt eine genaue Definition von Entscheidungsregeln für alle relevanten Entscheidungssituationen voraus.
- *Management by Results*: Beim Management by Results besteht die zentrale Aufgabe von Führungskräften darin, zunächst Ergebnisse festzulegen, die die Mitarbeiter erreichen sollen, und dann die Zielerreichung zu kontrollieren. Das Management by Results impliziert damit eine eher autoritäre Führung, bei der ein starker Fokus auf der Leistungsorientierung liegt. Das Management by Results geht von der Grundannahme aus, dass die Vorgabe ehrgeiziger Ziele zu höheren Leistungen anspornt und dass regelmäßige Kontrollen zur Effizienzverbesserung beitragen. Damit liegt dem Management by Results, ähnlich wie dem Management by Decision Rules, ein eher negatives Menschenbild zugrunde. Anwendung findet das Management by Results vor allem auf niedrigeren Unternehmensebenen – zum Beispiel in Fertigungsbereichen, in denen klare Zielvorgaben und Kontrollen möglich sind.

- *Management by Exception*: Das Management by Exception zählt zu den ältesten Management-by-Konzepten. Beim Management by Exception werden Aufgaben an einzelne Mitarbeiter delegiert. Gleichzeitig werden den Mitarbeitern Entscheidungs- bzw. Ermessensspielräume für die Aufgabenerfüllung eingeräumt. Beispielsweise können ihnen Entscheidungen bis zu einer bestimmten Investitions- oder Auftragshöhe überlassen werden. Auch Abweichungen vom erwarteten Handlungsergebnis, also zum Beispiel eine Kostenüberschreitung, werden in gewissen Grenzen toleriert. Ein Eingriff in die Entscheidungsprozesse der Mitarbeiter erfolgt beim Management by Exception nur in Ausnahmesituationen. Solche Ausnahmesituationen liegen beispielsweise vor, wenn der vorgegebene Entscheidungsspielraum überschritten wird oder die Handlungsergebnisse stark von den Erwartungen abweichen. Der Vorteil des Management by Exception ist vor allem darin zu sehen, dass die Führungskraft von Routineentscheidungen entlastet wird. Außerdem reduziert das Management by Exception den Informationsfluss zwischen Mitarbeiter und Führungskraft, da nur Informationen über Ausnahmesituationen weitergegeben werden müssen. Das Management by Exception eignet sich dementsprechend vor allem auf mittleren Unternehmensebenen. Als problematisch erweist sich jedoch im Zusammenhang mit dieser Führungstechnik die Tendenz, Führungsaufgaben auf die Beseitigung von Störungen zu beschränken. Innovative Ideen und Ansätze zur Veränderung der eingespielten Unternehmensabläufe werden dabei weitgehend unterdrückt.

- *Management by Participation*: Im Gegensatz zu den drei bisher beschriebenen Management-by-Techniken gehen das Management by Participation und das Management by Motivation, das weiter unten beschrieben wird, vom Leitbild eines mündigen Mitarbeiters aus, der über einen hohen Grad an intrinsischer Motivation verfügt. Konkret basiert das Management by Participation auf der Grundannahme, dass die Leistung eines Mitarbeiters steigt, wenn er sich mit den Unternehmenszielen identifiziert, und dass die Identifikation mit den Unternehmenszielen positiv beeinflusst wird, wenn der Mitarbeiter in den Zielbildungsprozess des Unternehmens einbezogen wird. Dementsprechend fordert das Management by Participation die Beteiligung (die Partizipation) der Mitarbeiter bei der Formulierung der von ihnen zu erreichenden Ziele. Zur Anwendung kommt das Management by Participation vor allem auf mittleren und oberen Unternehmensebenen. In der Regel ist nämlich davon auszugehen, dass Mitarbeiter, die durch Partizipation zur Leistung motiviert werden, vor allem auf diesen Ebenen zu finden sind.

- *Management by Motivation*: Das Management by Motivation bildet letztlich eine Weiterführung und Ergänzung des Management by Participation. Beim Management by Motivation wird davon ausgegangen, dass Mitarbeiter nicht nur durch die Einbindung in den Zielbildungsprozess zur Leistung motiviert werden können, sondern dass weitere Maßnahmen erfolgen sollten. Dazu zählt beispielsweise das Gewähren einer möglichst großen Handlungsautonomie oder die Betonung von Eigen- gegenüber Fremdkontrolle. Die Anwendbarkeit dieser Führungstechnik setzt wiederum die Existenz mündiger, intrinsisch motivierter Mitarbeiter voraus. Dementsprechend ist auch sie vor allem auf mittleren bis höheren Unternehmensebenen einsetzbar.

Das *Management by Objectives* (Führung durch Zielvereinbarung) stellt ein im Vergleich zu den bisher beschriebenen Führungstechniken sehr viel umfassenderes Führungskonzept dar. Eine erste Beschreibung dieses Konzepts findet sich bei Drucker. Popularität hat das Management by Objectives dann jedoch vor allem durch die Arbeiten von Odiorne und Humble gewonnen (vgl. Drucker 1954; Odiorne 1965; Humble 1967).

Das Management by Objectives beschreibt letztlich nichts anderes als eine Führung durch Zielvereinbarung und Kontrolle. Dementsprechend basiert diese Führungstechnik auf zwei wesentlichen Schritten. In einem ersten Schritt vereinbaren Führungskraft und Mitarbeiter gemeinsam Ziele, die der Mitarbeiter erreichen soll. Diese Ziele leiten sich aus den übergeordneten Unternehmenszielen ab und bringen den Beitrag zum Ausdruck, den der betreffende Mitarbeiter zur Erfüllung der Unternehmensziele leisten soll. Sie beziehen sich in der Regel auf eine Budgetperiode, das heißt zum Beispiel auf ein Jahr. Allerdings können im Rahmen des Management by Objectives auch so genannte Meilensteine, das heißt Zwischenziele, vereinbart werden, auf Basis derer eine unterjährige Kontrolle der Zielerreichung möglich ist. Dadurch kann Fehlentwicklungen frühzeitig begegnet werden. Dieses Prinzip der Zielvereinbarung wiederholt sich in jeder Planungsperiode zwischen Führungskräften und Untergebenen auf allen Hierarchieebenen des Unternehmens.

Wichtig ist in diesem Zusammenhang, dass der Mitarbeiter aktiv in den Zielbildungsprozess eingebunden wird, dass Ziele eindeutig formuliert sind, um eine anschließende Kontrolle zu ermöglichen, und dass das Anspruchsniveau adäquat ist, um den Mitarbeiter mit den Zielen weder zu über- noch zu unterfordern. Diese Anforderungen verdeutlichen, dass das Management by Objectives, ähnlich wie die Zieltheorie der Motivation (siehe Kap. 5.1.2.2.2), davon ausgeht, dass Mitarbeiter durch anspruchsvolle, klare und akzeptierte Ziele zu hoher Leistung motiviert werden können. Dem Management by Objectives liegt damit wie dem Management by Participation und dem Management by Motivation das Bild eines vornehmlich intrinsisch motivierten Mitarbeiters zugrunde, den Ziele tatsächlich zur Leistungssteigerung ansporn.

In einem zweiten Schritt des Management by Objectives setzen sich Führungskraft und Mitarbeiter am Ende der Periode zusammen, um eine abschließende Kontrolle der Zielerreichung vorzunehmen und über Verbesserungsmaßnahmen zu diskutieren. Die Beurteilung der Zielerreichung sollte dabei zunächst vom jeweiligen Mitarbeiter selbst vorgenommen werden, da er über bessere Kenntnisse der Situation und der Gründe für mögliche Abweichungen vom angestrebten Ziel verfügt. Das nachfolgende Beurteilungsgespräch basiert dann auf dieser Selbsteinschätzung des Mitarbeiters. Möglichkeiten zur Verbesserung der Leistung des Mitarbeiters für das Unternehmen, aber auch Ansatzpunkte für seine persönliche Weiterentwicklung werden in diesem Rahmen diskutiert. Gleichzeitig werden Ziele für die nächste Periode vereinbart.

Insgesamt bildet das Management by Objectives ein geschlossenes, partizipatives Führungskonzept, das in Unternehmen durchaus erfolgreich eingesetzt wird. In der Tat zählen jährliche Zielvereinbarungsgespräche, die die Basis für das Management by Objectives bilden, in vielen Unternehmen heute zum Standard. Allerdings setzt das Management by Objectives voraus, dass Mitarbeiter tatsächlich durch Partizipation motiviert werden.

Außerdem verlangt es das Vorhandensein klar beschreibbarer Ziele, deren Erreichung die Mitarbeiter auch beeinflussen können. Nicht zuletzt stellt das Management by Objectives hohe Koordinationsanforderungen, das heißt, es muss permanent sichergestellt werden, dass die individuell mit einzelnen Mitarbeitern vereinbarten Ziele insgesamt auch zum Erreichen des Gesamtziels des Unternehmens beitragen (vgl. Steinmann et al. 2013).

Im Vergleich zu anderen Führungstechniken stellt das Management by Objectives sicherlich den umfassendsten und ausgefeiltesten Ansatz dar. Dennoch ist bei der Anwendung von Führungstechniken generell Vorsicht geboten. Führungstechniken bieten zwar einfache Orientierungshilfen und erleichtern damit die Wahrnehmung von Führungsaufgaben; sie bauen jedoch auf keiner klaren theoretischen Grundlage auf, sondern basieren auf unterschiedlichen, sich teilweise widersprechenden Grundannahmen über die Natur des Menschen und die Wirkung von Führungsverhalten. Insofern muss vor einer Anwendung dieser Prinzipien jeweils geprüft werden, inwieweit die den Führungstechniken zugrunde liegenden Annahmen in der konkreten Situation tatsächlich zutreffen.

Beispiel

Management by Objectives bei der QualityRent AG

Führung durch Zielvereinbarung wird bei der QualityRent AG bereits seit Beginn der neunziger Jahre praktiziert. Mit dem Wachstum des Unternehmens hat diese Führungstechnik im Laufe der Zeit eine immer größere Bedeutung erlangt. Im Rahmen dieses Management by Objectives führt jeder Mitarbeiter des Unternehmens einmal im Jahr ein Zielvereinbarungsgespräch mit seinem direkten Vorgesetzten. Dabei werden die Leistungen des Mitarbeiters und seine persönliche Entwicklung im vergangenen Jahr besprochen. Außerdem werden Leistungs- und Entwicklungsziele für das kommende Jahr vereinbart und schriftlich festgehalten. Typische Leistungsziele auf der Ebene der Kundenbetreuer sind zum Beispiel das Gewinnen einer bestimmten Anzahl von Neukunden im Jahr sowie ein bestimmtes Auftragsvolumen, das die Kundenbetreuer im Jahr generieren müssen. Das Erreichen dieser Leistungsziele hat für den Kundenbetreuer dabei nicht nur ideellen Wert, sondern wird auch mit materiellen Anreizen, zum Beispiel Prämien, verknüpft. Als Entwicklungsziele können für einen Kundenbetreuer – je nach seinem persönlichen Entwicklungsstand – zum Beispiel die Teilnahme an Verkaufsschulungen oder Maßnahmen der Job Rotation vereinbart werden. Der Zielerreichungsgrad aller vereinbarten Ziele wird vierteljährlich überprüft, um gegebenenfalls noch gegensteuern zu können. Die abschließende Kontrolle der Zielerreichung erfolgt am Jahresende und wird dann im Zielvereinbarungsgespräch diskutiert. Zur Vorbereitung auf dieses Gespräch haben sowohl der Mitarbeiter als auch der Vorgesetzte die Aufgabe, die Zielerreichung und Gründe für Abweichungen schriftlich zu beurteilen. Peter Körber sieht sich diese Beurteilungen immer wieder einmal an und gewinnt daraus wichtige Erkenntnisse über das Unternehmensklima insgesamt sowie über konkrete Probleme in einzelnen Bereichen.

Insgesamt hat sich die Führung durch Zielvereinbarung bei der QualityRent AG in der Vergangenheit als positiv erwiesen. Klare Zielvorgaben tragen zur Effizienzsteigerung bei und Mitarbeiter fühlen sich durch die Möglichkeit zur Partizipation ernst genommen. Sicherlich ist diese positive Erfahrung mit dem Management by Objectives auch darauf zurückzuführen, dass die Mitarbeiter der QualityRent AG stark intrinsisch motiviert und gerne bereit sind, Höchstleistungen für ihr Unternehmen zu erbringen. ◄

Verständnisfragen

1. Geben Sie eine kurze Definition des Begriffs Führung.
2. Beschreiben Sie das grundlegende Modell des Handelns und Entscheidens von Führungskräften, das aus der Upper-Echelons-Perspektive entwickelt wurde.
3. Welche Management-Rollen unterscheidet Mintzberg?
4. Auf welchen Grundlagen kann Macht basieren? Welche Rolle spielt Macht im Rahmen der Personalführung?
5. Geben Sie einen Überblick über die Kernannahmen und -aussagen der klassischen Eigenschaftstheorien. Welche Eigenschaften werden als besonders relevant für gute Führungskräfte angesehen? Welche Kritik wird an der Theorie geübt?
6. Erläutern Sie die Attributionstheorie von Calder. Inwiefern unterscheidet sie sich von den klassischen Eigenschaftstheorien?
7. Durch welche Merkmale sind charismatische Führungskräfte gekennzeichnet?
8. Erläutern Sie die Kontinuum-Theorie von Tannenbaum und Schmidt. Welche Führungsstile werden im Rahmen dieser Theorie unterschieden?
9. Geben Sie einen Überblick über die Methodik und die Ergebnisse der so genannten Michigan-Studien.
10. Erläutern Sie die Methodik und die Ergebnisse der so genannten Ohio-State-Studien. Was sind in diesem Zusammenhang die Ohio-State-Leadership-Quadranten?
11. Was ist das Managerial Grid? Wie leitet es sich aus den Ohio-State-Leadership-Quadranten ab? Welche Führungsstile werden im Rahmen des Managerial Grid unterschieden und welche Implikationen für die Unternehmensführung lassen sich ableiten?
12. Geben Sie einen Überblick über die Grundgedanken der situativen Führungstheorien. Inwiefern unterscheiden sie sich von Eigenschafts- und Führungsstiltheorien?
13. Was ist ein LPC-Wert und wie wird er ermittelt?
14. Geben Sie einen Überblick über die Kontingenztheorie von Fiedler. Erläutern Sie die Grundstruktur der Theorie, die verwendeten Variablen und die Ergebnisse. Welche Implikationen für die Unternehmensführung lassen sich ableiten? Welche Kritik wird an der Theorie geübt?

15. Geben Sie einen Überblick über die situative Führungstheorie von Hersey und Blanchard. Erläutern Sie die Grundstruktur der Theorie, die verwendeten Variablen und die Ergebnisse. Welche Implikationen für die Unternehmensführung lassen sich ableiten? Welche Kritik wird an der Theorie geübt?

16. Durch welche Grundannahme unterscheidet sich die Austauschtheorie von Graen von der Kontingenztheorie von Fiedler? Erklären Sie zudem, was im Rahmen der Austauschtheorie von Graen unter „In-Group" und „Out-Group" zu verstehen ist.

17. Beschreiben Sie die Rolle einer Führungskraft, die diese laut der Weg-Ziel-Theorie von House ja nach Situation einnehmen sollte und welche Faktoren in diesem Zusammenhang auf die Beziehung zwischen Führungsverhalten und Ergebnis einwirken.

18. Was wird unter transaktionaler und transformativer Führung verstanden?

19. Welche „Management-by-Techniken" sind seit den sechziger Jahren des 20. Jahrhunderts entwickelt worden? Geben Sie einen strukturierten Überblick über diese Techniken.

Diskussionsfragen

1. Charakterisieren Sie den Führungsstil von Peter Körber. Verwenden Sie zu diesem Zweck die unterschiedlichen Führungsstilsystematiken.

2. Im Einführungsbeispiel zu Beginn des Kap. 5.3 sind unterschiedliche Führungssituationen innerhalb der QualityRent AG dargestellt worden. Können diese Führungssituationen bzw. der Erfolg der Führung in diesen Situationen mit der Kontingenztheorie von Fiedler und der situativen Führungstheorie von Hersey und Blanchard erklärt werden? Welche Implikationen leiten sich aus den Theorien jeweils für die unterschiedlichen Führungssituationen ab?

3. Diskutieren Sie, inwieweit die sechs vorgestellten „Management-by-Techniken" – Management by Decision Rules, Management by Results, Management by Exception, Management by Participation, Management by Motivation und Management by Objectives – sinnvoll bei der QualityRent AG eingesetzt werden können. Welche Techniken sind aus Ihrer Sicht geeignet und welche nicht?

5.4   Personalmanagement

Unter der Überschrift „Personal und Führung" hat Personalmanagement naturgemäß eine hohe Bedeutung. Zu dem Aufgabenbereich Personalmanagement gehören vielfältige Einzelmaßnahmen, die hier in sechs Bereiche unterteilt werden:

- *Personalplanung*: Sie geht der Frage nach, wie viele Mitarbeiter mit welchen Eigenschaften, wann an welcher Stelle im Unternehmen verfügbar sein müssen. Das Thema steht im Zentrum von Kap. 5.4.1.

- *Personalbeschaffung und -freisetzung*: Wenn zusätzliches Personal eingestellt werden muss, so ist zu klären, wo dieses herkommen kann; gibt es zu viel Personal, so ist die Frage der Personalfreisetzung zu klären. Diese Themen stehen im Zentrum des Abschn. 5.4.2.

- *Personaleinsatz*: Um innerhalb der Organisation effizient zu wirtschaften, ist der Personaleinsatz zu klären. Es muss über die Arbeitsgestaltung im Rahmen vorgegebener Organisationsstrukturen befunden werden. Wichtige Elemente sind hierbei Arbeitsinhalte, Arbeitsbedingungen und Arbeitszeiten. Was diese Elemente im Einzelnen bedeuten, welche Relevanz sie besitzen und wie ihre Ausgestaltung aussieht, steht im Zentrum von Kap. 5.4.3.

- *Personalentwicklung*: Um herausragende Leistungen zu erzielen, müssen Mitarbeiter und Führungskräfte qualifiziert sein. Insofern stellen kontinuierliche Maßnahmen zur Personalentwicklung einen weiteren, wichtigen Ansatzpunkt zur Beeinflussung von Mitarbeitern und Führungskräften dar. Was Personalentwicklung ist, welche Relevanz sie für Unternehmen besitzt und wie dieser Bereich ausgestaltet werden kann, wird in Kap. 5.4.4 diskutiert.

- *Personalbeurteilung*: Mitarbeiter zu beurteilen ist ein Bereich des Personalmanagements, der sowohl dem Unternehmen als auch den Mitarbeitern und Führungskräften Orientierung gibt. Hierbei kann ein Vergleich mit anderen Personen, zwischen Verhalten und Verhaltensstandards sowie zwischen Leistungszielen und -ergebnissen (MBO) erfolgen. So stellt die Personalbeurteilung einen weiteren, wichtigen Ansatzpunkt zur Beeinflussung von Mitarbeitern und Führungskräften dar. Welche Rolle die Personalbeurteilung konkret spielt, wird in Kap. 5.4.5 diskutiert.

- *Anreizsysteme*: Ein Handeln im Sinne des Gesamtunternehmens erfordert motivierte Mitarbeiter und Führungskräfte. Ein wichtiges Instrument, um Motivation zu beeinflussen, ist das Anreizsystem für Mitarbeiter bzw. Führungskräfte. Seine Ausgestaltungsmöglichkeiten stehen im Mittelpunkt des Kap. 5.4.6.

5.4.1 Personalplanung

Die Personalplanung ermittelt, wie groß und welcher Art der Personalbedarf zum Erfüllen der Unternehmensziele ist. Sie ist damit abhängig von unternehmensinternen, aber auch von unternehmensexternen Faktoren (politischer, rechtlicher, gesellschaftlicher oder sozialer Art). Zu bestimmende Aspekte der Planung sind (vgl. Holtbrügge 2012):

- Quantitativer Art (Anzahl der notwendigen Mitarbeiter)
- Qualitativer Art (Art und Umfang der benötigten Qualifikation)
- Zeitlicher Art (Zeitpunkt, an dem die Mitarbeiter verfügbar sind)
- Räumlicher Art (Ort, an dem die Mitarbeiter verfügbar sein müssen)

Die Personalbedarfsplanung ermittelt generell den erforderlichen Bruttobedarf (Soll-bedarf). Hierbei bedient sie sich summarischer oder analytischer Methoden (quantitativer Bedarf) und qualitativer Vorgehensweisen mittels Anforderungsprofilen oder Stellenbe-schreibungen (qualitativer Bedarf). Auch das Ausscheiden von Mitarbeitern im Zeitablauf ist zu berücksichtigen. Der Vergleich mit dem im Betrieb vorhandenen Mitarbeiterbestand (Ist-Bestand) ergibt den Netto-Personalbedarf. Es resultieren die nötige Anpassung der Mitarbeiterzahl (Personalbeschaffung oder -freisetzung) und auch die Maßnahmen im Be-reich der Personalentwicklung.

Bei der *quantitativen Personalbedarfsplanung* unterscheidet man summarische und analytische Methoden. *Summarische Methoden* ermitteln den Personalbedarf mit Hilfe vereinfachter Annahmen (zum Beispiel über die optimale Leitungsspanne). *Analytische Methoden* der Personalbedarfsplanung hingegen ermitteln den Personalbedarf anhand von Zeit- und Aufgabenstudien. Dabei werden Daten zu auszuführenden, gleichartigen Tätig-keiten, deren Zeitbedarf und deren Häufigkeit erhoben. Zusätzlich wird ein Zuschlags-faktor für nicht regelmäßig anfallende Tätigkeiten hinzugefügt.

Die *qualitative Personalbedarfsplanung* verfolgt das Ziel, die Anforderungen der er-forderlichen Stellen zu ermitteln, diese mit den Qualifikationen der verfügbaren Mit-arbeiter zu vergleichen und gegebenenfalls Entwicklungslücken aufzuzeigen. Zunächst werden die gegenwärtigen und zukünftigen Anforderungen ermittelt, die eine Stelle von einem Mitarbeiter verlangt. In einem nächsten Schritt wird die Qualifikation des Mit-arbeiters, die er zur gegenwärtigen und zukünftigen Aufgabenerfüllung benötigt, beurteilt. Die beiden Profile werden gegenübergestellt und es ergeben sich daraus Implikationen für den individuellen Entwicklungsbedarf sowie die Durchführung von Maßnahmen der Personalentwicklung. Ebenso kann es zu Personalneueinstellungen bzw. zu Personalfrei-setzungen kommen. Die Treffsicherheit der Planung des qualitativen Personalbedarfs hängt stark von der Änderungsrate der Umfeldbedingungen ab. Ändern sich diese kaum oder kontinuierlich, ist eine Fortschreibung des Ist-Zustands möglich. Bei Strukturbrüchen kann die qualitative Personalbedarfsplanung im ungünstigsten Fall lediglich Mindest-kenntnisse oder Mindestfähigkeiten der zu besetzenden Stellen bestimmen.

Die Frage der *zeitlichen Dimension* der Personalbedarfsplanung hängt eng mit der Unternehmensplanung zusammen. Je nachdem, welche Entscheidungen getroffen werden (zum Beispiel Expansion oder Verringerung der Aktivitäten), wirkt sich dies auf den Personalbedarf aus. Es ist zusätzlich zu berücksichtigen, dass möglicherweise Fristen und Termine einzuhalten sind (zum Beispiel Kündigungsfristen, Bewerbungsschluss), die Ein-stellungen und auch Freisetzungen verzögern können.

Zu klären ist auch der *räumliche Einsatz des Personals*. Hierbei stellt sich die Frage, ob die (potenziellen) Mitarbeiter flexibel sind und welche Vereinbarungen bezüglich des Ein-satzortes getroffen werden.

5.4.2 Personalbeschaffung und -freisetzung

Die Deckung des ermittelten Personalbedarfs erfolgt durch die Personalbeschaffung, die in Personalanwerbung und -auswahl unterteilt werden kann.

Die *Personalanwerbung* geschieht auf internem oder externem Weg. Die interne Anwerbung, also die Besetzung einer Stelle aus dem Unternehmen heraus, kann mittels interner Stellenausschreibung (zum Beispiel Stellenaushänge am schwarzen Brett, in der Firmenzeitschrift, im Intranet oder durch das Ansprechen eines geeigneten Bewerbers) erfolgen. Vorteilhaft ist hierbei der geringere Kosten- und Zeitaufwand. Vorhandene Kenntnisse über den Mitarbeiter verringern außerdem das Risiko einer Fehlbesetzung, und vorhandene Betriebskenntnisse auf Seiten des Mitarbeiters verringern die Einarbeitungszeit und können motivierend auf Mitarbeiter wirken (Karriereplanung). Allerdings können sich durch eine mögliche Betriebsblindheit auch Probleme mit internen Bewerbern ergeben.

Bei der externen Personalbeschaffung, also einer Rekrutierung von Mitarbeitern außerhalb des eigenen Unternehmens, können ebenso Vor- und Nachteile auftreten. Vorteilhaft sind die größere Auswahlmöglichkeit, häufig geringere Weiterbildungskosten, die Vermeidung von Betriebsblindheit und die Förderung des Wettbewerbs. Nachteilig können sich höhere Kosten bei Fehlentscheidungen auswirken. Auch besteht die Gefahr, Mitarbeiter zu verärgern, die ihre eigenen Aufstiegschancen gefährdet sehen. Für Anzahl und Qualität der eingehenden Bewerbungen sind sowohl unternehmensinterne Faktoren (zum Beispiel Wahl des Beschaffungsweges, angebotene Vergütung oder Unternehmensimage) als auch betriebsexterne Faktoren (zum Beispiel Arbeitsmarktlage) ausschlaggebend.

Bei der Personalbeschaffung von außen (externe Beschaffung) können die folgenden Maßnahmen unterschieden werden:

- *Arbeitsvermittlung*: Das Unternehmen bedient sich Institutionen, die direkten Zugang zum externen Beschaffungsmarkt haben. Neben den Arbeitsagenturen handelt es sich hierbei um private Arbeitsvermittler, deren Leistungen über die Personalbeschaffung im eigentlichen Sinne hinaus reichen können. Sie beraten die Unternehmen oftmals auch bei der Personalauswahl und der Gestaltung von Arbeitsverträgen.
- *Anwerbung*: Bei der Anwerbung bedient sich das Unternehmen verschiedener Suchmedien, dabei spielen Anzeigen in Printmedien eine große Rolle. Hierbei ist der Vorteil, dass Anzeigen zielgruppenorientiert gestaltet und eine hohe Anzahl an Bewerbern erreicht werden kann. Allerdings sind etwaige Anzeigen mit hohen Kosten verbunden, die Laufzeiten sind kurz und potenzielle Bewerber können nicht so systematisch suchen, wie dies bei Online-Stellenbörsen der Fall ist. Die Online-Variante ist eine neuere Form der Anwerbung, die zunehmend an Bedeutung gewinnt. Vorteile sind die genannte Suchfunktion und die damit verbundene hohe Transparenz. Anzeigen im Internet

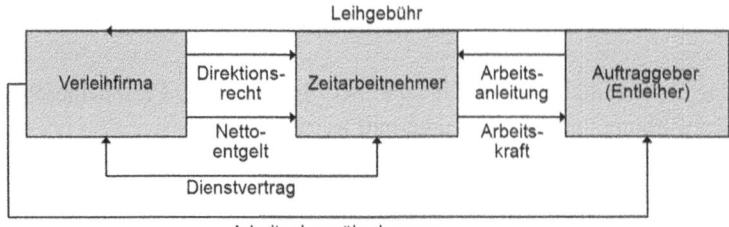

Abb. 5.37 Beziehungen der Personalleasing-Beteiligten. (vgl. Berthel 2010)

erfahren außerdem räumlich einen hohen Verbreitungsgrad. Ihre Aktualisierung ist einfach und der Kostenaufwand ist vergleichsweise gering. Eine dritte Form sind persönliche Kontakte zu Institutionen, die über Personalpotenziale verfügen (Campus Recruiting). Unternehmen knüpfen zum Beispiel durch Fachvorträge, Unterstützung von Dissertationen und Diplomarbeiten Kontakte zu geeigneten Kandidaten.

- *Personalleasing* stellt eine spezielle Methode der temporären Personalbeschaffung dar (Abb. 5.37). Als Agent zwischen Auftraggeber und Zeitarbeitnehmer fungiert die Verleihfirma, die gegen eine Leihgebühr den Arbeitnehmer dem Auftraggeber überlässt. Der Arbeitnehmer hat einen Dienstvertrag mit der Verleihfirma. Die Vorteile dabei sind die Möglichkeit, dass das Unternehmen seinen Personalbedarf flexibel decken kann und nicht das Beschäftigungsrisiko trägt. Nachteilig ist, dass die Mitarbeiter zunächst über kein unternehmensspezifisches Wissen verfügen.

Bei der *Personalauswahl* gilt es, aus den eingegangenen Bewerbungen den am besten geeigneten Kandidaten für die zu besetzende Stelle zu identifizieren. Neben der Qualifikation des Bewerbers spielen als Kriterien die qualitativen Anforderungen, die im Rahmen der Personalbedarfsplanung entwickelt wurden, eine Rolle. In der Regel werden die Bewerber auf Basis der vorliegenden Unterlagen vorselektiert. Danach wird durch verschiedene Verfahren, die durchaus auch parallel eingesetzt werden, ein umfassenderes Bild der Qualifikationen und Eigenschafen erfasst. Folgende Verfahrensformen lassen sich unterscheiden (Abb. 5.38):

- *Auswertung der schriftlichen Unterlagen*: Dies dient der Vorselektion der Bewerber. Es wird die grundsätzliche Eignung im Hinblick auf Ausbildungsstand oder Berufserfahrung überprüft, um Hinweise auf die Leistungsfähigkeit zu erhalten.
- *Vorstellungsgespräche (Einzelinterview, Gruppeninterview; persönlich oder telefonisch)*: Es werden Informationen über Erwartungen, Eignungsprofil und Sozialverhalten des Bewerbers gewonnen. Es besteht hierbei die Gefahr, dass insbesondere bei unstrukturierten Interviews eine subjektive Beurteilung, beispielsweise durch die Überbewertung des ersten Eindrucks oder einzelner Verhaltensmerkmale, erfolgt.
- *Psychologische Testverfahren*: Hierbei handelt es sich um Persönlichkeitstests zur Erfassung von Interessen und Einstellungen, Intelligenztests zur Erfassung der intellek-

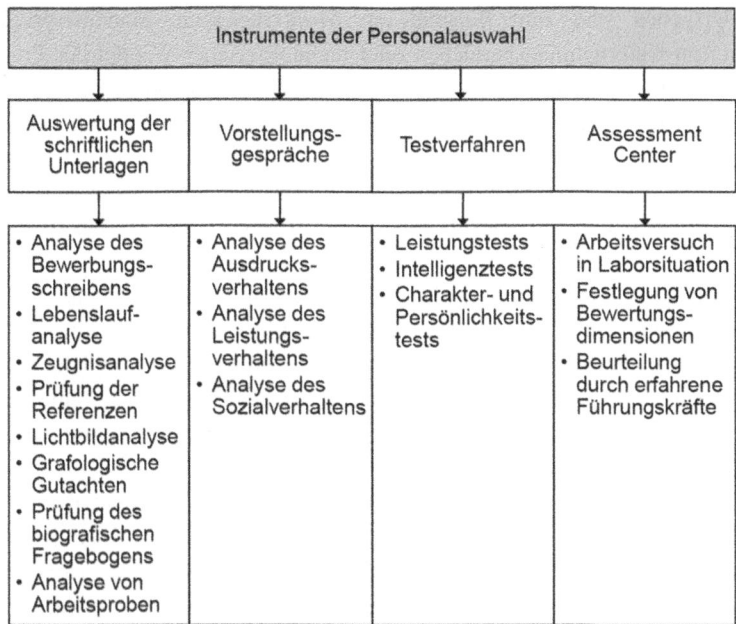

Abb. 5.38 Instrumente der Personalauswahl. (vgl. Berthel 2010)

tuellen Fähigkeiten und Leistungstests zur Erfassung der motorischen und kognitiven Belastbarkeit. Vorteilhaft sind die Chancengleichheit aller Bewerber und die Vermeidung von Wahrnehmungsfehlern durch Beobachter. Nachteilig sind der hohe Aufwand und die damit verbundenen Kosten. Zudem werden die Tests auch kritisiert. Hauptkritikpunkt ist, dass mit ihnen nur ein kleiner Ausschnitt des Persönlichkeits- und Fähigkeitsspektrums eines Bewerbers erfasst wird.

- *Assessment Center*: Hierbei kommen verschiedene eignungsdiagnostische Verfahren zum Einsatz, um die Leistungen mehrerer Bewerber durch verschiedene Beobachter festzustellen und zu beurteilen. Der wesentliche Vorteil eines methodisch anspruchsvollen Verfahrens (erzielt eine höhere Prognosevalidität) ist gleichzeitig auch der Nachteil, da es sehr zeit- und personalintensiv ist. Am Ende des Verfahrens erfolgen eine Gesamtbewertung der Kandidaten, die sich in der engeren Auswahl befinden, und die endgültige Entscheidung. Um Beurteilungsfehler auszuschließen, ist eine Überprüfung der eingesetzten Methoden auf Objektivität, Validität (Zusammenhang zwischen Testverfahren und dem zu testenden Merkmal) und Reliabilität (Genauigkeit oder Zuverlässigkeit eines Tests) notwendig.

Anders als bei der Personalbeschaffung, bei der Mitarbeiter für die Bewältigung neuer Aufgaben benötigt werden, erfolgt eine *Personalfreisetzung*, wenn Mitarbeiter ihre Aufgaben nicht mehr im bisherigen Umfang oder überhaupt nicht mehr wahrnehmen (können). Die Gründe für eine Freisetzung sind betriebs- oder mitarbeiterbedingt. Betriebsbedingte Ursachen sind zum Beispiel ein Absatzrückgang, Standortverlagerungen, Stilllegung von Unternehmensbereichen oder technologischer Wandel der Produktions-methoden. Mitarbeiterbedingte Gründe liegen in der Person oder dem Verhalten des Arbeitnehmers. Hierzu zählen die nachlassende Arbeitsleistung (leistungsbedingte Frei-setzung) oder steigende Arbeitsanforderungen, denen der Mitarbeiter nicht gewachsen ist (anforderungsbedingte Freisetzung). Eine verhaltensbedingte Personalfreisetzung erfolgt, wenn das Verhalten des Mitarbeiters eine Weiterbeschäftigung im Unternehmen aus-schließt (zum Beispiel Alkoholmissbrauch, Straftaten, unentschuldigtes Fernbleiben).

Wird Personal freigesetzt, kann sich hierdurch die Anzahl der Arbeitnehmer ändern oder gleichbleiben. Bleibt die Anzahl der Arbeitnehmer unverändert und das Arbeits-volumen sinkt, spricht man von interner oder partieller Freisetzung; mögliche Maßnahmen sind hier Abbau von Mehrarbeit und Überstunden, Kurzarbeit oder dauerhafte Arbeitszeit-verkürzung. Sinkt die Anzahl der Arbeitnehmer, spricht man von Personalabbau. Hierfür stehen eine Reihe von Maßnahmen zur Verfügung: die Nichtverlängerung von befristeten Arbeitsverträgen (einschließlich der Nichtübernahme von Auszubildenden), ein Ein-stellungsstopp, das Angebot von Aufhebungsverträgen und frühzeitige Pensionierung sowie Kündigungen bzw. Entlassungen. Bei der Entscheidung, welche Art von Personal-freisetzung gewählt wird, müssen viele Beurteilungskriterien beachtet werden. So sind zum Beispiel die Auswirkungen auf die Produktivität und das Unternehmensimage zu bedenken. Ebenso müssen die Folgen für die im Betrieb verbleibenden Mitarbeiter oder rechtliche Beschränkungen mit bedacht werden. Auf jeden Fall ist bei Personalfrei-setzungen der Betriebs-/Personalrat zu beteiligen, der ein Mitspracherecht bei allen Ent-scheidungen hat, die das Personal angehen. Während der Betriebsrat im Einzelfall einer Kündigung als Interessenvertreter des Betroffenen eintritt, ist seine Rolle bei Massenent-lassungen anders gelagert. Es geht dann vor allem um eine möglichst soziale Durch-führung dieser meist nicht verhinderbaren Maßnahme.

Um die negativen Folgen von Personalfreisetzungen für das Unternehmen und für den Mitarbeiter zu verringern, kann das so genannte Outplacement eingesetzt werden. Hierbei wird dem ausscheidenden Mitarbeiter Hilfe bei der Suche nach einem neuen Arbeitsplatz gewährt (zum Beispiel Aufbau von Kontakten, Vorbereitung auf Vorstellungsgespräche, Entwicklung von beruflichen Alternativen). Er wird bei der Bewältigung der Situation unterstützt. Das Unternehmen kann damit die Trennungskosten reduzieren, Imageverluste in der Öffentlichkeit vermeiden und negative Wirkungen auf die im Betrieb verbleibenden Mitarbeiter verringern.

5.4.3   Personaleinsatz

Der Einsatz von Personal im Betrieb vollzieht sich im Rahmen vorgegebener Organisations-strukturen; mit der Ausgestaltung dieser Strukturen, um den Einsatz effizient zu gestalten, beschäftigt sich die Arbeitsgestaltung. Wichtige Elemente sind hierbei Arbeitsinhalte, Arbeitsplatz bzw. Arbeitsbedingungen und Arbeitszeiten.

Arbeitsinhalte beschreiben dabei Art und Umfang der zu leistenden Arbeit, ihre Vielfalt sowie die zu tragende Verantwortung der einzelnen Mitarbeiter. Man kann generell zwischen individuumsorientierter und gruppenorientierter Arbeitsaufgabe unterscheiden. Arbeitsinhalte lassen sich außerdem nach ihrer Menge (mehrere Mitarbeiter übernehmen gleichartige Aufgaben) und ihrer Art (Mitarbeiter werden zu Spezialisten) auf die Mitarbeiter des Unternehmens aufteilen. Abhängig von der Größe des Unternehmens und dem Umfang der Arbeitsinhalte kann eine Spezialisierung sinnvoll sein. Vorteilhaft sind Lern- und Erfahrungseffekte, die Zuordnung der Mitarbeiter zu den Aufgaben, geringe Einarbeitungszeiten sowie die Erhöhung der Produktivität und Qualität. Negativ allerdings können die einseitige körperliche und geistige Belastung, eine zunehmende Inflexibilität, eingeschränkte soziale Kontakte und Monotonie wirken. So wird eine stark arbeitsteilige Organisation (Taylorismus, Scientific Management) oft um neue Formen der Arbeitsgestaltung sowohl auf individueller als auch auf Gruppenebene ergänzt (Taylor 1911), die eine bessere Verbindung der Bedürfnisse der Menschen mit den Anforderungen der Arbeit ermöglichen sollen. Diese Modelle sind:

- *Job Rotation*: Hierbei wechseln Mitarbeiter zwischen verschiedenen Arbeitstätigkeiten. Es werden so Monotonie und eine einseitige Belastung vermieden. Es kommt zur Erhöhung der Aufgabenvielfalt und zur Entwicklung von Mehrfachqualifikationen. Es wird zusätzlich eine Steigerung der Flexibilität, der Qualifikation und der Motivation angestrebt.
- *Job Enlargement*: Es handelt sich um eine Aufgabenerweiterung für einzelne Mitarbeiter, indem qualitativ und strukturell gleichartige oder ähnliche Aufgabenelemente den bisherigen Elementen hinzugefügt werden. Der Arbeitszyklus wird verlängert und die Arbeitsteilung reduziert. Der Arbeitsplatz wird für den Mitarbeiter vielfältiger und abwechslungsreicher, weil die Anzahl der unterschiedlichen Tätigkeiten erhöht wird. Gleichermaßen steigt aber der Entscheidungs- und Kontrollspielraum des Einzelnen nicht.
- *Job Enrichment*: Hierbei wird das Arbeitsfeld einer Stelle durch Planungs-, Entscheidungs- und Kontrolltätigkeiten bereichert, die vorher überwiegend auf höheren Hierarchieebenen erfüllt wurden. Es verlängert sich der Arbeitszyklus und die Arbeitsanforderungen steigen. Der Mitarbeiter ist dann für einen ganzen Aufgabenkomplex verantwortlich. Ein Ziel dieser Form der Arbeitsplatzgestaltung ist die Personalentwicklung und oft die Vorbereitung des Mitarbeiters auf Führungsaufgaben.
- *Teilautonome Arbeitsgruppe*: Es handelt sich um eine kleine Gruppe von Mitarbeitern, die in eigener Verantwortung und selbstorganisierend eine abgeschlossene Aufgabe bearbeitet.
- *Qualitätszirkel*: Hier trifft sich eine Gruppe von Mitarbeitern in der Regel auf freiwilliger Basis, unter Leitung eines Moderators, um Probleme des eigenen Arbeitsplatzes zu diskutieren und Verbesserungsvorschläge zu erarbeiten.

- *Projektgruppe*: Hierbei dient eine Arbeitsgruppe dazu, ein genau definiertes, temporäres Problem zu bearbeiten; ihre Mitglieder können aus verschiedenen Bereichen des Unternehmens stammen.

Neben einer Orientierung an den Arbeitsaufgaben kann sich das Unternehmen auch an den persönlichen Neigungen und Fähigkeiten einer Person orientieren und eine so genannte idiosynkratische Stellenbildung bzw. personenbezogene Stellenbildung vorsehen. Die Arbeitsinhalte orientieren sich dann an den Merkmalen des konkreten Stelleninhabers. Eine solche Arbeitsorganisation gilt als potenzialorientiert. Sie ist insbesondere in innovativen klein- und mittelständischen Unternehmen vorzufinden. Bei einer solchen Orientierung besteht allerdings die Gefahr einer stärkeren Individualisierung und opportunistischen Verhaltens zu Lasten der Solidarität in Organisationen (vgl. Holtbrügge 2012).

Die *Arbeitsbedingungen* bzw. die Situation am Arbeitsplatz umfassen Fragen nach den Arbeitsmitteln, der Arbeitsumgebung (zum Beispiel ergonomische Gestaltung des Arbeitsplatzes, Unfallverhütung, Klima, Lärm, Erschütterungen, Beleuchtung oder Schadstoffbelastungen) und den Arbeitsort selbst. Hierbei wird es aufgrund des demografischen Wandels, der zunehmenden Bedeutung des betrieblichen Gesundheitsmanagements und der Vereinbarkeit verschiedener Lebensbereiche immer wichtiger, dass sich Unternehmen an die Erfordernisse der Mitarbeiter anpassen und flexibel auf deren Wünsche eingehen. Dies gelingt zum Beispiel mit verschiedenen Formen der Telearbeit (heimbasiert, centerbased, on-site oder mobil).

Auch die *Arbeitszeitgestaltung* wird nicht nur für hochqualifizierte Mitarbeiter zunehmend ein wesentlicher Gestaltungsparameter und Entscheidungskriterium für oder gegen einen Arbeitsplatz. Somit müssen sich Unternehmen hier flexibel zeigen. Zentrale Punkte der Arbeitszeitgestaltung sind die Dauer und die Lage der Arbeitszeit, Pausen und Flexibilität. Die maximale Dauer der Arbeitszeit ist durch das Arbeitszeitgesetz (ArbZG) geregelt und ergibt sich außerdem aus den Vereinbarungen im Arbeitsvertrag. Die Lage der Arbeitszeit wird üblicherweise neben dem ArbZG durch Tarifvertrag oder Betriebsvereinbarung geregelt. Zu berücksichtigen sind außerdem die individuellen Leistungsschwankungen der Mitarbeiter, vor allem bei Schichtarbeit. Arbeitspausen dienen dem Abbau von Ermüdungszuständen, dem Vorbeugen entsprechender Symptome und der Erhaltung der Wachsamkeit des Mitarbeiters. Zunehmende Bedeutung gewinnen Modelle der flexiblen Arbeitszeit wie Jahres- und Lebensarbeitszeitmodelle, Teilzeitarbeit oder so genannte Sabbaticals (über längere Zeit auf einem Konto angesparter Sonderurlaub), Gleitzeit oder Job-Sharing (hier teilen sich zwei oder mehr Mitarbeiter einen Arbeitsplatz). Eine gelungene Arbeitszeitgestaltung führt im Unternehmen zu einer optimalen Ausnutzung der Betriebsmittel (zum Beispiel Einsatz von Schichtmitarbeitern in der Produktion) sowie zur Anpassung an Kapazitätserfordernisse und zur Verringerung der Unfallhäufigkeiten sowie höherer Motivation. Auf Arbeitnehmerseite lassen sich verschiedene Lebensdomänen besser vereinbaren und psychische und physische Belastungen können reduziert werden.

5.4.4 Personalentwicklung

Um herausragende Leistungen zu erzielen, müssen die Mitarbeiter eines Unternehmens nicht nur motiviert (siehe Kap. 5.1.2), sondern auch entsprechend qualifiziert sein. Maßnahmen der Personalentwicklung dienen dazu, die notwendige Qualifizierung von Mitarbeitern und Führungskräften sicherzustellen. Personalentwicklung ist aus Sicht der Unternehmensführung ein wichtiges Aufgabenfeld. Dies verdeutlicht wiederum die Fallstudie der QualityRent AG.

Beispiel

Personalentwicklung in der QualityRent AG

Personalentwicklung war bislang eine eher vernachlässigte Aufgabe innerhalb der QualityRent AG – dessen ist sich Peter Körber schmerzlich bewusst. Bis auf die so genannten Neueinsteigerworkshops, einige bereichsinterne Schulungen – vor allem im Fuhrparkmanagement – und externe Seminare, zu denen einzelne Bereiche Mitarbeiter schicken, wird von der QualityRent AG in diesem Bereich nichts unternommen.

Dass eine systematische und langfristig orientierte Personalentwicklung jedoch eine ganz wichtige Managementaufgabe ist, musste Peter Körber erst kürzlich wieder erfahren. Mit Simon Kleeberg, dem Leiter des Bereichs Vertrieb und Service, diskutierte Peter Körber über die Eröffnung neuer Vertriebsbüros in den baltischen Staaten. Aufgrund des vorhandenen Marktpotenzials würde ein Markteintritt in diesen Ländern durchaus Sinn machen. Simon Kleeberg wies jedoch auf das Problem hin, geeignete Leiter, aber auch gute Kundenbetreuer für die neuen Büros zu finden. Es falle ihm bereits schwer, fuhr Simon Kleeberg fort, geeignete Nachfolger für einige Kundenbetreuer und die Leiter der Büros in Paris und Madrid zu finden. Woher solle er angesichts dieser Schwierigkeiten noch zusätzliche qualifizierte Mitarbeiter für Riga, Vilnius oder Tallinn nehmen? Und dann ist da noch die Erinnerung an Jakob Schreiber, einen jungen, extrem qualifizierten und motivierten Hochschulabsolventen, der vor etwa einem Jahr bei QualityRent AG anfing, obwohl er auch Angebote von Arbeitgebern wie BMW und IBM hatte. Jakob Schreiber verließ das Unternehmen bereits nach sechs Monaten wieder, weil er für sich keine ausreichenden, vom Unternehmen geförderten Entwicklungsmöglichkeiten sah.

Beide Erlebnisse zusammen brachten Peter Körber dazu, den Aufbau einer systematischen Personalentwicklung auf seiner Prioritätenliste ganz weit nach oben zu setzen. Noch am gleichen Tag rief er Fred Kluge, den Leiter des Bereichs Personal und IT, zu sich, um über das Thema Personalentwicklung zu diskutieren. Bei dem rennt Peter Körber mit dem Thema Personalentwicklung offene Türen ein – denn mehrfach ist Fred Kluge in der Vergangenheit schon von Mitarbeitern des Unternehmens bezüglich ihrer Karrieremöglichkeiten und Aufstiegschancen angesprochen worden, und er musste diese Mitarbeiter immer wieder darauf hinweisen, dass die Gestaltung ihrer Karriere vor allem in ihrer eigenen Verantwortung liege. Mitarbeiter, die Karriere machen wollen, sollten – so sein Rat – sich selbstständig weiterentwickeln und sich immer wieder aktiv anbieten. Das ist natürlich richtig, aber Fred Kluge hat doch die Überzeugung gewonnen, dass es auch im Unternehmensinteresse ist, wenn Mitarbeiter sich systematisch weiterentwickeln. Angesichts des weiteren Wachstums und neuer Aufgaben braucht das Unternehmen Mitarbeiter mit immer besseren Qualifikationen. Deshalb nimmt er den Auftrag von Peter Körber gern an, sich Gedanken über mögliche Methoden der Personalentwicklung und die Ausgestaltung eines Personalentwicklungsprozesses in der QualityRent AG zu machen. ◄

5.4.4.1 Funktionen der Personalentwicklung in Unternehmen

Als *Personalentwicklung* werden alle Maßnahmen bezeichnet, die ein Unternehmen nutzt, um Mitarbeiter für die Bewältigung gegenwärtiger und zukünftiger Herausforderungen zu qualifizieren – sofern diese Maßnahmen zielorientiert und geplant erfolgen. Die Qualifizierung kann auf die Vermittlung ganz unterschiedlicher Qualifikationskomponenten abzielen: auf tätigkeitsspezifisches oder allgemeines Wissen, auf kognitive oder handwerkliche Fähigkeiten oder soziale Kompetenzen, wie Team- oder Kommunikationsfähigkeit. Zur Personalentwicklung gehören in diesem Zusammenhang nicht nur Maßnahmen der Aus-, Fort- und Weiterbildung, sondern sämtliche Maßnahmen der Mitarbeiterförderung.

Personalentwicklung besitzt für Unternehmen in vielen Branchen angesichts einer zunehmenden Wettbewerbsdynamik, stetig schnellerer Technologieveränderungen und einer immer größeren Informationsflut, mit der sich Mitarbeiter auseinandersetzen müssen, wachsende Bedeutung. Aufgrund der deshalb mittlerweile immer kürzer werdenden Halbwertszeit von Wissen wird die Personalentwicklung für Unternehmen zunehmend wichtiger. Hierbei spielen aber nicht nur die Ziele des Unternehmens bzw. der Unternehmensführung eine Rolle. Vielmehr muss die Personalentwicklung auch den persönlichen Entwicklungs- und Karrierezielen der betroffenen Mitarbeiter Rechnung tragen. In der Tat besteht eine besondere Herausforderung der Personalentwicklung darin, die unterschiedlichen Interessen des Unternehmens und der Mitarbeiter zum Ausgleich zu bringen. Idealerweise gelingt es dabei, die persönlichen Entwicklungs- und Karriereziele der Mitarbeiter mit den allgemeinen Zielen des Unternehmens zu verknüpfen.

Aus *Sicht des Unternehmens* soll die Personalentwicklung vor allem folgende *Funktionen* erfüllen (vgl. Staehle 1999):

- *Sicherung des Bedarfs an qualifizierten Mitarbeitern und Führungskräften*: Hier kommt der sachliche Aspekt der Personalentwicklung zum Ausdruck. Eine der zentralen Aufgaben der Personalentwicklung besteht aus Unternehmenssicht nämlich darin sicherzustellen, dass jederzeit richtig qualifizierte Mitarbeiter in der richtigen Anzahl am richtigen Ort zur Verfügung stehen. Diese Aufgabe bezieht sich sowohl auf Führungskräfte als auch auf Spezialisten in einzelnen Funktionsbereichen. Wenn man davon ausgeht, dass qualifizierte Mitarbeiter eine der wichtigsten Ressourcen von Unternehmen sind, bildet eine effektive Personalentwicklung eine entscheidende

Voraussetzung für die Sicherung der langfristigen Wettbewerbsfähigkeit von Unternehmen.

- *Steigerung von Motivation und Identifikation*: In diesem Ziel kommt der emotionale bzw. soziale Aspekt der Personalentwicklung zum Ausdruck. Neben der Verbesserung fachlicher Fähigkeiten geht es bei Maßnahmen der Personalentwicklung auch darum, Mitarbeitern das Gefühl zu geben, dass sie für das Unternehmen wichtig sind und ihre Leistung bzw. die Verbesserung ihrer Leistung wertgeschätzt wird. In diesem Sinne können Maßnahmen der Personalentwicklung unter anderem dazu beitragen, Arbeitszufriedenheit zu steigern oder Fluktuation zu senken. Darüber hinaus spielen Personalentwicklungsmaßnahmen, bei denen Mitarbeiter aus unterschiedlichen Unternehmensbereichen zusammentreffen, eine wichtige Rolle für das Entstehen von persönlichen Netzwerken und die Weiterentwicklung der Unternehmenskultur. Beides leistet einen Beitrag zur Verbesserung der Zusammenarbeit in Unternehmen.

Neben dem Unternehmen stellen aber auch Mitarbeiter Ansprüche an die Personalentwicklung, die von ihren persönlichen Bedürfnissen und Motiven abhängen. Sehr häufig sind somit folgende Anforderungen oder *Funktionen derPersonalentwicklung aus Mitarbeitersicht* zu beobachten:

- *Klare Karriere- und Aufstiegsperspektiven*: Vor allem Führungsnachwuchskräfte und junge Führungskräfte erwarten, dass ihnen klare Perspektiven für ihre langfristige berufliche Entwicklung aufgezeigt werden. Dabei stehen das Streben nach Verantwortungszuwachs und der entsprechende Wunsch, herausfordernde Aufgaben zu übernehmen, im Vordergrund. Für die Personalentwicklung folgt daraus, dass eine langfristig orientierte Planung von Entwicklungsmaßnahmen für einzelne Mitarbeiter notwendig ist. Nach einer Studie der Personalberatung Towers Perrin scheint genau dies in vielen Unternehmen nicht gegeben zu sein, denn der Mangel an klaren Aufstiegs- und Karrierechancen stellte sich als einer der Hauptgründe heraus, warum Mitarbeiter ihr Unternehmen wieder verlassen (vgl. o.V. 2004).
- *Aufrechterhalten und Verbessern der fachlichen Qualifikation*: Neben beruflichem Aufstieg kann auch die Verbesserung ihrer derzeitigen Qualifikation ein Anliegen sein, das Mitarbeiter von der Personalentwicklung erwarten. Noch stärker als von Mitarbeitern, die eine Führungsposition anstreben, wird dieses Ziel von jenen verfolgt, die sich in einer Fach- oder Spezialistenlaufbahn befinden. Für diese Mitarbeiter müssen ebenfalls langfristig orientierte Qualifizierungskonzepte entworfen werden, die es ihnen sukzessive erlauben, persönliches Wissen und Fähigkeiten an veränderte Umweltbedingungen anzupassen.
- *Einkommensverbesserung*: Quasi als Nebenprodukt der Qualifizierung ist die Steigerung (bzw. Sicherung) des Einkommens ein weiteres Ziel, das Mitarbeiter mit Maßnahmen der Personalentwicklung verbinden.

Personalentwicklung ist also sowohl für Mitarbeiter als auch Unternehmen eine wichtige Aufgabe. Sie ist daher Aufgabe der Unternehmensführung und jeder einzelnen Führungskraft, in der Regel unterstützt von einer entsprechenden Organisationseinheit des Personalbereichs. Ihre Aufgabe besteht in der Entwicklungsplanung, das heißt in der Festlegung der Entwicklungsziele, des Entwicklungsbedarfs und der Auswahl entsprechender Maßnahmen, in der Durchführung von Entwicklungsmaßnahmen sowie schließlich in der Evaluation ihrer Wirksamkeit. Diese Teilaufgaben der Personalentwicklung stehen im Folgenden im Mittelpunkt. Daneben besitzt aber auch jeder einzelne Mitarbeiter Verantwortung für seine eigene Qualifizierung – Entwicklung setzt individuelle Anstrengungen und individuelles Lernen voraus. Zu Recht fordern deswegen Unternehmen von ihren Mitarbeitern, ihre eigenen Stärken und Schwächen immer wieder zu hinterfragen sowie Wissen, Fähigkeiten und Kompetenzen permanent weiterzuentwickeln. Das Unternehmen hilft dabei, dies zu tun.

5.4.4.2 Methoden der Personalentwicklung

Im Rahmen der Personalentwicklung werden ganz unterschiedliche Methoden eingesetzt, um Mitarbeiter zu qualifizieren. Dementsprechend finden sich in der Literatur auch ganz unterschiedliche Systematisierungen von Personalentwicklungsmethoden. Manche Autoren unterscheiden (nach dem Grad der Beteiligung der Lernenden an der Erarbeitung des Lernstoffes) zwischen aktiven Methoden, wie zum Beispiel einem Workshop, und passiven Methoden, also beispielsweise einer Vorlesung oder einem Lehrfilm. Andere differenzieren nach dem Adressatenkreis zwischen Entwicklungsmaßnahmen für Führungskräfte oder für kaufmännische oder technische Mitarbeiter. Schließlich findet man eine Unterscheidung nach dem Träger von Personalentwicklungsmaßnahmen. Träger können prinzipiell externe Bildungseinrichtungen oder interne Weiterbildungsbereiche sein.

Als besonders sinnvoll hat sich jedoch die Einteilung der Methoden der Personalentwicklung nach dem *Lernort* erwiesen. Nach diesem Kriterium lassen sich insgesamt sechs verschiedene Methoden der Personalentwicklung unterscheiden, nämlich Personalentwicklung „into the job", „on the job", „parallel to the job", „near the job", „off the job" und „out of the job" (Abb. 5.39; vgl. Scholz 2014).

Personalentwicklung „into the job"

Die Entwicklung „into the job" umfasst alle Personalentwicklungsmaßnahmen, die auf den Berufseinstieg bzw. auf den Eintritt in ein neues Unternehmen vorbereiten. Dazu zählt beispielsweise die *Berufsausbildung*, die als berufliche Erstausbildung verstanden wird, bei der es vor allem darum geht, grundlegende Fähigkeiten und Kenntnisse zu erwerben, die für die Ausübung einer bestimmten Tätigkeit notwendig sind. Auch *Traineeprogramme* zählen als spezielle Einarbeitungsprogramme für Hochschulabsolventen dazu, in denen deren theoretische Ausbildung durch Praxiserfahrungen erweitert wird. Für Traineeprogramme wählen Unternehmen in der Regel besonders qualifizierte Hochschulabsolventen aus, die im Laufe der meist ein- bis zweijährigen Programme das Unternehmen systematisch kennenlernen sollen und so frühzeitig auf spätere Führungsaufgaben

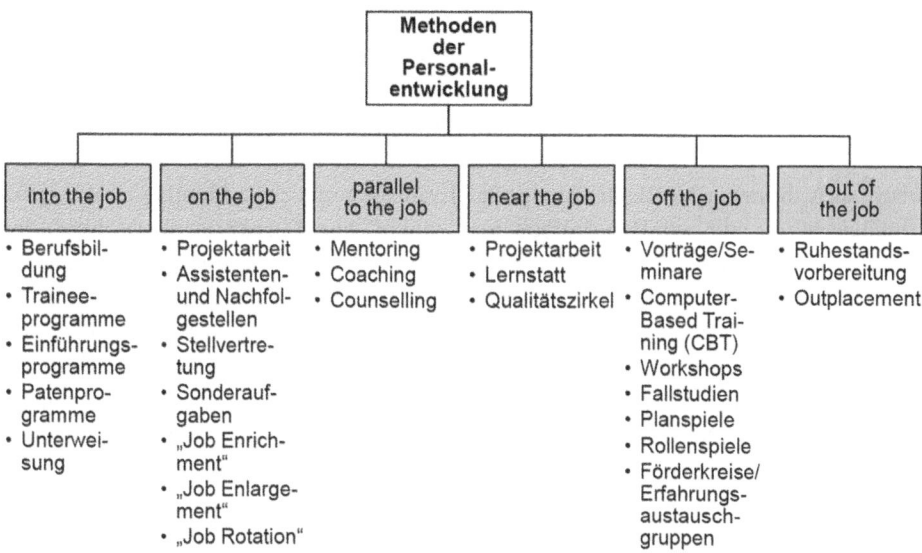

Abb. 5.39 Methoden der Personalentwicklung. (vgl. Wunderer 2011)

vorbereitet werden. Ebenso zählen *Einführungsprogramme* hierzu, die eine verkürzte, meist auf wenige Tage oder Wochen begrenzte Ausbildung darstellen. Das Ziel von Einführungsprogrammen besteht darin, neuen Mitarbeitern sowohl spezielle Kenntnisse zu vermitteln, die ihre Tätigkeit erfordert, als auch ihre Sozialisation, das heißt ihre Eingliederung in das Unternehmen, zu fördern. Weiter gehören *Patenschaftsprogramme* zu entsprechenden Maßnahmen. Hier werden neuen Mitarbeitern erfahrene Kollegen als „Paten" zur Seite gestellt, die in den ersten Wochen und Monaten bei allen Fragen rund um die neue Tätigkeit und das Unternehmen zur Verfügung stehen. Schließlich sind auch *Unterweisungen* entsprechende Maßnahmen. Es handelt sich um kurze, meist eintägige Einführungsprogramme, im Rahmen derer neue Mitarbeiter wesentliche Informationen über ihre Tätigkeit und das Unternehmen erhalten.

Personalentwicklung „on the job"
Bei der Personalentwicklung „on the job" findet die Qualifizierung und Weiterentwicklung direkt am Arbeitsplatz statt. Meist erfolgt das Lernen dabei unbewusst in der Auseinandersetzung mit arbeitsplatzbezogenen Problemen, was lerntheoretisch besonders effektiv ist. Der Führungskraft kommt bei der Personalentwicklung „on the job" eine wichtige Rolle zu. Sie hat die Aufgabe, den Mitarbeiter fachlich und persönlich zu fördern.

Häufig wird vor allem *Projektarbeit* als ein besonders geeignetes Instrument der Entwicklung „on the job" angesehen. Projekte sind temporäre, für die Erledigung einer eigenständigen, oft komplexen und innovativen Aufgabe eingerichtete Organisationseinheiten. Projektarbeit ermöglicht eine gezielte Förderung von Fachwissen, Analyse- und Problemlösungsfähigkeiten sowie von Phantasie und Kreativität. Je nach Art der Aufgabenstellung können in Projekten unterschiedliche Kompetenzen besonders gefördert werden. Wenn eine Projektaufgabe beispielsweise durch eine Projektgruppe bearbeitet wird, so fördert dies die Teamfähigkeit der beteiligten Mitarbeiter. Wenn einem Mitarbeiter die Realisierung von Projektergebnissen übertragen wird, so schult diese Aufgabe seine Umsetzungsfähigkeiten. Neben der Vermittlung unterschiedlicher Kompetenzen erlaubt die Projektarbeit auch die intensive Beobachtung und Evaluation einzelner Mitarbeiter. Ähnliche Grundideen wie mit der Projektarbeit werden mit dem Einsatz in *Nachfolge- oder Assistentenstellen* sowie mit der Übertragung von *Stellvertreterpositionen* oder *Sonderaufgaben* verfolgt. Mitarbeiter erhalten bei diesen Maßnahmen der Personalentwicklung „on the job" eine begrenzte Verantwortung für ausgewählte, zusätzliche Aufgaben. Dadurch wird ihnen die Möglichkeit gegeben, sich mit einer neuen Aufgabe vertraut zu machen und notwendiges Wissen, erforderliche Fähigkeiten oder auch soziale Kompetenzen zu erwerben, ohne schon direkt „im Rampenlicht" zu stehen. Je nach Art der übertragenen Aufgaben werden dabei unterschiedliche Kompetenzen gefördert. Gleichzeitig profitieren Mitarbeiter gerade in Nachfolge- und Assistentenstellen von der Unterstützung und dem Feedback ihres Vorgesetzten.

Neben den genannten Methoden zählen Maßnahmen der *qualitätsfördernden Aufgabengestaltung*, wie Job Enrichment, Job Enlargement und Job Rotation, zu den Methoden der Personalentwicklung „on the job" (siehe Kap. 5.4.3). Ziel dieser Konzepte ist, monotone und einseitige Tätigkeiten anzureichern und damit eine größere Leistungsbereitschaft zu erzeugen.

Personalentwicklung „parallel to the job"
Unter dem Oberbegriff Personalentwicklung „parallel to the job" werden neuere Methoden der Qualifizierung und Weiterentwicklung zusammengefasst. Es kommt den jeweiligen Führungskräften eine entscheidende Rolle für die Entwicklung eines Mitarbeiters zu. Zu den Methoden zählen unter anderem Mentoring, Coaching und Counselling. Beim *Mentoring* übernimmt die erfahrene Führungskraft – das kann ein Mitglied des Vorstands sein, aber auch eine Führungskraft aus der zweiten oder dritten Führungsebene – die Rolle eines Beraters und Förderers einer jungen Nachwuchsführungskraft. Idealerweise erfolgt dies gesteuert durch das Unternehmen im Rahmen institutionalisierter Mentorenprogramme. Dabei ist es wichtig, dass tatsächlich eine persönliche Beziehung entsteht, bei der die erfahrene Führungskraft von Potenzial und Förderungswürdigkeit des Jüngeren überzeugt ist und die Führungsnachwuchskraft gleichzeitig den Mentor als kompetenten Berater und Förderer akzeptiert. Nur wenn sich eine solche persönliche Beziehung etabliert hat, erweist sich Mentoring als wirkungsvolles, langfristig orientiertes Personalentwicklungsinstrument, durch welches eine Nachwuchsführungskraft sukzessive an Führungsaufgaben herangeführt werden kann. Das *Coaching-Konzept* zielt demgegenüber nicht auf einzelne Mitarbeiter, sondern beschäftigt sich mit der systematischen Förderung der Mitarbeiter eines bestimmten Bereichs oder einer Abteilung. Der Bereichs- oder Abteilungsleiter übernimmt die Rolle eines „Coaches", der mit den Mitarbeitern Entwicklungsziele und -maßnahmen vereinbart. Wichtig beim Coaching-Konzept ist das Mitspracherecht der

beteiligten Mitarbeiter, die dadurch auch eine stärkere Selbstverantwortung für ihre eigene Entwicklung erhalten. Das *Counselling-Konzept* nimmt wiederum eine andere Perspektive ein als Coaching und Mentoring. Bei diesem Konzept geht es um die Beratung einer Führungskraft durch seine Mitarbeiter. Konkret steht das Feedback von Mitarbeitern zu Führungsverhalten und Führungsbeziehungen im Vordergrund. Die Personalentwicklung erfolgt beim Counselling also quasi „von unten".

Personalentwicklung „near the job"

Bei der Personalentwicklung „near the job" handelt es sich um Qualifizierungsmaßnahmen, die in enger räumlicher, zeitlicher und inhaltlicher Nähe zum Arbeitsplatz stattfinden. Teilweise wird die oben beschriebene *Projektarbeit* zu den Methoden der Personalentwicklung „near the job" gezählt. Andere Beispiele sind die Lernstattarbeit und Qualitätszirkel. Hierbei verbirgt sich hinter dem Begriff *Lernstattarbeit* eine Form der Gruppenarbeit, bei der Mitarbeiter auf freiwilliger Basis regelmäßig unter Leitung eines Moderators unternehmensbezogene Probleme bearbeiten. Ziel ist es, Verbesserungsvorschläge zu erarbeiten, Erfahrungen auszutauschen und Kommunikation zu fördern. Ähnliche Ziele werden mit dem Konzept der *Qualitätszirkel* verfolgt (siehe Kap. 5.4.3). Auch hier werden in Kleingruppen unternehmensbezogene Probleme analysiert, Lösungsvorschläge erarbeitet und präsentiert. Ursprünglich als Instrument zur Qualitätssicherung und -kontrolle entwickelt, gelten Qualitätszirkel heute als ein wirksames Führungsinstrument, da Mitarbeiter in die Planung und Kontrolle ihrer eigenen Tätigkeit einbezogen werden. Sowohl die Qualitätszirkel als auch die Lernstattarbeit fördern durch die Auseinandersetzung mit unternehmensbezogenen Problemen im Team insbesondere Fachwissen sowie Analyse-, Kommunikations- und Teamfähigkeiten.

Personalentwicklung „off the job"

Als Personalentwicklung „off the job" werden Qualifizierungsmaßnahmen bezeichnet, die in räumlicher und zeitlicher Distanz zum Arbeitsplatz stattfinden. Beispiele für derartige Maßnahmen sind Vorträge und Seminare, Computer-Based Trainings (CBT), Workshops, Fallstudien, Planspiele, Rollenspiele oder Förderkreise und Erfahrungsaustauschgruppen. *Vorträge und Seminare* dienen vor allem der Vermittlung von Wissen und der Diskussion. Auch das *Computer-Based Training* (CBT) stellt in erster Linie auf die Wissensvermittlung ab. Bei dieser Form der Qualifizierung werden Lehrinhalte und Übungen durch interaktive Computerprogramme präsentiert und gesteuert. Dadurch wird es den Lernenden ermöglicht, zeitlich unabhängig zu arbeiten und ihre Geschwindigkeit selbst zu bestimmen. Bei *Workshops* steht nicht so sehr die Wissensvermittlung, sondern die Ideenfindung und Erarbeitung von Problemlösungen in der Gruppe im Vordergrund. Dementsprechend werden hier vor allem Analyse-, Kommunikations- und Teamfähigkeiten gefördert. Eine ähnliche Schwerpunktsetzung hat die Arbeit mit *Fallstudien*. Die Teilnehmer sollen einzeln oder in Gruppen Lösungsmöglichkeiten für reale oder fiktive Unternehmensprobleme erarbeiten. Eng verwandt mit der Fallstudienmethode sind *Planspiele*. Dabei handelt es sich um computerunterstützte Simulationen, bei denen Teilnehmer in Gruppen Entscheidungen treffen müssen – zum Beispiel Entscheidungen zur Führung eines Unternehmens – und ein Feedback zu den Konsequenzen dieser Entscheidungen erhalten, das wiederum die Basis für die nächste Entscheidungsrunde bildet. So fördern Planspiele vor allem das Verständnis für komplexe Zusammenhänge, aber auch Analyse- und Teamfähigkeiten. Ein etwas anderes Ziel verfolgen *Rollenspiele*. Sie dienen insbesondere der Vermittlung von sozialen Kompetenzen. Die Teilnehmer übernehmen unter Anleitung eines Trainers mehr oder weniger strukturierte Rollen. Nach Abschluss des Rollenspiels erhalten sie ein detailliertes Feedback, das ihnen die Möglichkeit zu Einstellungs- und Verhaltensänderungen ermöglicht. Rollenspiele besitzen zum Beispiel im Verkaufstraining eine wichtige Bedeutung. *Förderkurse* und *Erfahrungsaustauschgruppen* schließlich werden vor allem im Bereich der Führungskräfteentwicklung eingesetzt. Sie dienen primär dem Austausch von Erfahrungen zwischen Führungs- und Führungsnachwuchskräften aus unterschiedlichen Unternehmensbereichen oder sogar aus unterschiedlichen Unternehmen sowie der Diskussion aktueller Fragestellungen.

Die dargestellten Methoden der Personalentwicklung „off the job" können in ganz unterschiedlicher Form durchgeführt werden. So existiert beispielsweise eine große Anzahl externer Weiterbildungsanbieter, die entsprechende Angebote erbringen. Vor allem große Unternehmen gehen heute jedoch vielfach dazu über, so genannte „Coporate Universities " als unternehmenseigene Qualifizierungseinrichtungen für die Durchführung von Personalentwicklungsmaßnahmen „off the job" zu gründen. Solche Corporate Universities, wie zum Beispiel die Lufthansa School of Business, die Bertelsmann University oder die SAP University, sind in der Regel keine Universitäten im herkömmlichen Sinn, sondern eher ein loses Netzwerk, zu dem interne und externe Experten sowie verschiedene „Business Schools" Beiträge leisten. In Corporate Universities werden maßgeschneiderte Weiterbildungsprogramme für unterschiedliche Mitarbeitergruppen entwickelt. Insbesondere durch die spezielle Abstimmung von Programmen und Inhalten auf das eigene Unternehmen sind Corporate Universities oft besser als externe Weiterbildungsanbieter in der Lage, ein konsistentes Qualifizierungsangebot zu schaffen, das Unternehmensziele und Strategien offensiv in das Unternehmen hineinträgt.

Personalentwicklung „out of the job"

Als Personalentwicklung „out of the job" werden Qualifizierungsmaßnahmen bezeichnet, die den Austritt eines Mitarbeiters aus dem Unternehmen vorbereiten. Es kann sich sowohl um einen geplanten Austritt – etwa den Übergang in den Ruhestand – als auch um einen ungeplanten Austritt handeln, zum Beispiel eine Entlassung im Rahmen der Schließung von Unternehmensbereichen. Oberflächlich betrachtet scheinen diese Maßnahmen der Personalentwicklung vor allem Mitarbeiterinteressen zu dienen, indem sie den Übergang in den Ruhestand erleichtern oder zur Sicherung der Beschäftigungsfähigkeit beitragen. Aber auch aus Unternehmenssicht sind diese Entwicklungsmaßnahmen sinnvoll. Sie ermöglichen es, Wissen und Fähigkeiten von ausscheidenden Mitarbeitern für das Unternehmen zu erhalten. Auch zeigen empirische Studien, dass insbesondere bei Werksschließungen und damit verbundenen Entlassungen Fluktuation, Fehlzeiten und

Qualitätskosten oftmals steigen und die Arbeitsproduktivität sinkt. Diese negativen Effekte können durch Maßnahmen zur beruflichen Neuorientierung verringert werden (vgl. Berthel und Kneerich 1998). Zu den Maßnahmen „out of the job" zählen dementsprechend solche der Ruhestandsvorbereitung und Outplacement-Maßnahmen. Im Rahmen der *Ruhestandsvorbereitung* besitzen vor allem gleitende Ruhestandsregelungen oder Altersteilzeit eine zentrale Rolle. Zum *Outplacement*, das heißt zur Abfederung von Entlassungen, stehen Maßnahmen wie beispielsweise Umschulungen, durch die eine Weiterbeschäftigung von Mitarbeitern in einem anderen Unternehmen ermöglicht wird, oder die Unterstützung ausscheidender Mitarbeiter bei der Existenzgründung zur Verfügung.

Beispiel

Methoden der Personalentwicklung in der QualityRent AG

Einige Tage nach ihrem ersten Gespräch zum Thema Personalentwicklung saßen Peter Körber und Fred Kluge wieder zusammen, um über alternative Methoden der Personalentwicklung und ihre Anwendung bei der QualityRent AG zu diskutieren. Fred Kluge gab Peter Körber zunächst einen strukturierten Überblick über unterschiedliche Maßnahmen der Personalentwicklung „into the job", „on the job", „near the job", „parallel to the job", „off the job" und „out of the job". Peter Körber war erfreut zu sehen, dass einige Methoden von der QualityRent AG bereits angewendet werden. So zählt der Neueinsteigerworkshop zum Bereich der Entwicklung „into the job", und die bereichsinternen Schulungen sowie externe Seminare, die fallweise genutzt werden, stellen eine Form der Qualifizierung „off the job" dar.

Peter Körber ist sich jedoch bewusst, dass der Einsatz dieser unterschiedlichen Methoden bisher keineswegs systematisch erfolgt und dass das Unternehmen das Spektrum möglicher Qualifizierungsmaßnahmen bei weitem noch nicht ausschöpft. Besonders an der Idee des Mentoring, aber auch an der Job Rotation, der Projektarbeit und den Qualitätszirkeln hat Peter Körber Gefallen gefunden. Darüber hinaus ist ihm in der Diskussion mit Fred Kluge bewusst geworden, dass die Entwicklung „out of the job", insbesondere die Vorbereitung von Mitarbeitern auf den Ruhestand und die gleichzeitige Sicherung des Wissens und der Fähigkeiten dieser Mitarbeiter, für die QualityRent AG zunehmend an Bedeutung gewinnt.

Daher schlug Peter Körber vor, einfach einige der Methoden der Personalentwicklung auszuwählen und dann entsprechende Maßnahmen – zum Beispiel ein Mentorenprogramm – in der QualityRent AG zu institutionalisieren. An dieser Stelle erntete er aber heftigen Widerspruch von Fred Kluge. „Wenn wir einfach nur irgendwelche Maßnahmen ergreifen", so Kluges Einwand, „dann können wir uns die Mühe auch gleich sparen. Was wir brauchen, ist zunächst einmal eine klare Analyse unseres Entwicklungsbedarfs. Wenn wir den kennen, können wir geeignete Methoden der Personalentwicklung und konkrete Maßnahmen auswählen, um diesen Entwicklungsbedarf zu decken. Es dürfen keineswegs nur die Methoden der Personalentwicklung im Mittelpunkt stehen, sondern wir müssen Personalentwicklung als Prozess sehen."

Daher vereinbarten Peter Körber und Fred Kluge, dass Kluge zunächst einmal am Beispiel der Kundenbetreuer und der Leiter der Verkaufs- und Servicebüros einen derartigen Prozess der Personalentwicklung skizzieren sollte und sie auf dieser Basis dann weiter diskutieren würden. ◄

5.4.4.3 Prozess der Personalentwicklung

Unternehmen steht ein weites Spektrum an Methoden der Personalentwicklung zur Verfügung, um Wissen, Fähigkeiten und soziale Kompetenzen ihrer Mitarbeiter zu fördern. Alle diese Methoden entfalten jedoch nur dann ihre volle Wirksamkeit, wenn sie zielorientiert eingesetzt werden. Dies sicherzustellen und gleichzeitig die Interessen der Mitarbeiter und des Unternehmens zum Ausgleich zu bringen, ist das Anliegen einer leistungsfähigen Personalentwicklung. Zu diesem Zweck muss die Personalentwicklung vier Aufgaben erfüllen, die gemeinsam den Prozess der Personalentwicklung bilden. Zu diesen Aufgaben zählen (vgl. Steinmann et al. 2013):

- die Bestimmung von Entwicklungszielen und Entwicklungsbedarf,
- die Gestaltung geeigneter Entwicklungsmaßnahmen,
- die Durchführung dieser Maßnahmen sowie
- die Evaluation des Entwicklungserfolgs.

Bestimmung von Entwicklungszielen und Entwicklungsbedarf

Hierbei handelt es sich um den ersten Schritt im Rahmen des Prozesses der Personalentwicklung. In einer statischen Betrachtung lassen sich Entwicklungsziele und -bedarf bestimmen, indem die Anforderungen einer Stelle (Anforderungsprofil) und die Qualifikationen des Stelleninhabers (Fähigkeitsprofil) verglichen werden. Im Falle einer Unterqualifikation des Stelleninhabers (Fähigkeitslücke) ergibt sich ein Entwicklungsbedarf. Für die kontinuierliche und damit nachhaltige Qualifizierung und Weiterentwicklung ist aber vor allem eine dynamische, langfristig ausgerichtete Entwicklungsplanung notwendig, die Entwicklungsziele und -bedarfe für die Zukunft bestimmt. Eine solche langfristig orientierte Personalentwicklung setzt an der Frage an, für welche Positionen im Unternehmen auf mittlere Sicht Nachwuchskräfte qualifiziert werden müssen und welche Anforderungen zukünftige Inhaber dieser Positionen erfüllen müssen. Solche zukünftig zu besetzenden Positionen können sowohl Führungspositionen auf unterschiedlichen Ebenen als auch Spezialistenpositionen, zum Beispiel in der Produktion oder in der Entwicklung, sein. Für jede dieser Positionen wird ein Entwicklungs- oder Karrierepfad entworfen, das heißt eine systematische Abfolge von Laufbahnstufen, die ein Mitarbeiter absolviert haben sollte, um die entsprechende Position zu erreichen. Gleichzeitig werden für jede Laufbahnstufe Qualifikationsanforderungen definiert.

Während viele Unternehmen sich mit einer derartigen, langfristig orientierten Personalentwicklung schwertun, praktizieren insbesondere *Unternehmensberatungen* diese Form der Personalentwicklung in geradezu idealtypischer Weise. Dazu tragen zwei Faktoren

ganz wesentlich bei: Zum einen ist Personal für Unternehmensberatungen eine ganz zentrale Ressource, die besondere Aufmerksamkeit erfordert. Zum anderen ist die Art der
Positionen, die in einer Unternehmensberatung besetzt werden müssen, sehr klar beschreibbar. Wenn man nämlich von Mitarbeitern in unterstützenden Bereichen absieht, so
existieren in einem Beratungsunternehmen typischerweise drei Arten von Positionen: einfache Berater, Projektleiter und Partner des Unternehmens. Diese drei Positionen sind
durch einen einfachen Karrierepfad miteinander verbunden. So beginnt ein Hochschul-
absolvent in einer Unternehmensberatung in der Regel als einfacher Berater. Nach einer
Unternehmenszugehörigkeit von meist zwei bis vier Jahren kann er sich zum Projektleiter
entwickeln. Nach weiteren zwei bis vier Jahren ist dann eine Berufung zum Partner möglich. Die für diese Positionen erforderlichen Qualifikationen lassen sich eindeutig aus dem
Tätigkeitsfeld der jeweiligen Beraterkategorie ableiten. Vergleicht man die Anforderungen
der zu besetzenden Positionen – also die Entwicklungsziele – mit den tatsächlichen Qualifikationen der vorhandenen Berater, so zeigt sich der Entwicklungsbedarf. Im Fall der
Unternehmensberatung gibt es dabei ganz typische Entwicklungsschwerpunkte. So müssen einfache Berater grundlegende Beratungsfähigkeiten, wie die Kenntnis von wichtigen
Analysemethoden, Kommunikations- oder Teamfähigkeiten, besitzen. Auf Projektleiter-
ebene stehen Projektmanagementfähigkeiten, aber auch Beratungsfähigkeiten sowie die
Gestaltung von Klientenbeziehungen im Vordergrund. Auf Partnerebene geht es schließlich schwerpunktmäßig um das Management der Klientenbeziehung, um die Vertretung
des Unternehmens nach außen sowie – bei langjährigen Partnern – um die Führung des
Unternehmens als Ganzes (Abb. 5.40).

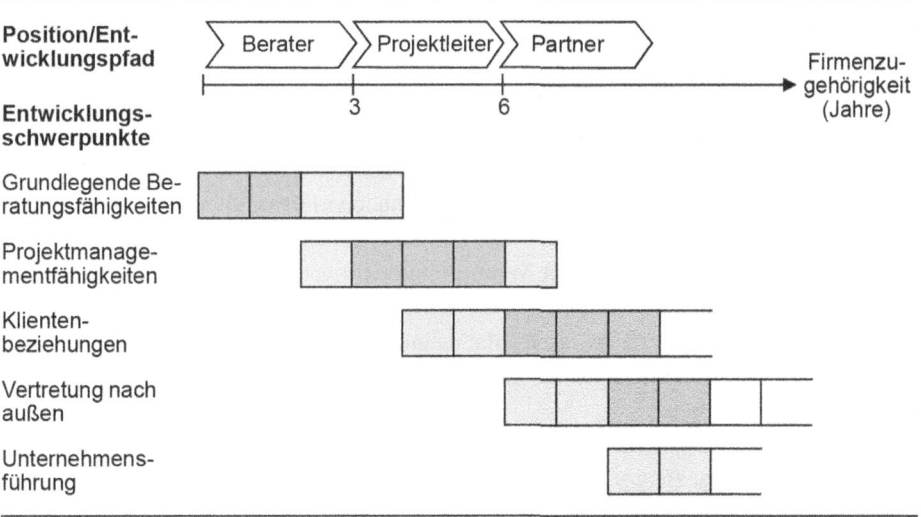

Abb. 5.40 Bestimmung von Entwicklungszielen in Beratungsunternehmen

Gestaltung geeigneter Entwicklungsmaßnahmen

Die Hauptaufgabe des zweiten Schritts im Prozess der Personalentwicklung besteht darin, auf Grundlage des festgestellten Entwicklungsbedarfs geeignete Qualifizierungsmaß-nahmen zu gestalten. Idealerweise werden einzelne Entwicklungsmaßnahmen dabei nicht unabhängig voneinander geplant, sondern sind Teil eines mitarbeiterspezifischen Ent-wicklungsprogramms. Dabei steht für die Gestaltung von Qualifizierungsmaßnahmen prinzipiell das gesamte Spektrum der oben dargestellten Entwicklungsmethoden zur Ver-fügung. Welche Methode gewählt wird, richtet sich danach, inwieweit sie geeignet ist, einen erkannten Entwicklungsbedarf tatsächlich zu befriedigen.

Im Falle der beispielhaft beschriebenen Personalentwicklung in Beratungsunternehmen werden zum Beispiel Maßnahmen der Qualifikation „into the job", wie Einführungs-programme oder Unterweisungen, gewählt, um neue Mitarbeiter auf ihre Aufgaben als Berater vorzubereiten. So erhalten neue Mitarbeiter bei mehrtägigen Einführungs-programmen zum einen wichtige Informationen über das Unternehmen, etwa in Bezug auf Reiseregelungen. Zum anderen werden ihnen bereits erste grundlegende Beratungsfähig-keiten, wie Problemlösungs- und Kommunikationsfähigkeiten, vermittelt. Außerdem fin-den oft auch Mentorenprogramme Anwendung, um die Integration neuer Mitarbeiter zu fördern.

Zur Entwicklung weiterer grundlegender Beratungskompetenzen bieten sich dann vor allem Maßnahmen der Personalentwicklung „off the job" an. So sind Seminare, Work-shops, Fallstudien oder auch Rollenspiele geeignet, um das Wissen über Analyse-instrumente zu verbessern oder Analysefähigkeiten zu trainieren. Zur Verbesserung von Kommunikations- oder Teamfähigkeiten eignen sich auch Maßnahmen der Entwicklung „on the job".

Wenn ein Berater sich der Position eines Projektleiters nähert, verschieben sich die inhaltlichen Schwerpunkte in den Qualifikationsmaßnahmen, die für ihn angeboten wer-den. Projektmanagement- und Führungsfähigkeiten stehen nun im Vordergrund. Diese Fähigkeiten können in der Regel nur noch zu einem geringeren Teil „off the job", das heißt im Rahmen von Seminaren oder Workshops, vermittelt werden. Vielmehr stehen hier eher Maßnahmen der Personalentwicklung „on the job" und „parallel to the job" im Mittel-punkt. So gewinnt zum Beispiel das Coaching an Bedeutung.

Auf der Partnerebene schließlich ergibt sich ein anderer Entwicklungsbedarf. Klienten-management, die Vertretung des Unternehmens nach außen und die Führung des Unter-nehmens stehen im Mittelpunkt. Zur Vermittlung derartiger Fähigkeiten eignen sich vor allem Maßnahmen der Entwicklung „on the job". Allerdings sind auch auf dieser Ebene zur Weiterentwicklung des Fachwissens Maßnahmen der Qualifizierung „off the job", ins-besondere Vorträge oder Kongresse, aber auch der Erfahrungsaustausch mit anderen Führungskräften, geeignet.

Schließlich spielen auch Maßnahmen der Personalentwicklung „out of the job" eine wichtige Rolle. Da der Bedarf an Projektleitern und Partnern deutlich geringer ist als der Bedarf an einfachen Beratern, sind Unternehmensberatungen durch eine vergleichsweise hohe Mitarbeiterfluktuation gekennzeichnet. Mitarbeiter, die nicht aufsteigen und deshalb aus dem Unternehmen ausscheiden müssen, für eine neue Tätigkeit zu qualifizieren, ist daher ebenfalls eine wichtige Aufgabe der Personalentwicklung in Beratungsunternehmen.

Durchführung von Maßnahmen und Evaluation des Entwicklungserfolgs

Die letzten beiden Schritte im Prozess der Personalentwicklung sind die Durchführung der geplanten Entwicklungsmaßnahmen sowie die Kontrolle des Entwicklungserfolgs.

Die *Durchführung von Entwicklungsmaßnahmen* ist eher eine operative Aufgabe. Hier geht es zum Beispiel – bei Maßnahmen „off the job" – um die Auswahl geeigneter interner bzw. externer Trainer und Referenten oder – bei Maßnahmen „on the job" oder „parallel to the job" – um die Beteiligung und Einbindung von Führungskräften.

Die *Kontrolle des Entwicklungserfolgs* ist die sich anschließende Aufgabe. Ziel der Evaluation des Entwicklungserfolgs ist es, zu ermitteln, ob die gewünschte Qualifikations-verbesserung auch tatsächlich eingetreten ist. Darüber hinaus geht es darum, mögliche Probleme, die im Rahmen der Qualifizierungsmaßnahme aufgetreten sind, aufzudecken und zu beseitigen. Die Evaluation bezieht sich auf alle Aspekte des Personalentwicklungs-prozesses. Sie beginnt also bei der Bestimmung von Entwicklungszielen und -bedarfen und reicht bis zur konkreten Durchführung der Entwicklungsmaßnahme. Dabei existieren zwei prinzipiell unterschiedliche Evaluationsansätze, nämlich die so genannte prozedurale Kontrolle und die ergebnisorientierte Kontrolle. Bei der *prozeduralen Kontrolle* wird der ordnungsgemäße Ablauf des Personalentwicklungsprozesses bewertet. Dabei wird unter anderem geprüft, ob tatsächlich Entwicklungsziele und bedarfe bestimmt und Maßnahmen korrekt geplant und durchgeführt wurden. Die *ergebnisorientierte Kontrolle* bezieht sich dagegen explizit auf die Ergebnisse von Personalentwicklungsmaßnahmen. Dabei steht die Frage im Mittelpunkt, ob eine bestimmte Maßnahme zur Deckung des Entwicklungs-bedarfs beitragen konnte (vgl. Scholz 2014).

Beispiel

Prozess der Personalentwicklung in der QualityRent AG

Einige Tage nach ihrem zweiten Gespräch setzten Peter Körber und Fred Kluge ihre Diskussion über die Gestaltung der Personalentwicklung in der QualityRent AG fort. Fred Kluge hatte inzwischen ein Personalentwicklungskonzept für Kundenbetreuer und Leiter von Verkaufs- und Servicebüros des Unternehmens skizziert. Dieses Kon-zept – letztlich ein Personalentwicklungsprozess für die beiden Positionen – stellte er Peter Körber vor.

Kluges Konzept umfasste vier Schritte. Zunächst hat er Entwicklungsziele und Ent-wicklungsbedarf für Qualifizierungsmaßnahmen in den Verkaufs- und Servicebüros be-stimmt. Diese ergeben sich aus den zu besetzenden Positionen und den Anforderungen an diese Positionen. In den Vertriebs- und Servicebüros der QualityRent AG existieren im Wesentlichen vier verschiedene Tätigkeitsbereiche bzw. Positionen, nämlich Chauf-feure, Kundenservicemitarbeiter, Kundenbetreuer sowie jeweils ein Büroleiter. In der Vergangenheit hat sich häufig gezeigt, dass diese vier Positionen gemeinsam einen

Karrierepfad bilden. Fast alle der heute 15 Vertriebs- und Servicebüroleiter haben als Chauffeur im Unternehmen begonnen, dann eine Position im Kundenservice übernommen, bevor sie zum Kundenbetreuer und schließlich Büroleiter aufgestiegen sind.

„Die Anforderungen an die einzelnen Positionen", fuhr Fred Kluge fort, „sind natürlich ganz unterschiedlich." So muss ein Chauffeur gewisse technische Grundkenntnisse besitzen, er muss sein Auto beherrschen, die Region kennen, in der er eingesetzt ist, und vor allem muss er umfassend im Verhalten gegenüber Kunden geschult sein. Auch für Mitarbeiter im Kundenservice spielt Kundenorientierung eine entscheidende Rolle. Darüber hinaus sind Kundenservicemitarbeiter aber auch die ersten Problemlöser für den Kunden. Kommunikations- und Problemlösungsfähigkeiten, aber auch Kreativität und Organisationstalent spielen daher ebenfalls eine Rolle.

Die Kundenbetreuer, die das „Gesicht" der QualityRent AG für den Kunden bilden, müssen vor allem über Kommunikationsfähigkeiten, Verkaufsgeschick, ein breites Wissen um Automobile und mögliche Events, aber auch über die Fähigkeit verfügen, sich in den Kunden hineinzuversetzen. Die Büroleiter schließlich sind vor allem für die Führung des Büros und für die Gewinnung neuer Mitarbeiter verantwortlich. Führungs- und Organisationsfähigkeiten spielen daher eine Rolle.

Auf Basis der so bestimmten Entwicklungsziele und des Entwicklungsbedarfs hat Fred Kluge in einem zweiten Schritt dann einige mögliche Qualifizierungsmaßnahmen skizziert. So hält er beispielsweise spezielle Einführungsprogramme, insbesondere ein spezielles Verhaltenstraining für Chauffeure und Kundenservicemitarbeiter, für wichtig. Die „kritische Masse" für eine monatliche Durchführung derartiger Programme wäre seiner Ansicht nach durchaus gegeben. Darüber hinaus sollten nach Meinung von Fred Kluge Problemlösungs- und Kommunikationsseminare als Form der Qualifizierung „off the job" für Kundenservicemitarbeiter und Kundenbetreuer angeboten werden. Auch eine Job Rotation von Chauffeuren und Kundenservicemitarbeitern hält er durchaus für sinnvoll. Außerdem schlägt er vor, den Kundenbetreuern eine Rolle als Coach für jeweils drei bis vier besonders förderungswürdige Kundenservicemitarbeiter bzw. Chauffeure zuzuweisen, um diese langfristig zu Kundenbetreuern zu entwickeln. Für die Kundenbetreuer und Büroleiter hält er regelmäßige Erfahrungsaustauschrunden mit Kollegen aus anderen Büros für sinnvoll. Durch diese und weitere Maßnahmen ließe sich nach Ansicht von Fred Kluge ein kontinuierlicher „Nachschub" an qualifizierten Kundenbetreuern und Büroleitern gewährleisten.

Gedanken machen müsse er sich allerdings noch um die Durchführung dieser Programme und deren Evaluation, schloss Fred Kluge seine Präsentation. Peter Körber war angetan von den Ideen von Kluge und beschloss zum einen, die Umsetzung des vorgeschlagenen Konzepts mit seinen Vorstandskollegen während der nächsten Sitzung zu diskutieren, und zum anderen Fred Kluge zu beauftragen, ähnliche Konzepte auch für andere Mitarbeitergruppen im Unternehmen, vor allem Event-Manager oder Mitarbeiter des Fuhrparkmanagements, zu entwerfen. Denn auch in diesen Bereichen droht nach Überzeugung von Peter Körber auf mittlere Sicht eine gewisse Personalknappheit. ◄

5.4.5 Personalbeurteilung

In engem Zusammenhang mit der Personalentwicklung steht die Personalbeurteilung, da sie eine effektive Entwicklungsplanung und -kontrolle erst ermöglicht.

5.4.5.1 Funktionen der Personalbeurteilung

Die Personalbeurteilung dient dazu, Eigenschaften, Verhaltensweisen und/oder Leistungen von Individuen und Gruppen in Unternehmen zu bewerten und erfüllt damit drei wichtige Funktionen im Rahmen der Personalentwicklung (vgl. Steinmann et al. 2013):

- *Unterstützung der Personalentwicklungsplanung*: Die Beurteilung von Eigenschaften, Verhaltensweisen und Leistungen einzelner Mitarbeiter ist eine wichtige Grundlage für die Bestimmung des Entwicklungsbedarfs und die Planung geeigneter Qualifizierungsmaßnahmen. Insofern ist die Personalbeurteilung Ausgangspunkt für eine effektive Personalentwicklungsplanung.
- *Basis für die Evaluation von Personalentwicklungsmaßnahmen*: Nicht nur für die Planung, sondern auch für die Evaluation von Personalentwicklungsmaßnahmen ist die Personalbeurteilung eine wichtige Grundlage. Eine erfolgreiche Qualifizierungsmaßnahme sollte sich nämlich in veränderten Verhaltensweisen und Leistungen und damit auch einer verbesserten Beurteilung niederschlagen. Erst auf Basis der Personalbeurteilung ist also eine ergebnisorientierte Kontrolle der Personalentwicklung möglich.
- *Motivationssteigerung und Förderung individueller Personalentwicklung*: Ähnlich wie die Personalentwicklung erfüllt die Personalbeurteilung nicht nur aus Unternehmens-, sondern ebenso aus Mitarbeitersicht wichtige Funktionen. So zeigen empirische Studien, dass für viele Menschen die Tatsache, dass sie beurteilt werden, eine leistungsstimulierende Wirkung besitzt und dass kritische Beurteilungen durchaus zu Verhaltensänderungen anregen. Gerade durch kritische Beurteilungen erhalten Mitarbeiter nämlich ein Feedback über ihre Stärken und Schwächen, das Anstoß zu individuellen Entwicklungsanstrengungen geben kann. Allerdings ist gerade bei kritischen Beurteilungen auch darauf zu achten, dass sie nicht zu Frustration und Demotivation führen. In jedem Fall ist eine Beurteilung immer mit dem Beurteilten zu besprechen.

Die Personalbeurteilung besitzt aber nicht nur im Rahmen der Personalentwicklung eine wichtige Funktion. Vielmehr ist sie eine zentrale Grundlage für die meisten Entscheidungen im Bereich des gesamten Personalmanagements. Dazu zählen beispielsweise Entscheidungen über Beförderungen, Gehaltserhöhungen oder auch Entlassungen.

5.4.5.2 Ansatzpunkte der Personalbeurteilung

Von zentraler Bedeutung für die Personalbeurteilung ist die Frage, was eigentlich beurteilt werden soll – das heißt, welche Ansatzpunkte für die Beurteilung gewählt werden. Prinzipiell kann die Personalbeurteilung an drei Kriterien ansetzen, nämlich an den Leistungen eines Mitarbeiters, an seinem Verhalten sowie an seinen Eigenschaften und Fähigkeiten (vgl. Robbins 2001):

- *LeistungsorientierteBeurteilung*: Bei einer Beurteilung auf Basis von Leistungen stehen individuelle oder kollektive Arbeitsergebnisse im Mittelpunkt. Dabei wird bewertet, inwieweit durch einen Mitarbeiter oder durch eine Gruppe ein vorab festgelegtes Ziel erreicht wurde. Dieser Beurteilungsansatz sollte dann gewählt werden, wenn das Arbeitsergebnis eindeutig messbar ist und eine direkte Beziehung zwischen dem Verhalten eines Mitarbeiters und der sichtbaren Leistung besteht. Eine leistungsorientierte Beurteilung liegt beispielsweise dann vor, wenn ein Werkleiter auf Basis der erzielten Produktionsmenge, des Ausschusses oder der angefallenen Stückkosten beurteilt wird oder wenn die Bewertung eines Außendienstmitarbeiters auf Basis des erzielten Umsatzes in seinem Gebiet oder der Anzahl neu gewonnener Kunden erfolgt.
- *VerhaltensorientierteBeurteilung*: In vielen Fällen lassen sich konkrete Ergebnisse der Tätigkeit einzelner Mitarbeiter nur schwer messen. Dies ist zum Beispiel häufig bei Führungskräften oder bei Mitarbeitern im Verwaltungsbereich der Fall. In diesen Fällen bietet sich eine verhaltensorientierte Beurteilung an. Dabei steht die Frage im Mittelpunkt, wie eine Person arbeitet, das heißt, das Arbeitsverhalten von Mitarbeitern wird zum primären Beurteilungskriterium. So kann beispielsweise eine Führungskraft abhängig von ihrem Verhalten gegenüber Kunden oder nach ihrem Führungsstil bewertet werden.
- *EigenschaftsorientierteBeurteilung*: Bei der eigenschaftsorientierten Beurteilung stehen Persönlichkeitseigenschaften von Mitarbeitern im Mittelpunkt. Eine gute Beurteilung hängt in diesem Fall vor allem davon ab, ob bestimmte, als besonders wichtig erachtete Eigenschaften, wie zum Beispiel Erfahrung oder eine positive Ausstrahlung, vorliegen. Die eigenschaftsorientierte Beurteilung wird meist kritisch gesehen. Es wird insbesondere beanstandet, dass keine eindeutige Beziehung zwischen bestimmten Eigenschaften und dem Arbeitsverhalten bzw. den Arbeitsleistungen besteht. Darüber hinaus ist gerade für ungeschulte Beobachter eine Beurteilung von Persönlichkeitseigenschaften oft nur schwer möglich. Trotz dieser Schwächen kommt die eigenschaftsorientierte Beurteilung in der Praxis immer wieder zur Anwendung, wie auch die folgende Beschreibung von Methoden der Personalbeurteilung zeigt.

5.4.5.3 Methoden der Personalbeurteilung

Zur Beurteilung von Eigenschaften, Arbeitsverhalten oder Leistungen von Mitarbeitern stehen verschiedene Methoden zur Verfügung. Dazu zählen die schriftliche Beurteilung, die Methode der kritischen Ereignisse, Polaritätenprofile, verhaltensverankerte Beurteilungsskalen, Mitarbeitervergleiche und das 360-Grad-Feedback (vgl. Robbins 2001).

- *Schriftliche Beurteilung*: Sie zählt zu den einfachsten, aber häufig auch ungenauesten Formen der Personalbeurteilung. Eine schriftliche Beurteilung ist letztlich ein detaillierter Bericht über Stärken und Schwächen eines Mitarbeiters, seine bisherigen Leistungen sowie sein Entwicklungspotenzial. Es werden also sowohl Leistungen als auch Verhalten und Eigenschaften bewertet. Die Qualität einer schriftlichen Beurteilung ist allerdings sehr stark von der Erfahrung und der Ausdrucksfähigkeit des Beurteilers abhängig. Gerade für ungeübte Beurteiler stellt sie daher keine sinnvolle Methode dar.

- *Methode der kritischen Ereignisse*: Diese Methode ist eine Unterform der schriftlichen Beurteilung, bei der jedoch keine vollständige Darstellung von Stärken, Schwächen, Leistungen und Potenzialen erfolgen muss. Vielmehr liefert der Beurteiler einen detaillierten Bericht über Situationen, in denen der betreffende Mitarbeiter im Hinblick auf bestimmte vorab definierte Kriterien ein besonders effektives bzw. ineffektives Arbeitsverhalten gezeigt hat. Die Methode der kritischen Ereignisse eignet sich also vor allem für die verhaltensorientierte Beurteilung. Dabei muss der Beurteiler darauf achten, dass tatsächlich in ganz bestimmten Situationen beobachtetes Verhalten und nicht Persönlichkeitseigenschaften beschrieben werden. Wenn dies gelingt, bietet die Methode eine große Zahl praktischer Beispiele, anhand derer einem Mitarbeiter sehr klar vor Augen geführt werden kann, wo er sein Arbeitsverhalten verbessern kann. Der Nachteil dieses Verfahrens besteht insbesondere in dem extrem hohen Zeitaufwand für den Beurteiler.
- *Polaritätenprofile*: Es handelt sich um graphische Stärken-Schwächen-Profile, die eine der beliebtesten und am häufigsten verwendeten Methoden der Personalbeurteilung darstellen. Hier werden Mitarbeiter anhand verschiedener vorab definierter Kriterien, wie beispielsweise Qualität der Arbeit, Pünktlichkeit oder Freundlichkeit, beurteilt. Die Bewertung erfolgt für jedes Merkmal auf einer vier- bis siebenstufigen Skala. So ist beispielsweise für das Merkmal Pünktlichkeit auf einer vierstufigen Skala eine Beurteilung zwischen 1 („nie pünktlich") und 4 („immer pünktlich") denkbar. Der Vorteil von Stärken-Schwächen-Profilen liegt vor allem in ihrer relativ einfachen und wenig zeitaufwändigen Erstellung. Darüber hinaus ermöglichen solche Profile auch quantitative Auswertungen und Vergleiche.
- *Verhaltensverankerte Beurteilungsskalen*: Diese Beurteilungsmethode stellt eine Verknüpfung der Methode der kritischen Ereignisse und der Polaritätenprofile dar. Ähnlich wie bei Polaritätenprofilen erfolgt hier die Beurteilung von Mitarbeitern auf einer Stufenskala. Beurteilungskriterien sind nicht allgemeine Leistungs-, Verhaltens- oder Persönlichkeitsmerkmale, sondern typische Arbeitssituationen. Als Bewertungsstufen werden für jede Arbeitssituation tatsächlich beobachtbare Verhaltensweisen definiert, die mehr oder weniger effektives Verhalten zum Ausdruck bringen. Verhaltensverankerte Beurteilungsskalen müssen individuell für jede Tätigkeit in einem Unternehmen entwickelt werden. Damit ist dieses Instrument durch einen hohen Erstellungsaufwand gekennzeichnet. Einmal entwickelt ist die verhaltensverankerte Beurteilungsskala jedoch ein wertvolles Instrument zur Verhaltensbeurteilung in Unternehmen (Abb. 5.41).
- *Mitarbeitervergleiche*: Es werden Leistung, Verhalten und/oder Eigenschaften eines Mitarbeiters mit denen eines oder mehrerer anderer Mitarbeiter verglichen. Die drei

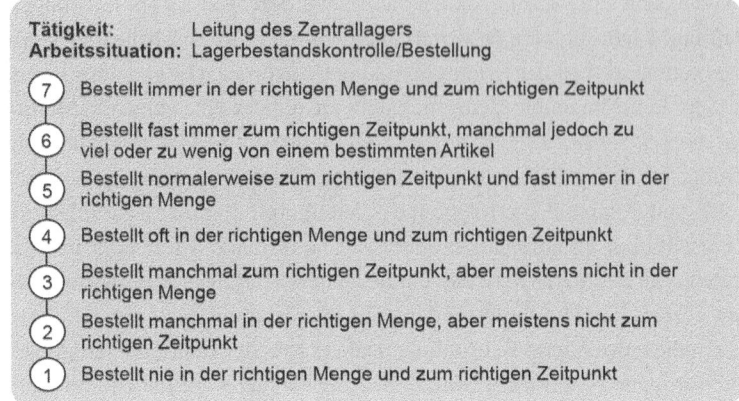

Abb. 5.41 Beispiel einer verhaltensverankerten Beurteilungsskala. (vgl. Griffin 2001)

häufigsten Vergleichsmethoden sind die Mitarbeitergruppierung, die Mitarbeiterreihung auf Basis individueller Leistungen und die Mitarbeiterrangfolge auf Basis von Paarvergleichen. Bei der Mitarbeitergruppierung werden einzelne Mitarbeiter nach vorab definierten Kriterien, etwa ihrer Arbeitsleistung, bestimmten Kategorien zugeordnet, zum Beispiel dem oberen Drittel, dem mittleren Drittel und dem unteren Drittel. Bei der Mitarbeiterreihung auf Basis individueller Leistungen werden alle Mitarbeiter einer Abteilung in eine Rangfolge vom besten bis zum schlechtesten Mitarbeiter gebracht. Dabei ist jedoch keine Aussage über die Leistungsunterschiede zwischen den einzelnen Mitarbeitern möglich. Bei der Mitarbeiterrangfolge auf Basis von Paarvergleichen schließlich wird zunächst jeder Mitarbeiter nach bestimmten Kriterien mit jedem anderen verglichen. Danach wird eine Rangfolge der Mitarbeiter erstellt, indem für jeden Mitarbeiter die Anzahl der Paarvergleiche gezählt wird, die er für sich entscheiden konnte.

- *360-Grad-Feedback*: Dieses Verfahren hebt sich vor allem dadurch von anderen Beurteilungsmethoden ab, dass die Beurteilung eines Mitarbeiters nicht ausschließlich durch seinen unmittelbaren Vorgesetzten geschieht. Vielmehr erfolgt sie durch Vorgesetzte und durch Untergebene, Kollegen oder Externe, zum Beispiel Kunden und Lieferanten – also von Personen aus einem 360-Grad-Umkreis des Beurteilten. Auch eine Selbstbeurteilung ist möglich. Die Anzahl der Beurteilungen, die im Rahmen eines 360-Grad-Feedbacks für jeden Mitarbeiter eingeholt werden, schwankt zwischen drei und 25. In der Regel werden fünf bis zehn Personen um eine Beurteilung gebeten. Der große Vorteil des 360-Grad-Feedbacks liegt in der mehrdimensionalen und damit genaueren Beurteilung. Sein wesentlicher Nachteil liegt klar auf der Hand: Die Methode ist aufwändig und zeitintensiv. Darüber hinaus ergeben sich in mitbestimmten Unternehmen zusätzliche Probleme in der Abstimmung zwischen Betriebsrat und Unternehmensleitung (Abb. 5.42).

Abb. 5.42 Grundprinzip des
360-Grad-Feedbacks

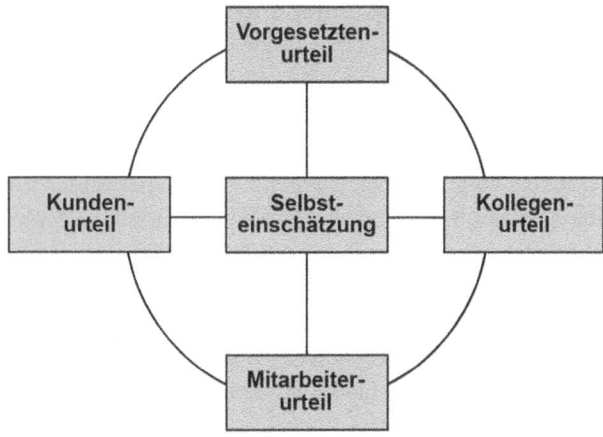

360-Grad-Feedback in der QualityRent AG

Peter Körber legt schon seit längerem Wert darauf, dass nicht nur Führungskräfte ihre Mitarbeiter bewerten, sondern dass die Beurteilung auch in die Gegenrichtung läuft. Daher war er vom so genannten 360-Grad-Feedback von Anfang an begeistert und hat die Implementierung dieses Instruments in der QualityRent AG forciert.

Insbesondere die Führungskräfte des Unternehmens waren von dieser Idee jedoch zunächst nicht sehr begeistert – denn welche Führungskraft lässt sich schon gern von ihren Mitarbeitern, Kollegen oder sogar Kunden beurteilen. Ein Pilotprojekt im Fuhrparkmanagement überzeugte aber die meisten Kritiker von der Leistungsfähigkeit dieses Instruments. Dort wurden der Bereichsleiter, die Werkstattleiter, Werkstattmitarbeiter und Mitarbeiter des Beschaffungsbereichs von Vorgesetzten, Kollegen und – wenn vorhanden – Untergebenen auf Basis vorher erarbeiteter Beurteilungsbögen bewertet. Darüber hinaus wurden auch „Kunden" des Fuhrparkmanagements – nämlich vor allem die Kundenbetreuer und die Chauffeure, die als interne Abnehmer die Leistungen des Fuhrparkmanagements nutzen – um eine Bewertung gebeten. Alle Beurteilungsbögen wurden ausgewertet und im Anschluss in Einzel- und Gruppengesprächen unter Anleitung eines externen Moderators diskutiert. Insbesondere der Einsatz des Moderators hat sich dabei als sehr wirkungsvoll erwiesen. Er hat nämlich in diesen Gesprächen jede Form der „Anklage" sofort unterbunden und dadurch eine sehr positive Atmosphäre geschaffen, durch die eine Reihe von Problemen und Defiziten im Fuhrparkmanagement aufgedeckt und beseitigt wurden. Aufgrund der positiven Erfahrungen im Fuhrparkmanagement hat die QualityRent AG beschlossen, ein 360-Grad-Feedback in allen Unternehmensbereichen durchzuführen. ◄

5.4.5.4 Beurteilungsfehler und Gegenmaßnahmen

Mit Ausnahme des 360-Grad-Feedbacks ist für alle geschilderten Methoden der Personalbeurteilung kennzeichnend, dass die Beurteilung eines Mitarbeiters ausschließlich durch seinen direkten Vorgesetzten erfolgt. In der Tat zeigen empirische Studien, dass etwa 95 % aller Beurteilungen auf unteren und mittleren Unternehmensebenen nur vom direkten Vorgesetzten vorgenommen werden. Gerade aus dieser eindimensionalen Form der Beurteilung resultieren jedoch zahlreiche Beurteilungsfehler. Hierzu zählen beispielsweise Wahrnehmungsverzerrungen, Maßstabsverfälschungen und bewusste Fehlurteile (vgl. Steinmann et al. 2013):

- *Wahrnehmungsverzerrungen*: Wahrnehmungsverzerrungen sind eine häufige Ursache von Beurteilungsfehlern. Zu den besonders relevanten Wahrnehmungsverzerrungen zählen der Halo-Effekt, der Primacy- bzw. Recency-Effekt, der Klebereffekt und der Hierarchieeffekt. Der Halo- oder Überstrahlungseffekt ist dadurch gekennzeichnet, dass ein Beurteiler sich von einem einzigen, dominanten Merkmal positiv oder negativ beeinflussen lässt. Beim Primacy- bzw. Recency-Effekt dominiert anders als beim Halo-Effekt nicht ein beliebiges Merkmal, sondern der erste bzw. der letzte Eindruck (vgl. zu diesen beiden Effekten auch Kap. 5.1.3). Vom Klebereffekt spricht man, wenn längere Zeit nicht beförderte Mitarbeiter systematisch unterschätzt und zu schlecht beurteilt werden. Als Hierarchieeffekt wird schließlich das in vielen Unternehmen anzutreffende Phänomen verstanden, dass die Beurteilung eines Mitarbeiters umso besser ausfällt, je höher der hierarchische Rang des Beurteilten ist. Dahinter steht häufig das Bestreben, Übereinstimmung zwischen Status und Beurteilung herzustellen.
- *Maßstabsverfälschungen*: Zu den Maßstabsverfälschungen, die im Rahmen der Personalbeurteilung häufig zu beobachten sind, gehören unter anderem die so genannte Tendenz zur Mitte sowie die Tendenz zur Milde bzw. Strenge. Als Tendenz zur Mitte wird der Effekt bezeichnet, dass ein Beurteiler alle von ihm zu beurteilenden Mitarbeiter in eine mittlere Position einreiht und nicht bereit ist, einzelne Leistungen klar voneinander abzuheben. Eine Tendenz zur Milde bzw. Strenge liegt vor, wenn ein Beurteiler generell sehr milde bzw. sehr strenge Urteile abgibt – unabhängig von der faktischen Leistung der Beurteilten. Untersuchungen zeigen, dass die Tendenz zur Milde insbesondere dann auftritt, wenn die Beurteilung für Beförderungszwecke erstellt wird.
- *Bewusste Fehlurteile*: Im Gegensatz zu Wahrnehmungsverzerrungen und Maßstabsverfälschungen sind bewusste Fehlurteile beabsichtigte Beurteilungsfehler. Taktische Überlegungen oder „Vergeltungsmaßnahmen" können dabei eine Rolle spielen. Auch kommt es in der Praxis zum Beispiel immer wieder vor, dass besonders schlechte Mitarbeiter gute Beurteilungen erhalten, um sie „wegzuloben". Bewusste Fehlurteile sind umso leichter möglich, je unpräziser und weniger arbeitsplatzbezogen Beurteilungen sind.

Um Beurteilungsfehler zu vermeiden, stehen Unternehmen verschiedene Möglichkeiten offen. Insbesondere die im Rahmen des 360-Grad-Feedbacks verwirklichte mehrdimensionale Beurteilung, bei der unterschiedliche Beurteiler den betreffenden Mitarbeiter jeweils aus ihrer Perspektive bewerten, hat sich als wirkungsvoll erwiesen. Dabei hat sich auch gezeigt, dass gerade Kollegen einen Mitarbeiter häufig genauer bewerten als Vorgesetzte. Darüber hinaus können Beurteilungsfehler auch durch die Vorgabe von Beurteilungsregeln vermieden werden. So kann zum Beispiel der Tendenz zur Mitte mit dem Verfahren der erzwungenen Verteilung entgegengewirkt werden. Es zwingt den Beurteiler dazu, die zu beurteilenden Mitarbeiter den entsprechenden Leistungsstufen so zuzuteilen, dass sie einer bestimmten Verteilung, meist der Normalverteilung, entsprechen. So müssen zum Beispiel 10 % aller Beurteilten als sehr gut bzw. sehr schlecht, 20 % als gut bzw. schlecht und maximal 40 % als mittel eingestuft werden. Unbedingte Voraussetzung für den Einsatz dieses Verfahrens ist, dass die einzelnen Merkmale tatsächlich normalverteilt sind, da sonst Beurteilungsfehler erzwungen werden. Dabei ist auch zu berücksichtigen, dass je kleiner die zu beurteilende Gruppe ist, desto geringer auch die Wahrscheinlichkeit ist, dass normalverteilte Merkmale vorliegen.

5.4.6 Anreizsysteme

Anreize gelten als eine zentrale Grundlage menschlichen Verhaltens. Sie sind Stimuli, durch die die Bereitschaft eines Menschen gefördert werden kann, eine bestimmte Leistung zu erbringen. Ein Anreizsystem umfasst alle Anreize, die ein Unternehmen seinen Mitarbeitern bietet, um deren Verhalten zu beeinflussen. Diese Anreize können ganz unterschiedlicher Natur sein. So gehören zum Anreizsystem eines Unternehmens sowohl materielle Anreize, wie Gehalt, Firmenwagen oder Mitarbeiteraktien, als auch immaterielle Anreize wie flexible Arbeitszeiten, ein angenehmes Arbeitsumfeld oder gute Karrieremöglichkeiten. Die Frage, welche Anreize ein Unternehmen konkret in sein Anreizsystem aufnehmen sollte, kann nicht allgemeingültig beantwortet werden. Dies hängt vielmehr davon ab, welche Mitarbeiter ein Unternehmen hat und welche Motive bei diesen Mitarbeitern vorherrschen.

5.4.6.1 Aufgaben von und Anforderungen an Anreizsysteme
Anreizsysteme sind somit wichtige Instrumente, um die Motivation von Mitarbeitern in Unternehmen zu beeinflussen und zu lenken. Letztlich dienen sie dazu, Mitarbeiter zum Handeln im Sinne des Unternehmens zu motivieren, indem über verschiedene Anreize Einfluss auf ihr Verhalten genommen wird. Grundlegend für die Gestaltung von Anreizsystemen sind daher die Erkenntnisse der verschiedenen Motivationstheorien (siehe Kap. 5.1.2.2). Unabhängig davon, welche konkreten Anreize in ein Anreizsystem aufgenommen werden, müssen sie bestimmte, generell gültige Anforderungen erfüllen. Im Allgemeinen werden fünf Anforderungen genannt (vgl. Hungenberg 2006):

- *Zielorientierung*: Anreizsysteme sollen das Handeln aller Mitarbeiter auf die Ziele des Unternehmens ausrichten. Es sollen dann (und nur dann) Anreize gewährt werden,

wenn ein Mitarbeiter mit seinem Handeln zum Erreichen der Unternehmensziele beiträgt. So sollen individuelles Interesse und Unternehmensinteresse verknüpft werden.
Zentrale Bedeutung besitzen dabei die so genannten Bemessungsgrundlagen von Anreizen – also jene Größen, anhand derer entschieden wird, ob einzelnen Mitarbeitern
Anreize gewährt werden oder nicht. Sie müssen in einer möglichst direkten Beziehung
zu den Zielen des Unternehmens stehen. So kann beispielsweise ein Unternehmen, das
sein wichtigstes Unternehmensziel in der Gewinnmaximierung sieht, seinen Außen-
dienstmitarbeitern eine Prämie als Anreiz anbieten, die abhängig von der Gewinnmarge
der verkauften Produkte ist. Die Gewinnmarge stellt hier eine Bemessungsgrundlage
dar, die in enger Beziehung zum Gesamtziel des Unternehmens steht.

Anforderungen an Anreizsysteme – Theoretischer Hintergrund
Die beschriebenen Anforderungen an Anreizsysteme leiten sich zum großen Teil aus
den Prozesstheorien der Motivation, vor allem der Erwartungstheorie, ab. Aber auch
die Principal-Agent-Theorie hilft dabei zu verstehen, was ein Anreizsystem leisten
muss (siehe Kap. 2.2.3).

So ergibt sich die Forderung nach einer Zielorientierung von Anreizen direkt aus
der Grundannahme der Principal-Agent-Theorie, dass nämlich die Ziele von Principal und Agent auseinanderfallen – dass also Manager (in ihrem Verhältnis zu den
Eigentümern) und Mitarbeiter (in ihrem Verhältnis zu den Managern) mit ihrem
Handeln auch eigene Ziele verfolgen, die von den Zielen des Unternehmens abweichen können. Um Mitarbeiter zu einem Handeln im Unternehmensinteresse zu
bewegen, ist es daher erforderlich, über die Gestaltung entsprechender Anreize ihre
Ziele so auszurichten, dass sie mit den Zielen des Gesamtunternehmens übereinstimmen oder zumindest in einer positiven Beziehung stehen.

Aus der Erwartungstheorie der Motivation leiten sich die Forderungen nach
Leistungsbezug, Transparenz und Individualisierbarkeit ab. Die Forderung nach
dem Leistungsbezug und der Transparenz von Anreizen stellt auf die Anstrengungs-
Leistungs-Erwartung und die Leistungs-Ergebnis-Erwartung ab. Anreize müssen
beide Erwartungen positiv beeinflussen, damit sie motivierend wirken. Und die Beziehung zwischen Anstrengung, Leistung, Leistungsergebnissen sowie Anreiz muss
transparent sein, damit eine positive Erwartung überhaupt entstehen kann. In der
Individualisierbarkeit drückt sich schließlich die empfundene Wertigkeit des Ergebnisses, also des Anreizes, aus. Diese Wertigkeit ist individuell unterschiedlich. Daher
sollten unterschiedliche Individuen auch mit unterschiedlichen Anreizen stimuliert werden.

Die letzte Anforderung an Anreize, die Forderung nach Wirtschaftlichkeit, leitet
sich weder aus der Erwartungstheorie der Motivation noch aus der Principal-Agent-
Theorie ab. Sie stellt vielmehr ein allgemeines ökonomisches Prinzip dar, dem alle
wirtschaftlichen Handlungen und Entscheidungen unterliegen.

- *Leistungsbezug*: Anreize werden vergeben, wenn bestimmte Leistungen erbracht werden, deren Ergebnisse im Unternehmensinteresse sind – das heißt die durch die Bemessungsgrundlagen operationalisierten Ziele des Unternehmens erfüllen. Die so honorierten Leistungsergebnisse müssen aber auch in einer eindeutigen Beziehung zu den Leistungen stehen, die von einer Person oder einer Gruppe von Personen erbracht worden sind. Anders ausgedrückt: Die Betroffenen müssen in der Lage sein, zwischen den Leistungsergebnissen, die mit Anreizen honoriert werden, und der von ihnen gezeigten Leistung eine ursächliche Beziehung zu erkennen. Sie müssen die entsprechende Bemessungsgrundlage für die Anreizvergabe auch als von ihnen beeinflussbar einstufen. Dies wäre beispielsweise nicht der Fall, wenn der bereits angesprochene Außendienstmitarbeiter eine Prämie erhält, die von der Gewinnmarge abhängig ist, er aber weder die Preise noch die Kosten der Produkte beeinflussen kann.
- *Transparenz*: Damit sich ein Anreiz positiv auf Motivation und Leistung eines Mitarbeiters auswirkt, muss dieser auch als solcher sichtbar sein. Dies setzt voraus, dass Mitarbeiter im Vorhinein über Anreize informiert sind, die für bestimmte Leistungen bzw. Leistungsergebnisse gewährt werden, und dass sie die Ursache-Wirkungs-Beziehung zwischen Leistung, Leistungsergebnissen und Anreizen ex-post auch nachvollziehen können. So darf es beispielsweise nicht sein, dass unser Außendienstmitarbeiter davon überrascht wird, dass die erzielte Gewinnmarge honoriert wird und nicht etwa die erreichte Absatzstückzahl. Und er müsste in der Lage sein, die Höhe der ihm gezahlten Prämie auch (rechnerisch) nachvollziehen zu können.
- *Individualisierbarkeit*: Ob Anreize motivierend wirken, hängt von der individuellen Motivationsstruktur und den subjektiven Wahrnehmungen eines Mitarbeiters ab. Nur Anreize, die individuell als wertvoll eingestuft werden, können eine Motivationswirkung entfalten. Insofern müssen Anreizsysteme ein gewisses Maß an individuellen Gestaltungsunterschieden zulassen. Eine solche Individualisierbarkeit von Anreizen ist beispielsweise dann gegeben, wenn der oben beschriebene Außendienstmitarbeiter – abhängig von seinen persönlichen Motiven – anstelle einer Auszahlung seiner Erfolgsprämie auch einen größeren Firmenwagen oder den Abschluss einer Lebensversicherung wählen könnte.
- *Wirtschaftlichkeit*: Alles unternehmerische Handeln muss wirtschaftlichen Grundsätzen folgen. Bezogen auf Anreizsysteme bedeutet Wirtschaftlichkeit, dass der Nutzen eines Anreizsystems seine Kosten übersteigen muss. Genauer: Der Zusatzüberschuss, also zum Beispiel der zusätzliche Gewinn, den ein Unternehmen dadurch erzielt, dass seine Mitarbeiter motivierter sind und bessere Leistungen erbringen, muss die Kosten für die Gewährung von Anreizen und die Kontrolle der individuellen Zielerreichung übersteigen.

5.4.6.2 Fixe und variable Anreize
Anreizsysteme setzen sich stets aus zwei unterschiedlichen Arten von Anreizen zusammen – aus fixen und variablen Anreizen (Abb. 5.43):

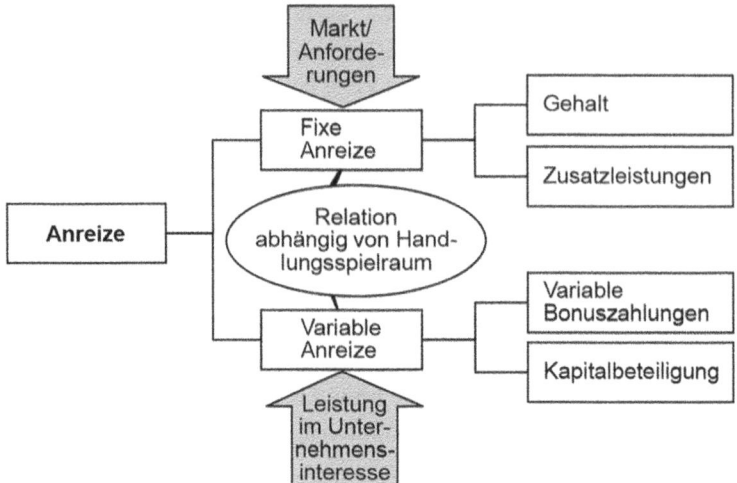

Abb. 5.43 Materielle Anreizarten in einem Anreizsystem

- *Fixe Anreize* sind solche Anreize, die Mitarbeiter unabhängig von ihrer tatsächlich erbrachten Leistung in festgelegter (fixer) Höhe erhalten. Zu den fixen Anreizen zählt zum Beispiel das Grundgehalt eines Mitarbeiters. Auch ein Firmenwagen, zusätzliche Urlaubstage oder eine Direktlebensversicherung können zu den fixen Anreizen gehören, sofern sie unabhängig von der Leistung eines Arbeitnehmers gewährt werden. Fixe Anreize dienen vor allem dazu, eine Grundvergütung für die Tätigkeit eines Mitarbeiters sicherzustellen. Die Höhe dieser Vergütung orientiert sich zum einen an den *Anforderungen* an die Tätigkeit, die der betreffende Mitarbeiter ausübt. So muss beispielsweise der Geschäftsführer eines Unternehmens in der Regel höhere Anforderungen erfüllen als der Pförtner und erhält dementsprechend auch eine höhere Grundvergütung. Zum anderen orientiert sich die Höhe der Grundvergütung am *Markt*, das heißt an Vergütungen, die von anderen Unternehmen für vergleichbare Tätigkeiten gewährt werden. Dies gilt vor allem für Führungskräfte, während diese Frage für tariflich gebundene Mitarbeiter in Tarifverträgen detailliert geregelt ist.
- *Variable Anreize* sind demgegenüber solche Anreize, die in Abhängigkeit von der Leistung eines Mitarbeiters in veränderlicher (variabler) Höhe gewährt werden. Sie dienen dazu, Mitarbeiter zu motivieren, Leistungen im Unternehmensinteresse zu erbringen. Zu den variablen Anreizen zählen alle Formen der Erfolgs- und Kapitalbeteiligung, also zum Beispiel Gewinnbeteiligungen, Umsatzprämien, Mitarbeiteraktien oder Aktienoptionen, sofern sie leistungsabhängig gewährt werden. Aber auch immaterielle Anreize, wie Qualifizierungsmaßnahmen oder zusätzliche Urlaubstage, können variable Anreize sein, wenn sie speziell für bestimmte Leistungen eingeräumt werden.

Variable Anreize sind also in ihrer Höhe von der gezeigten Leistung abhängig; fixe Anreize sind von der gezeigten Leistung unabhängig und orientieren sich an den Marktbedingungen und den Anforderungen einer bestimmten Tätigkeit. Aber auch für Mitarbeiter auf einer Anforderungsstufe müssen fixe Anreize keinesfalls immer gleich ausfallen. Vielmehr kann es sinnvoll sein, den Mitarbeitern die Möglichkeit einzuräumen, fixe Anreize in Grenzen auch individuell, auf Basis ihrer persönlichen Präferenzen zusammenzustellen. Ein derartiges Vorgehen wird auch als *„Cafeteria-Modell"* bezeichnet.

In einem Cafeteria-Modell wird ein Angebot von verschiedenen fixen (leistungsunabhängig gewährten) Anreizen zusammengestellt – zum Beispiel Zusatzgehalt, Firmenwagen, Versicherungsleistungen oder Qualifizierungsmaßnahmen –, unter denen jeder beteiligte Mitarbeiter selbst jene Anreize auswählen kann, die ihn am stärksten „reizen" und damit für ihn die größte Motivationswirkung besitzen. In einer solchen „Anreiz-Cafeteria" wird für jeden ausgewählten Anreiz (also zum Beispiel ein Zusatzgehalt in Höhe von x € oder einen Firmenwagen vom Typ y) ein Punktwert vom Punktekonto des Mitarbeiters abgebucht. Die Höhe des Punktekontos kann differenziert, meist in Abhängigkeit von der Hierarchieebene, festgelegt werden (Abb. 5.44). Damit wird es einem Unternehmen möglich, die Anreizvergabe auch bei fixen Anreizen stärker zu individualisieren, was Motivationsunterschiede berücksichtigt und die individuelle Motivation stärkt.

Der Einsatz des Cafeteria-Modells bringt für Unternehmen eine Reihe von Vorteilen. An oberster Stelle steht die Individualisierung. Individuelle Motivationsunterschiede werden stärker berücksichtigt und somit die Motivation der Mitarbeiter erhöht. Gleichzeitig müssen die Kosten der Anreizgestaltung nicht steigen. Vielmehr kann es für ein Unternehmen sogar günstiger sein, Mitarbeiter mit Firmenwagen, Qualifizierungsmaßnahmen oder Büroausstattung zu „vergüten". Insofern erfüllt das Cafeteria-Modell auch die Forderung nach Wirtschaftlichkeit von Anreizen. Die Nachteile dieses Systems liegen in der differenzierten Handhabung und den möglichen steuerlichen Implikationen (vgl. Wagner et al. 1993).

Abb. 5.44 Grundprinzip eines „Cafeteria-Modells"

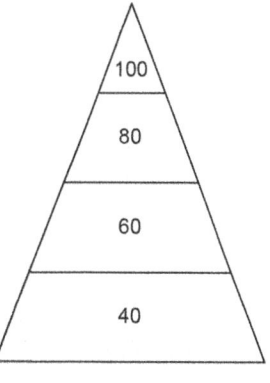

„Anreiz-Cafeteria"

Persönliches Punktekonto (nach Hierarchie/Funktion)

Anreizart	Punkte p.a.
Zusatzgehalt (je 10.000 €)	10
Lebensversicherung (je € 100.000)	8
Firmenwagen • € 35.000 • € 45.000	30 40
Büroausstattung (je € 2.000)	2
Zusatzurlaub (je 1 Tag) ...	

Cafeteria-Modell bei der QualityRent AG

Peter Körber versteht sehr gut, dass Anreize für die Motivation seiner Mitarbeiter sehr wichtig sind. Auch der noch so motivierte „Autofanatiker" braucht gelegentlich eine Stimulans. Dementsprechend gibt es in der QualityRent AG bereits seit langer Zeit variable Vergütungsbestandteile. So erhalten beispielsweise die Kundenbetreuer umsatzabhängige Provisionen, und die Mitarbeiter im Fuhrparkmanagement bekommen für jeden zusätzlichen Tag, an dem Fahrzeuge des Unternehmens ohne Panne bleiben, eine Prämie.

Dennoch ist Peter Körber der Ansicht, dass weitere Anreize notwendig sind, um die Motivation seiner Mitarbeiter zu steigern. Diesen Gedanken brachte er deshalb in die letzte Bereichsleitersitzung ein und fand von allen Seiten Zustimmung. Klaus Willmann, der Leiter des Bereichs Finanzen und, gab allerdings zu bedenken, dass neue Anreize keine zusätzlichen Kosten verursachen dürften. Fred Kluge, Leiter des Bereichs Personal und IT, schlug deshalb vor, ein Cafeteria-Modell einzuführen.

Das Cafeteria-Modell der QualityRent AG funktioniert so, dass jeder Mitarbeiter ein Punktekonto erhält, auf das er, abhängig von der Hierarchiestufe auf der er sich befindet, einen bestimmten Anteil seines Gehalts in Form von Punkten einzahlen kann. So können Vorstände und Bereichsleiter 30.000 € Gehalt in 100 Punkte umwandeln, Team- und Gruppenleiter 24.000 € Gehalt in 80 Punkte und alle anderen Mitarbeiter bis zu 18.000 € Gehalt in 60 Punkte. Mit diesen Punkten kann sich dann jeder Mitarbeiter wie in einer Cafeteria bedienen und zum Beispiel einen Firmenwagen, zusätzliche Urlaubstage oder Qualifizierungsmaßnahmen „einkaufen". So wählte einer der Teamleiter des Unternehmens statt des Geldes einen BMW Roadster als Firmenwagen, neun zusätzliche Tage Urlaub, eine Verbesserung seiner Büroausstattung und eine Lebensversicherungspolice für 200.000 €, was ihn sein gesamtes Punktekontingent von 80 Punkten kostete. Ein anderer Teamleiter aus dem Fuhrparkmanagement konzentrierte hingegen sein gesamtes Punktekontingent auf eine sechsmonatige, bezahlte Freistellung („Sabbatical"), um sich den lang gehegten Wunsch einer Weltumsegelung erfüllen zu können.

Durch das Cafeteriamodell hat sich die Höhe des Gehalts der Mitarbeiter nicht verändert. Der Unterschied besteht darin, dass anstelle von Geld auch andere Anreize „erworben" werden können, die unter Umständen – abhängig von individuellen Präferenzen und Lebensumständen – stärker motivieren. Wo das nicht der Fall ist, können natürlich auch die gesamten Punkte wieder in Gehalt zurückverwandelt werden. ◄

In aller Regel werden einzelne Mitarbeiter eines Unternehmens sowohl mit fixen als auch mit variablen Anreizen konfrontiert. Dabei stellt sich stets die Frage, wie die Anreizstruktur, also die Relation von fixen und variablen Anreizanteilen, gestaltet sein sollte. Grundsätzlich gilt, dass mit steigendem Anteil variabler Anreize an der Gesamtvergütung eines Mitarbeiters auch die anreizbedingte Motivationswirkung zunimmt. Allerdings ist ein hoher Anteil variabler Anreize nicht für alle Tätigkeiten geeignet. Vielmehr muss der Anteil der variablen Anreize mit dem individuellen Handlungsspielraum korrespondieren, den einzelne Mitarbeiter besitzen: Je größer dieser ist, desto höher sollten tendenziell auch die variablen Anreize sein. In der Regel ist der Handlungsspielraum eines Mitarbeiters umso größer, je höher er in der Unternehmenshierarchie angesiedelt ist. Dementsprechend ist der Anteil variabler Anreize auf der Ebene der Geschäftsführung im Allgemeinen am größten und auf der Ebene einfacher Mitarbeiter am geringsten.

5.4.6.3 Gestaltung von Anreizsystemen

Damit Anreizsysteme tatsächlich ihre Aufgabe erfüllen können, müssen sie sorgfältig und unter Beachtung unternehmensspezifischer Rahmenbedingungen ausgestaltet werden. Dabei sind insbesondere Festlegungen zu vier verschiedenen Teilfragen notwendig (vgl. Hungenberg 2014):

- Welche Anreize sollen in das Anreizsystem aufgenommen werden?
- Welche Bemessungsgrundlagen sollen der Anreizvergabe zugrunde gelegt werden?
- Welche Vergütungsfunktionen sollen die Beziehung zwischen Bemessungsgrundlage und Anreizvergabe beschreiben?
- Welche Ausschüttungsmodi sollen bei der Anreizvergabe gewählt werden?

Bestimmung der Anreize

Eine erste Teilaufgabe bei der Entwicklung eines Anreizsystems besteht in der Bestimmung der Anreize, die in das Anreizsystem aufgenommen werden sollen. Dabei sind aus der Vielzahl möglicher materieller und immaterieller Anreize diejenigen auszuwählen, von denen erwartet wird, dass sie das Leistungsverhalten von Mitarbeitern besonders positiv beeinflussen. Anreize müssen bekanntermaßen in einer instrumentellen Beziehung zu den Motiven der Mitarbeiter des Unternehmens stehen. In der Regel stehen hier finanzielle Anreize (Vergütung) im Mittelpunkt, da sie – als generalisiertes „Mittel zum Zweck" – geeignet sind, unterschiedlichste Motive zu erfüllen. Wie oben bereits dargestellt, ist dabei eine Mischung aus fixen und variablen Anreizen wichtig.

Bestimmung der Bemessungsgrundlagen

Die Bestimmung der Bemessungsgrundlagen ist eine zweite, ganz entscheidende Aufgabe im Rahmen der Gestaltung von Anreizsystemen. Dabei geht es vor allem darum, die Zielorientierung des Anreizsystems sicherzustellen – das heißt zu gewährleisten, dass das Handeln der Mitarbeiter auf die Unternehmensziele ausgerichtet wird. Dies ist möglich, wenn durch das Anreizsystem individuelle Vorteile für die betroffenen Mitarbeiter dann entstehen, wenn gleichzeitig die Ziele des Unternehmens erreicht werden.

Grundlage für die Verknüpfung von Individual- und Unternehmensinteressen sind die Bemessungsgrundlagen der Anreizvergabe. Hiermit sind jene Größen gemeint, anhand derer die persönliche Zielerreichung gemessen und die Leistung eines Mitarbeiters beurteilt wird. Sie sind damit auch gleichzeitig Grundlage für die Bemessung von Anreizen. In jedem Fall muss eine Bemessungsgrundlage konkret mess- bzw. beurteilbar sein, und der betroffene Mitarbeiter muss die Ausprägung der Bemessungsgrundlage (zum Beispiel die Höhe des Gewinns) auch durch sein Handeln beeinflussen können. Mit dem Leiter eines Geschäftsfelds eines großen Konzerns können als Bemessungsgrundlagen für seine Anreize beispielsweise Wertbeitrag oder Gewinn des Geschäftsfelds vereinbart werden. Aber auch qualitative Ziele, wie zum Beispiel die erfolgreiche Umorganisation des Geschäftsfelds, können als Bemessungsgrundlagen dienen. Für einen Mitarbeiter im Vertriebsbereich des selben Geschäftsfelds sollten demgegenüber andere Bemessungsgrundlagen herangezogen werden, die dieser unmittelbar beeinflussen kann – also etwa die Umsätze mit bestimmten Kundengruppen oder besondere Verkaufserfolge bei einzelnen Key Accounts.

Bemessungsgrundlagen müssen für die Mitarbeiter eines Unternehmens also differenziert, abhängig von den Zielen bestimmt werden, die für einzelne Personen in ihrem jeweiligen Verantwortungsbereich relevant sind. Diese Ziele sind vor allem Ergebnis der strategischen und operativen Planungen. Insofern empfiehlt es sich, variable Anreize im Regelfall auf solche Bemessungsgrundlagen zu beziehen, die sich unmittelbar aus der Unternehmensplanung ableiten lassen. Eine derartige, planorientierte Gestaltung variabler Anreize gestattet es, Mitarbeiter der unterschiedlichsten Verantwortungsbereiche auf ihre jeweiligen Ziele auszurichten. Wenn die Teilziele in den Planungen vollständig und systematisch aus den übergeordneten Zielsetzungen des Unternehmens abgeleitet sind, wird so auch das Handeln der Mitarbeiter in Summe auf die Unternehmensinteressen ausgerichtet (vgl. Hahn und Willers 2006).

Bestimmung der Vergütungsfunktionen

Die Bestimmung der Vergütungsfunktion stellt eine dritte Aufgabe im Rahmen der Gestaltung von Anreizsystemen dar. Durch die Vergütungsfunktion werden Leistungsverhalten und variable Anreize gekoppelt, indem eine funktionale Beziehung zwischen einer (oder mehreren) Bemessungsgrundlagen für die individuelle Leistung eines Mitarbeiters (einerseits) und der Höhe seiner variablen Vergütung (andererseits) hergestellt wird. Traditionell werden Vergütungsfunktionen so gewählt, dass die Schwankungsbreite der variablen Anreize relativ gering ist: Die Vergütung ist dann nur in einem engen Korridor variabel. Dabei wird oft die maximal erreichbare Vergütung nach oben begrenzt, und Verluste bei einer unbefriedigenden Zielerreichung werden ausgeschlossen oder zumindest eingedämmt. Zudem werden meist identische Vergütungsfunktionen für alle Mitarbeiter und Bemessungsgrundlagen gewählt.

Es kann jedoch unter bestimmten Bedingungen durchaus sinnvoll sein, unterschiedliche Vergütungsfunktionen zu wählen, wobei vor allem der Risikoaspekt eine besondere Rolle spielt (Abb. 5.45). So sollten Vergütungsfunktionen mit einer geringen Variabilität unter anderem dann gewählt werden, wenn die Risikoaversion eines Mitarbeiters ausgeprägt ist oder wenn das Eingehen von Risiken aus Sicht des Unternehmens ausdrücklich gewünscht ist. Letzteres dürfte gerade bei strategischen Aufgaben oftmals gegeben sein. In

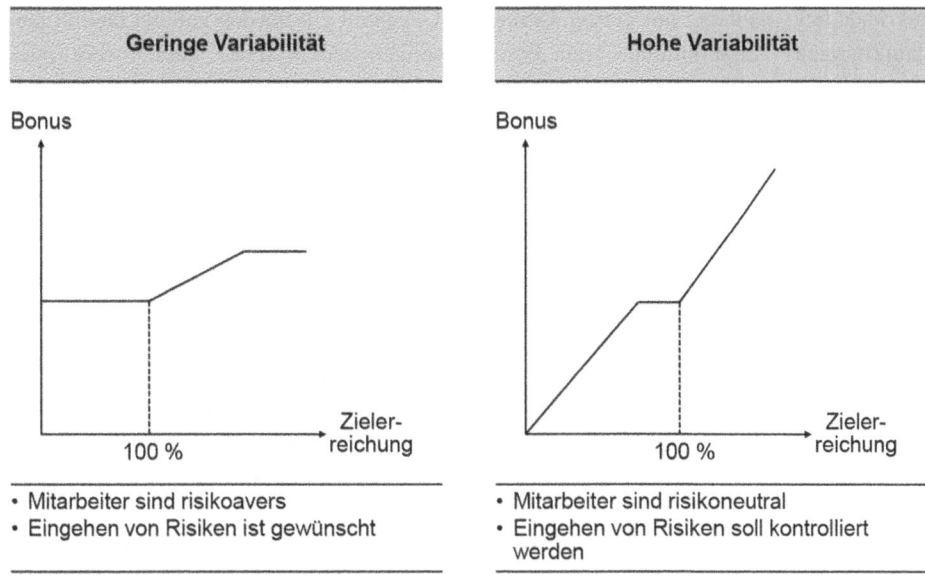

Abb. 5.45 Vergütungsfunktionen

diesem Fall empfiehlt es sich besonders, die Variabilität der Anreize bei negativem Leistungsergebnis zu beschränken. Drohende negative Sanktionen dürften das Risikoverhalten von Mitarbeitern nämlich in noch stärkerer Weise beeinträchtigen, als dies das potenzielle Ausbleiben positiver Sanktionen ohnehin schon tut. Vergütungsfunktionen mit einer hohen Variabilität sind demgegenüber angebracht, wenn Mitarbeiter eher risikoneutral sind oder das Eingehen von Risiken kontrolliert werden soll. Auch das Erfolgsrisiko der jeweiligen Aufgabe spielt hier eine Rolle. In diesen Fällen kann die Schwankungsbreite der Vergütung wesentlich größer sein; auch Verlustbeteiligungen sind sinnvoll.

Bestimmung der Ausschüttungsmodi

Die Bestimmung der Ausschüttungsmodi schließlich betrifft die Frage, zu welchen Zeitpunkten (und damit: nach welchen Zeiträumen) variable, leistungsabhängige Anreize an die betroffenen Mitarbeiter ausgeschüttet werden sollen. Grundsätzlich sind drei Alternativen denkbar, die in einem gegenläufigen Spannungsfeld von Anreizwirkung und Beurteilungsqualität stehen: die sofortige Ausschüttung, die periodische Ausschüttung und die endfällige (oder zumindest langfristige) Ausschüttung.

Die Anreizwirkung ist am größten, wenn Anreize sofort, das heißt in unmittelbarem Zusammenhang mit der Beurteilung einer bestimmten Leistung ausgeschüttet werden. In diesem Fall ist jedoch oft – insbesondere bei strategischen Aufgaben – nicht erkennbar, ob die beurteilte Leistung tatsächlich zu einem nachhaltigen Erfolg geführt hat. So können positiv beurteilte strategische (Zwischen-)Ergebnisse sich in der Zukunft leicht noch zu Misserfolgen umkehren. Die Qualität der Leistungsbeurteilung, die der Anreizgewährung zugrunde liegt, ist daher nur gering. Genau das Gegenteil gilt für den Fall der endfälligen (langfristigen) Ausschüttung. Hier besteht weitgehende Klarheit über Erfolg oder Misserfolg; dafür ist jedoch die Anreizwirkung einer Ausschüttung, die zeitlich deutlich nach der Leistungserbringung erfolgt, nur gering. Angesichts dieses Spannungsfelds ist es meist sinnvoll, bei der Bestimmung der Ausschüttungsmodi einen Kompromiss einzugehen – etwa in Form einer Kombination von sofortiger und langfristiger Ausschüttung.

Beispiel

Gestaltung variabler Anreizsysteme bei der QualityRent AG

Obwohl variable Vergütungsbestandteile bereits in vielen Bereichen der QualityRent AG eingeführt sind, versucht Peter Körber, sie immer weiter auszubauen bzw. zu optimieren, um die Leistungsbereitschaft seiner Mitarbeiter weiter zu steigern. Besonders bei den Kundenbetreuern hält er die variable Vergütung für sehr wichtig.

Kundenbetreuer der QualityRent AG erhalten bereits eine leistungsabhängige Prämie. Bemessungsgrundlage dieser Prämie ist der Umsatz, den sie für die QualityRent AG erzielen. Die Höhe der Prämie bemisst sich an einer relativ einfachen Vergütungsfunktion. Jeder Kundenbetreuer erhält danach 0,5 % von allen von ihm erzielten Umsätzen, die oberhalb eines so genannten Basisumsatzes liegen. Der Basisumsatz stellt dabei sozusagen den Standardumsatz dar, der von allen Kundenbetreuern innerhalb eines Jahres erwartet wird. Die Ausschüttung der Prämie erfolgt jeweils am Jahresende.

Nun haben Analysen des Bereichs Finanzen und Controlling der QualityRent AG ergeben, dass insbesondere solche Kunden besonders profitabel sind, die mehr als dreimal jährlich Autos mieten bzw. Events buchen. Daher überlegt Peter Körber, das Anreizsystem für Kundenbetreuer zu verändern. Bemessungsgrundlage für dieses veränderte Anreizsystem sollten nach seiner Ansicht die Anzahl der Aufträge eines Kunden und die Höhe der dabei erzielten Umsätze jeweils bezogen auf ein Jahr sein. Eine Prämie sollte jeweils anfallen, wenn ein Kunde innerhalb eines Jahres mehr als drei Aufträge an die QualityRent AG vergibt. Die Höhe der Prämie könnte nach Körbers Ansicht sogar 1,0 % des durchschnittlichen Umsatzes dieses Kunden betragen. Die Auszahlung sollte am Jahresende erfolgen. Peter Körber ist überzeugt, dass diese Prämie die Anforderungen, die an Anreize gestellt werden, voll erfüllt und damit zur Leistungssteigerung der Kundenbetreuer beitragen würde. ◄

Verständnisfragen

1. Welche vier Aspekte sind im Rahmen der Personalplanung zu berücksichtigen?
2. Welcher wechselseitige Zusammenhang besteht zwischen der Unternehmensplanung und der Personalbedarfsplanung?
3. Welche zwei grundsätzlichen Möglichkeiten der Personalanwerbung gibt es und worin bestehen die jeweiligen Vor- und Nachteile?
4. Beschreiben Sie kurz die vier Verfahren der Personalauswahl.

5. Was ist bei der Personalfreisetzung von einem Unternehmen zu beachten?

6. Welche drei Elemente gehören zum Bereich des Personaleinsatzes?

7. Welche Funktionen erfüllt die Personalentwicklung aus Unternehmens- und aus Mitarbeitersicht?

8. Welche Methoden der Personalentwicklung lassen sich unterscheiden? Geben Sie einen strukturierten Überblick und nennen Sie Beispiele.

9. Beschreiben Sie die vier Kernaufgaben, die im Rahmen des Prozesses der Personalentwicklung anfallen.

10. Erläutern Sie die Rolle, die die Personalbeurteilung im Rahmen der Personalentwicklung spielt.

11. Welche Ansatzpunkte der Personalbeurteilung lassen sich unterscheiden?

12. Geben Sie einen Überblick über unterschiedliche Methoden der Personalbeurteilung.

13. Welche Beurteilungsfehler können im Rahmen der Personalbeurteilung auftreten? Wie kann diesen Fehlern begegnet werden?

14. Welche Anforderungen werden an Anreizsysteme gestellt? Erläutern Sie diese Anforderungen.

15. Grenzen Sie fixe und variable Anreize voneinander ab.

16. Erläutern Sie das Grundprinzip des Cafeteria-Modells. Welche Anforderungen an Anreizsysteme werden durch das Modell erfüllt?

17. Beschreiben Sie die Vorgehensweise zur Gestaltung von Anreizsystemen.

Diskussionsfragen

1. Skizzieren Sie für die unterschiedlichen Aufgabenfelder mit den jeweiligen Mitarbeiterstellen in der QualityRent AG geeignete Möglichkeiten der Personalanwerbung. Begründen Sie Ihre jeweilige Wahl der Anwerbung.

2. Entwerfen Sie ein detailliertes Konzept der Personalentwicklung für Kundenbetreuer und Leiter von Verkaufs- und Servicebüros der QualityRent AG. Nutzen Sie dafür die Vorüberlegungen von Fred Kluge. Verdeutlichen Sie Ihre Überlegungen entlang des Prozesses der Personalentwicklung und zeigen Sie konkrete Methoden und Inhalte von Qualifizierungsmaßnahmen sowie Kontrollmaßnahmen auf.

3. Entwickeln Sie ein Personalbeurteilungskonzept für Kundenbetreuer und Leiter von Verkaufs- und Servicebüros der QualityRent AG. Welche Ansatzpunkte der Personalbeurteilung und welche Beurteilungsmethoden schlagen Sie vor? Welche Beurteilungsfehler können dabei auftreten und wie gehen Sie damit um?

4. Diskutieren Sie die Implikationen der Inhalts- und der Prozesstheorien der Motivation für die Gestaltung von Anreizsystemen.

5. Peter Körber plant die Einführung eines Anreizsystems für Projektleiter im potenziellen, neuen Geschäftsbereich Event Management. Erläutern Sie, wie ein derartiges Anreizsystem gestaltet sein könnte. Beschreiben Sie zu diesem Zweck Art der Anreize, Bemessungsgrundlagen, Vergütungsfunktion und Ausschüttungsmodus.

5.5   New Work – Herausforderungen der Digitalisierung für Personalführung und Personalmanagement

5.5.1   Grundlagen von New Work

Gesellschaftliche Krisen bringen neben zahlreichen Risiken immer auch Chancen mit sich, um Bestehendes zu hinterfragen und Neues auszuprobieren. So waren Unternehmen beispielsweise während der Corona-Pandemie zu sehr schnellen Veränderungen gezwungen. Zur Vermeidung von Infektionen wurden zumindest die Mitarbeiter und Führungskräfte in administrativen Bereichen zu großen Teilen in das *Home-Office* geschickt. Konferenzen, Besprechungen und teilweise sogar Messen fanden ausschließlich digital statt. Was vor der Krise noch als nicht umsetzbar galt, wurde innerhalb kürzester Zeit zum Standard. Auch wenn diese Veränderungen eher aus der Not geboren worden sind, haben sie einen seit vielen Jahrzehnten anhaltenden Trend in der Arbeitswelt beschleunigt und vermutlich dauerhaft etabliert. Denn im Zuge der Digitalisierung lösen sich traditionelle Vorstellungen von Arbeit, Familie und Gesellschaft zunehmend auf (vgl. Lippe-Heinrich 2019). Angesichts Möglichkeiten einer digitalen Arbeitswelt wünschen sich immer mehr Menschen neue Arbeitsmodelle, die persönliche Sinnfindung, Selbstverwirklichung und Autonomie ermöglichen und fördern (vgl. Jobst-Jürgens 2020). In diesem Zusammenhang bezeichnet *New Work* eine Arbeitswelt, in der mit Hilfe von Technologien individuelle Freiräume geschaffen werden können und die Auswirkungen auf Personalführung und Personalmanagement besitzt (vgl. Bergmann 2017).

Der Begriff *New Work* hat sich in den vergangenen drei Jahrzehnten zu einem Sammelbegriff für verschiedene Trends zur Gestaltung der Arbeitswelt in Unternehmen entwickelt, wie beispielsweise der Einführung von „Home-Office"-Regelungen oder der Abflachung von Hierarchien. *New Work* steht damit für eine grundlegende und nachhaltige Veränderung der Arbeitswelt (vgl. Hackl et al. 2017). Der Begriff geht zurück auf eine in den 1980er-Jahren entwickelte Vision des amerikanischen Sozialphilosophen Fritjof Bergmann (vgl. Jobst-Jürgens 2020). Bergmann (2017) prägte die Idee eines humanistischen Arbeitskonzepts, in dem Menschen einer Arbeit aus tiefster Überzeugung nachgehen. Die Digitalisierung dient dabei als Verstärker für diesen Wandel. Im Zuge der Digitalisierung entstehende, disruptive Technologien schaffen freie Ressourcen, die Mitarbeiter und Führungskräfte in Unternehmen nutzen können, um ihre eigenen Ziele zu verfolgen und sich selbst zu verwirklichen. Darüber hinaus können durch die intelligente Nutzung derartiger Technologien bisherige Vorstellungen von Arbeitsteilung und Koordination ohne Effektivitätseinbußen aufgelöst werden (vgl. Bergmann 2017).

Auch wenn Bergmanns ursprüngliche Vision von *New Work* – wie beispielsweise die Zwei-Tage-Woche – in dieser Form nicht eingetreten ist, bildet sie einen wichtigen Ausgangspunkt für die heutige Diskussion um Veränderungen in der Arbeitswelt. Denn die Arbeitswelt hat sich in den letzten Jahrzehnten durch Megatrends wie Digitalisierung und Globalisierung so stark und schnell verändert wie wahrscheinlich noch nie zuvor.

Laut einer Studie sehen 97 Prozent der befragten deutschen Unternehmen die Digitalisierung vor allem als Chance für das eigene Unternehmen (vgl. Bitkom e.V. 2020). Denn durch die dezentrale und mittlerweile flächendeckende Verbreitung von mobilen Geräten und Internet ist es Unternehmen möglich, neue Arbeitsformen wie beispielsweise virtuelle Teamarbeit, papierlose Büros oder mobiles Arbeiten umzusetzen (vgl. Lippe-Heinrich 2019). Diese Veränderungen spiegeln auch die Bedürfnisse vieler Arbeitnehmer wider. In einer Befragung der Friedrich-Ebert-Stiftung (vgl. Kirchner 2019) gaben knapp die Hälfte der Befragten an, dass sie sich insbesondere flexible Arbeitszeiten an einem digitalen Arbeitsplatz wünschen. Es ist daher überraschend, dass vor der Corona-Pandemie nicht einmal jeder Fünfte in Deutschland mobil arbeitete (vgl. Jobst-Jürgens 2020). Allerdings stellt sich auch die Frage, ob sich das Arbeitsleben durch die Digitalisierung tatsächlich nachhaltig verbessert hat. Bereits heute führt die flächendeckende Digitalisierung zu einem Aufweichen der Grenzen von Privatsphäre und Arbeitsplatz, was einen Wandel bestehender Arbeits- und Managementkonzepte zur Folge hat (vgl. Lippe-Heinrich 2019). Bergmann (2017) sieht in der Digitalisierung jedoch eine Chance für die Menschen, sich durch Technologien bei der Automatisierung von Prozessen unterstützen zu lassen und die zusätzlich gewonnene, freie Zeit für sinnstiftende Tätigkeiten zu nutzen. Damit wird Digitalisierung zu einem kritischen Treiber für eine neue Arbeitswelt.

Veränderungen in der Arbeitswelt werden neben der fortschreitenden Digitalisierung auch durch den demografischen Wandel begünstigt. So liegt die Sterberate in Deutschland seit 1972 konstant über der Geburtenrate, was zur Folge hat, dass die natürliche Bevölkerungsbilanz negativ ist (vgl. Statistisches Bundesamt 2019). Somit nimmt die Bevölkerungszahl in Deutschland tendenziell ab. Bereits seit 2010 ist in Deutschland jede dritte Person über 60 Jahre alt (vgl. Lippe-Heinrich 2019). Die aktuelle Bevölkerungsstruktur entspricht damit schon seit langem nicht mehr einer klassischen Bevölkerungspyramide, in der die jüngsten Geburtsjahrgänge auch die am häufigsten repräsentierten in der gesamten Pyramide sind (vgl. Statistisches Bundesamt 2019). Der demografische Wandel hat dadurch nicht nur weitreichende Folgen für Gesundheits- und Sozialsysteme, sondern wirkt sich auch direkt auf Unternehmen aus, die sich aufgrund der sinkenden Verfügbarkeit von Arbeitskräften besonders attraktiv am Arbeitsmarkt präsentieren müssen. Es findet ein Wandel vom Arbeitgeber- zu einem Arbeitnehmermarkt statt, auf dem Unternehmen im Wettbewerb um geeignete Bewerber stehen (vgl. Jobst-Jürgens 2020). Dieses Phänomen wird allgemein auch als *War for Talents* bezeichnet (vgl. Chambers et al. 1998). Es führt letztlich dazu, dass Unternehmen in ihrer Gestaltung von Arbeitsprozessen umdenken müssen, um attraktiv zu sein für eine sinkende Anzahl an Talenten. Hinzu kommt, dass sich die Werte von Arbeitnehmern über die Zeit verändert haben. So genannte Veterans, Boomers, Xers und Nexters weisen unterschiedliche Vorstellungen von der Gestaltung der Arbeitswelt auf (vgl. Abschn. 5.1.1.3) Auch diese Veränderungen greift New Work auf (vgl. Jobst-Jürgens 2020).

5.5.2   Herausforderungen für die Personalführung in einer digitalen Welt

Die Umsetzung von Konzepten des New Work hat wichtige Implikationen für die Personalführung. Insbesondere erfordern digitale Arbeitskonzepte, wie zum Beispiel mobiles Arbeiten, eine Abkehr von kontrollbasierter und eine Hinwendung zu vertrauensbasierter Führung, da klassische Kontrollmechanismen bei einem virtuellen Arbeitsplatz nicht mehr anwendbar sind (vgl. Hackl et al. 2017). Hackl et al. (2017) weisen auf drei Dimensionen hin, die für die Umsetzung von New Work, d. h. für die Einführung digitaler Arbeitskonzepte, besondere Relevanz besitzen: *People*, *Places* und *Tools*.

Die erste Dimension *People* steht dabei für einen Kulturwandel in Unternehmen als Voraussetzung für die Schaffung einer funktionierenden digitalen Arbeitswelt. Dies beginnt mit der Rolle von Führungskräften, die im traditionellen Führungsverständnis vor allem eine Kontrollfunktion besaßen (vgl. Hackl et al. 2017). Konzepte des New Work verlangen jedoch partizipative Führungsansätze, bei denen Mitarbeiter mehr Verantwortung erhalten (vgl. Ruf 2019). Führungskräfte werden dabei eher zu Mentoren, die Mitarbeiter individuell auf ihre neuen Aufgaben und Freiräume vorbereiten. Dafür sind flachere Hierarchien hilfreich, um auf Augenhöhe miteinander zu kommunizieren und offenes Feedback zu ermöglichen (vgl. Hackl et al. 2017). Auch müssen Mitarbeiter stärker in Entscheidungen involviert werden, um Eigenverantwortung und Motivation zu fördern. In diesem Zusammenhang gewinnt insbesondere die Arbeit in Projekten an Bedeutung (vgl. Abschn. 4.3.2). Zusätzlich erfordert eine erfolgreiche Einführung einer neuen Arbeitskultur mit flachen Hierarchien z. B. auch den Verzicht auf Statussymbole (vgl. Hackl et al. 2017).

Ein zweiter Aspekt betrifft die Schaffung neuer Büroorganisationskonzepte (*Places*). Die Digitalisierung ermöglicht es Mitarbeitern, von überall und zu jeder Zeit zu arbeiten. Die Bindung an ein Büro im klassischen Sinne verliert dagegen an Bedeutung (vgl. Landes et al. 2020). Dadurch können Unternehmen neue Büroorganisationskonzepte wie *Desk-Sharing* oder *Coworking Spaces* etablieren, die Raum für offene Kommunikation und Kreativität mit sich bringen. Mittelfristig profitieren Unternehmen von solchen Konzepten auch finanziell durch einen geringeren Bedarf an Büroraum und die Möglichkeit zur Entmietung von Büros (vgl. Schürmann 2013). Allerdings zeigen wissenschaftliche Studien, dass eine wachsende räumliche Distanz die Zusammenarbeit zwischen Mitarbeitern negativ beeinflusst. Als Gründe werden unter anderem ein größeres Konfliktpotential wegen fehlender räumlicher Nähe, Schwierigkeiten in der Kommunikation und Koordination sowie fehlendes Vertrauen zwischen Mitarbeitern genannt (vgl. Siebdrat et al. 2009).

Eine dritte Herausforderung für Unternehmen liegt im Aufbau einer technologischen Infrastruktur, die Führungskräfte dabei unterstützt, trotz räumlicher und zeitlicher Distanz zu ihren Mitarbeitern ein hohes Maß an Transparenz, Kommunikation und Vertrauen zu gewährleisten (vgl. Erner und Böhm 2019). Die erforderlichen *Tools* sollten dabei so aufgebaut sein, dass sie unabhängig von individueller Anwendungserfahrung und digitaler

Affinität einzelner Mitarbeiter intuitiv genutzt werden können. Eine Grundvoraussetzung dafür stellt die passende Hardware. Zusätzlich müssen Mitarbeiter Zugang zu unternehmensinternen Systemen und Daten haben. Damit die Personalführung auch über verschiedene Standorte hinweg möglich ist, verwenden viele Unternehmen virtuelle Plattformen wie „Slack" oder „Monday" oder Videokonferenzlösungen wie Zoom oder Microsoft Teams zum kollaborativen Austausch, dem gemeinsamen Bearbeiten von Dokumenten und dem Projektmanagement (vgl. Hackl et al. 2017).

Zentrale Voraussetzung für die erfolgreiche Personalführung in einer digitalen Welt (die so genannte digitale Führung) ist jedoch ein Umdenken in Bezug auf die Führungsrolle. So kann das Fehlen von Gelegenheiten für persönliches Feedback die Teamentwicklung stark beeinträchtigen. Digitale Führung muss deshalb auf eine starke Mitarbeiterorientierung abzielen und Mitarbeiter durch effektive Kommunikation und kontinuierliches Feedback fördern (vgl. Petry 2019). Ein *Jour fixe* kann beispielsweise dabei helfen, regelmäßige Termine für privaten wie auch geschäftlichen Austausch zu vereinbaren. Gleichzeitig sollten Führungskräfte eine Vorbildfunktion einnehmen und verständliche Ziele und Visionen kommunizieren, an denen sich die Mitarbeiter orientieren können (vgl. Creusen et al. 2017). Diese Art der Kommunikation wird auch als „Leading out Loud" bezeichnet (vgl. Petry 2019). Darüber hinaus sind Führungskräfte in einer digitalen Welt gefordert, Kontrolle abzugeben und Vertrauen aufzubauen. Da es aufgrund räumlicher Distanz häufig nicht möglich ist, Arbeitsfortschritte konstant zu kontrollieren, müssen Führungskräfte lernen, darauf zu vertrauen, dass Aufgaben aus einer intrinsischen Motivation heraus erledigt werden, ohne dass konkrete Vorgehensweisen erzwungen werden können (vgl. Creusen et al. 2017).

Nicht zuletzt nehmen Führungskräfte im Rahmen der digitalen Führung eine zentrale Rolle in der Mitarbeiterentwicklung ein. Führungskräfte haben die Aufgabe, fachliche Kompetenzen durch (in-)formelle Lernformate gezielt zu fördern und dazu anzuleiten, Aufgaben und Probleme selbstständig zu lösen (vgl. Petry 2019). Sie initiieren so einen lebenslangen Lernprozess, erhöhen den Wissensstand der Mitarbeiter, fördern den Einsatz digitaler Hilfsmittel und tragen damit letztlich zu einer höheren Arbeitsqualität, Agilität und Flexibilität im Unternehmen bei (vgl. Creusen et al. 2017). Insgesamt nehmen Führungskräfte im Rahmen des New Work, d. h. in einer digitalen Arbeitswelt, eher eine Coach- oder Mentorenrolle ein.

5.5.3 Herausforderungen für das Personalmanagement in einer digitalen Welt

Das Personalmanagement nimmt als Transformationsgestalter einer digitalen Arbeitswelt eine zentrale Funktion in der Umgestaltung von Unternehmen ein. Das Personalmanagement kann durch Personalrekrutierung und -entwicklung den notwendigen kulturellen Wandel initiieren und unterstützen (vgl. Ruf 2019).

Die Digitalisierung hat insbesondere die Personalrekrutierung stark verändert. Insbesondere das *E-Recruiting* hat an Bedeutung gewonnen. Ein *E-Recruiting*-System enthält zwar alle Bestandteile der klassischen Personalrekrutierung; allerdings basiert es auf der Integration digitaler, online-basierter Bewerbungs-, Beurteilung- und Einstellungsprozesse unabhängig vom Standort des Bewerbers (vgl. Ruf 2019). Darüber hinaus bietet es noch eine Vielzahl an weiteren Vorteilen. So lassen sich durch Bewerbermanagementsysteme Bewerbungen digital organisieren und verarbeiten, was zu Kostenreduktion und Zeitersparnissen durch eine schnellere Bearbeitung unter Nutzung teils automatisierter Prozesse führt. Soziale Netzwerke und Suchmaschinenmarketing ermöglichen es darüber hinaus, eine größere Anzahl an Bewerbern deutlich effizienter anzusprechen (vgl. Verhoeven 2020). Durch systematische Datenanalysen und Nutzung von Big-Data-Analysen sind zukünftig noch weitere Effizienzsteigerungen zu erwarten (vgl. Ruf 2019).

Die Digitalisierung beeinflusst auch die Personalentwicklung als weitere Kernaufgabe des Personalmanagements. In einem komplexen wirtschaftlichen Umfeld, in dem immer mehr Unternehmen wissensbasierte Produkte oder Dienstleistungen anbieten, werden die Fähigkeiten von Mitarbeitern ein kritischer Erfolgsfaktor für Unternehmen. Denn neben fachlichen Kompetenzen gewinnen in einer digitalen Arbeitswelt auch Fähigkeiten wie Kommunikationsfähigkeit, Selbstorganisation und Flexibilität an Bedeutung (vgl. Wegerich 2015). Hinzu kommt, dass sich durch den globalen Wettbewerb und die Verkürzung von Innovations- und Produktlebenszyklen auch die Halbwertzeit von Wissen deutlich verkürzt und lebenslanges Lernen somit unverzichtbar wird (vgl. Bughin et al. 2018). Unternehmen nutzen weltweit in zunehmendem Maße computergestützte Lernmethoden (E-Learning), wie LinkedIn Learning oder Google Degrees, um die Zusammenarbeit zwischen Teams zu verbessern, aber auch um die individuelle Weiterentwicklung zu fördern (vgl. Wegerich 2015). Diese umfassenden Lernmöglichkeiten werden auch als *Learning Solutions* bezeichnet und verknüpfen Lerninhalte mit neusten technischen Lösungen (vgl. Ruf 2019). Verglichen mit herkömmlichen Lernmethoden hat E-Learning eine Reihe von Vorteilen. So sind die jeweiligen Inhalte jederzeit und an jedem Ort abrufbar. Die Nutzer können dadurch den Lernprozess selbstständig planen und in ihren Alltag integrieren (vgl. Wegerich 2015). Zusätzlich lässt sich das Lerntempo individuell anpassen, da die Nutzer sich weder an den Dozenten noch an weiteren Teilnehmer orientieren müssen. Aus Unternehmenssicht bietet E-Learning im Vergleich zu Präsenzseminaren im Wesentlichen eine Zeit- und Kostenersparnis.

Verständnisfragen

1. Erläutern Sie die wichtigsten Treiber für die Entwicklung von New Work.
2. Verdeutlichen Sie die Rolle von Führungskräften im Rahmen von New Work. Welche Aufgaben besitzen Führungskräfte dabei?
3. In welcher Weise verändern sich die Anforderungen an das Personalmanagement durch New Work?

1. Diskutieren Sie, ob und wie New Work bei der QualityRent AG umgesetzt werden kann. Welche Veränderungen im Bereich der Personalführung sind dafür notwendig?
2. Erläutern Sie die Implikationen von New Work für das Personalmanagement bei der QualityRent AG. Welche Vorteile und welche Herausforderungen sehen Sie?

Literatur

Adler, N.: Cross-Cultural Management Research: The Ostrich and the Trend, in: Academy of Management Review, 8. Jg. 1983, S. 226 ff.

Agor, W.: The Intuitive Ability of Executives: Findings from Field Research, in: Intuition in Organizations: Leading and Managing Productively, Hrsg. W. H. Agor, Newbury Park 1989, S. 145 ff.

Barrick, M., Mount, M.: The Big Five Personality Dimensions and Job Performance: A Meta-Analysis, in: Personnel Psychology, 44. Jg. 1991, S. 703 ff.

Belbin, M.: Team Roles at Work, Oxford 1993.

Bergmann, F.: Neue Arbeit, neue Kultur, 6. Aufl., Freiburg 2017.

Berthel, J.: Personal-Management, 9. Aufl., Stuttgart 2010.

Berthel, J., Kneerich, O.: Förderung der beruflichen Neuorientierung bei Personalabbau, Lohmar 1998.

Bitkom e.V.: Digitalisierung der Wirtschaft: Auswirkungen der Corona-Pandemie, 2020, unter: https://www.bitkom-research.de/system/files/document/Bitkom%20Charts%20Digitalisierung%20der%20Wirtschaft%2016%2011%202020_final.pdf (abgerufen am 27.04.2021).

Bughin, J., Lund, S., Hazan, E.: Automation Will Make Lifelong Learning a Necessary Part of Work, 05/2018, unter: https://hbr.org/2018/05/automation-will-make-lifelong-learning-a-necessary-part-of-work (abgerufen am 12.04.2021).

Calder, B.: An Attribution Theory of Leadership, in: New Directions in Organizational Behavior, Hrsg. B. Staw, G. Salancik, Chicago 1977, S. 179 ff.

Chambers, E. G., Foulon, M., Handfield-Jones, H., Hankin, S. M., Michaels III, E. G.: The War for Talent, in: The McKinsey Quarterly, 1998, Nr. 3, S. 44ff.

Chatterjee, A., Hambrick, D.: It's All About Me: Narcissistic Chief Executive Officers and Their Effects on Company Strategy and Performance, in: Administrative Science Quarterly, 52. Jg. 2007, S. 351 ff.

Cialdini, R.: Influence: The Psychology of Persuasion, New York 2007.

Creusen, U., Gall, B., Hackl, O.: Digital Leadership, Wiesbaden 2017.

Digman, J.: Personality Structure: Emergence of the Five-Factor Model, in: Annual Review of Psychology, 41. Jg. 1990, S. 417 ff.

Drucker, P.: The Practice of Management, New York 1954.

Erner, M., Böhm, F.: Unternehmensführung 4.0., in: Erner, M. (Hrsg.), Management 4.0 – Unternehmensführung im digitalen Zeitalter, Heidelberg 2019.

Fisher, R., Ury, W.: Getting to Yes, 3. Aufl., New York 2011.

French, R., Rayner, C., Rees, G., Rumbles, S.: Organizational Behavior, Wiley 2008.

Fuchs-Wegner, G.: Management-by-Konzepte, in: Handwörterbuch der Führung, Hrsg. A. Kieser, G. Reber, R. Wunderer, Stuttgart 1987, S. 1366 ff.

Gilbert, D.: Stumbling on Happiness, New York 2006.

Goleman, D.: What Makes a Leader, in: Harvard Business Review, 76. Jg. 1998, Heft 6, S. 93 ff.

Graham, J.: The Influence of Culture on Business Negotiations: An Exploratory Study, in: Journal of International Business Studies, 16. Jg. 1985, S. 81 ff.

Greenberg, J.: Managing Behavior in Organizations, 4. Aufl., New Jersey 2005.

Griffin, R.: Management, 7. Aufl., Boston 2001.

Hahn, D., Willers, H.: Unternehmungsplanung und Führungskräftevergütung, in: Strategische Unternehmungsplanung – Strategische Unternehmungsführung, Hrsg. D. Hahn, B. Taylor, 9. Aufl., Heidelberg 2006, S. 365 ff.

Hackl, B., Wagner, M., Attmer, L., Baumann, D.: New Work: Auf dem Weg zur neuen Arbeitswelt, Wiesbaden 2017.

Halpin, A., Winer, B.: A Factorial Study of the Leader Behavior Descriptions, in: Leader Behavior, Hrsg. R. Stogdill, A. Coons, Columbus 1957, S. 39 ff.

Hambrick, D., Mason, P.: Upper Echelons: The Organization as a Reflection of Its Top Managers, in: The Academy of Management Journal, 9. Jg. 1984, S. 193 ff.

Holtbrügge, D.: Personalmanagement, 5. Aufl., Berlin 2012.

Humble, J.: Management by Objectives, London 1967.

Hungenberg, H.: Anreizsysteme für Führungskräfte – Theoretische Grundlagen und praktische Ausgestaltungsmöglichkeiten, in: Strategische Unternehmungsplanung – Strategische Unternehmungsführung, Hrsg. D. Hahn, B. Taylor, 9. Aufl., Heidelberg 2006, S. 353 ff.

Hungenberg, H.: Problemlösung und Kommunikation im Management, 3. Aufl., München 2010.

Hungenberg, H.: Strategisches Management in Unternehmen, 8. Aufl., Wiesbaden 2014.

Hungenberg, H., Wulf, T.: Turnaround, in: Handwörterbuch Unternehmensführung und Organisation (HWO), Hrsg. G. Schreyögg, A. v. Werder, 4. Aufl., Stuttgart 2004, S. 1468 ff.

Jehn, K.: A Multimethod Examination of the Benefits and Detriments of Intragroup Conflict, in: Administrative Science Quarterly, 40. Jg. 1995, S. 256 ff.

Jehn, K., Mannix, E.: The Dynamic Nature of Conflict: A Longitudinal Study of Intragroup Conflict and Group Performance, in: Academy of Management Journal, 44. Jg. 2001, S. 238 ff.

Jobst-Jürgens, V.: New Work: Was relevante Arbeitnehmergruppen im Job wirklich wollen – eine empirische Betrachtung, Wiesbaden 2020.

Jung, H.: Personalwirtschaft, 9. Aufl., München 2011.

Kravitz, D., Martin, D.: Ringelmann Rediscovered: The Original Article, in: Journal of Personality and Social Psychology, Mai 1986, S. 936 ff.

Kirchner, S.: Zeit für ein Update: Was die Menschen in Deutschland über Digitalisierung denken, 2019, unter: http://library.fes.de/pdf-files/fes/15549.pdf (abgerufen am 27.05.2021).

Krüger, W.: Organisation der Unternehmung, 3. Aufl., Stuttgart 1994.

Landes, M., Steiner, E., Wittmann, R., Utz, T.: Führung von Mitarbeitenden im Home Office, Wiesbaden 2020.

Lattmann, C.: Die verhaltenswissenschaftlichen Grundlagen der Führung des Mitarbeiters, Bern/Stuttgart 1982.

Lippe-Heinrich, A.: Personalentwicklung in der digitalisierten Arbeitswelt, Wiesbaden 2019.

Mann, R.: A Review of the Relationship Between Personality and Performance in Small Groups, in: Psychological Bulletin, 596. Jg. 1959, S. 241 ff.

Maslow, A.: A Theory of Human Motivation, in: Psychological Review, 50. Jg. 1943, S. 370 ff.

Mintzberg, H.: The Nature of Managerial Work, New York 1973.

Morris, K.: The Rise of Jill Barad, in: Business Week, 25. Mai 1998, S. 112 ff.

Morris, K.: Trouble in Toyland, in: Business Week, 15. März 1999, S. 40.

Odiorne, G.: Management by Objectives, New York 1965.

o.V.: Heard it Through the Grapevine, in: FORBES, 10. Februar 1997, S. 22.

o.V.: Die Kunst, die Besten zu halten, in: Frankfurter Allgemeine Zeitung, 19. Januar 2004, S. 16.

Petry, T.: Digital Leadership: Erfolgreiches Führen in Zeiten der Digital Economy, 2. Aufl., Freiburg 2019.

Pruitt, D., Teger, A.: The Risky Shift in Group Betting, in: Journal of Experimental Social Psychology, 5. Jg. 1969, S. 115 ff.

Robbins, S.: Organisation der Unternehmung, 9. Aufl., München 2001.

Robbins, S.: Organizational Behavior, 11. Aufl. Prentice Hall 2005.

Rokeach, M.: The Nature of Human Values, New York 1973.

Rowe, A., Boulgarides, J.: Managerial Decision Making, Upper Saddle River 1992.

Ruf, M.: Personalmanagement 4.0., in: Erner. M (Hg.), Management 4.0 – Unternehmensführung im digitalen Zeitalter, Heidelberg 2019.

Schein, E.: Organizational Psychology, Englewood Cliffs 1980.

Schermerhorn, J., Hunt, J., Osborn, R.: Organizational Behavior, 10. Aufl., Wiley 2008.

Schulz von Thun, F.: Miteinander reden, Band 1: Störungen und Klärungen, Reinbek 1994.

Scholz, C.: Personalmanagement, 6. Aufl., München 2014.

Schweiger, D., DeNisi, A.: Communication with Employees Following a Merger: A Longitudinal Field Experiment, in: Academy of Management Journal, 34. Jg. 1991, S. 110 ff.

Schürmann, M.: Coworking Space, Wiesbaden 2013.

Shaw, M.: Group Dynamics: The Psychology of Small Group Behavior, New York 1971.

Siebdrat, F., Hoegl, M., Ernst, H.: How to Manage Virtual Teams, in: MIT Sloan Management Review, 50 Jg. 2009, Nr. 4, S. 63ff.

Staehle, W.: Management, 8. Aufl., München 1999.

Steinmann, H., Schreyögg, G., Koch, J.: Management, 7. Aufl., Wiesbaden 2013.

Stogdill, R.: Handbook of Leadership: A Survey of Theory and Research, New York 1974.

Statistisches Bundesamt: Bevölkerung im Wandel: Annahmen und Ergebnisseder 14. koordinierten Bevölkerungsvorausberechnung, 2019, unter: https://www.destatis.de/DE/Presse/Pressekonferenzen/2019/Bevoelkerung/pressebroschuere-bevoelkerung.pdf?__blob=publicationFile (abgerufen am 12.04.2021).

Tannenbaum, R., Schmidt, W.: How to Choose a Leadership Pattern, in: Harvard Business Review, 36. Jg. 1958, S. 95 ff.

Taylor, F.: The Principles of Scientific Management, New York 1911.

Thomas, K.: Conflict and Conflict Management: Reflections and Update, in: Journal of Organizational Behavior, 13. Jg. 1992, S. 265 ff.

Tuckman, B. W.: Developmental Sequences in Small Groups, in: Psychological Bulletin, 63. Jg. 1965, S. 348 ff.

Verhoeven, T.: Digitalisierung im Recruiting, Wiesbaden 2020.

Wagner, D., Grawert, A., Langemeyer, H.: Cafeteria-Modelle, Stuttgart 1993.

Wegerich, C.: Strategische Personalentwicklung in der Praxis, Heidelberg 2015.

Wulf, T.: Diversifikationserfolg – Eine top-management-orientierte Perspektive, Wiesbaden 2007.

Wunderer, R.: Führung und Zusammenarbeit, 9. Aufl., Köln 2011.

Controlling

6

Das Controlling ist eine Aufgabe, die einerseits die Führung des Unternehmens unterstützen soll, in Teilen aber auch selber Führungsleistungen erbringt. Controlling wird oft mit Kontrolle gleichgesetzt – fälschlicherweise, weil das Controlling nicht nur die Überwachung der Ergebnisse des wirtschaftlichen Handelns umfasst, sondern vor allem die wirtschaftliche Fundierung von Entscheidungen in allen Unternehmensbereichen. Controlling wird deshalb manchmal auch als das „wirtschaftliche Gewissen" des Unternehmens bezeichnet. In diesem Sinne spielt es im Kontext der Unternehmensführung eine wichtige Rolle und wird daher in diesem, dem letzten Kapitel des Buches behandelt. Konkret sollen dabei folgende Fragen beantwortet werden:

- Was ist Controlling und was sind seine wesentlichen Aufgaben?
- Wie kann das Controlling gestaltet werden?
- Was sind wichtige Methoden und Instrumente des Controlling?

Beispiel

Controlling in der QualityRent AG

In der Anfangszeit der QualityRent AG spielten Planungsaktivitäten im Unternehmen keine große Rolle. Peter Körber wusste aus Erfahrung, wie hoch die Auslastung seiner Fahrzeuge im Jahr etwa sein musste und welche Kosten ein Fahrzeug am Tag ungefähr verursachte. Auf dieser Basis bemühte er sich um eine entsprechende Anzahl an Aufträgen im Jahr und setzte Preise fest – und das mit einigem Erfolg, wie sich am Jahresende jeweils zeigte.

Mit zunehmender Größe des Unternehmens und dem Eintritt neuer Führungskräfte in das Unternehmen wurde es jedoch immer schwieriger, die – damals noch –

QualityRent GmbH auf diese Art und Weise zu führen. Vielmehr wurden genauere Planungen notwendig – sowohl im operativen Bereich als auch im finanziellen Bereich. Dort wurde insbesondere eine Finanzplanung immer wichtiger. Diese Planungsaktivitäten nahmen im Laufe der Zeit einen immer größeren Teil von Peter Körbers Zeit in Anspruch, und trotzdem war er häufig nicht in der Lage, zum Beispiel Planabweichungen hinreichend zu erklären.

Vor diesem Hintergrund brachte ein Geschäftspartner Peter Körber auf die Idee, eine Controllingstelle einzurichten. Peter Körber wies diesen Vorschlag zunächst weit von sich. „Wir brauchen keine Kontrolleure in unserem Unternehmen", antwortete Körber auf den Vorschlag. „Was wir brauchen, ist jemand, der einmal Ordnung in unsere Planung bringt, der die Unternehmensbereiche dazu veranlasst, rechtzeitig ihre Planzahlen abzuliefern und der mir die notwendigen Informationen auf dem „Silbertablett" serviert, damit ich meine Zeit nicht mit dem Suchen nach Zahlen, sondern mit dem Treffen von Entscheidungen verbringen kann." „Aber genau das ist doch die Aufgabe eines Controllers", erwiderte der Geschäftspartner. „Und wissen Sie was?", ergänzte er. „Ich glaube, ich habe den richtigen Mann für Sie." Und so kam Klaus Willmann als Leiter Finanzen und Controlling zur QualityRent AG.

Willmann war bis dahin im Controlling eines großen Autovermietungsunternehmens tätig und hatte sich dort einen sehr guten Ruf aufgebaut. Auch Peter Körber war nach den ersten Gesprächen mit Klaus Willmann sehr angetan. Willmann konnte ihm sehr klar darlegen, wie er sich seine neue Aufgabe vorstellte: Er wollte zunächst einmal ein Planungs- und Kontrollsystem für die QualityRent AG gestalten, quasi als Leitlinie für zukünftige Planungen. Darüber hinaus sah er eine wichtige Aufgabe in der Unterstützung aller Unternehmensbereiche bei ihrer jeweiligen Planung. Außerdem versprach er Peter Körber detaillierte Finanz- und Ergebnisplanungen. Schließlich wollte Klaus Willmann ein Informationssystem im Unternehmen aufbauen, das Führungskräften die für sie relevanten Informationen wie gewünscht auf dem „Silbertablett" servieren würde. Peter Körber war überzeugt, dass Klaus Willmann eine echte Bereicherung für die QualityRent AG darstellen würde, wenn er auch nur halbwegs halten konnte, was er versprach. ◄

6.1   Aufgaben des Controlling

Das Controlling als Funktion hat sich zunächst vor allem in den USA etabliert. Dort wurden Controllingeinheiten bereits in der ersten Hälfte des 20. Jahrhunderts in zahlreichen Unternehmen eingerichtet. Die primäre Aufgabe dieser Controllingeinheiten bestand darin, die Unternehmensführung in betriebswirtschaftlichen Fragen zu beraten und zu unterstützen. Die Ursache für diesen zunehmenden Unterstützungs- und Beratungsbedarf der Unternehmensführung ist in veränderten Führungsanforderungen zu sehen, mit denen Unternehmen etwa seit Beginn des 20. Jahrhunderts konfrontiert waren. Zahlreiche Unternehmen hatten zu dieser Zeit eine Größe und Komplexität erreicht, die das bis dahin weit verbreitete Führungsprinzip, nämlich die Führung durch persönliche Anweisungen einer einzelnen Person – des Unternehmers –, unmöglich machte. Deshalb gingen diese Unternehmen dazu über, Führungsaufgaben auf mehrere Personen aufzuteilen. Diese Arbeitsteilung in der Führung setzt jedoch eine präzise Beschreibung von Handlungskompetenzen und Zielen – eben eine Planung – voraus. Die neu entstandenen Controllingeinheiten hatten nun die primäre Aufgabe, die Unternehmensführung bei der Durchführung und Koordination der Planung zu unterstützen. Darüber hinaus waren sie vielfach für das Berichtswesen, für Steuerangelegenheiten, für die Revision, für die Berichterstattung an staatliche Stellen sowie allgemein für die Beratung der Unternehmensführung in betriebs- und volkswirtschaftlichen Fragen zuständig.

In Deutschland wurde die Unterstützung der Unternehmensführung, die in amerikanischen Unternehmen den Controllingeinheiten zufiel, lange Zeit von anderen Bereichen, wie zum Beispiel dem Rechnungswesen oder der Unternehmensplanung, wahrgenommen. Erst in den fünfziger Jahren wurde die Idee des Controlling auch in Deutschland aufgegriffen – zunächst allerdings sehr kritisch. Dementsprechend fanden sich Controllingeinheiten bis Ende der sechziger Jahre fast ausschließlich in Tochterunternehmen amerikanischer Konzerne in Deutschland. Zu Beginn der siebziger Jahre war jedoch ein radikales Umdenken zu beobachten. So zeigt eine Studie der Unternehmensberatung McKinsey, dass bis Mitte der siebziger Jahre die meisten deutschen Großunternehmen über Controllingeinheiten verfügten (vgl. Weber 2008).

Trotz seiner etwa 80-jährigen Tradition in den USA und seiner mehr als 30-jährigen Entwicklungsgeschichte in Deutschland hat sich bisher kein einheitliches Verständnis der Aufgaben des Controlling etabliert. So zeigen empirische Untersuchungen, dass das *Aufgabenspektrum von Controllingeinheiten* in verschiedenen Unternehmen durchaus unterschiedlich sein kann. Dies gilt gerade auch im internationalen Vergleich. So sind Controller in amerikanischen Unternehmen häufig für die Liquiditätssteuerung, das betriebliche Steuerwesen, die Debitorenbuchhaltung oder das betriebliche Versicherungswesen zuständig – Aufgaben, die in deutschen Unternehmen in der Regel nicht vom Controlling wahrgenommen werden. Und auch in der *wissenschaftlichen Diskussion* finden sich unterschiedliche Auffassungen über die Ausrichtung des Controlling. Manche Autoren sehen die Hauptaufgabe des Controlling in der Bereitstellung und Aufbereitung von Informationen für die Unternehmensführung; andere betonen die Aufgabe der Koordination von Planung, Kontrolle und Informationsversorgung (vgl. Küpper 2008; Weber 2008).

Trotz dieser unterschiedlichen Auffassungen in Detailfragen besteht in Wissenschaft und Praxis weitgehend Einigkeit darüber, dass die Kernaufgabe des Controlling darin besteht, die Unternehmensführung in betriebswirtschaftlichen Fragen zu unterstützen – das heißt, einen betriebswirtschaftlichen Service zu liefern mit dem Ziel, die Erfolgswirkungen von Entscheidungen transparent zu machen und so die Entscheidungsqualität insgesamt zu erhöhen. In der Regel bezieht sich der betriebswirtschaftliche Service, den das Controlling leistet, auf vier *Aufgabenbereiche*, nämlich (vgl. Macharzina und Wolf 2008; Horváth 2011):

- die Gestaltung des Planungs- und Kontrollsystems,
- die Unterstützung und die Koordination von strategischen und operativen Planungen in den Linieneinheiten,
- die eigenständige Durchführung der monetären Planungen und Kontrollen für das Gesamtunternehmen sowie
- die allgemeine Informationsversorgung der Unternehmensführung (Abb. 6.1).

6.1.1 Gestaltung des Planungs- und Kontrollsystems

Die Gestaltung des Planungs- und Kontrollsystems eines Unternehmens ist eine erste, wichtige Aufgabe des Controlling. Durch die konkrete Ausgestaltung des Planungs- und Kontrollsystems eines Unternehmens werden nämlich die Inhalte und der Ablauf von Planung und Kontrolle grundlegend geregelt. Bei der unternehmensspezifischen Ausgestaltung eines Planungs- und Kontrollsystems muss dementsprechend festgelegt werden, welche *Teilplanungen* durchgeführt werden und welche konkreten *Inhalte* (zum Beispiel Absatzzahlen) innerhalb dieser Teilplanungen in welcher *Detaillierung* (zum Beispiel je Produktvariante und Land) und mit welchem *zeitlichen Bezug* (zum Beispiel für drei Jahre) Gegenstand von Planung und Kontrolle sind. Darüber hinaus wird bestimmt, wie der Planungs- und Kontrollprozess im Unternehmen *ablaufen* soll. Damit wird auch das Zusammenspiel zwischen Controlling und Linieninstanzen im Rahmen von Planung und Kontrolle geklärt.

Zur Dokumentation des Planungs- und Kontrollsystems dienen in vielen Unternehmen so genannte Planungshandbücher. Diese Handbücher setzen sich aus drei Komponenten

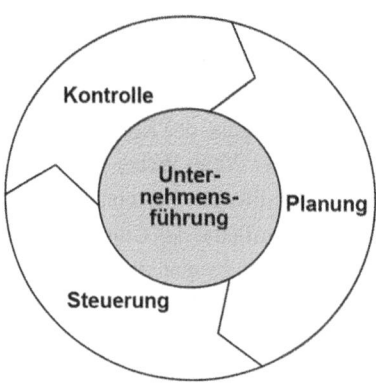

Abb. 6.1 Aufgaben des Controlling

zusammen, dem Planrahmen, den Planungsrichtlinien sowie dem Planungskalender des Unternehmens:

- *Planrahmen*: Durch den Planrahmen wird festgelegt, welche Teilplanungen und -kontrollen in einem Unternehmen durchgeführt werden und auf welche Inhalte sich diese Planungen und Kontrollen beziehen. Darüber hinaus werden Detailgrad und zeitlicher Bezug von Planung und Kontrolle bestimmt.
- *Planungsrichtlinien*: In den Planungsrichtlinien wird unter anderem festgelegt, wie Planung und Kontrolle durchgeführt werden, welche Methoden und Modelle dabei zur Anwendung kommen, welche Informationen einbezogen werden und welche Annahmen (beispielsweise über Wechselkurse) den Planungen zugrunde liegen.
- *Planungskalender*: Der Planungskalender schließlich gibt Aufschluss über den zeitlichen Ablauf von Planungen und Kontrollen (Abb. 6.2).

Beispiel

Das Planungs- und Kontrollsystem der QualityRent AG

Eine der ersten Aufgaben, die Klaus Willmann nach seinem Eintritt in die Quality-Rent AG in Angriff nahm, bestand in der Gestaltung eines Planungs- und Kontrollsystems für das Unternehmen, das er in einem Planungshandbuch dokumentierte. In

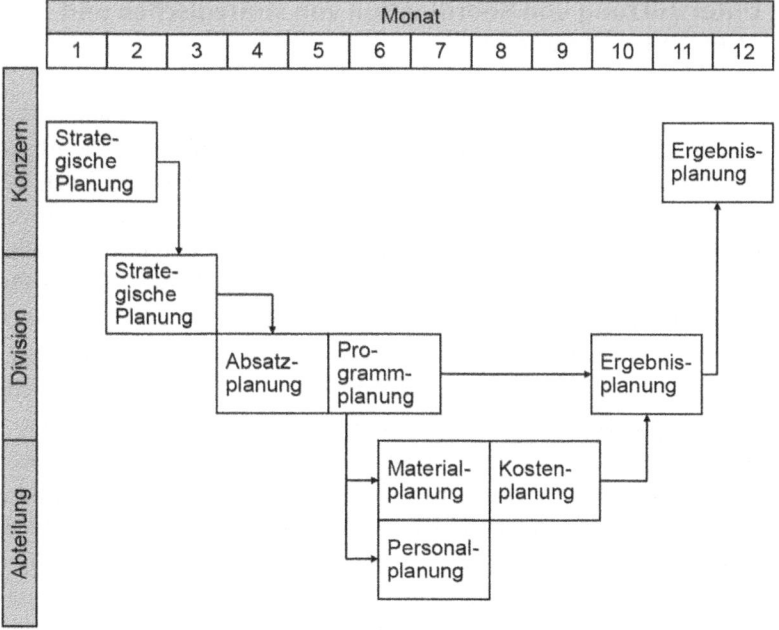

Abb. 6.2 Beispiel eines Planungskalenders

diesem Zusammenhang musste er zunächst klären, für welche Fragestellungen es in der QualityRent AG bereits Planungen gibt. Zu diesem Zweck führte er zahlreiche Gespräche, sowohl mit Peter Körber als auch mit Mitarbeitern aller Unternehmensbereiche. Nach Abschluss von Klaus Willmanns Analyse war Peter Körber sehr erstaunt über die Vielzahl der Teilplanungen in seinem eigentlich doch gar nicht so großen Unternehmen. Beispielsweise gab es in der QualityRent AG Ansätze einer strategischen Planung, in der die langfristige Unternehmensentwicklung festgelegt wurde. Diese war die Basis für die operative Planung. Im Rahmen der operativen Planung stand die Auftragsplanung, das heißt die Planung der Vermietungs- und Eventaufträge von Kunden, am Anfang. Auf Basis der Auftragsplanung mussten dann unter anderem der Fahrzeugbestand und der Personaleinsatz geplant werden, um nur einige Teilplanungen zu nennen.

Nachdem klar war, was geplant werden muss, formulierte Klaus Willmann Richtlinien für die Planung. Auch entwickelte er einen Planungskalender, aus dem ganz klar ersichtlich ist, welche Planung zu welchem Zeitpunkt zu erfolgen hat und auf welchen Planungen sie aufbaut. Der Planungskalender sah einen Planungszeitraum von sechs Monaten vor, beginnend im Juli eines jeden Jahres mit der strategischen Planung, der dann im September und Oktober die wesentlichen operativen Planungen folgten. Im November wurden daraus dann die übergreifenden Ergebnis- und Finanzplanungen abgeleitet, bevor im Dezember die Planverabschiedung durch den Vorstand erfolgte. ◄

6.1.2 Unterstützung und Koordination von strategischen und operativen Planungen

Eine zweite wichtige Aufgabe des Controlling betrifft die Unterstützung und Koordination aller Teilplanungen im Unternehmen. Dabei geht es insbesondere um die Abstimmung von strategischer und operativer Planung, aber auch um die Unterstützung der operativen Planung in einzelnen Funktionsbereichen. Diese Unterstützung bezieht sich vor allem auf das Bereitstellen von quantitativen, ergebnisorientierten Informationen (Planungsrechnungen), unter deren Nutzung der verantwortliche Funktionsbereich die Planungsinhalte formuliert (vgl. Hahn und Hungenberg 2001; Hungenberg und Wulf 2003).

Die *strategischePlanung* legt die grundsätzliche Entwicklungsrichtung eines Unternehmens fest mit dem Ziel, den langfristigen Erfolg des Unternehmens zu sichern. Im Mittelpunkt der strategischen Planung steht die Entwicklung von Strategien – Wettbewerbsstrategien bzw. Unternehmensstrategien. Diese Strategien bestimmen, welche langfristigen Ziele das Unternehmen verfolgen soll, wie es sich in seinen Märkten positionieren soll und wie seine Ressourcenbasis ausgestaltet und weiterentwickelt werden soll. Dementsprechend wird die strategische Planung in der Regel direkt auf der Ebene der obersten Unternehmensführung wahrgenommen. Das Controlling unterstützt diese bei der Strategieformulierung – etwa indem es quantitative Informationen zur Analyse der

Unternehmenssituation bereitstellt oder die Ergebnisauswirkungen alternativer Strategien transparent macht.

Die strategische Planung gibt einen übergreifenden Handlungsrahmen für die *operative Planung* vor. Die operative Planung bezieht sich auf einzelne, operativ tätige Organisationseinheiten innerhalb des Unternehmens. Dies sind in der Regel Funktionsbereiche wie Forschung und Entwicklung, Beschaffung und Produktion oder Absatz, in denen gleichartige Tätigkeiten (Funktionen) gebündelt sind. Die zentrale Aufgabe der operativen Planung besteht darin, Ziele und Maßnahmen für die Funktionsbereiche zu formulieren und umzusetzen. Diese Ziele und Maßnahmen beziehen sich auf einzelne, abgegrenzte Perioden. Es geht also darum festzulegen, welches die operativen Ziele sind, die ein Funktionsbereich erfüllen muss, und durch welche art- und mengenmäßig bestimmten Aktivitäten diese Ziele erreicht werden können. So werden zum Beispiel im Absatzbereich Umsatz- und Deckungsbeitragsziele für die einzelnen Märkte bestimmt, und hierauf aufbauend wird festgelegt, durch welche Ausgestaltung des absatzpolitischen Instrumentariums (des Marketing-Mixes) diese Ziele erreicht werden können. Auf der Basis dieser operativen Funktionsbereichsplanungen können dann die wechselseitigen Abhängigkeiten der Funktionsbereiche abgestimmt werden, indem wichtige Produktionsfaktoren, wie Personal oder Anlagen, über alle Funktionsbereiche hinweg geplant und die monetären Konsequenzen der operativen Funktionsbereichsplanungen abgeleitet werden. Bei all diesen Teilplanungen unterstützt das Controlling die planenden Funktionsbereiche; die monetären Planungen werden durch das Controlling selbst durchgeführt (siehe Kap. 6.1.3).

Neben der Unterstützung der planenden Bereiche besteht eine weitere wichtige Aufgabe des Controlling darin, eine inhaltliche Abstimmung der verschiedenen Teilplanungen zu sichern. Hier ist vor allem die Abstimmung zwischen strategischer und operativer Planung von Bedeutung. Dabei geht es zum einen darum sicherzustellen, dass die im Rahmen der strategischen Planung formulierten langfristig orientierten Ziele und Maßnahmen des Unternehmens bzw. Geschäftsfelds auch in die operative Planung einfließen. Zum anderen hat das Controlling die Aufgabe, eine Revision der strategischen Planung zu initiieren, wenn sich strategische Vorgaben in der konkreten operativen Planung nicht (oder zurzeit nicht) umsetzen lassen.

Beispiel

Zusammenarbeit von Controlling und Linie bei der QualityRent AG

Die meisten Führungskräfte der QualityRent AG waren anfangs nicht gerade begeistert von der Idee, mit einem neuen Controller bei der Planung zusammenzuarbeiten. Bislang hatten sie die von Peter Körber geforderten Daten irgendwie aus Vergangenheitswerten generiert. Letztlich hatte es ja auch nie zu Konsequenzen geführt, wenn sich diese Werte im Nachhinein als falsch erwiesen.

Besonders Simon Kleeberg, der Leiter des Bereichs Vertrieb und Service, war zunächst nicht sehr erbaut von seinem neuen Kollegen aus dem Controlling, denn der verlangte eine Vielzahl von Informationen, Erklärungen und Vorhersagen und nahm es darüber hinaus auch mit der Einhaltung von Zielen viel genauer, als dies früher der Fall war. Insofern hatte Simon Kleeberg zunächst eher den Eindruck, dass der Controller die Planung eher erschwert, als dass er sie unterstützt.

Doch auch Simon Kleeberg änderte seine Meinung relativ schnell. Denn ohne die genauen Planungs- und Kontrollinformation des Controlling hätte er den drohenden Ergebniseinbruch in Frankreich im Jahr 1999 kaum so schnell erkannt und keine rechtzeitigen Gegenmaßnahmen treffen können. Heute sieht Simon Kleeberg das Controlling tatsächlich als eine Unterstützungseinheit an – wenn auch oftmals eine lästige. Denn seit das Controlling seine Planung unterstützt, arbeitet Simon Kleeberg mit viel genaueren Daten – und das erleichtert ihm die schnelle Reaktion auf Marktveränderungen ganz wesentlich – nicht nur in Frankreich. ◄

6.1.3 Eigenständige Durchführung der monetären Planung und Kontrolle

Im Rahmen der Planung übernimmt das Controlling nicht nur Unterstützungs- und Koordinationsaufgaben. Vielmehr führt es bestimmte Planungen und Kontrollen auch eigenständig durch. Dies betrifft vor allem Planungen und Kontrollen im monetären Bereich. Monetäre Planungen eines Unternehmens leiten sich aus den Teilplanungen der einzelnen Funktionsbereiche ab. Die Aufgabe des Controlling besteht dabei darin, die monetären Konsequenzen der Funktionsbereichsplanungen hinsichtlich Umsatz, Kosten und Liquidität abzuleiten und zur gesamtunternehmensbezogenen Ergebnis- und Finanzplanung zusammenzufassen. Diese Planung wird in der Regel rollierend für den Zeitraum der operativen Planung, also meist für ein bis drei Jahre, erstellt und umfasst drei Teilbereiche, die den drei Rechenkreisen des Unternehmens entsprechen. Konkret zählen zur *gesamtunternehmensbezogenen Ergebnis- und Finanzplanung* die Kosten- und Erlösplanungx, die bilanzielle Ergebnisplanung sowie die Finanzplanung (vgl. Hahn und Hungenberg 2001).

Die *Kosten- und Erlösplanung*, auch Betriebsergebnisplanung genannt, zeigt das Ergebnis, das ein Unternehmen durch seine betrieblichen Leistungen in zukünftigen Perioden erwirtschaften soll. Basis der Kosten- und Erlösplanung sind zum einen die Teilplanungen der einzelnen Funktionsbereiche des Unternehmens, aus denen Angaben über die zu erwartenden Kosten abgeleitet werden können, und zum anderen die Absatzplanung, aus der sich Informationen über die geplanten Erlöse ergeben. Die Betriebsergebnisplanung erstreckt sich grundsätzlich auf alle Planperioden, die in der operativen Planung eines Unternehmens abgedeckt werden. Während die Werte für spätere Planjahre meist nur aggregiert angegeben werden, wird das erste Planjahr stärker differenziert – zum Beispiel nach wichtigen Produktarten oder Regionen. Diese Differenzierung des ersten Planjahres kommt auch im so genannten Budget zum Ausdruck. Damit sind die Kostenpläne der Funktionsbereiche (für das erste Planjahr) gemeint, die zumeist sogar für einzelne Kostenstellen und darin für alle Kostenarten differenziert geplant werden. Sie präzisieren, über welche Ressourcen ein Verantwortungsbereich verfügen kann, um seine operativen und strategischen Ziele zu erreichen, und sie dienen als konkreter Beurteilungsmaßstab für die Kostenverursachung in den einzelnen Bereichen.

Die *bilanzielle Ergebnisplanung* basiert auf dem Zahlenwerk des externen Rechnungswesens. Dieses ist – anders als das kalkulatorische Rechenwerk der Kosten- und Erlösrechnung – grundsätzlich als Informationsquelle für externe Interessenten gedacht. Die bilanzielle Ergebnisplanung zeigt dementsprechend, wie sich das Unternehmen gegenüber externen Interessenten in den einzelnen Planperioden präsentieren wird, wenn die strategischen und operativen Planungen des Unternehmens wie erwünscht realisiert werden. Angesichts der wachsenden Bedeutung der Informationsbereitstellung für Externe und der Kommunikation gegenüber externen Interessengruppen gewinnt die bilanzielle Ergebnisplanung zunehmend an Bedeutung. Die bilanzielle Ergebnisplanung besteht aus zwei Teilen: der Gewinn- und Verlustplanung (GuV-Planung) sowie der Bilanzplanung.

Die *Gewinn- und Verlustplanung* wird zumeist in Anlehnung an das handelsrechtliche Gliederungsschema der Gewinn- und Verlustrechnung aufgestellt und ergibt sich rechnerisch als Differenz der geplanten Erträge und Aufwendungen. Diese unterscheiden sich von den geplanten Kosten und Erlösen vor allem durch die Berücksichtigung neutraler Erträge und Aufwendungen (zum Beispiel Verluste aus Wertpapiergeschäften) und der Nichtberücksichtigung kalkulatorischer Erlöse und Kosten (zum Beispiel kalkulatorische Abschreibungen vom Wiederbeschaffungspreis) (vgl. Hungenberg und Kaufmann 2001).

Die Gewinn- und Verlustrechnung kann entweder nach dem Gesamtkosten- oder dem Umsatzkostenverfahren aufgestellt werden. Während beim Gesamtkostenverfahren die gesamten Aufwendungen des Jahres aufgeführt werden, geordnet nach den Aufwandsarten (Materialaufwand, Personalaufwand, Abschreibungen und sonstige betriebliche Aufwendungen), werden beim Umsatzkostenverfahren (Abb. 6.3) nur die zur Erzielung

	Umsatzerlöse
-	Umsatzkosten
=	**Bruttoergebnis**
-	Vertriebs- und Verwaltungskosten
-	Forschungs- und Entwicklungskosten
+/-	Sonstige betriebliche Erträge und Aufwendungen
=	**Betriebsergebnis (EBIT)**
+/-	Finanzergebnis
+/-	Außerordentliches Ergebnis
=	**Ergebnis vor Steuern (EBT)**
-	Ertragsteuern
=	**Jahresüberschuss/-fehlbetrag (EAT)**

Abb. 6.3 Gewinn- und Verlustrechnung. (Nach dem Umsatzkostenverfahren)

der Umsatzerlöse getätigten Aufwendungen ausgewiesen. Da beide Verfahren zum gleichen Unternehmensergebnis führen müssen, erfolgt beim Gesamtkostenverfahren ein ex-
pliziter Ausweis der Erhöhung bzw. Verminderung des Bestands an fertigen und unfertigen
Erzeugnissen sowie der anderen aktivierten Eigenleistungen, für welche die weiteren Aufwendungen im laufenden Jahr erbracht wurden. Innerhalb der Gewinn- und Verlustrechnung sind auch die unterschiedlichen Ergebnisquellen ausgewiesen. Neben dem
Bruttoergebnis ist hier besonders das Betriebsergebnis von großer Bedeutung, welches im
Englischen als EBIT (Earnings Before Interest and Taxes) bezeichnet wird. Hier ist die
operative Ertragskraft des Unternehmens direkt ersichtlich. Aber auch das Finanzergebnis
und das außerordentliche Ergebnis werden explizit ausgewiesen, um die Quellen des
Jahresüberschusses/-fehlbetrags, der im Englischen als EAT (Earnings After Taxes) bezeichnet wird, genau erkennen zu können.

Auf der Grundlage der Gewinn- und Verlustplanung sowie des gegenwärtigen Vermögens und Kapitals kann dann die *Bilanzplanung* erfolgen, in der Vermögen und Kapital
für in der Zukunft liegende Zeitpunkte einander gegenübergestellt werden. Planbilanzen
dienen in erster Linie als Planungshilfe für die Bilanzpolitik.

Die Gegenüberstellung des Vermögens (Aktiva) und des Kapitals (Passiva) zu einem
bestimmten Stichtag bildet die eigentliche Bilanz (Abb. 6.4). Sie ist somit die Aufstellung
der Mittelherkunft (Kapital) und der Mittelverwendung (Vermögen) eines Unternehmens.
Der Aufbau, die einzubeziehenden Positionen sowie deren Bewertung sind dabei, ebenso
wie für die Gewinn- und Verlustrechnung, durch rechtliche Vorgaben geregelt. In Abhängigkeit von der Nationalität und der Rechtsform sind für die Unternehmen die Vorschriften des deutschen Handelsgesetzbuchs (HGB), der International Financial Reporting
Standards (IFRS) oder der US-amerikanischen United States Generally Accepted Accoun-
ting Principles (US-GAAP) gültig.

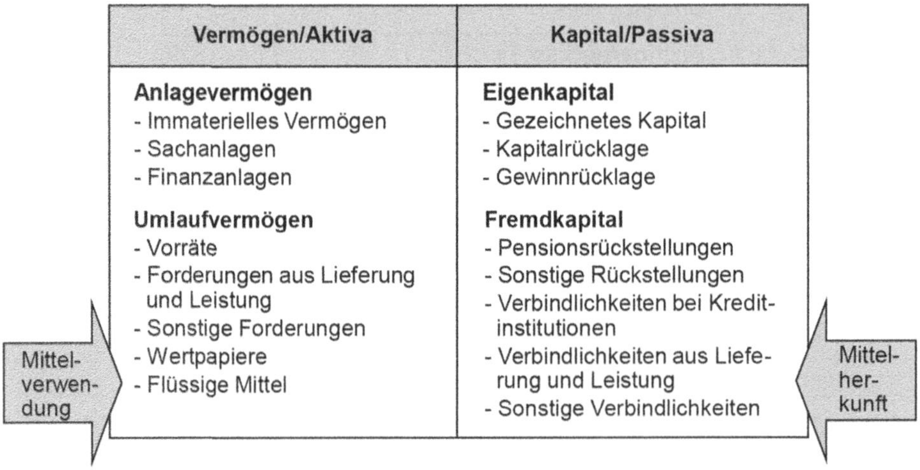

Vermögen/Aktiva	Kapital/Passiva
Anlagevermögen - Immaterielles Vermögen - Sachanlagen - Finanzanlagen	**Eigenkapital** - Gezeichnetes Kapital - Kapitalrücklage - Gewinnrücklage

Umlaufvermögen
- Vorräte
- Forderungen aus Lieferung
  und Leistung
- Sonstige Forderungen
- Wertpapiere
- Flüssige Mittel
	Fremdkapital
	- Pensionsrückstellungen
	- Sonstige Rückstellungen
	- Verbindlichkeiten bei Kredit-
	  instituten
	- Verbindlichkeiten aus Liefe-
	  rung und Leistung
	- Sonstige Verbindlichkeiten

Mittel-
verwen-
dung

Mittel-
her-
kunft

Abb. 6.4 Bilanz

Die Aktivseite der Bilanz, das Vermögen, ist dabei nach dem Ausmaß der Liquidität geordnet. Sie beginnt folglich mit immateriellen Vermögenswerten und Sachanlagen, wie beispielsweise Grundstücken, die sich am schwierigsten in Zahlungsmittel umwandeln lassen, und sie endet mit den bereits liquiden Mitteln wie Bankguthaben und dem Kassenbestand. Die Aktiva werden zudem in das Anlage- und das Umlaufvermögen unterteilt. Dabei steht das Anlagevermögen dem Unternehmen längerfristig zur Verfügung, beispielsweise für die Produktion oder bei erworbenen Beteiligungen an anderen Unternehmen, während das Umlaufvermögen typischerweise nur kurz im Unternehmen verbleibt, da es im betrieblichen Prozess transformiert wird. Zum Umlaufvermögen zählen unter anderem fertige Produkte, Rohstoffvorräte oder Forderungen an Kunden.

Die Passivseite der Bilanz, das Kapital, ist nach der Fälligkeit geordnet. Sie beginnt mit den Finanzierungsquellen, die dem Unternehmen längerfristig zur Verfügung stehen, und endet mit den kurzfristigen Verbindlichkeiten. Auch diese Seite ist nochmals nach dem Eigen- und dem Fremdkapital unterteilt. Dabei unterliegt das Eigenkapital keinem Rückzahlungsanspruch Dritter, während das Fremdkapital dem Unternehmen von Dritten für eine zeitlich befristete Zeit zur Verfügung gestellt wird. Das Eigenkapital ist somit der Anteil der Eigentümer am Vermögen des Unternehmens, mit dem die Gesellschaft ihren Gläubigern gegenüber haftet.

Die *Finanzplanung* hat die Aufgabe, zahlungswirksame Vorgänge zwischen einem Unternehmen und seinen Umfeldern, die für die einzelnen Perioden des operativen Planungszeitraums erwartet werden, als Einzahlungen und Auszahlungen zu erfassen und diese im Hinblick auf zwei Ziele zu optimieren: die (ergebnis-)optimale Beschaffung und Anlage liquider Mittel sowie die jederzeitige Sicherung der Liquidität des Unternehmens. Die Finanzplanung umfasst vier Teilkomplexe, nämlich die Cashflow-Planung, die Investitions- und Desinvestitionsplanung, die Außenfinanzierungs- und -definanzierungsplanung sowie die Liquiditätsreserveplanung. Im Rahmen der *Cashflow-Planung* wird der Cashflow der einzelnen Planperioden als Differenz der jeweiligen Einzahlungen und Auszahlungen ermittelt. Daraus lässt sich ablesen, wie hoch der Überschuss an Zahlungsmitteln ist, der aus dem eigentlichen Leistungsbereich des Unternehmens gewonnen wird. Die Ermittlung des Cashflows (Abb. 6.5) erfolgt häufig nach der indirekten Methode, die nicht unmittelbar Einzahlungen und Auszahlungen saldiert, sondern am Jahresüberschuss

Abb. 6.5 Cashflow-Ermittlung nach der indirekten Methode

	Jahresüberschuss/-fehlbetrag	
+	Nicht auszahlungswirksame Aufwendungen (z. B. Abschreibungen, Rückstellungsveränderungen)	
-	Nicht einzahlungswirksame Erträge (z. B. Zuschreibungen, Auflösung stiller Reserven)	
=	Brutto-Cashflow	

bzw. -fehlbetrag als Ausgangspunkt ansetzt. Da diese Größe den Saldo zwischen Erträgen und Aufwendungen bildet, müssen im nächsten Schritt die nicht zahlungswirksamen Erträge und Aufwendungen korrigiert werden. Ein Spezialfall der indirekten Methode ist die so genannte Praktikerformel, in welcher der Jahresüberschuss um die Abschreibungen und die Zuführungen zu Rückstellungen (bzw. deren Auflösungen) bereinigt wird. Diese vereinfachende Formel korrigiert somit die beiden zentralen nicht zahlungswirksamen Aufwandsarten.

Die *Investitions- und Desinvestitionsplanung* erfasst Zahlungsströme, die durch Investitions- oder Desinvestitionsentscheidungen hervorgerufen werden. Die *Außenfinanzierungs- und -definanzierungsplanung* ist der Teil der Finanzplanung, der sich ausschließlich an finanzwirtschaftlich begründeten Zahlungsströmen orientiert und damit in keinem direkten Bezug zum leistungswirtschaftlichen Bereich des Unternehmens steht. Sie dient der Planung der Ein- und Auszahlungen aus der (unternehmensexternen) Aufnahme oder Rückzahlung von Kapital. Die *Liquiditätsreserveplanung* schließlich soll sicherstellen, dass für jeden Zeitpunkt des Planungszeitraums ein gewisser Mindestbestand an Zahlungsmitteln vorgehalten wird, der bei Auftreten unvorhergesehener Ereignisse verhindert, dass das Unternehmen zahlungsunfähig wird. Die Teilkomplexe der Finanzplanung erfassen jeweils nur einen Teil der Zahlungsströme, die in den Planperioden zwischen dem Unternehmen und seiner Umwelt fließen werden. Sie geben daher erst zusammengefasst ein Bild über die tatsächliche Liquiditätssituation des Unternehmens (Abb. 6.6).

Neben der Planung kommt dem Controlling in diesem Bereich auch die Aufgabe der gesamtunternehmensbezogenen Ergebnis- und Finanzkontrolle zu. Diese *Kontrolle* wird zum einen als klassischer *Soll-Ist-Vergleich* vorgenommen. Hier werden Planwerte mit den tatsächlich erreichten Istwerten am Ende der Periode verglichen, um auf dieser Basis etwaige Anpassungsmaßnahmen für zukünftiges Handeln zu entwickeln. Daneben setzen Kontrollen in der Regel schon während der Planumsetzung ein, indem kontinuierlich geprüft wird, ob einzelne Zwischenziele erreicht worden sind; wo dies nicht der Fall ist, wird untersucht, inwieweit die angestrebten Endziele dennoch erreichbar oder aber ge-

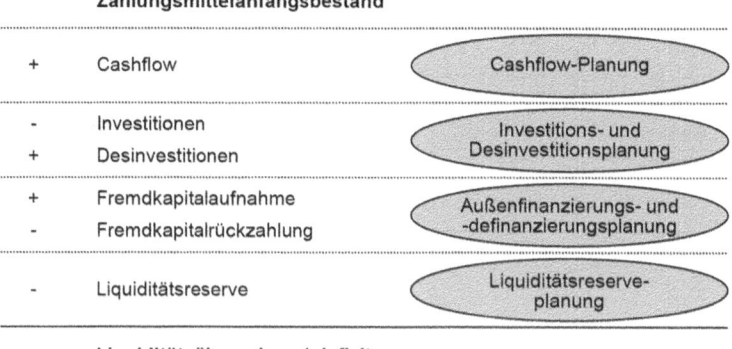

Abb. 6.6 Komponenten und Zusammenhang der Finanzplanung

fährdet sind. Diese Form der Prognose der voraussichtlichen Zielerreichung führt zu so genannten „Wirdgrößen" – was voraussichtlich zukünftig sein „wird". Die Durchführungskontrolle ist damit – technisch gesprochen – ein *Soll-Wird-Vergleich*. Auf ihrer Grundlage lassen sich frühzeitig Abweichungen erkennen und Anpassungsmaßnahmen einleiten, so dass noch eine Korrektur der Umsetzung möglich ist.

6.1.4 Informationsversorgung

Die Bereitstellung von Informationen für die Unternehmensführung bildet eine vierte, zentrale Aufgabe des Controlling. Die Informationsversorgung bezieht sich dabei insbesondere auf drei verschiedene Arten von Informationen, nämlich Planungs-, Dokumentations- und Kontrollinformationen (vgl. Hahn und Hungenberg 2001):

- *Planungsinformationen*: Die Planung befasst sich mit der Gestaltung der Zukunft. Dementsprechend sind Planungsinformationen in erster Linie so genannte Sollgrößen – Informationen, die festlegen, was in der Zukunft sein „soll". Solche Informationen werden von den jeweils Planungsverantwortlichen erarbeitet, in der Regel mit dem Controlling abgestimmt und durch das Controlling für die Unternehmensführung aufbereitet.
- *Dokumentationsinformationen*: Dokumentationsinformationen sind Ist- bzw. Wirdgrößen, die Aussagen über den gegenwärtigen bzw. den wahrscheinlichen zukünftigen Zustand eines Unternehmens erlauben – also darstellen, was „ist" bzw. was sein „wird". Dokumentationsinformationen sind das Resultat so genannter Dokumentationsrechnungen, die teilweise (internes Rechnungswesen) direkt vom Controlling durchgeführt, teilweise nur von diesem für die Unternehmensführung aufbereitet werden (externes Rechnungswesen, Finanzwesen).
- *Kontrollinformationen*: Die Kontrolle schließlich ist die notwendige Ergänzung der Planung. Sie untersucht, ob die durchgeführten Handlungen dazu führen, dass die im Rahmen der Planung vorgegebenen Sollzustände auch erreicht werden. Dies setzt voraus, dass zunächst Dokumentationsinformationen erfasst werden (Ist- bzw. Wirdgrößen) und dann den angestrebten zukünftigen Zuständen (Sollgrößen) gegenübergestellt werden. Durch diese so genannte Kontrollrechnung, das heißt durch die Gegenüberstellung und den Vergleich von Soll- und Ist- bzw. Wirdgrößen, entstehen Kontrollinformationen. Sie werden in der Regel wiederum vom Controlling generiert.

Für alle drei Arten von Informationen generiert das Controlling regelmäßig (zum Beispiel monatlich oder halbjährlich) Informationen für die Unternehmensführung. Darüber hinaus ist es eine wichtige Aufgabe des Controlling, im Einzelfall notwendige Informationen bereitzustellen, die für die Fundierung von Einzelfallentscheidungen (zum Beispiel über den Markteintritt in ein bestimmtes Land oder die Durchführung eines bestimmten Investitionsprojekts) notwendig sind und durch Sonderauswertungen gewonnen werden müssen.

Aufgabe des Controlling ist es allerdings nicht, Führungskräften aller Bereiche und Hierarchieebenen die gleichen Informationen zur Verfügung zu stellen. Vielmehr sollten nur solche Informationen an eine bestimmte Führungskraft weitergeben werden, die für ein zielorientiertes Handeln dieser Person notwendig sind. Informationen, die dazu nicht erforderlich sind, müssen dagegen herausgefiltert werden – allein schon, um eine Informationsübersättigung zu vermeiden. Außerdem ist es meist erforderlich, Informationen für unterschiedliche Empfänger auch unterschiedlich aufzubereiten. Eine solche zielgruppengerechte Aufbereitung kann eine Frage der Verständlichkeit sein; aber auch der richtige Grad der Detaillierung bzw. Verdichtung von Informationen spielt eine Rolle. Gerade auf oberen Führungsebenen laufen so viele Informationen zusammen, dass sie oft nur noch in aggregierter Form erfasst werden können.

Ein Beispiel aus dem Absatzbereich verdeutlicht die Prinzipien der Verdichtung: Hier kann es sinnvoll sein, dass auf der Abteilungsebene Informationen über Umsätze, Deckungsbeiträge und Lagerbestände von Produktvarianten verfügbar sind, die Informationen auf der Hauptabteilungsebene jedoch zu Produkten verdichtet werden. Auf der Bereichsebene würden dann nur noch Umsätze, Deckungsbeiträge und Bestände je Produktgruppe erfasst, während für die oberste Unternehmensführung aus denselben Datenbeständen Informationen über Gesamtumsätze, Gesamtdeckungsbeiträge und -bestände abgeleitet werden. Das bedeutet jedoch nicht, dass die Unternehmensspitze nicht mehr in der Lage wäre, sich über die Entwicklung eines bestimmten Produkts zu informieren. Ein fallweiser Durchgriff auf Informationen der nachgelagerten Führungsebene sollte möglich bleiben (Abb. 6.7).

Beispiel

Informationsversorgung in der QualityRent AG

Klaus Willmann hat von Beginn an die Versorgung der Führungskräfte mit relevanten Informationen als die wichtigste Aufgabe seines Bereichs gesehen. In Gesprächen mit Führungskräften aller Bereiche hat er daher zunächst versucht, einen Überblick über deren Informationsbedarf zu gewinnen, um auf dieser Basis entsprechend aufbereitete Informationen zur Verfügung stellen zu können.

Eine differenzierte Versorgung von Führungskräften mit einer Vielzahl von Informationen lässt sich allerdings nicht von heute auf morgen gewährleisten. Vielmehr wird das Informationssystem der QualityRent AG auch heute noch ständig verfeinert. Es hat allerdings bereits ein sehr gutes Niveau erreicht. So können beispielsweise die Kundenbetreuer in den Vertriebs- und Servicebüros auf Knopfdruck die mit einzelnen Kunden bisher erzielten Umsätze und Ergebnisbeiträge abfragen. Darüber hinaus können sie auch die Gewinnmargen der von ihnen akquirierten Aufträge ablesen. Die Leiter der Vertriebs- und Servicebüros wiederum können Umsatz-, Kosten- und Ergebnisdaten für die gesamte von ihnen betreute Region einsehen.

Peter Körber erhält natürlich nur verdichtete Umsatz-, Kosten- und Ergebnisdaten. Bei Bedarf, das heißt, wenn zum Beispiel in einer bestimmten Region ein Problem auf-

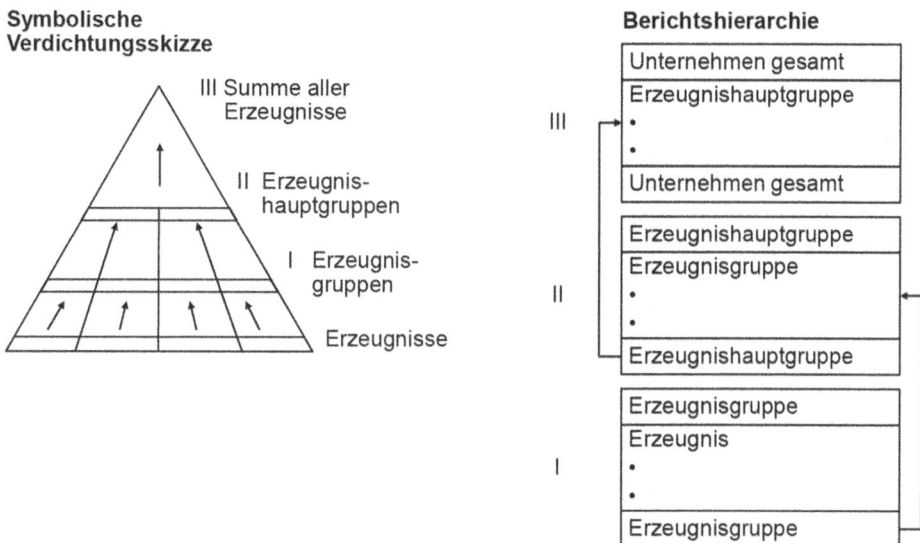

Verdichtungsschema

Stufe	Überblick pro	Detail pro
III	Summe aller Erzeugnisse	Erzeugnishauptgruppe
II	Erzeugnishauptgruppe	Erzeugnisgruppe
I	Erzeugnisgruppe	Erzeugnis

Abb. 6.7 Beispiel einer Informationsverdichtung. (vgl. Mertens und Griese 2008)

tritt, kann er jedoch auch auf Detailinformationen zurückgreifen. Insgesamt ist er mit dem Informationssystem der QualityRent AG sehr zufrieden, denn es kommt dem ursprünglich gewünschten „Silbertablett" schon sehr nahe. ◄

Verständnisfragen

1. Welche Aufgabenfelder werden als Kernaufgaben des Controlling bezeichnet?
2. Aus welchen Komponenten setzen sich Planungshandbücher zusammen?
3. Grenzen Sie Aufgaben und Ziele der strategischen und der operativen Planung voneinander ab. Welche Problemfelder bestehen an der Schnittstelle zwischen operativer und strategischer Planung?
4. Welche Planungen und Kontrollen führt das Controlling in der Regel eigenständig durch? Erläutern Sie diese.
5. Welche Arten von Informationen stellt das Controlling der Unternehmensführung zur Verfügung?

6.2   Gestaltung des Controlling

Damit das Controlling tatsächlich seine Hauptaufgabe erfüllen und die Unternehmensführung wirkungsvoll unterstützen kann, muss es in jedem Unternehmen in einer auf die
jeweiligen Unternehmensanforderungen ausgerichteten Weise gestaltet werden. Bei dieser
Gestaltung des Controlling geht es zum einen um die Frage, welche inhaltlichen Schwerpunkte es setzen sollte, das heißt welche *Controllingfelder* im konkreten Fall sinnvoll erscheinen. Darüber hinaus stellt sich die Frage, wie das Controlling *organisatorisch* in das
Unternehmen eingebunden sein sollte. Schließlich muss geklärt werden, wie das zugrunde
liegende *Management-Informationssystem* gestaltet sein sollte, welches der Unternehmensführung die relevanten Informationen zur Verfügung stellt. Auf alle drei Ge-
staltungsaspekte soll im Folgenden eingegangen werden.

6.2.1   Controllingfelder

Womit sich das Controlling konkret inhaltlich beschäftigt und welche Teilaufgaben des
Controlling (auch Controllingfelder genannt) dementsprechend unterschieden werden
können, hängt ganz wesentlich von den Anforderungen der Unternehmensführung ab, die
das Controlling ja unterstützen soll. Deren Anforderungen wiederum ergeben sich zum
großen Teil aus den Unternehmenszielen.

Wenn man davon ausgeht, dass die Steigerung des Unternehmenswerts das oberste Ziel
eines Unternehmens ist, so lassen sich aus den Teilkomponenten des Unternehmenswerts
folgende Controllingfelder ableiten: das Kosten- und Erlöscontrolling, das Investitionscontrolling sowie das Finanzcontrolling (Abb. 6.8; vgl. Reichmann 2006). Ist das Control-

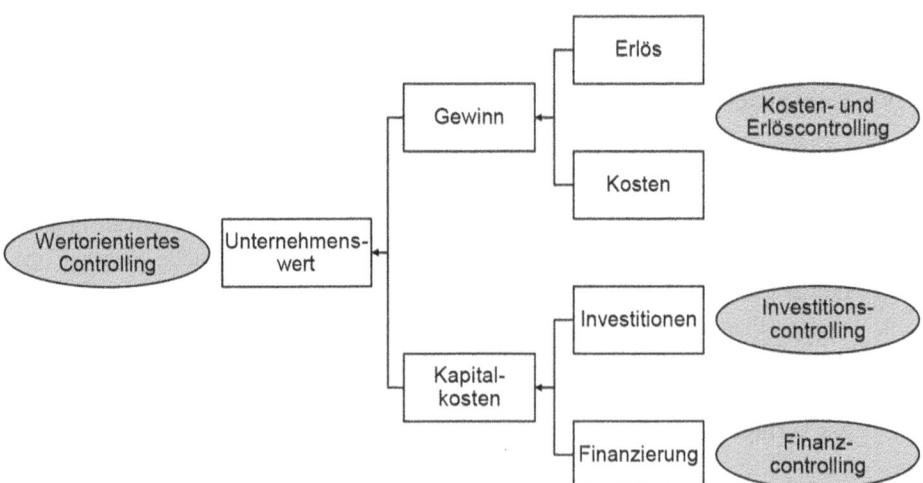

Abb. 6.8 Komponenten des Unternehmenswerts und daraus abgeleitete Controllingfelder

ling in diesen drei Feldern aktiv, so trägt es dadurch direkt zur Steuerung der Entwicklung des Unternehmenswertes bei. Da dieses umfassende und unternehmenszielorientierte Controlling in den letzten Jahren stark an Bedeutung gewonnen hat, wird es häufig auch als ein eigenes Controllingfeld bezeichnet, das wertorientierte Controlling.

Im Rahmen des *Kosten- und Erlöscontrolling*, bisweilen auch als Ergebniscontrolling bezeichnet, stehen die Planung, Steuerung und Kontrolle des wirtschaftlichen Erfolgs auf Gesamtunternehmensebene bzw. für einzelne Unternehmensbereiche, Märkte oder Produkte im Mittelpunkt. Die Aufgabe des Kosten- und Erlöscontrolling besteht insbesondere darin, die entsprechenden Unternehmensbereiche bei der Planung und Kontrolle des wirtschaftlichen Erfolgs sowie der Erfolgskomponenten – das heißt Kosten und Erlösen – zu unterstützen sowie entsprechende Planungs-, Dokumentations- und Kontrollinformationen zur Verfügung zu stellen. Die entsprechenden Informationen stammen vor allem aus dem internen und externen Rechnungswesen. Ziel ist es, einen Überblick über den gegenwärtigen bzw. erwarteten wirtschaftlichen Erfolg zu gewinnen und gegebenenfalls Anpassungsmaßnahmen zu treffen. Zu diesem Zweck unterstützt und koordiniert das Controlling unter anderem die Absatz-, Umsatz- oder Produktionsplanung und stellt Planungs- und Kontrollinformationen zur Verfügung – zum Beispiel in Form von Rentabilitätskennzahlen, Break-Even- oder Deckungsbeitragsrechnungen.

Im Mittelpunkt des *Investitionscontrolling* steht die Planung, Steuerung und Kontrolle des wirtschaftlichen Erfolgs einzelner Investitionsprojekte. Eine Hauptaufgabe des Investitionscontrolling besteht hier in der Bereitstellung von Informationen und Methoden für die Investitionsplanung der Unternehmensbereiche, in der Festlegung von Investitionsbudgets, in der Kontrolle von Investitionsanträgen und in der Durchführung von Investitionsrechnungen. Während der Umsetzung von Investitionsprojekten ist das Investitionscontrolling für die laufende Projektkontrolle und das Initiieren eventueller Anpassungsmaßnahmen zuständig. Nach Projektabschluss erfolgt schließlich noch eine Wirtschaftlichkeitskontrolle. Zur Durchführung dieser Aufgaben kann das Investitionscontrolling unter anderem auf Methoden der statischen Investitionsrechnung, wie zum Beispiel die Kostenvergleichsrechnung oder den Rentabilitätsvergleich, auf Methoden der dynamischen Investitionsrechnung, etwa die Kapitalwertmethode, die Interne-Zinsfuß-Methode oder die dynamische Amortisationsrechnung, sowie auf die Risiko- bzw. Nutzwertanalyse zurückgreifen. Die dafür notwendigen Informationen stellen vor allem das Finanzwesen, teilweise auch das interne Rechnungswesen zur Verfügung.

Die Hauptaufgaben des *Finanzcontrolling* bestehen darin, die Kapitalkosten des Unternehmens zu optimieren, eine ergebnisoptimale Beschaffung und Anlage liquider Mittel zu gewährleisten und die Liquidität des Unternehmens permanent sicherzustellen. Auch im Rahmen des Finanzcontrolling fallen wiederum Aufgaben der Planung, Steuerung und Kontrolle sowie der Informationsversorgung an. Kapitalkostenrechnungen, aber auch Kennzahlen, insbesondere Investitions- und Finanzierungskennzahlen, können das Finanzcontrolling wirkungsvoll unterstützen.

Das *wertorientierte Controlling* setzt unmittelbar am Unternehmenswert an. Da sich das Management eines Unternehmens bei der Formulierung seiner strategischen Ziele primär an den Interessen seiner Eigentümer orientieren sollte, wird der Unternehmenswert bzw. der Shareholder Value als oberstes strategisches Ziel betrachtet. Dadurch wird der Forderung der Eigentümer nach einer angemessenen Verzinsung der Mittel, die sie dem Unternehmen zur Verfügung gestellt haben, entsprochen. Fokussiert das Controlling also auf den Unternehmenswert, wird folglich das oberste Unternehmensziel direkt adressiert.

Um den Wert eines Unternehmens zu ermitteln, gibt es verschiedene Methoden. Zum einen existieren Verfahren, die auf Zahlungsgrößen (Ein- und Auszahlungen) basieren und bei der Bewertung auf die Grundgedanken der Kapitalwertmethode zurückgreifen. Das bekannteste und am weitesten verbreitete derartige Verfahren ist die so genannte Discounted-Cashflow-Methode (DCF-Methode). Zum anderen gibt es Verfahren, die stärker auf Informationen aus dem Jahresabschluss zurückgreifen und besser zur Ermittlung der Wertsteigerung pro Periode geeignet sind. Bei diesen Verfahren wird die Wertentwicklung grundsätzlich als Differenz zwischen einer Gewinngröße und den Kapitalkosten eines Geschäftsfelds ausgedrückt. Das wichtigste Beispiel für ein solches Verfahren ist der so genannte Economic Value Added (EVA), der auf die New Yorker Unternehmensberatungsgesellschaft Stern Stewart & Co. zurückgeht.

Die *Discounted-Cashflow-Methode* berechnet den Wert eines Unternehmens als diskontierten Wert der frei im Geschäftsfeld verfügbaren betrieblichen Cashflows („free cashflow"), die das Unternehmen zukünftig erwirtschaften wird (vgl. Copeland et al. 2005; Rappaport 1997). Konkret berechnet sich der Wert aus der Summe des diskontierten freien Cashflows für zukünftige Planungsperioden zuzüglich des diskontierten Restwerts. Für die Diskontierung werden dabei die Kapitalkosten eines Unternehmens verwendet, in denen üblicherweise die Kosten des Eigen- und des Fremdkapitals gewichtet in einen gemischten Kapitalkostensatz eingehen. Als problematisch erweist sich bei der Berechnung jedoch, dass das ermittelte Ergebnis sehr stark von Annahmen über die zukünftige Entwicklung betrieblicher Cashflows abhängt.

Der *Economic Value Added* ist ein Residualgewinn, der sich aus der Differenz zwischen dem Betriebsergebnis nach Steuern (Net Operating Profit After Taxes – NOPAT) und den Kapitalkosten ergibt (vgl. Stewart 1991). Wenn er positiv ist, wird der Unternehmenswert gesteigert, ist er negativ, wird Wert vernichtet. Wie Gewinn oder Cashflow stellt der Economic Value Added somit eine absolute finanzielle Größe dar, die auf Jahresbasis berechnet wird. Anders als bei der Discounted-Cashflow-Methode, bei der der Unternehmenswert für seine gesamte Lebensdauer ermittelt wird, drückt der Economic Value Added daher die Veränderung des Unternehmenswertes von einer Periode zur nächsten aus. Als problematisch erweist sich dabei jedoch immer wieder, dass Daten des Rechnungswesens verwendet werden müssen, um die Residualgewinne zu bestimmen. Demzufolge weist diese Größe Verzerrungen auf, die aus handels- oder steuerrechtlichen Einflüssen resultieren, was bei Entscheidungen des Managements zu berücksichtigen ist.

Neben der Unterscheidung von Kosten- und Erlöscontrolling, Investitionscontrolling, Finanzcontrolling sowie wertorientiertem Controlling findet sich in der Literatur teilweise noch eine andere Systematik der Controllingfelder, nämlich die Einteilung in die Aufgabenfelder strategisches und operatives Controlling. Das *strategische Controlling* ist vor allem auf die Unterstützung der langfristig orientierten strategischen Planung und Kontrolle gerichtet. Sein Ziel besteht darin, bestehende Erfolgspotenziale zu sichern und neue zu schaffen. Relevant sind in diesem Zusammenhang weniger finanz- und erfolgswirtschaftliche Größen, sondern vielmehr Informationen über die Stärken und Schwächen des Unternehmens sowie Chancen und Risiken, die sich aus der Unternehmensumwelt ergeben (siehe Kap. 3.4). Das *operative Controlling* beschäftigt sich dagegen mit der Unterstützung der kurz- und mittelfristigen Planung, Steuerung und Kontrolle. Primäre Zielgrößen sind dabei der wirtschaftliche Erfolg und die Liquidität des Unternehmens. Dementsprechend stellen das interne und das externe Rechnungswesen sowie das Finanzwesen die wesentliche Informationsbasis des operativen Controlling dar (vgl. Reichmann 2006).

6.2.2 Organisatorische Einbindung des Controlling

Nach der Festlegung der Controllingfelder stellt sich weiterhin die Frage, wie das Controlling in die Organisation des Unternehmens eingebunden werden soll. Dabei sind drei Aspekte von besonderer Bedeutung. Zum einen muss geklärt werden, ob das Controlling eher zentral oder dezentral durchgeführt werden sollte. Darüber hinaus ist festzulegen, inwieweit das Controlling als Linieninstanz mit Weisungsbefugnis oder als Stabsstelle ohne Weisungsbefugnis einzurichten ist. Schließlich stellt sich die Frage der Abgrenzung zu bzw. der strukturellen Verknüpfung mit anderen Organisationseinheiten – insbesondere denen, die für das Rechnungswesen und die strategische Planung zuständig sind. Wie das Controlling konkret in die Organisation eingebunden werden sollte, hängt dann unter anderem von der Größe des Unternehmens, seiner internationalen Ausdehnung sowie der Komplexität und Dynamik seiner Umwelt ab (vgl. Macharzina und Wolf 2008).

Controllingaufgaben können in Unternehmen sowohl zentral von einer Einheit für das gesamte Unternehmen als auch dezentral von unterschiedlichen Einheiten jeweils für abgegrenzte Aufgabenbereiche, wie zum Beispiel den Vertrieb oder die Produktion, wahrgenommen werden. *Zentrale Controllingeinheiten* sind in der Regel hierarchisch relativ hoch angesiedelt, meist auf der zweiten Führungsebene direkt unterhalb der Geschäftsführung, während *dezentrale Controllingeinheiten* in der Regel eher auf niedrigeren Hierarchieebenen zu finden sind.

Ein zentrales Controlling ist meist besser in der Lage, Synergieeffekte, zum Beispiel durch die Vereinheitlichung und Abstimmung von Planungs- und Kontrollprozessen, zu realisieren. Dezentrale Controllingeinheiten besitzen demgegenüber den Vorteil, näher am Geschäft und an den betreuten operativen Einheiten zu sein. Gerade in großen, international tätigen Unternehmen empfiehlt sich daher eine Mischung aus einer zentralen Controllingeinheit auf Konzernebene und dezentralen Controllingeinheiten in den Sparten oder Tochtergesellschaften des Unternehmens.

Darüber hinaus stellt sich die Frage, ob das Controlling eher als *Stabs- oder als Linieneinheit* eingerichtet werden sollte – das heißt, ob das Controlling mit Weisungsbefugnissen oder lediglich mit Beratungs- und Initiativfunktionen ausgestattet werden sollte. Diese Frage lässt sich angesichts des heterogenen Aufgabenspektrums des Controlling nicht eindeutig beantworten. So übernimmt das Controlling beispielsweise beim Aufbau eines Planungs- und Kontrollsystems oder bei der strategischen Planung oft nur eine Vorschlags- und Beratungsfunktion, da endgültige Entscheidungen zu derartigen Fragen allein der Unternehmensführung vorbehalten sind. Sinnvoll erscheint eine Weisungsbefugnis der Controllingeinheiten jedoch beispielsweise im Rahmen der Koordination der Teilplanungen im Unternehmen. Insofern erweist sich in vielen Unternehmen die Organisation des Controlling als Stabsstelle mit begrenzten funktionalen Weisungsbefugnissen als sinnvoll.

Schließlich stellt sich die Frage, wie das Controlling strukturell gegenüber verwandten Bereichen, insbesondere dem Rechnungswesen und der strategischen Planung, abgegrenzt bzw. mit diesen verknüpft werden soll. Während in amerikanischen Unternehmen in der Regel das gesamte Rechnungswesen in das Controlling integriert ist, wird in den meisten deutschen Unternehmen insbesondere das externe Rechnungswesen von eigenständigen Einheiten wahrgenommen. Dabei spielen Unterschiede in den Rechnungslegungsvorschriften eine wichtige Rolle. Ähnlich wie das Rechnungswesen weist auch die strategische Planung eine inhaltliche Nähe zum Controlling auf. Teilweise wird deshalb eine Zusammenlegung von Controlling und strategischer Planung vorgeschlagen, um insbesondere die Koordination strategischer und operativer Planung und Kontrolle zu verbessern. Auch diese Zusammenlegung wird jedoch in den meisten Unternehmen kritisch gesehen. Als Argument gegen eine Integration der strategischen Planung in das Controlling wird vor allem angeführt, dass durch die quantitative Grundausrichtung des Controlling unter Umständen wichtige qualitative Aspekte der strategischen Situation und der verschiedenen Strategiealternativen nicht angemessen gewürdigt werden. Außerdem wird auf die Gefahr einer Machtbündelung beim Controlling hingewiesen.

6.2.3   Gestaltung des Management-Informationssystems

Neben der inhaltlichen Schwerpunktsetzung und der organisatorischen Einbindung bildet die informationstechnische Unterstützung ein drittes Gestaltungselement des Controlling. Dabei steht das Management-Informationssystems, auch MIS genannt, im Mittelpunkt. Ein Management-Informationssystem ist das wichtigste Instrument zur Informationsgewinnung, -verarbeitung und -weitergabe im Unternehmen. Dieses System muss so gestaltet werden, dass es sämtliche Planungs-, Dokumentations- und Kontrollinformationen, die für die Unternehmensführung von Bedeutung sind, zeitgerecht und im richtigen Verdichtungs- und Genauigkeitsgrad zur Verfügung stellt (vgl. Hahn 2006a; Hahn b).

Ein Management-Informationssystem setzt sich in der Regel aus vier Komponenten zusammen. Zu diesen Komponenten zählen zunächst das *Planungs- und Kontrollsystem* sowie das *Dokumentationssystem*. Diese beiden Teilkomponenten legen die inhaltliche Ausrichtung des Management-Informationssystems fest, das heißt in ihnen ist definiert, welche Planungs- und Kontrollinformationen und welche Dokumentationsinformationen in das System einfließen bzw. ausgegeben werden. Insbesondere bei diesen beiden Komponenten ist daher eine sorgfältige, unternehmensspezifische Gestaltung notwendig.

Planungs- und Kontrollsystem sowie Dokumentationssystem sind innerhalb des Management-Informationssystems mit zwei weiteren Komponenten verzahnt, nämlich der Datenbasis sowie der Methoden- und Modellbasis. Sie dienen vor allem der Informationsspeicherung und -verarbeitung. In der *Datenbasis* werden alle potenziell relevanten Daten nach einheitlichen Organisationsprinzipien gesammelt und gespeichert, und die Nutzer des Informationssystems erhalten nach definierten Regeln Zugriff auf diese Daten. Eine Datenbasis muss keinesfalls zwingend durch zentrale Speicherung entstehen; sie kann auch aus mehreren dezentralen Datenbeständen zusammengesetzt sein.

Die *Methoden- und Modellbasis* dient demgegenüber der Verarbeitung und Auswertung der vorhandenen Daten. Sie bietet bestimmte Verfahren der Datenbearbeitung an, mit deren Hilfe weitergehende Informationen aus den gesammelten Daten gewonnen werden können. Dabei kann es sich um einfache arithmetische oder statistische Operationen, aber auch um multivariate Verfahren der Informationsgewinnung handeln. Außerdem können weitergehende Methoden und Modelle, etwa des Rechnungswesens (zum Beispiel Kalkulationsmodelle), der Investitionsrechnung (zum Beispiel Kapitalwertmethode), des Marketing (zum Beispiel Preis-Simulationsmodelle) oder der strategischen Planung (zum Beispiel Kernkompetenzanalyse), dokumentiert sein (Abb. 6.9; vgl. Mertens 2012).

Für ein derartiges Management-Informationssystem werden heute in Unternehmen in der Regel informationstechnische Lösungen geschaffen. Insofern kommt eine bestimmte *Hardware-Software-Konfiguration* als weitere Teilkomponente eines Management-Informationssystems hinzu. Allerdings sollte die Gestaltung des Systems stets von den Inhalten und den Führungsanforderungen ausgehen und nicht von den Möglichkeiten und Restriktionen der Informationstechnologie. Die Informationstechnologie ist und bleibt lediglich ein Instrument, mit dessen Hilfe die Anforderungen an ein Management-Informationssystem besser erfüllt werden können.

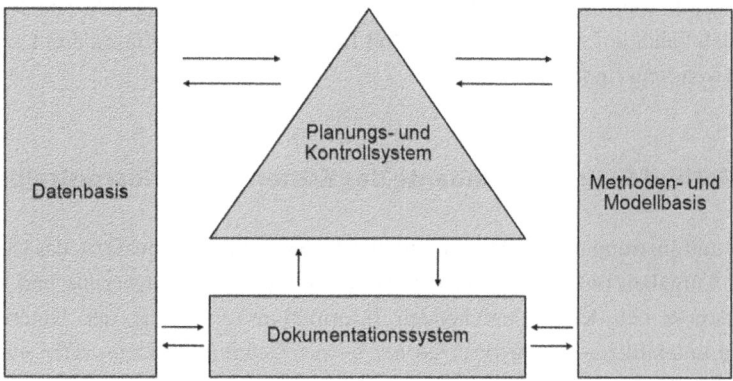

Abb. 6.9 Teilkomponenten eines Management-Informationssystems

Verständnisfragen

1. Welche Controllingfelder lassen sich unterscheiden? Charakterisieren Sie diese Felder.
2. Welche grundsätzlichen Möglichkeiten zur organisatorischen Einbindung des Controlling existieren? Erläutern Sie diese Möglichkeiten.
3. Welche Rolle spielt ein Management-Informationssystem im Rahmen des Controlling?
4. Aus welchen Komponenten besteht ein Management-Informationssystem?

Diskussionsfragen

1. In welcher Weise ist das Controlling bei der QualityRent AG in das Unternehmen eingebunden? Beschreiben Sie die wesentlichen Gestaltungselemente. Welche Vor- und Nachteile hat diese Form der organisatorischen Einbindung?
2. Entwerfen Sie ein Grundgerüst für ein Management-Informationssystem der QualityRent AG. Welche Komponenten sollte das System beinhalten? Wie sollten diese Komponenten konkret ausgestaltet sein?

6.3   Methoden und Instrumente des Controlling

Im Rahmen der wissenschaftlichen und praktischen Auseinandersetzung mit Fragen des Controlling ist in den vergangenen Jahrzehnten eine Vielzahl unterschiedlicher Methoden und Instrumente entwickelt worden. Diese Methoden und Instrumente erfüllen jedoch keinen Selbstzweck, sondern dienen dazu, das Controlling bei der Erfüllung seiner Aufgaben zu unterstützen. Welche Methode im konkreten Fall sinnvoll ist und angewendet werden sollte, richtet sich daher danach, welche Aufgaben das Controlling erfüllen soll. Im vorangegangenen Abschnitt wurden verschiedene Aufgabenfelder des Controlling, so genannte Controllingfelder, behandelt. Dabei lag der Fokus auf dem Kosten- und Erlöscontrolling, dem Investitionscontrolling und dem Finanzcontrolling. Die folgende Darstellung beschränkt sich daher auf solche Methoden und Instrumente, die in diesen drei Controllingfeldern Anwendung finden.

6.3.1   Methoden und Instrumente des Kosten- und Erlöscontrolling

Methoden und Instrumente des Kosten- und Erlöscontrolling dienen dazu, das Controlling bei seinen Aufgaben im Rahmen der Ergebnisplanung, Ergebnissteuerung und Ergebniskontrolle sowie bei der entsprechenden Informationsversorgung der Unternehmensführung zu unterstützen. Dafür besitzen *betriebswirtschaftliche Kennzahlen* eine grundlegende Bedeutung. Kennzahlen sind generell eines der einfachsten, aber gleichzeitig auch nützlichsten Instrumente des Controlling. Im Bereich des Kosten- und Erlöscontrolling spielen insbesondere so genannte erfolgswirtschaftliche Kennzahlen eine wichtige Rolle, die aus der Kosten- und Leistungsrechnung bzw. der Gewinn- und Verlustrechnung abgeleitet werden. Zu den erfolgswirtschaftlichen Kennzahlen zählen unter anderem Rentabilitätskennzahlen sowie Kosten- und Erlöskennzahlen. Sie sind Indikatoren für die geplante bzw. tatsächliche oder erwartete Ertragskraft eines Unternehmens, eines Unternehmensbereichs, eines Geschäfts oder eines Produkts.

Rentabilitätskennzahlen sind Beziehungszahlen, die eine Ergebnisgröße zu einer dieses Ergebnis maßgeblich bestimmenden Einflussgröße in Relation setzen. Solche Einflussgrößen sind vor allem das zur Ergebniserzielung eingesetzte Kapital (oder Vermögen) sowie der Umsatz, der das Ergebnis begründet hat. Dementsprechend stellen die Eigenkapitalrentabilität, die Gesamtkapitalrentabilität sowie die Umsatzrentabilität drei wichtige Rentabilitätskennziffern dar (vgl. Coenenberg et al. 2014).

$$Eigenkapitalrentabilität = \frac{Jahres\ddot{u}berschuss\left(v.\,St.\right)}{Durchschnittliches\ Eigenkapital}$$

Die *Eigenkapitalrentabilität*, im angelsächsischen Sprachraum als „Return on Equity" (ROE) bezeichnet, ist ein Maß für die Verzinsung des (bilanziellen) Eigenkapitals des Unternehmens. Als Ergebnisgröße wird dabei in der Regel der Jahresüberschuss verwendet. Meistens wird dabei der Wert vor Steuern (v. St.) verwendet, da die Steuerlast eines Unternehmens unter anderem von der Kapitalstruktur und den national sehr unterschiedlichen Steuersystemen abhängt. Es finden sich jedoch auch Fälle, in denen für diese Kennzahl, ebenso wie für andere Rentabilitätskennzahlen, die Größen nach Steuern (n. St.) genutzt werden. Alternativ können für die Eigenkapitalrentabilität auch das Ergebnis der gewöhnlichen Geschäftstätigkeit oder das operative Ergebnis (EBIT) herangezogen werden. Kapitalgrößen werden im Rahmen von Rentabilitätskennzahlen im Allgemeinen als Durchschnittswert aus Jahresanfangs- und -endbestand berechnet, damit nicht einer Stromgröße im Zähler eine statische Bestandsgröße im Nenner gegenübersteht. Dementsprechend wird bei der Eigenkapitalrentabilität der Jahresüberschuss in Beziehung zum durchschnittlichen Eigenkapital gesetzt.

$$Gesamtkapitalrentabilität = \frac{Jahres\ddot{u}berschuss\left(v.\,St.\right)+Zinsaufwand}{Durchschnittliches\ Gesamtkapital}$$

Die *Gesamtkapitalrentabilität* spiegelt die Verzinsung des gesamten eingesetzten Kapitals wieder. Dabei setzt sich die Ergebniskomponente in der Regel aus zwei Bestandteilen zusammen: dem Jahresüberschuss – als Ergebniskomponente für das Eigenkapital – und dem Zinsaufwand, der quasi den Ergebnisbeitrag für das Fremdkapital darstellt. Bisweilen findet man bei der Berechnung dieser Kennzahl statt dem Zinsaufwand auch das Zinsergebnis oder das gesamte Finanzergebnis als die Ergebnisgröße der Fremdkapitalgeber. Dieses Vorgehen verfälscht zwar den ursprünglichen Gedanken der beiden Ergebniskomponenten, ist aber meist einer geringen Datengrundlage oder Vereinfachungsgründen

geschuldet. Als Vermögens- bzw. Kapitalgröße wird für die Berechnung der Gesamtkapitalrentabilität das durchschnittliche Gesamtkapital einer Periode verwendet. Die
Gesamtkapitalrentabilität liegt im Allgemeinen deutlich unter der Eigenkapitalrentabilität,
da das (risikobehaftete) Eigenkapital höher verzinst werden sollte als das (weniger risikobehaftete) Fremdkapital.

$$Umsatzrentabilität = \frac{EBIT}{Umsatz}$$

Die *Umsatzrentabilität*, auch „Return on Sales" (ROS) genannt, gibt die durchschnittliche Gewinnmarge bezogen auf den Umsatz an. Die Umsatzrentabilität besitzt vor allem
im Branchen- oder Zeitvergleich Aussagekraft. Als Erfolgsgröße wird bei der Umsatzrentabilität meist das operative Betriebsergebnis (EBIT) genutzt, da dieser Erfolgsbeitrag
den direktesten Bezug zum Umsatz aufweist. In dieser Form wird die Kennzahl häufig
auch als EBIT-Marge bezeichnet. In der Praxis finden sich aber auch andere Formen dieser
Rentabilität, beispielsweise. unter Verwendung der Rohmarge oder des Jahresüberschusses.

Neben Rentabilitätskennzahlen können auch Erlös- oder Kostenkennzahlen zur Abbildung der Ertragskraft eines Unternehmens, eines Unternehmensbereichs, eines Geschäfts oder eines Produkts verwendet werden. Beispiele für derartige Kennzahlen sind
unter anderem die Personal- bzw. die Materialintensität oder der Umsatz pro Mitarbeiter.
Die Personal- bzw. die Materialintensität geben an, wie hoch der Personalkosten- bzw. der
Materialkostenanteil am Umsatz ist. Zur Ermittlung des Umsatzes pro Mitarbeiter wird
der Gesamtumsatz des Unternehmens in Relation zur Anzahl der Mitarbeiter gesetzt, die
zur Erzielung dieses Umsatzes beitragen. Diese Größen sind vor allem im Zeitvergleich,
aber auch im Branchenvergleich von Interesse. Darüber hinaus existiert eine Vielzahl weiterer Kennzahlen zur Abbildung der Ertragskraft eines Unternehmens, die an dieser Stelle
jedoch nicht umfassend beschrieben werden können (vgl. Coenenberg et al. 2014).

Neben der Verwendung von einzelnen Kennzahlen bietet es sich gerade im Rahmen des
Kosten- und Erlöscontrolling an, Kennzahlen zu umfassenden *Kennzahlensystemen* zu
verbinden. Kennzahlensysteme verwenden eine einzelne Kennzahl – zum Beispiel die
Gesamtkapital- oder Eigenkapitalrentabilität – als Ausgangspunkt und zerlegen diese
Kenngröße, einer Baumstruktur folgend, in ihre Basiskomponenten. Dadurch werden
auch die Beziehungen zwischen einzelnen Kennzahlen deutlich, und es kann aufgezeigt
werden, wie sich die Beeinflussung einzelner nachgelagerter Größen innerhalb des Kennzahlensystems auf die vorgelagerte Erfolgskennzahl auswirkt. Eines der bekanntesten derartigen Kennzahlensysteme ist das bereits 1922 entwickelte DuPont-Kennzahlensystem,
das in Abb. 6.10 dargestellt ist (vgl. Reichmann 2006).

Neben einfachen Kennzahlen bzw. Kennzahlensystemen steht dem Kosten- und Erlöscontrolling eine Vielzahl weiterer, teilweise wesentlich komplexerer Methoden und Instrumente zur Verfügung, um die Ergebnisplanung, -steuerung und -kontrolle sowie die entsprechende Informationsversorgung im Unternehmen zu unterstützen. Insbesondere im
Bereich des Kostenmanagements sind zahlreiche Verfahren entwickelt worden. Dazu zäh-

Abb. 6.10 DuPont-
Kennzahlensystem

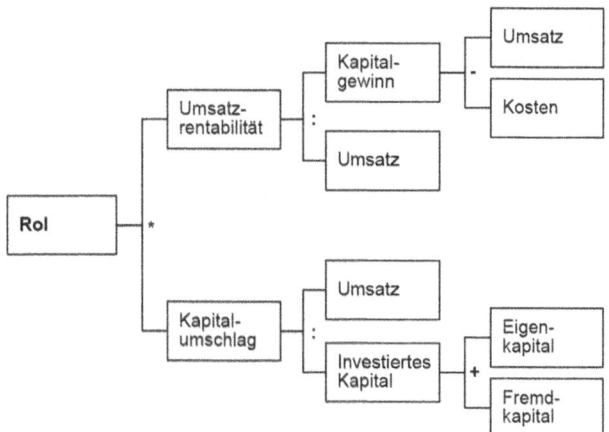

len beispielsweise die Prozesskostenrechnung, die Deckungsbeitragsrechnung, das Target Costing, das Zero-Base-Budgeting und die Gemeinkostenwertanalyse. Auch das Benchmarking spielt in diesem Zusammenhang eine wichtige Rolle:

- *Prozesskostenrechnung*: Die Prozesskostenrechnung wurde in den achtziger Jahren entwickelt, um eine bessere Verrechnung der Kosten indirekter Leistungsbereiche wie Instandhaltung und Qualitätssicherung, aber auch Forschung und Entwicklung oder Beschaffung zu ermöglichen. Die Kosten dieser Bereiche haben nämlich angesichts zahlreicher Veränderungen in der betrieblichen Leistungserstellung zunehmend an Bedeutung gewonnen. Gleichzeitig werden sie in der traditionellen Zuschlagskalkulation, auf der die Kostenrechnung meist basiert, nur sehr pauschal auf die einzelnen Kostenträger verrechnet. Damit verringert sich natürlich die Qualität der Kostenverrechnung und Fehlkalkulationen sind möglich. In der Prozesskostenrechnung wird deshalb das Verrechnungsprinzip der traditionellen Zuschlagskalkulation aufgegeben. Die Kostenverrechnung orientiert sich nicht mehr an pauschalen Zuschlägen, sondern vielmehr an den Prozessen, die für die Erstellung und Vermarktung eines Produkts notwendig sind. Für diese Prozesse werden Kostensätze ermittelt, die bei einmaliger Inanspruchnahme eines Prozesses anfallen. Mit diesen Prozesskostensätzen werden dann die Kosten der indirekten Bereiche je nach Inanspruchnahme durch die Produkte erfasst und verrechnet.
- *Deckungsbeitragsrechnung*: Bei der Deckungsbeitragsrechnung handelt es sich um ein Kostenrechnungssystem, das sich durch die Trennung von (beschäftigungs-)fixen und (beschäftigungs-)variablen Kosten auszeichnet. In der Grundform der Deckungsbeitragsrechnung, der einstufigen Deckungsbeitragsrechnung, werden lediglich die variablen Kosten auf einzelne Kostenträger (Produkte) verrechnet, das heißt von den Produkterlösen subtrahiert. Der daraus resultierende Deckungsbeitrag gibt dann den Beitrag an, den das betreffende Produkt zur Deckung der Fixkosten des Unternehmens leistet. Die Deckungsbeitragsrechnung ist damit besser als die traditionelle Vollkosten-

rechnung, die alle Kosten auf Kostenträger verrechnet, in der Lage, kurzfristige Produktprogramm- bzw. Make-or-Buy-Entscheidungen zu unterstützen. Für kurzfristige Entscheidungen sind nämlich nur solche Kosten relevant, die tatsächlich wegfallen, wenn ein bestimmtes Produkt nicht produziert bzw. fremdbezogen wird – und das sind die variablen Kosten. Neben der einstufigen existiert auch eine so genannte mehrstufige Deckungsbeitragsrechnung. Bei dieser wird der Fixkostenblock in einzelne Fixkostenschichten aufgespalten. Zu diesen Fixkostenschichten zählen in der Regel Erzeugnisfixkosten, die nur von einer Produktart beansprucht werden, Erzeugnisgruppenfixkosten, die bestimmten Produktgruppen zugeordnet werden können, Bereichsfixkosten, die im Wesentlichen Bereitschaftskosten einzelner Unternehmensbereiche darstellen, sowie Unternehmensfixkosten, die alle restlichen Fixkosten umfassen. Im Rahmen der mehrstufigen Deckungsbeitragsrechnung werden nun nach den variablen Kosten sukzessive die einzelnen Fixkostenschichten von den Erlösen einzelner Produkte subtrahiert. Daraus ergeben sich Deckungsbeiträge in mehreren Stufen (Abb. 6.11).

2014 Ist		Planmengen x Planwerte	Istmengen x Planwerte	Istmengen x Istwerte	2015 Gesamtab-weichung	Abweichung Programm-abweichung	Verbrauchs-abweichung	Beschäfti-gungsabw.
		1	2	3	4 (1-3)	5 (1-2)	6	7
	Bruttoerlöse							
	- Erlösschmälerung							
	Nettoerlös							
	- variable Einzelkosten der Fertigung							
	- variable Gemeinkosten der Fertigung							
	Zwischenergebnis							
	± Bestandsänderung							
	Zwischenergebnis							
	- variable Einzelkosten des Vertriebs							
	Deckungsbeitrag I							
	- Erzeugnisfixkosten							
	Deckungsbeitrag II							
	- Erzeugnisgruppenfixkosten							
	Deckungsbeitrag III							
	- Bereichsfixkosten							
	Deckungsbeitrag IV							
	- Unternehmensfixkosten							
	Betriebsergebnis							

Abb. 6.11 Beispiel einer mehrstufigen Deckungsbeitragsrechnung. (vgl. Hahn und Hungenberg 2001)

- *Target Costing*: Vor dem Hintergrund einer veränderten Kostenbeeinflussbarkeit gewinnt auch das Target Costing an Bedeutung. Hierbei handelt es sich um ein marktorientiertes Konzept zur Kostenplanung und -beeinflussung, das bereits bei der Produktentwicklung ansetzt. Sein Ziel ist es, die Stückkosten eines Produkts aus der Sicht des Markts zu planen (Was darf ein Produkt kosten?) und nicht aus der Sicht des eigenen Unternehmens (Was wird ein Produkt kosten?). Zu diesem Zweck wird zunächst die vermutliche Zahlungsbereitschaft der Kunden für ein bestimmtes Produkt ermittelt. Sie definiert den Zielpreis und damit auch die Zielkosten des Unternehmens. Hierauf aufbauend werden dann die verschiedenen Produktfunktionen bestimmt, und ihre relative Bedeutung für die Erfüllung der Kundenanforderungen wird ermittelt. So wird festgelegt, in welchem Umfang jede einzelne Produktfunktion zum Gesamtnutzen des Kunden beiträgt. Diese Funktionen des Produktes (am Beispiel eines Computertomographen sind dies etwa die Funktionen Objekt lagern, Objekt abtasten, Energie erzeugen, Daten messen, Daten übertragen, etc.) werden dann mit den verschiedenen Produktkomponenten (zum Beispiel Liege, Abtastsystem, Meßsystem, Rechner, Bedienkonsole, etc.) in Beziehung gebracht. Es geht dabei um die Frage, in welchem Umfang jede einzelne Produktkomponente zur Erfüllung der einzelnen Produktfunktionen und damit letztlich zur Erfüllung der Kundenanforderungen beiträgt. Die Zielkosten sollen dann so auf die einzelnen Produktkomponenten verteilt werden, dass der Kostenanfall je Produktkomponente möglichst genau der Bedeutung einer Komponente aus Kundensicht entspricht. Damit wird festgelegt, welche Kosten die einzelnen Produktkomponenten maximal verursachen dürfen, um insgesamt die Zielkosten nicht zu überschreiten, und zugleich wird der Kostenanfall auf jene Komponenten konzentriert, die für die Erfüllung der Kundenanforderungen wirklich bedeutsam sind.
- *Zero-Base-Budgeting*: Das Zero-Base-Budgeting ist eine Methode zur Planung der Gemeinkosten, das heißt zur Erstellung von Budgets für einzelne Unternehmensbereiche. Im Unterschied zu traditionellen Budgetierungsmethoden, bei denen der Budgetansatz für kommende Jahre auf den Ansätzen der Vergangenheit basiert, sieht das Zero-Base-Budgeting vor, dass in jeder Planungsperiode alle Tätigkeiten eines Bereichs und die entsprechenden Budgetansätze mit Hilfe einer Kosten-Nutzen-Analyse neu zu begründen sind. Es wird also quasi von der „Basis Null" ausgegangen. Damit wird versucht, eine Perpetuierung von einmal bewilligten Aktivitäten (und Kosten) zu verhindern und insgesamt die Gemeinkosten des Unternehmens zu senken.
- *Gemeinkosten-Wertanalyse*: Die Gemeinkosten-Wertanalyse (GWA) zielt darauf ab, die Gemeinkosten eines Unternehmens zu senken. Sie findet vor allem in den so genannten indirekten Bereichen – also in Verwaltungs- und Dienstleistungsbereichen – Anwendung. In diesen Bereichen werden typischerweise Leistungen für andere Bereiche erbracht, ohne dass die Kosten für diese Leistungen bekannt sind oder gar verursachungsgerecht verrechnet werden. Dementsprechend besteht das Ziel der Gemeinkosten-Wertanalyse darin, Gemeinkosten zu senken, indem auf Leistungen verzichtet wird, die nicht zwingend notwendig sind, oder indem notwendige Leistungen

mit einer höheren Produktivität erbracht werden. Im Rahmen der Gemeinkosten-Wertanalyse haben die Leistungserbringer die Aufgabe, selbst Ideen zum Wegfall von Leistungen bzw. zur Effizienzsteigerung zu entwickeln. Welche der vorgeschlagenen Veränderungen dann tatsächlich realisiert werden, wird vom Leistungserbringer gemeinsam mit dem Leistungsnutzer entschieden; im Konfliktfall entscheidet ein übergeordnetes Führungsgremium.

- *Benchmarking*: Das Benchmarking zielt darauf ab, die Unterschiede zwischen dem eigenen Unternehmen und anderen Unternehmen zu analysieren. Unterschiedliche Arten des Benchmarking sind dabei möglich. So kann ein Benchmarking beispielsweise durchgeführt werden, um Kosten- oder Produktivitätsunterschiede zu ermitteln, aber auch um die Wertschöpfungsstrukturen in verschiedenen Unternehmen zu vergleichen. Ziel des Benchmarking ist es, Rückschlüsse auf die eigene Situation aus dem Vergleich mit anderen Unternehmen zu ziehen. Dies können Wettbewerber sein; aber auch Unternehmen aus anderen Branchen, die zum Beispiel in Entwicklung oder Vermarktung ähnliche Aktivitäten durchführen, können als „Benchmark" (Vergleichsmaßstab) geeignet sein. Darüber hinaus kann ein Benchmarking auch innerhalb eines Unternehmens – etwa für mehrere Produktionswerke oder Vertriebsniederlassungen – sinnvoll sein. Mit Hilfe des Benchmarking sollen Unterschiede zwischen Unternehmen erfasst und die Ursachen für diese Unterschiede erkannt werden, um letztlich Anpassungsmaßnahmen im eigenen Unternehmen treffen zu können (Abb. 6.12).

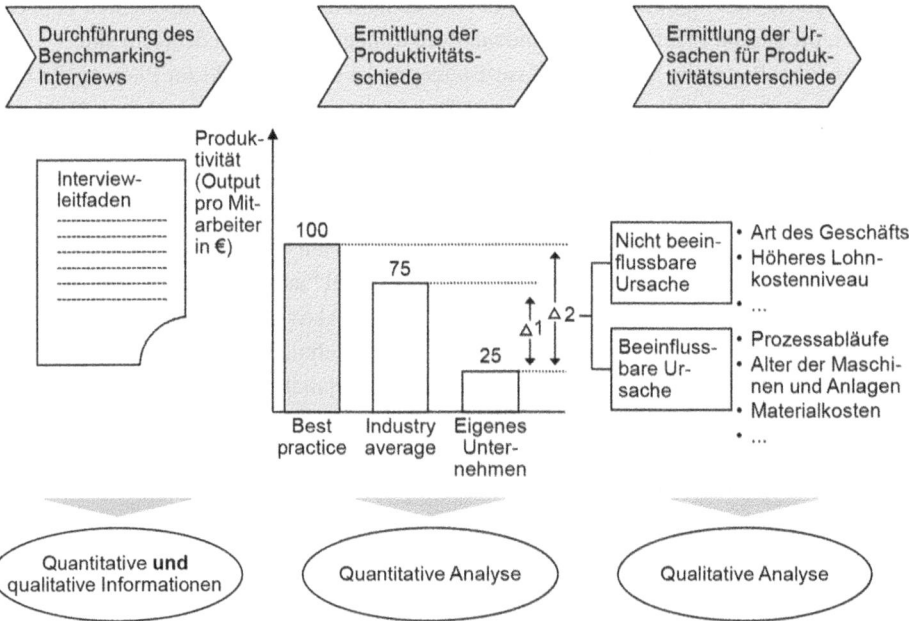

Abb. 6.12 Teilschritte des Benchmarking am Beispiel eines Produktivitätsbenchmarking

6.3.2 Methoden und Instrumente des Investitionscontrolling

Methoden und Instrumente des Investitionscontrolling dienen dazu, das Controlling bei seinen Aufgaben im Rahmen der Investitionsplanung, Investitionssteuerung und Investitionskontrolle sowie bei der entsprechenden Informationsversorgung der Unternehmensführung zu unterstützen. Besondere Bedeutung besitzen in diesem Zusammenhang statische und dynamische Verfahren der Investitionsrechnung (vgl. Hahn und Hungenberg 2001).

Zu den Verfahren der *statischen Investitionsrechnung* zählen unter anderem die Kosten-, Gewinn- und Rentabilitätsvergleichsrechnung. Gemeinsames Merkmal dieser Methoden ist, dass sie Investitionsprojekte auf Basis durchschnittlicher Kosten, Gewinne oder Rentabilitäten bewerten. So werden beispielsweise bei der Kostenvergleichsrechnung die Kosten alternativer Investitionsprojekte für alle Perioden ermittelt, woraus ein Durchschnitt der Periodenkosten je Alternative errechnet wird. Auf dieser Basis wird dann dasjenige Investitionsprojekt ausgewählt, das die geringsten durchschnittlichen Periodenkosten verursacht (Abb. 6.13). Voraussetzung für die Anwendung dieses Verfahrens ist jedoch, dass die Erlöse der betrachteten Projekte gleich sind. Diese Voraussetzung entfällt bei der Gewinn- und der Rentabilitätsvergleichsrechnung. Hier werden nämlich zur Investitionsbewertung die durchschnittlichen Periodengewinne bzw. Rentabilitäten einzelner Investitionsprojekte einander gegenübergestellt.

Verfahren der statischen Investitionsrechnung zeichnen sich zwar durch eine einfache Anwendbarkeit aus; sie sind jedoch nicht in der Lage, unterschiedliche Laufzeiten von Investitionsprojekten oder unterschiedliche Zahlungsanfälle im Zeitablauf zu berücksichtigen. Daher gelten Verfahren der *dynamischen Investitionsrechnung* als besser geeignet zur Investitionsbewertung. Zu den Verfahren der dynamischen Investitionsrechnung zählen unter anderem die Interne-Zinsfuß-Methode sowie die Amortisationsrechnung. Eine herausragende Bedeutung besitzt in diesem Zusammenhang jedoch die *Kapitalwertmethode* oder Kapitalwertrechnung. Die Kapitalwertmethode ermittelt den erwarteten Er-

Abb. 6.13 Beispiel einer Kostenvergleichsrechnung. (vgl. Hahn und Hungenberg 2001)

	Anlage I	Anlage II	Anlage III
Anschaffungskosten	70.000	50.000	100.000
Lebensdauer	5	5	5
Durchschnittlich gebundenes Kapital	35.000	25.000	50.000
Abschreibungen	14.000	10.000	20.000
Kalk. Zinsen (10%)	3.500	2.500	5.000
Personalkosten	6.500	12.000	6.000
Materialkosten	3.700	4.000	3.000
Energiekosten	2.000	3.000	2.000
Instandhaltungskosten	1.800	1.500	2.000
Sonstige Kosten	500	500	1.000
Kosten / Periode	**32.000**	**33.500**	**39.000**

Gewählte
Alternative

folg eines Investitionsprojekts in drei Schritten (Abb. 6.14). Zunächst werden die Höhe der Investitionsauszahlung sowie die Einzahlungsüberschüsse (Differenz von Einzahlungen und Auszahlungen) in den folgenden Perioden bis zum Ende der Laufzeit des Investitionsprojekts geschätzt. Basis für diese Schätzung sind die Daten der operativen und strategischen Planung des Unternehmens. Im zweiten Schritt wird dann ein Kalkulationszinssatz ermittelt, mit dem die Einzahlungsüberschüsse abgezinst werden. Dieser Kalkulationszinssatz soll das Risiko eines Investitionsprojekts widerspiegeln. Bei „normalen" Investitionen eines Unternehmens entspricht der Kalkulationszinssatz dem Kapitalkostensatz des Unternehmens bzw. Unternehmensbereichs, bei risikoreicheren Investitionen, zum Beispiel in bestimmten unsicheren Regionen, sind auch Aufschläge auf diesen Kapitalkostensatz möglich. Im letzten Schritt werden zunächst die Einzahlungsüberschüsse der einzelnen Perioden diskontiert. Der Kapitalwert einer Investition ergibt sich dann aus der Differenz zwischen der Summe der diskontierten Einzahlungsüberschüsse und der Investitionsauszahlung. Formal lässt sich dieser Kapitalwert folgendermaßen ausdrücken:

$$KW = -I_0 + \sum_{t=1}^{N} EZ\ddot{U}_t \cdot (1+i_t)^{-t}$$

mit

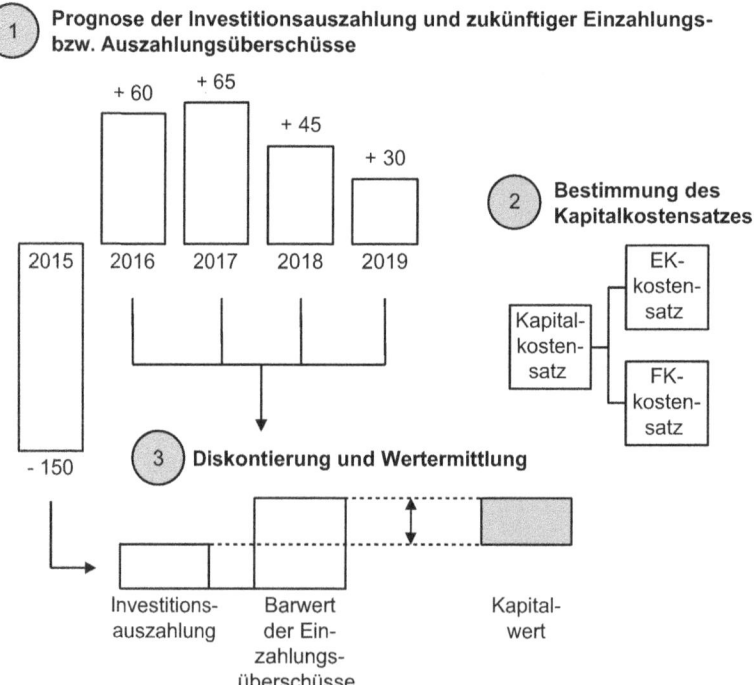

Abb. 6.14 Vorgehensweise bei der Kapitalwertmethode

KW   Kapitalwert der Investition
I_0 Investitionsauszahlung in der Periode 0
$EZÜ_t$ Einzahlungsüberschuss in der Periode t
i_t Kapitalkostensatz in der Periode t
t   Laufende Periode
N   Laufzeit des Investitionsprojekts

Ein positiver Kapitalwert sagt aus, dass ein Investitionsprojekt wirtschaftlich vorteilhaft ist. Wenn nur eine Investitionsalternative zur Verfügung steht, sollte sie daher durchgeführt werden, solange der Kapitalwert positiv ist. Werden mehrere Investitionsprojekte auf Basis ihrer Kapitalwerte verglichen, so sollte prinzipiell dasjenige mit dem höchsten Kapitalwert ausgewählt werden. Sofern sich diese alternativen Investitionsprojekte jedoch hinsichtlich der Höhe der Anschaffungsauszahlungen, der Höhe und zeitlichen Verteilung der Zahlungsüberschüsse oder hinsichtlich der Länge der Nutzungsdauer unterscheiden, ist die Berücksichtigung von so genannten Ergänzungsinvestitionen notwendig (vgl. Adam 1999).

6.3.3 Methoden und Instrumente des Finanzcontrolling

Methoden und Instrumente des Finanzcontrolling dienen dazu, das Controlling bei seinen Aufgaben im Rahmen der Finanzplanung, -steuerung und -kontrolle sowie bei der entsprechenden Informationsversorgung der Unternehmensführung zu unterstützen. Sieht man einmal von der Optimierung von Kapitalkosten ab, so spielen bei diesen Aufgaben wiederum Kennzahlen, vor allem finanzwirtschaftliche Kennzahlen, eine zentrale Rolle. Finanzwirtschaftliche Kennzahlen machen Aussagen über die Kapitalherkunft, die Kapitalverwendung und die Beziehungen zwischen beiden. Sie sind daher insbesondere zur Unterstützung der strukturellen Liquiditätsplanung, -steuerung und -kontrolle geeignet. Zu den finanzwirtschaftlichen Kennzahlen zählen sowohl so genannte Finanzierungskennzahlen als auch so genannte Liquiditätskennzahlen (vgl. Coenenberg et al. 2014).

Finanzierungskennzahlen geben einen Überblick über die Quellen und die Zusammensetzung des Kapitals eines Unternehmens nach Art, Sicherheit und Fristigkeit. Wichtige Kennzahlen in diesem Bereich sind unter anderem die Eigenkapitalquote und der Selbstfinanzierungsgrad.

$$Eigenkapitalquote = \frac{Eigenkapital}{Gesamtkapital}$$

Die *Eigenkapitalquote* gibt den Anteil des Eigenkapitals am gesamten Kapital des Unternehmens an. Eine zu geringe Eigenkapitalquote wird meist als risikoreich eingestuft, da damit die Gefahr von Überschuldung und Konkurs steigt. Eine zu hohe Eigenkapitalquote wird allerdings ebenfalls kritisch gesehen, da Fremdkapital in der Regel günstiger zu beschaffen ist als Eigenkapital. Als Norm gilt in Deutschland eine Eigenkapitalquote von etwa 20 bis 30 Prozent. Relevanter als diese Norm ist jedoch in der Regel die Betrachtung der Eigenkapitalquote im Zeitablauf (vgl. Reichmann 2006).

$$Selbstfinanzierungsgrad = \frac{Gewinnrücklagen}{Gesamtkapital}$$

Der *Selbstfinanzierungsgrad* macht eine Aussage darüber, zu welchem Teil das Unternehmen sein Vermögen durch thesaurierte Gewinne finanzieren konnte. Ein hoher Selbstfinanzierungsgrad erhöht die Eigenkapitalquote und verschafft dem Unternehmen ein Sicherheitspolster für den Fall von zukünftigen Verlusten. Analysten sehen einen hohen Selbstfinanzierungsgrad allerdings häufig negativ, da durch Thesaurierung den Anteilseignern die Verfügungsmöglichkeit über Gewinne entzogen wird.

Neben Finanzierungskennzahlen kommen im Bereich des Finanzcontrolling vor allem auch *Liquiditätskennzahlen* zum Einsatz. Sie bilden die Fähigkeit eines Unternehmens ab, jederzeit seinen Zahlungsverpflichtungen nachkommen zu können. Im Allgemeinen werden statische und dynamische Liquiditätskennzahlen unterschieden. Statische Liquiditätskennzahlen knüpfen an Daten der Bilanz an und prüfen, ob Kapitalüberlassungs- und -bindungsfristen in einem angemessenen Verhältnis zueinander stehen. Wichtige statische Liquiditätskennzahlen sind unter anderem der Deckungsgrad B, die Liquidität 2. Grades sowie das Working Capital.

$$Deckungsgrad \ B = \frac{Eigenkapital + langfristiges \ Fremdkapital}{Anlagevermögen}$$

Der *Deckungsgrad B* besitzt eine ganz zentrale Bedeutung im Rahmen der strukturellen Liquiditätssicherung. Er gibt an, inwieweit das langfristig genutzte Vermögen (Anlagevermögen) auch durch langfristig verfügbares Kapital finanziert ist. Nur wenn tatsächlich das gesamte Anlagevermögen auch langfristig finanziert ist, kann ein Unternehmen sicher sein, dass es nicht wegen kurzfristiger Liquiditätsengpässe Vermögensteile veräußern muss, die eigentlich zur langfristigen Nutzung gedacht waren. Dementsprechend sollte der Deckungsgrad B mindestens bei 100 % liegen. Diese Forderung nennt man auch „Goldene Bilanzregel".

$$Liquidität \ 2. \ Grades = \frac{Monetäres \ Umlaufvermögen}{Kurzfristiges \ Fremdkapital}$$

Die *Liquidität 2. Grades* verdeutlicht, inwieweit kurzfristig, das heißt innerhalb eines Jahres, zurückzahlbares Fremdkapital durch kurzfristig liquidierbares Vermögen gedeckt ist. Das kurzfristig liquidierbare Vermögen wird dabei durch das so genannte monetäre Umlaufvermögen abgebildet. Zum monetären Umlaufvermögen zählt das gesamte Umlaufvermögen abzüglich der Vorräte und zuzüglich der aktiven Rechnungsabgrenzungsposten. Auch hier gilt, dass ein Unternehmen jederzeit in der Lage sein sollte, die zur Rückzahlung kurzfristiger Verbindlichkeiten notwendigen Mittel aufzubringen. Daher sollte auch die Liquidität 2. Grades mindestens 100 % betragen.

$$Working\ Capital = Umlaufverm\ddot{o}gen - kfr.\ Verbindlichkeiten$$

Das *Working Capital* bildet in Form einer statischen Bestandsgröße das gesamte kurzfristig liquidierbare Vermögen ab, das einem Unternehmen für seine betriebliche Tätigkeit zur Verfügung steht. Dementsprechend gilt das Working Capital als Indikator für die Finanzkraft eines Unternehmens. Allerdings wird in der Regel der Cashflow als bessere Messgröße zur Abbildung der finanziellen Möglichkeiten eines Unternehmens betrachtet, weil er eine dynamische Perspektive einnimmt. Der Cashflow ist der Zahlungsüberschuss, den ein Unternehmen in einer Periode erzielt. Im Gegensatz zum Working Capital, das eine reine Bestandsgröße ist, stellt er eine Stromgröße dar, und bildet die tatsächlich in einer Periode erwirtschafteten und damit zur Verfügung stehenden finanziellen Mittel ab.

Dynamische Liquiditätskennzahlen unterscheiden sich von den statischen Liquiditätskennzahlen dadurch, dass sie den Cashflow mit einbeziehen und diesen auf ein angemessenes Verhältnis zur Investition und Finanzierung untersuchen. Bedeutende dynamische Liquiditätskennzahlen sind die Schuldentilgungsdauer, der Innenfinanzierungsspielraum und die Innenfinanzierungskraft.

$$Schuldentilgungsdauer = \frac{Effektivverschuldung}{Brutto - Cashflow}$$

Die *Schuldentilgungsdauer* gibt an, innerhalb von wie vielen Jahren ein Unternehmen in der Lage ist, durch den Cashflow, den es generiert, seine Schulden, das heißt das Fremdkapital, vollständig zurückzuzahlen. Eine niedrige Schuldentilgungsdauer von beispielsweise weniger als einem Jahr deutet auf eine sehr gute Liquiditätslage des Unternehmens hin. Dabei lassen sich die Schulden in unterschiedlicher Weise definieren, idealerweise bezieht man sich bei dieser Kennzahl auf die Effektivverschuldung. Darunter versteht man üblicherweise das Fremdkapital abzüglich vorhandener liquider Mittel und bestehender (kurzfristiger) Forderungen aus Lieferung und Leistung. Aber auch weitere Korrekturen des Fremdkapitals, um eine möglichst realistische Verschuldung zu ermitteln, sind denkbar. Dazu können beispielsweise noch die Positionen Pensionsrückstellungen oder Wertpapiere des Umlaufvermögens abgezogen werden.

$$Innenfinanzierungsspielraum = \frac{Brutto - Cashflow}{Nettoinvestitionen\ Sachanlageverm\ddot{o}gen}$$

Der *Innenfinanzierungsspielraum* verdeutlicht, zu welchem Grad ein Unternehmen in der Lage ist, Investitionen in das Anlagevermögen aus seinem Cashflow – also aus dem laufenden Geschäft – zu finanzieren. Ein Innenfinanzierungsspielraum von mehr als 100 % zeigt, dass das Unternehmen für Investitionen nicht auf externes Kapital zurückgreifen musste. Ein hoher Innenfinanzierungsspielraum ist daher in der Regel positiv zu sehen.

$$Innenfinanzierungskraft = \frac{Brutto - Cashflow}{Umsatz}$$

Mit Hilfe der *Innenfinanzierungskraft* wird eine weitere Aussage in Richtung der eigenen Finanzierungsstärke möglich. Sie drückt aus, welcher Anteil des Umsatzes dem Unternehmen als Cashflow verbleibt, um ihn für Investitionen, zur Kredittilgung oder zur Ausschüttung nutzen zu können. Häufig wird diese Kennzahl auch als Cashflow-Umsatzrate bezeichnet.

Die Liquiditätskennzahlen, ob statisch oder dynamisch, geben Einblicke in die Zusammensetzung des Kapitals und das Verhältnis von Investition und Finanzierung. Für eine tiefergehende, operative Steuerung dieser Bereiche existieren erneut zahlreiche weitere Kennzahlen. Für die Beurteilung der Investitionssituation ist dies beispielsweise die Nachhaltigkeit, für die Optimierung der Vermögenssituation beispielsweise die Vorratsumschlagdauer.

$$Nachhaltigkeit = \frac{Nettoinvestitionen\ Sachanlagevermögen}{Abschreibungen\ Sachanlagevermögen}$$

Die Kennzahl der *Nachhaltigkeit* drückt aus, ob bzw. wie weit ein Unternehmen durch Investitionen die abgeschriebenen Werte (den Werteverzehr) wieder ausgleicht. Werden die „verzehrten" Bestandteile – die Abschreibungen – nicht reinvestiert, verliert das Unternehmen in diesem Umfang an Substanz. Diese Situation zeigt sich bei einem Kennzahlenwert kleiner eins. Ist der Wert größer eins, erweitert das Unternehmen seine Substanz, es wächst also.

$$Vorratsumschlagsdauer = \frac{Vorräte}{Umsatz} * 365\ Tage$$

Die *Vorratsumschlagsdauer* bietet wichtige Informationen über die Kapitalbindung durch den Lagerbestand und damit über die Investitionen in das Umlaufvermögen. Die Kennzahl gibt an, wie lange (in Tagen) die Vorräte rechnerisch gebunden sind, bevor sie zu Umsatz führen bzw. verbraucht werden. Wird der Kehrwert dieser Steuerungsgröße genutzt, so lässt sich dieser als die Häufigkeit interpretieren, mit der das Vorratsvermögen in Umsatz umgewandelt wird. Je kürzer das Vorratsvermögen gebunden ist bzw. je schneller die Vorräte umgeschlagen werden, desto besser ist es für ein Unternehmen. Zum einen kann das in Liquidität (Umsatz bzw. Cashflow) gewandelte Vermögen wieder investiert werden, zum anderen können Vorräte nicht verderben (beispielsweise bei Lebensmitteln, aber auch bei Modeartikeln). Deshalb ist diese Kennzahl auch insbesondere im Handel von zentraler Bedeutung. Darüber hinaus geht mit einer geringeren Kapitalbindung auch immer eine höhere Flexibilität einher.

Die dargestellten Kennzahlen können im Rahmen des Finanzcontrolling helfen, einen besseren Überblick über die Liquiditätssituation eines Unternehmens zu gewinnen. Wie alle Kennzahlen sind sie jedoch nur dann aussagekräftig, wenn man sie an Vergleichsmaßstäben misst. Insbesondere Zeitvergleiche, das heißt Vergleiche von Kennzahlen über zwei oder mehrere Jahre hinweg, sind in diesem Zusammenhang sinnvoll. Auf dieser Basis können dann Veränderungen aufgezeigt und deren Ursachen untersucht werden.

Verständnisfragen

1. Geben Sie einen Überblick über Rentabilitätskennzahlen und zeigen Sie auf, wie diese Kennzahlen berechnet werden.
2. Erläutern Sie Grundidee und Einsatzfelder der Prozesskostenrechnung.
3. Verdeutlichen Sie Grundidee und Einsatzfelder der Deckungsbeitragsrechnung.
4. Beschreiben Sie Grundidee und Einsatzfelder des Target Costing.
5. Erläutern Sie Grundidee und Einsatzfelder des Zero-Base-Budgeting.
6. Verdeutlichen Sie Grundidee und Einsatzfelder der Gemeinkosten-Wertanalyse.
7. Beschreiben Sie Grundidee und Einsatzfelder des Benchmarking.
8. Nennen und erläutern Sie ausgewählte Verfahren der statischen Investitionsrechnung. Welche Anwendungsbedingungen gelten für die einzelnen Verfahren?
9. Nennen und erläutern Sie ausgewählte Verfahren der dynamischen Investitionsrechnung. Wodurch unterscheiden sie sich von den Verfahren der statischen Investitionsrechnung?
10. Geben Sie einen Überblick über Finanzierungs- und Liquiditätskennzahlen und zeigen Sie auf, wie diese Kennzahlen berechnet werden.

Diskussionsfragen

1. Berechnen Sie ausgewählte Rentabilitätskennzahlen für die QualityRent AG. Nutzen Sie dafür das Datenmaterial aus Kap. 1. Welche Aussagen können Sie aus diesen Kennzahlen ableiten?
2. Berechnen Sie ausgewählte Finanzierungs- und Liquiditätskennzahlen für die QualityRent AG. Nutzen Sie dafür das Datenmaterial aus Kap. 1. Welche Aussagen können Sie aus diesen Kennzahlen ableiten?

Literatur

Adam, D.: Investitionscontrolling, 3. Aufl., München 1999.
Coenenberg, A., Haller, A., Schultze, W.: Jahresabschluss und Jahresabschlussanalyse, 23. Aufl., Stuttgart 2014.
Copeland, T., Koller, T., Murrin, J.: Valuation – Measuring and Managing the Value of Companies, 4. Aufl., New York 2005.

Hahn, D.: Planungs- und Kontrollsysteme als Gegenstand strategischer Planung, in: Strategische Unternehmungsplanung – Strategische Unternehmungsführung, Hrsg. D. Hahn, B. Taylor, 9. Aufl., Heidelberg 2006a, S. 395 ff.

Hahn, D.: Strategische Kontrolle, in: Strategische Unternehmungsplanung – Strategische Unternehmungsführung, Hrsg. D. Hahn, B. Taylor, 9. Aufl., Heidelberg 2006b, S. 451 ff.

Hahn, D., Hungenberg, H.: PuK – Wertorientierte Controllingkonzepte, 6. Aufl., Wiesbaden 2001.

Horváth, P.: Controlling, 12. Aufl., München 2011.

Hungenberg, H., Kaufmann, L.: Kostenmanagement, 2. Aufl., München 2001.

Hungenberg, H., Wulf, T.: Gestaltung der Schnittstelle zwischen strategischer und operativer Planung, in: Neugestaltung der Unternehmensplanung, Hrsg. P. Horváth, R. Gleich, Stuttgart 2003, S. 249 ff.

Küpper, H.-U.: Controlling, 5. Aufl., Stuttgart 2008.

Macharzina, K., Wolf, J.: Unternehmensführung, 6. Aufl., Wiesbaden 2008.

Mertens, P.: Integrierte Informationsverarbeitung, Band 1, 18. Aufl., Wiesbaden 2012.

Mertens, P., Griese, J.: Integrierte Informationsverarbeitung, Band 2, 10. Aufl., Wiesbaden 2008.

Rappaport, A.: Creating Shareholder Value, 2. Aufl., New York 1997.

Reichmann, T.: Controlling mit Kennzahlen und Managementberichten, 7. Aufl., München 2006.

Stewart, G.: The Quest for Value, 27. Aufl., New York 1991.

Weber, J.: Einführung in das Controlling, 12. Aufl., Stuttgart 2008.

Stichwortverzeichnis

The manufacturer's authorised representative in the EU is Springer
Nature Customer Service Centre GmbH, Europaplatz 3, 69115 Heidelberg,
Germany. If you have any concerns regarding our products, please
contact ProductSafety@springernature.com

Printed and bound by CPI Group (UK) Ltd, Croydon, CR0 4YY
24/04/2026
02096339-0003